V2   1006

LES

REINES GALANTES

TABLE DES MATIÈRES

	Pages		Pages
Marguerite, duchesse de Bourgogne	3	Marie d'Angleterre, reine de France	291
Jeanne Iʳᵉ, reine de Jérusalem, de Sicile et de Naples	14	Cléopatre	293
		Mathilde, reine de Danemarck	303
Jeanne II	35	Anne de Ferrare, princesse de Lorraine	311
Catherine II, impératrice de Russie	43	Isabelle de France, reine d'Angleterre	316
Christine de Suède	63	Éléonore de Guyenne, reine de France et d'Angleterre	320
Les dames de la tour de Nesle	117		
Marie Stuart	138	Éléonore, reine de Portugal	325
Caroline de Brunswick	176	Henriette d'Angleterre, duchesse d'Orléans	328
La reine Margot	208		
Anne d'Autriche	235	Marguerite de Valois, reine de Navarre	337
Isabeau de Bavière	242	Messaline, impératrice romaine	340
Caroline de Naples	247	Éléonore de Gusman, reine de Castille	347
Frédégonde	263	Marie Antoinette	353

FIN DE LA TABLE DES MATIÈRES.

LES
REINES GALANTES

PAR

JULES BEAUJOINT

ET

A. M. DUMONTEIL

PARIS
LIBRAIRIE DES CÉLÉBRITÉS CONTEMPORAINES
11, RUE JACOB, 11

LES
REINES GALANTES

PAR

JULES BEAUJOINT

PARIS
BUREAU DES CÉLÉBRITÉS CONTEMPORAINES
11, RUE JACOB, 11

LES REINES GALANTES

PAR

JULES BEAUJOINT

La chronique des cours, qui est le scandale de l'histoire, est aussi l'enseignement du peuple. C'est une des pièces du grand procès intenté à la royauté par la conscience publique.

La vie privée des reines et des princesses nous appartient, puisqu'elle se confond avec leur vie publique et que c'est sur leur vertu présumée que s'est fondé le principe de légitimité dynastique.

N'est-ce pas dans leurs mœurs que l'on retrouve souvent les causes de tant de fautes et tant de crimes politiques?

N'est-ce pas de leurs boudoirs que sont sorties pour la plupart ces imposantes raisons d'État que nous présente l'histoire officielle?

N'est-ce pas de leurs exemples enfin que sont si souvent descendues dans les masses les modes immorales et que se sont autorisés les plaisirs dissolus?

En écrivant l'histoire des reines galantes, notre but a donc été d'offrir au public, non-seulement la distraction d'une lecture attrayante et romanesque, mais une étude utile. Rien de plus varié que notre galerie.

Les personnages sont empruntés à toutes les époques et à toutes les dynasties; le drame y mêle ses accents passionnés à l'éclat de rire cynique, et de la légende sentimentale il n'y a qu'une page à tourner pour rencontrer la nouvelle galante.

Ici, entre deux amours, éclôt un événement politique. La couronne royale est devenue une couronne de roses, et le destin d'un empire dépend de sa fragilité.

Là, telle basse intrigue donne naissance à un héros, ou telle union illustre enfante le crime et tous ses désastres.

Il y a des dénouements tragiques et ténébreux, des énigmes dont on ne déchiffre qu'avec peine les caractères de sang, et il y a telle folie qui réclame du conteur toute la prudence du langage.

Car, nous devons en prévenir le lecteur, notre respect pour la vérité des faits ne va pas jusqu'à la laisser toute nue, et nous savons que la Vérité, échappée de l'alcôve ou sortie du puits, a besoin d'une tenue décente pour faire son chemin dans le monde.

MARGUERITE

DUCHESSE DE BOURGOGNE

I

COMMENT NAQUIT LE BEAU DUNOIS ET COMMENT MOURUT SON PÈRE

Tout le monde sait, à Paris, — du moins depuis que l'on a percé la rue aux Ours, — où s'élevait jadis l'hôtel des ducs de Bourgogne.

Une vieille tour encore debout est apparue dans le vide fait par les démolitions, au grand étonnement des Parisiens, qui avaient oublié son existence : c'était une tour du château de Jean-Sans-Peur.

Ce débris du moyen âge est assez défiguré, et il faut beaucoup de mémoire et d'imagination pour se représenter l'ancienne résidence de ces ducs de Bourgogne, qui, jusque sous Louis XI, furent pour les rois de France des rivaux inquiétants. Qu'il nous suffise de rappeler, sans entrer dans des descriptions archéologiques que l'on trouvera dans Dulaure, que le château était immense, d'aspect menaçant au dehors, et plus somptueux à l'intérieur que le palais ou l'hôtel Saint-Paul.

A l'hôtel Saint-Paul vivait en 1400, délaissé, triste et pauvre, le roi Charles VI. Il y avait-il quelque bruit, quelque joyeux tapage, cela ne venait pas du roi, mais de son frère Louis d'Orléans.

Celui-ci, à l'époque où commence notre récit, était un homme d'une trentaine d'années, plus robuste que le roi Charles et d'assez belle mine, plus connu par son luxe et ses scandales que par ses exploits.

C'était le digne aïeul de Philippe le régent et de Philippe-Égalité.

Transportez un de ces princes au moyen âge, et vous aurez Louis Ier.

Même esprit délié, ambitieux et ardent, même tempérament de viveur effréné, même intelligence et même dépravation... au demeurant, le meilleur prince du monde, affable, séduisant, généreux et porté à la raillerie.

Ainsi, séduire une femme ne lui suffisait point s'il ne mystifiait le mari.

Ce défaut lui coûta cher, comme on le verra plus loin.

Tout au contraire de lui était son cousin, le duc Jean de Bourgogne, prince ambitieux, violent, mais dissimulé et taciturne. Il aimait les fêtes, mais pour le plaisir de paraître et d'éblouir, et il était aussi prudent en paroles que Louis d'Orléans était léger et présomptueux.

Aussi ces deux cousins, tout en gardant les dehors d'une vive amitié, éprouvaient-ils l'un pour l'autre une naturelle antipathie. En toute occasion, qu'il s'agît de futilités ou des affaires du royaume, l'esprit de rivalité, chez

Jean-Sans-Peur, se montrait envenimé de jalousie, et éclatait, chez le frère du roi, en railleries acerbes, en vanteries d'une exagération désespérée.

Un jour, à l'hôtel de Bourgogne, dans un dîner qui tournait à l'orgie, Louis, irrité du luxe fastueux étalé par son amphytrion, pensait se rattraper en se vantant de ses bonnes fortunes, et les contes égrillards et les propos salés allaient leur train, et les indiscrétions aussi, qui, par moments, faisaient froncer le sourcil à plus d'un jaloux ou arrêtaient par une allusion trop hardie le rire sur les lèvres d'un convive.

— Par ma foi! s'écria enfin le duc Jean, voilà de belles conquêtes pour un fils de France, car, en si haut lieu qu'elles soient faites, qu'en reste-t-il, au demeurant?

— Ce qu'il en reste? répliqua d'Orléans. Quelquefois l'amitié d'une dame qui nous est plus profitable que les meilleurs traités de paix.

— Plaisantez-vous?... L'amitié d'une...!

Il dit le mot.

— Celle que vous dites est la femme qui s'adonne aux petits, mais non pas aux princes et galants gentilshommes.

— Mais celle qui trompe son mari trompera son amant!

— Et qu'elle aura raison!... Mais elle gardera toujours, si elle est honnête et noble dame, une part de son cœur à qui l'aura le mieux servie, comme nous gardons toujours d'elle un cher souvenir.

— Un souvenir!... Fumée!...

— Ou parfum pénétrant, ou image toujours présente!

— Franchement, Louis, vous souvenez-vous de toutes les dames que vous avez servies, de la couleur de tous les beaux yeux qui vous ont séduit?

— Certes, et j'en ai voulu fixer et garder l'image.

— Où donc cela?

— Dans de beaux cadres d'ébène et d'or.

— Des portraits?

— Sans doute.

— De toutes les femmes que vous avez aimées?

— Du moins des plus nobles et des plus belles.

— Vous vous riez de nous. Et comment donc auriez-vous fait exécuter toutes ces peintures?

— Ah! mon cousin, voudriez-vous aussi former une galerie?

— Oh! moi, le temps me manque, et je ne connais point de peintre assez habile; cependant je suis très-curieux des ouvrages d'art. Voyez autour de vous ces tapis, ces sculptures, ces bahuts des Flandres, et sur la table ces flacons et ces bassins ciselés... Mais, si je vous en crois, vous possédez des ouvrages d'art pour lesquels je donnerais volontiers toute ma vaisselle d'or et toutes mes tapisseries... Ces portraits... ne les verrai-je pas un jour?

— Le jour qu'il vous plaira.

— Ce soir.

— Oui-dà! ce serait bientôt, mon cousin, car ces portraits sont dans un cabinet où seul je suis entré jusqu'à présent et d'où nul autre que moi, fût-il mon plus proche parent et mon meilleur ami, ne sortirait vivant.

Ces dernières paroles glacèrent la conversation et jetèrent des doutes fâcheux dans les esprits.

Le duc Jean ne les oublia pas... bien qu'il n'eût aucune raison d'être jaloux.

De ce jour il n'eut plus en l'esprit qu'une pensée, qu'un but : voir la collection de portraits de son cousin Louis d'Orléans.

Avec sa prudence ordinaire, il n'en laissa rien paraître et se garda d'en rien dire.

Il attendit qu'une occasion favorable lui permît de pénétrer secrètement dans ce cabinet, « d'où il ne devait pas sortir vivant. »

Il aurait pu essayer de gagner quelques domestiques pour satisfaire sans délai sa curiosité, mais les gens du duc d'Orléans étaient dévoués à leur maître ; il craignait d'échouer dans sa tentative ; il attendit, mûrissant son dessein avec la patience que donne le pressentiment du succès.

Ce temps ne fut pas du temps perdu. Il l'employa à méditer la portée de ces paroles échappées à l'ivresse, et vit clair dans les moyens et les ressources des intrigues du duc d'Orléans.

Le duc se faisait de ses vices des auxiliaires et de ses maîtresses des amis, des partisans.

Cette collection de portraits renfermait donc le secret de toutes ses intrigues et peut-être la clef de sa politique.

Louis d'Orléans ne quittait point Paris, mais s'absentait souvent; le duc Jean, averti un jour qu'il ne devait rentrer chez lui que fort tard, se munit d'un ordre du roi et se rendit chez son cousin. Il fut reçu par la duchesse, madame Valentine, belle et chaste femme en qui son mari, — comme il arrive aux plus débauchés, — avait une confiance absolue.

— Madame, lui dit le duc, j'ai des ordres du roi à faire exécuter, mais le roi veut qu'ils soient revêtus du sceau de monseigneur d'Orléans.

— Monseigneur, répondit Valentine, le duc est sorti et ne rentrera que ce soir.

— Cependant l'ordre du roi ne saurait souffrir de retard. Ne pourriez-vous prendre connaissance de ce parchemin et y faire apposer le sceau ?

La duchesse prit connaissance de l'ordre du roi et acquiesça à la demande de son cousin.

Or, comme l'avait prévu celui-ci, le sceau se trouvait dans le cabinet particulier du duc.

Guidé par un secrétaire de Louis, il pénétra dans cette retraite mystérieuse.

Un grand nombre de portraits ornaient les murs; il les parcourut tous d'un regard avide et rapide.

Le premier qu'il reconnut fut celui d'une belle et noble dame, Marie d'Enghien, dont le mari avait vieilli au service du roi de France et était grand ami de son frère. La dame était jeune, et le peintre avait gardé à ses grands yeux bleus et à son sourire leur expression de candeur.

Mais, au second portrait, la surprise du duc devint de la stupéfaction.

C'était celui de sa noble épouse, Marguerite, fille d'Albert de Bavière, comte de Hainaut et de Zélande, une dame dont le renom de vertu n'avait d'égal que le renom de beauté, dont la vie exemplaire était l'honneur de sa maison.

Une sainte !...

Devait-il en croire ses yeux et les vanteries de Louis d'Orléans? Tout son être se révoltait à cette idée; mais certains détails de toilette fixaient une date à ce portrait et rappelaient au duc un voyage qu'il avait fait en Bourgogne.

Il ne douta plus de son malheur.

Il s'éloigna, dévorant sa rage et déjà couvant sa vengeance.

A peine rentré chez lui, il se composa un visage insoucieux et se rendit chez sa femme.

Elle venait de se lever et était assise au milieu de ses filles d'honneur, occupées de sa toilette. L'une tenait le miroir; l'autre fixait sous des épingles d'or les longues tresses de sa chevelure blonde; une troisième, accroupie à ses pieds, fouillait un écrin, faisant ruisseler entre ses doigts les colliers et les bracelets, les diamants et les émeraudes, les rubis et les perles.

Tout d'abord, le duc lui fit compliment sur sa beauté; jamais, en effet, son teint n'avait eu plus de fraîcheur et d'éclat, et les regards du duc farouche s'écartèrent, éblouis par ces blanches épaules et à demi séduits par ces yeux chargés de langueur.

— Ma mie, ajouta-t-il, puisque l'heure me favorise, je veux, moi aussi, prendre part à ces soins plaisants de votre toilette.

C'est moi qui vais choisir vos bijoux et vos robes pour aujourd'hui. Comptez que j'ai la mémoire de ce qui vous va le mieux et que je m'y connais autant que vos demoiselles.

Tenez, vous rappelez-vous une robe de satin bleu de ciel parsemée de fleurs d'argent?

— Non, duc, je ne me la rappelle pas.

— Vous la portiez le jour où vous êtes venue à ma rencontre; je revenais de Bourgogne et je vous avais fait présent de cette robe quelques jours avant mon départ.

Un sourire mystérieux erra sur les lèvres de la duchesse.

— Ah! oui, dit-elle, je me souviens... Je ne l'ai portée que deux fois.

— Eh bien, vous la mettrez aujourd'hui, ma mie, et ce sera la seconde fois que je vous la verrai.

Une des filles s'empressa d'aller chercher la robe, et quand la duchesse s'en fut parée :

— A cette heure, dit le galant mari, venons aux bijoux.

Il prit un coffret et en tira un long collier de perles.

— N'était-ce pas ce collier que vous portiez aussi ?

— C'est un présent du roi ; la croix en est fleurdelisée.

— En vérité, fit le duc avec un rire mauvais, vous êtes aux armes des Valois.

Mais sa main tremblait en essayant d'ouvrir le collier.

— Ah ! j'ai la main trop rude, dit-il, et je le briserais.

La duchesse le lui prit des mains et remarqua alors que sa gaieté n'était pas franche. Elle redouta quelque orage et congédia ses filles d'honneur.

A peine avait-elle sa parure, que son mari, qui s'était reculé de quelques pas, l'enveloppant d'un regard où flamboyait la haine, s'écria :

— C'est bien elle !

— Et de qui donc voulez-vous parler, monseigneur ? demanda Marguerite, effrayée.

— Je veux parler, dit le mari, de la belle et noble fille que je demandai, il y a quelques années à peine, à l'électeur de Bavière pour en faire la duchesse de Bourgogne ;

De cette chaste fille dont le beau corps dessinait à mes yeux, sous la soie, sa robuste élégance, et que je jugeai digne de porter les héritiers de ma race et de mon nom ;

Et je me dis en vous regardant, c'est bien elle, c'est bien cette beauté, cette chasteté, cette noblesse ; on la croirait encore à cette heure, telle qu'elle était alors, telle qu'elle était il y a deux ans encore...

Et cependant c'est bien aussi, sous cette robe bleue, avec ce collier de perles, la femme qui s'est livrée et a livré mon honneur à Louis d'Orléans.

— Ah ! s'écria la duchesse, l'infâme ! il m'a perdue !

Et, défaillante, elle se laissa tomber à genoux.

Jean, en quelques paroles, lui rapporta les propos de son cousin d'Orléans et la découverte de ses portraits.

— Et maintenant, ajouta-t-il, vous pensez bien, madame, qu'une telle trahison réclame son châtiment. Mais je ne veux pas de scandale. Tout restera secret, et la mort m'assurera du silence de ce traître et du vôtre !

Elle se mit à pleurer, à implorer grâce ; c'était la seule faute qu'elle eût commise, elle était jeune, elle avait été surprise et violentée... mais elle s'était repentie... enfin elle se retirerait près de sa mère, en Bavière...

Mais sa voix, qui par moments s'élevait trop haut, importunait le duc.

— Silence, lui dit-il, cessez ces lamentations. Et pas un mot à vos filles de service !... Comptez que vous serez épiée et que je veux tenir secret mon déshonneur.

Il s'éloigna.

La duchesse, sans oser appeler ses femmes, quitta cette robe et ce collier qui lui étaient odieux. Elle croyait sentir à travers les murs les regards des espions et tressaillait au moindre bruit.

Dans le courant de la journée, elle appela une de ses demoiselles et demanda à voir ses enfants.

Les enfants étaient à la promenade.

La demoiselle connaissait la violence sournoise du duc ; elle ne questionna point Marguerite, dont elle remarqua les paupières rougies par les larmes et le teint défait, mais elle lui demanda si elle ne désirait rien prendre.

— Si, dit la duchesse, j'ai grand soif.

Presque au même instant, et, comme si ses paroles eussent été entendues, un page entra, portant un plateau garni d'une coupe et d'une aiguière.

Elle se recula, effrayée.

— Vous avez demandé à boire, madame ? dit le page.

La demoiselle remplit la coupe d'une eau limpide et la tendit à sa maîtresse.

— Dieu soit avec nous ! dit celle-ci.

Elle porta la coupe à ses lèvres d'une main tremblante.

Mais à peine eut-elle bu, que le sang se glaça dans ses veines... Elle chancela, voulut parler et tomba mourante dans les bras de sa demoiselle d'honneur.

Aux cris de cette dernière, tout le monde accourut, et le duc un des premiers.

— Ah ! fit-il d'un air atterré, quel coup funeste ! Nous perdons la plus gentille et la plus vertueuse dame de la chrétienté.

Mais, au fond, une voix lui criait :

— Et maintenant, à l'autre !...

Au lendemain des splendides funérailles de la duchesse, Jean-Sans-Peur se rendit chez un personnage avec lequel il n'avait jamais entretenu de relations, mais dont il comptait, depuis quelques jours, faire son ami et son allié le plus fidèle.

Nous voulons parler du seigneur d'Enghien, le mari de la jolie femme dont le duc avait tout d'abord remarqué le portrait dans le cabinet de son cousin.

Ce gentilhomme, qui était un des plus vaillants chevaliers de son époque, s'était marié — un peu tard — à une demoiselle de bonne noblesse française et d'une rare beauté, mais de peu de fortune, à qui, par amitié autant que par galanterie, il désirait laisser ses biens, car il était fort riche.

Il en avait été récompensé par la naissance d'un enfant dont M. Louis d'Orléans avait voulu être parrain.

Ce bon mari vivait depuis fort retiré, et la visite du duc Jean, qu'il ne pouvait croire de ses amis, l'étonna fort.

Mais le duc fit comme s'il était venu par hasard et en passant, et tout d'abord mit la conversation sur les sujets frivoles de la cour, autrement dit les joyeusetés du frère du roi, car le roi, lui, ne riait guère.

Le vieillard, comme tout ancien homme de guerre, ne détestait pas les bons contes, et il en fit un qu'il trouvait fort plaisant :

— Vous savez comme moi, lui dit-il, que votre beau cousin d'Orléans est le plus grand débaucheur de femmes qui ait été.

— Oui, messire, répondit le duc.

— Et, reprit le vieillard, qu'il s'adresse de préférence aux dames de la cour et toujours aux plus grandes.

Le duc fit un signe affirmatif.

— Ce n'est pas que je l'approuve, reprit d'Enghien, qui ne voulait pas être désagréable au duc. Je laisse à de plus jeunes que moi d'excuser ou d'approuver ses folies ; mais, puisque nous parlons de lui...

— Parlez, je vous en prie, répondit le sournois Bourguignon.

Et, à part lui, il se disait :

— Moi aussi, j'ai mon histoire, et rira bien qui rira le dernier.

— Cela remonte à près de deux ans. Je voyais alors le duc Louis très-souvent en son hôtel, et très-souvent aussi il m'honorait de ses visites. Et ces relations étaient si familières, que même il nous arrivait de nous croiser en route sans le savoir, et aussi j'allais pour le voir quand déjà il arrivait chez moi ; et il patientait volontiers à attendre mon retour, tandis que moi, de mon côté, par courtoisie et par déférence qui est bien due à un si grand prince, je l'attendais à son hôtel. Mais ces détails sont sans intérêt pour vous...

— Ils m'intéressent plus que vous ne sauriez croire, répondit le duc.

— Je voulais vous marquer par là les grandes privautés que m'avait accordées monseigneur d'Orléans.

Ainsi j'allais chez lui à toute heure du jour, certain d'y trouver bon accueil.

Or, un matin, n'ayant rencontré ni gardes ni pages dans la salle qui précède sa chambre, j'entrai sans l'en prévenir et brusquement. Le duc était encore au lit.

A mon entrée fort inattendue, quelqu'un poussa un cri d'effroi... ou plutôt quelqu'une... Vous comprenez ?...

— Parfaitement. Mais vous avez reconnu la voix ?

— Non ; d'ailleurs, la dame n'avait point parlé, mais jeté un cri, presque aussitôt couvert par la voix du duc, qui s'était mis à rire.

— Très-bien.

— Je m'empressai de me retirer.

« Restez !... restez !.. » me cria le duc, qui déjà était hors du lit.

Je rentrai, et aussitôt monseigneur, tirant le linceul, en couvrit le visage de la dame.

« Maintenant, reprit-il en riant, l'honneur est sauf, et vous pourrez voir la plus belle femme que vous vîtes jamais.

« Mais défense de toucher au linge du visage sous peine de la vie !... »

Je ne pouvais me défendre de voir la beauté que le duc exposait ainsi à mes regards, et je lui avouai que jamais je n'avais vu une dame aussi belle.

Puis le duc me bailla congé de sortir de sa chambre, ce que je fis sans avoir jamais pu connaître le visage et le nom de cette dame, et sans en parler à personne... si ce n'est cependant à Mariette, ma femme, le soir, pour voir si elle serait jalouse.

— Et que dit votre femme ?

— « Ah ! grand Dieu ! fit-elle, que me dites-vous là ! Que c'est vilain de la part du duc d'avoir fait cela ! Maintenant que vous avez vu une dame si belle, vous aurez moins d'amitié pour moi et me trouverez laide. » Et elle me gronda fort.

— J'en ai déjà entendu le conte, répondit Jean-Sans-Peur.

— Ah ! fit d'Enghien avec un étonnement naïf.

— Oui, et de mon cousin lui-même, dans un dîner à l'hôtel de Bourgogne ; seulement il ajoutait, avec ce joyeux rire que vous connaissez : « La pauvre dame eut grand'peur, car c'était son mari... »

A cette révélation, le front jaune et ridé du vieux d'Enghien se colora de pourpre.

Ses regards sondèrent les yeux de Jean-Sans-Peur...

Mais celui-ci avait dit la vérité, et toute la vérité, et en attendait froidement le résultat.

— Vous doutez ? reprit-il.

— Ah ! comment ne pas douter ! répondit le mari.

— Croyez-vous que je vous trompe ?

— Non, mais je crois que vous vous trompez.

— Eh bien, vous avez un moyen de vous assurer du fait, cher seigneur.

— Lequel ?

— Louis...

Il avait sur les lèvres l'histoire de la galerie de portraits, mais il hésita à faire la preuve de son propre déshonneur en faisant celle du déshonneur d'autrui.

— Louis... peut répéter ce propos, et vous pouvez l'entendre en vous tenant derrière une tapisserie ; je vous en fournirai les moyens si vous le désirez.

D'Enghien parut réfléchir ; puis, secouant sa tête blanche :

— Non, dit-il, de tels manéges sont indignes de nous... Mais si vous m'avez trompé, que son sang retombe sur vous !

— Par le salut de mon âme ! dit le duc, ce que je viens de vous apprendre est la vérité ; mais je ne voudrais pas être la cause de quelque justice domestique, et je vous recommanderai de prendre en pitié votre jeune femme Marie et de lui pardonner... Elle n'est pas la plus coupable.

— Eh ! je n'ai point parlé d'elle !

— Cependant, quel sang songez-vous à verser ?

— Celui du plus coupable.

— Le duc !

— Oui, Louis d'Orléans.

— Le frère du roi !

— Qui trahit le roi pour Isabeau de Bavière, qui pille le Trésor pour son luxe et ses débauches ! oui, Louis d'Orléans !

— Touchez là, messire, dit le duc en se levant et en tendant la main au vieillard.

Votre haine est la mienne ; moi aussi, j'ai à me venger de Louis d'Orléans, et je vous mettrai bientôt à même de vous faire justice.

D'Enghien mit sa main dans celle de Jean-Sans-Peur.

— Je sais que vous le haïssez, dit-il. Hier j'aurais été avec lui contre vous, aujourd'hui je suis avec vous contre lui.

— Vous arrivez à l'heure que j'ai marquée à ses nombreux ennemis, à tous ceux dont il a lassé la patience ou trahi l'amitié. Chez moi la haine est ancienne, je la tiens par héritage de mon père Philippe, et depuis longtemps je guette l'occasion de l'assouvir.

Je vous le répète, messire, l'heure va sonner ; mais ne laissons rien paraître !... Sachons déguiser sous des dehors insouciants le dessein que nous portons. Point d'éclat !

Réservez à d'autres jours ce que vous avez à dire à votre femme... car il serait averti. Nous sommes déjà plus de dix dans le complot, et nul conjuré ne connaît d'autre ami que moi. Ainsi, nous sommes assurés du secret jusqu'à la minute suprême où il devra tomber sous nos coups. Il est assez imprudent pour se livrer lui-même, et, le duc mort, nous n'avons rien à craindre. Il est détesté des

Est-il mort? demanda-t-il. (Page 10.)

bourgeois de Paris, méprisé des seigneurs de son parti. Il a pour lui le roi Charles et la reine, il est vrai, mais le roi est faible et Isabeau a trop de peine à se défendre elle-même pour ne rien entreprendre contre nous.

— Oh! monseigneur, fit d'Enghien, qui, absorbé dans son chagrin, le laissait dire sans lui prêter grande attention, quand j'ai mon honneur à venger, je ne m'occupe pas de ce qui peut résulter de ma conduite. Puissé-je vivre seulement assez de jours pour voir le traître expirer sous mes coups!

— Quant à cela, conclut Jean-Sans-Peur en se levant pour se retirer, vous pouvez être tranquille. Le jour de votre vengeance est prochain, et vous pouvez vous en remettre à moi pour le choisir. Je vous le répète, ce n'est pas d'aujourd'hui que j'y songe.

Sur ces paroles, les deux nouveaux amis se séparèrent.

En effet, déjà depuis plusieurs années, Jean-Sans-Peur s'occupait de choisir les instruments de sa haine. Il ne fallait plus au meurtre que l'occasion ; les poignards étaient prêts.

Il avait recruté quelques-uns de ces derniers parmi ses serviteurs les plus fidèles ; mais des ennemis implacables et braves tels que le vieux d'Enghien n'étaient pas à dédaigner.

Celui-là ne faiblirait pas, le moment venu.

Puis... il fallait tout prévoir... et le duc de Bourgogne était de ces politiques qui prévoient tout... si le complot échouait, si d'Orléans survivait à l'attentat, son cousin pouvait se disculper et dire que les ennemis n'appartenaient pas au parti de Bourgogne, mais au grand parti de tous les gens de cœur outragés, et que parmi eux se trouvaient même d'anciens et honorables amis du frère du roi.

Quant à lui, Jean-Sans-Peur, il devait se tenir à l'écart, diriger, mais non prendre part à la sanglante besogne.

De son côté, le sire d'Enghien, depuis la cruelle révélation qui lui avait été faite, ne vivait plus que dans l'espoir et l'attente de sa vengeance.

Dire ce qu'il souffrait serait difficile. L'infortuné accusait la jeune femme à qui il avait confié l'honneur de son nom et de ses cheveux blancs.

Il aimait cet enfant qu'il avait cru le sien, et qui commençait à bégayer le nom de père... Et il était obligé de dissimuler à la femme, à l'enfant lui-même, les sentiments qu'il éprouvait.

De crainte de rencontrer le duc d'Orléans, son ami et son maître, il ne sortait plus de son hôtel. Aux repas, à son réveil, à son coucher, il se trouvait comme d'habitude avec sa femme et devait recevoir ses caresses, les innocentes caresses de l'enfant, et y répondre... le cœur brisé...

Ne pensa-t-il point à faire périr la femme ? Nous n'en répondons point.

Il est probable que l'âge si tendre de l'enfant le désarma... les vieillards sont faibles pour les enfants !

Quelques jours se passèrent sans que Jean-Sans-Peur fasse rien transpirer de son dessein. Il affectait, au contraire, dans ses relations avec son cousin, le désir de vivre en bonne intelligence ; ce qui surprenait les bons bourgeois de Paris et les affligeait même, car ils n'aimaient pas Louis d'Orléans, et ils espéraient que le rabot que le duc de Bourgogne avait pris pour devise aurait raison du bâton noueux que le frère du roi avait pris pour emblème de sa politique.

Pour cimenter ce bon accord entre les deux cousins, Charles VI les invita à dîner à Saint-Paul, le 27 novembre.

Jean de Bourgogne et Louis d'Orléans, après avoir entendu la messe et communié ensemble, prirent place à la table royale, et la journée se passa en gais propos.

Jean-Sans-Peur évita de parler de ses richesses, et Louis, de se vanter de ses bonnes fortunes.

Tous deux s'étaient séparés, en apparence, les meilleurs amis du monde.

Le soir, vers huit heures, un page vint prévenir Louis de la part de la reine que le roi désirait l'entretenir.

Il sortit aussitôt, précédé de quelques valets de pied portant des flambeaux.

Il faisait du brouillard, et la lueur rougeâtre des flambeaux servait à peine à se guider dans les ténèbres épaisses où la ville était plongée.

Comme le duc et son escorte arrivaient rue Barbette, des hommes apostés près de l'hôtel Notre-Dame se ruèrent sur eux en criant : « A mort !.... à mort !... »

Les valets, surpris, culbutés, prirent la fuite ; un seul, nommé Jacob, se jeta devant son maître pour le défendre.

Mais les assaillants étaient au nombre de dix-huit.

— Je suis le duc d'Orléans ! s'écria Louis.

— Tant mieux ! c'est lui qu'il nous faut ! répliquèrent les assassins en le perçant de coups.

— Qu'est ceci ?... D'où vient ?... criait-il encore, quand un nouvel assaillant, sorti inopinément d'une maison voisine, la tête enveloppée de son chaperon, une masse d'armes à la main, se fraya un passage jusqu'au prince.

— Est-il mort ? demanda-t-il.

On apporta un flambeau.
Louis d'Orléans gisait dans la boue et le sang, mais respirait encore.

A la lueur du flambeau, les deux ennemis se reconnurent.

Le duc voulut parler, mais l'homme au chaperon ne lui en laissa pas le temps, et de sa masse de fer lui porta le coup de grâce.

Quel était cet homme?

L'histoire ne le dit point. C'était sans doute ou Jean-Sans-Peur ou d'Enghien.

Le lendemain, il y eut grand émoi dans Paris, mais non grand deuil: d'Orléans était détesté.

Jean-Sans-Peur assista au convoi; il porta même un coin du drap mortuaire, en affectant la plus profonde affliction.

Personne n'en fut dupe.

Le soir des funérailles, un conseil fut tenu par le roi en son hôtel, auquel le duc de Bourgogne assista encore, mais après avoir eu soin d'armer toute sa maison, car il craignait d'être retenu prisonnier.

Le conseil avait pour objet l'assassinat de la rue Barbette.

Accusé indirectement, mais obligé de protester de son innocence, il sentit le mensonge l'étrangler au passage et la rougeur de la honte lui monter au front; alors il ne se défendit point, il n'avoua même pas; il déclara hautement qu'il était l'auteur du meurtre; puis, profitant de la stupeur dans laquelle son audace avait plongé ses auditeurs, il sortit du conseil.

Cependant, lorsqu'il fut hors de l'hôtel Saint-Paul, il comprit qu'il venait de jouer gros jeu.

Il avait provoqué le roi dans sa douleur et sa dignité, et si Charles était faible, dénué de toute énergie, derrière lui était Isabeau, l'ancienne maîtresse de Louis d'Orléans; il crut prudent de fuir.

Quant au sire d'Enghien, il renia pour son fils l'enfant de Mariette, son épouse infidèle, et cet enfant fut plus tard ce vaillant bâtard d'Orléans, le comte de Dunois, le soutien de la France et le fléau de l'Angleterre.

II

COMMENT FUT VENGÉ LOUIS D'ORLÉANS ET QUI PAYA POUR TOUS, PRINCES ET PRINCESSES

L'impopularité de Louis était telle, que Charles VI n'osait poursuivre les assassins.

Paris tenait pour le duc de Bourgogne.

Celui-ci le savait bien, et il ne prit que le temps nécessaire pour lever une armée et marcher sur Paris. Les habitants de la capitale lui ouvrirent les portes et l'accueillirent avec des transports de joie.

Charles n'osa rien dire.

Le duc fit faire publiquement l'apologie de son crime par un cordelier nommé Jean Petit.

Le roi eut la lâcheté de lui accorder des lettres d'abolition ou de grâce, portant défense de l'inquiéter, lui et ses descendants.

La reine et les princes, ne se trouvant plus en sûreté, quittèrent Paris, laissant au duc la place libre pour gouverner le royaume et... le roi.

Nous n'entrerons point dans les détails de l'histoire politique, mais nous ferons remarquer toutefois que de ces aventures galantes, déjà fécondes en meurtres, sortit la guerre civile, et que le peuple, lui, qui n'avait point trempé ses lèvres aux coupes d'or de l'hôtel de Bourgogne, qui n'avait point été des fêtes du duc Louis d'Orléans, fut de la partie lorsqu'il y eut de la misère à souffrir et des coups à recevoir.

Souffrir et se battre pour les querelles des princes, c'est son affaire.

Quand ces seigneurs s'amusent, il lui en revient toujours quelque chose.

Mais quittons ces réflexions moroses, et revenons à la querelle de Jean-Sans-Peur et des Valois. Vous pensez bien qu'elle n'était pas éteinte et qu'Isabeau de Bavière, retirée en province avec le jeune Dauphin, ne devait pas élever celui-ci dans l'amour du duc de Bourgogne.

Cependant celui-ci convolait à un nouveau mariage et épousait la fille de Louis troisième, duc de Bourbon.

Très-beau mariage !... Mais, comme dit Brantôme : « Possible qu'il n'empara que le marché, car, à tels gens sujets aux cornes, ils ont beau changer de chambres et de repaires, ils y en trouvent toujours. »

De fait, il n'eut pas pour sa seconde femme le même amour que pour la première... car il aimait celle qu'il avait empoisonnée... et il ne tarda point à se lier intimement avec la dame de Giac.

Malheureusement pour lui, il apportait dans ces liaisons tout le sérieux de son caractère ; c'était un homme passionné et qui se forgeait des chaînes où son cousin se fût contenté d'un lien de fleurs.

Ce fut ainsi que la dame de Giac exerça sur lui un empire absolu.

Les gens légers se dérobent à la puissance des femmes ; les gens passionnés et sérieux, jaloux de leur conquête, sont les esclaves de leur passion et le jouet de leur maîtresse.

La reine Isabeau le savait bien, elle qui n'avait plus rien à apprendre en matière de galanterie.

De loin, elle suivait avec attention le duc son ennemi, l'épiant dans sa vie privée et y cherchant le côté faible où elle pourrait le frapper.

Dix années s'étaient écoulées depuis l'assassinat de la rue Barbette ; à plusieurs reprises, les deux partis s'étaient prodigué les protestations d'amitié. En dix ans, une affaire d'intérêt peut se terminer, mais il n'en est pas de même d'une affaire de passion, et Jean-Sans-Peur devait se tenir sur ses gardes tant que la mort de sa victime n'était pas vengée.

Dans le courant du mois de septembre 1419, sur le conseil de son âme damnée, Tanneguy-Duchâtel, Isabeau fit proposer au duc de Bourgogne une entrevue avec le Dauphin.

Le duc refusa.

La reine ne renonça point à son projet. Mais, comment arriver à changer la résolution de Jean-Sans-Peur ? qui pourrait avoir assez d'influence sur lui pour dissiper sa sage méfiance ?

Elle songea à la dame de Giac.

La dame était coquette et vaniteuse ; elle serait flattée d'être sollicitée par une reine et de jouer ainsi un rôle politique ; puis sans doute serait-elle séduite par la perspective de prendre part aux fêtes qui suivraient l'entrevue.

Tanneguy se chargea de reprendre la négociation et de faire de la dame de Giac une Dalila nouvelle. La reine n'épargna point les riches présents, les bijoux, les parfums rares, et ces cosmétiques dont les secrets étaient recherchés à cette époque avec autant de superstition que de coquetterie.

La dame vivait à Paris, dans un petit hôtel, sans étaler le luxe insolent que se permettent d'habitude les favorites des princes. Elle était surveillée de très-près... le duc était jaloux et ne croyait qu'aux vertus bien gardées.

Mais Tanneguy était plus propre que personne à l'intrigue dont il s'était chargé.

Aussi, comme l'ogre qui sentait la chair fraîche, mais à qui elle restait cachée, le duc sentit bientôt l'intrigue autour de lui et dissimula difficilement ses soupçons et sa jalousie.

Il venait d'accéder à la demande du Dauphin et convenir d'une entrevue qui devait avoir lieu sur le pont de Montereau. Mais, à peine sa parole donnée, il la regretta, et le Dauphin se trouva seul au rendez-vous.

Jean, indigne cette fois de son surnom, s'avança jusqu'à Bray-sur-Seine et s'arrêta... il eut peur !

En vain on lui dépêcha courrier sur courrier. Tanneguy se rendit deux fois près de lui pour le prier de tenir sa parole. Il répondit par des propos évasifs. Un pressentiment secret, dit l'histoire, mais sans doute quelque avertissement plus positif, le retenait encore.

Il devint sombre, inquiet.

Cette humeur taciturne effrayait ceux de sa cour qui avaient prêté une oreille complaisante aux émissaires du Dauphin.

En définitive, ils n'étaient pas bien sûrs que ce dernier ne tramait point quelque perfidie.

Quant à la dame de Giac, prenant le change sur l'air assombri de son terrible amant, et l'imputant à la jalousie, elle se rappelait la mort subite et inexplicable de la duchesse de Bourgogne.

— Je pressens quelque chose de funeste ici, lui avait dit le duc à son retour de Bray-sur-Seine.

La trahison rôde autour de moi.

La favorite pâlit; elle se crut accusée, mais elle attendit qu'il s'expliquât.

Sur ces entrefaites, Tanneguy vint la voir.

Elle lui fit part des soupçons de Jean-Sans-Peur et des craintes qu'elle éprouvait.

— Je ne viens pas vous parler d'autre chose, madame, répondit Tanneguy. Vous savez combien il est violent et dissimulé... Souvenez-vous de Marguerite, sa première femme. Il venait de rire et de plaisanter avec elle, il avait présidé à sa toilette et la félicitait de sa beauté; quelques heures plus tard, elle était morte.

— Oui, je sais, fit madame de Giac, pensive. Et qu'a-t-il dit de moi?

— Rien de précis... vous savez qu'il ne parle pas volontiers... des mots vagues, dits avec une intention menaçante... Je viens donc ici pour la dernière fois, car je ne voudrais pas attirer sur vous sa vengeance.

— Oh! s'écria madame de Giac, ne m'en dites pas davantage; depuis quelques jours je ne dors plus. La nuit, je tressaille au moindre bruit et crois voir entrer des assassins; à mes repas, j'ose à peine toucher aux mets que mon maître-d'hôtel a goûtés devant moi.

Est-ce donc là le bonheur promis par l'amour d'un grand prince!...

— Il ne faut pas qu'un grand prince, reprit Tanneguy, donne tout son temps au service des dames; la politique ferait une utile diversion à la jalousie du duc, et il est de votre intérêt de lui persuader de venir à Montereau.

— Oui, sans doute, mais d'autres lui disent qu'il montrerait ainsi trop de confiance et même qu'il y va de sa vie.

— Eh bien, fit vivement Tanneguy, c'est une affreuse calomnie, mais, s'il en était ainsi, vous en seriez bien délivrée.

. . . .

Lorsque le duc vint dans la soirée, selon son habitude, madame de Giac se souvint du conseil et des dernières paroles de Tanneguy. Elle amena la conversation sur le projet d'entrevue.

— Souffrirez-vous, lui dit-elle, que l'on dise à Paris que vous avez peur?

— Moi, avoir peur! se récria le duc; ah! vous n'en croyez rien!

Et il se décida.

Ce que n'avaient pu obtenir les plus habiles diplomates, une femme l'obtint.

On sait ce qui en résulta.

Le 10 septembre 1415, le duc de Bourgogne se rendit au pont de Montereau, sur lequel il devait rencontrer le Dauphin.

Il n'était accompagné que de six chevaliers.

Il aborda et salua respectueusement le jeune prince, et presque aussitôt il tomba sous les coups de plusieurs assassins. On ignore le nom de celui qui le frappa le premier; Tanneguy-Duchâtel fut le second; il renversa le duc d'un coup de sa hache d'armes; un troisième l'acheva en lui enfonçant son épée depuis le bas-ventre jusqu'à la gorge.

Le Dauphin se saisit des équipages de sa victime et d'une partie de ses richesses, qu'il distribua à Tanneguy et à ses complices...

Assassinat suivi de vol.

On n'est pas plus grand prince!

LES DEUX JEANNE

JEANNE Ire

REINE DE JÉRUSALEM, DE SICILE ET DE NAPLES

JEUNESSE ET MARIAGE DE JEANNE DE NAPLES

Nous allons changer de latitude.

Nous allons passer les tropiques de l'amour, tout en nous rapprochant, par le théâtre même de notre histoire, de la ligne tropicale des géographes.

C'est à Naples que nous allons.

Adieu au ciel brumeux de Paris, à la ville enfumée et boueuse des Valois, où est né ce proverbe : « Quand il fait beau, prends ton manteau. »

La galanterie florissait à Paris au quinzième siècle et même avant, cela ne fait pas l'ombre d'un doute, — on la rencontre bien jusqu'au Kamtschatka, — mais dans cette ville, dont les rues n'étaient nettoyées que par les crues du fleuve, où il faisait nuit noire au coucher du soleil, ni les splendeurs du ciel et de la mer, ni les parfums enivrants de la brise, ni la muette éloquence d'une campagne de fleurs, de moissons et de fruits, ne conspirèrent contre les cœurs chastes.

On s'y aimait... parce que l'amour est une plante vivace qui résiste à toutes les intempéries.

Le soleil n'y était pour rien.

Mais à Naples... c'est bien différent !...

A Naples règne un printemps éternel.

Tout y conjugue le verbe aimer.

Et si, par une de ces soirées plus belles encore que le jour, on se promène dans les jardins d'un palais, on s'étonne que les blanches statues qui peuplent les massifs de verdure puissent garder leur immobilité.

Tout respire la volupté.

Et il faut que l'homme soit réellement un être bien misérable de nature pour ne pas trouver le bonheur au bord de ce golfe enchanté.

Nous devons donc faire provision d'indulgence pour les héroïnes de cette histoire, les deux Jeanne, qui se donnèrent à l'amour, sans réserve, ne vivant que par lui et pour lui, jusqu'à ce que mort s'ensuivît.

Éperdues de passion, elles ne reculent devant rien, même le crime, même l'abîme où les pousse leur aveuglement.

La première tenait de son père sa nature érotique.

Son père avait été tué tout jeune par ses excès.

Son grand-père, le roi Robert, voulant lui assurer sa couronne, lui avait fait épouser le prince André, fils du roi Charles-Robert de Hongrie, qui avait des droits au trône de Naples.

Les mariés avaient de sept à huit ans.

Le caractère tout politique de ce mariage ne pouvait guère se modifier que cinq ou six ans plus tard, même en ce pays où l'on peut parler de la sagesse d'une fille de douze ans.

Le jeune Hongrois se transporta à Naples, suivi d'une collection d'Allemands de distinction, qui, étrangers à la langue et aux mœurs italiennes, formèrent une société à part. Il était, en outre, flanqué d'un gouverneur, qui tout d'abord s'attacha à lui inspirer de l'aversion pour la cour napolitaine et la princesse royale.

Les efforts de ce digne homme étaient bien inutiles : Jeanne et André semblaient nés pour se détester. L'une était une enfant d'une beauté élégante et gracieuse, d'un esprit précoce et ardent. L'autre était un jeune hibou de Germanie, dont les yeux roux s'ouvraient mal au grand soleil de Naples. Sa taille trapue était sans grâce, ses manières étaient brutales et farouches.

Jeanne en eut peur d'abord ; il lui fallut plusieurs jours avant d'oser en rire.

Elle grandit en apprenant à le détester, et elle n'attendit point de lui la réponse aux premiers battements de son cœur... à son gré, il lui eût fallu attendre trop longtemps.

Elle avait près d'elle une gouvernante, experte en intrigues de tous genres, qui épiait ses premiers désirs, la guettait à ce moment critique où s'éveillent les passions.

Cette femme se nommait Philippine Cabane ; elle était originaire de Catane, et on la nommait généralement la Catanaise.

Elle a joué dans la vie de Jeanne Ire un rôle important et funeste.

Blanchisseuse et femme de pêcheur, elle avait été choisie pour nourrir l'enfant dont la duchesse de Calabre avait accouché en Sicile. Celle-ci était morte, et le duc Robert (qui plus tard devint roi et fut le grand-père de Jeanne) épousa dona Sanche d'Aragon.

Philippine, jeune et belle, habile à deviner et à servir les passions de ses maîtres pour les subjuguer, devint la favorite de dona Sanche.

Sur ces entrefaites, le premier maître d'hôtel de Robert, nommé Raymond Cabane, était mort, léguant ses biens, son nom et ses titres à un esclave sarrasin qu'il avait acheté à un corsaire.

Avant de mourir, il avait présenté ce jeune homme à Robert, devenu roi de Naples, et avait obtenu de lui céder sa place.

Cabané le Sarrasin fut donc armé chevalier par le roi et fait grand sénéchal, en dépit des murmures de la cour indignée.

Quelques années plus tard, le pêcheur catanais étant mort, il épousa Philippine, qui devint grande sénéchale et dame d'honneur de la reine, et peu après gouvernante des deux princesses royales, Jeanne et Marie.

D'après cela, on peut comprendre combien la situation de la Catanaise était difficile à la cour de Naples.

Elle avait contre elle la noblesse et les Hongrois, et même le peuple, qui ne pardonnait pas à la femme d'un pêcheur, à une plébéienne, d'avoir pris rang parmi ses maîtres.

Elle ne devait compter que sur Jeanne.

Aussi, avant qu'André eût réclamé ses droits d'époux, la Catanaise lui avait déjà donné un rival.

Elle n'avait plus à le redouter.

— Je suis votre époux, avait dit André à Jeanne, et suis jaloux de vous servir, et je vois avec peine que je suis resté un étranger pour vous sous le même toit.

— Prince, lui avait-elle répondu, attendez que je sois la reine ; alors mon existence deviendra plus sérieuse et plus conforme à vos goûts. Vous m'aiderez à supporter le poids de la couronne. Jusque-là, je veux dépenser mes derniers jours de liberté à ma manière, et vous ne sauriez trouver place parmi mes femmes, mes poètes, mes musiciens et mes bouffons.

André se résigna à attendre.

Le roi Robert étant mort le 17 janvier 1343, Jeanne succéda à son aïeul et, prenant la couronne, dut en accepter toutes les charges.

Le premier devoir qu'elle eut à remplir fut

envers son mari, et de ce jour elle se jura de se débarrasser de lui.

Elle avait déjà pour amant son cousin, le prince de Tarente. Celui-ci était aussi beau qu'André était laid, aussi séduisant que le Hongrois était déplaisant.

Quant à elle, Boccace, qui fut l'amant de sa sœur, la comtesse Marie d'Artois, nous a laissé le portrait suivant :

« Elle était fort belle, dit-il, d'une physionomie agréable et enjouée, d'un langage affable et gracieux ; et, de même qu'elle savait au besoin montrer une majesté royale, elle savait aussi se montrer pleine d'humanité, de bonté familière, à ce point qu'on eût oublié qu'elle était la reine, et paraissait plutôt la compagne de ses sujets... »

Brantôme dit que ses portraits « font témoigner qu'elle était plus angélique qu'humaine, » que son visage respire une grande douceur.

Singulier ange !...

« Elle y paraît vêtue, ajoute-t-il, d'une robe qui montre être de velours cramoisi avec quelques parements d'or et d'argent.

« Elle était quasi de la propre façon que nos dames d'aujourd'hui portent le jour d'une grande magnificence, qu'on appelle à la boullonnaise, avec force grandes pointes d'aiguillettes d'or. Elle porte en sa tête un bonnet sur son escoffion. »

En tenant compte de l'exagération des apologistes tels que Boccace et Brantôme, il reste certain que Jeanne était une des femmes les plus séduisantes de son temps. Maintenant nous allons voir.

II

LA CORDE D'OR

La cour avait quitté Naples pour Averse, petite ville située sur la route de Capoue, à quelques lieues de Naples. Cette seconde résidence était loin d'être aussi agréable que la première. C'était une retraite presque monastique et qui semblait réserver ses longs portiques, ses galeries ogivales, ses salles immenses et voûtées, au travail et à la méditation plutôt qu'au train d'une cour amie des fêtes somptueuses et des bruyantes orgies.

D'où venait ce caprice ?

Cependant, si étrange qu'il pût lui paraître, André en avait accepté avec joie la proposition.

Averse, c'était l'isolement, la solitude...

Là allaient se trouver aux prises dans un cercle plus restreint les rivalités des deux cours : la cour de la reine et celle de son mari.

Il y aurait une lutte, et peut-être une lutte décisive.

André était bien décidé à prendre l'offensive, si dès les premiers jours il n'était pas attaqué.

Le mépris de la reine l'oppressait. Elle se jouait de lui et à ses droits d'époux opposait sa volonté de souveraine.

L'audace du comte de Tarente l'irritait. Plus d'une fois il avait songé à le tuer, mais il s'était contenu en se demandant s'il n'entreprendrait point une tâche surhumaine et qui dépassait les travaux d'Hercule en tentant d'exterminer les amants de sa femme.

L'astuce profonde et toujours éveillée de la Catanaise l'effrayait par-dessus tout. Les yeux d'escarboucle de cette vieille étaient fixés sur lui, le suivaient partout, pénétrant sa vie dans ses moindres détails et son cœur dans tous ses secrets.

La Catanaise était son cauchemar.

Aussi, en partant pour Averse, ce fut à elle qu'il songea tout d'abord.

« Ce Hongre (dit Brantôme, qui semblerait parler d'un Prussien de nos jours), ivrogne très-dangereux et malicieux, *en faisant son simple et son niais, comme volontiers font telles gens*, le faisait plus que les habiles et honnêtes,

Eh bien, sire, cette corde de soie et d'or est faite pour pendre quelqu'un. (Page 18.)

et la voulait faire mourir pour être seul roi. »

Si ce n'est vrai, c'est bien vraisemblable.

Et, quoi qu'il en fût, les passions étaient montées à un haut degré lorsque les deux cours arrivèrent à Averse.

Le roi, — faisant son niais, — se promenait le lendemain sous une longue galerie dont les baies ogivales ouvraient sur une cour intérieure et qui reliait les appartements de Jeanne aux siens.

Jeanne, entourée de ses dames d'honneur, parmi lesquelles se remarquait la terrible sénéchale, se distrayait par de menus travaux de femme en prenant le frais sous cette galerie.

André s'approcha d'elle.

Elle venait de dévider de longs fils d'or et de soie, et s'amusait à les tresser.

— Madame, lui dit-il après l'avoir complimentée, quelle merveille nous préparez-vous là ?

— Oh ! rien, sire.

— Que vont devenir sous vos doigts ces fils de soie et d'or ?

— Une simple corde.

— Vraiment... une corde ?

— Oui, sire.

— Et que comptez-vous en faire ?

Un éclair de joie malicieuse alluma les grands yeux de la jeune reine.

— Ah ! faut-il que ce soit vous qui me le demandiez ? fit-elle en riant.

Tous les regards se tournèrent vers André.

— Et pourquoi non ? Tout ce que fait ma reine est pour moi du plus grand intérêt.

— Si je vous le disais, cependant ? reprit Jeanne, toujours railleuse.

— Parlez, je vous en prie.

— Eh bien, sire, cette corde de soie et d'or est faite pour pendre quelqu'un.

— Ah !.. fit André avec un sourire pénible. Mais permettez... les gentilshommes reconnus coupables ont droit à la hache.

— Oui, sire.

— Et les autres à la corde... mais à la corde de chanvre.

— Sans doute, mais les rois... Vous, sire, par exemple ?...

— Moi ?... fit André avec une gaieté forcée. Ah ! si j'étais coupable envers ma reine bien-aimée, je ne sais, à la vérité, de quel supplice je serais digne.

— Le cas est prévu, repartit Jeanne, toujours sur le ton de la plaisanterie, et c'est une corde d'or que vous avez méritée.

André partit de rire, et ses courtisans suivirent son exemple.

Et, toute la journée, il n'eut d'autre mot aux seigneurs qu'il recevait :

— Vous savez ce que fait la reine ?.. Une corde pour me pendre !...

Mais, au fond, il ne riait pas !...

Le soir, il fut comme d'habitude au coucher de la reine et comme d'habitude se retira en lui souhaitant la bonne nuit, du ton d'un sujet fidèle et d'un mari résigné aux bonnes nuits qui n'entraient pas dans son partage.

Cependant, le lendemain, il ne retourna point sous la galerie, ayant appris que la reine y était occupée au même travail que la veille.

Il se renferma dans sa chambre avec quelques-uns des fidèles chevaliers qui l'avaient accompagné enfant à la cour du roi Robert, et tint conseil.

Ces chevaliers, qui depuis longtemps nourrissaient contre Jeanne et sa cour une haine profonde, furent heureux de le voir enfin acculé si près de l'abîme, qu'il fût obligé de prendre une résolution énergique.

Ils savaient tous l'histoire de la corde d'or et ne la prenaient point pour une vaine plaisanterie.

— Sire, dit l'un d'eux, par ces paroles imprudentes de la reine, le ciel a voulu vous avertir. Il est temps de prendre un parti et d'agir.

La personne de Sa Majesté doit vous être sacrée, mais il n'en est pas de même des personnes perverses qui l'ont détournée, dès son jeune âge, de ses devoirs envers vous, et qui ont juré notre perte à tous.

Et, entre ces personnes, les premières qu'il faut frapper sont la Catanaise et son fils... le fils du Maure...

Frappez !... nous sommes prêts !...

Dans ce palais d'Averse, les cris mourront étouffés. Aucune sédition populaire n'est à redouter, et, ses Siciliens défaits, la reine vous sera soumise.

— Et d'ailleurs, fit un autre conseiller, si la reine ne se soumet, que le roi prenne la couronne !

— Il n'est pas douteux, reprit André, que Jeanne ne me fasse mettre à mort si elle le peut, car il faut que son cousin, le comte de Tarente, périsse, et elle ne me le pardonnera pas.

La Catanaise et tous les Siciliens exterminés, il faudra, pour notre sûreté et la tranquillité du royaume, que Jeanne se résigne à entrer dans un couvent.

Demain il y aura fête au château d'Averse.

Lorsque les gardes de Jeanne seront accablés par le vin, à un signal que je donnerai on commencera le massacre.

Pour aujourd'hui, prenons encore patience.

Le lendemain, la reine devait donner une

fête dans les jardins du palais ; les préparatifs en étaient déjà commencés.

Le soir, André ne se présenta point au coucher de Jeanne.

Cette retraite inaccoutumée alarma la Catanaise.

Une femme qui faisait sa police l'avertit, en outre, du conciliabule tenu chez le roi.

Il ne lui en fallut pas davantage pour pressentir un danger imminent, et se décida à prendre le devant.

Elle manda le grand sénéchal, son fils.

— Il est temps d'agir, lui dit-elle, ou les Hongrois nous devanceront. Choisissez vos hommes ; cinq ou six nous suffiront.

— Quoi, déjà ? fit le jeune homme.

— Un complot n'est jamais sûr du secret, répondit Philippine ; c'est par un coup subit qu'il faut surprendre son ennemi. André est seul. Ses chevaliers sont rentrés chez eux. Tout dort, dans la confiance de notre perte jurée.

Vous connaissez, sénéchal, le couloir qui réunit les bâtiments de la cour hongroise à l'appartement de la reine ?

Je ne parle pas de la galerie d'honneur, mais de cette construction moderne formée de gros piliers de bois.

— Je la connais.

— Vous en occuperez l'entrée de notre côté, avec vos hommes dissimulés derrière les piliers.

— Oui, madame.

— Là, vous attendrez André, qui ne tardera point à paraître. Il viendra seul, ou suivi de son page. Il sera sans armes. Vos hommes l'étreindront dans leurs bras, étoufferont ses cris, et vous lui passerez autour du cou ce cadeau de la reine.

La Catanaise tendit à son fils la corde d'or.

Le sénéchal, comte d'Évoly, prit cette corde des mains de sa noble mère et se déclara prêt à exécuter ses ordres.

Il n'était pas surpris ; depuis longtemps il méditait ce crime avec la vieille favorite. Ses deux beaux-frères, les comtes de Murzan et de Terreline, étaient dans le complot, ainsi que le grand chambellan Artus, Catane, sénéchal de l'hôtel, Miliczano, huissier de la chambre,

et deux gardes de la reine, Cantazaro et Montefoscolo.

D'Évoly fut prévenir ces honorables gentilshommes et les plaça dans la galerie, tandis qu'un page d'Artus se rendait chez le roi.

— La reine, lui dit le page, vient de recevoir de Naples un courrier chargé de dépêches importantes ; elle vous prie de vous rendre à l'instant chez elle.

André obéit.

— Je te suis, dit-il au page.

Et, sans autre compagnie, il s'engagea dans le couloir qui lui était réservé.

Arrivé à l'appartement de Jeanne, il vit la porte fermée, dans une obscurité complète.

Le page heurta à la porte.

— Ouvrez au roi, dit-il.

Mais, au même instant, les deux gardes placés de chaque côté de l'entrée se rapprochèrent brusquement.

L'un repoussa le page, l'autre se jeta sur le roi et le saisit à la gorge.

Tous les conjurés accoururent, paralysèrent la résistance de leur victime, étouffèrent ses cris et l'étranglèrent.

Puis, lorsque le malheureux fut tombé sans vie sur les dalles, — lâches comme tous les assassins, — ils lui prodiguèrent les outrages, le foulèrent aux pieds, le traînèrent dans la galerie, jusqu'à ce que d'Évoly se fût souvenu de la volonté de sa mère, passât la corde d'or au cou du mort et le suspendît à un pilier, sous les fenêtres de la reine.

Si rapidement que se fût accompli ce meurtre, si prompts qu'ils eussent été à étouffer les cris de leur victime, à cette heure nocturne, dans ce palais silencieux, le bruit de la lutte avait été entendu et avait serré tous les cœurs.

Les Hongrois, qui ne dormaient que d'un œil, étaient sur le qui-vive, et une vieille femme inquiète était accourue en s'écriant :

— Qui donc égorge-t-on ici ?

Cette vieille était la nourrice d'André.

A son approche, les assassins prirent la fuite. Le cadavre était déjà pendu.

Elle l'examina et, à ses vêtements, reconnut le malheureux prince.

— Mon roi ! cria-t-elle d'une voix stridente. Au

secours !... Venez tous !... Ils ont étranglé notre roi !...

A cet appel lugubre, tout le palais s'agita, tous les hommes s'armèrent, toutes les femmes se prirent à se lamenter ; et, au-dessus du bruit causé par l'alarme générale, on entendait toujours les cris de la vieille nourrice désespérée.

Mais personne ne vint.

Dans l'attente d'un massacre, chacun se barricada chez soi.

Et les premiers rayons du jour éclairèrent le cadavre du roi suspendu au pilier, et, à ses pieds, la fidèle nourrice évanouie.

Ce jour-là, Jeanne ne fit pas ouvrir ses fenêtres.

Elle resta enfermée, elle aussi, entre la Catanaise et Louis de Tarente, son amant, effrayée du crime, et ne sachant quels ordres donner pour pourvoir à sa propre sûreté.

Mais bientôt un tumulte épouvantable la tira de sa torpeur.

C'étaient les bourgeois d'Averse, en armes, qui envahissaient le palais.

— Fuyez, madame, dit la Catanaise. Vos domestiques sont égorgés ou en fuite ; n'attendez pas que vos chevaliers les plus dévoués soient réduits à se défendre contre la canaille ; fuyons à Naples sous leur protection.

Jeanne ne redoutait rien des bourgeois d'Averse, mais elle ne demandait pas mieux de quitter un séjour qui lui rappelait son crime. Elle se déroba aux envahisseurs et partit en litière pour la capitale.

De leur côté, les Hongrois, malgré les cris poussés contre les ennemis du roi, ne se croyaient pas en sûreté et détalaient dans diverses directions.

Après avoir mis le palais à sac, les bourgeois se retirèrent.

Aucun d'eux n'avait osé toucher au corps du roi, qui demeura pendu pendant deux jours. Enfin, un chanoine de Naples, ému de ce scandale, alla détacher le corps et lui donna la sépulture, sans que personne, pas même un bourgeois d'Averse, se mît en devoir de l'y aider.

III

LE DEUIL DE JEANNE

Le crime avait été commis le 18 septembre ; mais, tandis que la nouvelle s'en répandait en Europe, il était déjà oublié à Naples.

C'est d'ailleurs un des pays où l'on oublie le plus vite. Les soucis, qui chez nous ont l'aile onglée comme les chauves-souris, là-bas ressemblent à de beaux phalènes de velours.

Le pape Clément VI, comme pontife, crut devoir lancer les plus terribles anathèmes contre les coupables, et, comme suzerain du royaume de Naples, il voulut connaître d'un forfait dont de si grands personnages étaient accusés.

Il envoya le cardinal de Saint-Marc fulminer sa bulle et informer le procès à Averse.

A la bulle, personne ne fit attention ; ce fut du latin perdu.

Quant aux informations, elles ne rencontrèrent qu'indifférence et mauvais vouloir.

On n'avait rien vu... on ne savait rien...

Officiers et magistrats refusaient leur ministère.

Pendant ce temps, la reine mettait au monde un garçon... c'est-à-dire un prince, qui ressemblait peut-être beaucoup à Louis de Tarente, mais en qui les Hongrois reconnaissaient un héritier d'André.

Les relevailles furent accompagnées et longtemps suivies de fêtes, bals, spectacles, tournois, dans lesquels, disent les historiens, la reine se livra à la joie la plus vive et la plus indécente.

Le cardinal s'en retourna près du pape pour lui avouer l'insuccès de sa mission.

Grande colère au Vatican.

On venait d'ailleurs d'y recevoir une lettre de Louis, roi de Hongrie, frère d'André, qui réclamait justice et annonçait l'intention de descendre en Italie.

Ce prince avait fait peindre l'assassinat de son frère sur un drapeau noir et appelé toute sa noblesse à se ranger autour de ce drapeau.

Clément VI écrivit une seconde fois à Jeanne.

« Tout le monde vous accuse, lui disait-il, d'être l'auteur du meurtre de votre mari. Si vous vous refusez plus longtemps à livrer les coupables à la justice, le roi de Hongrie entrera à Naples pour en tirer vengeance. »

En même temps, il lui envoya Bertrand de Baux, comte de Montescaglieso, grand justicier, pour informer contre les assassins d'Averse.

Bertrand, à son arrivée à Naples, convoqua les états et tint à la reine le langage le plus franc et le plus hardi.

Il obtint enfin l'autorisation de sévir.

Jeanne n'osa lui résister.

Elle abandonna ses complices.

Artus avait fui.

Mais la Catanaise et les siens se croyaient en sûreté à l'ombre du trône.

Le légat les fit arrêter dans la chambre même de Jeanne, où ils étaient venus chercher un refuge qu'ils croyaient inviolable.

Les deux gardes, Cantazaro et Montefoscolo, furent également arrêtés.

Cependant le légat n'osa étendre la main jusqu'au comte de Tarente.

Et, tandis que l'on préparait le supplice de la famille catanaise et de quelques obscurs bandits, tout se préparait au palais pour les fêtes du mariage de Louis de Tarente avec la veuve d'André.

— J'ai besoin de mettre ma couronne sous la protection d'une épée, avait dit Jeanne à son peuple.

Mais Jeanne n'avait pas seulement besoin de la protection d'une épée.

Il lui fallait un mari, et dans son mari un amant, et dans cet amant, non pas un de ces soupirants délicats qui font de l'amour un culte, mais un satyre ardent et brutal.

Ce n'était point des sentiments qu'il lui fallait, mais des sensations.

Nous n'exagérons rien :

La reine aimait être battue !

Louis de Tarente la brutalisait, sans la blesser toutefois.

Ces corrections produisaient l'effet d'un massage violent, et c'est dans les larmes et sous les coups que la passion se réveillait chez elle plus terrible.

« Voilà de terribles humeurs de personnes, comme dit Brantôme, qui cite un grand nombre d'exemples du même genre parmi les princesses et les plus grandes dames de son temps.

« J'ai ouï parler, dit-il, d'une grande dame de par le monde, *mais grandissime*, qui ne se contentait de la lasciveté naturelle...

« Pour se provoquer et contenter davantage, elle faisait dépouiller ses dames et ses filles, je dis les plus belles, et se délicatait fort à les voir, et puis elle les battait du plat de la main, et les filles qui avaient délinqué quelque chose avec de bonnes verges... »

Mais nous irions trop loin si nous voulions peindre les mœurs de la cour la plus dissolue d'une époque et d'un pays où l'érotisme avait atteint son apogée.

Nous laissons ces peintures à un musée napolitain : le musée secret.

Revenons aux accusés.

Bertrand voulut que le procès fût public, aussi bien que le châtiment.

Il fit construire au bord de la mer une sorte de cirque en planches, et, au milieu de ce cirque, fit établir un échafaud sur lequel furent conduits les accusés pour être interrogés et appliqués à la question.

Pour la première fois, le public put assister aux scènes atroces de la question ordinaire et extraordinaire, à la torture des brodequins et au tenaillement.

On sortit des cachots ces engins monstrueux, et le peuple put repaître ses yeux et ses oreilles du spectacle des chairs fumant sous les tenailles rougies et des hurlements arrachés par la douleur aux accusés.

Les cris parvenaient à la foule, mais non les aveux ou les dénonciations recueillies par les magistrats.

Ce drame judiciaire se prolongea plusieurs jours.

La Catanaise résista à tous les supplices, et pas une parole ne lui fut arrachée contre la jeune reine, qui l'avait abandonnée et qui l'oubliait dans les plaisirs.

Son fils, d'Évoly, eut moins de courage ou moins de générosité, mais le peuple n'en connut rien ; on ne l'amenait à l'échafaud et on ne le transportait à la prison qu'après l'avoir bâillonné.

Philippine Cabane, la Catanaise, périt en se tordant dans des convulsions de douleur ; ses deux filles et ses fils, après avoir été disloqués et tenaillés avec le plus grand art, furent condamnés à mort et précipités dans un brasier allumé près de l'échafaud.

Tout le monde applaudit à ce châtiment, moins par amour de la justice que par haine de cette famille de plébéiens parvenus.

Cependant le frère d'André n'était pas satisfait. La vraie coupable, à ses yeux, était la reine. Jeanne lui ayant écrit pour l'apaiser, il lui répondit :

« Ta vie désordonnée, la vengeance de ceux qui ont tué ton mari non poursuivie, l'autre mari que tu as incontinent épousé et l'excuse que tu m'as envoyée depuis, sont pleines de preuves que tu as été participante et complice à la mort de ton mari. »

Et il entra en Italie.

IV

LA VENGEANCE DU ROI DE HONGRIE

Nous glisserons rapidement sur les événements militaires et politiques, pour nous attacher au récit des aventures galantes et tragiques.

A l'approche de l'armée hongroise, les troupes rassemblées par Louis de Tarente se débandèrent, et, à la nouvelle de cette panique, Jeanne vit la solitude se faire autour d'elle. Chambellans, sénéchaux, ministres, conseillers, écuyers, gardes royales, tout le monde des courtisans et des valets avait pris la fuite, avant même que le roi eût pu rejoindre la reine pour lui annoncer la dispersion de son armée.

C'est en voyant le vide se faire autour d'elle que Jeanne comprit toute l'étendue du péril qu'elle courait. A l'aide de ses femmes, elle emballa ses effets les plus précieux à la hâte et se fit conduire au port.

Là, elle avait trois galères provençales toujours prêtes à mettre à la voile... Elle connaissait son peuple et son armée...

Elle prit deux galères, laissa la troisième à son mari et gagna le large.

Louis ne tarda point à la rejoindre.

Tandis qu'ils voguaient vers la Provence, le roi de Hongrie, altéré de sang, entrait à Naples, livrait la ville au pillage et faisait arrêter tous les amis de la cour.

Après cette justice sommaire, il voulut visiter les lieux où son frère avait été étranglé.

Il se fit accompagner à Averse par le duc de Duras, ancien amant de Jeanne.

Lorsqu'ils furent tous deux sous la galerie dont nous avons parlé :

— Racontez-moi, dit Louis de Hongrie au duc, comment le roi mon frère a été assassiné.

— Je l'ignore, sire.

— Vous étiez au palais.

— J'étais à Naples.

— Traître ! s'écria le roi, il est inutile de mentir. Tu étais ici. C'est ici que tu l'as frappé. J'ai de toi une lettre où tu parles de le faire périr... C'est ici, à ton tour, que tu périras.

Le duc fit un geste pour implorer grâce, mais un coup d'épée le renversa aux pieds du roi, qui le regarda mourir.

C'était peu, à son gré, que la mort de cet homme pour donner une idée « au monde attentif » de la puissance d'un roi de Hongrie !...

Et, malheureusement pour son orgueil, il ne rencontrait plus ni grand coupable ni population soulevée contre l'envahisseur.

Le patriotisme manquait aux Napolitains, et le roi de Hongrie avait beau les égorger, il n'obtenait point de les faire battre et ne réussissait qu'à les faire fuir.

Il en fut ainsi presque de tout temps dans ce pays, sans cesse sillonné par les armées allemandes, espagnoles et françaises.

En quelques semaines, Louis de Hongrie acheva la facile conquête du royaume, autrement dit, distribua ses soldats dans les forteresses, rendit la justice et leva les impôts. Les cruautés qu'il exerça ne servirent qu'à sa satisfaction personnelle.

Puis, gorgé de richesses, il voulut montrer aux Italiens qu'un prince allemand sait aussi, à ses heures, être galant et magnifique.

Il donna des fêtes où la cour allemande étonna les Napolitains par la capacité de ses estomacs et consomma en quelques heures autant de vins et de victuailles que Naples tout entière en un mois.

Du côté de la galanterie ils furent moins triomphants, et, à défaut de patriotisme, le goût italien opposa ses répugnances, la barrière de ses délicatesses et de ses recherches, à la brutalité naïve des chevaliers germains.

Le roi lui-même rencontra des cruelles...

Il n'y avait de *cruelles* que pour les étrangers.

Un jour, le roi entreprit de se faire aimer d'une fort belle dame, et un matin, profitant de l'absence de son mari, il vint lui faire visite, sans cérémonie, seul, en simple chevalier.

Il la trouva encore au lit.

Il causa avec elle, en bon italien, s'efforça de lui plaire, ressuscita l'éloquence amoureuse de sa vingtième année, mais en vain.

La dame demeura insensible et coite en son lit, répondant à peine et ne souriant qu'à ses propres pensées. Il n'en obtint rien, que de la contempler à son aise.

Il lui fallut se résoudre à battre en retraite.

Cette marche rétrograde n'est pas, en amour, d'une stratégie moins difficile que celle de l'attaque ou de l'investissement.

Il faut éviter à la retraite l'air de la défaite et de la déroute...

Se retirer en combattant...

Le vainqueur de Naples ne l'ignorait point.

Aussi, avant de se retirer, hasarda-t-il quelque timide caresse, un baiser d'adieu.

Mais, comme il s'était approché du lit, survint le mari.

La surprise fut telle de part et d'autre, que Louis n'eut pas le loisir de retirer son gant, qui s'était perdu parmi les draps... je ne sais comment.

Le mari, reconnaissant le roi, s'inclina dans un respectueux silence.

— Monsieur, lui dit ce dernier, je vous dirai comme la reine de Castille : « Il y a quatre choses que je prends plaisir à voir : un homme d'armes sur les champs, un évêque en son pontifical, un larron au gibet et une belle dame dans son lit. »

Et il se retira.

Le brave gentilhomme, après l'avoir accompagné poliment jusqu'à la porte, revint près de sa femme et, comme elle se levait, aperçut le gant du roi...

Il le prit et le serra, sans rien dire, mais depuis fit froide mine à sa femme et renonça à partager son lit.

La pauvre dame, fort attristée de ses soupçons, écrivit un jour le quatrain suivant :

> Vigna era, vigna son,
> Era podata, or più non son,
> E son so per qual cagion
> Non mi poda il mio padron.

Ce qui peut se traduire ainsi :

> J'étais vigne et le suis encore,
> J'étais cultivée et ne le suis plus,
> Et je ne sais pour quelle raison
> Ne me cultive plus mon patron.

Le mari trouva le quatrain, prit la plume à son tour et y répondit :

> Vigna eri, vigna sei,
> Eri podata et più non sei ;
> Per la granfa de leon,
> Non ti poda il tuo padron.

En français :

> Tu étais vigne et vigne tu es,
> Tu étais cultivée et tu ne l'es plus ;
> A cause de la griffe du lion,
> Ton patron ne te cultive plus.

Et il laissa aussi le quatrain sur la table.

Cela n'apprenait pas grand'chose à la pauvre

dame ; elle savait très-bien que la cause de la froideur de son mari était la rencontre fâcheuse de la griffe du lion ; mais cette griffe ne l'avait pas atteinte, son honneur était intact.

Comment le prouver à son mari, et comment l'en convaincre ?

Elle s'adressa au lion lui-même et lui montra les deux quatrains.

Le roi se piqua de véritable galanterie et mérita ainsi le titre de *galantuomo* bien avant Victor-Emmanuel ; de sa lourde main de soldat il écrivit la réponse que voici :

A la vigna che dicete,
Io fui, e qui restete,
Alzai il pamparo, guardai la vite,
Ma mon toccai, si Dio m'ajute !

En français :

A la vigne que vous dites
Je suis allé et m'y arrêtai ;
J'en soulevai le pampre, en regardai le raisin,
Mais n'y touchai point, ou Dieu ne m'aide !

Comme on le pense, cette réponse fut bientôt communiquée au mari, qui se contenta d'une si honorable réponse et reprit la vigne délaissée.

V

UN PEUPLE COMME ON N'EN VOIT PLUS

A cette époque, Avignon et la plus grande partie de la Provence appartenaient à la couronne de Naples.

Cette distribution de territoires, qui aujourd'hui paraît bizarre, était alors dans la logique et dans le droit.

Les princes possédaient les États et par conséquent pouvaient, en dépit des intérêts des populations, en dépit de toutes raisons, se transmettre les uns aux autres des territoires importants. Une princesse apportait en dot une province.

Il eût plu à une princesse française d'épouser le prince impérial du Céleste-Empire et de lui donner en dot une province française... cette province fut devenue chinoise.

Ceci est bon à rappeler.

On comprend alors l'organisation des armées composées de mercenaires de tous pays et l'absence du patriotisme, dans le sens élevé qu'il a aujourd'hui.

Le patriotisme en Europe, quoi qu'en disent les détracteurs ignorants ou de parti pris de la France moderne, existe en France, plus senti et plus vivace que n'importe où, parce qu'en France chaque citoyen peut dire : « L'État c'est moi. » La patrie, c'est la nation aussi bien que le territoire.

On nous pardonnera ces réflexions un peu sérieuses, parce qu'elles serviront à expliquer l'aventure singulière de Jeanne Ire en Provence.

Reçue d'abord avec enthousiasme, elle put trouver dans l'accueil des Provençaux une consolation à l'infidélité des Napolitains. Mais, à peine installée à Aix, elle se vit entourée d'une surveillance inquiète et jalouse, à ce point qu'un jour la foule s'était ameutée et s'était opposée au départ d'un courrier emportant une lettre de Jeanne pour Clément VI.

Elle s'enquit des raisons de cette émeute, et le plus respectueusement du monde on lui déclara que l'amour du peuple provençal la faisait prisonnière, qu'il la voulait garder pour reine et de toutes façons s'opposerait soit à ce qu'elle quittât la Provence, soit à ce qu'elle cédât ce pays au pape.

Cela s'était déjà vu peut-être, mais cela ne se voit plus depuis longtemps.

— Nous tenons notre reine chez nous, gardons-la ! » s'étaient dit les Provençaux.

Il n'y avait pas de danger cependant qu'elle repartît de suite pour l'Italie, car la peste venait d'y débarquer et y répandait ses ravages.

Louis de Hongrie, épouvanté, avait reculé devant le fléau et abandonné Naples et ses troupes jusqu'à des temps meilleurs. Après

Les coupables, après avoir été disloqués et tenaillés avec le plus grand art, furent condamnés à mort et précipités dans un brasier allumé près de l'échafaud. (Page 22.)

avoir embarqué les princes du sang d'Anjou, l'enfant de Jeanne et d'André et son trésor, il avait fait voile pour Gênes et regagné la Hongrie.

Quant aux troupes, elles s'étaient reconstituées en bandes indépendantes et remplaçaient la solde royale par le pillage du pays.

Voilà comment le soldat devenait bandit, en attendant que la vieillesse le fit mendiant.

Décimés par la peste, ruinés et opprimés par la soldatesque étrangère, les Napolitains regrettèrent le bon temps des fêtes et des tournois de la reine Jeanne.

On ne lui reprochait autre chose que la maladresse avec laquelle elle s'était débarrassée de son premier mari; sans le scandale de cet étranglement, on eût continué à vivre bien tranquille. Quant au crime, quant au sort d'André, on avait trop souffert des Hongrois, on les avait trop en haine, pour ne pas absoudre l'assassinat et pour s'apitoyer sur la victime.

Aussitôt que le fléau disparut, les Napolitains envoyèrent à Jeanne des députés pour la prier de rentrer dans sa capitale.

Jeanne ne demandait pas mieux, mais les Provençaux n'y voulaient point consentir.

Comment faire pour s'arracher à l'amour des uns et se rendre à l'amour des autres ?

Elle s'adressa à son suzerain, Clément VI, et celui-ci consentit à intervenir en Provence et à lui faire rendre la liberté, moyennant la cession d'Avignon pour trente mille florins.

Tous ces événements s'étaient accomplis en sept mois environ.

Vers la fin d'août 1348, Jeanne et son mari, Louis de Tarente, furent de retour à Naples.

Louis rassembla comme il put une armée d'aventuriers et disputa ses provinces aux bandes hongroises et allemandes qui les dévastaient en attendant le retour de leur *roi légitime*.

Pendant ce temps, que fit la belle Jeanne pour charmer les loisirs que lui laissait l'absence de son mari ?

Qui remplit, la nuit, près de son auguste et charmante personne, la vacance... du trône ?

L'histoire n'en dit rien, probablement parce qu'elle veut faire hommage à notre bon sens d'un sous-entendu si facile à deviner et nous laisser l'honneur de la suppléer. Jeanne n'était point femme à languir et à se morfondre en l'absence de son royal époux.

Tandis que Louis de Tarente guerroyait contre les bandoliers, elle avait autour d'elle ses courtisans, ses écuyers, ses pages.

Holà ! mon page, venez me conseiller ;
L'amour me berce, et je ne puis sommeiller.

Cependant, comme nous n'avons aucun fait authentique à citer à l'appui, nous reprenons les pages de la chronique vénérable, dût le lecteur trouver qu'elle manque de gaieté.

La gaieté, en effet, est absente.

Mais le romanesque?... Non point !...

Le roi de Hongrie ne tarda point à rentrer en scène.

L'Italie est un fruit doré dont on a toujours faim dès qu'on en a approché ses lèvres.

Il revint avec dix mille hommes de cavalerie.

Selon la tradition respectée, les troupes napolitaines prirent leurs jambes à leur cou et essayèrent de gagner de vitesse sur les cavaliers hongrois. Louis de Tarente, mieux inspiré, se renferma dans la citadelle d'Averse.

L'ennemi investit la citadelle, mais se découragea bientôt, dans l'inaction d'une cavalerie en face de hautes murailles qu'aucun engin de siège ne lui permettait d'attaquer.

Le roi de Hongrie se retourna du côté du saint-père.

— Tout ce que je demande, lui dit-il, c'est que Jeanne consente à être jugée.

Prononcez entre nous.

Le pape intervint de nouveau.

Un armistice fut conclu, et Jeanne consentit à se rendre à Avignon pour y être jugée.

Devant le tribunal, composé d'ecclésiastiques, la royale accusée, par sa beauté, son art de plaire, son éloquence naturelle, ses artifices féminins, se concilia bientôt toutes les sympathies.

Elle eût obtenu un bien plus grand succès si elle eût osé se servir de l'argument de la courtisane grecque devant l'Aréopage.

Elle se contenta d'exposer à ses juges que son premier mari lui avait été imposé par la volonté de son père, qu'il était laid et déplaisant au possible.

Cependant elle avait essayé de vaincre ses naturelles répulsions et s'était soumise à sa condition d'épouse, les yeux fermés, en offrant à Dieu ses peines.

Elle serait parvenue à aimer son mari si, comme elle s'en était bientôt aperçue, ses ennemis n'avaient usé contre elle d'un maléfice...

La sorcellerie et le diable s'en mêlant, elle pressentit les plus grands malheurs.

Quant au meurtre d'André, elle n'en avait été que la cause indirecte et ignorante.

Enfin, si plus tard elle s'était remariée, c'est qu'elle avait besoin de l'appui d'un guerrier illustre et qu'il vaut mieux se marier que brûler... C'est une maxime de l'Église.

La cour pontificale déclara Jeanne innocente.

Louis de Hongrie se soumit à cet arrêt et se retira avec son armée.

VI

TROISIÈME ET QUATRIÈME MARIS

Inutile de dire peut-être que l'acquittement de la reine et la retraite des Hongrois furent célébrés à Naples par des fêtes splendides.

Les bandits ravageaient le royaume et venaient attaquer jusqu'aux faubourgs de la capitale...

Mais Jeanne n'en voyait rien, n'en savait rien ; elle avait sur les yeux le bandeau de sa passion ; et, quant à Louis de Tarente, il était la première victime de cette passion et de cette fureur de plaisirs.

Jaloux d'être aimé sans partage, il épuisait les dernières forces de sa jeunesse auprès d'une femme qui ne régnait que par la volupté, mais qui faisait de ce règne une véritable tyrannie.

Il succomba en mai 1362 ; le printemps l'acheva.

Jeanne, qui n'était point inconsolable, épousa, dans le courant de la même année, Jacques d'Aragon, prétendant à la couronne de Majorque.

C'était un choix assez malheureux.

Ambitieux, d'humeur inquiète, dédaigneux des plaisirs et du luxe, ce prince n'aimait que la guerre et ne rêvait que conquêtes.

Sa haute taille, sa vigueur, avaient séduit Jeanne et l'avaient trompée.

Sorti de sa coque de fer, descendu de son coursier de bataille, ce vaillant chevalier ne devisait volontiers qu'avec les flacons ; les bals, les fêtes l'ennuyaient, la musique l'irritait, et dans sa femme il ne voyait que la reine.

Jeanne restait veuve en réalité.

Heureusement qu'il n'était pas jaloux !

La reine admirait ses exploits et, les comparant à ceux des plus vaillants chevaliers de la chrétienté, ne lui trouvait d'égal que le prince Otto ou Othon de Brunswick, le plus noble, le plus brave, le plus généreux de son siècle.

— Ah ! se disait-elle, si j'avais le malheur de perdre ce vaillant Jacques d'Aragon, voilà le seul prince qui serait digne de lui succéder.

Et, s'attristant des dangers que courait le premier, elle se consolait à penser aux mérites du second.

Le ciel, — qui est toujours pour quelque chose dans nos affaires de ménage, — ayant résolu de ravir au royaume de Naples l'âme de Jacques d'Aragon, entra dans les vœux de la reine et y disposa le cœur d'Othon de Brunswick.

En conséquence, Jacques d'Aragon mourut en l'an 1375, et, quelques mois plus tard, Othon de Brunswick lui succéda.

Bien qu'elle ne fût plus jeune, la reine était toujours très-belle et surtout très-séduisante, ce qui n'est pas absolument la même chose.

Othon était lui-même d'un âge raisonnable, mais Jeanne lui inspira une profonde passion.

Et c'était, nous l'avons dit, un des plus nobles caractères de son temps.

Il se dévoua tout entier à sa reine.

Il était temps qu'une main énergique prît ses intérêts, car le royaume était dans une situation lamentable, et les grands seigneurs avaient succédé aux bandits allemands et se disputaient les provinces.

Ce n'est pas tout profit pour un peuple d'avoir une reine qui s'amuse !

Jeanne étant sans enfants, on se disputait déjà son héritage.

Elle adopta un de ses cousins, Charles de Duras, le fils de celui que nous avons vu périr à Averse. Mais, par une singulière fatalité, ce jeune homme, élevé en Hongrie, avait appris en ce pays à mépriser sa patrie et à détester la cour de Naples et Jeanne elle-même.

Il dissimula ses sentiments, accepta les bienfaits dont on le combla, se laissa donner par la reine le nom de fils, et nourrit en secret les desseins de la plus basse ingratitude.

Ici nous prendrons le parti de Jeanne.

Ce Duras était un vil coquin.

Il n'attendait qu'une occasion de trahir sa bienfaitrice, et elle s'offrit à lui dans la double compétition au trône pontifical de Clément VII et d'Urbain VI, en 1378.

Jeanne avait reconnu Clément VII.

C'était une erreur... peut-être... le Saint-Esprit seul le sait... Mais qui se trompe a tort.

Urbain en jugea ainsi, et, avec une habileté assez indigne de son titre de saint-père, provoqua Charles à la rébellion contre la reine, sa mère adoptive, et invoqua son secours.

En histoire, cela s'appelle de la politique, et en morale, une coquinerie.

Charles se fit couronner roi de Naples par le pape et s'avança contre Othon.

L'armée de celui-ci — l'histoire de Naples est pleine de ces répétitions de faits — se débanda à la vue de l'ennemi, et, malgré son courage, Othon dut rentrer à Naples sans avoir pu livrer bataille.

Jeanne renia alors Charles de Duras pour son héritier et adopta Louis, comte d'Anjou.

Elle s'enferma ensuite dans le Château-Neuf, en attendant le secours de ce dernier.

Ne rencontrant aucune résistance, Charles ne tarda guère à assiéger la reine.

Othon, pendant ce temps, levait des troupes en province et marchait sur Naples. Il parvint même à livrer un combat. Pour délivrer Jeanne, il eût volontiers donné sa vie, mais, comme François Ier à Pavie, il tomba en combattant entre les mains de l'ennemi.

Jeanne, alors, se résigna à capituler.

Mais, à peine eut-elle ouvert les portes de sa forteresse, que l'on signala une flotte qui entrait dans le golfe.

C'était une flotte provençale...

C'était Louis d'Anjou !...

VII

LE DERNIER ACTE DU DRAME

Quel coup de fortune !... Un jour de résistance de plus, et elle eût été sauvée !...

— Voilà, madame, des gens qui vont achever de vous perdre, dit Charles de Duras, car, quel que soit le sort de la bataille que nous allons livrer, vous resterez notre prisonnière.

— Je le prévois, monseigneur. Je ne vous en cacherai point mon déplaisir ; mais, puisque le ciel en ordonne ainsi, je vous déclare que je suis prête à me résigner à mon infortune et à tout tenter pour éviter de nouvelles batailles.

— Que voulez-vous dire ?

— Que je suis lasse d'un pouvoir si disputé et d'une lutte si sanglante.

— Mais que ferez-vous pour y couper court ?

— Tout ce qui m'est encore possible.

— Parlez.

— Si vous le voulez, dit Jeanne, je me rendrai près des Provençaux. Ils m'aiment, et, quoi que je leur ordonne, ma voix sera écoutée.

— Me prenez-vous pour dupe ?... fit Charles de Duras. A d'autres ces ruses napolitaines !... Vous laisser rejoindre la flotte !...

— Vous m'avez mal comprise.

— Expliquez-vous, madame ; mais d'avance je vous déclare que je m'oppose également au débarquement de Louis d'Anjou et à votre désir de le joindre.

Jeanne, non sans courage, subit ces paroles hautaines et reprit :

— Vous m'avez mal comprise. Avant que la flotte soit entrée dans le golfe, je ferai par des signaux demander une entrevue aux capitaines des navires.

— C'est assez difficile à réaliser.

— Un bâtiment sera neutralisé. Il recevra autant de chevaliers de votre armée que de capitaines de l'armée provençale et se tiendra à une égale distance de la côte et de la flotte. Cela vous conviendra-t-il ?

— Parfaitement ; il y aura bien encore quelques détails à régler, mais passons.

Je vous déclare que je m'oppose au débarquement de Louis d'Anjou. (Page 28.)

Que direz-vous à ces capitaines ?

— Ce qui est : la situation qui m'est faite, les regrets que j'éprouve ; mon désir sincère de rendre la paix à mon pays, si longtemps en proie aux ravages de la guerre...

— Cela ne les touchera point.

— Je leur montrerai les dangers auxquels m'expose leur intervention, et, pour l'amour d'une reine qui les a toujours aimés et qu'ils ont toujours fidèlement servie, sans doute consentiront-ils à se retirer.

Duras réfléchit un instant, les yeux toujours fixés sur la flotte qui doublait les îles et déjà s'avançait vers le port.

— Essayez ! dit-il. Je vous accompagnerai ; je veux vous entendre.

Un éclair de joie brilla dans les yeux de Jeanne.

Il l'aperçut et se ravisa.

— Non, dit-il, je me méfie de vos ruses napolitaines.

— Quel gage vous faut-il donc?

— Un gage?... Oui, il me faut un gage!... Vous m'y faites songer... Eh bien! pour que je puisse vous accompagner à cette entrevue, non en étranger parmi des Provençaux, mais en maître, en héritier de la couronne de Naples, de Sicile et de Jérusalem, vous me conférerez par acte authentique les droits de la couronne de Naples sur la Provence.

Jeanne surmonta sa stupéfaction.

— Je ne ferai, lui dit-elle, que ratifier les faits accomplis, puisque vous vous êtes emparé de ma couronne.

Mais, en ce cas, vous voyez bien qu'il nous faut une entrevue avec les Provençaux.

— A ce prix j'y consens, répondit Charles de Duras.

Quelques heures plus tard, des signaux étaient échangés avec la flotte.

Nous n'entrerons pas dans de plus longs détails sur les usages pratiqués à cette époque entre deux armées obligées d'échanger des parlementaires, par une excellente raison : c'est que nous ignorons ces usages.

Cette entrevue des capitaines de la flotte d'Anjou, du comte de Duras et de la reine captive a dû être difficilement réglée.

Combien de précautions à prendre de part et d'autre !

D'un côté, Duras devait se méfier que les Provençaux n'enlevassent la reine ; de l'autre, les capitaines devaient craindre de se faire enlever.

Malgré tout, l'entrevue eut lieu à la pointe du château de l'Œuf.

Une foule considérable y assistait à distance sur le quai de la Chiaja et les hauteurs du Pausilippe.

Lorsque la reine prisonnière arriva en face des capitaines provençaux, elle fut saluée par une immense acclamation.

Charles alors, irrité de ces témoignages de sympathie qui flétrissaient sa trahison, fit crier par ses hérauts les titres qu'il avait usurpés et celui de roi de Provence qu'il venait d'extorquer de Jeanne.

Les Provençaux eurent du mal à contenir leur indignation.

Alors la reine prit la parole à son tour.

— Capitaines, dit-elle d'une voix émue, mais qui savait se faire entendre des plus éloignés d'elle, braves Provençaux, à qui je dois d'avoir échappé naguère à Louis de Hongrie et qui m'avez entourée à Aix des preuves d'un attachement qui me fut si sensible, votre surprise et votre douleur doivent être grandes de voir votre reine prisonnière dans ses États, au milieu de son peuple, et d'entendre ces hérauts d'armes proclamer pour votre nouveau maître un prince qui ne vous est connu que par ses usurpations récentes...

Un murmure s'éleva des rangs des chevaliers qui accompagnaient Duras et un instant couvrit la voix de la reine.

Mais Jeanne reprit, d'un ton plus élevé et vibrant de colère :

— Ne vous arrêtez pas à l'appareil qui m'entoure. Je suis captive comme femme, mais ma volonté de reine, mais mon droit, sont invincibles.

Ne reconnaissez pour votre maître que monseigneur d'Anjou.

Vengez-moi du brigand, du traître que vous avez sous les yeux.

Ne vous occupez plus de Jeanne que pour la venger... et priez pour son âme !...

Vive Louis d'Anjou, roi de Naples, de Provence et de Sicile !...

En vain ceux qui l'entouraient voulurent couvrir sa voix par leurs murmures et leurs cris ; ces paroles courageuses parvinrent aux capitaines, qui les applaudirent avec enthousiasme.

Si le peuple qui contemplait cette scène avait pu entendre cette protestation, Charles de Duras n'aurait eu peut-être qu'à se réfugier en toute hâte dans le château voisin.

Il se retira, entraînant sa prisonnière, au milieu des huées de la flotte provençale et des cris de : « Vive Jeanne! vive Louis d'Anjou! »

Ah ! s'il l'eût osé, Jeanne ne serait pas rentrée vivante à Naples !... Mais ce maître fourbe se dit sans doute que la guerre a des dénouements imprévus, qu'il pouvait être vaincu dans la lutte qui s'engageait, et que Jeanne était un gage.

D'autre part, il réfléchit que, Naples allant devenir le champ de bataille, il devait enfermer plus loin son otage, et il fit transporter la reine déchue au château de Muro, situé dans les montagnes, à l'entrée de la province de Basilicate.

La vieille forteresse, d'aspect barbare et menaçant, bâtie sur des rochers à pic comme un nid d'aigle, avait servi de repaire à plus d'un bandit féodal avant de devenir la prison de la reine Jeanne.

On n'y parvenait que par des défilés étroits, faciles à défendre avec quelques hommes déterminés, et l'on ne pouvait s'en emparer que par la famine.

Jeanne, en s'acheminant vers ce triste séjour, pressentit qu'elle marchait vers son tombeau.

Cependant elle garda sa fière attitude.

D'où venait tant de courage à cette femme, qui, dans sa jeunesse, à Averse, lors du crime, à Naples, lors du châtiment et de l'invasion hongroise, avait montré ici tant de lâcheté et là tant de faiblesse ?

Ce courage, elle le puisait dans ses sentiments de justice indignés.

Autrefois elle était coupable, et à cette heure elle était victime d'une trahison infâme.

Elle avait sa conscience pour elle.

Elle pouvait lever la tête et regarder en face les officiers de Duras.

Mais, d'autre part, ces derniers, blessés dans leur orgueil, n'oubliaient point qu'elle les avait qualifiés de brigands et la traitaient avec barbarie. Dans ce pénible voyage à travers les montagnes, par des chemins de pâtres, ils n'avaient aucun ménagement pour la faiblesse de son sexe et de son âge ; ils ne gardaient aucun respect de son ancienne puissance, et, au lieu de lui donner le château-fort pour prison, ils l'enfermèrent dans un cachot et la chargèrent de chaînes.

Alors elle dût se rappeler de la corde d'or qu'elle avait tressée pour son premier mari et songer aux derniers jours de la Catanaise !...

Le châtiment de tant de crimes et de folies s'était fait attendre, mais paraissait désormais inévitable. Son heure allait sonner.

Cependant l'armée du comte d'Anjou, chez qui les courageuses paroles de la reine avaient eu leur écho et qu'elles avaient animée d'un nouveau courage, débarquait sur la côte de Naples et peu après attaquait l'armée de l'usurpateur.

Celui-ci avait de meilleures troupes que jadis Louis de Tarente ; elles étaient formées des vieilles bandes hongroises disséminées dans le pays ; cependant elles ne purent résister à l'attaque des Provençaux.

Battues sous les murs de Naples, elles durent bientôt chercher un refuge dans les Abruzzes, où les soldats de Louis d'Anjou lui donnèrent la chasse.

Et, un beau soir... le soir du 12 mai 1382... Charles, qui se disait toujours roi de Naples, de Sicile, de Provence et de Jérusalem, et qui n'était déjà plus que le comte de Duras, fut forcé de se retirer dans la Basilicate et de se rabattre sur la forteresse où il détenait celle qui avait été reine de Naples.

A la tombée de la nuit, il se présenta en fugitif, avec quelques-uns de ses chevaliers, à la poterne de la forteresse.

Au qui-vive de la sentinelle :

— Le roi ! répondit-il.

Et la sentinelle demanda :

— Quel roi ?

— En est-il d'autre que Charles ?

On en attendait déjà un autre à Muro.

Un instant après, la poterne s'ouvrit, et il fut reçu par le chevalier chargé de la défense de la forteresse.

Il ne lui dit rien de ses défaites, et d'ailleurs son arrivée subite en ce repaire, à la tête d'une poignée de cavaliers harassés, expliquait assez l'état désespéré de ses affaires.

Mais à peine eut-il mis pied à terre :

— Et Jeanne ?... demanda-t-il. Vit-elle encore ?

— Oui, sire.

— Que devient-elle ?

— Sire, elle attend de vous sa destinée.

— Où est-elle ?

— Selon les ordres que vous m'avez donnés,

elle est dans un des cachots du donjon. Désirez-vous que je vous conduise près d'elle ?

— Non.

Il demeura un instant comme écoutant les bruits vagues du dehors ou ses propres pensées.

Puis :

— Êtes-vous instruit de ce qui se passe ? reprit-il.

— Un fuyard est passé ici qui nous a dit que votre armée avait été battue sous les murs de Naples. Nous n'en avons rien cru, et je l'ai fait pendre pour le punir de son mensonge.

— Très-bien. Mais Jeanne n'en a rien su ?

— Non, sire.

— Et depuis ?

— Des paysans, en apportant des vivres, nous ont raconté que vos troupes tenaient la montagne contre les troupes de Louis d'Anjou. Nous avons soupçonné que c'étaient des espions envoyés par l'ennemi pour éprouver notre fidélité, et nous en avons tiré bon augure.

— Mais Jeanne ignore tout cela, n'est-ce pas ?

— Oui, sire.

— Oh ! que cette dernière consolation d'apprendre les succès de Louis d'Anjou lui soit ravie !... Qu'elle meure avant d'apprendre ma défaite !... Car notre cause est à peu près perdue, et vous ne l'ignorez pas, messire. Mais ne vous gênez pas pour me dire la vérité ; déjà, n'est-ce pas, des partisans d'Anjou ont été vus rôdant autour de cette forteresse ?

— Sire, c'est la cruelle vérité. Au bruit de vos chevaux, nous croyions à l'arrivée de l'ennemi.

— Ils savent que Jeanne est ici... ils accourent pour la délivrer... Mais je les devance... et le signal de leur approche sera celui de sa mort... Mais il ne faudra pas attendre le bruit de la bataille... Non, non, elle apprendrait par lui mes revers... Elle mourrait trop heureuse !...

Dès qu'un cavalier ennemi sera signalé dans la gorge de Muro, que j'en sois averti, et Jeanne aura cessé de vivre.

Ces paroles échangées, sa haine s'accorda quelques instants de répit.

Il entra au château, où déjà la table était dressée pour lui et ses chevaliers.

La nuit était une nuit de mai et une nuit de Naples ; on eût pu se passer de flambeaux. Cependant la salle à manger resplendissait de lumière, et l'abondance du menu était propre à écarter les soucis d'un long siège.

Les vins de Sicile et de Chypre, si doux après un jour de combats et de fatigues, mêlaient leurs rubis à l'or des coupes et des calices, retrempait le vermillon des lèvres, puis perlaient dans les barbes grises des bons chevaliers.

Adieu, soucis, vendanges sont faites !...

Les esprits lourds de ces vieux porteurs de casque se réveillaient et trouvaient des ailes. L'oubli était bu, et l'on parlait de prochaines victoires...

Tandis que la sentinelle plantée sur le rempart jetait alternativement un regard aux vitres rougies de la salle du festin et à la campagne baignée d'ombre.

Elle ne buvait point de vin de Chypre, heureusement pour elle !

Le silence de la campagne ne suffisait point à la rassurer, et elle savait que la confiance des chefs n'est pas toujours un présage de victoire.

Et elle avait raison, cette sentinelle moyen âge !...

Soudain sa hallebarde frappa à coups redoublés les dalles du chemin de ronde, et sa voix claire fit entendre le cri : « Aux armes ! »

Malgré le bruit du festin, le comte de Duras l'entendit.

Il se leva brusquement.

— Avez-vous entendu ?... On a crié : « Aux armes ! » Debout, chevaliers !

Chacun se précipita dans la cour. On gravit les remparts, et de là, en effet, on put voir par groupes épais les cavaliers d'Anjou envahir les abords de la forteresse.

Plusieurs cherchèrent le roi pour lui demander ses ordres.

Ils ne le trouvèrent plus.

Où était-il ?

Entrée à Naples du comte Jacques de la Marche. (Page 37.)

Là où l'appelait sa haine, là où l'appelait sa vengeance.

N'avait-il pas dit :

« Dès qu'un cavalier ennemi sera signalé dans la gorge de Muro, que j'en sois averti, et Jeanne aura cessé de vivre. »

Il s'était rendu au donjon et avait mandé le geôlier.

Cet individu était une brute ; aussi bien doué sous le rapport de la force musculaire qu'il l'était peu sous celui de l'intelligence, il cumulait les fonctions de geôlier et de bourreau.

— Écoute, lui dit-il, tu vas descendre dans le cachot de Jeanne.

— Oui, sire.

— Ton apparition à cette heure est faite pour la surprendre ; elle t'en demandera la raison.

— Il est probable, sire.

— Tu lui répondras : « Je viens vous apprendre une grande nouvelle : monseigneur le comte d'Anjou a été tué dans un combat livré à quelques milles d'ici. Vos dernières espérances sont détruites. »

Sans doute elle criera au mensonge ; mais soutiens ton dire, car c'est la vérité.

Mais surtout ne dis point que c'est de moi que tu tiens cette importante nouvelle. Elle ne doit point savoir que je suis venu à Muro.

— Et que dirai-je ensuite, sire ?

— Ensuite tu l'étrangleras.

Le bourreau, si habitué qu'il fût aux dénouements brusques, fit un mouvement de surprise.

Le comte répéta :

— Tu l'étrangleras de tes mains ou à l'aide d'une corde, comme bon te semblera, pourvu qu'en remontant tu puisses me dire : « Celle qui était la reine Jeanne est morte. » Tu m'as compris ?

— Oui, sire.

— Tu n'oublieras pas de lui conter la grande nouvelle. Il faut, avant de mourir, qu'elle sache que Louis d'Anjou est vaincu et tué.

— Oui, sire.

— Va, je t'attends.

Le geôlier-bourreau s'éloigna et descendit au cachot de Jeanne.

La vieille reine dormait toute habillée sur son coucher de paille.

Elle se leva en sursaut, et à la vue du geôlier, comme si le meurtre eût été écrit sur le front étroit de cet homme :

— Ah ! je comprends ! dit-elle.

Mais lui, imperturbable, lui débita son message.

— Quel mensonge ! se récria Jeanne.

— Madame, dit le bourreau, à bout de phrases, à court d'éloquence, c'est la vérité. Vos espérances sont détruites ; il faut y renoncer.

Puis s'approchant d'elle :

— Il faut mourir.

A ce mot, à cette menace, la malheureuse bondit, prête à se défendre.

Mais c'était par instinct, non par raisonnement, car toute résistance était bien inutile.

La poigne du bourreau la saisit au bond et lui serra la gorge.

Si prompt qu'il eût été, le temps avait semblé long au comte de Duras.

Et, plein d'anxiété, Charles avait descendu quelques marches.

— Eh bien ? cria-t-il.

— Elle est morte, répondit l'exécuteur.

— Ah !... fit le comte.

Il fit encore un pas en avant, puis hésita et changea de projet.

— Écoute, cria-t-il. Prends le corps et sors-le du cachot.

Le bourreau obéit.

Dès qu'il le revit apparaître, chargé de son fardeau funèbre :

— Suis-moi, ajouta le comte.

Et tous deux montèrent l'escalier, puis, du donjon, ils entrèrent dans l'appartement seigneurial.

Arrivés dans la chambre à coucher, le comte indiqua au bourreau le lit.

— Dépose là le corps, dit-il, et retire-toi ; demain je te donnerai ta récompense.

Le valet de meurtre exécuta ces derniers ordres et se retira.

Le comte demeura seul près de sa pauvre cousine, étendue sur le lit, inerte, et le visage convulsé par les souffrances de son horrible mort.

Il arrêta sur elle, pendant quelques minutes, son regard sans pitié.

La haine a son appétit comme le vautour.

Il rassasia sa haine.

Puis il ouvrit une fenêtre qui donnait sur le rempart et écouta.

La nuit était pleine des rumeurs et des bruits d'une prise d'armes. La présence de l'ennemi, de l'ennemi victorieux, était sensible. Peut-être Louis d'Anjou était-il de lui à la portée d'une flèche.

La rage qui s'était emparée de lui en redoubla.

Il se retourna vers le lit funéraire.

— Et cependant elle est bien morte !... se disait-il.

Il s'approcha d'elle avec un flambeau...

Et il vit les paupières de Jeanne se soulever, irritées par la lumière, et la vie, l'âme reparaître dans ces prunelles noires naguère si brillantes...

Elle vivait !...

Il se recula, épouvanté.

Puis, presque aussitôt, la fureur, chez lui, succéda à l'épouvante.

Il arracha du lit un oreiller et le jeta sur la face de la reine.

Mais l'oreiller s'agita...

Il le fixa alors..., et consomma ainsi le meurtre qu'il avait ordonné.

. . . .

Pour cette fois, la reine Jeanne était morte.

Quelle fin !...

André le Hongrois était bien vengé.

Mais ce Duras avait été plus perfide et plus cruel que Jeanne, car celle-ci avait été sa bienfaitrice et avait voulu lui laisser sa couronne.

Le crime ne devait point lui profiter... heureusement pour le peuple de Naples, car un traître ne peut être un bon roi.

Mais voyons maintenant si ce peuple fut plus heureux avec la seconde Jeanne, une reine très-galante aussi.

JEANNE II

On entend souvent des gens graves, mais peu sérieux, vous parler des leçons de l'histoire.

Tout ce que nous apprenons dans l'histoire, c'est que ses leçons prétendues ne servent à rien ; ni les peuples ni les souverains n'en ont jamais profité, et quand nos récits n'auraient servi qu'à prouver cela, ils auraient déjà servi à quelque chose.

Après les scandales de Jeanne Ire et après la fin tragique de cette reine, devait-on s'attendre au règne de Jeanne II ?

Ces deux reines auraient pu profiter des exemples du vertueux roi Robert ; mais la voix de leurs passions parlait plus haut. Que les peuples apprennent donc que les rois et les reines ne sont pas exempts des passions communes ; — c'est une leçon de l'histoire, cela.

Plus loin, au dix-neuvième siècle, nous retrouverons sur le trône de Naples une Caroline qui nous rappellera parfaitement les deux Jeanne du quinzième siècle.

Charles de Duras, l'étrangleur de Muro, avait gardé son titre de roi et continué à le disputer au prince d'Anjou. L'heureux pays de Naples avait, par conséquent, subi les horreurs d'une guerre qui pourrait s'appeler la guerre de succession. Pillés et massacrés tour à tour par les deux partis, les Napolitains attendaient, avec une égale indifférence pour Duras et pour d'Anjou, que l'un des deux eût exterminé l'autre.

Enfin le ciel parut combler leurs vœux : Charles III mourut, et d'Anjou, épuisé, renonçait à la lutte. Marguerite de Duras prenait la régence jusqu'à la majorité de son fils Ladislas.

C'était, semblerait-il, une occasion propice pour voir fleurir l'industrie, les arts, le commerce...

Ah bien, oui!... Tout ce qui fleurit sous l'œil maternel, mais somnolent, de la vieille régente, ce furent les vices du jeune Ladislas et de sa sœur Jeanne.

Le premier avait des maîtresses ; la seconde prit des amants et les produisit au grand jour.

Le 6 août 1414, Ladislas étant mort de ses excès, Jeanne lui succéda.

Le premier acte important de son gouvernement fut d'élever à la dignité de grand sénéchal du royaume son favori en titre, il signor Pandolfello Alopo, un des plus beaux garçons dont les pieds nus aient couru sur la Chiaja.

A défaut de fortune et de nom illustre, il avait la beauté : un teint d'une blancheur éclatante, des yeux d'un bleu sombre, des cheveux d'un noir d'ébène.

Ce ne sont pas là, vous semblera-t-il, les mérites d'un homme d'État... Mais Jeanne II en jugeait autrement.

D'ailleurs, pour laisser quelques loisirs à ses travaux politiques, Jeanne prenait en même temps d'autres amants, qu'elle comblait également de dotations et de dignités.

Le grand connétable était blond ardent ; ancien marchand de *fruits de mer*, il avait montré pour l'équitation des dispositions étonnantes.

Le ministre des relations extérieures était charmant ; Jeanne eût pu lui faire prendre les habits de l'une de ses filles d'honneur. C'était lui qui d'habitude présidait à sa coiffure. Elle n'achetait pas une robe sans consulter ce jeune homme d'État.

Les robes sont faites pour les relations extérieures.

Sa mère l'avait nommé Angelino, et Jeanne l'avait fait marquis d'Acerenza.

Il n'avait pas vingt ans.

Le grand chancelier représentait davantage, bien qu'il fût également très-jeune. Il était d'une force extraordinaire. Ses exploits galants dans le sac des villes lui avaient fait une réputation. La reine avait voulu le connaître et avait rendu justice à son mérite, en lui donnant le seul emploi qui fut vacant alors, celui de grand chancelier.

On le nommait le comte d'Avelino.

Cependant toutes ces faveurs, pleuvant sur des jeunes hommes qui appartenaient aux dernières classes de la société, irritaient profondément la noblesse du royaume.

Une députation de gentilshommes vint remontrer à la reine qu'il était temps de s'occuper sérieusement des affaires publiques et de se choisir un mari.

L'attitude menaçante des grands seigneurs intimida la jeune reine. Elle réunit ses favoris en conseil des ministres, comme nous dirions aujourd'hui, leur fit part des vœux exprimés par la noblesse et de la nécessité où elle était de leur donner satisfaction.

Naturellement, la résolution de Jeanne ne fut pas acceptée sans opposition. L'un se sentait menacé dans ses intérêts ; l'autre, tel que Alopo, qui avait pour la reine une sincère affection, se voyait éloigné de la cour, séparé de la femme aimée.

Cependant, les raisons données par la reine étant irréfutables, chacun s'y rendit.

— Il ne nous reste plus, dit Alopo, qu'à remercier la reine de ses bontés, à déposer à ses pieds les titres dont elle nous a honorés et à nous retirer dans les provinces.

— Vous vous alarmez outre mesure, répondit Jeanne. Vos services, seigneurs, me sont encore nécessaires. N'ai-je pas besoin de vos conseils pour choisir un époux ?... et, avant que ce prince soit à Naples, dois-je me passer de sénéchal, de chambellan, de connétable ?

Plusieurs alliances m'ont été proposées.

C'est le sort cruel des reines de ne pouvoir choisir leur époux selon leur cœur, mais selon la raison d'État, et de ne consulter que la renommée.

Nous examinerons ensemble quel est le prince le plus digne d'être associé à la couronne.

Cette discussion, toute nouvelle pour des favoris, traîna en longueur. Néanmoins, pressée par ses grands vassaux, Jeanne dut se décider et opta pour un gentilhomme français, le comte de la Marche.

Le 10 août 1415, le comte Jacques de la Marche fit à Naples son entrée solennelle.

Une galère ornée de drap d'or et de pourpre était allée à sa rencontre ; un cheval syrien, tenu par un esclave maure, l'attendait sur le pont, au milieu des chevaux et des valets des grands seigneurs jaloux de lui faire cortège.

Lorsqu'il parut et descendit de la galère royale, la foule l'acclama, ainsi que de coutume.

Mais il est juste de dire qu'il était de ces hommes qui, par leur taille élevée et robuste, leur mine fière et martiale, se conquièrent de prime-abord les sympathies de la foule.

Il monta à cheval et se dirigea vers le palais. A ses côtés se tenaient Alopo Pandolfello, grand sénéchal, le bel Angelino, marquis d'Acerenza, le grand chancelier, comte d'Avelino, le premier secrétaire de la reine, l'abbé Pandolfo d'Arezzo, et devant ce groupe imposant marchait le capitaine des gardes royales.

A la vue de ce cortége, l'enthousiasme de la foule se changea en une gaieté folle.

En dépit des soldats qui formaient la haie sur le passage du roi, les rires éclatèrent et les lazzis, et des plus vifs, atteignirent au passage la royale cavalcade.

Hélas ! Jeanne n'avait pas eu le courage de se séparer de ses favoris.

Le roi, en jetant les yeux sur cette foule irrévérencieuse, fronça le sourcil. Il était peu familiarisé avec la langue italienne, ou plutôt avec le dialecte napolitain.

Il ne comprenait rien à cette gaieté railleuse. Il s'étonnait et s'irritait secrètement de voir pour la première fois tant de gens éclater de rire sur son passage.

Depuis qu'il était entré dans le golfe de Naples, tout avait été pour lui sujet de surprise et de mécontentement.

Dans la galère envoyée par Jeanne, il n'avait pas vu une seule de ces barbes blanches, un seul de ces vaillants soldats ou de ces conseillers vénérables qui sont l'honneur d'une cour, mais en revanche une députation d'Apollons et d'Adonis dont la jeunesse et la beauté étaient rehaussées par les plus gracieux et les plus splendides costumes.

L'abbé d'Arezzo lui avait adressé un compliment dans une langue douce comme l'azur du golfe et d'une voix de jeune fille ou de fauvette.

Il avait craint de briser la main blanche du marquis Angelino d'Acerenza en la serrant dans la sienne, et, en embrassant le connétable, il l'avait égratigné de sa rude moustache.

Il en était confus.

Les vieux chevaliers qui avaient consenti à le suivre, et qui suaient sous leur coque de fer pour lui faire honneur, formaient avec la cour napolitaine le plus piquant contraste.

Ils souriaient ou bougonnaient dans leur barbe hirsute, n'en pouvant croire leurs yeux. Et sans doute se demandaient-ils :

— Si les hommes sont si beaux dans ce pays, que doivent être les femmes ?...

Les cris, les vivats, les sauts, les battements de mains des *popolani*, foule tumultueuse, bruyante et bariolée des couleurs les plus criardes, les avaient ahuris un instant ; mais ensuite, comme le comte Jacques, leur maître, ils s'étaient secrètement offensés des rires que provoquait le cortége sur son parcours.

Enfin ils arrivèrent au palais.

La cour d'honneur avait été disposée pour la réception du roi, décorée avec art, éblouissante d'or et d'étoffes précieuses, et embaumée de fleurs. Sur une estrade étaient placés deux trônes ; la reine se leva et fit asseoir le comte de la Marche à ses côtés.

Nous n'entrerons pas dans la description des fêtes qui suivirent ; nous dirons seulement qu'à une certaine heure elles changèrent de caractère : ce fut l'heure où les grands vassaux de la couronne, les seigneurs mécontents dont nous avons parlé, vinrent y prendre part.

A la vue de cette noblesse sérieuse, le front de Jacques, jusque-là soucieux, se rasséréna.

— Voilà donc des hommes ! se dit-il.

Il se les fit présenter, et, l'un d'eux connaissant la langue française, il le pria de lui servir d'interprète et de cicérone.

C'était le baron de San-Martino, petite ville de la province de Naples.

Pendant le banquet, il avait remarqué que les seigneurs nouvellement arrivés observaient à l'égard des grands dignitaires de la couronne une réserve hautaine, et que les premiers et les seconds ne semblaient pas en bonne intelligence.

Il pensa pouvoir s'en ouvrir au baron de San-Martino.

— En effet, sire, répondit celui-ci, la vieille noblesse du royaume a vu avec peine ces jeunes gens élevés si rapidement aux plus hautes dignités.

Messeigneurs Alopo Pandolfello, Angelino

d'Acerenza, Foscolo d'Avelino, Pandolfo, ne doivent rien à une illustre origine ni à des actions d'éclat. Ce sont des chevaliers de fraîche date, et leurs parents vendraient encore l'un des poissons sur le port, l'autre des pastèques, sans les bontés de la reine.

Le front du roi se rembrunit.

Et, comme le baron n'osait en dire davantage, Jacques l'encouragea.

— Parlez, lui dit-il, j'ai besoin que l'on m'éclaire.

— Excusez-moi, sire, mais, en vous entretenant davantage de ces jeunes seigneurs, je craindrais de m'écarter du respect que j'ai pour la reine.

— Vos réticences ne font qu'exciter ma curiosité. Eh bien, expliquez-moi au moins l'étrange attitude du peuple à mon entrée.

Aux vivats de la foule ont succédé des rires moqueurs; j'en fus blessé. Parlez sincèrement, sans crainte de me dire une vérité désagréable.

Je sais qu'en tout pays, les gens du peuple rient volontiers des étrangers dont ils voient pour la première fois les costumes.

Qu'avions-nous donc, mes chevaliers et moi, de si ridicule?

— Rien, sire.

— Alors de quoi et de qui se moquait cette foule?

San-Martino baissa la tête et garda le silence.

— Ne le savez-vous pas?... Ce n'était point des jeunes seigneurs qui me faisaient cortége?

— Peut-être, sire.

— Ah! fit Jacques avec humeur, on me l'avait bien dit, que les Méridionaux n'ont point notre rude franchise. Mais je saurai la raison de ces railleries insultantes.

La reine ne saurait refuser de me la dire.

— La reine! se récria le Napolitain. Tout le monde à Naples pourrait vous expliquer cela, excepté la reine.

— Eh bien, je ne vous prie plus de m'éclairer à ce sujet, mais je vous l'ordonne.

A qui s'adressaient les railleries de la foule?

— Vous m'ordonnez de parler, sire, j'obéirai.

Ces railleries s'adressaient à l'époux de la reine, qui s'avançait vers elle, entouré de ses favoris en titre.

Telle est la vérité.

La pourpre de la honte et de la colère envahit soudain le front de Jacques.

Mais il eut la force de se dominer.

Il se mit à boire et dissimula la fureur qui s'était emparée de lui.

— Ah! se disait-il, j'ai été ridicule, je serai terrible; on a ri, demain on frémira d'épouvante; il ne faut pas que vingt-quatre heures s'écoulent entre l'offense et son châtiment.

Le banquet terminé, Jacques se tourna vers son nouvel ami, le seigneur de San-Martino.

— L'insulte qui m'a été faite, lui dit-il, demande une prompte réparation; je ne veux pas, — ces fêtes terminées, — me présenter chez la reine, encore marqué de ridicule. Vous ne m'avez point parlé à la légère, vous ne vous êtes pas fait l'écho de bruits sans fondement, en me disant que ces jeunes gens ont été les favoris de la reine?

— Sire, vous m'avez demandé pourquoi le peuple de Naples riait sur votre passage, et je vous ai répondu la vérité: le peuple riait, parce qu'il n'a pu attribuer la soudaine élévation et la prodigieuse faveur de ces jeunes gens qu'à leur beauté.

— Il suffit; à tort ou à raison, ces jeunes gens sont des causes de scandale. Veuillez donc me suivre dans mon appartement; là, j'aurai des ordres à vous donner.

Sur ces mots, et avant que personne se fût levé de table, attendant que la reine en eût donné le signal, Jacques de la Marche se leva et, à la stupéfaction de tous, sortit de la salle du festin.

On s'attendait à ce qu'il dît un mot. Il s'inclina silencieusement devant la reine et s'éloigna.

Cependant on achevait à la hâte, dans les jardins du palais, les préparatifs d'une fête de nuit.

Des échafauds étaient dressés dans les massifs et chargés de chanteurs et d'instrumentistes; des guirlandes de feu bordaient les allées et formaient d'éblouissantes auréoles au-dessus de poteaux élevés, décorés de panoplies et de devises en l'honneur des nouveaux époux.

L'heure de cette dernière fête était sonnée. L'on n'attendait plus que le roi, et Jeanne allait s'enquérir des motifs de son absence prolongée, lorsqu'un page vint la prévenir que Jacques, retiré dans son appartement, désirait avoir un instant d'entretien avec elle.

Jeanne se rendit à son désir.

Dans le vestibule, elle aperçut le seigneur de San-Martino.

— Le roi? demanda-t-elle.

— Le roi désire être seul pour parler à la reine, répondit celui-ci en indiquant la chambre où Jacques s'était retiré.

L'appartement qu'elle traversait était désert, à peine éclairé; le contraste subit de ce silence et de cette obscurité avec la salle qu'elle quittait, la conduite étrange de Jacques de la Marche, jetèrent dans le cœur de Jeanne le pressentiment de quelque événement funeste.

Jacques, seul, assis devant une petite table où brûlait un long flambeau et où reposait son épée, l'attendait comme un maître et comme un juge.

Mais, à sa vue, il se leva, fut à elle lentement et lui dit :

— Madame, en daignant me choisir pour époux, vous m'avez associé à votre gloire et pris pour gardien de votre honneur. Vous avez bien placé votre confiance, et je veux vous le prouver sur l'heure.

Des serviteurs, indignes de vos bontés, ont répandu sur vous, à la cour et dans le peuple de Naples, des soupçons outrageants. Tirés par vous de l'obscurité, comblés de biens et de dignités, ils ont lâchement donné à croire qu'ils tenaient de vous des faveurs réservées à votre époux.

— Oh! Dieu! qui peut vous avoir dit de pareils mensonges? s'écria Jeanne.

— La voix du peuple, madame, dès mon arrivée les railleries insultantes de la foule, l'attitude des grands vassaux : j'ai eu à rougir de honte à mon entrée dans votre capitale, et la présence des personnages dont je vous parle aux fêtes de notre mariage est un scandale intolérable.

— En vérité, je suis au comble de la surprise.

— Sans doute; aussi n'ai-je contre vous aucun ressentiment. Vous ignoriez, en les envoyant à ma rencontre pour me faire honneur, que le grand sénéchal, le connétable, le chancelier et votre secrétaire se plaisaient à être considérés à Naples comme vos amants, car, en m'entourant de ces personnages, c'est vous qui m'auriez fait injure, et ce n'est pas d'eux que j'aurais à tirer vengeance.

— Quoi! déjà des paroles dures et des reproches! N'hésitez-vous pas à troubler ainsi la joie que me cause votre arrivée?

— Madame, reprit Jacques, modérant la rudesse de son accent, si vous voulez que ce cœur qui vous aime soit tout à la joie en ce jour, accordez-lui la satisfaction qu'il vous demande, la punition des coupables.

— Mais qui prouve que ces seigneurs sont coupables?...

— Ils vous ont laissé diffamer, et vous vous demandez s'ils sont coupables?...

— Seigneur, il suffit; je les éloignerai de la cour.

— Ce serait les dérober au châtiment qu'ils méritent.

— Mais que voulez-vous donc? s'écria Jeanne, frémissante de colère et de terreur.

— Je veux que ceux qui ont fait rire de l'époux de la reine deviennent un sujet de pitié et d'épouvante, et cela, dès ce soir!...

— Ce soir? fit Jeanne en se reculant. Vous me demandez de verser le sang au milieu de cette fête?... Une vengeance en ce jour de pardon?... Non, cela ne sera pas.

— Alors, madame, je n'implore plus de vous qu'une grâce?

— Laquelle, sire?

— De m'exempter de prendre part plus longtemps à vos fêtes.

— Quoi! vous songeriez!...

— Le comte de la Marche, en renonçant à la gloire de vous servir, aura tout perdu, fors l'honneur.

Jeanne se vit au moment d'un scandale épouvantable. Jacques, en se retirant du palais, allait sans doute proclamer, en présence de la noblesse déjà irritée, les raisons de son départ.

Ses favoris et leurs partisans mettraient l'épée à la main. Une querelle, une lutte violente allait peut-être ensanglanter le palais, et qui pouvait prévoir le lendemain de cette lutte funeste?...

D'autre part, à la pensée de livrer à la haine de cet homme ceux qu'elle avait aimés et surtout Pandolfello, qu'elle aimait encore, à cette pensée, disons-nous, elle se sentait pénétrée d'horreur.

Mais quelle parole trouver pour attendrir ce tigre ou tromper sa fureur ? A peine savait-elle comprendre cette langue encore rude et grossière du comte de la Marche, et celui-ci ignorait l'italien.

Elle n'avait que ses larmes...

Ils étaient sans témoins...

Elle se jeta à ses pieds et tourna vers lui ses grands yeux humides et brûlants.

— Grâce ! dit-elle.

Il lui fallut bien la relever, soutenir dans ses bras sa taille flexible, et sentir sous son corsage palpitant les battements de son cœur.

Alors, toute éperdue, elle se répandit en plaintes, en supplications, en ces chuchotements inintelligibles et caressants qui sont comme la musique d'une passion sans parole.

Et ses lèvres, et ses yeux, la pâleur de son teint, ses larmes, en disaient plus encore... une rose trempée de pluie et battue du vent... je ne sais quelle grâce désolée!..

Le brave chevalier n'était pas de marbre.

Il se sentit monter à la température du Vésuve.

— Ah ! Jeanne ! Jeanne ! gronda-t-il entre ses dents serrées, j'en jure Dieu, vous serez ma reine !... Vous êtes belle, et je vous aime !... Mais je prendrai leur vie, comme vous avez pris mon âme !... Je les hais... je vous aime !...

Alors Jeanne, se dégageant soudain :

— Jamais, seigneur, jamais !... Ou mon amour, ou leur mort... Choisissez.

Et, une fois encore, elle se redressa dans son rôle de reine.

La passion, alors, éclaira le comte Jacques ; les doutes dont il s'était complu à voiler sa situation se dissipèrent comme une fumée.

La résistance de Jeanne s'expliqua.

— Vous les aimez donc bien, ces hommes? dit-il. Ces hommes?... Ces femmelettes, ces poupées... ces misérables, qui font de vous la fable de Naples, la risée du monde... Je le vois maintenant, vous les aimez !... Alors, pourquoi m'avoir offert la moitié de votre couronne ? Avez-vous pris le comte de la Marche pour votre jouet ?...

Une femme ne doit pas jouer avec une épée.

Vous ne me connaissiez pas ; vous apprendrez à me connaître. A votre entourage je vois que vous ne savez point ce que c'est qu'un homme. Vous le saurez bientôt. Ou j'aurai quitté Naples avant demain, ou justice sera faite de l'injure que j'ai reçue.

Jeanne, vaincue, se dirigea vers la porte.

— Souffrez que je me retire, dit-elle.

— Non pas, répliqua Jacques ; vous attendrez ici l'heure de la fête qui se prépare.

Demeurez un instant ; je vais donner des ordres.

Usant ainsi de violence, il sortit un instant dans le vestibule et y donna ses ordres au seigneur de San-Martino.

Jeanne s'aperçut alors que la bague qui lui servait à sceller ses volontés lui avait été dérobée.

Elle voulut s'élancer dehors, mais la peur la retint. A la porte était son mari ; plus loin, deux partis qui n'attendaient qu'un signal pour s'entr'égorger.

Près d'une heure s'écoula pour elle dans cette anxiété.

Aucun bruit, aucun tumulte ne se fit, et cependant Jacques de la Marche devait agir. Son absence prolongée devait alarmer ses amis. Que se passait-il ?

Elle se décida à franchir le seuil de la porte, et au même instant elle vit le roi, suivi de nombreux seigneurs, s'avancer à sa rencontre.

— Madame, lui dit Jacques, la fête que vous avez ordonnée commence, et nous n'attendons plus que vous.

Il lui tendit la main, et tous deux se dirigèrent vers le jardin, comme si rien de nouveau ne s'était passé.

L'illumination était splendide, et la sérénité ou la joie sur tous les visages.

Cependant Jeanne se sentait toujours prisonnière du maître qu'elle s'était donné, car ses regards cherchaient en vain ses favoris,

Elle voulut s'élancer dehors, mais la peur la retint. (Page 40.)

et autour de sa personne elle ne voyait que des chevaliers de Jacques ou ceux de ses grands vasseaux qu'elle avait toujours considérés comme ses ennemis.

Elle s'avançait silencieuse entre les girandoles de lumières et de fleurs, quand tout à coup, arrivée au pied de l'un de ces poteaux destinés à porter des panoplies, un spectacle horrible s'offrit à ses yeux.

A deux poteaux destinés à porter des panoplies étaient liés et étranglés, deux des favoris de la reine, le chancelier et le conétable.

Dire ce que Jeanne éprouva à la vue de ce spectacle hideux serait difficile.

Elle s'arrêta défaillante.

— J'attends les autres; lui dit Jacques. Il m'en manque deux pour que ma vengeance soit complète.

Ces mots rendirent quelque courage à la reine.

Celui pour lequel elle tremblait le plus était vivant. Pandolfello pouvait, saurait agir peut-être.

Mais la vengeance de Jacques avait un caractère trop horrible pour ne point révolter les sentiments d'une partie de la cour. A mesure que dames et seigneurs napolitains s'avançaient vers ces gibets auréolés de flammes, il s'élevait des murmures et même des cris de réprobation.

Les chevaliers de Jacques furent bientôt isolés dans la funèbre allée où s'était engagé leur maître. Ils le suivaient, le sourire aux lèvres, l'œil aux aguets, et la main sur leur épée.

Jeanne n'avait plus qu'une pensée : — Que fait le grand sénéchal ? — Est-il resté à Naples?

Comment communiquer avec lui.

Elle se sentait prisonnière et elle l'était en réalité.

— Vous ne m'infligerez pas une plus longue promenade, dit-elle. Rentrons au palais.

— La volonté de la reine est pour moi une loi sacrée, répondit Jacques. Ceux qui la diffamaient étaient seuls ses ennemis.

Ils se dirigèrent vers le palais et purent remarquer qu'un grand nombre de leurs hôtes avaient avant eux songé à la retraite.

On s'attendait à de nouveaux événements.

Quelques-uns songeaient à combattre, et la plupart à fuir le palais et la capitale.

Bientôt les nouvelles les plus inquiétantes furent apportées à Jacques.

Alopo Pandolfello avait échappé à ses hommes et au lieu de gagner la campagne ainsi qu'on eût pu l'attendre d'un jeune efféminé, il répandait dans le peuple la nouvelle des massacres qui inauguraient le règne du seigneur étranger.

La reine ajoutait-il victime de cette trahison, est prisonnière de Jacques de la Marche ; ses jours même sont menacés.

Bien que le peuple napolitain, comme on a pu le voir précédemment, ne poussât point son attachement à ses souverains jusqu'au fanatisme, il s'émut cependant de l'audace et de la violence de l'étranger.

En quelques heures, l'émotion de ce peuple qui vit dans la rue, se changea en émeute et les flots d'une foule irritée et menaçante vinrent déferler contre les grilles et les portes du palais.

A la prière de Jacques, quelques seigneurs du parti des mécontents tels que San-Martino essayèrent de haranger la foule.

Harangues perdues.

Les gardes de la reine avaient de plus une attitude douteuse et n'attendaient que les premières violences de la foule pour se joindre à celle-ci.

Pandolfello suivi de quelques lances apparut; ce fut le signal de l'assaut.

Il ne restait à Jacques que ses chevaliers.

Trop peu pour résister, à peine assez pour s'ouvrir un passage et gagner le port.

Les gardes acclamèrent le grand sénéchal et le désarroi des amis du comte de la Marche devint général.

Le peuple envahit le palais.

— Madame, dit Jacques, j'attends vos ordres; nous laisserez-vous égorger?

— Je ne crains rien de mon peuple, répondit Jeanne.

Mais mon sort et le vôtre sont étroitement liés.

— Que voulez-vous dire?

— Que vous mourrez si je meurs.

— Quoi! tant d'audace? vous osez me menacer encore, même à cette heure!

— Venez, suivez-moi, dit-il.

— Que prétendez-vous?

— Gagner le port et quitter votre royaume ; échapper à cette foule en fureur et à ceux de vos amants qui m'avaient échappé.

— Allez. Vous avez congé.

— Mais vous me suivrez.

— Et pourquoi je vous prie ?

— En m'accompagnant vous me protégerez.

— Jamais.

— Oubliez-vous que tant que vous êtes à la portée de mon épée, vous êtes en mon pouvoir ?

Jeanne comprit.

— Venez, vous dis-je.

Et il l'entraîna.

Il la força à monter à cheval. Il se plaça près d'elle et sous l'escorte imposante de ses chevaliers il s'avança dans la cour qui précédait le palais déjà envahie par la foule.

Sur ses ordres, un héraut d'armes annonça au peuple au nom de la reine que Jacques de la Marche se rendait à bord d'une galère et partait la nuit même pour la France.

Le peuple applaudit et ouvrit passage au cortége royal.

Et la même insolente gaîté qui avait accueilli le fiancé de Jeanne II à son arrivée accueillit l'époux d'un jour à son départ.

Jacques de la Marche quitta le royaume de Naples pour n'y plus revenir.

Sa veuve consolable avait quelques mois plus tard avait pour amant en titre Geanni Caracuili.

Nous nous arrêterons là, bien que Caracuili ait eu des rivaux et des successeurs. Nous voulons varier nos tableaux, comme les reines leurs plaisirs. Nous n'avons en pareille matière qu'un embarras, celui du choix.

Allons nous raconter les amours de ces princesses qui avaient fait de leurs passions un guet-à-pens? Les drames de la tour de Nesle?

Mais n'est-ce pas nous attarder longtemps dans le moyen-âge?

Pour la même raison nous laissons sur les rayons silencieux de la bibliothèque les inventaires de la papesse Jeanne et d'Isabeau de Bavière.

Nous remettrons même à un chapitre plus éloigné les galanteries de la reine de Navarre, et celles de Marie Stuart qui ressemblent par tant de points aux tragiques et galantes aventures de Jeanne 1re.

Pour fuir plus sûrement la monotonie nous partirons de Naples pour St. Petersbourg, du pays où mûrit l'orange aux glaces de la Neva et nous franchirons les siècles qui nous séparent du règne de Catherine II, impératrice de Russie.

CATHERINE II

IMPÉRATRICE DE RUSSIE

I

« Je ne crois pas dit Alphonse Rabbe dans son histoire de Russie, que l'histoire d'aucun peuple présente dans ces temps modernes, un spectacle plus complet et plus odieux d'immoralité publique et de dépravation privée que celle du peuple russe sous le règne de la trop fameuse Catherine II.

Que l'on juge de l'influence que devait exercer sur les idées et les mœurs nationales le spectacle de cette cour dissolue ou Catherine. réalisant les fables que l'on raconte de la reine d'Acheu et subordonnant l'amour, le sentiment, la pudeur de son sexe à des besoins physiques impérieux, consacrait toute sa puissance à donner au monde un exemple unique en scandale!

« De cette cour devenue la fougueuse Amathonte d'une autre Vénus impudique, où le poste de *favori* était la première place de l'empire, et où tous partis, généraux, grands seigneurs ou peuple, les princes même, futurs héritiers du trône étaient forcés de se prosterner devant l'idole méprisable qui devait à la lubricité d'une femme son élévation et son pouvoir !

Le peu qu'il y a de bon et de généreux même dans l'orgueil de la naissance devait s'évanouir dans les ames, lorsqu'on voyait par exemple, un Zoritz, jeune servier échappé du bagne de Constantinople, et devenu amant en titre, dominer les volontés de la souveraine de cet immense et malheureux empire !

Si du moins de tels désordres, admettant des retards de raison et de pudeur, n'avaient affligé que d'intervalle en intervalle l'honnêteté publique !

Mais cette grande infamie fût longue et permanente, personne ne peut dire que la charge de favori ait jamais vaqué vingt-quatre heures de suite pendant trente cinq ans : une courte absence, une maladie passagère de celui qui l'occupait suffisaient pour le faire remplacer (1), c'était d'ailleurs l'emploi pour lequel l'auguste impératrice montrait le plus de choix et de discernement et il est sans exemple qu'elle y ait élevé un sujet *incapable*.

Elle avait d'ailleurs pris ses précautions contre un tel malheur en créant les fonctions *d'éprouveuse*.

Nous empruntons le fait et l'expression à l'historien Castéra, tout en avouant que nous n'oserions reproduire les détails qu'il nous donne sur les préliminaires de l'installation d'un favori.

Quels amours ! et quel nombre d'amants !

Les écrivains allemands avec la patience qu'on leur connaît ont publié un recueil biographique sur ces *fonctionnaires* illustres ou obscurs et ils en ont fait un catalogue immense.

Pour obtenir un regard de l'impératrice et quelque chose de mieux, il ne fallait que deux choses : des apparences et l'a-propos.

Nous ne nous arrêterons dans notre récit de la carrière galante de Catherine qu'aux favoris que leur naissance, leurs talents ou une plus durable affection plaça sur la scène politique, tels que Soltika, Poniatowski et Alexis Orloff Potemkin.

II

LA GRANDE-DUCHESSE

Si nous avons donné la préférence à Catherine II sur les impératrices qui l'ont précédée sur le trône de Russie, ce n'est point parce que les règnes de Catherine 1re et d'Elisabeth n'auraient pu fournir ample matière à notre chronique. Mais les amours tragiques de la première tzarine n'étaient pas dans certains détails sans ressemblance avec l'histoire que nous venons de conter.

Lorsque son intrigue avec Mœus de la Croix, le jeune et beau chambellan, fut découverte, Pierre 1er ne voulut pas rendre public son déshonneur, il ne fit pas juger le coupable pour cause d'adultère, mais pour s'être laissé gagner par des présents. Il le fit décapiter et il conduisit l'impératrice en traîneau, au lieu même du supplice, pour lui faire voir plantée sur un pal la tête de son amant.

Catherine fut vengée ou peut-être elle se vengea. On l'a accusée d'avoir empoisonné son époux, mais ce crime, s'il fut commis reste un mystère.

On s'accorde à croire qu'il est mort de la même maladie que François 1er.

Anne qui succéda à Catherine 1re, était bigotte, voluptueuse et bizarre.

Ses favoris les plus célèbres furent le maréchal de Saxe, Ostermann et Bireu.

Ce dernier fût un fléau, c'était un monstre.

On ne peut compter le nombre des mal-

---

(1) Mémoires secrets sur la Russie et particulièrement sur le règne de Catherine II. Edit. d'Amsterdam.

Elle s'arrêta défaillante. (Page 41.).

heureux qui périrent dans les supplices ou en Sibérie sous son atroce administration.

Anne était son esclave et recevait ses ordres.

« Où les femmes règnent, les hommes gouvernent. » Et plus d'une fois on la vit se jeter à ses pieds pour tenter vainement d'apaiser sa férocité.

Elle était bizarre, avons nous dit et nous citerons cet exemple singulier, dont un prince de Galetzin, fut victime. Il s'était fait catholique dans le cours de ses voyages, pour l'en punir Anne le força d'épouser une lavandière et de consommer son mariage sur un lit de glace, dans un palais de glace.

Le règne d'Élisabeth est plus riche encore en aventures scandaleuses. Nous aurions à raconter les amours et le complot du chirurgien français Lestoc, qui de concert avec le marquis de la Chétardie renversa le gouvernement de la régente, la duchesse de Brunswick et hâta l'avénement d'Élisabeth.

Par son penchant impérieux pour le plaisir et par sa rare beauté elle rappelait Catherine sa mère, mais elle ne gardait aucune contrainte.

« Plus d'une fois, dit Lévesque historien contemporain d'Élisabeth, elle alla chercher ses amants jusque dans les dernières classes de la nation. J'ai même entendu dire qu'elle eut la fantaisie de faire entrer dans son lit un Kalmouk, plutôt subjuguée que rebutée par la laideur particulière à ce peuple.

Vers la fin de sa vie la méfiance et les soupçons empoisonnèrent ses voluptés, elle craignit souvent de voir un assassin dans le favori qui partageait sa couche!...

Ce fut à la cour d'Élisabeth que la grande duchesse Alexiewna qui devait régner sous le nom de Catherine II se forma.

Alexiewna princesse d'Anhalt-Zerbst était née en 1729. Lorsqu'elle épousa le grand duc héritier de Russie (Pierre III) en 1745, à l'âge de seize ans, elle était déjà une femme d'une incomparable beauté.

Pierre III Tederowitoch déclaré grand duc et héritier du trône n'était âgé que d'un an plus que sa femme; il était né en 1728; mais il lui était inférieur sous tous les rapports.

La grande duchesse n'était pas moins intelligente que belle, et son mari d'un faible et bourré d'idées fausses, ignorant et crédule, laissait le champ libre à l'ambition de Catherine...

Ce malheureux poussait jusqu'à la manie son admiration de Frédéric II, il s'habillait à la prussienne et cherchait à imposer autour de lui les mœurs et les préventions allemandes. Buveur et joueur, affectant des habitudes grossières pour se donner un air guerrier, il n'avait dès le premier jour de son mariage inspiré à sa femme qu'un dégoût et un mépris profonds. La jeune grande-duchesse avait bientôt cherché des dédommagements dans des liaisons illégitimes.

Son premier amant fut Soltikoff, chambellan du grand-duc, placé par lui auprès d'elle afin de lui tenir compagnie et de la distraire.

On en jasa; mais Catherine n'eut pas à se défendre et Pierre irrité des accusations de la *malveillance*, se constitua l'avocat de Soltikoff et le maintint dans son double poste à la risée de toute la cour.

« Ce fut l'opinion commune, dit Costéra dans son histoire de Catherine II que Paul Pétrowitz qui naquit à cette époque (1754) était le fruit de ces amours.

« Il est très-certain que Pierre III n'avait pu pendant les premières années (de 1745 à 1752), consommer son mariage. Un obstacle dont le moindre sectateur de Moïse aurait pu le délivrer s'opposait complètement à la fécondité et à la plénitude de ses approches.

Ce ne fut que lorsque Soltikoff et la grande-Duchesse eurent à redouter un résultat trop évident de leur liaison, c'est-à-dire lorsque la grossesse de Catherine fut reconnue, que, par les insinuations du même Soltikoff, Pierre III se décida à subir de la main du fameux médecin Boerhaave, une opération qui devait lui rendre l'usage réel de tous ses droits.

« Jusque-là, les sollicitations et les vœux de l'Impératrice, sa tante, les prières des jeunes courtisans, compagnons de ses fréquentes bacchanales, le besoin qu'il sentait lui-même de jouir d'une volupté inconnue, la honte de ne pas être comme le reste des hommes, rien n'avait pu le décider.

Lorsqu'enfin l'obstacle eut disparu, ce fut une grande fête.

Mais Élisabeth voulut que la grande duchesse se conformât à l'ancien usage des Russes et donnât à son époux des preuves de la virginité qu'elle avait dû jusqu'alors lui conserver.

Tout fut préparé en conséquence.

Le grand duc, fait homme, passa la nuit avec la princesse et se crut heureux.

Le lendemain il envoya à l'impératrice, à l'instigation de Soltikoff une cassette scellée qui contenait les preuves de la *virginité* de la grande duchesse.

Élisabeth parut être persuadée de leur authenticité.

Le grand duc subit les félicitations universelles de la cour, et Soltikoff reçut un magnifique diamant donné par l'impératrice pour prix des soins qu'il avait consacrés à une affaire si délicate et touchant de si près aux intérêts d'un trône et même à la majesté de l'empire. »

Cette anecdote suffit à nous donner la mesure de la stupidité du prince héritier et de la corruption de sa femme.

Celle-ci savait bien qu'il n'était pas homme à abuser de ses droits; le jeu et le vin suffisaient à occuper ses nuits et malgré l'opération de Bœrhaave il l'abandonna aux soins de son chambellan.

Cependant le chancelier Bestucheff, le politique le plus astucieux de l'empire et le plus avide des hommes, s'étant aperçu qu'il avait eu le malheur de déplaire à Soltikoff, résolu de le perdre afin de sauvegarder sa propre puissance.

Léger, présomptueux, Soltikoff se vit en un instant renversé. Pierre le bannit de la cour sans que Catherine pût se douter que cette disgrâce était l'œuvre de Bestucheff.

Elle le regretta, dit-on, jusqu'au moment où parut à la cour un jeune gentilhomme polonais dépourvu de fortune, mais doué d'une figure agréable et rempli d'ambition.

Il avait déjà eu quelques aventures en Allemagne et en France, où il avait été emprisonné pour dettes.

Il venait à Saint-Pétersbourg dans l'espoir de se refaire.

Il sut plaire; mais son bonheur fut de courte durée. Inhabile à le cacher, plus étourdi et plus fat que Soltikoff, il irrita la patiente Élisabeth et reçut l'ordre de quitter la Russie. Mais grâce à la protection de Bestucheff, Pamatowski reparut peu de temps après à Saint-Pétersbourg en qualité de ministre plénipotentiaire de la république et du roi de Pologne.

C'était un trait d'audace.

On feignit d'avoir tout oublié, mais on le surveilla et bientôt ses ennemis trouvèrent l'occasion de crier de nouveau au scandale.

Catherine était enceinte et la voix publique accusait le jeune polonais d'être le père de l'enfant qu'elle portait dans son sein.

Arraché enfin à son indifférence et instruit de la conduite de sa femme, Pierre entra dans une violente colère et courut demander vengeance à l'impératrice contre le polonais et son protecteur Bestucheff.

Élisabeth fatiguée des désordres de Catherine destitua Bestucheff sous un prétexte politique et engagea le grand duc et sa femme à se retirer dans leur château d'Orancembaum.

Effrayée de cet exil qui la livrait à la vengeance d'un mari brutal et stupide, Catherine implora une audience de l'impératrice et fut refusée. Abandonnée de tous les courtisans, elle s'adressa à l'ambassadeur de France et le pria de plaider sa cause, mais ce ministre craignit d'irriter inutilement Élisabeth.

Il lui fallut se résigner à suivre à Orancembaum, un mari qui ne déguisait plus sa haine.

Pomatowski osa pénétrer jusqu'à elle. Mais un jour il fut découvert et arrêté.

Il sortait du château en plein jour. Sa pelisse et son bonnet de fourrure, dont les longs poils voilaient à demi son visage, devaient sauver son incognito, mais un valet de Pierre qu'il avait fait bâtonner, au temps de sa puissance, l'avait reconnu.

Appeler les gardes, le faire arrêter et courir avertir le grand duc fut l'affaire d'un instant.

Poniatowski n'était pas homme à se déconcerter. A la vue des gardes accourant, il se tourna vers eux, alla à leur rencontre, et s'adressant à l'officier lui exprima le plaisir qu'il avait à le revoir.

— Pourriez-vous, lui dit-il, me conduire chez Son Altesse?

Pierre ne fut pas dupe tout d'abord de cette audacieuse comédie.

— Comment êtes-vous ici, monsieur? s'écria-t-il d'un air terrible.

— Monseigneur, je suis sur le point de rentrer en Pologne et j'ai désiré vous présenter, avant de partir, mes respectueux hommages.

— Je n'en ai que faire.

— N'ayant pas eu l'honneur de vous rencontrer, je me retirais.

— Depuis quand êtes-vous au château?

— J'arrive à l'instant.

— Je le saurai bien.

Puis à ses gardes :

— Emmenez monsieur et enfermez-le.

— Y songez-vous, monseigneur? Vous oubliez mon titre d'ambassadeur de S. M. le roi de Pologne.

— Monsieur l'ambassadeur je vous ferai pendre.

Poniatowski ne répliqua point.

Il connaissait le caractère de ce malheureux prince, sa faiblesse, ses accès de fureur subits et sa facilité non moins subite à s'apaiser et oublier. Ajoutons que dans un état d'alcoolisme chimique, il flottait de la démence à l'abrutissement.

Il ne faut pas contrarier les fous, se dit le polonais et il se laissa emmener sans protestation.

Cependant Pierre avait fait rechercher l'équipage qui avait conduit Poniatowski à Orancembaum et en interrogent lui-même le cocher du traîneau et le domestique avait appris que le favori de Catherine était arrivé de la veille.

Ils ignoraient où il avait passé la nuit.

Il n'avait pas couché sur la paille d'une misérable auberge.

Sa culpabilité était donc évidente.

Pierre entra dans sa grande colère et se rendit chez la grande duchesse, mais il la trouva prévenue de tout.

— Je vais le faire pendre s'écria-t-il en entrant.

— Qui ? demanda Catherine.

— Votre polonais.

— Quel polonais ? que signifie cette scène. Êtes-vous déjà ivre ?

— Je dis que j'ai fait arrêter Poniatowski et vais le faire pendre.

— Le comte Poniatowski est ici ? Et vous l'avez fait arrêter ? Mais vous ne craignez donc pas d'achever de nous brouiller avec l'impératrice. On arrête pas un ambassadeur comme un simple moujik. Que va dire Élisabeth ? Comment prince, versé comme vous l'êtes dans la science du droit des gens, avez-vous commis une pareille faute ?..

C'est inconcevable...

— Je sais, madame, le respect que je dois comme prince, au droit des gens, mais comme mari je dois venger mon honneur.

— Eh! grand Dieu! mais je supposais que notre querelle à ce sujet était apaisée.

— Le comte s'est introduit hier soir au château et y a couché... je ne pense pas qu'il y a couché comme représentant du roi de Pologne.

— Eh bien, je l'ignorais, mais en tout cas, il faut en instruire l'impératrice. Vous nous jetez dans une véritable impasse. Envoyez donc un courrier sur l'heure; je vais écrire de mon côté.

Pierre demeura fort embarrassé.

Il n'avait pas pensé à Élisabeth; il craignait de l'irriter.

— J'ai peut-être été un peu vif, reprit-il, je ne suis pas un homme d'état, mais un soldat.

— Vous avez manqué de respect à l'impératrice.

Vous avez fait ce qu'elle-même souveraine absolue elle n'eût osé se permettre. Un ambassadeur comme un parlementaire a un caractère sacré.

— Mais le mal est fait, répondit le prince consterné.

— Est-il irréparable ?...

— Je le crois.

— Ne pouvez-vous faire mettre le comte en liberté ?

— Sans doute, mais il se plaindra à l'impératrice.

Il m'a rappelé ses droits du reste, et moi je lui ai répliqué avec la brusque franchise de l'homme de guerre : — M. l'ambassadeur, je vous ferai pendre.

— Et qu'a-t-il repliqué ?

— Rien. C'est un diplomate.

— Il faudrait tourner tout cela en plaisanterie dit Catherine.

— En plaisanterie, madame ? Ce serait difficile.

— Mais... Et vous en rirez tout le premier. Voulez-vous suivre mon conseil ?

— Volontiers si vous pouvez nous tirer d'embarras.

— Où est le comte ?

— Dans une tour du château, dans un cachot; vous voyez si c'est plaisant !...

— Eh bien! vous allez envoyer votre garde au pied de la tour, puis faites vous ouvrir le cachot et d'un air très grave dites au prisonnier : — Comte il faut me suivre sur le lieu du supplice.

Il vous suit; il est très brave.

Vous l'introduisez au château et nous le retenons à déjeuner.

Voici votre bourreau, comte, direz-vous en me présentant, — et en montrant la table : voici votre supplice.
— Admirable ! se récria Pierre.

Et enchanté d'être délivré de la crainte qui s'était emparé de lui, Pierre suivit le conseil de la grande-duchesse et l'aventure se termina le plus gaiement du monde.

III

GRÉGOIRE ORLOFF

Poniatowski dut s'éloigner et il ne tarda point à avoir un successeur dans les affections de la grande-duchesse.

Un an avant la mort d'Élisabeth c'est-à-dire en 1761, Catherine rentrée à Saint-Pétersbourg distingua, parmi les gardes de l'impératrice, un homme d'une mâle beauté et d'un cœur intrépide, — Grégoire Orloff.

Mais dans cette troisième intrigue, elle se conduisit avec autant de prudence qu'elle avait autrefois montré de légèreté.

C'est que prévoyant la fin prochaine de l'impératrice elle avait entrepris de se réhabiliter dans l'opinion et de se réconcilier avec Elisabeth.

Un jour elle parut au théâtre assise à côté de la souveraine, étonnant de sa présence et de sa faveur nouvelle, tous ceux qui l'avaient abandonnée dans sa disgrâce.

Bientôt elle s'entoura d'hommes aussi habiles qu'ambitieux et se constitua un parti.

Et tandis que l'héritier de la couronne, partisan fanatique et déclaré du roi de Prusse semblait s'attacher à blesser les sentiments nationaux, Catherine se ménageait adroitement la popularité.

A la mort d'Élisabeth l'armée russe, commandée par Tottleben, venait de s'emparer de Berlin et de Colberg dernier asile de Frédéric; Pierre III s'empressa de faire évacuer le territoire prussien et Frédéric obtint du vainqueur autant qu'il eût pu demander s'il avait été lui-même victorieux.

Ce trait de sottise acheva de perdre le nouvel empereur dans l'esprit de son armée, aussi bien que dans les cabinets étrangers.

De sages réformes administratives, l'affranchissement des serfs qui végétaient sur les domaines du clergé, ne suffirent pas à lui mériter cette estime et cette confiance qui sont les bases de l'autorité d'un prince.

Enfin, son intempérance, la grossièreté de ses goûts éloignaient de lui le respect des gens de la cour et même des gens du peuple, qui ne le voyaient que de loin.

Il ne fut pas longtemps sans s'apercevoir de l'intrigue politique de Catherine et à s'en inquiéter et lorsqu'il apprit qu'elle était enceinte pour la troisième fois, il résolut de se séparer d'elle et de la faire enfermer dans une prison d'État.

Certains historiens, M. Levesque entre autres, ont même affirmé que Pierre avait le projet avoué d'épouser sa maîtresse Varouzoff, et que pour accomplir ce dessein il eût fait tomber la tête de Catherine.

Cela est au moins douteux. Pierre III était emporté, mais n'était point cruel.

Ce qui est certain c'est que Catherine se sentit menacée et pressa avec une étonnante activité ses complots régicides.

Elle avait fait nommer Orloff, quartier maître de l'artillerie, même avant la mort d'Elisabeth.

Elle disposait ainsi de la caisse de ce corps.

La conspiration ourdie par ses soins et dont elle tenait tous les fils avaient pour chefs : la princesse Daschkoff, jeune femme de dix-huit ans, le vieux Bestucheff, l'hetman des cosaques Razoumaffski, le comte Panin et pour complices principaux les ambassadeurs des cours de Versailles, de Vienne et de Copenhague.

Razoumaffski et Orloff proposaient de l'enlever du château de Petersheff à la suite de l'orgie par laquelle il ne devait pas manquer de célébrer la Saint-Pierre.

Le lieutenant Passeck, un des amis d'Orloff, s'offrait à le poignarder au milieu de sa cour, et fut sur le point d'exécuter son projet malgré l'opposition d'Orloff.

Aussi Passeck ayant été arrêté, les conjurés résolurent d'agir de suite.

Mais laissons ici la parole à A. Rabbe qui a fait de ce tragique épisode le tableau le plus saisissant :

Grégoire Orloff, un de ses frères et son ami Bebekoff, se rendirent aux casernes pour préparer les soldats de leur parti à agir au premier signal, tandis qu'un autre frère d'Orloff, Alexis courut à Petersheff chercher l'impératrice.

A la veille du triomphe ou du supplice cette jeune femme dormait paisiblement !

Le pavillon où elle était logée étant situé à l'extrémité du jardin sur le bord du golfe de Finlande.

Cet endroit s'appelait le pavillon de *Montplaisir*.

Là, pour être encore mieux à portée de prendre la fuite, elle avait fait mettre, comme sans dessein, un canot qui servait en attendant aux visites nocturnes de ses amants.

Grégoire Orloff en donnant à son frère une clef du pavillon, lui fit connaître les secrets détours qui pouvaient l'y mener avec plus de promptitude et de mystère, et madame Daschkoff lui remit un billet sur lequel elle avait à la hâte tracé quelques mots.

Il était deux heures après minuit, lorsqu'Alexis Orloff, arrivé auprès du lit de l'impératrice, fut obligé de porter sa main sur elle pour interrompre son profond sommeil.

Elle se réveille subitement et voit à côté de son lit un soldat quelle ne connaît pas.

— Votre majesté, lui dit-il, n'a pas un instant à perdre ; qu'elle se prépare à me suivre.

Et aussitôt il disparut.

Catherine étonnée, éperdue, appelle Iwanouna, toutes deux s'habillent précipitamment et se déguisent de manière à ne pas être reconnues des sentinelles qui gardent le château.

A peine sont elles prêtes que le soldat vient les prendre pour les faire entrer dans un carrosse qui attendait à la porte du jardin ; Alexis Orloff saisit les rênes, et ils partent. L'épuisement des chevaux pressés d'une course trop rapide, força l'impératrice d'achever le chemin à pied ; enfin, accablée de fatigue et d'inquiétude, mais toujours maîtresse d'ellemême et affectant un air plein de calme et de confiance, elle arriva à Saint-Pétersbourg à sept heures du matin.

Aussitôt elle se rendit au quartier des gardes d'Ismaïloff dont trois compagnies étaient gagnées.

Au bruit de l'arrivée de l'impératrice, sortant à demi-nus de leur caserne, les soldats accourent et l'environnent avec de grands cris.

Elle leur dit d'une voix altérée : « que le danger le plus pressant la forçait de venir leur demander secours ; que le tzar voulait cette nuit même la faire tuer, ainsi que son fils, qu'elle n'avait pu se dérober à la mort que par la fuite, et qu'elle comptait assez sur leurs dispositions pour se remettre entre leurs mains. »

Les soldats, frémissants d'indignation, lui répondirent en jurant de mourir pour elle. L'hectman Razoumaffki arriva dans ce moment et sa voix et l'exemple de leurs camarades ne tardèrent pas à entraîner tous les autres.

Au milieu de cette multitude, toute émue de la joie d'une révolution, on fit venir l'aumônier du régiment d'Ismaïloff, et ce prêtre, un crucifix à la main, reçut le serment des troupes. Ainsi sanctifiée par la religion, il ne manquait plus à la révolte que de réussir pour être une victoire.

Elle ne réussit que trop.

La contagion fut rapide et pleine parmi les troupes.

Le seul régiment d'artillerie résista, et, malgré la présence et les sollicitations d'Orloff, attendit les ordres du général qui le commandait ; c'était un français, nommé Villebois qui ne céda du moins qu'après beaucoup d'autres.

Catherine déjà entourée de plus de deux mille hommes de gardes et d'une grande partie des habitants de Pétersbourg, qui suivaient le mouvement sans se rendre compte de leur opinion et de leur vœu, marcha immédiatement vers l'église de Casan, où tout était préparé pour la consécration de cette étonnante usurpation.

L'archevêque de Nevgorod, revêtu de ses habits sacerdotaux, et environné de prêtres vénérables par leur âge, l'attendait à l'autel.

Il lui mit la couronne impériale sur la tête, la proclama à haute voix souveraine de toutes les Russies sous le nom de Catherine II, et déclara en même temps le jeune grand duc Paul Pétrowitz son successeur.

Les seigneurs qui se trouvaient à Saint-Pétersbourg apprirent à leur réveil la conspiration et son succès tout ensemble. Ils s'empressèrent de venir rendre hommage et jurer fidélité à la souveraine.

Cette princesse après avoir parcouru les rangs des soldats, montée à cheval et vêtue de l'uniforme des gardes, alla dîner au palais qu'avait occupé l'impératrice Élisabeth.

Elle y dîna devant une croisée ouverte, portant à chaque instant des saluts au peuple.

Ce peuple attendri de l'excès de tant de bonté, tombait à genoux, à chaque instant et proclamait dans l'ivresse de son bonheur le nom de sa vertueuse souveraine, répétait avec enthousiasme le serment de lui être à jamais fidèle.

Cependant que faisait Pierre III?

Il revenait gaiement en calèche d'Orancembaum à Pétershoff, suivi d'une jeunesse folâtre, parmi des femmes charmantes, qui, encore étourdies des plaisirs de la veille, projetaient bruyamment ceux du lendemain.

Il était près d'arriver lorsqu'un émissaire, déguisé en paysan, lui remet un billet dans lequel il lit les funestes nouvelles de la veille.

Un seul homme s'était souvenu de lui et c'était un français.

Consterné, accablé, Pierre III ne chercha point de ressources dans le zèle de quelques amis encore attachés à sa cause. Il n'accueillit aucun de leurs conseils énergiques. Plus faible que ce troupeau de femmes qui l'environnaient, il se persuada que l'audacieuse Catherine pourrait consentir à n'user de sa victoire qu'à demi, et laissa partir le comte de Varoutzoff, frère de sa maîtresse, qui s'offrait avec empressement pour aller négocier un raccommodement, mais qui n'était pressé, dans le fond, que du désir de se mettre à l'abri en faisant ses soumissions à l'Impératrice.

En effet, il resta auprès d'elle.

IV

BONATWSKI

Munich proposa à Pierre de se mettre à la tête de trois mille soldats de Holstein et de marcher sur Saint-Pétersbourg.

Ce parti vigoureux l'effraya.

Un autre conseilla de se réfugier dans la forteresse de Cronstadt; et il y consentit.

Un officier général prit les devants pour aller annoncer le prince, mais lorsque celui-ci arriva avec toute sa suite, son envoyé était déjà prisonnier.

Au qui vive de la sentinelle.

— Moi, l'empereur, répondit Pierre.

— Il n'y a plus d'empereur, répliqua le soldat. Pour confirmer cette réponse sinistre, la garnison toute armée bordait le rivage, et saluait le yacht de l'empereur par le cri unanime de *vive Catherine!*

Le yacht continuant à s'approcher, l'amiral Talaysin menace de le couler s'il ne s'éloigne pas.

Pierre s'épouvante.

— Sire, lui dit son aide-de-camp, mettez votre main dans la mienne et sautons à terre, personne n'osera faire feu sur nous et Cronstadt sera encore à votre Majesté.

Munich appuie ce généreux conseil; mais le déplorable Pierre, incapable de les entendre court dans la chambre du yacht au milieu des femmes éperdues.

On ne se donne pas même le temps de lever l'ancre...

On coupe la câble...

Et l'on s'éloigne à force de rames.

Il avait encore des ressources. Il lui restait l'armée qui était en Poméranie; mais il ne prit conseil que de sa couardise et se retira à Orancembaum dans l'espoir d'un raccommodement avec Catherine.

Cependant celle-ci mettait le temps à profit. Avec son intelligence des goûts populaires, le soir, elle était montée à cheval pour la seconde fois; et, l'épée nue à la main, une couronne de laurier sur le front elle avait parcouru la ville à la tête des troupes.

Partout elle était acclamée.

Le lendemain un manifeste depuis longtemps préparé était répandu à profusion.

Ce fut alors que Catherine reçut du souverain déchu une lettre où celui-ci « reconnaissait ses torts » et lui offrait partage d'une puissance qu'elle possédait déjà toute entière.

Elle ne daigna point y répondre.

Pierre lui envoya son chambellan pour lui offrir une cession de l'empire ne demandant que la permission de se retirer avec sa maîtresse dans le Holstein.

C'était une lâcheté inconcevable.

Catherine lui fit répondre qu'il eût à se rendre sur le champ à Saint-Pétersbourg.

Et il obéit.

Il vint chercher le châtiment dû à sa lâcheté.

L'infortuné monarque fut étranglé. (Page 54.)

La population se souleva sur son passage pour lui prodiguer les railleries et les insultes les plus grossières. « Sa maîtresse, ses amis furent enlevés outrageusement et insultés à ses côtés; et lui-même, qui pourrait le croire, lui-même dépouillé de ses ordres, de ses habits et nu pieds, en chemise, resta quelque temps exposé aux dérisions d'une soldatesque effrénée !

Il fut enfin renfermé sous sûre garde. » (1)

(1) A. Rabbe.

Il ne lui restait plus qu'à signer un acte d'abdication.

Celui qu'on lui présenta était rédigé dans les termes les plus déshonorants; il l'accepta.

Le lendemain, Munich et le petit nombre de sujets qui lui étaient restés fidèles offrirent leur soumission à Catherine.

Ils avaient fait leur devoir.

Maintenant explique qui le pourra l'inconstance étrange des sentiments populaires.

Le même peuple qui avait outragé Pierre

sans pitié se mit soudain à le plaindre et à reprocher aux soldats leur trahison.

Moscou l'ancienne capitale, toujours jalouse de Saint-Pétersbourg menaça de se soulever en faveur du tzar déchu et avili.

Catherine vit se former une contre-révolution et résolut de la prévenir par un sacrifice sanglant.

« Alexis Orloff, dit l'historien que nous avons déjà cité, se rendit avec son frère dans la prison de Pierre, dans le château de Robscha.

Ils offrirent au prince de boire avec lui et la proposition fut acceptée.

Ils s'élaient munis d'un poison violent qu'ils versèrent adroitement dans son verre au lieu d'eau-de-vie (1).

Cependant le prince démêlant le crime dans les yeux des assassins, ou dans le goût du breuvage, refusa de continuer de boire et demanda du lait à grands cris.

Alors les deux scélérats appelèrent à leur aide Bonatwski qui commandait le poste et l'infortuné monarque fut étranglé. »

Plusieurs années après, on voyait encore dans la chambre où il expira, un rideau qu'il avait déchiré en se débattant.

Grégoire Orloff s'était retiré avant la consommation du meurtre.

Lorsqu'il se fut assuré de la mort de Pierre, il courut en porter la nouvelle à Catherine. Il arriva pâle, effaré.

Catherine le railla de son émotion et se retira avec lui, Panin et Razoumaffski pour tenir conseil.

Il fut résolu que l'on ne rendrait publique la mort de Pierre que le lendemain.

V

CATHERINE IMPÉRATRICE

Le lendemain, Catherine se fit annoncer la mort de Pierre III, au moment où elle se mettait à table.

Alors, feignant la surprise et la douleur, elle se leva, congédia ses courtisans, et pendant plusieurs jours se condamna à la retraite.

Un ukase annonça au peuple que la volonté de Dieu avait rappelé Pierre de la vie, et l'on publia qu'il avait succombé aux douleurs d'une colique hémorroïdale.

Le corps du prince fut exposé en public, et la population qui l'avait hué et outragé à son arrivée d'Orancembaum, accompagna son convoi funèbre avec un pieux recueillement.

Puis vinrent les récompenses pour les serviteurs dévoués et les mesures de sûreté contre les séditieux qui refusaient de reconnaître Catherine II.

Les cinq Orloff furent élevés à la dignité de comtes du Saint-Empire. Grégoire devint en peu de jours chancelier, général-major, chevalier de l'ordre d'Alexandre Newoki, lieutenant-colonel des gardes, grand maître de l'artillerie, prince enfin.

Il ne lui manquait que la couronne impériale.

Il y pensa.

C'est ainsi que fut inauguré un grand règne auquel ne manquèrent ni les succès politiques, ni la gloire militaire, ni les bienfaits d'un gouvernement ami du progrès, qui favorisa les sciences, les arts, les lettres et l'industrie.

Nous ne pouvons donner ici, même en la résumant, l'histoire politique du règne de Catherine-la-Grande, et cependant, en n'en racontant que les scènes galantes ou les drames intimes, nous craignons de donner de cette impératrice l'idée la plus incomplète et la plus fausse.

Pierre III n'était point un personnage très-intéressant et un monarque très-remarquable,

---

(1). Le poison avait été composé par un médecin français nommé Crouss, il obtint pour récompense la place de médecin du grand-duc Paul.

cependant sa mort projette une ombre des plus noires sur Catherine.

Avant d'aller plus loin, nous croyons juste de placer sous les yeux du lecteur le portrait que trace d'elle M. de Ségur. Malgré ses vices, malgré son implacable ambition, tout n'était point haïssable en elle, et d'éminentes et rares qualités rachètent la légèreté de ses mœurs.

Voici comment la peint M. de Ségur, ambassadeur de France à Saint-Pétersbourg :

« Catherine était majestueuse en public, bonne et même familière en société ; sa gravité conservait de l'enjouement, sa gaieté de la décence.

« Avec une âme élevée, elle ne montrait qu'une imagination médiocre ; sa conversation même semblait peu brillante, hors les cas très-rares où elle se laissait aller à parler d'histoire et de politique ; alors son caractère donnait de l'éclat à ses paroles ; c'était une reine imposante et une particulière aimable.

« La majesté de son front et le port de sa tête, ainsi que la fierté de son regard et la dignité de son maintien, paraissaient grandir sa taille naturellement peu élevée.

« Elle avait le nez aquilin, la bouche gracieuse, les yeux bleus et les sourcils noirs, un regard très-doux, quand elle le voulait, et un sourire attaquant.

« Pour déguiser l'embonpoint que l'âge qui efface toutes les grâces avait amené, elle portait une robe ample avec de larges manches ; habillement presque semblable à l'habit moscovite.

« La blancheur et l'éclat de son teint furent les attraits qu'elle conserva le plus longtemps. »

Et voici comment était réglée sa vie ordinaire :

« Elle ne soupait jamais et se levait à six heures du matin. Elle faisait elle-même son feu. Elle travaillait d'abord avec son lieutenant de police et ensuite avec ses ministres.

« Trop entraînée par d'autres penchants, elle avait au moins la vertu de la sobriété. Rarement à sa table, servie comme celle d'un particulier, on voyait plus de huit convives.

« Là, comme aux dîners de Frédéric II, l'étiquette était proscrite et la liberté permise.

« Philosophe par opinion, elle se montrait religieuse par politique.

« Jamais personne ne sut, avec une aussi inconcevable facilité, passer du plaisir aux affaires. Jamais on ne la vit entraînée par les uns au-delà de sa volonté ou de ses intérêts, ni absorbée par les autres au point d'en paraître moins aimable. »

Le génie de la souveraine et les séductions de la femme collaboraient souvent la même œuvre politique.

Ce fut ainsi que, pour achever la perte de la nationalité polonaise, après la mort d'Auguste III, elle fit élever au trône, un de ses favoris, Poniatowski.

Devenu roi, celui-ci répugna à servir les intérêts de sa perfide alliée ; il chercha par quelques sages mesures à remédier aux maux de sa patrie, et comme le Ruy-Blas de Victor Hugo, il oublia un instant l'origine de son pouvoir et le prit au sérieux.

Mais Catherine paralysa tous ses efforts et lui rappela bientôt qu'il n'était qu'un esclave sur le trône, l'ancien favori de la grande-duchesse.

C'est à cette même époque, 1764, que se place l'assassinat du château de Schlusselbourg, dont Catherine II fut accusée par plusieurs historiens.

VI

LE DRAME DE SCHLUSSELBOURG ET LES CACHOTS DE LA NEWA

Avant de mourir, l'impératrice Anne avait laissé la régence à sa nièce la duchesse de Brunswick, et par testament, transmis la couronne à Iwan, fils de la duchesse, à peine âgé d'un an.

Élisabeth ayant, par une conspiration dont

nous avons dit plus haut quelques mots, renversé le gouvernement de la régence, et s'étant emparée de la duchesse de Brunswick et de son mari, les avait enfermés avec leur enfant au château de Schlusselbourg, en 1741.

A son avénement au trône, Pierre III, en méditant de répudier Cathérine, avait eu là pensée de l'enfermer à Schlusselbourg et de nommer pour son héritier le jeune Iwan.

Dans ce domaine, il était allé voir cet infortuné dans sa forteresse-prison ; mais il paraît que ce dernier, frappé d'imbécilité par l'effet d'une longue captivité, ne pouvait répondre à ses vues.

Vers 1764, des conspirations, sans cesse renaissantes, s'armaient du souvenir et des légendaires infortunes du prisonnier de Schlusselbourg.

Catherine en prit ombrage.

Iwan était alors dans sa vingt-quatrième année; il était orphelin et vivait dans un isolement profond.

« Une figure noble et touchante, une taille élevée, une douceur inexprimable dans le son de la voix et dans les manières, tout ce que la nature avait pu ajouter à une grande infortune pour exciter l'intérêt, attendrissait les cœurs les plus insensibles à l'aspect d'Iwan.

La faiblesse de son intelligence n'avait rien d'étonnant puisque ce malheureux n'avait jamais connu d'autre monde que sa prison, d'autre espèce humaine que ses geôliers ; encore cela n'est-il pas prouvé.

Si c'est une raison que l'on a imaginée pour affaiblir l'horreur du crime qui lui ôta la vie, cette raison est détestable.

Un scélérat, nommé Mirowitch s'offrit, dit-on, à servir les secrets desseins que l'on prêtait à Catherine.

Rabbe, d'après Castera, l'auteur des *Mémoires secrets*, raconte ainsi cette machination atroce.

« On promit à Mirowitch tout ce qu'il voulut.

Il devait tenter ou feindre un enlèvement du prince, et les officiers qui le gardait, prévenus par un ordre signé de l'impératrice, devaient le tuer à la première tentative qui aurait lieu.

« Ce forfait fut ainsi exécuté :

« Les deux gardes Vlaffief et Ouchakaff, voyant que Mirowitch allait briser les portes de la prison, se jetèrent l'épée à la main sur le malheureux Iwan.

« Nu, en chemise, il se défendit pourtant avec une incroyable vigueur ; mais enfin il tomba sous les coups de ces misérables.

Alors, ils ouvrirent la porte et montrant à Mirowitch et à ses soldats le corps sanglant du prince, ils leur dirent :

— Voilà notre empereur !

Mirowitch arrêté parut devant ses juges avec un calme qui attestait sa crédulité insensée, et ne fut détrompé qu'au moment où la hache en faisant tomber sa tête, lui donna la mesure de la reconnaissance à laquelle doivent s'attendre les instruments des grands crimes de la part de ceux qui les ont commandés. »

Cette explication de la mort d'Iwan nous paraît romanesque et très-contestable.

Puisqu'il y avait à cette époque de fréquentes conspirations au nom de ce malheureux, ne peut-on croire que Mirowitch était un conspirateur ?...

Rien ne prouve le contraire.

Mais il est un autre acte de perfidie et de cruauté dont on peut, sans crainte d'injustice, faire remonter la responsabilité jusqu'à la souveraine.

C'est un pendant de l'assassinat d'Iwan.

Soyez en juges :

L'impératrice Élisabeth s'était mariée secrètement à son grand veneur Alexis Razoumaffski; de ce mariage étaient nés trois enfants, le plus jeune était une fille, la princesse Tarrakanoff.

Le prince Radzwill avait songé à l'épouser et à l'opposer à Catherine ; mais il reconnut son erreur, et pour recouvrer ses biens que l'impératrice avait confisqués, se hâta de faire sa soumission et abandonna en Italie la princesse Tarrakanoff.

Il n'eut pas la lâcheté de la ramener en Russie et de la livrer, — ainsi qu'on lui avait proposé.

Singulier scrupule.

Après avoir médité d'exploiter l'origine de cette infortunée, après l'avoir abandonnée pour rentrer dans ses biens, que n'allait-il jusqu'au bout, que ne la livrait-il tout-à-fait ?

Alexis Orloff, — l'Orloff du château de Ropseha, — fut chargé de cette infâme mission.
La fille d'Élisabeth habitait Rome.
Alexis Orloff se rendit à Livourne et dépêcha à Rome des émissaires pour attirer à Livourne l'infortunée jeune fille d'autant plus privée de défense qu'elle était assaillie par le besoin depuis le départ de Radzwill.
Elle se livra avec toute la candeur de l'inexpérience et de la jeunesse aux brillantes espérances que lui offrait Alexis Orloff, et la déception fut aisée...

Le dévouement d'Alexis s'était changé en amour, ce scélérat affectait pour elle la passion la plus tendre.

Accueillie à Livourne comme une fille du sang impérial, comme une future souveraine, elle se vit un moment environnée d'une grandeur illusoire.

Orloff lui parla de l'appui de la France et de

l'Autriche et lui persuada de l'accompagner en France.

Un navire les attendait dans le port.

Elle consentit à s'embarquer.

Mais à peine a bord Orloff jeta le masque et changea brusquement d'attitude et de langage. Le navire arbora le pavillon Russe.

— Princesse, dit Orloff, vous êtes ici, en Russie vous êtes ma prisonnière.

Et il eut la barbarie de la faire descendre à fond de cale et charger de fers.

Puis le navire fit voile pour St-Pétersbourg, un voyage de deux mois.

Arrivée dans la capitale de Catherine, la fille d'Elisabeth fut jetée dans les cachots d'une forteresse et traitée de la manière la plus cruelle. Le cachot où elle expiait, comme un crime sa naissance et sa crédulité, était situé au bord de la Newa, et plus bas que le lit de la rivière.

Six ans après la Newa déborda, inonda le cachot et la délivra de la vie.

. . . .

La fortune des Orloff était à son apogée, leur zèle et leur courage, — car ils étaient courageux, — avaient contribué largement aux agrandissements de l'empire et à l'affermissement du pouvoir de Catherine.

Les Turcs avaient perdu la Crimée et étaient sur le point d'être rejetés de l'Europe. La Pologne était ruinée et menacée d'une prochaine dissolution.

Grégoire Orloff laissa deviner le rêve qu'il caressait depuis longtemps, le partage d'une couronne qu'il avait tant contribué à assurer sur la tête de Catherine...

Mais celle-ci prévint ses exigences et le chargea de traiter de la paix avec les plénipotentiaires Turcs réunis à Foksani.

Il partit à la satisfaction de toute la cour; Passin devina une disgrâce et parvint à lui donner un successeur : — Wassiltschikoff.

VII

LES SUCCESSEURS DE GRÉGOIRE ORLOFF

A peine Orloff eut-il appris qu'un autre lui succédait dans la faveur de l'impératrice qu'il abandonna les négociations, et de la frontière turque accourut à Saint-Pétesbourg.

Mais l'entrée de la capitale lui fut interdite.

Il protesta.

Catherine lui fit répondre qu'elle comptait toujours sur son dévouement et le considérait toujours comme un des plus fermes appuis de son trône, mais que pour des raisons qu'il devait connaître, il importait à la tranquilité de l'empire qu'il s'éloignat pour quelque temps.

Orloff se soumit et quitta la russie. Il parcourut les divers états de l'Europe, étalant le plus grand faste dans ses voyages.

Il parut à Paris avec un habit dont les boutons étaient de gros diamants.

A Spa il éclipsa le duc de Chartres (depuis le duc d'Orléans) et les autres princes qui s'y trouvaient. Sa partie effrayait les plus intrépides joueurs.

Il rentra enfin, essaya de reconquérir tous les emplois qu'il avaient été forcé d'abandonner, il les retrouva tous, sauf un seul. Il parvint à renverser Wassiltschikoff, mais ne profita point de sa victoire et ne fit que préparer la place à un rival plus sérieux : — *Patiomkine*, dont les écrivains français ont défiguré le nom en celui de *Potemkin*.

Patiomkine ou Potemkin est de tous ceux qui ont eu la faveur de Catherine celui qui a le plus intimement associé son nom à celui de cette souveraine. Il régna douze ans, de 1775 à 1792,

Bien qu'il eut déjà passé la quarantaine, c'était disent ses ennemis eux-mêmes, un des plus beaux hommes de la cour.

Il ne régna point sans partage néamoins, mais à beaucoup d'audace il gagnait une habileté et une finesse non moins grande, connaissant l'inconstante ardeur de Catherine, il savait au besoin supporter des rivaux éphémères et employait dans sa *charge* l'habileté de madame de Pompadour avec Louis XV.

Il était d'usage à la Cour de Russie, quand un favori en titre avait cessé de plaire qu'il se retirât et partît en voyage.

Potemkin osa le premier enfreindre cet usage. Et malgré l'ordre de l'impératrice il resta à la cour lorsque Lavadoffski eut attiré les regards de sa souveraine.

A Zawadowski il opposa un jeune servien nommé Zoritz, qui, simple officier de hussard était venu à Pétersbourg pour lui demander de l'avancement et qui ne s'attendait pas à de si hautes et de si charmantes faveurs.

Zoritz, joli garçon, n'avait pas l'étoffe d'un homme politique. D'une intelligence vulgaire et sans culture il fatigua bientôt Catherine qui le remplaça par Korsakoff; — le même qui, plus tard, sous Paul Ier, fut général dans la guerre avec la France.

Il n'était que simple sergent aux gardes, lorsque Catherine le distingua. Comme esprit, comme éducation il n'était point supérieur à Zoritz et en fidélité il lui était inférieur.

Il eut des liaisons avec la belle comtesse de Bruce amie de Catherine ; celle-ci en eût les preuves, et l'exila de Saint-Pétersbourg.

A Kansakoff succéda Lanskoï.

Cette fois Potemkin eut un rival dangereux.

Lanskoï était un jeune secrétaire dont Catherine s'était plu à former l'intelligence et le cœur. Ce n'était plus un favori, c'était un amant. Il l'emportait sur tous les autres par son esprit et par sa beauté.

Jamais on ne vit des traits plus beaux, une figure d'une plus séduisante expression, une taille plus noble et plus élégante, un ensemble d'une si frappante perfection.

Il mourut à la fleur de l'âge.

Catherine parut inconsolable.

Elle avait alors plus de cinquante ans, mais était encore belle.

« On assure qu'en sortant de sa longue tristresse, dit A. Rabe, elle épousa secrètement Potemkin, ramenée à lui par les tendres efforts qu'il avait fait pour l'arracher à son désespoir.

A lui seul il avait été permis de rompre la solitude à laquelle elle se voua pendant trois mois dans le palais de Tzarkoë-Sélo.

Quoi qu'il en soit, Potemkin ne se montra pas jaloux des droits d'époux ; et dès ce moment, au contraire, il mit ouvertement au nombre de ses attributions celle d'intendant des plaisirs de l'impératrice.

Son pouvoir n'en fut que plus étendu et plus assuré.

D'ailleurs il n'avait plus, depuis longtemps, le droit de se montrer jaloux.

A l'armée qu'il commandait contre les Turcs, Potemkin avait un sérail composé de belles amazones qui, disent les *Mémoires secrets* de Castéra, se plaisaient à visiter les champs de bataille et à examiner les vigoureuses nudités des Turcs étendus sur le dos, le cimeterre à la main et l'air encore menaçant, comme l'Argant du Tasse le parut à la belle Herminée.

L'auteur ajoute ce trait de mœurs :

« Après l'assaut d'Otchakoff, on entassa sur le Liman, alors glacé, des piles de cadavres nus qui y restèrent jusqu'au dégel ; et c'est autour de ces pyramides que les dames russes allaient se promener en traîneaux pour admirer les beaux corps musulmans raidis par le froid. »

Potemkin dépensa dix mois à la prise d'Otchakoff, forteresse importante. Ce succès mit le comble à sa fortune. Mais après d'autres victoires non moins éclatantes, il eut le chagrin de se voir remplacé par Repnin qui, après la prise de Babada et la victoire de Motzim, conclut la paix.

Accouru pour s'opposer à la signature du traité, il fut frappé d'apoplexie et expira en route dans les champs, au pied d'un arbre.

Il n'avait que cinquante-cinq ans.

Potemkin était plus célèbre qu'illustre et il eut plus de bonheur qu'il n'en méritait.

Cependant il se croyait du génie et tirant de ses succès son orgueil insupportable.

Un jour, s'entretenant avec des émigrés français qui avaient pris du service dans son armée, il eut l'imprudence de dire à l'un d'eux, le colonel Langeron :

— Colonel, vos compatriotes sont des fous ; je n'aurais besoin que de mes palfreniers pour les mettre à la raison.

L'émigré indigné répondit fièrement :
— Prince, je ne crois pas que vous puissiez y réussir avec toute votre armée.
— Voulez-vous donc, s'écria Potemkin, se levant avec colère, que je vous envoie en Sibérie ?

Il s'emportait souvent jusqu'à frapper ses officiers généraux.

Sa brutalité était telle qu'on l'accusa même d'avoir maltraité l'impératrice.

Sa fortune était immense.

Après la campagne de Turquie, à son retour à Pétersbourg, Catherine lui avait donné un palais estimé six cent mille roubles, trois millions environ, et un habit brodé en diamants, de plus de deux cent mille roubles.

Son luxe était gigantesque.

Sa table coûtait près de quatre mille francs par jour, ce qui équivaut à plus de huit mille francs de nos jours.

Il lui fallait les mets les plus délicats et les fruits les plus rares et chose étrange, il était aussi glouton que gourmet.

Ainsi, à son déjeuner, il mangeait une oie entière, un aloyau ou un jambon et buvait une prodigieuse quantité de vin et d'eau-de-vie de Dantzig. Il dînait ensuite avec la même voracité.

Quand il donnait des fêtes, il faisait jeter de l'argent à la populace ; mais au fond il était avare, ne payait jamais ses dettes et maltraitait ses créanciers.

Lorsqu'on se présentait chez lui pour avoir de l'argent, il disait à Popoff, son secrétaire intime :

— Pourquoi ne paies-tu pas cet homme ?

Et par un léger signe il lui faisait entendre la manière dont cet homme devait être traité.

S'il ouvrait la main, Popoff donnait l'argent ; s'il la fermait, le créancier n'obtenait rien.

Bien qu'il affectât un sans-gêne impertinent et du plus mauvais goût vis-à-vis des représentants des nations étrangères, bien qu'il eût en un mot l'insolence du parvenu, cependant ministres, ambassadeurs, connaissant son influence, lui faisaient une cour assidue.

La plupart des souverains le comblèrent de faveurs, de présents et de décorations.

Comme il était habile et d'un absolu dévouement à sa souveraine, sa mort causa un vide.

VIII

LES DERNIERS FAVORIS. — LA FIN DU RÈGNE

Catherine II était vieille en 1793...

Ce n'était plus la belle jeune femme que nous avons vue au commencement de ce récit, vêtue du costume d'officier des gardes, à cheval, l'épée nue à la main, une couronne de laurier sur le front, parcourant le soir à la clarté des torches à travers la population enthousiasmée de Saint-Pétersbourg.

Sur la fin de sa vie, Catherine était d'une grosseur presque difforme et d'une rougeur livide.

Ses jambes toujours enflées et souvent ouvertes semblaient tout d'une venue avec ce joli pied que l'on avait admiré jadis.

Plusieurs des courtisans, qui lui donnaient quelquefois des fêtes, avaient établi des rampes tapissées chez eux, au lieu d'escaliers, pour quelle pût avec moins de fatigue monter dans les appartements. Dans cet état de délabrement et d'infirmité, parée et couronnée de diamants, mais promenant autour d'elle des regards éteints, et, malgré les parfums, exhalant une odeur de tombeau, la *celeste autocratrice* appelait encore les amours !... (1)

Des favoris à soixante cinq ans !...

Ces favoris de la dernière heure n'avaient pas de chance.

Ombres jalouses de Poniakowski, de grégoire Orloff, de Lanskaï, (j'en passe) vous pouviez dormir en paix !

Cette faveur dont vous aviez joui, Zoritz, Ravadowski, Patemkin, Korsakoff, (j'en passe)

(1) A Rabbe.

n'était plus désormais qu'une charge onéreuse !...

De la belle rose sauvage dont vous aviez respiré le parfum il ne restait à vos successeurs que la graine, rouge et chauveuse.

Ces pauvres gens se nommaient Platon Zouboff, Valerien Zouboff, frère du premier, et Pierre Soltykoff.

On cite encore un nommé Markoff ; mais il n'a droit qu'à une citation, une mention honorable ; passons.

Le favori en titre était Platon, Nicolas Soltykoff et lui se partagèrent les affaires publiques, et la cassette. (1) C'est en compagnie de ces trois jeunes hommes que la vieille impératrice attendit que la mort la touchât au front de son asile invisible.

(1) Ce furent Platon et Valerien Zouboff qui en 1801 assassinèrent Paul 1ᵉʳ le fils de Catherine.

Dans la matinée du 6 novembre 1796, après avoir pris du café et s'être entretenue gaiement avec ses femmes, elle passa dans son cabinet de travail.

Un instant après, on entendit un grand cri, et les dames étant entrées, virent l'impératrice étendue, la face tournée contre le parquet. Elles la relevèrent... Elle était morte...

Elle avait été frappée d'apoplexie.

Ainsi finit cette femme extraordinaire, dissolue de mœurs, cruelle autant qu'audacieuse et habile en politique, et d'un incontestable génie.

On a souvent dit que les mœurs des souverains exerçaient sur la morale publique une profonde influence ; nous le croyons, sans toutefois prétendre que les mauvaises mœurs publiques doivent toujours être portées au compte des souverains.

Malgré son énergique volonté, son aptitude au travail, son autocratie jalouse, il est évident que Catherine ne put empêcher ses favoris d'exercer la plus détestable influence.

Tous se gorgeaient de richesses, et tous entretinrent une multitude de parasites ruineux.

Il était profondément immoral que la première place de l'empire fut celle de favori et que tous les hauts dignitaires du clergé, de la magistrature, de l'armée en fussent réduits à s'incliner, non-seulement devant un Orloff ou un Potemkin, mais un Zoritz ou un Zouboff.

Ces désordres trouvèrent naturellement leurs imitateurs. Ils furent à la mode.

Presque toutes les dames de la cour eurent des favoris en titre.

Ainsi, chez nous, la plupart des grands seigneurs et des dames de la cour suivirent l'exemple donné par le régent et sa fille, et la corruption du duc d'Orléans, — qui, lui aussi, était un homme d'État, travailleur et intelligent, — gagna Paris tout entier et la province, comme une peste.

Dans le cours de nos récits, nous en trouverons cent exemples.

Sous Catherine II, les mœurs de la Russie encore sauvage devinrent déplorables, surtout vers la fin du règne.

Ce qui achève de prouver la dépravation, l'abrutissement, la confusion des mœurs sous le règne de Catherine II, — dit l'auteur des *Mémoires secrets,* — c'est la découverte que l'on fit, il y quelques années, à Moscou, d'une association connue sous le nom de *Club physique.*

« C'était une espèce d'ordre surpassant en turpitude tout ce que l'on a raconté des institutions et des mystères les plus impudiques. Les hommes et les femmes se rassemblaient, à certains jours pour se livrer pêle-mêle aux débauches les plus infâmes.

« Des maris y faisaient admettre leurs femmes, des frères, leurs sœurs.

« Ce que l'on exigeait des hommes c'était de la vigueur et de la santé ; dans les femmes de la beauté et de la jeunesse. Les récipiendaires n'étaient initiés qu'après avoir fourni leurs preuves. Les hommes recevaient les femmes et les femmes les hommes. A la révolution française, la police eût des ordres de fureter et de dissoudre toute espèce de société mystérieuse, et ce fût alors que l'on examina le club physique dont les membres furent obligés de révéler les mystères.

« Comme les membres de l'un et de l'autre sexe appartenaient aux plus riches et aux plus puissantes familles, et qu'il n'était pas question de politique dans leurs assemblées, on se contenta de fermer et d'interdire cette loge scandaleuse. »

Un anglais le docteur Clarke, dans une relation de voyage en Russie entre au sujet de ce club, dans des détails que nous n'oserions reproduire ici. Ce club dit-il en somme, paraît approcher beaucoup plus des sociétés d'Otaheki que tout ce que l'on connaît en Europe.

De même que l'impératrice était imitée dans ses galanteries, on voyait aussi plusieurs dames de sa cour prétendre aux qualités viriles qu'elle possédait.

Nous avons parlé déjà de la princesse Daschkoff qui prit une part si active au renversement de Pierre III.

Cette dame déjà élevée par Catherine au titre et aux fonctions de directeur de l'académie des sciences et de président de l'académie russe, sollicita longtemps l'impératrice de la nommer colonel des gardes et l'auteur des *mémoires* prétend qu'elle eut mieux rempli cet emploi que la plupart de ceux qui l'exerçaient.

Cette nomination n'eut pas été exceptionnelle.

A l'exemple de Catherine 1ᵉʳᵉ qui montait à cheval et accompagnait Pierre 1ᵉʳ dans ses campagnes plus d'une femme de général accompagnait son mari à l'armée et plusieurs femmes furent nommées colonels et en firent le service.

Madame Mellin colonelle du régiment de Tobolsk, commandait, dit-on, avec une hauteur vraiment martiale, recevait les rapports à sa toilette et faisait monter la garde, tandis que son mari benevole s'occupait ailleurs.

Les suedois ayant tenté une surprise, on la vit sortir de sa tente en uniforme, se mettre à la tête d'un bataillon et marcher à l'ennemi. Plusieurs autres femmes à la même époque faisaient partie de l'armée et faisaient la campagne contre les Turcs, sous les ordres de Potemkin.

Sans doute ces faits n'ont rien de blâmable. Mais enfin, puisque les femmes tiennent de la nature ce grand privilége, qui ne peut leur être disputé, des hommes au monde, elles devraient ne pas embitionner le soin de les détruire.

Nous allons voir d'ailleurs dans le récit suivant un frappant exemple des erreurs des folies auxquelles ces pétentions à la *masculinité* peut entrainer une femme. Nous voulons parler de la reine Christine de Suède.

CHRISTINE Iʳᵉ

ROI DE SUÈDE

I

L'HÉRITIÈRE DE GUSTAVE-ADOLPHE

Christine naquit le 8 décembre 1626.

Son père Gustave-Adolphe, fut le roi le plus glorieux qu'ait eu la Suède ; bon, brave, intelligent et dévoué à son pays.

Sa mère Marie Éléonore de Brandbourg, était une princesse aussi distinguée par sa beauté que par son esprit et de mœurs irréprochables.

En 1626, la Suède avait conquis en Europe le rang de puissance de premier ordre, et l'enfant qui venait de naître était appelée à remplir un grand rôle en ce monde.

Gustave-Adolphe voulut que sa fille reçut une instruction et une éducation viriles.

Il traça lui-même le plan de son éducation qu'il confia à sa sœur, la princesse Catherine.

Il voulut qu'elle se familiarisat avec toutes les sciences qui pouvaient non seulement orner son esprit, mais la fortifier, l'armer pour la grande mission qu'elle aurait à remplir.

Un jour, Gustave-Adolphe entrait dans la forteresse de Calmar, avec sa fille, le commandant n'osa saluer l'arrivée du roi, ainsi que de coutume, par une salve d'artillerie :

Christine n'avait que deux ans.

— Tirez, dit Gustave, elle est la fille d'un soldat ; il faut qu'elle s'accoutume à ce bruit. »

Peu de temps après, il partit pour l'Allemagne après avoir, dans les termes les plus touchants, recommandé sa fille à son fidèle et sage chancelier Oxenstiern.

Trois ans plus tard, il était tué à la bataille de Lutzen.

Christine entrait dans sa sixième année.

Les Etats du royaume s'assemblèrent, proclamèrent reine la jeune princesse et lui nommèrent pour tuteurs cinq dignitaires de la couronne.

La reine-mère dont la douleur menaçait d'égarer la raison, ne voulut plus se séparer un instant de sa fille dont les traits lui rappelaient ceux d'un mari adoré.

Marie Eléonore qui du vivant du roi avait montré le caractère le plus égal, effrayait alors ses amis par son exaltation et ses idées excentriques. Ainsi l'inhumation terminée, elle avait voulu revoir le roi dans son sarcophage ; elle avait fait tendre de noir tout son appartement, condamner les fenêtres et sa chambre n'était jour et nuit éclairée que par des bougies.

Ce deuil insensé se prolongea trois ans, et pendant trois ans, la jeune Christine dut vivre au milieu de cet appareil funèbre, près de sa mère en larmes.

Les tuteurs s'alarmèrent de voir se prolonger cette sorte de captivité. A son retour d'un voyage en Allemagne, le chancelier Oxenstiern la fit enlever des bras de sa mère et la remit de nouveau à sa tante la princesse Catherine. Son éducation fut continuée selon le plan tracé par Gustave-Adolphe.

Douée d'une imagination vive et d'une intelligence peu commune, ses progrès furent rapides... Trop rapides peut-être et ses précepteurs fiers de ses succès cédaient trop à son ardeur pour l'étude.

En peu d'années elle apprit non-seulement plusieurs langues modernes, mais le latin, le grec, l'histoire, la géographie, la politique.

Elle dédaignait pour l'étude les amusements de son âge.

Aussi se montra de bonne heure cette bizarrerie de goûts et de conduite qui devaient troubler sa vie et dont elle tenait de sa mère sans doute les dispositions naturelles.

Encore enfant, elle montrait pour l'ex-costume de son sexe une singulière répugnance.

Elle aimait à paraître en costume militaire, elle se plaisait à faire de longues courses à pied ou à cheval. Les fatigues et les dangers de la chasse étaient ses plaisirs favoris.

« Elle ne se peigne qu'une fois par semaine, écrivait le père Manerscheld et je l'ai vue avec une chemise tachée d'encre.

Oxenstiern qu'elle regardait comme un père, avait seul assez d'influence sur elle pour lui faire observer les usages, les convenances que prescrivaient l'étiquette de la cour ; mais il ne put la corriger. D'humeur inquiète, inconstante, tantôt elle se montrait d'une familiarité excessive et tantôt affectait des manières hautaines et orgueilleuses.

Néanmoins elle étonnait ses tuteurs par la précoce maturité de sa raison.

En 1642, les États assemblés l'engagèrent à prendre les rênes du gouvernement.

Elle les remercia, alléguant son âge et son inexpérience.

Cette reine étonnante, assez despote dans son entourage, n'aimait pas le pouvoir.

Elle se fit prier pendant deux années.

La Suède, heureuse sous Gustave-Adolphe fondait sur son héritière de grandes espérances l'Europe avait les yeux fixés sur Christine déjà célèbre avant d'avoir commencé à régner. La France, l'Espagne, l'Angleterre, la Hollande recherchaient son alliance et tous les souverains lui donnèrent les marques les plus flatteuses de leur considération.

Ses premiers actes furent marqués au coin d'une sage politique. Elle rendit plusieurs édits avantageux au commerce et à l'industrie et son attitude à la fois ferme, conciliante vis-à-vis de l'étranger, promit à la Suède les bienfaits de la paix et la consolidation des conquêtes de Gustave.

Tout allait pour le mieux, quand on s'avisa de lui parler mariage.

Elle refusa.

Elle aimait peu le pouvoir, elle avait encore moins de goût pour le mariage.

En vain on lui représenta que les institutions et le bonheur de la Suède étaient fondés sur l'hérédité du pouvoir monarchique, qu'en acceptant la couronne elle en avait accepté ous les devoirs.

Elle persista dans son refus.

On lui prête même à ce sujet une réponse étrange à ses conseillers:

— Vous attendez de moi un héritier de ma couronne, et vous fondez de grandes espérances sur un petit-fils de Gustave-Adolphe, c'est une illusion. Que savons-nous? Il peut naître de moi un Néron aussi bien qu'un Auguste.

Charles-Gustave, son cousin, prince d'un caractère noble et d'un esprit cultivé, lui fit demander sa main.

Elle avait pour lui beaucoup d'estime et d'amitié, cependant elle refusa.

Toutefois elle engagea les Etats à le choisir pour son successeur.

A quoi attribuer cette première bizarrerie?

Déjà sans doute elle méditait de déposer la couronne pour mener une existence indépendante et aventureuse.

Car, en définitive, elle avait plus de vingt ans; elle était d'un tempérament nerveux et riche, et il serait incompréhensible que de notre sexe elle n'eût encore aimé que les habits.

La chronique des cours, si bavarde d'ordinaire, ne dit rien de la cour de Stokholm à cette époque.

Ce n'est qu'en 1650 que cette commère commença à jaser.

Cette année, après s'être fait couronner en grande pompe et sous le titre de roi, Christine parut changer d'humeur, de goûts et de méthode dans son gouvernement.

Christine roi se prit à aimer les fêtes, le faste, le luxe. Elle s'entoura de jeunes seigneurs amis des plaisirs, et éloigna ses anciens et sages ministres, pour suivre les conseils de jeunes ambitieux parmi lesquels se distinguait le comte Magnus Gabriel de la Gardie.

Ah! nous y voilà donc!

Le comte de la Gardie ne savait ni le grec, ni le droit public, ni la théologie, ni la politique, ni l'art de la guerre.

Mais c'était le comte le plus élégant, le mieux tourné, le plus séduisant seigneur de la Suède. Il savait plaire même à la bizarre et farouche Christine.

Et dès que Christine s'humanisa et entendit les premiers battements de son cœur, la fantaisie se jeta à travers les graves combinaisons politiques, embrouilla ses écheveaux, sema partout ses fleurs et ses caprices, et jeta l'or à pleines mains..... hors des cassettes publiques.

Le sage Oxenstiern s'alarma et gronda son élève.

— Que voulez-vous?... Je ne sais pas gouverner, j'abdiquerai, répondit-elle.

Il fallut que ses véritables amis, les vieux amis de son père la suppliassent de revenir au devoir et à la raison.

Elle les écouta... mais les soins de la politique ne pouvaient assouvir son besoin d'incessante activité.

S'éloignant du comte de la Gardie, elle se jeta dans l'étude des sciences. Les problèmes les plus obscurs de la philosophie et de la théologie ouvrirent leurs gouffres comme des refuges à son esprit.

Souvent elle se relevait la nuit pour travailler.

Au beau Magnus, à ses compagnons frivoles succédèrent les savants.

Elle s'entretenait avec eux d'histoire, de philosophie, d'antiquités.

Le trésor n'en souffrait pas, mais l'administration n'en allait pas mieux.

A la fin elle s'en dégoûta.

Elle licencia ses savants, mais pour tomber, hélas! de disputes philosophiques en disputes religieuses.

Un Espagnol nommé Pimentel lui inspira l'idée d'abjurer la religion luthérienne, la religion pour laquelle son père avait combattu et qui était celle de la nation, pour se faire catholique!

On ne s'étonne pas alors de voir chez le peuple suédois un mécontentement qui d'abord ne s'était trahi que par des murmures et dont les éléments orageux se condensent et éclatent en conspirations.

Il y a dans les occupations et les fantaisies de la reine, un égoïsme, un sentiment de personnalité, qui blessent l'opinion publique et finissent par la révolter.

« Ah çà! que fait la reine?... De quoi s'occupe-t-elle?

« De tout, excepté des affaires de l'État. »

L'orgueil de Christine eut à souffrir de ces justes plaintes.

Elle aimait peu le pouvoir, et peut-être aussi une teinte de misanthropie, de ce dégoût des hommes, qui atteint les souverains dans la mesure de leur intelligence, acheva de précipiter sa résolution.

Elle réunit le Sénat à Upsal, le 11 février 1654, et lui déclara son intention d'abdiquer.

Enfin au mois de mai suivant devant les États, assemblés, elle déposa les insignes de la royauté pour les remettre entre les mains de son cousin Charles-Gustave.

Elle se réserva les revenus de plusieurs districts de Suède et d'Allemagne, une indépendance entière de sa personne, l'autorité suprême absolue sur les personnes qui composent sa suite ou sa maison.

Quelques jours plus tard, dans le courant de juin, elle s'embarqua à Colmar, et, sous l'escorte de douze vaisseaux de guerre, se rendit en Allemagne.

Elle traversa le Danemark. Parvenue près d'un ruisseau de la frontière suédoise et danoise, elle descendit de voiture et sauta de l'autre côté.

— Enfin! dit-elle, je suis libre et hors des frontières de la Suède où j'espère bien ne jamais rentrer.

Elle poursuivit sa route vers Bruxelles.

Elle avait pris cette devise, bien caractéristique.

« *Fata viam invenient.* » — En français : « Les Destins me traceront la route. »

II

CHRISTINE DE SUÈDE PEINTE PAR ELLE-MÊME.

L'abdication de Christine produisit dans toutes les cours de l'Europe une grande sensation.

En France, à la cour de Louis XIV ou plutôt de la reine-mère Anne d'Autriche, où son premier amant, le comte Magnus Gabriel de la Gardie avait été envoyé quelques années auparavant comme ambassadeur extraordinaire, on n'ignorait pas la faveur dont le jeune et beau diplomate avait joui auprès de sa souveraine ; et voici ce que madame de Motteville avait écrit dans les notes qui devaient servir plus tard à former ses « mémoires » si intéressants.

« La reine reçut alors un ambassadeur extraordinaire de la reine de Suède, qui ne venait que pour travailler à l'union des deux couronnes. Celui que cette reine envoya s'appelait le comte de la Gardie. Il était fils du connétable de Suède. Son aïeul était Français, à ce qu'il disait, d'assez médiocre naissance. Il était bien fait, avait bonne mine et ressemblait à un favori. Il parlait de la reine en termes passionnés et si respectueux qu'il était facile de lui soupçonner une tendresse plus grande que celle qu'il lui devait en qualité de sujet. Il était accordé à une cousine de cette reine, qu'elle-même se proposait de lui faire épouser. »

Ici nous ouvrons une parenthèse.

Christine a tous les titres possibles, et plus qu'il n'en faut, pour figurer dans notre galerie des « reines galantes ; » et la constance en amour étant exclusive de la galanterie, notre héroïne ne s'est jamais piquée ni de constance ni de fidélité dans ses affections.

L'amour, dans son cœur, naissait, vivait... et mourait, comme ces éphémères que fait éclore, au printemps, un rayon de soleil, et dont une journée à peine mesure l'existence. Mais le rayon de soleil est inconscient de ces éclosions et de ces destructions hâtives ; tandis que ce rayon de faveur royale, Christine savait habilement le transformer en une disgrâce, au moment précis choisi par elle pour de nouveaux caprices... A vingt ans, elle mariait elle-même son amant pour reprendre sa liberté, et l'intrigue finissait comme dans une comédie ; à trente ans, l'abus du plaisir, la satiété, les agitations et les énervements d'une vie errante, vouée aux aventures, ont assombri son cœur, émoussé chez elle toute sensibilité, et nous aurons, pour dénouement de la folle passion que lui inspira Monaldeschi, la sanglante tragédie de la *Galerie des Cerfs* du palais de Fontainebleau !

La parenthèse est fermée ; reprenons la citation des Mémoires de madame de Motteville sur Christine de Suède et le comte de la Gardie :

« Quelques-uns ont voulu dire que, si elle avait suivi son inspiration, elle aurait gardé le comte de la Gardie ; mais qu'elle s'était vaincue par la force de sa raison et la grandeur de son âme, qui n'avait pu souffrir ce rabaissement.

« D'autres disent qu'elle était née *libertine*, et qu'étant capable de se mettre au-dessus de la coutume, elle ne l'aimait guère ou ne l'aimait plus, puisqu'elle le cédait à une autre.

« Quoi qu'il en soit, cet homme parut assez digne de sa fortune, mais plus propre à plaire qu'à gouverner. De la manière dont il parlait de la reine sa maîtresse, elle n'avait pas besoin de ministre, car elle-même, quoique très-jeune, ordonnait toutes les affaires.

« Outre les heures qu'elle donnait à ses études, elle en employait beaucoup, à ce qu'il disait, au soin de l'État. Elle agissait de la tête, et il assurait que son moindre soin était l'ornement de sa personne ; de la façon qu'il nous la dépeignit, elle n'avait ni le visage, ni la beauté ni les inclinations d'une dame. Au lieu de faire mourir les hommes d'amour, elle les faisait mourir de honte et de dépit, et fut depuis cause que le grand philosophe Descartes perdit la vie de cette sorte. On lui attribuait alors toutes les vertus héroïques ; on la mettait au rang des plus illustres femmes de l'antiquité. Toutes les plumes étaient employées à la louer, et l'on disait que les hautes sciences étaient pour elle ce que l'aiguille et la quenouille sont pour notre sexe. La renommée est une grande causeuse ; elle aime surtout à passer les limites de la vérité. »

On savait encore, à la cour d'Anne d'Autriche, qu'après le comte Magnus Gabriel de la Gardie, Christine de Suède avait distingué, parmi ses adorateurs, Alder Salvius, le médecin français Bourdelot, qui l'avait initiée aux doctrines de l'épicurisme ; Pimentel, ambassadeur d'Espagne, un Italien mâtiné de Castillan, qui faisait marcher de front les intrigues de la politique, les intérêts de la religion catholique, apostolique et romaine, et les satisfactions d'un tempérament voluptueux.

On avait dressé la liste de tous les souverains et de tous les princes dont Christine avait tour à tour repoussé la main pour conserver cette liberté, chère à ses bizarres caprices, qu'elle venait de reconquérir tout entière, en abdiquant le pouvoir royal : Frédéric-Guillaume de Brandebourg, électeur palatin ; le roi Jean de Portugal ; le roi d'Espagne, Philippe IV ; le prince Jean d'Autriche ; le prince Sigismond Rukoczi ; Casimir V, roi de Pologne, qui avait été jésuite, puis cardinal, avant de monter sur le trône ; sans parler de son cousin, le prince Charles-Gustave, en faveur de qui elle avait abdiqué.

Aussi la malignité des courtisans et des belles dames de l'entourage d'Anne d'Autriche n'épargna pas cette jeune reine, déjà célèbre dans toute l'Europe par les excentricités de son cœur et de son esprit.

Qu'un Dioclétien abdique à 60 ans par fatigue et lassitude du pouvoir, pour se retirer à Salone et y vivre doucement, comme un simple particulier, tout le monde y accède ; mais ce ne peut être la fatigue des affaires, ni la lassitude des grandeurs qui poussent une jeune reine à déposer sa couronne pour courir les aventures sur les grandes routes.

On dit alors que Christine de Suède avait sacrifié le trône à l'envie de voyager, afin de se montrer par toute l'Europe comme un animal curieux ;

On dit qu'éprise d'un nouvel amour pour un séduisant inconnu, pour un homme obscur, et haïssant mortellement Charles-Gustave, elle n'avait quitté la Suède que pour fuir la présence odieuse de ce prince et se donner tout entière et en toute liberté à celui qu'elle aimait en secret ;

On disait encore que, si la reine de Suède n'avait connu que les coutumes de son pays, elle y serait encore ; mais que, pour avoir

appris la langue et les manières françaises, pour s'être mise en état de réussir huit jours en France, elle avait perdu son royaume.

Enfin, ce mot de « libertine » que madame de Motteville a si crûment écrit dans ses mémoires, quelques-uns n'hésitaient pas à le prononcer tout haut; et ceux-là affirmaient que Christine de Suède ne tarderait pas à scandaliser l'Europe par la liberté de ses mœurs et l'éclat de ses intrigues.

Puis vinrent les poètes ou plutôt les versificateurs de cour, qui rimèrent en son honneur des odes, des sonnets, et même des pièces de vers en latin... Nous ferons grâce au lecteur du latin, mais nous lui donnerons un échantillon de la poésie du temps.

L'auteur comparait Christine de Suède, quittant la capitale de son ex-royaume, pour commencer à travers l'Europe une lumineuse pérégrination, au soleil qui s'élance dans les cieux, des portes de l'Orient, pour embraser l'espace de ses feux. Les feux de Christine devaient embraser les cœurs, naturellement.

Et comme le soleil, cet astre magnifique
Commença de rouler dès qu'il fut lumineux,
De régler les saisons, marchant par l'écliptique,
D'illuminer les airs, de parcourir les cieux ;

Ainsi dans le fond de son âme
D'une divine ardeur sentant naître la flamme,
Ce soleil des esprits, fait pour les éclairer,
Répandit ses rayons, commença sa carrière,
Remplit les cœurs de feux, les esprits de lumière,
Visita l'univers et s'y fit adorer !

Mais descendons de ces hauteurs poétiques ; le moment est venu de faire plus intime connaissance avec la fille de Gustave-Adolphe.

Il faut que le lecteur connaisse bien le personnage avant de le suivre, par les grandes routes, dans son étrange équipage, à travers toutes les aventures galantes, dont la vérité historique contient plus de surprises, de péripéties et d'intrigues romanesques que le roman lui-même ne saurait en inventer.

Christine s'est peinte elle-même et nous a laissé son portrait.

Qu'elle l'ait flatté en quelques endroits, cela se voit de reste, mais certaines parties sont frappantes et d'un réalisme plein de relief ; nous dirions volontiers qu'elles nous offrent une véritable photographie, s'il nous était permis d'employer, en parlant du siècle de la grande peinture, le nom du plus vulgaire des procédés auxquels l'art a été réduit.

Voici donc le portrait de Christine de Suède tracé par sa propre main, avec des couleurs qui mélangent de la plus étrange façon le sacré et le profane, la philosophie et la frivolité, le *monde amoureux* et la sagesse des stoïciens, et les chevaliers qui « lorgnent leurs belles » aux Pères de l'Eglise.

Quand elle parle des taches d'encre qui constellent ses manches, on pense involontairement aux taches de sang laissées sur le parquet du palais de Fontainebleau par le meurtre d'un de ses favoris, et quand elle vante sa sensibilité qui lui faisait verser des larmes sur les condamnés à mort, on est près de s'écrier : — Et Monaldeschi !

« La reine Christine est d'une taille au-dessous de la médiocre ; elle a le front large et serein, les yeux bien fendus, le regard vif et doux, le nez aquilin, la bouche assez jolie ; mais le teint brun et le buste gâté par une difformité dans l'épaule.

« Sa toilette est des plus négligées ; un quart d'heure lui suffit ordinairement pour la faire. Un peigne et un ruban forment toute sa coiffure, et relèvent au hasard des cheveux peu soignés.

« Elle ne s'embarrasse jamais d'aucun bijou ; une bague est le seul morceau d'or qui soit sur sa personne.

« Jamais un voile ou un masque ne garantissaient son visage contre les injures de l'air ou les ardeurs du soleil.

« A cheval elle porte un chapeau à plume et un justaucorps par-dessus ses autres vêtements, à la manière des dames espagnoles ; tout son accoutrement ne vaut pas cinq ducats.

« A la cour, son costume favori est une robe grise, garnie de dorure et de rubans noirs ; ses souliers sont plats comme ceux des hommes ; comme les hommes aussi elle porte des manches de chemise qui tombent sur des bras passablement jolis et des mains que l'on trouve assez belles. Des taches d'encre se mêlent à tout cela de distance en distance.

« Au reste, un seul portrait ne peut pas rendre la physionomie de Christine, car rien n'est aussi changeant que les airs de son visage.

« Suivant les mouvements de son esprit, ce visage d'un moment à l'autre n'est plus reconnaissable.

« Habituellement elle paraît un peu pensive ; mais elle passe souvent et avec rapidité à une autre expression, et on dit que son aspect conserve toujours quelque chose de serein et d'agréable.

« Dans la conversation, elle a quelquefois tant de familiarité, que, loin de la croire reine, on ne la prendrait pas même pour une grande dame.

« Elle aborde la première les personnes avec lesquelles elle veut s'entretenir ; elle les prend par les mains, elle rit, elle badine avec une franchise extrême ; cependant elle inspire tant de respect, que parfois on devient en sa présence timide comme un enfant.

« Quand elle traite des affaires sérieuses, quand elle donne audience à des ambassadeurs, elle sait prendre un air majestueux, qui imposerait à l'homme le plus hardi.

« Au milieu des plaisirs du monde, et ce n'est pas là qu'elle paraît sous le plus beau jour, elle est d'une distraction bizarre ; son esprit part tout d'un coup ; il voyage sans doute dans un monde surnaturel ; pendant ce temps, le corps de la reine, qui ne suit plus de lois que celles de sa commodité, s'étend sur un fauteuil, appuie une jambe sur un siége, un bras sur un autre, penche la tête sur son épaule, et ne répond pas un mot à tout ce qu'on lui adresse.

« Pour la force et l'agilité du corps, Christine est un petit être incomparable.

« Dix heures de chasse passées à cheval ne lui font pas peur ; elle manie son coursier avec tant d'habileté, quoiqu'assise de côté, et n'ayant qu'un pied sur l'étrier, elle le fait aller si rapidement, que personne ne peut l'imiter ni la suivre.

« Le froid, le vent, la pluie, sont ses compagnons de voyage habituels.

« Quand la nuit a rendu les chemins escarpés et tortueux encore plus impraticables, quand un hiver a glacé le bord des précipices et des mers, elle aime à raser leur surface pendant trois ou quatre heures, emportée dans les ténèbres par des rennes et des élans qui lui font faire plusieurs milles d'un seul vol.

« Elle dit souvent qu'elle ne connaît rien d'assez grand, d'assez nuisible ni d'assez rude pour pouvoir troubler la tranquillité de son esprit, et se flatte de ne pas plus craindre la mort que le sommeil.

« Comme elle parle de tout avec franchise, avec étourderie, son langage n'est pas toujours renfermé dans les bornes de ce que l'on appelle les convenances. Tous les termes lui conviennent, pourvu qu'ils rendent sa pensée ; toutes les démarches lui paraissent permises, dès qu'elles mènent à un but utile ou agréable ; aussi, parmi les personnes sages, Christine passe pour ne l'être pas.

« Rien ne la gêne ; elle ne s'embarrasse de rien ; nulle grandeur du monde ne pourrait lui imposer ou l'empêcher de se mettre aussi à son aise que si elle était seule dans sa chambre.

« Dans les cours étrangères où elle a séjourné, on était étonné qu'ayant quitté son royaume, elle sût si bien faire la reine chez les autres.

« L'homme du monde le plus sobre serait effrayé de vivre à la table de la reine de Suède et de manger comme elle.

« Elle ne touche qu'aux mets les plus simples, ne se doute pas de ce qu'elle mange, ne boit que de l'eau, et en une demi-heure expédie son dîner.

« Elle n'est pas plus difficile pour son coucher que pour sa table ; le premier lit lui est bon ; elle l'aborde très-tard et le quitte de bien grand matin ; quatre ou cinq heures de repos lui suffisent.

« Vous le voyez, pour elle les douceurs de la vie physique ne sont rien.

« Mais son esprit, avec quelle ardeur elle le soigne, elle le nourrit !

« Comme elle lui fait prendre chaque matin une subsistance fortifiante dans Hérodote, Tacite, et un nectar enivrant dans Homère ou Anacréon !

« Christine connaît huit langues tant mortes que vivantes ; elle possède le latin, le grec, l'italien, le français, l'espagnol, l'allemand, le finlandais, le danois, à peu près aussi bien que sa langue maternelle, et elle connaît un peu l'arabe et l'hébreu !

« Elle sait par cœur une partie des poètes anciens et modernes ; sa mémoire est si heureuse, qu'on ne pourrait se faire honneur devant elle des pensées d'un auteur quelconque, sans qu'elle ne s'aperçût promptement du vol.

« Les Pères de l'Eglise, aussi, ont ouvert devant Christine le vaste champ de leur éloquence. Terrain sacré où *le lys de la vallée* exhalait ses parfums et que devait couronner un jour la palme des martyrs.

« Elle a lu vingt fois saint Cyprien, les écrits de saint Jérôme, médités dans la grotte de Bethléem, entre le Calvaire et l'Hébron, et paraissant s'élever lugubres et solennels de la tombe du Christ et de celle d'Abraham ; les confessions de saint Augustin accusant des péchés si nobles et si tendres, qu'ils seraient presque des vertus pour un autre ; les discours brillants de saint Ambroise, disciple des poètes profanes et animant ses pieuses paroles des inspirations du génie païen et des ornements que sa mémoire emprunte aux écrivains anciens.

« Mais à côté de si grandes pensées, quelles folies Christine s'amuse à loger dans sa tête!

« Non-seulement elle connaît les principales maisons de l'Europe, leurs armes et leur histoire, mais encore elle est au fait de leurs *intrigues galantes*.

« A sa cour, comme dans tout le *monde amoureux* de l'Europe, pas un chevalier n'a la liberté de lorgner sa dame, sans que Christine ne veuille s'en mêler pour tout voir et tout raconter, et on dirait que son oreille entend tous les propos d'amour, si bas qu'ils soient murmurés!

« Toutes les gentillesses viennent papillonner dans son esprit, au milieu des hautes questions de la politique et de la philosophie.

« Encore un mot pour achever le portrait de la reine de Suède.

« Quoiqu'elle ne soit pas ce que l'on appelle *sensible*, on ne peut lui refuser la bonté du cœur.

« Etant sur le trône, elle ne fut jamais obligée de condamner un criminel à mort sans qu'il ne lui en coûtât des larmes.

« Jamais personne ne sortit d'auprès elle sans avoir reçu des marques de sa protection; elle favorisa surtout les hommes de talent dans tous les genres et les combla de bienfaits.

« Elle est si libérale que, si l'on peut dire qu'en quelque chose elle ne garde point de mesure, c'est à l'égard des présents qu'elle prodigue.

« Il est incroyable combien elle fut puissante pendant son règne, dans le sein du sénat; ce fut au point que les membres de ce corps illustre s'étonnaient eux-mêmes de l'ascendant qu'elle avait sur leur esprit.

« Quelques-uns l'attribuaient à sa qualité de femme, s'imaginant que la secrète inclination que l'on a pour ce sexe les faisait plier insensiblement sous sa volonté.

« Mais il est plus probable que sa grande autorité tenait à sa qualité de reine et à la grande force de jugement qu'elle possédait.

« Il n'en était pas moins remarquable de voir une fille tourner comme il lui plaisait l'esprit de tant de vieux et sages conseillers.

« Elle aime également tous les peuples, estimant la vertu partout où elle se trouve; c'est là l'unique objet de son attention.

« Elle dit que le monde n'est composé que de deux nations, celle des honnêtes gens et celle des méchants; qu'elle aime la première et déteste la seconde.

« Rien n'est plus présent à l'âme de Christine que l'amour incroyable d'une haute vertu, dont elle fait sa joie et ses délices et à laquelle elle joint une passion extrême pour la gloire.

« Elle se plaît quelquefois à parler comme les stoïciens de cette éminence de la sagesse qui fait notre souverain bien dans cette vie; quand elle en raisonne avec des personnes qu'elle sait dignes de la comprendre, c'est un plaisir extrême de lui voir mettre sa couronne sous ses pieds et publier que la vertu est l'unique bien auquel les hommes doivent s'attacher indispensablement, sans tirer avantage de leur haute position.

« Ainsi philosophant à la païenne, Christine n'est pas scrupuleuse en fait de religion, et n'affecte point les démonstrations d'une dévotion minutieuse.

« Elle parle très-légèrement de la réformation, et beaucoup de gens pensent qu'elle ne croit pas en *Dieu* parce qu'elle ne croit pas à la vertu de Luther... »

Six ans après la Newa inonda le cachot. — Page 58, col. 1.

III

LA CONVERSION. — ROME SACRÉE ET PROFANE.

De Stockholm Christine se rendit à Hambourg, et de Hambourg à Bruxelles.

Elle y retrouva Pimentel, un des nombreux successeurs qu'elle avait déjà donnés au beau Magnus.

Pimentel reprit l'œuvre qu'il avait commencée à Stockholm, et finit par convertir sa royale maîtresse au catholicisme ; il la conduisit dans le giron de l'Eglise, non par les rudes et étroits sentiers de la foi, mais par la route large et fleurie du plaisir.

Christine écrivit au pape Alexandre VII

et abjura solennellement le luthéranisme.

Nouvel étonnement de l'Europe ; mais, cette fois, il n'y eut plus à l'endroit de l'ex-reine de Suède divergence d'opinion : tout le monde fut d'accord pour reconnaître que ce n'était pas sur le chemin de Damas qu'elle s'était convertie, mais sur le chemin de Paphos.

Elle n'y mit pas, d'ailleurs, plus de solennité qu'il n'en fallait, et à un grave pasteur protestant qui la gourmandait sur son abjuration, elle répondit en lui tournant le dos :

— Vous me demandez pourquoi je me suis convertie au catholicisme : c'est à cause de vos ennuyeuses prédications.

Et n'était-ce pas elle qui écrivait peu de mois après de Rome :

— Ici, il y a des statues, des obélisques et des palais, mais point d'hommes. On n'y voit que des malotrus, des scélérats, des bouffons, des fous, des impertinents, des fripons, des mendiants, des vauriens. Il faut bien que l'Église soit gouvernée par Dieu, car j'ai connu quatre papes... et pas un n'avait le sens commun... »

Rome, Florence, Venise, le beau ciel de l'Italie, ses nuits embaumées, ses fêtes, ses spectacles, le mouvement, l'agitation, les passions ardentes, mais sans profondeur et sans lendemain, de ces contrées aimées du soleil, voilà ce qu'elle avait toujours rêvé sous les brumes de sa terre scandinave.

C'était un peu pour réaliser ce rêve qu'elle avait abdiqué le pouvoir suprême, et sa conversion au catholicisme n'avait été pour elle qu'un moyen pour se faire ouvrir cette terre promise, où toutes les ardeurs de son tempérament, tous les caprices de son imagination, tous les appétits de ses sens devaient trouver, croyait-elle, une surabondante satisfaction.

Après un court séjour à Bruxelles, où elle apprit coup sur coup la mort de sa mère et de son tuteur Oxenstiern, elle se mit en route pour l'Italie, avec un nombreux cortége.

La cour nomade qu'elle traînait à sa suite se composait de plus de deux cents personnes, y compris vingt-cinq gardes du corps.

On y remarquait Pimentel, l'ambassadeur extraordinaire d'Espagne ; le comte et la comtesse de Cueva, vivants et raides échantillons du décorum castillan ; deux dames d'honneur ; les comtes Buquoi, Trassario ; quatre jeunes seigneurs suédois : Silfwercrona, Lilliecrona, Appelgren et Appelman, qui ne voyaient la patrie que là où était leur reine, et qui pourvoyaient aux besoins de son cœur...

Quant aux besoins de son âme, elle n'avait pas manqué d'y aviser ; le confessionnal était à roulettes, comme l'alcôve, dans cette caravane d'une reine galante, et Christine emmenait avec elle le père Guesmes, son catéchiste, et deux jésuites très-forts sur la controverse, députés par la sainte compagnie pour soutenir au besoin, envers et contre tous les mécréants, les schismatiques et les ennemis de l'Église, l'authenticité de la conversion de la fille du grand Gustave-Adolphe.

La caravane passa par l'Allemagne pour gagner les Alpes Noriques, et l'Empereur délégua le comte Raymond Montécuculli, le grand homme de guerre qui avait chassé les Suédois de Bohême en 1641, pour grossir le cortége de l'ex-reine de Suède ; mais Christine n'y regardait pas de si près, et, toute au plaisir, ne songeait plus à la politique.

Lorsque le pape Alexandre VII apprit la résolution de Christine de se rendre dans la ville éternelle, il lui écrivit :

« Alexandre VII, Souverain Pontife,

« Très-chère fille en Jésus-Christ, salut et bénédiction apostolique.

« Aussitôt qu'il nous a été rapporté que Votre Majesté avait embrassé à Bruxelles la religion catholique et romaine, quoiqu'en secret, et qu'elle était sortie de ses anciennes erreurs, qu'une nouvelle sagesse était créée en elle par le Saint-Esprit, je ne puis exprimer quelle a été ma joie ; il n'est aucune force d'expression qui puisse y suffire.

« Nous envoyons à Votre Majesté bien-aimée notre fils en Jésus-Christ, Lucas de Holstein, protonotaire apostolique, chanoine de la basilique de Saint-Pierre, bibliothécaire de notre bibliothèque du Vatican, homme rempli de la plus saine érudition et chéri de nous pour son extrême piété. C'est à cette fin qu'il vous donne publiquement et suivant les rites de la sainte Eglise catholique l'entrée en la foi.

« Donné à Rome, en notre palais de Sainte-Marie-Majeure et scellé du sceau de Saint-Pierre, le 10 octobre 1655, et la première année de notre pontificat. »

Cependant la cour nomade de Christine de Suède continuait à s'avancer vers les frontières de l'Italie ; elle passa huit jours à Inspruck, au milieu des fêtes, et ce fut dans la cathédrale de cette ville que Christine renouvela solennellement son abjuration de luthéranisme entre les mains du protonotaire papal Lucas Holstein.

Le père Stœudacher, de la compagnie de Jésus, fit à cette occasion un très-beau sermon en allemand sur le onzième verset du 47e psaume :

« Ecoute, fille, et considère ! Incline ton oreille et oublie ton peuple et la maison de ton père. »

C'était fort bien dit ; mais le père jésuite n'aurait pas mal fait, peut-être, d'ajouter : « oublie tes amants. »

Puis les fêtes recommencèrent : illuminations, festins, ballets mythologiques, comédies italiennes, opéras et quelques mascarades.

Christine nous a appris, elle-même, que toutes ces réjouissances ne coûtèrent pas moins de quinze tonnes d'or !

Enfin, celle que l'on appelait déjà l'*Amazone du Nord* mit les pieds sur la terre italienne... Le premier accueil ne fut pas d'une politesse exagérée.

Le doge de Venise refusa à la caravane de Christine l'entrée et le passage par le territoire de la République sérénissime, sous prétexte que les illustres voyageurs avaient traversé le duché de Trente où régnait une maladie contagieuse ; cependant, à la suite d'assez longues négociations, on lui permit de traverser rapidement un étroit district de la domination vénitienne, et le cortége prit par le Mantouan où il se renforça de quatre nonces du pape.

Pour reconnaître cette nouvelle galanterie de la cour pontificale, Christine passa par Notre-Dame-de-Lorette, et ajouta son ex-voto à tous ceux qui ornaient la célèbre chapelle : une couronne et un sceptre enrichis de trois cent soixante-six diamants et de cent soixante perles fines.

A Pesaro, le comte Maria Sentinelli lui présenta un livre magnifiquement relié, où avait été imprimée une collection de sonnets italiens, rimés en l'honneur de la royale voyageuse.

Christine remarqua la bonne mine du comte Maria Sentinelli, et elle inscrivit son nom sur ses tablettes secrètes.

A six milles de Rome, nouvelle adjonction de deux légats, le cardinal Giovane Carlo, frère du grand-duc de Toscane, et le cardinal Landgrave de Hesse, lesquels, après des félicitations de la part du pape et du sacré collége, invitèrent Christine à monter dans un magnifique carrosse envoyé par Sa Sainteté.

Le programme de l'entrée dans la ville éternelle de l'ex-reine de Suède, de sa cour, de ses favoris, avait été délibéré et minuté dans le sacré collége même.

Nous transcrivons ce curieux document, épave de cette barque de saint Pierre, devenue un si puissant navire de guerre, et brisée aujourd'hui dans le naufrage de la vieille société.

Il ne faut pas oublier, en le lisant, que nous sommes dans le pays du superlatif.

« *Pompes, cérémonies et grandeurs, avec lesquelles on doit recevoir à six milles de Rome la reine de Suède à son arrivée en cour du pape.*

« Notre Seigneur conjecturant que la royale majesté de la reine de Suède s'approche chaque jour de la cour de Rome, il s'est tenu dimanche passé, en sa présence, une assemblée sur la manière dont on doit recevoir la susdite majesté, lorsqu'elle sera arrivée au lieu susdit.

« Là se rendront, au nom de Sa Sainteté, à la rencontre de ladite reine, six cardinaux, savoir, premièrement nos seigneurs de Médicis et de Hesse ; secondement, pour mieux honorer la susdite reine, elle sera reçue par les éminentissimes cardinaux Aldobrandino, Barberino, Colonna et Orsino, et complimentée au nom de Sa Sainteté, et ensuite conduite jusqu'au palais dans un carrosse à six chevaux, et cela de nuit et incognito.

« En outre, il a été convenu dans la même assemblée que, dans le même lieu, doivent aller tous les carrosses à six chevaux de tous les éminentissimes cardinaux du sacré collége pour glorifier davantage la rencontre de Sa Majesté, et tous ceux des ambassadeurs, des princes, barons romains et prélats, pouvant s'élever au nombre de deux cents ; ce qui dans la campagne doit produire un bel effet de vue, tous ces susdits carrosses étant de velours cramoisi, verts et autres couleurs, ainsi que la livrée des cochers et estafiers.

« Ensuite, à trois milles de Rome, le jour où l'on saura l'arrivée précise de la susdite Majesté, monseigneur le gouverneur de Rome ira également dans un carrosse à six chevaux la recevoir au nom de Sa Sainteté et l'introduire dans notre ville.

« Le susdit gouverneur, en raison de la dignité dont il est revêtu, sera tenu de faire dans sa fonction une grandissime dépense ; il devra paraître en carrosse de velours rouge, fabriqué à neuf pour cet objet, de grand appareil et coût, puisqu'au dedans il devra être tout d'argent massif et incrusté d'or, et l'on peut conjecturer que le prix s'en élèvera à plus de mille écus.

« En outre, il est obligé d'avoir ce jour-là vingt-cinq estafiers et quinze pages vêtus de pied en cap de la plus riche livrée de velours cramoisi brodée d'or sur toutes les coutures, puisqu'en qualité de gouverneur de Rome, il devra paraître en grande pompe, accompagné dans ses fonctions de quantité de courtisans et de gentilshommes.

« La susdite Majesté rencontrée au lieu appelé *Ponte-Molle*, à deux milles de Rome, le peuple romain devra se ranger au-dessus du pont sous la direction d'un sénateur et de trois conservateurs, et tous les officiers à cheval avec des habits d'un prix infini et d'une inexplicable beauté, avec trompette, tambours, lesquels tireront les canons transportés audit lieu, en s'accordant avec toute l'artillerie du château Saint-Ange, pour saluer ladite Majesté.

« L'ordre dans lequel doivent apparaître gouverneur, conservateurs et peuple, doit être le plus possible ravissant à voir, tous revêtus de leurs habits sénatoriaux de velours richissimes, avec barrettes plates ; ils auront de superbissimes chevaux, les plus beaux, les plus fringants de toute la ville.

« Chacun des fonctionnaires aura trente estafiers et vingt pages habillés d'écarlate, avec éperons aux pieds, enrichis d'or.

« Tous ils seront accompagnés et suivis d'une infinité d'officiers et autres gens de livrée à cheval, lesquels doivent, ce jour-là, paraître en grande pompe et produire un bel effet et la plus ravissante vue.

« En deçà du pont, sur le chemin de Rome, devront se rencontrer, en guise de spectatrices de la reine, toutes les princesses et dames de la cour de Rome, en carrosse à six chevaux ; leurs fastes, grandeurs et appareils, tant dans leur toilette que dans leurs voitures, doivent être remarquables au possible, étant tenue chacune d'elles d'avoir à son service vingt-quatre estafiers et douze pages en livrée de velours et d'écarlate du prix de cinq à six cents écus.

« Toutes ces princesses et dames doivent avoir des carrosses à cet effet ornés en velours rouge ou vert à volonté, et en dedans brodé d'or, avec perles, attendu qu'elles doivent avoir à orgueil de faire ostentation des richesses de leur maison et se montrer en cette occasion avec grandeur et opulence.

« La reine complimentée, ces dames se retireront dans leurs palais, laissant avec Sa Majesté les éminentissimes cardinaux légats, Médicis et Hesse, lesquels, prenant la rue de la *Porte Angelica*, la conduiront incognito et nuitamment au palais de Sa Sainteté, à *Ponte-Molle*; et doivent à cet effet s'arrêter tous les carrosses des ambassadeurs, cardinaux, gouverneur, sénateurs, princesses et toute la suite, noblesse, peuple, qui auront été au devant d'elle, lesquels prendront par la rue *del Popolo*, et chacun se retirera chez soi.

« Telle sera la première entrée.

« L'un des jours suivants, elle fera son entrée publique, et toute la cavalcade sera différente, ainsi que l'ordre et la pompe, ce qui sera mieux réglé, discuté et minuté plus au long. ».

Montée au Vatican par le jardin du Belvédère, Christine de Suède, qui venait d'être reçue par la Rome profane et mondaine, fut reçue par la Rome sacrée. On la conduisit à l'audience du pape, dont, après trois génuflexions, elle baisa la mule et les mains.

Alexandre VII la releva et la fit asseoir sur un siége en forme de trône.

Le jeudi qui suivit son entrée « secrète » à Rome, eut lieu son entrée publique, et Christine ne manqua pas cette occasion d'étonner les dames romaines par son originalité, sans compter qu'elle attira du même coup l'attention des monsignori, des jeunes seigneurs, des patriciens de la ville galante et dévote.

Sous un soleil radieux, au milieu d'une foule d'équipages dorés, de femmes couvertes de velours, de soieries et de diamants, de cavaliers brillants, et de troupes pontificales rangées en haie, au bruit de l'artillerie, elle parut en amazone, coiffée d'un chapeau aux plumes ondoyantes, sur un cheval blanc, qu'elle montait comme un homme et qu'elle faisait caracoler comme un écuyer consommé.

Le carnaval vint bientôt fournir à Christine un ample élément à son appétit désordonné des plaisirs.

Elle se jeta dans le tourbillon des fêtes, traînant à sa suite une cohorte d'admirateurs et d'adorateurs.....

Le premier qui se déclara, fut un cardinal

il lui dépeignit sa flamme avec cette ardeur contenue et persuasive que les dames romaines savent apprécier chez les monsignori.

Mais le cardinal Colonna était d'un âge mûr ; Christine, après quelques jours de coquetterie, le voyant devenir un peu trop pressant, coupa court à son entreprise, au milieu d'une scène très-sentimentale, en lui riant au nez, sans respect pour la barrette rouge.

Le cardinal quitta tout honteux le palais de l'ex-reine ; mais Alexandre VII, instruit de ses velléités amoureuses et du double échec que venaient de subir en même temps sa passion quinquagénaire et sa haute dignité, l'envoya en exil pour quelques semaines dans sa villa de Frascati, et le vindicatif Colonna jura de se venger.

Profitant des licences du carnaval, il paya quelques douzaines de masques, qui vinrent, sous les fenêtres du palais Farnèse, qu'habitait Christine, se livrer à toutes sortes de pasquinades et cribler Sa Majesté suédoise de quolibets et de lazzis, où n'étaient ménagées ni la femme ni la reine.

Puis il fit placarder sur la statue de Pasquin une pièce de vers, dont voici la traduction :

« Une divinité du Nord est venue sur la
« terre italienne ; mais son cœur n'a pas ap-
« porté les neiges et les glaçons de son dur
« climat. Galants, ne vous pressez pas toute-
« fois de nourrir de trop douces espérances ;
« car le palais qu'habite la divinité est gardé
« par des *sentinelles* farouches qui en défen-
« dent l'approche à tous les mortels. »

Ce n'était pas très-fort comme poésie, mais c'était passablement méchant.

Le cardinal, dans son œuvre anonyme, faisait allusion à ce comte Maria Sentinelli, qui avait présenté à Christine, lors de son passage à Pesaro, un recueil de sonnets à sa louange.

Nous avons dit que l'ex-reine avait été frappée de la bonne mine du comte.

Dès les premiers jours de son arrivée à Rome, l'ayant rencontré dans l'une des fêtes qui lui furent données, elle s'était enquise de sa situation de fortune, et ayant appris que le comte s'était à peu près ruiné au jeu, elle lui fit proposer d'entrer comme majordome dans sa maison.

Maria Sentinelli, de son côté, connaissait l'histoire de Christine, ses caprices amoureux, ses intrigues avec La Gardie, Pimentel et quelques autres ; il accepta l'offre qu'on lui faisait, comptant bien mettre à profit les rapports fréquents qu'il aurait avec son auguste maîtresse, pour lui prouver qu'il y avait chez lui mieux que l'étoffe d'un majordome.

Une semaine ne s'était pas écoulée depuis son installation au palais Farnèse, qu'il entrevoyait déjà la réalisation de ses doux rêves.

Christine lui avait accordé toute sa confiance ; elle ne dissimulait pas le plaisir qu'elle éprouvait de ses services, et le cardinal Colonna avait flairé un rival.

Une main inconnue fit parvenir à Christine une copie des vers insolents placardés nuitamment sur la statue de Pasquin.

Sa colère ne connut plus de bornes ; elle courut au Vatican, criant vengeance contre le vieux Colonna ; Alexandre VII eut beaucoup de peine à la calmer et lui conseilla doucement d'éloigner Sentinelli, qui avait une fort mauvaise réputation, ayant déjà compromis à Rome un grand nombre de dames appartenant aux meilleures familles patriciennes.

Christine déclara tout net au Saint-Père qu'elle n'avait pas abdiqué une couronne et n'était pas venue en Italie pour vivre comme une petite bourgeoise ; que, s'il lui plaisait de prendre son majordome pour amant, cela ne regardait ni la cour de Rote, ni le sacré collège, ni le pape, et qu'elle allait, la nuit suivante, faire pendre à la statue de Pasquin un bel écriteau pour apprendre à toute la ville l'aventure du cardinal Colonna, ses velléités amoureuses et l'affront qu'elle lui avait fait.

Ce scandale fut épargné au sacré collège.

L'émotion que Christine avait ressentie de cette aventure la bouleversa tellement, qu'en rentrant au palais Farnèse, elle fut prise d'un accès de fièvre. Elle se mit au lit, et le mal fit des progrès si rapides, que quelques jours après ses serviteurs conçurent des craintes sérieuses.

Sa jeunesse et le riche tempérament qu'elle cachait sous des formes de frêle apparence, triomphèrent cependant de la maladie et des médecins.

Mais sa convalescence fut longue, et quand la santé lui revint enfin au printemps, elle se résolut à quitter Rome et à faire un voyage en France.

Charles-Adolphe, son cousin, qu'elle avait fait roi par son abdication, avait négligé, depuis son séjour en Italie, de lui faire tenir les riches revenus qu'elle s'était réservés.

Peut-être Charles-Adolphe éprouvait-il quelque scrupule de faire envoi des rixdales luthériennes en terre papale.

Elle fut obligée, pour payer ses frais de voyage, de mettre en gage ses bijoux et ses pierreries chez les juifs du Ghetto, qui lui prêtèrent dix mille ducats, et elle fut s'embarquer à Civita-Vecchia, avec une suite nombreuse, dont le fidèle Sentinelli faisait partie.

En débarquant à Marseille, elle y trouva un ambassadeur que Louis XIV, prévenu de son arrivée, avait envoyé pour la recevoir avec de grands honneurs.

C'était Henri II de Lorraine, duc de Guise, grand chambellan du roi de France, et qui comptait parmi les plus séduisants seigneurs de la cour.

Il entreprit aussitôt de séduire Christine de Suède.

Le comte Maria Sentinelli fut rejeté sur le second plan.

Un majordome, si noble qu'il fût, pouvait-il lutter auprès d'une reine contre un duc de Lorraine, grand chambellan de Louis XIV ?

IV

SUR LA GRANDE ROUTE. — PREMIÈRE AVENTURE A FONTAINEBLEAU. — L'ÉCHELLE DE SOIE.

Par une chaude journée du mois de juin 1756, une longue file de carrosses s'avançait lentement sur la route de La Palisse à Moulins. Il y en avait bien une vingtaine, suivis d'un nombre au moins égal de mulets de bâts lourdement chargés de bagages.

C'étaient les équipages de la reine Christine de Suède qui s'acheminaient vers Paris, par le Bourbonnais.

Le voyage durait depuis un mois; on s'était arrêté à Vienne en Dauphiné, à Lyon, à Roanne, à La Palisse, où des fêtes avaient été données à Christine, sans compter les châteaux épars sur la route, qui offraient à l'envi à la royale aventurière une brillante hospitalité.

Henri de Lorraine, duc de Guise, avait profité des longueurs de la route pour faire aussi son chemin dans le cœur de celle qu'il voulait ranger au nombre de ses conquêtes.

C'était ce que l'on appelle un cavalier accompli, ayant une grande expérience des choses du monde et des affaires de la galanterie.

Les premières années de sa vie avaient été très-agitées et occupées de grands intérêts.

Possesseur de l'archevêché de Reims et des plus riches abbayes du royaume, il était entré dans « la Ligue confédérée pour la paix universelle de la chrétienté ; » puis, ayant fait la paix avec la cour, il passa en Italie et y devint généralissime des Napolitains révoltés contre les Espagnols.

Fait prisonnier par ceux-ci, il fut envoyé à Madrid. Mis en liberté, il tenta inutilement de reconquérir le royaume de Naples. C'est alors qu'il revint en France, où Louis XIV le fit grand chambellan.

Mais les soins de toutes les affaires de guerre et de politique auxquelles il avait été mêlé ne l'avaient pas tellement absorbé, dans cette existence si accidentée, qu'il n'eût trouvé le temps de s'occuper des femmes.

Il avait eu de beaux succès de ruelle à Naples et à Madrid, et, de retour en France, les filles d'honneur d'Anne d'Autriche et les dames de la cour s'étaient montrées sensibles à ses hommages, qu'une longue expérience et la variété des caractères et des tempéraments féminins qu'il avait étudiés sur le vif dans des pays de mœurs si différentes, lui avaient appris à nuancer avec un art très-délicat.

Sentimental avec les précieuses, emporté avec les passionnées, enjoué avec les rieuses, il était capable de filer pendant des mois entiers le parfait amour, ou d'emporter d'assaut en quelques heures une place bien défendue, en devinant tout à coup son côté faible.

Mais l'humeur bizarre, les caprices, la mobilité d'esprit de l'Amazone du Nord avaient dérouté sa science. Il fit d'abord avec elle fausse route.

Christine, impressionnée par le voyage qu'elle venait de faire sur la Méditerranée, lui avait paru plus portée au sentiment qu'à la passion.

Il s'était mis alors à lui jouer la sensibilité, et de Marseille à Lyon, le duc de Guise fut un vrai paladin, un héros de roman langoureux, exprimant son amour par les plus tendres, mais aussi par les plus respectueux soupirs.

Les affaires n'avançaient pas, et Christine commençait à avoir fort mauvaise opinion du jeune seigneur français.

Quand on eut dépassé Lyon, un brusque changement se fit dans les manières du duc de Guise.

Autant il s'était montré sentimental, autant il se montra frivole, épicurien, apôtre du plaisir.

Mais comme tout se passait encore en discours, Christine, toute surprise de la métamorphose, n'eut pas l'occasion de le reprendre.

La caravane, cependant, était arrivée au bas d'une côte escarpée.

Nous avons dit que la chaleur était accablante. Le soleil tombait d'aplomb sur la route, blanche d'une fine poussière.

Les carrosses montèrent la côte encore plus lentement. Les femmes et les serviteurs de la suite de la reine avaient mis pied à terre ; elle descendit elle-même, s'appuyant sur le bras du duc de Guise.

— Ah! dit-elle, il y a des instants où je me prends à regretter le ciel si pâle de mon pays, ce ciel toujours voilé. Quand j'étais à Stockholm, je soupirais après le soleil de France et d'Italie, qu'on me disait si beau...... On n'aime bien que ce que l'on ne possède pas.

— Moi, répondit d'un air dégagé le duc de Guise, si je possédais ce que j'aime, mon amour deviendrait de l'adoration.

Christine lui jeta un regard en dessous.

— Savez-vous, fit-elle, que vous autres, Français, vous êtes aussi brûlants que votre soleil.

— Que Votre Majesté n'en médise pas trop, le remède est auprès du mal.

— Le remède à quoi, monsieur le duc ?

— A cette chaleur accablante dont vous vous plaignez, et qui vous fait regretter les brumes de la Suède.

Il lui montrait, en même temps, un des côtés de la route, que bordait un bois touffu.

— Si ma reine le permettait, continua-t-il, je lui ferais faire la plus agréable promenade qu'il soit possible d'imaginer. Je connais ce pays, pour y être venu chasser avec le chevalier de Mailly, dont le château a attiré ce matin votre vue. Il y a là à notre droite, sous bois, un sentier délicieux, qui coupe au plus court, et qui nous mènerait au haut de la côte, bien avant les carrosses.

Christine jeta un nouveau regard sur le duc, mais cette fois elle le regarda en face.

Il y eut un moment de silence ; puis elle dit résolûment :

— Allons !......

Ils quittèrent la grande route et s'enfoncèrent sous le bois.

Au moment où ils allaient disparaître, Christine, se retournant un peu, aperçut, immobile sur la route, son majordome, le comte Maria Sentinelli, dont le visage exprimait un violent dépit.

Puis, il fit deux pas en avant, comme s'il eût voulu les suivre ; mais il se détourna brusquement, et parut rejoindre la compagnie qui gravissait la côte, en devançant les carrosses.

Il régnait dans le bois une fraîcheur délicieuse, avec une demi-obscurité que faisait ressortir la clarté éblouissante qui embrasait au dehors l'atmosphère.

Elles étaient parées d'attributs mythologiques. — Page, 92

La reine éprouva un léger frémissement de ce contraste; elle se rapprocha instinctivement de son cavalier, qui sentit sur son bras le doux contact d'une main qu'il osa presser dans la sienne.

Christine abandonna aussitôt son bras, et se mit à marcher vivement, presque à courir dans le sentier.

Elle arriva ainsi, un peu essoufflée, dans une petite clairière où se trouvaient des bancs de gazon : on eût dit un cabinet de verdure.

— Ah! fit-elle, en se laissant tomber au pied d'un coudrier, c'est une vraie escapade d'écoliers! Que diraient mes graves sujets suédois s'ils voyaient leur auguste reine courir ainsi dans les forêts de France?

— Le plus dévoué et le plus respectueux de vos serviteurs n'est-il pas avec vous, pour vous protéger contre tout péril?

— Sans compter, poursuivit-elle, que vous êtes très-compromettant, monsieur le duc de Guise ; toute ma maison a pu remarquer, depuis quelques jours, vos assiduités auprès de moi.....

— Je remplis une mission diplomatique... Le roi mon maître ne m'a-t-il pas dépêché auprès de Votre Majesté pour lui rendre honneur et lui tenir compagnie... Je remplis mes devoirs.

— Et vous vous en acquittez à merveille... en y mettant un peu du vôtre... car tous ces soupirs que vous poussez, sans prendre garde aux regards des jaloux ou des importuns, cet empressement, ces libertés que vous prenez, ces propos galants... et cette folle idée de me faire quitter mes gens, pour m'égarer dans une pareille solitude, en plein jour...

— Préféreriez-vous, ma reine, que ce fût en pleine nuit ?

— Je crois que vous me manquez de respect, dit-elle en se levant avec brusquerie... Monsieur le duc, sortons tout de suite de ce bois, et regagnons la route.

Le duc de Guise lui prit de nouveau la main.

— Eh bien ! oui, dit-il, je vous aime, madame ; je suis fou d'amour pour vous... Mais fiez-vous à ma loyauté ; vous ne courez avec moi aucun danger ; hâtons le pas, et poursuivons notre promenade, dans quelques minutes nous serons hors de ce sentier.

— Silence, fit Christine ; n'avez-vous pas entendu ? Il y a quelqu'un auprès de nous ; des bruits de pas ont frappé mon oreille.

— Quelque paysan qui traverse la forêt ; je n'entends rien.

Ils se remirent à marcher ; mais le chemin devenait de plus en plus étroit.

Il leur fallut bientôt gravir une pente escarpée, semée de roches, et force fut à Christine de s'appuyer sur le bras robuste de son cavalier.

Ils arrivèrent au haut de la montagne.

Christine était oppressée, son cœur battait avec force, et la rougeur de son visage témoignait des sentiments qui l'assaillaient, dans cette solitude, en compagnie d'un des plus séduisants gentilshommes de la cour de France.

Quand il fallut redescendre, car le terrain de la forêt était très-accidenté, ce fut bien autre chose.

Tout à coup une pierre sur laquelle elle avait posé le pied se détacha. Christine poussa un cri, chancela ; elle allait rouler au fond d'un ravin.

Deux bras vigoureux l'enlacèrent, sa tête se pencha et elle sentit les lèvres ardentes du duc de Guise imprimant sur son cou un brûlant baiser.

— Ah ! pardonnez-moi, ma reine, dit le duc en la déposant doucement sur un gazon..... Pardonnez-moi, dans les occasions périlleuses toutes les distances disparaissent....

— Et vous me traitez comme une simple bergère !

— Comme la plus adorée des femmes.

— Vous venez de me sauver la vie, fit-elle avec un enjouement un peu forcé ; mais n'en profitez pas, ce serait trop d'égoïsme de prétendre à la récompense à l'instant même du service.

Le duc de Guise était à genoux près d'elle, lui tenant toujours la taille enlacée. Elle essayait de se dégager.

Il lui disait, presque à l'oreille, d'une voix basse et pressante :

— Mais si la récompense doit être accordée, pourquoi la différer ? Pourquoi languir à l'attendre ? Jouissons du moment présent.....

— Certes, si j'avais de l'amitié pour vous, ce ne serait pas ici que je vous le prouverais.

— Quand on tient une reine dans ses bras, il faut que le succès légitime sur l'heure une aussi hardie entreprise... N'ai-je pas lu vingt fois dans vos yeux que je ne vous suis pas indifférent ? Christine, je vous aime, nous sommes seuls ; le ciel est témoin du serment que je fais de m'attacher à vous pour la vie.

Elle ne se défendait plus que faiblement.

— Reine, votre cœur s'émeut... Pourquoi ce dôme épais de verdure ne vaudrait-il pas une alcôve dorée... Ne commandez-vous aux vulgaires préjugés qu'en paroles ? Je vous tiens dans mes bras... Eh bien ! dites un mot et, sous vos yeux, je me précipite dans ce ravin dont je vous ai sauvée.

Il fit un mouvement comme pour se relever; une douce pression l'arrêta.

— Ah! vous m'aimez... Ma reine... ma Christine, faites de moi le plus heureux des mortels!... ma vie entière pour cette minute d'ivresse!

— De grâce, murmura-t-elle faiblement, laissez-moi... Henri, c'est une folie...

Le silence qui régnait autour d'eux fut soudain troublé par une détonation.

La reine poussa un cri et se leva en proie à une profonde terreur.

Un coup de feu venait de partir; la balle avait détaché une plume du feutre du duc de Guise, et brisé en deux, comme une paille, un arbrisseau qui se trouvait derrière lui.

Le duc s'était élancé dans la direction du coup de feu.

Il disparut quelques instants, qui parurent un siècle à Christine, toute pâle de cette aventure tragique.

— Eh bien! fit-elle, quand il revint.

— L'assassin a fui, dit-il.

— Un assassin... Vous croyez qu'on en voulait à vos jours... N'est-ce pas quelque braconnier? il doit y en avoir dans cette forêt.

— Un assassin, vous dis-je, madame.....

Cette arme qu'il a perdue en fuyant, et qui est encore toute chaude, n'est pas une arme de paysan ou de braconnier..... Voyez plutôt.

Il lui présenta en même temps un long pistolet, dont la crosse était richement incrustée d'ornements d'argent.

Christine s'en empara vivement, et ne put retenir un cri, en découvrant sur la crosse certaines armoiries gravées dans le métal, et qu'elle connaissait bien pour les avoir déjà vues.

— Monsieur le duc, reprit-elle, après un moment de silence, une autre vous dirait peut-être que cette aventure qui a failli vous coûter la vie est un avertissement du ciel, qui a voulu m'arrêter sur le bord de la pente, quand j'étais sur le point de commettre une faute contre la gloire de mon sexe et de mon rang.

Il voulut protester.

— Laissez-moi achever... Je suis au-dessus de tels préjugés. Vous m'aimez; je vous crois, et je serais la dernière des femmes si, après ce qui s'est passé entre nous, après la faiblesse que j'ai montrée contre votre entreprise, je dissimulais que vous ne m'êtes pas indifférent... Oui, je me suis laissé toucher par votre amour, monsieur le duc; j'y crois, mais vous allez m'en donner une autre preuve...

— Parlez, ma reine... Je vous l'ai dit, ma vie est toute à vous.

— Nous allons regagner à la hâte les carrosses. Plus tard, bientôt je vous donnerai les preuves que je ne suis pas une ingrate... Mais vous allez me jurer de ne faire aucune démarche pour découvrir celui qui a tenté, sous mes yeux... presque dans mes bras, vous ravir une existence qui m'est désormais si précieuse... La récompense que vous réclamez est à ce prix...

— Vous connaissez donc le misérable?

— Peut-être... Mais, dans tous les cas, ne comprenez-vous pas que la réputation de votre reine dépend du silence que je vous demande?

— J'obéirai.

— Ainsi, pas un mot de ce qui s'est passé dans cette forêt?

— Pas un mot.

— Quoi que vous veniez à découvrir, quelques soupçons qui vous viennent à l'esprit, quelques indices qui frappent vos yeux, vous ne ferez rien paraître des mouvements qui pourront agiter votre esprit.

— Je vous le jure... par l'amour que vous m'avez inspiré.

— Ce serment me suffit, duc de Guise... Voici ma main.

Il y imprima un long baiser.

Moins d'un quart d'heure après, ils étaient sur la grande route; les carrosses avaient achevé de gravir la côte; Christine monta dans le sien, où se trouvaient déjà ses dames de compagnie.

Le voyage s'acheva sans autres incidents, et, quatre jours après, Christine, ayant donné des ordres pour qu'on hâtât la marche, elle faisait son entrée à Paris, sans qu'elle eût laissé soupçonner à qui que ce fût l'aventure de la forêt et le tragique dénouement qui avait failli la terminer.

La reine de Suède fut logée d'abord au Louvre.

Le soir même de son arrivée, elle fit appeler dans son cabinet son majordome.

Le comte Maria Sentinelli se présenta comme d'habitude à elle avec le sourire italien qui sert, au-delà des Alpes, de masque à toutes les passions.

— Comte Sentinelli, lui dit Christine, nous sommes en France. Connaissez-vous les lois et les mœurs de ce pays ?

— Si Votre Majesté a besoin de quelques renseignements à ce sujet, qu'elle daigne s'expliquer, et je mettrai à son service mes faibles lumières.

— J'en sais là-dessus au moins autant que vous... Dans ce pays, comte Sentinelli, on pend les assassins, quand ce sont des roturiers, des manants ou des paysans... Quand ils sont nobles, on les envoie en place de Grève sur le billot... Le mieux qui puisse leur arriver, c'est d'être enfermés dans cette Bastille dont vous avez aperçu de loin les tours en traversant Paris, et d'y demeurer toute la vie entre quatre murailles épaisses de quinze pieds.

— Que Votre Majesté veuille dissiper les ténèbres de mon esprit ; je ne comprends pas les très-excellentes paroles que sa bouche auguste m'a adressées.

— Ah ! tu ne comprends pas, s'écria Christine en se levant du siége où elle était assise, et s'avançant vers lui, les yeux enflammés de colère... Tu ne comprends pas, traître et félon...

— Reine, vous me glacez de terreur, balbutia l'Italien en se reculant... En quoi ai-je mérité ma disgrâce ; pourquoi ces dures paroles ?

— Il le demande ! Il ose le demander !

— Sur mon salut éternel...

— Que faisais-tu, là-bas, dans certaine forêt, le jour où M. le duc de Guise a bien voulu m'accompagner et me guider, pour abréger la fatigue d'une chaleur insupportable...

— Que l'enfer ait mon âme, si je comprends ce que Votre Majesté.....

— Tu m'épiais, tu épiais ta reine, poussé par le démon de la jalousie que t'inspire une folle et coupable passion .. Car tu as osé porter les yeux jusqu'à moi, ne le nie pas, je le sais... et je t'aurais pardonné peut-être cette audace...

— Ah ! ma reine...

— Mais ce que je ne pardonne pas, ce que je ne te pardonnerai jamais, c'est le crime odieux que tu as essayé de commettre.

Et comme il faisait un geste de dénégation, elle l'arrêta :

— Pas un mot, j'ai des preuves entre les mains... Tiens, connais-tu cela ?

Elle avait soulevé une étoffe de velours qui recouvrait une corbeille placée près d'elle, et elle en retira un pistolet.

— Reconnais-tu cette arme ? fit-elle avec un geste violent.

Il ne put réprimer un mouvement de surprise ; mais il se remit aussitôt.

— Je ne connais pas cette arme, répliqua-t-il.

— Ah ! tu ne la connais pas. C'est pourtant celle que tu as tirée sur Henri II de Lorraine, duc de Guise, grand chambellan du roi Louis XIV, et que tu as laissée tomber, en prenant la fuite, quand le duc que tu avais manqué s'est mis à ta poursuite, maladroit assassin, aussi lâche que criminel !

Il rougit sous l'affront sanglant que Christine de Suède lui jetait à la face.

Puis, accablé par l'évidence, il baissa la tête.

— Faut-il achever de te convaincre de ta méchante action ? Tiens, la crosse porte gravées les armoiries des comtes Sentinelli. Maintenant, écoute-moi bien : ceci est ta sentence. A genoux d'abord, à genoux devant ta reine, comme il convient à un coupable.

Maria Sentinelli fléchit les genoux et leva sur Christine un regard suppliant.

— Oui, dit-elle, après l'avoir contemplé en silence ; oui, je sais que tu m'aimes, et je te l'ai dit, cet amour, je te l'aurais pardonné peut-être, si tu n'y avais pas ajouté l'outrage. Maintenant, je puis tout te dire, car tu es en mon pouvoir ; ta vie m'appartient ; elle est ma chose, ma propriété... Oh ! ce n'est pas

L'épée de Monaldeschi le toucha à l'épaule. — Page 96.

comme tu l'entends... S'il me plaît de te livrer au bourreau, demain, aujourd'hui même, je n'ai qu'un mot à prononcer ; je n'ai qu'à aller dire au roi de France, qui est en ce moment à Compiègne avec la reine-mère et le cardinal ;

Sire, Votre Majesté, pratiquant, comme il convient à un grand roi, l'hospitalité, avait envoyé à Marseille, pour me ravoir dans ses États et m'accompagner auprès d'elle, un des plus illustres rejetons des grandes familles du royaume ; c'était votre ambassadeur, votre représentant, un autre vous-même, et celui qui eût osé porter la main sur Henri de Lorraine, duc de Guise, l'aurait portée sur le roi de France...

Le comte Sentinelli tressaillit à ces mots que Christine accentuait d'une singulière manière.

— Ah ! continua la reine de Suède, tu commences à comprendre l'énormité de ton crime... Si j'allais dire cela au roi de France, penses-tu que ta tête serait bien solide sur tes épaules ?... Mais je ne le ferai pas, à deux conditions auxquelles tu vas souscrire sur l'heure.

— Je suis aux ordres de Votre Majesté, murmura Maria Sentinelli.

— Je l'espère bien... Mais d'abord relève-toi et écoute :

J'aime le duc de Guise... que cet aveu soit ton premier châtiment ; j'aime le duc de Guise, et tant que je demeurerai en France, j'entends que, restant auprès de moi, me continuant tes services, tu n'aies jamais, quoi que tu voies, quoi que tu entendes, quoi que tu surprennes, une parole, un regard, un geste qui trahisse le secret que tu connais.

— Vous me déchirez cruellement le cœur, ma reine ! osa murmurer le comte, qui voyait s'évanouir toutes les espérances de son amour et de son ambition, espérances que Christine de Suède avait presque encouragées à Rome et pendant sa longue traversée de Civita-Vecchia à Marseille, par une douce familiarité et de menues faveurs.

La douleur qu'il ressentait allait si bien au visage du comte, qui était un des plus beaux hommes de l'Italie, que Christine en fut touchée.

Elle versa immédiatement quelque baume sur sa blessure.

— Que veux-tu, mon pauvre *sigisbé*, mon fidèle et trop jaloux « cavalier servant, » dit-elle, Christine de Suède est ainsi faite, Christine la bizarre, la capricieuse, l'épicurienne, la philosophe, qui s'est mise au-dessus de tous les préjugés de son siècle, de son sexe, et qui a sacrifié un des plus beaux trônes de l'Europe pour vivre libre, pour suivre tous les mouvements d'un esprit indépendant... Mais je ne te défends pas d'espérer... Nous ne resterons pas toujours en France ; un jour, plus tôt peut-être que tu ne penses, je reprendrai cette vie nomade à travers le monde qui m'apparaissait comme le suprême bonheur, au milieu de ma cour si froide, si compassée, si monotone de Stockholm. Nous retournerons en Italie, à Rome, dans le palais Farnèse, dont les beaux jardins te plaisaient tant, lorsque tu y accompagnais ta reine, par ces belles nuits embaumées.....

Les souvenirs que Christine venait d'évoquer semblèrent calmer un peu la douleur de Maria Sentinelli.

Il fit un pas vers la reine, dont il prit respectueusement la main, en lui disant :

— Que Votre Majesté soit bénie pour ce rayon qu'elle laisse glisser à travers les sombres nuages de sa colère.

— Mais il y a encore une autre condition à mon pardon.

— Je souscris à tout ce que vous me commanderez, et j'attends vos ordres.

Elle tira de son corset un parchemin, qu'elle lui présenta.

— Lis cela, et tu le signeras ensuite, en le scellant de tes armes.

Maria Sentinelli prit le parchemin qu'il parcourut rapidement.

— A haute voix, fit-elle.

Le comte lut alors à haute voix la cédule que voici :

« Moi, Hercule-Angelo-Maria Sentinelli, des comtes Sentinelli de Pesaro, devant Dieu qui m'entend, sur le salut de mon âme, et en présence de Sa Majesté Christina-Alexandra, reine de Suède, qui m'a forcé, par les preuves les plus convaincantes, à lui faire l'aveu de ma détestable entreprise, je reconnais, confesse, et suis prêt en toute occasion, et devant tel tribunal, juridiction royale, parlement, chambre criminelle, à reconnaître et confesser que, croyant avoir reçu une injure de monseigneur Henri II de Lorraine, duc de Guise, ambassadeur de Sa Majesté le roi Louis quatorzième, j'avais formé le coupable dessein d'en avoir vengeance. A cette fin, et pendant le voyage de ladite reine de Suède, entre la ville de La Palisse et la ville de Moulins, j'ai tendu un guet-apens au duc de Guise et lui ai tiré un coup de pistolet, dans le bois qu'il traversait, pour son service d'ambassadeur et d'accompagnateur de la reine Christine, dont la balle, passant à un pouce de la tête de monseigneur de Guise, a enlevé une plume de son feutre.

« Le duc de Guise s'étant élancé à ma poursuite, j'ai laissé tomber en fuyant le pistolet dont je m'étais servi pour commettre ce crime, et monseigneur de Guise, qui ne m'a pas reconnu, l'a remis à la reine de Suède, qui me l'a présenté plus tard et qu'elle garde comme preuve de mon abominable conduite. Ledit pistolet ne saurait être nié par moi, portant sur la crosse les armoiries des comtes de

Sentinelli de Pesaro, avec lesquelles, pour mieux confirmer et rendre authentique et irréfragable l'aveu que je fais ici, je scelle la présente cédule, après l'avoir signée de mon nom. »

— Signe maintenant, et scelle avec ta bague, dit Christine, quand le comte eut achevé de lire le parchemin.

Et comme il hésitait :

— Que crains-tu ? Je te jure que si tu m'es dévoué, fidèle et discret, ce parchemin ne verra jamais le jour, et que je te le rendrai peut-être plus tard, à Rome... dans les jardins du palais Farnèse.

Maria Sentinelli s'approcha d'une table, signa la cédule, et, faisant fondre de la cire rouge à une des bougies qui éclairaient le cabinet où se passait cette scène, la scella avec la pierre gravée de sa bague.

— Tenez, ma reine, dit-il, reprenant toute sa hardiesse et sa confiance, vous aviez mon cœur, mon âme ; vous avez maintenant ma vie entre les mains ; disposez de tout cela comme il vous plaira. Quoi que vous fassiez, quoi que vous commandiez, j'obéirai, et si jamais quelqu'un se trouve sur votre passage qui soit pour vous une gêne, un embarras, un ennui ou un péril, dites un mot, faites un signe, et Maria Sentinelli vous prouvera que l'amour d'un Italien vaut mieux que la galanterie d'un gentilhomme français.

L'aventure du duc de Guise et de Christine de Suède eut son dénouement à Fontainebleau, dans le palais et dans le même appartement où nous retrouverons, deux ans plus tard, l'Amazone du Nord rappelant au comte Maria Sentinelli l'engagement qu'il avait pris et lui commandant un meurtre qui épouvanta la cour frivole du roi de France.

Après avoir visité à Compiègne Anne d'Autriche, Louis XIV et le cardinal Mazarin, après avoir fait connaissance avec toutes les femmes de la cour célèbres par leurs galanteries, et même paru dans les salons de la fameuse Ninon de Lenclos, Christine s'était rendue à Fontainebleau, que Louis XIV lui avait donné pour résidence.

Le duc de Guise était resté attaché à sa personne ; mais, malgré toutes ses tentatives, il n'était pas encore parvenu à renouer l'entretien si malencontreusement interrompu dans la forêt par le coup de pistolet du jaloux Italien.

Une nuit, Christine, qui avait donné à jouer dans la soirée et qui avait retenu fort tard la compagnie, allait se mettre au lit, après avoir congédié ses femmes :

Elle entend frapper quelques coups discrets aux vitres de sa fenêtre.

Puis la fenêtre, qui n'était pas fermée, s'ouvre brusquement ; un homme s'élance, elle pousse un cri : c'est le duc de Guise !

— Vous ici ! à cette heure, monsieur le duc !

— Eh ! madame, depuis un mois vous semblez fuir ma présence. Je n'y pouvais tenir, et je viens savoir en quoi j'ai mérité votre disgrâce, et de quelle faute je me suis involontairement rendu coupable.

— La faute, c'est celle que vous venez de commettre, en pénétrant ainsi chez moi, au milieu de la nuit... Que diraient vraiment mes femmes si elles vous surprenaient ici... Mais comment êtes-vous venu ?

— Par la fenêtre.

— Je le sais bien ; mais pour atteindre cette fenêtre ?

— Une échelle de soie.

— Il ne manquait plus que cela... Vous êtes fou.

— Fou d'amour pour vous, ma reine, fou à lier.

— Retirez-vous tout de suite, où je sonne mes femmes, qui sont dans la chambre à côté.

— N'en faites rien, pour vous !

— Pour moi ?

— Sans doute... Et le scandale, dont vous parliez : que dirait la cour, si vos femmes ébruitaient l'aventure ?

— Je suis sûre de leur discrétion.

— Ah ! Christine, fit le duc en se jetant à ses pieds, vous ne m'avez jamais aimé, je le vois bien... Et cependant il y a deux mois à peine, j'étais ainsi, près de vous, vous ne me repoussiez pas. Que dis-je ? Vous me reteniez doucement, au moment où je parlais de mourir sous vos yeux, si vous ne cédiez aux vœux de l'amant le plus tendre.

— Et cette échelle de soie qui pend à ma fenêtre, interrompit la reine. Il fait un clair de lune magnifique ; on y voit dans le parc comme en plein jour, et si quelqu'un venant à passer apercevait cet objet suspect...

Elle courut à la fenêtre, décrocha l'échelle et la retira vivement à elle, puis elle laissa tomber les rideaux... Et nous ferons comme la reine de Suède.

Pendant toute la nuit, un homme enveloppé d'un manteau sombre, couvert d'un chapeau aux larges bords qui cachaient ses traits, se promena dans les jardins, sous les fenêtres de l'appartement de Christine.

Caché dans un massif, il avait vu venir le duc de Guise; il avait suivi tout son manège, lorsque le gentilhomme avait lancé son échelle de soie aux ferrures du balcon; il l'avait vu prendre d'assaut la place; il avait enfin aperçu la blanche forme de Christine, dans son coquet déshabillé, lorsqu'elle était venue elle-même retirer l'échelle de soie.

Maria Sentinelli, au petit jour, assista à la retraite de son heureux rival : vingt fois, il fut sur le point de se jeter sur lui, et, sous son manteau, sa main pressait convulsivement le manche d'une dague florentine.

— Maudite Suédoise! murmurait-il avec rage : démon du nord! Ah! je la verrai demain, je lui jetterai mon mépris et ma colère au visage. Qu'elle livre ensuite, si elle veut, le parchemin au Cardinal; qu'elle me fasse arrêter, plonger dans les cachots de la Bastille, décapiter en place de Grève ou pendre comme un manant... Qu'importe! Je serai vengé, car je dirai tout, je la déshonorerai dans toute la cour, et cela fera plus d'éclat que les vers du cardinal Colonna et les lazzis de Pasquin.

Quand le duc de Guise eut disparu, il rentra enfin dans le palais, roulant dans sa tête mille projets de vengeance.

Le lendemain, prétextant un des soins de son service de majordome, il se présenta devant la reine de Suède.

Ses traits étaient bouleversés, et Christine ne s'y trompa pas.

— Il sait tout, pensa-t-elle.

Elle lui coupa la parole, au moment où sa rage allait éclater, sans respect pour la majesté royale.

— Mon cher comte, dit-elle alors de sa voix la plus douce, il faut, dès aujourd'hui, vous occuper de tous les préparatifs.

— Quels préparatifs? répondit l'Italien, décontenancé par tant de calme, et se demandant peut-être, tant l'illusion des cœurs bien épris est grande, s'il n'avait pas été, la nuit précédente, le jouet de quelque mauvais rêve.

— Il faut tout préparer pour notre départ.

— Nous rentrons à Paris?

— Nous quittons la France...

— Que dites-vous?

— Dans quinze jours, je veux me mettre en route pour l'Italie.

— Ah! ma reine, est-ce bien possible... Quoi! vous êtes décidée à partir... Rien ne vous retient donc dans ce pays?

Sa figure s'était transformée; la joie y rayonnait maintenant.

— Mais comme vous voilà ému, Sentinelli... Est-ce le bonheur de revoir votre patrie?.. Envoyez aujourd'hui même un courrier à Rome, pour que l'on prépare tout dans le palais Farnèse, car c'est là que je veux retourner... Ne m'avez-vous pas dit que vous aviez un frère?

— Un ancien garde de Sa Sainteté!

— Je veux l'attacher à ma maison, comme chef de mes gardes... C'est pour vous donner un nouveau témoignage de mon affection et de ma reconnaissance pour vos excellents services... et je ne m'en tiendrai pas là...

— Reine, j'ai besoin de votre pardon, car je suis un bien grand coupable.

— Ne parlons plus de votre faute.

— Ce n'est pas cela... Si vous saviez... En venant ici, je roulais dans ma pauvre tête mille folies.

— Je ne veux rien savoir, mon cher Maria... Vous êtes toujours le meilleur de mes serviteurs... Prouvez-le-moi une fois de plus, en exécutant sur l'heure les ordres que je viens de vous donner.

— Quand le comte Sentinelli se fut retiré, Christine de Suède murmura :

— C'était bien lui qui était dans le parc, je ne m'étais pas trompée; pauvre Sentinelli! Il avait sans doute passé toute la nuit à épier le départ du duc de Guise, qui l'a échappé belle une seconde fois.

D'un air courroucé je montrai la porte à don Benigne.

V.

A VENISE. — LES JEUX DE L'AMOUR ET DU HASARD. — OU MONALDESCHI FAIT SON APPARITION.

En quittant la France, pour se rendre à Rome, Christine prit par le plus long.

Elle gagna d'abord Turin ; puis elle résolut de visiter Venise, dont on lui avait déjà refusé l'entrée, sous prétexte de contagion et de peste.

Mais Venise était en ce moment en guerre contre les Turcs, et le doge, auquel elle écrivit pour lui demander l'autorisation de pénétrer sur le territoire de la sérénissime République, jugea que l'argent qui serait employé dans les fêtes commandées par la présence de la reine de Suède recevrait une destination plus utile, en servant à l'achat de canons, de poudre, et à l'armement des galères.

Christine, dont l'imagination s'était enflammée, en lisant la description des fêtes de Venise, des promenades sur le Lido, des joutes, des mœurs étranges de la ville aux cent canaux, de ces nuits de la place Saint-Marc, où nobles, marchands, moines, grandes dames voilées ou masquées, courtisanes audacieusement parées, se mêlent, s'agitent, nouent et dénouent les intrigues de la galanterie, aux lueurs des girandoles, au bruit des concerts et des sérénades en plein vent; Christine jura qu'elle pénétrerait dans la cité défendue, à la barbe du doge, du conseil des Dix, de leurs bravi, de leurs espions et du lion de Saint-Marc.

Elle prit le comte Maria Sentinelli pour confident de son projet et pour complice de l'escapade qu'elle avait méditée.

Celui-ci, entrevoyant dans l'aventure des incidents imprévus qui pouvaient hâter l'instant de bonheur dont la reine avait fait briller plus d'une fois l'espoir à ses yeux, sans l'avoir réalisé encore, accepta de lui servir de compagnon.

Ils gagnèrent un petit port de l'Adriatique. Là Christine et le comte Sentinelli prirent des habits de matelots, et le patron d'une tartane, auquel ils comptèrent une bonne somme, consentit à les conduire à Venise.

Trois jours après les deux matelots, ou plutôt le faux matelot et le faux mousse, car Christine de Suède, avec sa petite taille, avait l'air d'un enfant sous son costume de marin, débarquèrent sur le quai des Esclavons, sans attirer l'attention des sbires, chargés de surveiller l'arrivée des étrangers.

Ils furent prendre un logement dans une hôtellerie de troisième ordre, où Christine eut soin de choisir une chambre très-éloignée de celle qu'elle fit donner à Sentinelli.

Et comme le pauvre comte se désolait de cette rigueur, lui faisant humblement remarquer que, si quelque danger venait à la menacer, pendant la nuit, dans cette auberge assez mal hantée, il serait impuissant à protéger sa reine, Christine lui déclara que c'était à prendre ou à laisser; qu'il n'était qu'un ingrat, incapable d'apprécier la faveur et la confiance dont [elle l'honorait, en l'associant, comme elle l'avait fait, à sa folle équipée; que, s'il ne se résignait pas à lui servir de *patito*, en attendant leur retour au palais Farnèse, elle lui rendrait sa liberté, aimant mieux se priver de ses précieux services que de conserver près d'elle un jaloux morose qui troublait tous ses plaisirs.

Maria Sentinelli, qui avait passé, comme nous l'avons vu, par de beaucoup plus dures épreuves, ne souffla mot, et prit son mal d'amour en patience.

L'épreuve de Venise ne dura pas d'ailleurs trop longtemps.

Au bout de quelques jours, la capricieuse reine se lassa de ses promenades en gondole, de ses stations nocturnes sur la place Saint-Marc, au milieu d'une foule de gens qui avaient l'air de s'amuser énormément, tandis que personne ne faisait attention à ce petit matelot qui suivait d'un si singulier regard les jeunes seigneurs et les beaux couples amoureux.

Ce fut par un coup d'éclat, un dénouement inattendu, qu'elle finit sa mascarade.

— Monsieur le comte Maria Sentinelli, dit-elle un matin à son compagnon qui venait demander ses ordres, il y a aujourd'hui, à ce que j'ai appris, gala chez le cardinal Parrochi, nonce du pape; l'ambassadeur de France, M. de Cursay, un grand nombre de patriciens et de nobles dames doivent s'y trouver. Allez, je vous prie, me louer la plus belle gondole que vous trouverez sur le quai des Esclavons et dans le *Canale Grande*, et vous l'amènerez près d'ici.

Maria Sentinelli ouvrait de grands yeux et l'écoutait sans y rien comprendre.

— M'avez-vous entendu, comte? Mon intention est de me présenter, ce soir, chez Sa Grandeur le nonce; on dit des merveilles de son palais et des préparatifs de la fête... C'est vous qui m'accompagnerez.

— Quoi, chez Sa Grandeur, dans un palais, à une fête où se trouvera l'ambassadeur de France!... Et sous ce costume, ajouta-t-il en jetant un regard piteux sur son vêtement de toile bleue et sur ses gros souliers de matelot.

— Nous changerons de costume, si vous y tenez absolument.

— Mais comment faire... Nous n'avons pas emporté avec nous la moindre garde-robe.

— Ah! que vous avez donc une pauvre imagination! Avec de l'or, dans une demi-heure d'ici, nous aurons tout ce qu'il faut, vous et moi, pour nous présenter convenablement à monsignor Parrochi et à la noble compagnie réunie dans son palais.

— Mais le doge? objecta le comte; que va dire le doge, s'il apprend que, malgré son refus, vous êtes venue à Venise, vous avez bravé...

— Avez-vous peur qu'il ne vous fasse coudre dans un sac de cuir et précipiter dans le canal Orfano?

— Je tremble pour Votre Majesté.

— Et surtout pour votre peau.

— Je cours chercher la gondole, puisque ma reine le veut absolument.

— Découvrez en même temps quelque marchand qui ait pour vous et pour moi des vêtements convenables. J'ai apporté avec moi une de mes parures de diamants. Il faut que Venise ne parle pendant un mois que du coup de théâtre que nous allons lui montrer.

Le soir même, le palais du cardinal Parrochi était éclairé *à giorno*.

Au bas de l'escalier de marbre blanc, que baignaient les eaux du *Canale Grande*, une longue file de gondoles déposait les invités.

Son Éminence le cardinal Parrochi recevait lui-même ses nobles visiteurs dans une vaste salle pleine de lumières, de fleurs et de parfums, lorsqu'on vint lui dire qu'il y avait sous l'atrio une grande dame qui ne voulait pas se présenter dans son palais, quoiqu'elle y eût toute sorte de droits, sans avoir eu avec lui un moment d'entretien.

Le cardinal Parrochi, se dérobant un instant à ses devoirs d'amphitryon, passa dans une pièce réservée et fit prier la dame de monter.

Dès qu'il aperçut Christine, il ne put retenir un cri de surprise.

— La reine de Suède... à Venise! Per Bacco! je me demande si je rêve.

— Votre Éminence est parfaitement éveillée.

— Votre Majesté arrive donc à l'instant?

— Ma Majesté est à Venise depuis huit jours; mais je périssais d'ennui sous mon costume de matelot...

— Sous votre costume de matelot? interrompit le nonce, qui allait de surprise en surprise.

— Oui, je vous conterai cela, mais gardez le plus profond silence sur ce détail, et présentez-moi sur l'heure à votre illustre compagnie.

Elle s'empara du bras de l'Éminence, qui, tout étourdi de l'aventure, la conduisit dans la galerie où se pressait déjà une foule d'invités.

En entrant dans la galerie, Maria Sentinelli, qui avait reçu ses instructions, prononça ces mots d'une voix retentissante:

— Sa Majesté la reine Christine de Suède!

Il y eut un moment de stupeur, car on connaissait le refus du doge; puis tout le monde se précipita pour voir cette reine dont les excentricités fatiguaient les cent voix de la Renommée.

Ce fut une véritable cohue, toute étiquette avait disparu; on se poussait sans tenir compte des rangs et des dignités; les dames n'étaient pas les moins empressées, et dans la bagarre il y eut plus d'une robe de brocart, plus d'une étoffe de soie, plus d'un voile et d'une dentelle de point déchirés.

Enfin, les officiers de bouche vinrent annoncer que le festin était servi.

Christine y fut installée à la place d'honneur et se montra d'une gaieté étourdissante; elle se rattrapait de ses huit jours d'incognito.

Pour expliquer son arrivée à Venise et le séjour qu'elle y avait fait, à l'insu du gouvernement de la sérénissime république, elle imagina les plus folles et les plus invraisemblables aventures.

Mais avant la fin du banquet, elle prétexta un léger malaise produit par la chaleur des bougies, pour se retirer un instant dans un cabinet.

Maria Sentinelli l'y suivit et le nonce l'y accompagna.

— Je remercie votre Éminence, dit-elle, de

l'hospitalité qu'elle a bien voulu accorder à une majesté errante ; mais je dois vous quitter sur l'heure ; adieu, nous nous reverrons peut-être un jour à Rome.

— Pourquoi ne me faites-vous pas l'honneur, reine, de rester jusqu'à la fin du banquet ?

— Pourquoi ? parce que j'ai vu certain de vos convives dont la physionomie ne me revient pas et qui est certainement un des espions du doge, sortir de la salle sans être remarqué... Il est sans doute allé prévenir la police, et je ne veux pas m'exposer à des tracasseries indignes de moi.

— Que craignez-vous ? vous êtes chez le nonce de Sa Sainteté ; le palais de la nonciature est un asile sacré : vous pouvez y demeurer dans la sécurité la plus complète, autant de temps que vous voudrez.

— Non, fit-elle en riant, les meilleures farces sont les plus courtes. Je vois d'ici la figure de ce pauvre doge, quand il apprendra que l'oiseau royal s'est envolé... Adieu, monsieur le nonce ; comte Sentinelli, votre bras.

Elle descendit précipitamment le grand escalier du palais, sans écouter les instances du nonce, fit avancer sa gondole, rentra à l'auberge, et la nuit même le patron de la tartane mettait à la voile, avec son faux matelot et son petit mousse de contrebande.

La reine Christine est de nouveau installée au palais Farnèse ; mais le pauvre Sentinelli continue à être le plus malheureux des soupirants.

Ses affaires n'avancent pas ; on dirait qu'un malin génie s'est attaché à sa fortune pour le contrarier, et lui susciter quelque rival au moment même où il va toucher à la réalisation de ses vœux les plus chers.

Pendant la première semaine de son retour à Rome, Christine s'était montrée charmante pour le comte. Elle le retenait souvent auprès d'elle, et, sans trop le décourager, elle écoutait ses protestations d'amour, qu'il savait habilement faire accepter, grâce à toutes les souplesses de la langue italienne.

Une circonstance semblait d'ailleurs devoir favoriser cette fois l'entreprise de Maria Sentinelli :

Un grand changement s'était opéré, en l'absence de Christine, dans la société romaine.

Alexandre VII, sous l'influence du cardinal Benoît Odescalchi, essayait de réformer les mœurs de la capitale du monde catholique. Une ordonnance de la police pontificale venait de défendre aux directeurs de théâtre de faire paraître sur les planches aucune comédienne, cantatrice ou danseuse. Pour les opéras, les ballets et les comédies, on avait imaginé de remplacer les femmes par des jeunes gens ou des castrats déguisés, ce qui était évidemment beaucoup plus moral.

Le cardinal Benoît Odescalchi n'avait pas toujours été aussi rigoriste.

Christine, dans ce même palais Farnèse, l'avait vu, la face enluminée, les yeux brillants, applaudir des deux mains de jolies danseuses, court-vêtues, qu'elle avait fait venir de France à Rome, pour représenter un ballet des plus galants. Elles étaient parées d'attributs mythologiques, et formaient des groupes dont Son Éminence, loin de se montrer scandalisée, avait admiré en connaisseur la belle ordonnance.

La société romaine se ressentait déjà des réformes entreprises par le cardinal, elle tournait au rigorisme ; les fêtes étaient moins nombreuses, et Christine commençait à regretter Paris et Fontainebleau.

Elle ne sortait presque pas de son palais, que le comte Sentinelli s'efforçait de lui rendre le plus agréable possible, s'ingéniant à inventer chaque jour, pour lui plaire, quelque nouvelle distraction.

Mais il était écrit que tout tournerait contre lui, même les soins qu'il prenait pour distraire et charmer sa reine capricieuse.

Un soir, une brillante compagnie remplissait les jardins du palais Farnèse, illuminés *à giorno*.

La clarté des girandoles et des lanternes accrochées aux arbres, disposées au milieu des massifs de verdure, se reflétait dans les bassins de marbre, où les jets d'eau en retombant faisaient entendre un frais murmure.

De temps en temps, des violons, cachés sous un berceau de lauriers roses, modulaient quelques airs plaintifs ou joyeux, et, sur le sable des allées, les invités se promenaient aux doux accords de l'orchestre invisible, en attendant le feu d'artifice et la collation qui devaient terminer la soirée.

Tout absorbé par les soins que lui imposaient ses fonctions de majordome, et le désir qu'il avait de se rendre agréable à la reine de Suède, et veillant à tous les détails de la fête, le comte Sentinelli avait perdu de vue l'auguste dame de ses pensées.

Lorsqu'en passant près d'un massif d'orangers, il entendit parler à voix basse.

Le lieu était assez obscur ; il y régnait une ombre mystérieuse.

Sentinelli s'approcha doucement, et il entrevit un groupe de deux personnes assises sous les orangers.

Comme les violons, placés d'ailleurs à l'autre extrémité des jardins, cessaient en ce moment de jouer, ces mots frappèrent son oreille :

— Que Votre Majesté me pardonne l'audace de mon aveu ; elle est tellement au-dessus de toutes les femmes, elle est placée si haut dans l'admiration des humbles mortels, que l'on peut tout lui dire, comme à une divinité, sans qu'elle s'offense de nos faiblesses... Reine, si c'est un crime de vous aimer, je suis le plus criminel des hommes ; mais le bonheur que je ressens rien qu'à vous peindre les sentiments de mon cœur, je le pajerais volontiers de tout mon sang, si vous m'accordiez de le verser pour me punir moi-même de ma témérité.

Le comte ne put en entendre davantage. Quelques invités se dirigeaient vers lui ; il s'éloigna rapidement, la rage dans l'âme.

— Quelle figure bouleversée vous avez, mon cher comte! lui dit la duchesse Cornélia Romagnoli, qu'il avait failli heurter en passant près d'elle sans la voir.

Au même instant Christine parut dans l'allée, s'appuyant sur le bras d'un jeune seigneur.

— Savez-vous le nom de la personne qui accompagne Sa Majesté? dit le comte Sentinelli à la duchesse Cornélia.

— Mais c'est don Benigne.

— Don Benigne.

— Surnommé l'Adonis, un Napolitain et le plus beau des Napolitains, arrivé depuis trois mois, dont toutes les femmes se disputent les faveurs ; mais, ajouta en riant d'une singulière manière la duchesse Cornélia, si elles savaient de quoi il retourne, elles seraient bien moins empressées auprès de l'Adonis.

— Que voulez-vous dire par là, duchesse?

— Ah! c'est mon secret.

— Ne peut-on pas le connaître?

— Etes-vous jaloux de lui... Craignez-vous qu'il ne vous supplante auprès de cette capricieuse majesté, à la fortune errante de laquelle vous vous êtes attaché?

— Je suis en effet le plus infortuné des amants... en expectative.

— Hélas! toujours en expectative!... Ce pauvre Sentinelli! Eh bien, écoutez-moi. Si le péril devient menaçant, si vous voyez don Benigne trop assidu au palais Farnèse, venez me trouver, ou faites-moi prévenir par un message ; j'irai trouver Christine de Suède, et d'un mot, d'un seul mot, je la guérirai de sa passion pour le séduisant Napolitain.

— Ce mot, ne pouvez-vous me le dire à moi, tout de suite?

— Ah! pour cela, non! s'écria encore avec un éclat de rire la duchesse Cornélia. Devinez, si vous pouvez : vous n'en saurez pas davantage.

Elle laissa le comte fort intrigué, et se demandant quel était ce mot qui détacherait immédiatement Christine de don Benigne, si celui-ci poursuivait à fond l'entreprise qu'il avait commencée sous les orangers du palais Farnèse.

Don Benigne revint au palais le lendemain et fut reçu en tête à tête par la reine de Suède.

Il y revint les jours suivants.

Sentinelli courut chez la duchesse Cornélia pour lui conter son souci, et la prier de tenir la promesse qu'elle lui avait faite.

La duchesse était partie pour une villa qu'elle possédait dans les Marches, et ne devait pas rentrer à Rome avant un mois.

Le comte fut au désespoir.

Les souvenirs de Fontainebleau, du duc de Guise, de l'escalade du balcon n'étaient pas faits pour calmer ses inquiétudes.

Il se demandait, pendant les longues visites du Napolitain au palais Farnèse, ou lorsque Christine sortait en carrosse, accompagnée seulement de quelqu'une de ses femmes, s'il ne serait pas trop tard lorsque la duchesse Cornélia rentrerait à Rome.

Il chercha alors des distractions à son chagrin : il les chercha dans le jeu, où nous avons dit qu'il s'était ruiné, avant de se mettre au service de Christine.

Le jeu était sévèrement défendu à Rome ; mais, malgré la police pontificale, ou peut-être sous la tutelle occulte de cette police et moyennant redevance, il y existait des tripots tenus par des aventuriers, des entremetteurs, ou des courtisanes, où l'on pouvait passer la nuit à manier les cartes et à faire rouler les dés sur le tapis vert.

Sentinelli les connaissait tous, pour y avoir mangé son patrimoine en joyeuse compagnie.

D'abord, comme nous l'avons dit, il y chercha une distraction à la jalousie que lui inspirait ce maudit don Benigne.

Puis, son ancienne passion se réveilla, et, chaque soir, il quittait furtivement le palais Farnèse pour se rendre, près de la porte du Peuple, dans une maison de sordide apparence, où un certain Pancracio donnait à jouer, ajoutant aux charmes de la bassette, du lansquenet, du passe-dix et du pharaon, ceux d'une demi-douzaine de beautés vénales, chargées de consoler les joueurs malheureux et d'alléger les heureux des *scudi* dont leurs poches étaient remplies.

La fortune sourit, les premiers jours, au majordome de la reine de Suède.

Le proverbe était encore une fois justifié : Malheureux en amour, heureux au jeu.

Parmi les habitués de la maison du signor Pancracio, se trouvait un jeune Florentin, qu'on appelait le marquis de Monaldeschi.

C'était un très-joli et très-élégant cavalier, paraissant jouir d'une grande fortune, faisant rouler l'or avec profusion, indifférent au gain comme à la perte, prodigue avec les femmes, qui raffolaient de lui.

Une instinctive antipathie s'était manifestée entre Sentinelli et Monaldeschi dès leur première rencontre ; cependant leur passion pour le jeu les avait rapprochés plus d'une fois ; mais au moindre incident de la partie engagée, ils échangeaient quelques paroles acrimonieuses, et l'on sentait qu'il faudrait peu de chose pour les amener à une scène de violence.

Nous avons dit que le signor Pancracio avait jugé utile aux intérêts de son tripot de l'orner de beautés vénales.

Au nombre de ces nymphes aux regards hardis et provocants, aux propos lestes, une des plus jeunes se faisait remarquer par un certain air de modestie, une attitude réservée qui contrastait singulièrement avec les allures de ses compagnes.

On l'appelait Diane ; et comme elle servait de modèle à quelques peintres, un de ceux-ci, qui fréquentait la maison de Pancracio, avait eu la fantaisie de faire le portrait de la jolie Diane caressant un grand lévrier couché à ses genoux, rappelant ainsi la Diane chasseresse dont elle portait le nom.

Ce portrait peint sur un panneau ornait la salle où se tenaient les joueurs.

Une nuit que Sentinelli avait perdu son dernier écu, empoché précisément par le marquis Monaldeschi, il allait se retirer d'assez mauvaise humeur pour regagner le palais Farnèse, pestant contre le jeu, contre son adversaire, contre l'amour, les femmes et les reines fantasques qui encouragent et désespèrent tour à tour leurs adorateurs ; lorsqu'en traversant le salon où d'autres joueurs plus heureux que lui donnaient un instant de repos à leur veine en devisant joyeusement avec les courtisanes, il aperçut seule à l'écart, sur un canapé, la belle Diane, dont il avait plusieurs fois admiré le portrait.

Il savait qu'elle attendait Monaldeschi, celui-ci, quelques instants auparavant, l'ayant invitée à haute voix à un *medianoche* qu'il donnait la nuit même à ses amis.

Le comte Sentinelli eut une mauvaise pensée.

Il fut s'asseoir auprès de Diane et se mit à lui débiter d'un air passionné toutes les galanteries qui lui passèrent par la tête.

Puis, voyant s'approcher l'heureux Monaldeschi, il dit à la courtisane, qui n'y comprenait rien :

— Ainsi, ma charmante Diane, c'est convenu ; je vous emmène, ou plutôt je vous enlève.

En même temps, il la força doucement à se lever et fit mine, tout en riant, de l'entraîner vers la porte.

— Pardon, comte, s'écria Monaldeschi, en s'interposant entre lui et Diane, la signora ne peut vous suivre, elle est engagée avec moi.

— Qu'est-ce à dire ? répliqua avec hauteur Maria Sentinelli ; la signora n'est donc pas libre de choisir qui lui plaît ?

— Je vous répète que Diane est engagée avec moi pour cette nuit... Je ne vous défends pas de briguer ses faveurs plus tard, quand elle sera libre, et quand vous pourrez y mettre le prix.

Sentinelli pâlit sous l'insulte, et s'avançan vers le marquis :

— Ah ! fit celui-ci, si c'est une querelle que vous cherchez et une occasion de tirer l'épée, il fallait me le dire tout de suite... Je suis à vos ordres.

— Quand vous voudrez.

— Sur l'heure même... Le signor Pancracio nous prêtera son jardin.

— Miséricorde ! s'écria d'un air piteux Pancracio, qui était accouru au bruit de la dispute ; vous voulez donc me ruiner, faire fermer ma maison !

Sans l'écouter, les deux adversaires descendirent dans le jardin, accompagnés de deux joueurs décavés, tirèrent l'épée et se mirent en garde.

Le jour commençait à poindre.

— Allez ! dirent les témoins.

Ils engagèrent le fer.

Sentinelli attaqua furieusement, précipitant ses coups.

Le marquis, qui possédait tout son sang-froid, parait avec méthode, en se tenant sur la défensive.

— Je crois, monsieur le marquis, que vous voulez me ménager : c'est fort imprudent à vous, car je vous tuerai, si je le puis.

Il avait à peine achevé ces mots, que son adversaire, qui le tâtait, allongea imperceptiblement le bras.

L'épée de Monaldeschi le toucha à l'épaule ; le sang jaillit.

Revenant aussitôt à la parade, Monaldeschis lia le fer, et par un brusque choc fit voler à dix pas l'épée du comte Sentinelli.

Prompt comme l'éclair, Monaldeschi s'élança, mit le pied sur l'épée, et se tournant vers Sentinelli, il lui dit du ton le plus poli :

— Monsieur le comte, en voilà assez pour aujourd'hui. Le lieu n'est pas d'ailleurs convenable pour des gentilshommes, et j'aurais été honteux de vous couper la gorge dans un endroit aussi suspect. Mais quand il vous plaira, je vous donnerai votre revanche, à l'épée, aux cartes ou aux dés, à votre entière convenance.

Il le salua courtoisement et courut rejoindre la courtisane et ses amis qu'il avait conviés à un *medianoche*, transformé en un déjeuner matinal, car le soleil était déjà levé quand ils débouchèrent les flacons de vin d'Orvieto.

Le comte Maria Sentinelli garda huit jours le lit, des suites de sa blessure.

Une des femmes du palais Farnèse attachée à la personne de Christine de Suède, et qu'il avait gagnée à ses intérêts par quelques riches cadeaux, le tenait exactement au courant de tout ce qui se passait dans les appartements particuliers de la reine.

Il apprit par cette femme que don Benigne venait tous les soirs au palais ; qu'il y restait quelquefois fort tard, et qu'il paraissait au mieux avec la reine.

Connaissant l'humeur de Christine, se rappelant les histoires que la chronique racontait de ses liaisons galantes avec La Gardie, Pimentel, Bourdelot, et surtout l'aventure de Fontainebleau avec le duc de Guise, il ne pouvait malheureusement avoir aucun doute sur le dénouement de son intrigue avec ce maudit don Benigne, et cette pensée n'était pas de nature calmer la fièvre qui le dévorait.

Son imagination lui représentait sans cesse celui que la duchesse Cornélia appelait l'Adonis napolitain aux pieds de Christine, dans un enivrant tête-à-tête ; et comme pour se tourmenter lui-même, il évoquait toutes les voluptueuses images d'un entraînement partagé et de deux cœurs bien épris, s'abandonnant sans contrainte à leurs doux penchants.

La fièvre cependant finit par le quitter ; la blessure que lui avait faite l'épée de Monaldeschi était fermée, et il lui semblait que celle de son cœur commençait aussi à se cicatriser. Il y avait double guérison.

C'est le propre des passions de s'allumer ou de s'éteindre sans qu'on sache jamais trop pourquoi ; ce sont souvent les plus fortes, les plus impétueuses, qui disparaissent le plus rapidement. Comme des feux mystérieux, elles embrasent et dévorent l'âme, et consument si bien la partie inflammable à laquelle elles se sont attachées qu'après ce bel incendie il ne reste plus que des cendres.

Le huitième jour, Sentinelli sortait du palais Farnèse.

Il éprouva un bien-être indéfinissable de revoir le soleil et de respirer le grand air.

Christine de Suède.

Les femmes qu'il remarquait sur son passage lui paraissaient plus jolies les unes que les autres, le ciel plus bleu qu'auparavant ; il était dans une de ces dispositions d'esprit où tout nous apparaît pour le mieux dans le meilleur des mondes possibles.

Il aurait rencontré ce jour-là don Benigne en personne, qu'il n'eût ressenti à sa vue aucun sentiment de dépit ou de jalousie.

— J'étais vraiment fou, dit-il, de poursuivre cette entreprise, par ambition peut-être plus que par amour.

Etre aimé d'une reine ; la belle affaire, après tout, quand elle ne peut pas vous faire roi.

Il y a des instants, et ce sont les plus agréables de la vie, où toutes les femmes se valent, quand elles sont également jolies.

J'en ai vu plus d'une parmi les belles filles que le signor Pancracio collectionne pour l'agrément de ses habitués, qui seraient dignes de régner à Paphos, à commencer par la chaste Diane à l'occasion de laquelle le marquis Monaldeschi m'a servi un coup d'épée.

Tout en devisant ainsi, il était sorti de la ville par la porte Saint-Sébastien.

La via Appia se déroulait devant lui.

La fantaisie lui prit de faire une promenade dans la campagne.

Un groupe de jeunes seigneurs vint à passer.

— Le comte Maria Sentinelli ! s'écria l'un d'eux, en le reconnaissant.

C'était le gentilhomme, le joueur décavé qui lui avait servi de témoin dans son duel.

— Vous voilà donc complétement remis de votre blessure ?

— Une simple égratignure.

— Venez avec nous !

— De quoi s'agit-il ?

— D'une partie de plaisir dans un cassin que je possède de ce côté. Il y aura de joyeuses filles... Et tenez, justement, j'ai invité la signora Diane ; c'est une occasion de prendre votre revanche.

Et sans lui donner le temps de répondre, les joyeux compagnons l'entraînèrent vers le cassin, dont on apercevait le toit rouge, derrière un bouquet d'oliviers.

Nous laisserons le comte Maria Sentinelli sur la via Appia, pour retourner au palais Farnèse.

A peine sortait-il du palais, qu'une chaise aux armes des Romagnoli, portée par deux laquais galonnés sur toutes les coutures et précédée d'un valet de pied, pénétrait dans la cour d'honneur.

C'était la duchesse Cornélia de retour depuis deux jours de sa villa, qui se rendait en visite auprès de la reine Christine.

Décidément Maria Sentinelli n'avait pas de chance, et ce qui nous reste à raconter va nous le démontrer d'une manière surabondante.

La duchesse Cornélia s'était intimement liée avec Christine, lors du premier séjour à Rome de la reine de Suède.

Une grande conformité d'humeur et de caractère les avait rapprochées ; même originalité, même indépendance d'esprit, même liberté d'allures, même bizarrerie, même singularité.

Les aventures galantes, les escapades de la duchesse Cornélia avaient fait à Rome autant de bruit que celles de la reine de Suède en Europe.

— Ah ! que je suis aise de vous voir, s'écria Christine, en l'accueillant avec les démonstrations de l'amitié la plus vive. Mais qu'êtes-vous devenue depuis un mois ? Car il y a bien un mois que je ne vous ai aperçue.

— Je partis pour mes terres des Marches le lendemain de cette fête de nuit, que vous nous donnâtes dans les jardins du palais, et je ne suis de retour que depuis deux jours. Ma première visite est pour vous...

— Vous êtes toujours ma meilleure et ma plus fidèle amie.

— Et je viens vous en donner une preuve nouvelle.

— Entre nous, ma belle Cornélia, il n'en est plus besoin.

— Mais il faut que vous me permettiez de vous parler en toute franchise.

— N'est-ce pas ainsi que nous nous parlons habituellement ?

— Christine... ma reine, dit la duchesse Cornélia, en hésitant un peu... où en êtes-vous de votre liaison avec don Benigne ?

La question était si inattendue, que Christine en fut un instant interdite.

— Vous ne voulez pas me répondre ? Je suis indiscrète...

— Et pourquoi ne vous répondrais-je pas ? Mais d'abord laissez-moi m'étonner que vous ayez été aussi bien instruite pendant votre absence de ce qui se passait à Rome, des assiduités de don Benigne au palais Farnèse... et des sentiments qu'il me témoigne ; car je ne veux rien vous cacher, ma chère Cornélia ; don Benigne m'a fait l'aveu de son amour, et je puis compléter ce que vous savez de son entreprise, en vous avouant que je ne l'ai pas découragé... Mais, encore une fois, qui vous a si bien informée ? Aviez-vous donc chargé quelqu'un de vous instruire de la chronique du palais Farnèse ?

— Ainsi, don Benigne, dit la duchesse, sans répondre à ses questions et en appuyant un peu sur les mots, comme quelqu'un qui veut donner à ses paroles un sens plus précis que celui qu'elles paraissent avoir ; ainsi don Benigne a désormais quelque droit sur votre cœur, et vous avez complétement abdiqué à Rome, en faveur de l'Adonis, — car vous savez qu'on l'a surnommé l'Adonis, — cette chère liberté que vous avez payée à Stockholm au prix d'une couronne ?

— Ah! interrompit Christine, vous allez aussi trop vite... Je vous ai dit que don Benigne me faisait sa cour... que je ne l'avais pas trop découragé... mais je suis libre encore... Mon abdication n'est pas signée, de la manière que vous l'entendez.

— J'en étais sûre ! s'écria la duchesse Cornélia, au milieu d'un éclat de rire ; j'en étais sûre ! Il n'en fait jamais d'autres, l'Adonis !

Et elle s'abandonna à un accès de folle gaieté, à la grande surprise de Christine.

— Mais enfin, fit celle-ci, que voulez-vous dire ? Que signifie cette hilarité ? De grâce, ma chère Cornélia, expliquez-vous.

La duchesse eut quelque peine à se remettre de son accès.

— Je vais vous donner, lui dit-elle enfin, non-seulement une preuve de mon amitié, mais encore une rare preuve de confiance, en vous parlant d'abord de moi. Mais il faut que je commence par vous raconter ce qui s'est passé, le soir de cette fête, c'est-à-dire la veille de mon départ pour ma villa, entre le comte Maria Sentinelli et moi.

— Maria Sentinelli ! Je m'en doutais ! C'est lui, c'est encore lui qui ose se mêler des affaires de sa souveraine. Cette fois je ne lui pardonnerai plus.

— Ne vous pressez pas de l'accuser.

— Il sait pourtant que j'ai entre les mains de quoi le perdre.

— Le comte Sentinelli vous aime, je le sais; mais je vous le répète, il n'a mérité en rien votre disgrâce dans cette circonstance. Ecoutez, et vous jugerez.

C'est pendant cette fête que vous vîtes pour la première fois don Benigne.

Le comte l'avait surpris à vos genoux, dans un bosquet. Puis, vous vous promenâtes au bras de l'Adonis, dans la grande allée.

Le comte vint à moi, la figure bouleversée.

— Savez-vous le nom de cet étranger ? me dit-il.

— C'est, lui répondis-je, un seigneur napolitain, don Benigne, arrivé depuis trois mois, et dont toutes les femmes se disputent les faveurs ; mais, ajoutai-je en riant, si elles savaient de quoi il retourne, elles seraient beaucoup moins empressées.

Le comte paraissait si désespéré de l'attention que vous sembliez prêter au bel étranger, que je lui dis encore :

Etes-vous jaloux de lui ? Eh bien ! si le péril devient menaçant, si vous voyez don Benigne trop assidu au palais Farnèse, venez me trouver, et d'un mot, d'un seul mot, je guérirai votre reine de sa passion pour le séduisant Napolitain.

Le lendemain, vous le savez, je quittai Rome ; je n'ai donc pas revu Maria Sentinelli ; mais, à mon retour, j'ai trouvé toute la société romaine occupée de ce que l'on appelle votre intrigue, et je suis venue spontanément, par pure amitié, sans que le comte Sentinelli soit pour rien dans ma démarche, vous prévenir contre un péril, ou plutôt contre la plus maussade, la plus triste des aventures.

— Mais vous me faites mourir de curiosité et de dépit, avec cette longue énigme, interrompit Christine... Voyons, le mot !

— Le mot... le mot ! Le mot serait un peu cru... Il vous sera facile de le deviner, en me prêtant encore un instant d'attention.

Il y a trois mois, quelques semaines avant votre arrivée à Rome, don Benigne, à peine débarqué de Naples, se mit à me faire la cour.

— Nous y voilà ! fit Christine. Vous êtes jalouse de mon soupirant, ma belle duchesse. Il fallait le dire tout de suite. Je sais ce que l'amitié me commande... Je vous rends votre sigisbée.

La duchesse Cornélia fit une petite moue fort comique, et poursuivit :

— Don Benigne me faisait donc une cour très-assidue, très-pressante, et je vous avouerai franchement que je n'y étais pas insensible; mais je me tenais un peu sur mes gardes, me figurant, au feu qu'il y mettait, à l'expression de son visage, à l'ardeur de ses paroles, à l'éclat de ses regards, qu'avec lui il n'y avait pas d'escarmouches à livrer, sous peine d'éprouver une défaite complète.

Cependant, à se garder toujours on finit par se fatiguer.

Un jour don Benigne était venu comme d'habitude me faire sa cour. Nous étions seuls, dans mon cabinet.

Il se jeta à mes genoux, me jura que je serais cause de sa mort; que mes rigueurs le réduisaient au désespoir, que j'étais la seule femme qu'il eût jamais aimée; que la passion qui le dévorait finirait par troubler sa raison et le pousser à quelque folie; que jour et nuit mon image le poursuivait; et, tout en parlant, il couvrait de baisers une de mes mains dont il s'était emparé, et je sentais ses larmes, de véritables larmes, couler sur son beau visage, si expressif dans la douleur.

Je vous avoue, ma reine, que je commençais à me sentir fort émue.

Tandis qu'il me débitait tous ses sentiments d'une voix qui me pénétrait malgré moi, je roulais machinalement dans la main qu'il me laissait libre un billet que ma caménisté m'avait remis un instant avant l'arrivée de don Benigne, et que je n'avais pas eu le temps de lire.

En se détournant de lui, mes yeux se portèrent par hasard sur ce papier tout chiffonné.

Deux mots frappèrent ma vue : *don Benigne*.

Il était donc question de lui dans ce billet !

Je fis un effort; je me dégageai de l'étreinte passionnée du galant.

— Pardonnez-moi, lui dis-je; mais toutes vos folies m'ont fait oublier une affaire des plus sérieuses : donnez-moi un instant de répit, et je reviens à vous.

Je m'approchai des bougies et je lus le billet.

Tenez, ma reine, le voici :

La duchesse tira alors un billet de son corsage et en donna lecture à Christine.

« Madame, ce n'est ni le dépit, ni la ja-
« lousie qui me dictent ma démarche; toute-
« fois je mentirais si je n'avouais pas que
« le sentiment de la vengeance n'y est pas
« pour quelque chose.

« Vous ne vous en plaindrez pas d'ailleurs,
« puisqu'elle vous épargnera une grande
« confusion.

« Don Benigne compromet votre réputation
« par ses assiduités. On dit déjà partout qu'il
« est votre amant. J'ai la certitude qu'il n'en
« est et n'en sera rien.

« Sans doute vous trouveriez dans les soins
« et le dévouement d'un galant homme d'am-
« ples compensations aux médisances du
« monde; mais avec celui qui feint avec vous
« un amour dont il est incapable, il n'y a pas
« de compensations possibles.

« Don Benigne renouvelle à Rome la co-
« médie qu'il a jouée avec les grandes dames
« de Naples.

« S'il a quitté cette dernière ville, pour
« venir donner ici ses représentations, c'est
« que là-bas son répertoire commençait à être
« trop connu.

« L'Adonis est comme le volcan de son pays;
« sous ses feux il n'y a que des cendres.

« Ne pouvant être, il veut paraître; l'ap-
« parence le console de la réalité absente, et
« son amour-propre sacrifie sans pitié... et
« sans profit celles qui ont la simplicité de se
« laisser afficher par lui.

« On dit partout que vous avez l'âme bonne
« et l'esprit indulgent.

« Vous pardonnerez peut-être à don Beni-
« gne..... S'il en est ainsi, ne vous arrêtez pas
« en un si beau chemin, et recommandez-le
« à Son Eminence le cardinal Benoît Odes-
« calchi.

« L'Adonis a tous les titres possibles pour
« figurer parmi les chanteurs de la chapelle
« Sixtine.

« Croyez en l'expérience de celle... qui ne
« signe pas. »

— Je restai un instant confondue, poursuivit la duchesse Cornélia après avoir achevé sa lecture.

Je ne savais quel parti prendre et comment me tirer de cette ridicule situation.

Je levai les yeux sur don Benigne.

La princesse Livia

Il vint à moi, et d'une voix pleine de douceur :

— Vous êtes émue, me dit-il ; vous est-il arrivé quelque mauvaise nouvelle ?

Une idée folle me passa alors par l'esprit. Au point où nous en étions, avant que le hasard m'eût fait jeter les yeux sur cette étrange lettre, il fallait peu de chose pour m'engager irrévocablement avec lui.....

L'imprévu, la bizarrerie de cette situation, les idées confuses qui s'entrechoquaient dans ma tête, tout conspirait contre moi...

Tout à coup je le vis pâlir, puis, abandonnant ma main, il se laissa tomber sur un fauteuil, comme un homme désespéré.

Ce fut pour moi un éclair. Sans réfléchir davantage, je lui présentai la lettre.

— Lisez, cela ! lisez !

Il jeta un coup d'œil sur le papier ; sa pâleur devint livide ; puis le sang reflua à son visage. Il voulut balbutier quelques mots...

D'un air courroucé je lui montrai la porte.

— Sortez, lui dis-je ; j'oublierai tout ; mais ne me faites jamais souvenir !

Et voilà, ma chère reine, fit en terminant son récit la duchesse Cornélia Romagnoli, la véridique et complète histoire de ma liaison avec don Benigne : voici le secret que je ne pouvais pas apprendre au comte Sentinelli, et que je vous confie comme à une amie.

Rejoignons maintenant Maria Sentinelli et ses compagnons de plaisirs.

Ils passèrent toute la journée dans le cassin de la via Appia à festoyer joyeusement.

La signora Diane acheva de distraire le *patito* de la reine de Suède de sa malheureuse passion, aidée d'ailleurs dans cette œuvre de charité par les excellents vins de l'amphitryon, qui ne furent ménagés par personne.

Aussi le soir, quand ils rentrèrent en ville, adopta-t-on à l'unanimité la proposition que fit Maria Sentinelli, dont la tête était fort échauffée, d'aller finir la nuit chez le signor Pancracio.

Sentinelli avait son idée. Il gardait rancune au marquis Monaldeschi et il avait trois revanches à prendre contre lui.

Revanche de joueur, pour ses écus perdus au lansquenet ;

Revanche de duelliste, pour le coup d'épée que Monaldeschi lui avait servi d'une si leste façon ;

Revanche de galanterie, pour l'affront qu'il avait reçu devant une femme.

Comme nous venons de le dire, cette dernière revanche était en très-bon train. Restaient les deux autres.

Il fit triomphalement son entrée chez le signor Pancracio, où se trouvait comme d'habitude nombreuse compagnie.

Monaldeschi était installé à une table de jeu.

— Vous ne vous attendiez pas à me revoir de sitôt, dit le comte en s'avançant vers son adversaire, la figure très-animée, et la démarche un peu titubante.

— Mon cher Sentinelli, répliqua Monaldeschi de l'air le plus cordial, je suis enchanté de vous revoir ; on a dû vous dire que j'ai envoyé plusieurs fois au palais Farnèse pour avoir de vos nouvelles.

— Vous êtes trop bon, en vérité, monsieur le marquis.

— Vous me gardez rancune, je le vois, de la sotte querelle que je vous ai cherchée. Je vous en fais mes excuses devant tous ces messieurs ; et, si vous le voulez bien, nous nous donnerons la main, pour sceller une réconciliation dont je serai pour ma part le plus heureux.

Désarmé par cet accueil, la tête encore troublée de ses nombreuses libations, Sentinelli s'exécuta, et tendit d'assez mauvaise grâce sa main au marquis.

— Vous me devez pourtant une revanche, fit-il.

— Je suis toujours à votre disposition ; mais je serais désolé d'être forcé de tirer de nouveau l'épée contre un si galant homme.

— Nous en reparlerons plus tard... Ce soir, c'est au jeu que je vous provoque.

— Soit, répliqua Monaldeschi dont la physionomie exprima une singulière satisfaction. Veuillez prendre place, mon cher Sentinelli.

Le comte s'assit en face de son adversaire, tira une longue bourse et fit ruisseler l'or sur la table.

La signora Diane se tenait debout derrière lui ; une foule de joueurs, attirés par le bruit de l'or et jugeant que la partie serait chaude, vinrent se grouper autour de la table.

Pancracio apporta des paquets de cartes.

— Taillons-nous la bossette, le pharaon, ou le lansquenet ? dit Monaldeschi.

— Comme il vous plaira.

— N'est-ce pas au lansquenet que vous perdîtes la dernière fois ?

— C'était en effet au lansquenet.

— Je vous offre alors votre revanche au même jeu.

— Soit... à qui la main ?

Le sort favorisa Sentinelli, qui prit les cartes.

Il passa trois fois et gagna une cinquantaine de pistoles.

Au quatrième coup, que Monaldeschi ne tint pas entièrement, la veine changea. Ce fut à Monaldeschi de tailler.

Pendant un quart d'heure, il n'y eut guère qu'une suite d'intermittences, qui égalisèrent à peu près de chaque côté la perte et le gain.

Mais Maria Sentinelli s'échauffait, et chaque fois que les cartes lui revenaient, il augmentait son enjeu.

Monaldeschi au contraire conservait tout son sang-froid et ménageait ses ressources.

La veine finit par se dessiner de son côté.

Il venait de passer dix fois de suite.

Presque tout l'or de Sentinelli, poignée par poignée, s'était amoncelé devant lui ; le onzième coup favorisa encore l'heureux joueur : le restant du tas d'or suivit la même route. Il y eut, dans la galerie, un murmure de surprise, toutes les têtes s'avancèrent et se penchèrent curieuses, pour suivre cette intéressante partie.

— Il y a cinq cents pistoles au jeu ! dit froidement Monaldeschi, tenant le paquet de cartes de la main gauche, et prêt à retourner de la main droite, si son adversaire faisait le coup.

Sentinelli, que les émotions de cette longue partie avaient achevé d'étourdir, n'y voyait presque plus ; il promenait autour de lui un regard vague. Son adversaire répéta :

— Il y a cinq cents pistoles au jeu !

Au même moment, la signora Diane se pencha à l'oreille du comte :

— Tenez bon, murmura-t-elle ; la chance va vous revenir.

— Banco ! s'écria Sentinelli, en cherchant de sa main crispée le tas d'or qui n'y était plus.

Monaldeschi retourna lentement les trois cartes : la fortune lui sourit encore, et de sa même voix tranquille il reprit :

— Il y a mille pistoles.

— Je les tiens.

— Lansquenet ! s'écria Monaldeschi.

Des exclamations s'élevèrent de tous les coins de la salle. Il venait de retourner trois valets. C'était la treizième fois qu'il passait.

— Monsieur le marquis, lui dit Sentinelli à demi-voix, après avoir fouillé jusqu'au fond de ses poches, sans y trouver la plus mince piécette, je me suis laissé entraîner par la chaleur de la partie à tenir deux coups sans avoir sur moi la somme engagée... Je vous dois quinze cents pistoles... dans deux heures vous serez payé.

— Qu'à cela ne tienne... Soyez parfaitement à votre aise : la parole d'un galant homme comme vous vaut tout l'or du monde. Il y a deux mille pistoles : les tenez-vous ?

— Banco !

— Vous avez encore perdu... Il y a quatre mille pistoles !

— Je les tiens, toujours sur parole.

Cette fois ce furent les trois as qui retournèrent.

— C'est entendu... Lansquenet !

Monaldeschi avait passé quinze fois. Il fut jusqu'au vingt et unième coup.

Il gagnait sur parole trente mille pistoles à son adversaire.

Celui-ci se leva, chancelant comme un homme ivre, quoique les fumées de vin qui obscurcissaient son cerveau lorsqu'il était entré au logis du signor Pancracio se fussent complétement dissipées.

Il sortit précipitamment du tripot. Le grand air lui fit du bien.

— C'est bien trente mille pistoles que je dois à ce maudit gentilhomme, murmurait-il, tout en regagnant le palais Farnèse... Trente mille pistoles ! Que tous les démons de l'enfer m'étranglent, si je sais où les prendre.

C'est encore la Suédoise qui me vaut cette aubaine ; car sans elle, sans ses caprices et ses perfidies, je ne me serais pas replongé dans cette passion du jeu qui m'avait déjà joué de si vilains tours et mis à peu près sur la paille ; je ne serais pas allé chez le signor Pancracio ; je n'y aurais pas fait la connaissance de Monaldeschi ; jen'aurais pas reçu, pour les beaux yeux de la signora Diane, un coup d'épée qui m'a tenu un mois dans une chambre ; je n'aurais pas rencontré ces étourdis sur la via Appia, je ne me serais pas grisé comme un fachino.....

Il s'arrêta tout à coup, et porta la main à son épée ; quelqu'un courait après lui, et les rues de la capitale du monde chrétien n'étaient rien moins que sûres quand les ombres de la nuit les enveloppaient.

A la lueur de la lampe qui brûlait dans la niche d'une madone, au coin d'une ruelle, il vit quelqu'un s'approcher vivement en lui faisant signe de s'arrêter.

Puis une voix qu'il connaissait bien se fit entendre.

— J'ai eu de la peine à vous rejoindre... Vous ne marchez pas, mon cher Sentinelli, vous volez !.. Vous avez des ailes aux talons comme le dieu Mercure !

— Le marquis Monaldeschi.
— En personne.
— Craigniez-vous donc de ne plus me revoir ; est-ce après votre argent que vous courez, monsieur le marquis ?.. Je vous ai dit que demain...
— Fi ! Pour qui donc me prenez-vous, pour me supposer de telles pensées ?
— Mais alors ?
— J'ai une affaire à vous proposer, et si vous n'aviez pas quitté si à la hâte l'honnête maison de Pancracio, vous sauriez déjà de quoi il s'agit.
— Parlez, je vous écoute, quoique le lieu ne soit guère propice...
— Mon cher Sentinelli... vous avez perdu cette nuit, sur parole, trente mille pistoles.
— Ah ! nous y voilà donc... J'en étais sûr.
— Laissez-moi achever... Vous avez perdu trente mille pistoles, et, pour vous mettre à l'aise tout de suite, je vous avouerai franchement que, si pareille disgrâce m'était arrivée, je serais aussi embarrassé que vous pour m'acquitter... et...
— Parlez pour vous, je vous prie.
— Eh bien ! soit ; ce matin, dès que le soleil sera levé, à la première heure, après avoir négocié, moyennant de bonnes et solides garanties, un fort emprunt chez quelque juif du Ghetto ou chez quelque usurier du quartier des Lombards, vous m'enverrez la somme ; c'est convenu, je vous remercie d'avance de votre exactitude, qui ne m'étonne point de votre part ; mais, pour peu que vous n'y ayez pas de répugnance, je refuse votre or, je vous tiens quitte d'une dette de jeu que vous pouvez parfaitement payer, et viens vous demander, en échange d'une misérable somme, dont je n'ai nul besoin, un service aussi précieux pour moi qu'il est facile à vous de me le rendre...
— Mais enfin, de quoi s'agit-il ? dit Maria Sentinelli, fort soulagé par la tournure que prenait inopinément la chose.
— Tout simplement de me présenter demain au palais Farnèse.
— Au palais Farnèse !
— A Sa Majesté la reine Christine de Suède.

— Mais à quel titre, s'il vous plaît. ?
— Comme aspirant à l'honneur unique de m'attacher à sa maison. Je sais que la reine cherche un secrétaire, et si j'ai le bonheur de lui agréer.
Sentinelli partit d'un éclat de rire.
— Pourquoi cette gaieté, monsieur le comte ?
— Une folle idée qui me passe par la tête... Mais elle n'a rien d'offensant pour vous... Enfin, si vous y tenez tant, qu'il soit fait suivant votre désir : je suis tout à vos ordres, et si vous voulez bien venir demain au palais...
— J'y serai à midi précis...
— Je vous attendrai... à demain donc.
— A demain, mon cher Sentinelli, et croyez à toute la reconnaissance de votre dévoué serviteur. Vous n'aurez pas affaire à un ingrat.
— Ce pauvre Monaldeschi ! pensait le comte en rentrant au palais Farnèse.
La perspective des bonnes grâces de mon auguste maîtresse lui a tourné la tête...
Il rêve sans doute quelque haute fortune... Mais il compte sans le Napolitain.
Le lendemain le marquis Giuseppe de Monaldeschi était présenté à Christine de Suède par le comte Maria Sentinelli.
Il s'était muni d'une lettre de recommandation du cardinal Odescalchi.
La reine l'accueillit parfaitement, s'entretint longtemps avec lui, et finit par lui dire :
— Quand on est d'aussi bonne maison et d'aussi belles manières que vous, monsieur le marquis, on ne sollicite pas une place de secrétaire, fût-ce même auprès d'une reine.
— Votre Majesté refuse donc d'accepter mes services ? fit-il d'une voix qui peignait toute la tristesse qu'il éprouvait de voir son espoir trompé.
— Oui, je refuse vos services comme secrétaire... mais je les accepte, comme grand écuyer de ma maison !
— Ah ! madame, ah ! ma reine, s'écria Monaldeschi, en ployant le genou, je suis à vous, à la vie et à la mort !
— C'est comme cela que je l'entends, monsieur le grand écuyer.

14e livraison — 10 centimes.

LES REINES GALANTES — 105

Mort de Monaldeschi.

Je vous donne congé pour aujourd'hui. Allez mettre ordre à vos affaires. Demain vous viendrez vous installer au palais Farnèse, et tous les matins vous aurez à prendre mes ordres.

Elle le congédia, après lui avoir donné sa main à baiser.

Sentinelli avait assisté, non sans un certain dépit, à cette scène. On a beau avoir renoncé aux faveurs d'une femme, on n'en éprouve pas moins quelque déplaisir à voir ces faveurs s'arrêter sur un autre.

Il allait suivre le marquis Monaldeschi, qui se retirait le visage rayonnant.

Christine l'arrêta d'un geste, au moment où il sortait.

— J'ai des ordres à vous donner, monsieur le majordome, lui dit-elle.

Il n'était plus que le majordome.

— J'attends le bon plaisir de Votre Majesté : qu'a-t-elle à me commander ?

— Il est possible que ce seigneur napolitain qui venait quelquefois au palais s'y présente de nouveau aujourd'hui.

— Votre Majesté veut parler sans doute de don Benigne ?

— Précisément... S'il se présente aujourd'hui... ou plus tard, faites-lui dire par mes gens que je le dispense désormais de ses visites. Je ne veux plus le recevoir.

— Votre Majesté sera obéie.

En rentrant chez lui, Sentinelli réfléchissait sur la disgrâce qui venait de frapper le favori de Christine, et il se disait qu'il avait peut-être eu tort de présenter Monaldeschi à la reine.

Il rencontra sur son chemin cette camériste qu'il avait attachée à ses intérêts.

— S'est-il passé quelque chose d'extraordinaire au palais, depuis hier ? lui dit-il.

— Rien d'extraordinaire que je sache, monsieur le comte.

— Don Benigne n'est pas venu ?

— Il n'est pas encore venu aujourd'hui; mais hier, dans l'après-midi, il s'est présenté comme il a l'habitude de le faire tous les jours depuis quelque temps. Quand il a appris que la reine avait auprès d'elle la duchesse Cornélia Romagnoli, il est devenu fort pâle, il s'est retiré précipitamment.

— La duchesse Cornélia a été reçue hier par la reine ?

— Elle est restée plus de deux heures enfermée avec Sa Majesté.

Ce que la duchesse Cornélia lui avait dit, dans le jardin, à propos de don Benigne, lui revint alors à la mémoire.

— Elle m'a tenu parole, pensa-t-il, elle est venue sans doute apprendre à Christine ce fameux secret qui devait la détacher comme par enchantement de don Benigne... Mais je n'ai plus à l'en remercier, car elle a travaillé pour un autre. Oh ! je me vengerai de ce Monaldeschi de malheur !..... J'attendrai une bonne occasion... La vengeance est un plat qu'il faut manger froid.

VI

LE DRAME DE LA GALERIE DES CERFS.

Nous sommes encore à Fontainebleau.

Ce qu'on appelle aujourd'hui le château de Fontainebleau est une vaste réunion de bâtiments de différents styles, construits à diverses époques de la monarchie.

Remaniés vingt fois, ces bâtiments offrent un échantillon de toutes les architectures, depuis le manoir féodal, dont on retrouve des traces dans la *Cour ovale* ou du *Donjon*, jusqu'à ce style bâtard, sans goût et sans grandeur, qui marque le règne de Louis XV, et auquel est due l'aile neuve de la *Cour du Cheval blanc*, une misérable bâtisse qui dépare complètement le château et lui donne, de ce côté, l'aspect d'une caserne.

Mais, c'est surtout à l'intérieur, dans ses vastes appartements, que le château de Fontainebleau a subi de fréquentes et profondes modifications.

Parmi les constructions et les embellissements dus au règne d'Henri IV il faut citer la création du jardin de l'Orangerie sur un terrain vague, en dehors de l'enceinte primitive de François Ier, et où ce prince avait établi le jardin dit des *Buis*.

Henri IV recula le fossé pour embellir cet espace, et créa un parterre autour duquel il éleva la galerie des Chevreuils et celle des *Cerfs*.

Ces deux galeries étaient terminées et réunies par une vaste volière qui, détruite sous le règne de Louis XV par un incendie, fut remplacée par une orangerie, d'où est venu le nom donné depuis à cette partie du château.

La *galerie des Cerfs* fut ainsi nommée à cause des ramures de cerfs dont elle était ornée. On avait placé ces ramures sur des *massacres*, ou simulacres en bois de têtes de ces bêtes fauves, entourés de feuillages dorés. La galerie était divisée en treize compartiments de vingt pieds de large sur vingt de hauteur, peints à l'huile sur plâtre par Dubreuil.

Telle était encore la *galerie des Cerfs* sous le règne de Louis XIV, à l'époque où se passe notre récit.

Elle n'existe plus aujourd'hui; on l'a divisée en appartements particuliers.

C'est là dans la troisième chambre, près de la croisée, que l'on peut lire cette inscription, mise du temps de Louis-Philippe :

C'EST PRÈS DE CETTE FENÊTRE
QUE MONALDESCHI FUT TUÉ PAR ORDRE
DE CHRISTINE
LE 10 NOVEMBRE 1657.

Et dans l'église d'Avon, petit village près de Fontainebleau, se trouve une plaque de marbre scellée dans le pavé, et sur laquelle est gravée cette épitaphe :

« Ici fut inhumé, le dix novembre 1657, à six heures du soir, le corps de Monaldeschi, mis à mort dans la galerie des Cerfs, à quatre heures et demie du même jour. »

Nous avons le lieu de la scène : nous allons voir le drame.

Vers le milieu de l'année 1657, Christine de Suède, reprise de son humeur vagabonde, avait quitté Rome une seconde fois.

Elle se rendit en France, accompagnée d'une suite nombreuse, et amenant avec elle son grand écuyer, le marquis de Monaldeschi, dont la liaison galante avec la reine n'était un mystère pour personne.

Elle ne s'en cachait pas, d'ailleurs, et donnait publiquement à son favori des marques telles d'intimité, que les moins clairvoyants ne pouvaient pas s'y tromper.

Mais ce dont on s'étonnait un peu, c'est de la constance dont la reine de Suède faisait montre cette fois dans son affection.

Le cardinal Mazarin apprit l'arrivée de Christine avec un certain déplaisir.

Il pensait qu'elle venait en France pour ourdir quelque intrigue politique, au sujet de son ancien royaume; il ne la laissa séjourner que peu de temps à Paris et lui assigna le palais de Fontainebleau pour résidence, après avoir chargé quelques espions de veiller sur ses allures.

Plus bizarre que jamais dans sa manière de s'habiller, dans sa façon de vivre, la reine de Suède produisit sur l'élégante cour de Louis XIV un effet encore plus singulier que lors de son premier voyage.

Mademoiselle de Montpensier, dans ses Mémoires, nous a conservé un curieux témoignage de l'impression de la cour, quand l'Amazone du Nord fit son apparition.

« J'avais tant ouï parler d'elle, dit la fille de Gaston d'Orléans, que je mourais de peur de rire quand je la verrais.

« Comme on me cria gare et que l'on me fit place, je l'aperçus ; elle me surprit, et ce ne fut pas d'une manière à me faire rire.

« Elle avait une jupe grise avec de la dentelle d'or et d'argent ; un justaucorps de camelot couleur de feu, avec de la dentelle de même que la jupe ; au cou un mouchoir de points de Gênes noué avec un ruban couleur de feu, une perruque blonde, et derrière un rond comme les femmes en portent, et un chapeau avec des plumes noires.

« Elle est blanche, avec les yeux bleus.

« Dans des moments elle les a doux et dans d'autres fort rudes.

« La bouche assez agréable, quoique grande, les dents belles, le nez grand et aquilin ; elle est fort petite ; son justaucorps cache sa mauvaise taille.

« A tout prendre, elle me paraît un joli petit garçon.

« Elle m'embrassa et me dit :

« — J'ai la plus grande joie d'avoir le bonheur de vous voir; je l'ai souhaité avec passion.

« Elle me donna la main pour passer sur le banc, et me dit :

« — Vous avez assez de dispositions pour sauter. »

Le fait est que plus tard la grande Mademoiselle sauta le fossé avec Lauzun.

« Après le ballet, poursuit mademoiselle de Montpensier, nous allâmes à la Comédie.

« Là elle me surprit ; pour louer les endroits qui lui plaisaient, elle jurait Dieu, se couchait dans sa chaise, jetait ses jambes d'un côté et de l'autre, les passait sur les bras de sa chaise; elle tenait des postures que je n'ai jamais vu faire qu'à Trivelin et à Jodelet, qui sont deux bouffons, l'un italien, l'autre français.

« Elle répétait les vers qui lui plaisaient, elle parle sur beaucoup de matières, et ce qu'elle dit, elle le dit assez agréablement.

« Il lui prenait des rêveries profondes ; elle faisait de grands soupirs ; puis, tout d'un coup, elle revenait comme une personne qui s'éveille en sursaut ; elle est tout à fait extraordinaire. »

Sur l'ordre de Mazarin, Christine alla donc s'installer à Fontainebleau, et elle prit aussitôt ses mesures pour passer la vie la plus agréable dans cette résidence.

Ninon de Lenclos et la comtesse de La Suze, attirées par la curiosité, vinrent la voir et passèrent quelque temps avec elle.

Henriette de Coligni, comtesse de La Suze, était moins célèbre pour ses vers que par sa beauté et ses relations avec le monde littéraire de l'époque.

Comme Ninon, sur laquelle on a fait le quatrain suivant :

> L'indulgente et sage nature
> A formé l'âme de Ninon
> De la volupté d'Epicure,
> Et de la vertu de Caton.

la belle comtesse de La Suze était un adepte de cette philosophie épicurienne à laquelle le Français Bourdelot avait initié Christine, et que Christine aurait apprise de son tempérament seul, à défaut d'autre maître.

Mais Christine y apportait plus de fougue et quelque chose d'âpre, qu'elle devait au rude climat et aux mœurs de sa patrie.

Les fêtes, les banquets anacréontiques se succédaient à Fontainebleau.

Monaldeschi les présidait, et rien ne semblait devoir troubler la quiétude des amours de la reine de Suède, toute aux plaisirs et à sa passion.

Un orage, cependant, se formait, sans qu'ils s'en doutassent, sur la tête des deux amants.

Dès qu'il avait été certain de la puissance de l'empire qu'il exerçait sur sa royale maîtresse, le caractère du marquis Monaldeschi avait complétement changé.

Affable, serviable, accessible pour tous, il avait d'abord témoigné, du moins en apparence, au comte Maria Sentinelli une grande amitié, lui répétant que c'était à lui qu'il devait sa fortune, et qu'il ne l'oublierait jamais, et qu'il lui prouverait tôt ou tard sa reconnaissance par des témoignages éclatants.

Le rancuneux Sentinelli accueillait avec une extrême réserve l'expansion des sentiments que Monaldaschi affichait à son égard.

Pour avoir renoncé définitivement aux faveurs de Christine et pour avoir trouvé à Rome, dans une liaison avec une amie de la duchesse Cornélia Romaguoli, d'amples consolations à ses mésaventures avec Christine, il n'en voulait pas moins à Monaldeschi et ne renonçait pas au projet de lui nuire tôt ou tard.

Il fut confirmé dans ce mauvais sentiment par le changement qui s'opéra dans l'humeur du favori de la reine.

Monaldeschi, aveuglé par sa fortune, devint dur, hautain, insolent, et se fit haïr de tous ceux qui composaient la petite cour de Christine. Il tint désormais Maria Sentinelli à une distance respectueuse, lui transmettant comme à un subalterne les ordres de la reine, et le confinant dans les fonctions de majordome, sans lui permettre d'en sortir jamais.

Christine, elle-même, s'était complétement éloignée de Sentinelli, paraissant avoir oublié tout ce qui s'était passé à l'époque où le comte avait pu concevoir quelque espérance d'occu-

Don Benigne.

per dans son cœur la place dont un autre avait fini par s'emparer.

Elle lui donna une preuve de cette indifférence ou plutôt de cet oubli presque méprisant.

Un soir, Monaldeschi fit appeler le majordome dans la grande salle des Cerfs.

— Monsieur le majordome, lui dit-il, Sa Majesté m'a chargé de vous remettre ce pli, en me priant de vous répéter ses propres paroles : — « N'ayant plus aucun motif pour « retenir auprès de moi, le jour où il jugerait « convenable de quitter mon service, le comte « Maria Sentinelli, je ne veux pas conserver « plus longtemps le gage qui m'assurait de sa « fidélité. Dites-lui qu'il peut détruire le pa- « pier enfermé sous ce pli, et qui n'a plus pour « moi aucune espèce d'intérêt. »

Sentinelli brisa l'enveloppe : elle contenait la déclaration que Christine l'avait forcé à écrire trois ans auparavant, et dans laquelle il se reconnaissait coupable d'avoir attenté à la vie du duc de Guise.

A cette insulte, à ce témoignage de la défaveur que la reine lui faisait tenir par la main même de celui qui l'avait supplanté, il fut pris d'un accès de sourde rage.

— La vengeance est assez refroidie, murmura-t-il ; il est temps de la manger !

La fortune le servit à point, et lui offrit une occasion qu'il eut garde de laisser échapper.

Nous avons dit qu'il avait trouvé à Rome, avant son départ pour la France, à la suite de la reine de Suède, quelques consolations avec une amie de la duchesse Cornélia Romagnoli.

C'était une veuve d'une grande beauté, quoique déjà un peu sur le retour, et de mœurs assez légères: on la nommait Livia della Croce.

Elle était très-coquette, très-répandue dans la société, recevait chez elle beaucoup de jeunes gens, et c'était dans son salon qu'il fallait aller, si l'on voulait être au courant de la chronique scandaleuse de Rome : tout s'y savait et tout s'y disait.

La signora Livia, sans lui garder plus de fidélité que n'en comportaient ses principes, n'avait pas perdu l'espoir de revoir Maria Sentinelli, et elle n'avait pas cessé de correspondre avec lui, depuis son départ.

Quelques jours après la scène de la galerie des Cerfs, Sentinelli reçut à Fontainebleau la visite d'un jeune seigneur italien qui arrivait de Rome porteur d'un message de la cour pontificale pour le cardinal Mazarin.

— La signora Livia della Croce, lui dit-il, m'a chargé pour vous d'une commission. Ce sont, paraît-il, des papiers très-importants, car elle m'a recommandé de vous les remettre dans le plus grand secret.

Ces papiers étaient accompagnés d'un billet ainsi conçu :

« Mon cher Maria, vous savez toute l'ami« tié que je vous porte, et tout le bien que je « vous veux, de loin comme de près.

« Voici des papiers qui pourront vous in« téresser, et dont vous ferez, dans l'intérêt « de vos affaires, l'emploi que vous jugerez le « plus utile.

« Comment ils sont tombés entre mes mains, « cela importe peu et n'ajoute ou ne retranche « rien à leur valeur.

« Apprenez seulement qu'une certaine si« gnora Diane ayant causé quelques scandales « dans une maison de plaisirs, que fréquente « notre jeunesse libertine, elle a été arrêtée « par la police romaine et mise dans un cou« vent de filles repenties. Les lettres que je vous envoie ont été trouvées chez elle.

« Vous n'avez jamais été des amis du grand « écuyer de cette reine de comédie à la for« tune de laquelle vous vous êtes attaché. Je « crois même vous avoir entendu dire que « vous ne seriez pas fâché de lui jouer quel« que bon tour.

« Lisez, et vous jugerez peut-être que vous « avez entre les mains tous les moyens de lui « être désagréable.

« Quant à moi, je ne serais pas fâchée, mon « cher Maria, de causer quelque dépit et même « quelque ennui à cette femme qui semble « être venue tout exprès de son vilain pays de « neiges, de frimas et de brouillards, sous le « beau ciel de l'Italie, pour nous enlever nos « plus aimables cavaliers servants... Je ne dis « pas cela pour vous, de l'affection de qui je « n'ai jamais douté.

« *Votre vieille amie :* LIVIA. »

Les papiers qu'accompagnait ce billet consistaient en quatre lettres, datées de Paris et de Fontainebleau. Au premier coup d'œil qu'il y jeta, le comte Maria Sentinelli reconnut l'écriture et la signature du marquis Giuseppe Monaldeschi.

Ces lettres étaient adressées à cette signora Diane, que nous avons vue parmi les habitués du logis du signor Pancracio.

Maria Sentinelli s'enferma dans sa chambre, et les relut plusieurs fois.

Pendant cette lecture, une joie étrange brillait dans ses yeux.

Le jour même, s'étant assuré que Monaldeschi était sorti du château, pour se livrer dans la forêt à une partie de promenade avec quelques gentilshommes français venus de Paris, il pénétra hardiment dans les appartements de la reine.

Christine était seule dans son oratoire.

A la vue de Sentinelli, elle fronça les sourcils et fit un geste de colère.

— Qui vous a permis, s'écria-t-elle, de vous introduire ainsi chez moi, sans être appelé ? Je saurai punir cette audace.

Et comme il allait s'expliquer :

— Retirez-vous sur l'heure... je ne veux rien entendre.

— Madame, dit Maria Sentinelli d'une voix ferme et un peu rude, vous m'écouterez, car ce que j'ai à vous révéler intéresse votre honneur de femme et votre majesté de reine... Puis, lorsque j'aurai accompli mon devoir, vous ferez de moi ce que vous voudrez.

— L'honneur de la femme, la majesté de la reine.. prenez garde de les offenser vous-même!... Je vous ai déjà pardonné une fois.

— Madame, interrompit le comte, l'outrage, un outrage horrible, ne vient pas de moi...

— Et de qui donc, s'il vous plaît?

— Du grand écuyer! de Giuseppe, marquis de Monaldeschi.

— Prenez garde à vos paroles : vous n'oseriez répéter devant lui ce que vous venez de dire. Une pareille accusation.

— Ce n'est pas moi qui l'accuserai, et c'est lui-même qui témoignera contre lui... Oui, le crime qu'il a commis est horrible, l'outrage est sanglant : si vous ne les jugez pas tels, je consens à payer de ma vie...

— Des faits et des preuves...

— Votre Majesté se sent-elle assez sûre d'elle-même pour ne pas détruire, dans un moment de juste emportement, ces papiers?

— Donnez, fit-elle, en s'emparant d'un petit paquet que Maria Sentinelli venait de tirer de son pourpoint.

— Des lettres!

Elle en déplia vivement une.

— L'écriture de Monaldeschi!

— Et sa signature; toutes ces lettres sont signées.

— Adressées à une femme?

— Une fille nommée Diane, avec laquelle le marquis Monaldeschi s'était lié à Rome, avant d'entrer au service de Votre Majesté, et avec laquelle il n'a pas cessé de correspondre depuis que nous sommes venus en France.

Christine avait parcouru rapidement la lettre.

Elle devint horriblement pâle, porta la main à son cœur, puis elle chancela.

Sentinelli la soutint et avança un fauteuil, sur lequel elle se laissa tomber.

— Ah! c'est affreux! murmura-t-elle.

Elle se mit à lire alors les trois lettres d'un bout à l'autre, recommença sa lecture, et resta quelques instants comme anéantie.

Ses traits étaient contractés; ses yeux bleus avaient pris cette expression de rudesse dont mademoiselle de Montpensier parle dans ses mémoires.

Debout près d'elle, dans une attitude à la fois triste et respectueuse, appropriée à la circonstance, le vindicatif Sentinelli suivait, avec une secrète joie, les progrès de l'orage qui bouillonnait en elle.

Dans les lettres qu'elle venait de lire, le marquis Monaldeschi révélait à la signora Diane, par une perversité d'esprit, par une sorte de raffinement de grossière galanterie dont on a eu malheureusement plus d'un exemple, tous les secrets de sa liaison avec Christine de Suède, les plus intimes détails de la passion que la reine avait conçue pour lui; et il tournait en dérision cet amour, il dévoilait toutes les faiblesses morales et jusqu'aux défauts physiques de cette reine, avec des particularités qui ne laissaient aucun doute sur l'authenticité des lettres, ces particularités ne pouvant être connues que de la reine et de lui.

Christine se redressa tout à coup, et se mit à marcher avec agitation dans son oratoire. Puis s'arrêtant devant Sentinelli :

— Comment ces lettres te sont-elles tombées entre les mains?

— Elles m'ont été envoyées de Rome, dit-il, par la signora Livia della Croce. La police les a saisies chez cette Diane, arrêtée et mise au couvent pour ses mauvaises mœurs. Mais si cela peut être un baume sur votre blessure, je puis vous affirmer que personne ne les a lues, que la signora Livia, qui, connaissant mon profond attachement pour Votre Majesté, me les a envoyées aussitôt.

— Il mourra! il faut qu'il meure, entends-tu, comte Sentinelli : puis-je compter sur toi?

— Mon cœur et mon bras sont au service de la reine.

— Dis à ton frère de réunir mes gardes; envoie-moi le père Lebel; mais je veux d'abord confondre moi-même le coupable, en lui mettant sous les yeux ses infâmes lettres.

— Votre Majesté agirait prudemment si

elle en faisait d'abord tirer une copie, car il pourrait les anéantir.

— Alors copie-les toi-même, personne ne doit lire ces abominables papiers.

Sentinelli transcrivit les trois lettres, dans l'oratoire même de la reine; cela prit un assez long temps. Monaldeschi ne rentra d'ailleurs au château que fort tard dans la soirée. La reine Christine s'enferma dans son appartement, pour ne pas le voir, remettant au lendemain le dénouement de cette tragique affaire.

Le lendemain 10 novembre à midi, Christine vint dans la galerie des Cerfs.

Le frère du comte Sentinelli, chef de ses gardes, s'y trouvait avec deux autres nommés Landini et Ostrachi, qui tenaient leur épée nue à la main.

Christine leur ordonna de se retirer à une des extrémités de la galerie, pendant l'entretien qu'elle allait avoir avec Monaldeschi.

Celui-ci, qui ne se doutait de rien, prévenu que la reine avait à lui parler, arriva quelques instants après dans la galerie.

Il ne remarqua pas les trois gardes. Christine l'entraîna dans l'embrasure d'une fenêtre qui donnait sur le jardin de l'Orangerie.

— Quelqu'un m'a trahie, Monaldeschi, lui dit-elle brusquement; non-seulement il m'a trahie, mais encore il m'a fait subir le plus cruel des outrages.

— Il mérite la mort, ma reine.., quel est son nom ?

— Il habite ce palais... Il est attaché à mon service, à ma personne.

— Sentinelli, n'est-ce pas ?

— Non... le traître s'appelle... Monaldeschi..

— Moi ! moi! fit-il, un peu troublé... Moi, vous trahir, vous outrager !

— N'est-ce pas toi qui as écrit ces lettres à la signora Diane ?

Elle lui présenta une des lettres recopiées par Sentinelli.

Au premier coup d'œil qu'il y jeta, Monaldeschi reconnut bien ce qu'il avait écrit ; mais ce n'était pas son écriture, et il pensa que Christine n'avait qu'une copie de ces maudites lettres. Il voulut payer d'audace.

— Madame, dit-il, en recouvrant son sang-froid, on m'a calomnié auprès de Votre Majesté, et je suis victime d'une infernale machination... Ce n'est pas moi qui ai écrit cela, vous le savez bien.

— Ainsi tu nies ?

— Je jure par le sang du Christ, par mon salut éternel, que jamais.

— Tu nies, n'est-ce pas ?

— Si j'avais été assez coupable pour commettre un pareil crime, mes ennemis, ceux qui veulent me perdre auraient mis mes lettres mêmes, au lieu de ces prétendues copies, sous les yeux de Votre Majesté...

Madame, écoutez-moi, continua Monaldeschi en voyant Christine réprimer avec peine un mouvement de colère... Comment pouvez-vous supposer que celui qui vous a voué sa vie entière, que celui qui a eu le bonheur d'être aimé d'une aussi grande reine, ait pu oublier à ce point... Christine, ajouta-t-il plus bas, en se rapprochant d'elle, en l'enveloppant d'un regard caressant, en donnant à sa voix tout le charme qu'elle avait aux heures intimes ; Christine, ne m'avez-vous pas vu à vos pieds ivre d'amour ; avez-vous oublié ces doux transports, cette ivresse partagée ? Croyez-vous donc que ce cœur, dont vous avez senti les battements, ait pu changer au point de s'ouvrir à un aussi noir complot contre votre honneur... Non, vous ne le croyez pas...

— Ah ! ces Italiens, s'écria Christine en le repoussant, ils sont pétris d'astuce et de mensonges ; leur cœur distille la trahison... tiens, sois confondu !

Elle lui jeta au visage une des lettres originales. Monaldeschi la ramassa, et reconnut cette fois son écriture.

— Nie maintenant; mais nie donc, si tu l'oses !... Monaldeschi, tu vas mourir.

Le père Lebel, supérieur des Mathurins, et qui servait d'aumônier à la reine depuis son arrivée au château de Fontainebleau, entra à ce moment dans la galerie.

— Mon père, lui dit Christine, confessez cet homme et préparez-le à bien paraître devant Dieu ; il n'a plus que quelques minutes à vivre.

La tour de Nesle.

Monaldeschi avait aperçu dans un coin de la galerie les trois gardes qui se tenaient immobiles, l'épée nue à la main; il comprit qu'il était perdu, et reconnaissant parmi ces gardes le frère du comte Sentinelli, il devina d'où le coup lui était venu.

Il se jeta aux pieds de la reine, implorant son pardon.

Larmes, prière, tout fut inutile pour fléchir le cœur de Christine.

Après s'être traîné à ses pieds, Monaldeschi se leva et, tirant brusquement la reine dans un coin, il lui parla vivement pendant près d'un quart d'heure.

Les témoins de cette scène entendirent qu'il lui demandait un sursis de quelques heures, lui jurant que cela lui suffirait pour se justifier, pour déjouer la trame de ses ennemis.

— Mon père, dit froidement Christine en se tournant vers le supérieur des Mathurins, soyez témoin que j'ai donné à ce perfide, à ce traître, tout le temps qu'il faut... Je me retire et vous le laisse ; disposez-le à la mort, et prenez soin de son âme.

Monaldeschi se jette de nouveau à ses pieds; le père Lebel, bouleversé par cette scène, supplie à son tour la reine de se montrer miséricordieuse.

Inexorable, elle s'arrache à ces obsessions.

— Cet homme est un traître, crie-t-elle aux sbires en leur désignant Monaldeschi ; je vous le livre ; vengez-moi.

Et elle se retire dans son appartement.

Les gardes avaient entouré Monaldeschi.

— La vie de cet homme est sacrée tant qu'il ne s'est pas confessé, leur dit le père Lebel. Je cours parler de nouveau à la reine.

— Madame, dit-il à Christine, ce n'est plus au nom d'un Dieu de paix et de pardon que je viens vous implorer ; je viens vous parler au nom d'un des plus puissants souverains de la terre.

Vous ne pouvez ordonner, vous ne pouvez faire commettre un meurtre dans le palais du roi de France. La justice a des voies que les plus hauts et les plus grands personnages doivent suivre. Songez à la colère du roi, lorsqu'il apprendra que vous avez souillé de sang l'asile qu'il vous a offert.

— Je suis reine partout où je me trouve, répondit Christine ; aucune volonté, aucune puissance n'est au-dessus de la mienne. En moi seule réside la justice absolue et souveraine sur tous mes sujets. Allez confesser cet homme si vous voulez lui épargner les châtiments éternels.

Le père Lebel retourna dans la galerie des Cerfs et n'eut que le temps de donner l'absolution à l'infortuné Monaldeschi, que le frère du comte Maria Sentinelli frappa en pleine poitrine d'un coup d'épée.

Mais il se trouva qu'il portait sous son pourpoint une cotte de mailles.

L'épée glissa et lui fit une blessure au bras.

Alors se passa une scène épouvantable, que prolongèrent la maladresse des assassins et la lâcheté de leur victime, qui courait éperdue à travers la galerie, en poussant des cris inarticulés.

Monaldeschi est enfin renversé, et Sentinelli parvient à lui plonger le fer dans la gorge.

Le père Lebel, qui nous a laissé un récit émouvant de ce drame, ajoute :

« Après ce dernier coup d'épée, il demeura
« plus d'un quart d'heure à respirer, durant
« lequel je lui criais et l'exhortais de mon
« mieux à bien mourir.

« Et ainsi ayant perdu tout son sang, il fi-
« nit sa vie à trois heures et trois quarts d'a-
« près midi.

« Le chef des trois lui remua un bras et
« une jambe, déboutonna son haut-de-
« chausses et son caleçon, fouilla dans son
« gousset, et ne trouva rien, sinon en sa po-
« che un petit livre d'*Heures de la Vierge* et
« un petit couteau.

« Après quoi ils partirent tous les trois, et
« moi après pour recevoir les ordres de Sa
« Majesté, qui attendait l'issue dans son ap-
« partement.

« Elle me commanda d'avoir soin de l'en-
« terrer, et me dit qu'elle voulait faire dire
« plusieurs messes pour son âme. »

Voltaire, parlant de l'aventure sanglante du château de Fontainebleau, a dit :

« Ce n'était pas une reine qui punissait un
« sujet ; c'était une femme qui terminait une
« galanterie par un crime. »

Madame de Motteville, que nous avons déjà citée, nous a laissé aussi un récit succinct de l'assassinat du favori de Christine de Suède.

Elle le termine par quelques détails curieux sur ce qui suivit le drame de la galerie des Cerfs :

« Cette barbare princesse, après une action aussi cruelle que celle-ci, demeura dans sa chambre à rire et à causer aussi tranquillement que si elle eût fait une chose indifférente ou fort louable.

« La reine-mère (Anne d'Autriche), toute chrétienne, qui avait eu tant d'ennemis qu'elle aurait pu faire punir, et qui n'avaient reçu d'elle que des marques de sa bonté, en fut scandalisée.

« Le roi et Monsieur la blâmèrent, et le ministre, qui n'était point cruel, en fut étonné.

« Enfin toute la cour eut horreur d'une si

laide vengeance, et ceux qui avaient tant estimé cette reine furent honteux de lui avoir donné des louanges ; mais ce ne fut pas sans se moquer du pauvre mort, qui n'avait pas eu le courage, ni de se sauver, ni de se défendre, et d'avoir eu contre cet accident une précaution si inutile ; car du moins il devait avoir un poignard et s'en servir avec valeur.

« On laissa cette reine languir longtemps à Fontainebleau pour lui montrer le mépris qu'on avait pour elle, mais enfin elle supplia tant de fois le ministre de la laisser venir à Paris, qu'il fut impossible de la refuser.

« Elle vint donc voir le ballet que le roi dansa cette année pour le carnaval, et elle arriva le 24 février 1658.

« Il est à croire qu'elle aurait souhaité de pouvoir s'établir tout à fait en France ; mais on ne lui fit espérer de l'y souffrir que quelques jours seulement. On la logea dans le Louvre, à l'appartement du cardinal Mazarin ; ce qui fut concerté exprès, pour lui montrer qu'il fallait qu'elle le quittât promptement.

« Malgré toutes les précautions de la reine, elle y passa les jours gras, qu'elle employa le mieux qu'elle put. Rien ne parut en elle de contraire à l'honneur, je veux dire à cet honneur qui dépend de la chasteté ; et si elle s'était laissé entamer sur ce chapitre, les charitables gens de la cour n'auraient pas oublié de le publier ; mais en tout le reste elle montra peu de sagesse, peu de conduite, et beaucoup d'emportement pour le plaisir.

« Elle courait les bals en masque, elle allait sans cesse à la Comédie avec des hommes toute seule, dans les premiers carrosses qu'elle rencontrait, et jamais personne n'a paru plus éloignée de la philosophie que celle-là.

« Elle partit enfin les premiers jours de carême, ayant reçu quelque argent du roi, et s'en retourna à Rome où l'action qu'elle avait faite en France ne la fit pas estimer. »

VII

LA FIN D'UNE REINE GALANTE.

Christine de Suède ne pouvait rester longtemps nulle part. Elle reprit sa vie aventureuse et retourna en Italie, où le comte Maria Sentinelli, rentré en faveur depuis la mort de Monaldeschi, et qui paraît s'être avancé alors fort loin dans ses bonnes grâces, finit par se séparer d'elle.

Pour le récompenser de ses services, elle lui fit obtenir le commandement d'un régiment au service des Vénitiens.

Puis l'ambition lui revint ; elle songea à reconquérir son royaume.

Son cousin Charles-Gustave, en faveur de qui elle avait abdiqué, régnait sous le nom de Charles X. Il mourut en 1660, laissant un fils mineur.

Elle se rendit en Suède et réclama la tutelle du jeune roi.

On a dit que les Suédois, qui ne lui avaient pas pardonné son abjuration, la repoussèrent à cause de son changement de religion. Il est probable que, si tel eût été le véritable motif des répugnances de ses sujets à son égard, Christine aurait répété sans hésiter le mot de Henri IV : Ce royaume vaut bien une messe. Les Suédois repoussèrent sans doute Christine pour d'autres motifs, parmi lesquels durent figurer au premier rang les scandaleuses singularités de son existence vagabonde.

On l'obligea à signer un acte de renonciation à toute ingérence dans les affaires politiques de sa patrie.

Rome la revit encore une fois.

Ce fut dans cette ville qu'elle reprit le cours de ses galanteries ; mais cet âge était venu pour elle, où l'amour, dans le cœur de la femme, est comme une de ces plantes exotiques que l'on cultive sans pouvoir en obtenir de fleurs. Pour se consoler des hommages qu'on ne lui rendait plus, elle se mit à écrire, et composa quelques ouvrages qu'on retrouve dans les *Mémoires* sur sa vie, publiés par Archenhotz en 1741.

Le dernier de ses amants fut un marquis del Monte qui lui fit payer cher par sa brutalité une ombre de bonheur.

Elle fut atteinte en 1686, à l'âge de soixante ans, de la maladie qui devait l'emporter.

Le cardinal Odescalchi occupait alors le trône pontifical, sous le nom d'Innocent XI.

Nous empruntons le récit de la mort de Christine à une relation italienne de l'époque.

« Sa Majesté commença en 1686 à être attaquée d'un érysipèle aux jambes, qui lui revint les années suivantes, au mois de février, avec une grosse fièvre. Le 13 février 1689, elle eut son accès habituel, et le mal s'annonça avec une malignité particulière. Elle fut bientôt à l'article de la mort, et elle fut visitée par le seigneur cardinal Ottoboni de la part de Sa Sainteté qui s'excusa de ne pouvoir venir elle-même, à cause de ses infirmités. Elle fut encore visitée par Son Excellence le signor D. Olivio Odescalchi, le digne neveu du pontife.

« Cependant elle avait paru se remettre de cette crise, lorsque, le 14 avril, vers les trois heures de la nuit, la fièvre ordinaire de l'érysipèle l'attaqua de nouveau avec une violence extrême, et comme le mal ne parut pas à la jambe, comme il se montrait habituellement dans les rechutes, on craignit qu'il ne se portât au poumon. Ce qui arriva malheureusement, et malgré tous les remèdes possibles, le cinquième jour, c'est-à-dire le 19 avril 1689, à midi, la reine, comme si elle eût reposé, étant couchée sur le côté droit, avec la main gauche sur le cou, sans nul mouvement, ni contorsion, mais avec une tranquillité remarquable, *passa à la possession du ciel!* »

Par son testament qui nommait pour son héritier universel le cardinal Decis Azzolino, elle fit quelques legs particuliers où se retrouvent les traces de ses galanteries.

Ainsi, elle désignait, parmi ceux de ses serviteurs auxquels elle laissait une certaine somme d'argent, le capitaine François Landini, un des trois gardes qui avaient, presque sous ses yeux, tué à coups d'épée et par son ordre le malheureux marquis Monaldeschi.

Son dernier amant, le marquis del Monte, étant mort peu de temps auparavant, elle laissa à son fils un legs magnifique :

« Nous laissons au marquis Jean Mathias del Monte tout ce que nous avons donné au feu marquis son père, et voulons, en outre de la pension viagère que nous lui avons déjà assignée, que dix mille écus romains lui soient comptés une fois pour toutes... »

Enfin, elle avait affecté une forte somme à l'effet de faire célébrer *vingt mille messes* pour le repos de son âme.

Pour ses péchés d'amour, c'était trop ; mais était-ce assez pour lui faire pardonner le meurtre de Fontainebleau ?

Parmi les pensées qu'on a recueillies dans les écrits de Christine de Suède, se trouve cette pensée :

« Tout homme qui ne préfère pas son devoir à ses plaisirs n'est bon à rien. »

Si cette pensée peut s'appliquer aussi aux femmes, Christine de Suède a prononcé son propre jugement :

Elle n'était pas bonne à grand'chose.

FIN DE CHRISTINE DE SUÈDE

Note de l'éditeur des *Reines galantes* :

M. Beaujoint, l'auteur des *Reines galantes*, ayant été momentanément empêché de continuer son travail, l'intéressante notice sur *Christine de Suède* que l'on vient de lire et qui forme les livraisons 9, 10, 11, 12, 13, 14 et une partie de la 15ᵉ livraison de cette publication, a été confiée à la plume d'un de nos écrivains les plus distingués, et dont nous publions en ce moment un grand roman historique dans les *Feuilletons illustrés*.

A partir de la notice suivante sur *Marguerite de Bourgogne*, M. Beaujoint reprend son travail.

LES REINES GALANTES

Marguerite et Buridan

LES DAMES DE LA TOUR DE NESLE

I

PARIS SOUS PHILIPPE LE BEL.

La tour de Nesle, devenue la Babel des romanciers, a cela de bon qu'elle n'appartient pas à la même architecture que le palais de la Belle-au-bois-dormant ou les sept châteaux du roi de Bohême.

C'était au quatorzième siècle un des édifices considérables de Paris, un de ceux qui exprimaient le mieux le côté sombre, presque sinistre, de l'architecture féodale.

Sous Philippe le Bel, le mur d'enceinte

de la rive gauche partait de la hauteur du pont des Arts, décrivait un arc de cercle qui laissait en dehors la rue Mazarine actuelle et aboutissait, à l'est, au pont de la Tournelle.

La Seine formait la corde de cet arc.

Sur l'emplacement du collége Mazarin et de l'hôtel de la Monnaie s'élevait l'hôtel de Nesle, d'abord appelé Tournelle de Philippe Amelin. Ses bâtiments et jardins étaient à peu près circonscrits par les rues Mazarine, de Nevers et le quai Conti, autrefois nommé quai de Nesle.

La tour de Nesle, située au nord de la partie d'entrée de l'hôtel, était ronde, très-élevée et accouplée à une seconde tour plus haute, moins forte en diamètre et qui contenait un escalier à vis. Cette tour faisait face à la tour occidentale du Louvre appelée la *Tour qui fait le coin.*

Cet hôtel de Nesle appartenait au domaine royal au quatorzième siècle. Philippe le Bel l'avait donné pour résidence à son fils Philippe le Long, mari de Jeanne de Bourgogne, qui y demeura huit ans.

Cette résidence, comme toutes celles des princes de cette époque, n'était pas aussi somptueuse que nous le ferait croire la mise en scène de nos théâtres... C'était triant comme une forteresse, meublé de chêne noirci, orné de mélancoliques tapisseries à personnages, privé de glaces, et même de tapis, qui chez les riches étaient remplacés par de la paille fraîche dans les salles de réception.

Le jour il y faisait sombre, et la nuit il y faisait noir... En vertu d'un usage qui prit vigueur pendant la captivité du roi Jean, à huit heures du soir, en toute saison, la cloche de Notre-Dame sonnait le *couvre-feu.*

A ce signal, tous les feux et lumières devaient s'éteindre et les passants rentrer au logis.

Aucune de ces distractions délicates et charmantes dont s'entourent aujourd'hui de simples bourgeoises de notre temps ne se rencontrait chez la noble dame de cette époque.

L'hôtel de Nesle était un séjour des plus tristes et Paris, ville aux rues tortueuses et fangeuses, n'invitait pas à la promenade.

C'était à périr d'ennui.

Il faut se rendre compte de tout cela pour comprendre de quelle ressource était la galanterie, sous le plus beau de nos rois, surtout pour les pauvres femmes qui n'avaient ni les plaisirs de la chasse ou de la guerre, ni le jeu de dés et l'ivrognerie.

Ce fut dans cette épaisse atmosphère que, vers l'an 1310 (la date précise nous manque), trois jeunes princesses, de beauté peu commune et d'esprit délié, complotèrent pour se divertir ensemble aux dépens de leurs maris et au péril de leur vie et de leur salut éternel.

L'une d'elles, Jeanne de Bourgogne, habitait l'hôtel de Nesle, ainsi que nous l'avons dit, et s'était ménagé « un retraict » dans la tour qui lui dut sa célébrité.

Là elle avait de l'air, de la solitude et de l'espace.

Le pied de la tour baignait dans le fleuve.

La vue s'étendait sur la Seine, ses îles verdoyantes, la saulée qui, jusqu'en 1343, couvrait le rivage jusqu'à la hauteur du pont St-Michel, et sur le Louvre et la forêt, aïeule de nos Champs-Elysées.

Ce fut dans cette retraite de prédilection qu'elle réunit sa sœur et sa belle-sœur et ourdit le complot en question.

II

LE COMPLOT.

— A la cour du roi Philippe, leur dit-elle, on ne voit que gens de loi au visage rébarbatif, ou gens de guerre que la crainte du roi et des princes nos maris tient éloignés de nous. Jamais une fête !... Jamais une distraction.

Dans les châteaux des provinces les dames ont encore quelques passe-temps.

Ici la politique, la justice et la guerre occupent seules la cour.

Mon mari Philippe est à Rome. — De fait, je suis veuve, sans jouir des droits du veuvage.

Et je suis jeune !...

Et au palais dans les réunions, ou les dimanches quand je me rends sur ma mule blanche à l'église Notre-Dame, j'entends dire, de tous côtés : — Comme elle est belle !...

Les femmes, les filles du populaire ajoutent : Qu'elle est heureuse !...

Heureuse de porter ces belles robes, ces gros bijoux, et d'être princesse.

Tandis que moi je me dis les voyant au bras de qui les aime : Sont-elles heureuses !

— Quoi ! se récria la princesse Marguerite, seriez-vous sincère, Jeanne ? Est-il possible que vous n'ayez pas un ami ?

— C'est cependant la vérité, Marguerite. Et si Blanche et vous étiez toujours restées à Paris, malgré votre beauté, vous seriez sans amis comme moi.

Autour du roi Philippe, règne une sorte de terreur, et nul à la cour n'oserait lever les yeux vers vous.

Ah ! si vous vouliez vous entendre avec moi comme vous vous êtes entendue avec ma sœur !

Marguerite et Blanche, comtesse de la Marche, s'entre-regardèrent en souriant.

Blanche était, comme Jeanne, fille d'Othon IV, comte palatin de Bourgogne, et toutes trois elles avaient épousé les fils de Philippe le Bel.

Marguerite de Bourgogne, reine de Navarre, était fille de Robert II, duc de Bourgogne, et, par Agnès sa mère, petite-fille de saint Louis. Elle avait été fiancée en 1299 à Louis dit le Hutin, — héritier de la couronne de France, — mais, en raison de son âge, la cérémonie du mariage avait été retardée jusqu'en 1305.

Sa jeunesse s'était écoulée, en compagnie de Blanche, à l'abbaye de Maubuisson.

Là, jouissant de la liberté des champs, les deux jeunes princesses s'étaient laissé courtiser par deux gentilshommes normands, — deux frères, — Pierre et Gaultier d'Aulnay.

Ces d'Aulnay étaient des hobereaux sans fortune et sans renom. Ils sentaient la glèbe et ne brillaient ni par l'éducation ni par l'esprit. Le ciel leur avait même refusé la beauté. Mais Maubuisson était le désert ; ils y étaient apparus sans rivaux et dans le cadre agreste qui leur convenait.

L'amour qui chuchote sous les bois, soupire dans les roseaux des étangs, babille dans les ruisseaux, les avait eus pour interprètes aux pieds des princesses ignorantes comme eux, et grisées comme eux par les désirs qui peuplent la solitude.

Les feuillages ombreux, les pelouses, les caprices des sentiers, l'air saturé de senteurs, les rayons du printemps, le ciel et la terre avaient été leurs complices.

Plus tard, les deux gentilshommes normands, Pierre et Gaultier, avaient suivi à Paris leurs belles maîtresses.

Là, comme ils n'étaient pas assez riches et assez nobles pour entrer à la cour, ils étaient restés à distance, dans une humble hôtellerie du quartier des Écoliers.

Les princesses étaient fort surveillées ; les rendez-vous étaient plus difficiles, plus rares et surtout plus périlleux qu'à Maubuisson.

Jeanne le savait !...

Et tout en leur enviant leurs bons gentilshommes campagnards, d'un service si fidèle et si discret, elle était certaine de les enchanter de l'offre de son alliance.

— Que veux-tu dire, ma sœur ? demanda Jeanne. Nous entendre avec toi ?... Mais tu ne peux douter de notre amitié... et quant aux plaisirs d'amour, les d'Aulnay ne sont que deux frères.

— Mais sont-ils sans amis ? reprit Jeanne.

— Peut-être, fit Marguerite. Ils sont pauvres et vivent fort retirés.

— Ils habitent ce quartier des écoles, insista Jeanne, qui est le seul endroit de Paris où l'on rencontre des jeunes gens d'esprit et d'audace, prêts à tout tenter pour l'amour et le plaisir.

Eh bien ! qu'ils cherchent entre les plus

beaux et les plus braves, qu'ils se lient avec l'un d'eux et un soir... après le couvre-feu, quand le guet veillera seul sur la ville endormie, qu'ils viennent tous trois à la tour de Nesle.

— Quoi ! tu les recevrais ! s'écria Marguerite.

— Et vous, dit Jeanne de Bourgogne, ne seriez-vous pas heureuses de les recevoir ici ?

— Peux-tu en douter !.. O Jeanne ! Jeanne ! si tu savais combien Blanche et moi nous souffrons de la surveillance étendue sur nous. Revoir nos amis nous est devenu presque impossible.

Tandis qu'ici, dans cet hôtel où tu vis seule, dans cette tour isolée dont seule tu as les clefs, nous retrouverions toutes les joies de notre jeunesse.

— Mais il faut que vous revoyiez vos amis, dit Jeanne.

— Nous les reverrons.

— Que vous les persuadiez.

— C'est cause gagnée.

— Et quant à l'inconnu qu'ils me présenteront, j'entends qu'ils gardent vis à vis de lui le secret de mon nom et de ma condition.

— Sans doute. Et cependant...

— Que veux-tu dire ?

— Pour parvenir jusqu'ici ?

— Je vais vous expliquer, dit Jeanne, ce qu'ils auront à faire. Venez.

Toutes trois se levèrent et de la tour principale passèrent dans la tour moins large qui contenait l'escalier.

Lorsqu'elles furent au bas des marches :

— Voici, dit Jeanne, deux portes ; celle que nous avons ouverte pour venir à la tour et qui donne accès dans l'hôtel, et cette autre que l'on n'ouvre jamais, au bas de laquelle se trouvent trois marches de pierre que recouvre souvent l'eau du fleuve.

C'est par cette porte qu'ils entreront.

— Ils viendront donc par la Seine ?

— C'est le seul chemin discret et sûr.

Ils s'embarqueront près de Notre-Dame. Leur nouvel ami aura les yeux bandés. Lorsqu'il sera dans notre retraite, son bandeau tombera et nous garderons nos masques.

Ainsi le secret nous sera assuré.

Blanche et Marguerite écoutaient émues et pensives.

Après un silence :

— Nous sommes sûres de Pierre et de Gaultier, dit enfin l'une d'elles ; mais cet inconnu... Les écoliers de Paris sont aussi avisés qu'entreprenants ; malgré son bandeau, malgré nos masques, si ce jeune garçon devinait notre qualité... Alors plus de repos, plus de sommeil pour nous...

Plus de sécurité !...

— Eh ! s'il m'aime ! fit la femme de Philippe, avec une impatience mêlée d'amertume, pourquoi songerait-il à me trahir ?

— S'il t'aime, il voudra te connaître, et s'il te connaît, il sera trop fier de sa bonne fortune pour ne pas en parler.

— Vos prudents gentilshommes ne sauraient-ils point choisir un ami discret ?

— Leur prudence ne peut être mise en doute, mais ils ne connaissent pas le tempérament des écoliers de Paris.

— Cependant le choix d'un gentilhomme serait encore pour moi plus dangereux, vous en conviendrez... Ah ! je vous vois déjà tremblantes.

Tout d'abord l'offre d'un sûr asile vous avait séduites. Vous ne songiez qu'au plaisir de revoir vos amants. Vous ne songiez qu'à vous.

— Mais notre péril serait commun, repartit Marguerite.

— Comme nos plaisirs, répliqua Jeanne.

— Aussi avant de nous abandonner à des plaisirs si dangereux, devons-nous réfléchir et essayer de prévoir.

— J'ai tout prévu, chère duchesse. Si mon amant me trahit, les vôtres sont là pour le punir.

— Et qui nous répondra de son silence ?

Le doux et charmant visage de Jeanne se contracta douloureusement :

— La Seine, répondit-elle.

A ces paroles laconiques et terribles, Blanche et Marguerite se jetèrent dans les bras de Jeanne et l'embrassèrent.

Le pacte était conclu.

Marguerite de Bourgogne.

III

LES ÉCOLIERS.

Les écoliers de l'Université de Paris étaient pour la plupart de pauvres diables, sans ressources, qui se nourrissaient plus de science que de mets solides, et à qui cependant la philosophie et la théologie ne coupaient point l'appétit. Aussi les écoliers, de même que les basochiens, leurs frères, étaient la terreur des taverniers et des rôtisseurs. L'Université comme la Basoche, créée par Philippe le Bel, étaient cependant des corporations puissantes qui avaient des priviléges considérables.

Un fait suffira à en donner l'idée.

Un clerc ou écolier, nommé Pierre le Barbier, convaincu d'assassinat, fut arrêté, jugé et pendu par le prévôt de Paris. L'Université fit grand bruit de cette affaire qui portait atteinte à ses priviléges, et les écoles furent fermées par ordre du recteur.

On voulait la mort du prévôt.

Le roi Philippe le Bel fut obligé de dépouiller le magistrat de sa charge et d'adresser des excuses à l'Université.

Mais nous y insistons, ces écoliers, malgré leurs grands priviléges, recevaient de leurs colléges une assez maigre pitance, et, comme aujourd'hui encore en Allemagne, étaient obligés de quêter pour vivre.

Nous vous laissons à penser ce que pouvaient être leurs plaisirs, en dehors des joies sereines de l'étude.

Les cocottes du temps, — qui formaient aussi une corporation, — laissaient fort à désirer sous le rapport du linge et du gîte. Leurs galanteries crottées de la boue sans nom de Paris avaient des repaires tellement affreux que l'on a du mal à se figurer la séduction qu'elles pouvaient exercer.

Et cependant ces infortunées ribaudes étaient dangereuses aux écoliers.

Ce qui nous donne à penser que la disette d'amour ne sévissait pas moins que l'autre dans l'Université.

Aussi les prudents gentilshommes Pierre et Gaultier d'Aulnay furent-ils aussi surpris qu'effrayés lorsque leurs royales maîtresses leur firent part des projets de Jeanne.

Les désirs de Jeanne étaient pour eux un ordre, ils se déclarèrent prêts à obéir et se mirent en quête.

Ils allèrent en conséquence se promener souvent devant le collége des Bons-Enfants et fréquentèrent les clos et les courtilles, rendez-vous des écoliers.

Enfin, ils arrêtèrent leur choix sur un joli garçon d'une vingtaine d'années, dont les grands yeux bleus leur semblèrent dignes de fiancer leurs regards avec les grands yeux noirs de la dame de Nesle.

L'aborder et faire sa connaissance n'offrait aucune difficulté.

Un pot de vin d'Argenteuil les aida à prendre langue.

L'écolier se nommait Jehan Aubry et étudiait la philosophie sous l'illustre docteur Jehan Buridan de Béthune, en Artois, procureur de la nation de Picardie.

Gaultier d'Aulnay en avait entendu parler.

— Vous avez, dit-il à l'étudiant, un maître célèbre pour sa sévérité autant que pour sa science.

— Il est vrai, messire, car il ne se passe pas de jour sans que le docteur Buridan ne parle contre le relâchement des mœurs et ne fulmine contre les femmes. L'amour n'a pas d'ennemi plus acharné.

— C'est une partie de ses leçons qui ne doit pas avoir grand succès parmi vous. Car ce n'est pas une raison, parce qu'il est refroidi par la science et par l'âge, pour que vous renonciez au plaisir d'aimer.

— Aimer ! fit le jeune homme en levant ses beaux yeux vers le ciel. Toute la science du monde ne saurait nous défendre de l'amour. Mais ce que le savant docteur blâme n'est point tant l'amour que la débauche.

Et je vous le déclare, messire d'Aulnay, autant je serais heureux de servir une dame, autant j'éprouve de dégoût pour les ribaudes qui peuplent les rues de Paris.

— Oui-dà! je suis heureux de vous entendre parler ainsi, car mon frère et moi, nous partageons tout à fait votre sentiment, et si nous étions assurés de votre amitié et de votre discrétion, peut-être vous aiderions-nous à trouver une demoiselle ou une dame digne de l'amour dont vous parlez.

— Oh ! s'écria Aubry avec feu, n'en doutez point, messire, pour un tel service mon amitié, ma vie vous seraient acquises.

— Attendez !... Une telle liaison n'est pas sans péril. Ne craindriez-vous pas la vengeance d'un père ou d'un mari ?

— Je n'ai jamais connu la peur, messire.

— Et sauriez-vous garder le secret de votre bonne fortune ?

— Par Cupidon, je vous le jure !

— Eh bien ! repartit d'Aulnay, nous nous reverrons... car nous devons avant tout faire plus ample connaissance.

Ils se séparèrent.

— C'est bien, se dirent les deux frères, le jeune homme naïf et passionné qu'il nous faut. Quelques jours plus tard, après en avoir parlé à leurs maîtresses, les deux gentilshommes furent de nouveau trouver l'écolier Aubry.

La nuit tombait.

On se hâtait de rentrer chez soi avant que les cinquante cavaliers du guet, au signal donné par Notre-Dame, n'eussent commencé leur ronde et fait exécuter le couvre-feu.

L'automne abrégeait les jours. Les fumées du souper rampaient lourdement sur les toitures basses de tuiles et de chaume moussu et se mêlaient aux brouillards de la rivière.

A cette heure les barques des passeurs, qui alors remplaçaient les ponts, avaient de l'ouvrage et faisaient force de rames.

Les voyageurs pressaient leurs montures pour arriver aux portes avant la fermeture.

Les juifs de l'île du Palais étaient déjà enfermés et barricadés.

Huit heures allaient sonner !...

Pour Gaultier et Pierre d'Aulnay il n'y avait donc pas une minute à perdre.

— Dieu vous aide, messires ! les salua le jeune écolier. Il me semble que vous me cherchez. Auriez-vous quelque bonne nouvelle ?

— Nous venons, dit Pierre, vous inviter à une partie que nous faisons avec nos maîtresses. Voici bientôt le couvre-feu, l'heure des larrons et des amoureux. Vous plaît-il d'en profiter ?

— De grand cœur, répondit l'écolier. Mais où nous réunissons-nous ? Sera-ce à votre hôtellerie ou plutôt chez une de ces dames ?

— Ce sera chez une de nos dames.

— Où demeure-t-elle ?

— Au bord de l'eau, et nous nous rendrons chez elle dans une barque que nous avons près d'ici, aussitôt la nuit noire et le couvre-feu sonné, afin d'éviter les indiscrets.

— A merveille et je suis des vôtres.

— Arrivés chez nos belles, reprit Gaultier, nous souperons gaiement en dépit des jaloux et des chevaliers du guet. Jamais, bel écolier, vous n'aurez rencontré nappe plus blanche, femmes plus belles et chère plus exquise...

— Et des vins !... ajouta Pierre d'Aulnay. Mais suivez-nous ; la cloche sonne ; il faut nous rapprocher de la rive et profiter du moment de confusion du couvre-feu.

Tous trois se dirigèrent vers la Seine. La barque était amarrée à un saule un peu au-dessous du Petit-Châtelet.

Les deux frères n'avaient osé jusque-là parler à Aubry de lui bander les yeux.

Ils craignaient de l'alarmer.

Mais au moment de détacher la barque :

— Mon ami, dit Gaultier, bien que vous nous ayez juré le secret et que nous ayons confiance en vous, je dois vous dire que nos dames, prévenues de votre visite, se sont récriées sur notre imprudence et ont exigé que nous vous bandions les yeux pour vous amener chez elles. Nous leur avons juré de leur obéir : y consentez-vous ?

— Vous m'en prévenez un peu tard, répondit Aubry.

— Qu'importe ! Vous savez à quels périls ces femmes s'exposent. Elles ont tant à redouter d'une indiscrétion, tandis que vous, vous n'avez rien à craindre.

N'hésitez pas ; croyez-nous.

— Je suis allé trop loin pour reculer, dit Aubry, j'y consens.

Cinq minutes plus tard ils abordaient tous trois au pied de la tour de Nesle.

— Devinez-vous où vous êtes ? demanda un des Normands.

— Non, en vérité, répondit l'écolier.

Il est bon de dire que la barque avait louvoyé pendant quelques instants afin de tromper ses calculs.

Mais en arrivant à la poterne ses mains rencontrèrent la muraille.

— On dirait des pierres du Louvre, dit l'imprudent.

— Ne cherchez pas à vous reconnaître, lui répliqua Gaultier. Acceptez le plaisir comme il vous est offert, sans vouloir jamais en connaître l'origine. Votre curiosité vous perdrait.

Mais tout devait servir d'indices au jeune garçon dans cette aventure.

Déjà il se savait au bord de la Seine dans une habitation de pierres de taille, et bientôt l'escalier à vis lui apprit qu'il était dans une tour.

Ses nouveaux amis y réfléchirent et commencèrent à se repentir, mais bientôt l'imprudence des trois princesses mit leur inquiétude à son comble.

Masquées, mais vêtues avec une magnificence orientale, Blanche, Jeanne et Marguerite trahissaient assez par le luxe de leur toilette leur qualité de grandes dames.

Lorsque son bandeau tomba, l'écolier fut ébloui et ravi à la fois.

Les fenêtres étaient fermées par des volets matelassés. Des torchères chargées de cire parfumée répandaient une vive lumière sur le délicieux groupe des trois jeunes femmes accroupies sur de riches coussins et sur une table basse où brillait l'argenterie.

Un buffet trapu et large avait été récemment apporté dans cette retraite ; ses rayons de chêne disparaissaient sous les plats, les coupes, les flacons d'argent.

Des roses couraient en guirlandes du flanc rebondi des aiguières et des hanaps aux pyramides de gâteaux, de viandes et de fruits.

Jamais semblables merveilles n'avaient été entrevues même en rêve par le pauvre écolier, et son air ébahi le disait assez.

— Le paradis est bien haut, dit-il, mais je dois être ici à moitié chemin.

Nous laissons à l'imagination du lecteur le soin de recomposer la scène du souper qui suivit. Il ne tarda point à tourner à l'orgie. On soupait mieux chez Jeanne de Bourgogne que chez madame Scarron, car, si Jeanne, plus gourmande d'amour que de rôti, supprimait un plat, ce n'était point par une spirituelle causerie qu'elle le faisait oublier.

La nuit tout entière s'écoula dans l'ivresse de passions sans frein.

Et ce fut un moment terrible celui où l'un des Normands qui avait gardé quelque raison et venait de prendre l'air dans la seconde tour, rentra près des convives et s'écria :

— Le jour !... Voici le jour !...

Les dames se levèrent effrayées.

Seul, Jehan Aubry, accablé, sommeillait.

— Le ciel pâlit, reprit Gaultier ; c'est l'aube. Encore quelques minutes et nous ne pourrions plus sortir.

— Il faut réveiller ce jeune garçon.

— Ce sera pour la nuit prochaine, dit Jeanne, vous voyez comme il dort.

— S'il rentrait ainsi à Paris, ajouta Marguerite, n'en doutez point, il nous perdrait.

— Ah ! qui vous prouve que ce soir il sera plus raisonnable ! s'écria Gaultier. Il a vu trop de choses étonnantes. Le mystère que vous vouliez garder lui appartient à cette heure. Votre luxe, votre beauté, vous ont trahies.

— Cependant il faut partir, répétait Pierre.

— Emportez-le, dit Jeanne, et surveillez son réveil.

— Il aura fait un beau rêve, dit Gaultier d'un air sombre, mais, si vous m'en croyez, il ne se réveillera pas.

— Que veux-tu dire ? s'écria Jeanne en pâlissant.

— Que la vie de trois princesses et de deux gentilshommes vaut bien celle d'un écolier sans nom et sans fortune.

— Oh ! non, ce serait horrible !... s'écria Jeanne.

— Et plus horrible encore serait la vengeance du roi !...

— Oui, oui ! il dit vrai, appuyèrent Marguerite et Blanche frissonnantes de terreur.

Cependant le pauvre garçon, la tête sur un coussin, dormait.

— Voyons, il est temps de prendre un parti, dit brutalement Pierre d'Aulnay.

— Viens, rentrons à l'hôtel, dirent à Jeanne la comtesse de la Marche et la femme de Philippe.

Mais Jeanne ne pouvait détacher ses regards de cet infortuné qui sans doute allait payer de sa vie le secret de ses plaisirs.

Elle tomba à genoux,

Se pencha vers lui et lui donna un baiser.

Sa sœur et sa belle-sœur, alarmées de ce mouvement de tendresse et de pitié, se précipitèrent vers elle, la prirent dans leurs bras et l'entraînèrent.

— Laissons-les faire, disait la princesse Marguerite. Voici le jour !...

Le lendemain un écolier manquait aux leçons du docteur Jehan Buridan.

IV

LE DOCTEUR BURIDAN.

Cinq mois s'étaient écoulés depuis la sinistre aventure de l'écolier Aubry, et plusieurs autres disparitions mystérieuses avaient répandu l'étonnement et l'effroi dans le quartier de l'Université.

Et pourtant Jeanne avait pleuré sa première victime.

Mais quelques jours après le meurtre, elle avait consenti à être consolée.

Le second élu n'avait ni la naïveté juvénile, ni la docilité du premier. Introduit dans la tour, il avait voulu en pénétrer tous les mystères, et d'une main audacieuse avait arraché les masques des royales courtisanes.

Une lutte s'en était suivie.

Le sang avait coulé et taché les robes de Jeanne... Et de ce jour toute pitié devait s'éteindre dans le cœur de cette dernière.

L'orgie, la débauche, rendent cruels.

La victime, sans pitié cette fois, fut cousue dans un sac et jetée à la Seine.

Et désormais la Mort eut sa place à chaque banquet et son spectre, visible pour ces femmes sans cœur, ajouta son ironie atroce et on ne sait quel aiguillon sauvage à leurs voluptés.

Voir se pâmer d'amour et entendre parler de passion éternelle un jeune homme qu'elles avaient condamné à mort avant de le connaître ; le voir rire et pressentir dans ses étreintes les convulsions de son agonie prochaine, tels étaient les plaisirs des dames de la tour de Nesle !...

Cependant la Seine avait rejeté plusieurs cadavres, et la population s'était émue de ces crimes, qui ne pouvaient être attribués aux bandits qui, la nuit, attaquaient les passants attardés.

Quelques-uns les attribuaient à la justice royale, qui procédait en effet de cette façon.

On dit même que sur les sacs on écrivait : « Laissez passer la justice du roi. »

Un jour une jeune fille vit recueillir et ouvrir un de ces sacs.

Le cadavre était celui d'un jeune homme, d'un étudiant ; — elle le reconnut.

Elle se retira de l'attroupement qui s'était formé et bravement se rendit, non chez le recteur de l'Université, mais chez le professeur dont elle avait souvent entendu parler à ce jeune homme, le docteur Buridan.

— Maître, lui dit-elle, je viens vous apprendre une triste nouvelle. On vient de pêcher dans la Seine un cadavre cousu dans un sac, et ce cadavre est celui d'un de vos élèves.

— Son nom ?

— Éloy Dorlant.

— Ah ! fit-il avec une émotion douloureuse (car les professeurs de ce temps vivaient familièrement avec leurs élèves et s'attachaient à eux), voilà en effet neuf jours qu'Éloy Dorlant a disparu.

Puis, après s'être informé du lieu et des circonstances qui se rattachaient à cette découverte :

— Vous l'avez connu ? reprit-il.

— Oui, maître. Il habitait sous le toit de mon père. Sa famille était alliée à la mienne. Nous l'aimions tous : mon père comme un fils, moi comme un frère.

Et la douleur étouffa à demi la voix de la jeune fille.

Cependant elle reprit :

— Mon père fera les frais de sépulture ; mais, pour toucher au corps d'Éloy, il faut une permission du grand prévôt, si l'Université ne le réclame.

— Je vais chez le recteur, dit Buridan ; vous pouvez, jeune fille, compter sur moi. Mais un mot, je vous prie : il vivait chez vous ; comment a-t-il disparu ?

La jeune fille rougit et se troubla.

— Parlez, reprit Buridan avec douceur. J'étais son maître et son ami ; sa sœur ne doit pas avoir de secret pour moi.

— Il y a dix jours, j'étais dans ma chambre, voisine de la sienne ; deux hommes sont venus le voir.

— Les avez-vous vus ?

— Non. Mais la cloison était mince ; ils parlaient haut, et je les entendis.

— Avez-vous entendu leurs noms ?

— Éloy les appelait messire Pierre et messire Gaultier. Ce n'étaient pas des étudiants, et, d'après leurs discours, c'étaient des gentilshommes.

— Bien. Continuez, ma chère enfant, et ne tremblez pas ainsi. Qu'ont-ils dit ?

— Cela est bien difficile à une jeune fille de le rapporter.

— Mais si cette jeune fille a pu l'entendre... Voyons, qu'ont-ils dit ?

— Ils lui parlaient d'un rendez-vous d'amour.

— Ah !...

— De trois belles dames dont les maris étaient en voyage et qui voulaient se divertir. Une d'elles l'avait remarqué, disaient-ils, et désirait l'avoir pour ami. S'il savait garder un secret, il aurait pour maîtresse une des plus belles femmes de Paris et serait riche un jour ; mais sa vie répondait de sa discrétion.

— Ensuite ?...

— Éloy paraissait hésiter et voulait connaître au moins le nom de cette dame. Mais ils ajoutèrent qu'il devait ignorer son nom et sa demeure et que, s'il acceptait de les accompagner chez elle, il devait consentir à se laisser bander les yeux.

Puis ils descendirent tous trois. Je voulus regarder dans la rue, mais l'avant-toit m'empêcha de les voir. J'étais très-inquiète, très-affligée. Je guettai le retour d'Éloy pour le dissuader. Je ne le revis plus.

Après un silence méditatif :

— Depuis cinq mois, fit Buridan, c'est le septième écolier qui disparaît ainsi !...

N'avez-vous rien entendu, jeune fille, n'avez-vous rien entendu qui puisse vous faire croire à quelque pratique de sorcellerie, à quelque sortilége?

— Non, maître. Éloy était bon chrétien... Dieu ait pitié de son âme!

— Amen! répondit le docteur. Cependant il ne pourra être enterré en terre sainte.

Il n'était pas douteux en effet que l'écolier ne fût mort sans confession et en état de péché mortel, ce qui lui créait une situation d'outre-tombe des plus graves.

Néanmoins, le bon professeur fit réclamer le corps d'Éloy et l'accompagna avec ses élèves à sa dernière demeure.

Dans une allocution qu'il prononça au sortir de la cérémonie, il s'éleva contre les mauvaises mœurs des écoliers et exhorta ceux-ci à se tenir en garde contre les piéges des femmes galantes, « qui ne sont pas toutes les sujettes du roi des ribauds, » ajouta-t-il, et de se méfier également des entremetteurs aux gages de ces dangereuses sirènes.

Puis il termina en disant :

« Depuis cinq mois, voici la septième victime que des pratiques infâmes et mystérieuses ont faite parmi nous.

« Eloy Dorlant sera la dernière !

« Des renseignements nous sont parvenus sur les circonstances qui ont entouré sa mort.

« Que les assassins tremblent, nous serons bientôt sur leurs traces. »

Ces paroles eurent un grand retentissement et parvinrent jusqu'aux frères d'Aulnay.

Les assassins tremblèrent tout d'abord, ils avaient à redouter un ennemi intelligent, puissant et acharné.

Ils songèrent à fuir, mais leurs maîtresses les en dissuadèrent.

— Restez, dit Jeanne, pour nous débarrasser de cet homme. Si loin que vous alliez vous ne serez pas plus en sûreté qu'à Paris. Cet homme menace de découvrir notre secret, s'il y parvient la justice du roi saura toujours vous atteindre.

— Mais comment nous emparer de lui?

— Je m'en charge, dit Jeanne.

Quelques jours après devait avoir lieu à Paris une cavalcade solennelle ou montre de la Basoche, cérémonie instituée par édit de Philippe le Bel.

A cette cérémonie devaient assister tous les magistrats et officiers du Châtelet, tous les membres de l'Université, le roi, les princes et princesses.

Les dames de la tour de Nesle parurent à ce carozel, dans tout l'éclat de leur beauté, et par un hasard fatal ce fut le docteur Buridan qui fut chargé par l'Université de haranguer la cour.

C'était un homme d'une trentaine d'années, d'une mâle et intelligente beauté, non-seulement un orateur éloquent, mais un homme dont la distinction naturelle exerçait sur ceux qu'il approchait une irrésistible séduction.

Jeanne le voyait pour la première fois.

Sa beauté, l'accent grave et harmonieux de son discours, son regard, cet éclair d'intelligence qui, dit-on, en impose aux lions eux-mêmes, jetèrent le trouble dans son âme.

Les fils du roi de Philippe étaient beaux, mais non de cette beauté d'expression que donnent le génie, l'étude et la vertu.

Jeanne, intelligente autant que passionnée, devait s'éprendre d'un tel homme.

Jusqu'alors elle n'avait point connu de véritable amour.

Quant à Buridan, il dut certainement être frappé de la beauté des jeunes princesses. Nous ne jurerions pas qu'il ne lût rien dans les beaux yeux de Jeanne de l'admiration qu'il inspirait.

Pour être philosophe on n'en est pas moins homme, mais il tomba de surprise en rêverie lorsqu'il reçut de la part de Jeanne un magnifique encrier en vermeil.

Ce bijou était composé d'une coquille destinée à recevoir l'encre, surmontée d'un Amour tenant une plume en guise de flèche.

En sa qualité de philosophe, il était de force à deviner ce langage symbolique.

Mais il douta.

Il imputa au démon d'orgueil l'idée qu'une illustre princesse pût adresser à un professeur de philosophie une déclaration d'amour.

C'est à mon éloquence, se dit-il, et non à ma personne qu'elle a voulu rendre hommage, et il détourna les yeux de la figurine érotique qui semblait le railler de son malicieux sourire.

Mais, malgré lui, son regard cherchait ce cupidon de vermeil...

Il le cacha au fond d'une armoire; puis l'en retira; puis versa une goutte d'encre dans la coquille. — L'encre est un poison.

Enfin il convint que le premier usage qu'il devait faire de cet encrier devait être la composition d'une épître en vers ou en prose, en français ou en latin, adressée à l'aimable princesse, et il se mit à l'œuvre.

Cette composition acheva de lui monter la tête. S'adressant à une femme, il était obligé de faire l'éloge de sa beauté, et il était si bien pénétré de son sujet!...

Le compliment, écrit en excellent latin et copié sur un vélin plus blanc que neige, fut envoyé à l'hôtel de Nesle.

Jeanne prit le vélin et essaya de le lire:

— Hélas! dit-elle, je ne sais pas le latin, veuillez donc prier votre maître de venir me lire et m'expliquer son compliment.

Notre philosophe se rendit à la prière de la princesse, mais en quel émoi, grand Dieu!

— Pourvu, se disait-il, que la princesse ne remarque point le trouble qui m'agite!... Quelle humiliation pour moi!... quelle honte pour l'Université!...

Dans ces louables sentiments, il se montra plus timide que le plus jeune de ses écoliers.

Jeanne, qui lui fit l'accueil le plus aimable, en fut d'abord étonnée, mais bientôt elle ne put se méprendre sur la cause de cette timidité.

Assise sur un siége élevé au milieu de ses dames d'honneur, elle fit prendre au jeune savant un tabouret à côté d'elle, et, presque tout le temps de la lecture, se tint penchée vers le vélin où le docteur la comparait à Junon pour la majesté, à Vénus pour la beauté, aux Muses pour l'esprit et la science... bien qu'elle ne sût pas le latin.

Buridan sentait son regard, il sentait son souffle dans ses cheveux, et, par moment, sa voix s'étouffait, les battements de son cœur s'arrêtaient.

Il trouvait son discours bien long, et aussi parfois s'étonnait de la hardiesse d'expression qu'autorise le latin.

Sans doute, les dames, toutes surprises qu'un philosophe sût dire de si douces choses, regrettaient que leur sexe ne leur permît pas de suivre ses cours.

La lecture terminée, Jeanne fit offrir au docteur une coupe de vin épicé, et voulut lui montrer elle-même ses livres d'heures et les divers objets d'art qui ornaient son hôtel. — Alors elle put causer.

— Je n'avais jamais vu de savants, dit-elle, que ceux qui entourent le roi mon beau-père. L'âge et l'étude leur ont donné une mine revêche et un caractère farouche. Aussi je croyais que les livres étaient les ennemis des dames.

— Si les savants et les sages, répondit Buridan, étaient insensibles à la beauté et à l'amour, personne au monde ne serait plus à plaindre que les femmes d'une nature distinguée, elles se trouveraient réduites à n'être aimées que des sots.

— Mais la science met cependant une distance entre les docteurs et les femmes. Celles-ci sont presques toutes ignorantes.

— Les femmes savent tout sans avoir jamais rien appris. Elles ont un sens divinatoire. Nous apprenons des livres le latin, le grec, l'hébreu, et d'elles nous apprenons le langage et le secret des passions.

— Les dames peuvent donc vous apprendre quelque chose?

— Mais les dames ne daignent guère arrêter leurs regards sur les savants. Elles leur préfèrent les chevaliers aux brillantes armures.

— Toutes sont-elles ainsi? fit Jeanne en le regardant avec une ingénuité étonnée.

— Ah! madame, s'écria Buridan, je le crois; mais je suis à vos pieds et il ne tient qu'à vous de me prouver que je me trompe.

— Relevez-vous, Buridan, dit Jeanne sans colère; mais votre renom de vertu me ferait craindre de vous un jugement trop sévère.

— O Jeanne, ma vie et mon âme sont à vous; ayez pitié de moi!... Je sais la distance qui nous sépare, mais mon amour n'en est que plus grand. Du jour où je vous ai vue, je sentis que je ne pouvais plus vivre ou mourir que pour vous.

Lui jeta autour du cou une serviette roulée en corde, et l'étrangla.

— Vivez donc pour moi, répondit Jeanne en abandonnant ses mains aux lèvres de Buridan. J'ai besoin d'un ami, car je vis seule et bien triste dans cet hôtel de Nesle. Les princesses, croyez-moi, sont encore moins heureuses que les autres femmes, et plus que les autres cependant elles ont besoin d'ouvrir leur cœur.

Mais vous n'ignorez pas les périls qui m'entourent : chaque heure de mes journées a son emploi réglé et mes moindres démarches sont épiées.

La nuit seule me délivre des espions et me laisse la liberté de ma solitude.

Nous ne nous verrons plus que la nuit.

Quand donc vous verrez, avant les huit heures, une lumière à la tour de Nesle, suivez les saules qui bordent la rivière et venez frapper à la porte de la tour.

Mais prenez garde aux indiscrets, car le roi nous ferait périr !...

V

UNE NUIT TERRIBLE.

A partir de ce jour, le docteur oublia ses écoliers et ne songea plus qu'à Jeanne. Il s'abandonna à sa passion avec la fougue ardente d'un premier amour. De son côté, Jeanne avait gardé, vis à vis de Blanche et de Marguerite, le secret de sa nouvelle liaison ; et si ces dernières lui parlaient avec regret de leurs plaisirs d'autrefois, elle leur répondait qu'elle craignait de voir se réaliser les menaces lancées contre elle par le docteur Buridan.

Les deux amants ne se voyaient qu'en tête-à-tête, la tour avait cessé d'être le théâtre des orgies sanglantes, et la Seine ne charriait plus de cadavres.

Lorsqu'enfin vint pour Jeanne l'heure de la satiété.

Buridan, toujours épris, n'était point le débauché qui convenait à une pareille créature. Il fut surpris et affligé de sa froideur, sans savoir le moyen de réveiller en elle des désirs lassés mais non assouvis.

Il devait donc arriver que Jeanne songeât à renouveler ses bacchanales d'autrefois.

Tant pis pour Buridan s'il s'en scandalisait.

Elle mit donc dans sa confidence les deux princesses et les frères d'Aulnay.

A cette nouvelle fort inattendue, ces derniers se récrièrent. Ils se refusèrent à croire à la *conversion* du sévère philosophe. Pour eux Buridan, c'était l'ennemi.

— Ne vous avais-je pas dit de lui : « Je m'en charge ? » répliqua Jeanne. — J'ai limé les dents et les griffes du lion. Quant à sa discrétion, j'en possède des gages. Il est trop compromis pour ne pas garder le silence. Enfin, que vous dirai-je de plus pour vous rassurer ?... Il m'aime d'un amour sans limite, d'un amour absolu.

On devait se rendre à de si bonnes raisons ; et voilà comment, à l'improviste, Buridan, un beau soir, fut introduit dans l'élégant repaire.

Tout y était disposé comme la nuit de l'écolier Jehan Aubry.

Nous laissons à penser sa stupéfaction à la vue des princesses Blanche et Marguerite, et surtout à l'aspect de mauvais lieu de cette retraite, à l'allure dévergondée de ces dames que dans son esprit il avait placées si haut !...

En vain, il buvait pour s'étourdir et se mettre au diapason de cette orgie, quand tout à coup entendant les femmes appeler par leurs noms ses compagnons de table, il fut assailli par un souvenir terrible :

Pierre et Gaultier !...

C'étaient les noms des deux gentilshommes qui s'étaient rendus chez Éloy Dorlant.

Ces trois dames dont les maris étaient absents... qui habitaient au bord de la Seine...

Mais c'étaient ces trois femmes !...

Un sentiment d'horreur et d'indignation s'empara de lui tout entier.

En un instant, rapide comme l'éclair, il eut la révélation des crimes qui jusqu'alors étaient restés pour lui un mystère. Un orage gronda dans son cerveau. Il connaissait l'histoire de Messaline, il la reconnut dans sa maîtresse. Jeanne était plus infâme et plus cruelle encore.

Alors, comme Gaultier buvait à l'Amour aveugle et son frère à Vénus impudique, il se leva à son tour, pâle et les regards flamboyants :

— Je bois, dit-il, en levant sa coupe, à mes chers écoliers, Jehan Aubry, Eloy Dorlant et tous ceux que des mains criminelles ont lâchement assassinés et jetés à la Seine !

Un silence glacial accueillit ces paroles.

Les d'Aulnay s'entre-regardaient stupéfaits ; la foudre n'eût pas produit un effet plus terrible.

Jeanne fut la première à se remettre.

— D'où vient cette lugubre plaisanterie ? fit-elle.

— Ce n'est pas une plaisanterie, madame. Il est minuit, c'est l'heure des fantômes ; je bois aux fantômes de la tour de Nesle. Ne vous sont-ils jamais apparus au milieu de vos orgies ces spectres vengeurs ?.. Mais je viens de les voir, moi, debout derrière vous, Jeanne, et derrière ces deux gentilshommes, les pourvoyeurs de votre royal repaire.

— Ah ! fit Gaultier, vous avez vu des spectres, mon maître ; c'est de mauvais augure. Quand les morts nous hantent, c'est pour nous chercher.

Croyez-moi, c'est un avertissement de votre fin prochaine.

Mesdames, nous vous l'avions bien dit que cet homme était un traître.

Sur ces mots les d'Aulnay décrochèrent deux coutelas du buffet et s'élancèrent sur Buridan.

— Frappez, je suis sans armes, mais ma mort sera vengée ! répliqua celui-ci.

— Insensé ! s'écria Jeanne. Veux-tu donc périr !

Puis à ses complices :

— Pas de sang !... Pas de lutte ! ajouta-t-elle.

Les d'Aulnay baissèrent leurs armes.

— Et quel genre de mort me réserves-tu donc ? demanda Buridan avec mépris.

— Je te laisse la vie.

— Je n'en veux pas. Je ne veux pas te devoir la vie.

— Si, jure sur ton salut de ne rien entreprendre contre moi et je te laisse libre.

— Jamais ! sorti d'ici, ce sera pour te dénoncer, dussé-je partager ton supplice. Il manque un dernier crime pour combler la mesure et abattre sur toi la hache de la justice.

Frappe donc, ou laisse frapper tes bourreaux.

Ah ! vous croyez, vampires, que vous pouvez chaque nuit appliquer vos lèvres aux veines de la jeunesse de Paris et compter sur la Seine pour être votre complice ? Mais cette fois vous avez mal choisi votre victime. Il faudra bien demain que Paris sache ce qu'est devenu le docteur Buridan !

— Nous laisserez-vous insulter plus longtemps par ce bavard ? dit un Normand.

— Emmenez-le, dit Jeanne. C'est un fou, mais sa folie est dangereuse... Mais ne versez point de sang !...

Les d'Aulnay s'avancèrent pour exécuter ces ordres, mais, par un bond soudain, Buridan se jeta sur eux et saisit le plus fort à la gorge.

Il était d'une rare vigueur, et le misérable râlait entre ses mains quand il fut secouru par son frère. Une nouvelle lutte s'engagea.

Buridan, d'une voix désespérée, criait cependant à l'aide ! aux assassins !...

Mais les volets matelassés étouffaient sans doute ses cris.

Les femmes spectatrices de cette scène affreuse se tenaient à l'écart, cependant, en dépit de Jeanne, Marguerite, voyant son amant près de succomber, lui donna un couteau.

Cette arme d'assassin abrégea la lutte.

Buridan, frappé à l'épaule et au front, tomba aveuglé par le sang et perdit connaissance.

— Aux poissons maintenant de faire le reste ! dit Pierre d'Aulnay.

Son frère et lui se hâtèrent de débarrasser leurs maîtresses de l'agonie de leur victime et traînèrent dehors le corps inerte de Buridan.

Et comme Aubry, Eloy, Dorlant et tant d'autres, ils le mirent dans un sac et le jetèrent à la Seine.

Cependant l'absence des assassins se prolongea.

Pendant près d'une heure leurs maîtresses inquiètes attendirent leur retour, mais en vain. Elles attendirent encore jusqu'à ce que le jour les obligea à rentrer chez elles. Le pressentiment d'une catastrophe ne leur laissa plus un instant de repos.

Le lendemain Marguerite envoya un de ses pages favoris s'enquérir de messires Gaultier et Pierre d'Aulnay, et l'on répondit au page que l'on n'avait pas vu ces gentilshommes depuis la veille à huit heures du soir.

Cette nouvelle remplit les dames d'épouvante.

Que s'était-il passé?

Buridan n'était pas mort lorsqu'ils l'avaient emporté à la Seine. Les avait-il entraînés avec lui dans les flots?...

Toutes trois sortirent de l'hôtel de Nesle et coururent au rivage.

Et près des saules, Jeanne découvrit la barque que Gaultier et Pierre avaient l'habitude d'amarrer non loin de Notre-Dame.

A cette vue, les misérables se prirent à trembler.

La barque était solidement amarrée à un saule, les rames reposaient au fond. Rien ne décelait une lutte ou un naufrage.

Alors comment les d'Aulnay étaient-ils disparus?... Pourquoi, après avoir amarré leur barque, n'étaient-ils pas rentrés à la tour?

Problèmes insolubles!...

Depuis le fameux discours du professeur Buridan, la Seine était l'objet d'une surveillance spéciale des plus actives. Des étudiants s'étaient même offerts à seconder les chevaliers du guet; les dames le savaient.

— S'ils étaient tombés entre les mains du guet? dit Marguerite.

— Nous serions perdues, dit Jeanne... à moins qu'ils ne sachent mourir.

Mais le ciel leur réservait d'autres sujets de terreurs.

Le dimanche suivant, comme elles se rendaient à Notre-Dame, elles aperçurent sur le parvis, en grand costume, un homme qui semblait les attendre au passage.

Jeanne se signa, comme à la vue d'un spectre.

Elle avait cru voir le docteur Buridan.

VI

LES PRISONS DU PALAIS.

Il se passait quelque chose d'extraordinaire; Paris se le disait, mais sans rien pouvoir préciser. On parlait d'un nouveau sac repêché en Seine; puis, rapporte la chronique, sans ajouter aucune explication, on disait que le diable avait livré à un moine les trois belles-filles du roi.

Les mœurs du clergé de cette époque étaient tellement dissolues que nous devons supposer que plus d'un moine a dû monter l'escalier à vis de la tour de Nesle.

Mais plus loin nous verrons qu'un frère prêcheur fut accusé d'avoir donné un philtre aux princesses. Si cela était vrai, ce philtre expliquerait cette luxure enragée; on pourrait supposer que ces misérables princesses avaient pris des cantharides.

S'imagine-t-on trois jeunes femmes et leurs amants, à table, ainsi que nous l'avons vu, prenant au dessert du vin préparé avec des cantharides en poudre et se croyant possédés du diable?...

Le susdit frère prêcheur fut en effet arrêté et livré à la justice ecclésiastique; mais c'est tout ce que nous savons de lui, et aucune trace n'est restée de ce curieux procès.

Cependant les trois coupables entendaient venir à elles le pas lent d'une justice encore invisible, mais pressentie..

Elles passaient les jours et les nuits dans les plus cruelles angoisses.

Le roi avait rappelé près de lui ses fils, Charles de Valois, Louis dit le Hutin, et Philippe dit le Long.

Ces princes avaient fait à leurs femmes un accueil du plus fâcheux augure et avaient refusé de coucher sous le même toit.

Que se passait-il?

Le voici:

Dans un des cachots noirs de l'une des tours du palais de Saint-Louis, la tour Montgomery, on avait descendu et chargé de chaînes deux hommes arrêtés la nuit au pied de la tour de Nesle: vous savez qui.

Gaultier d'Aulnay

Ils venaient de quitter l'hôtel de Nesle et descendaient dans leur barque un énorme fardeau.

Des gens du guet, qui depuis quelque temps exerçaient, la nuit, au bord de l'eau, une surveillance active, et se tenaient cachés dans l'oseraie dont nous avons parlé, les avaient aperçus.

Et c'était ainsi que les frères d'Aulnay avaient disparu et que Buridan avait échappé à la mort.

En vertu des priviléges dont jouissait l'Université, le docteur n'avait été aucunement inquiété; mais ses deux assassins avaient été immédiatement enfermés dans les prisons du palais.

Le roi, se doutant de quelque scandale, avait d'abord ordonné de tenir cet événement secret et fait avertir Buridan de garder le silence jusqu'au jour où il plairait au roi de l'interroger.

Puis le procès des deux inconnus avait commencé secrètement.

D'abord ils avaient refusé de dire leurs noms et qualités. Ils se nommaient Pierre et Gaultier et venaient de Normandie. Quant au meurtre (espérant que Buridan était mort), ils l'expliquaient par le vol.

Alors, selon l'usage, on leur avait appliqué la torture.

Ils avaient résisté courageusement.

Mais c'était bien peine perdue, car, au moment où les bourreaux suspendaient leur cruelle besogne, ils voyaient entrer dans la salle de torture leur dernière victime, le docteur Buridan.

Après avoir prêté serment, le docteur fut interrogé.

— Reconnaissez-vous ces hommes? lui demanda-t-on.

— Oui, dit-il, je les reconnais : ce sont Pierre et Gaultier d'Aulnay, venus de Maubuisson, en Normandie, à Paris. Ce sont eux qui m'ont frappé des coups de couteau dont je porte au front la cicatrice, et qui, me croyant mort, m'avaient enfermé dans un sac et allaient me jeter à la Seine, quand le guet est intervenu.

— Pourquoi ces hommes ont-ils attenté à votre vie?

— Monseigneur le roi, répondit le docteur, m'a fait prévenir de garder le silence sur cet événement jusqu'à l'heure où il lui plairait de m'interroger.

Les juges se consultèrent et envoyèrent prévenir le roi de la demande de Buridan.

Philippe habitait le vieux palais de Saint-Louis : il ne se fit pas attendre, et, peu de temps après, il vint, suivi de ses fils, et, à côté de la justice de l'État, composa ainsi un tribunal de famille.

Il n'avait encore que de vagues soupçons; mais il était décidé à ce que la lumière se fît, si cruelles que fussent ses révélations.

Sur son ordre Buridan prit la parole. Il avait tout à redouter de la colère du roi et de son fils, Philippe le Long; mais il n'hésita point.

— Sire, dit-il, Votre Majesté m'ordonne de parler, je vais lui obéir, bien que ce soit au péril de ma vie... et qu'en lui révélant la vérité j'aie à redouter d'attirer sur moi les foudres de sa colère.

Mais Dieu qui a permis que je fusse miraculeusement sauvé des pièges tendus à ma faiblesse, du poignard des assassins et des flots de la Seine, Dieu qui m'a si évidemment marqué du sceau de sa protection, touchera sans doute de pitié le cœur du roi et inclinera ses conseils à la clémence.

La clémence n'était point la vertu dominante de Philippe le Bel, mais l'impatience qu'il avait de connaître la vérité le fit engager sa parole.

— Parlez sans crainte, mon maître, lui dit-il.

Dieu vous a sauvé pour me dire la vérité, le roi ne frappera point l'instrument qu'il lui a plu de choisir pour l'éclairer.

— Sire, le ciel a entendu votre promesse reprit Buridan soulagé d'un poids énorme.

Et après avoir déclaré qu'il était un grand pécheur, s'être humilié autant que sa conscience et sa prudence le lui conseillaient, il raconta comment il avait eu le malheur de plaire à une illustre princesse, comment celle-ci lui avait envoyé un cadeau dont il avait été obligé de la remercier, puis l'invitation qu'il avait reçue de se rendre à l'hôtel de Nesle...

« Il était bien difficile, ajouta-t-il, à un pauvre clerc qui jusqu'alors avait ignoré les faveurs des dames, de ne pas être ébloui par l'éclatante beauté et la haute position de la princesse.

« Les grandeurs du monde peuvent donner le vertige, comme les abîmes, à l'âme qui ne s'est pas habituée à leur éclat. »

Puis, de même qu'il avait débuté en parlant de l'intervention divine, il ne manqua point de donner dans le drame le rôle de traître au démon.

« L'ange déchu, jaloux des vertus d'une si grande princesse, avait comploté sa perte. »

Cette explication adoucit autant que possible pour le mari Philippe le Long la peine qu'il devait ressentir d'avoir été trahi pour un docteur en philosophie.

Satan était un rival acceptable; en définitive c'était un ange qui, avant de se révolter contre Dieu le père, avait occupé une très haute position.

Un prince de la terre pouvait être trompé par un prince des enfers; Buridan n'était pas gentilhomme, mais il n'avait été que l'instrument du premier gentilhomme de l'enfer.

Notre docteur développa avec art ces considérations.

Puis il arriva au drame de la tour de Nesle.

Nouveau sujet de colère dans la famille royale !

Louis le Hutin et le prince de Valois, qui avaient alors écouté Buridan avec un sentiment de compassion pour leur frère Philippe, frémirent de fureur en se voyant intéressés au même titre que ce dernier aux horreurs de l'hôtel de Nesle.

Leur fureur fut à son comble en apprenant que les amants de leurs femmes étaient ces deux misérables assassins que l'on venait de torturer.

Le roi, lui, demeurait seul silencieux et sombre.

Lorsqu'enfin fut achevé cet étonnant récit :

— Je vous ai donné ma parole royale, dit-il à Buridan, remerciez-en le ciel ; car j'entends que justice soit faite pleine et entière. Ni la voix du sang ni l'honneur de ma couronne ne sauveront les coupables.

Il se leva et, avant de se retirer, se tournant vers les juges, il ajouta :

— Je livre au bras du grand prévôt de Paris, pour être traduites devant votre tribunal comme de simples sujettes de mon royaume, celles qui ont été les princesses Jeanne, Marguerite et Blanche.

Telle est ma volonté.

Une heure après, suivi d'une escorte nombreuse et d'un flot de populaire, le prévôt de Paris se présentait à l'hôtel de Nesle, et les trois princesses étaient emmenées au milieu de la foule ébahie, dans les cachots du palais du roi, leur beau-père.

Paris n'a jamais revu justice pareille !

VII

LA JUSTICE DU ROI PHILIPPE.

Il va sans dire que les frères d'Aulnay ne furent pas réintégrés paisiblement dans leurs cachots.

Quand la justice de ce temps tenait quelque misérable, elle le pelotait comme le chat fait de la souris, faisant alterner les coups de griffes et les ménagements, prenant son temps, et usant de tous les moyens pour compléter les aveux du coupable.

Les d'Aulnay, après la déposition de Buridan, n'avaient plus rien à cacher ; mais la justice, alléchée par leurs aveux, ne se tenait point pour satisfaite et voulait les contraindre à nommer leurs complices.

Déjà on avait arrêté tous les gens de l'hôtel de Nesle, depuis le petit page jusqu'à la plus humble servante ; cela ne suffisait point.

On rechercha tous ceux qui avaient eu quelque familiarité ou relation avec les princesses, jusqu'aux simples fournisseurs.

Plusieurs même furent mis à la question.

Des perquisitions faites à l'hôtel mirent ainsi dans la peine un grand nombre de pauvres innocents.

Puis furent entendus les témoins :

Tous ceux qui, de même que la jeune fille dont nous avons parlé, avaient recueilli et tenu secrets jusque-là les indices des crimes, hôteliers, taverniers, amis et parents des écoliers jetés en Seine.

Ce fut un long et lamentable défilé.

Enfin le tribunal prononça sur le sort des deux premiers accusés.

Nous regrettons qu'aucun document ne nous ait transmis le jugement complet ; nous nous bornerons à ce que les chroniques nous ont rapporté de son exécution.

Le matin du vendredi après le dimanche de la Quasimodo de l'an 1315, Pierre et Gaultier d'Aulnay furent transportés de la prison du palais à Pontoise, sur la place du Martroy.

C'était alors un pré récemment fauché.
Un triple supplice les y attendait.
Attachés chacun à la queue d'un cheval fougueux, ils furent traînés à travers le pré du Martroy.
Détachés, à demi morts, ils furent remis aux bourreaux et mutilés.
On leur coupa les mains et on leur arracha la langue ; punition des parricides et des parjures.
Ce n'était pas tout.
Ils vivaient encore...
On fixa par des cordes à quatre piquets les bras saignants et les pieds des condamnés, et on les écorcha vifs...
Ce n'était pas tout encore, bien qu'ils dussent avoir succombé.
On leur coupa la tête et on les suspendit par-dessous les bras à deux potences pour servir d'objets de terreur aux hommes et de pâture aux oiseaux de proie.
Cette justice faite, vint le tour des trois jeunes princesses.
Marguerite de Bourgogne, reine de Navarre, femme de Louis dit le Hutin, avait déjà subi le premier châtiment des femmes adultères ; elle avait été tondue, puis enfermée avec Blanche, comtesse de la Marche, sa belle-sœur, dans le château Gaillard.
Elles avaient eu, dit la chronique, beaucoup à souffrir du froid pendant le rude hiver de 1314 à 1315.
Jeanne de Bourgogne, épouse de Philippe le Long, fut transférée de Paris au château de Dourdan, c'est-à-dire dans un cachot de ce château, dont il reste encore aujourd'hui une tour curieuse à visiter.
Ces trois femmes restèrent prisonnières jusqu'à ce que l'on eût définitivement statué sur leur sort.
Lorsqu'une première satisfaction eut été donnée à la justice, lorsque le premier mouvement de colère se fut épanché, les considérations d'intérêt élevèrent la voix pour plaider les circonstances atténuantes.
Jeanne, fille d'Othon IV, comte palatin de Bourgogne, avait apporté en dot de riches domaines ; elle appartenait à une maison puissante.

Philippe le Long pesa ces considérations, et le Parlement, après des débats nouveaux, dont les principaux témoins étaient naturellement écartés, la déclara innocente.
Son mari la reprit.
Et en cela, dit l'historien Mézeray, il fut plus heureux et plus sage que ses frères.
Louis le Hutin, dont cependant on a dit « qu'il ne savait vouloir ni le bien ni le mal, » malgré son caractère indécis, montra plus de fermeté.
Après avoir répudié l'adultère, et fait annuler son mariage, il fit demander la main de Clémence de Hongrie, et, sa demande ayant été agréée, il ordonna de faire périr Marguerite.
On exécuta cet ordre sans éclat.
La misérable était toujours dans un cachot du château Gaillard.
Un moine alla la confesser et la réconcilier avec le ciel ; puis le bourreau succéda au moine.
Il s'approcha d'elle impassible et muet, lui jeta autour du cou une serviette roulée en corde et l'étrangla.
D'autres disent qu'il l'étrangla avec les tresses de sa chevelure ; — mais ses cheveux avaient donc repoussé bien vite ?...
N'importe !
Elle avait de 25 à 26 ans.
Elle avait eu de Louis le Hutin une fille nommée Jeanne, née le 28 janvier 1312.
Elle fut mariée à Philippe d'Évreux en 1317.
Restait Blanche.
Bien qu'elle fût enfermée au château Gaillard, elle était accusée de continuer ses débordements. Le philtre était-il donc si puissant ?...
A l'avénement de Charles IV, son mari, elle fut interrogée par l'évêque de Paris.
Cette visite était pour elle d'un présage douteux, et tout d'abord elle put croire que le prélat venait la préparer à la mort. Mais point.
Ce dernier, au contraire, venait l'instruire des démarches tentées par la comtesse Mahaut, sa mère, auprès de la cour de France et surtout de la cour de Rome.

18e livraison.   10 centimes.

LES REINES GALANTES   137

Jeanne et Blanche de Bourgogne.

La comtesse, pour sauver sa fille, avait déclaré faussement au pape que celle-ci avait été la marraine du roi.

Le pape, sous prétexte d'alliance et de parenté, cassa le mariage de Blanche.

Le mari se tint pour satisfait.

En conséquence, Blanche fut transférée provisoirement au château de Givrai en Normandie; puis, plus tard, elle prit le voile à l'abbaye de Maubuisson, peuplée pour elle de si tendres et de si tristes souvenirs.

Elle y mourut en 1328.

Encore un mot sur le célèbre Jehan Buridan et nous en aurons fini avec les héros de la tour de Nesle.

Il continua à professer à Paris. — En 1344 il fut nommé recteur de l'Université, et en 1345 député près de Philippe de Valois pour demander l'exemption de la gabelle.

L'historien Gaguin ajoute à ces détails que le docteur aurait osé professer la doctrine « *qu'il est permis de tuer une reine s'il est nécessaire.* »

C'était bien hardi ; mais il avait pour lui cependant l'exécution de Marguerite, et si Henri VIII d'Angleterre l'avait connu, il aurait fort prisé sa doctrine.

FIN DES DAMES DE LA TOUR DE NESLE.

MARIE STUART

REINE DE FRANCE ET D'ECOSSE

I

Il y a trois siècles environ que Marie Stuart, détrônée et prisonnière, a été décapitée sur l'ordre d'Élisabeth ; son malheur a fait oublier ses fautes et lui a laissé comme une auréole, en France surtout.

Elle était poète, nos poètes l'ont pleurée ; elle appelait la France « sa patrie la plus chérie, » et la France, qui l'avait à peine connue, l'a aimée.

Elle avait, d'ailleurs, le caractère bien français, quoique née Écossaise, et c'est ce qui l'a perdue : — confiante, expansive, légère... malgré son esprit et son excellente instruction, elle devait succomber dans sa lutte inégale contre une reine hypocrite et perfide, telle qu'Élisabeth d'Angleterre.

Marie Stuart naquit le 7 décembre 1542, au château de Linlithgow, petite ville située à sept lieues d'Edimbourg.

Elle était fille de Jacques V, roi d'Écosse, et de Marie de Lorraine, duchesse douairière de Longueville. Unique héritière de la couronne, elle fut reine au berceau, le roi Jacques étant mort sept jours après la naissance de sa fille.

A peine était-elle née, la calomnie s'acharna contre elle ; elle avait déjà des ennemis.

On prétendait qu'elle était contrefaite et n'était pas viable ; et la reine-mère, un jour, blessée de ces propos, dont elle devinait l'origine, la débarrassa de ses langes et la montra à l'ambassadeur d'Angleterre.

Elle fut couronnée à l'âge de neuf mois, à Stirling, par le cardinal Beaton, et le Parlement nomma le comte d'Arran régent du royaume et tuteur de la jeune reine.

Elle n'avait pas deux ans, et déjà sa main était demandée par Henri VIII pour le prince de Galles, âgé de cinq ans.

Cette demande ayant été froidement accueillie, l'affreux monarque usa de perfidie et d'intimidation. Entourée de ses agents, craignant pour ses jours et ceux de sa fille, la reine-mère se renferma avec Marie au château de Stirling.

Mais le roi *Barbe-Bleue*, comme un ogre de la fable, ne lâcha point sa proie ; la reine se réfugia alors dans une île du lac de Mentheit. Un monastère, seul édifice de l'île, lui servit d'asile. Marie y demeura jusqu'à l'âge de six ans. On lui avait donné pour compagnes quatre jeunes filles qui se nommaient Marie comme elle et qui ne devaient plus la quitter.

Ces quatre Marie étaient toute sa cour, le couvent était sa capitale paisible, l'île tout son royaume ; le comte d'Arran s'occupait du reste de l'Ecosse.

Le comte avait d'abord déployé un grand zèle en faveur de sa pupille. Il avait écarté les agents d'Henri VIII avec un soin jaloux. Mais son zèle avait un but intéressé. Il songeait à fiancer son fils à la jeune reine ; bientôt il jeta le masque, afficha hautement ses prétentions et parla en roi.

Que faire ? Où fuir de nouveau ? Où trouver un appui ?

La reine-mère tourna les yeux vers la France et s'adressa à sa puissante famille de Lorraine.

Quelque temps après, le roi de France Henri II envoya à Edimbourg le comte de Brézé avec une flottille et un corps de troupes.

Le comte était chargé de déclarer que le roi acceptait la main de Marie Stuart pour son fils.

Le Parlement d'Ecosse approuva ce projet d'union et, le 13 août 1548, la jeune reine, suivie de ses quatre compagnes de l'île de Mentheit, s'embarqua sur les galères françaises mouillées à l'embouchure de la Clyde.

Elle était accompagnée, en outre, d'un gouverneur, de deux précepteurs et de ses trois frères naturels ; — mauvais frères s'il en fut !...

La traversée ne fut pas sans péril ; averti par le comte d'Arran, le roi d'Angleterre fit donner la chasse à la flotte qui emportait la fiancée du dauphin de France. Néanmoins, celle-ci aborda heureusement à Brest et de là, avec un brillant cortége, fut conduite au château de Saint-Germain-en-Laye.

Elle devait être fort gentille, cette malheureuse petite reine ; Henri II la combla de caresses et l'aima comme sa fille. Il la mit au couvent où elle fit des progrès rapides, car elle était aussi intelligente que jolie.

Elle apprit tout ce qu'on voulut. A quatorze ans elle était déjà savante. Ainsi, lorsqu'elle sortit du couvent et vint à la cour, au Louvre, elle prononça, en présence de Henri II et de Catherine de Médicis, un discours latin, qu'elle avait composé sur ce sujet : — « La culture des lettres convient aux femmes, elle leur prête un charme de plus. »

C'était bien dit à la cour de France, alors amie des arts et des lettres, mais cela devait lui porter malheur plus tard, de l'autre côté du détroit.

Quand sa mère vint la voir, en 1550, elle la trouva accomplie. Elle régnait déjà par la grâce et le savoir.

Son instruction n'en avait point fait une pédante ou une orgueilleuse, comme Christine. Elle était gaie, naturelle et aimait à la passion la musique et la danse.

N'ayant pas encore de décrets à rédiger, elle écrivait des poésies.

Cependant ses ennemis ne l'oubliaient pas.

Deux fois ils attentèrent à sa vie.

Un archer de la garde écossaise tenta de l'empoisonner ; un autre, faute de mieux, assassina le président Minart, son curateur.

La cour d'Angleterre ne pouvait supporter sans colère l'union des couronnes d'Ecosse et de France, et lorsque la reine-mère retourna à Edimbourg, en qualité de régente du royaume, Edouard IV, qu'elle vit à son passage à Londres, insista de nouveau pour qu'elle rompît avec Henri II et lui accordât la main de Marie.

Mais intrigues, flatteries et menaces restèrent inutiles. Marie resta en France, au milieu de cette cour agréable, mais assez licencieuse, si nous en croyons les chroniques de Brantôme.

Catherine de Médicis avait fait, d'ailleurs, de la galanterie un des instruments de sa politique.

L'éducation que la jeune reine compléta à la cour dut singulièrement gâter celle qu'elle avait reçue au couvent.

Heureusement pour elle, elle aimait son fiancé, le pâle et débile François.

Celui-ci, de son côté, l'adorait.

L'année 1558 fût fixée pour leur mariage.

Marie Stuart, au pied de l'autel de Notre-Dame, salua son époux du titre de roi d'Ecosse,

François et Marie furent désignés sous les noms de Roi-Dauphin et Reine-Dauphine ; et Henri II exigea qu'à leurs titres ils ajoutassent ceux de *roi et reine d'Angleterre et d'Irlande*.

Ces titres étaient lourds à porter ;
Plus difficiles encore à faire valoir !...
On en verra bientôt les terribles conséquences.

II

RETOUR EN ÉCOSSE.

Nous voudrions passer sous silence tous les faits politiques, tout ce qui n'est pas enfin du domaine de la chronique galante, mais nous avons à craindre de jeter ainsi, pour beaucoup de nos lecteurs, une impénétrable obscurité.

Les drames qui vont suivre sont incompréhensibles sans les liens qui les rattachent d'abord aux malheurs qui frappèrent Marie Stuart en France, puis aux intrigues de la reine d'Angleterre.

Elisabeth, perverse et impitoyable, avait déjà ses émissaires à la cour de Catherine et était parvenue à éveiller la jalousie de cette dernière contre Marie, tandis qu'elle lui suscitait des ennemis en Ecosse et y fomentait une révolution.

Le fanatisme, qui devait, plus tard, servir à faire tomber la tête de Charles Stuart, était déjà l'instrument de la fille de Henri VIII.

Les prédicateurs servaient d'éclaireurs aux armées anglaises, et un tas de braves Écossais, en croyant servir la cause de la *vraie* religion, servaient la politique anglaise et préparaient l'annexion de leur pays.

Le réformateur biblique Jean Knox créait de telles difficultés à la régente, que celle-ci dut implorer le secours de sa fille.

Mais un malheur ne vient jamais seul ; deux coups funestes atteignaient en même temps Marie Stuart : — Henri II, son protecteur, se faisait tuer dans un tournoi et François II mourait peu de temps après, la laissant, à dix-huit ans, veuve, sans enfant et sans appui.

Marie se retira à Reims, près de son oncle, le cardinal de Lorraine.

Ce fut là qu'Elisabeth la fit sommer de renoncer pour toujours aux royaumes d'Angleterre et d'Irlande.

Elle répondit qu'elle n'avait jamais porté ces titres que par la volonté de Henri II ; que son mari ne les avait pas sanctionnés et que, depuis la mort de ce dernier, elle avait fait effacer de ses écussons les armes d'Angleterre et d'Irlande, tandis qu'Elisabeth continuait à porter les armes de France et prenait le titre de reine de ce pays, — qui n'admet pas même de reine.

Elle ajoutait qu'elle devait prendre l'avis des grands de son royaume, et terminait en demandant un sauf-conduit pour se rendre en Ecosse.

Elisabeth répondit par un refus.

Si Marie n'eût écouté que son désir, elle fût restée en France, mais elle se rendit aux prières de sa mère.

— Allons ! dit-elle, j'ai bien échappé à Edouard, son frère, pour venir en France, je lui échapperai de même pour retourner en Ecosse !

— Laissez ici vos pierreries, lui conseillait le cardinal, qui était moins rassuré.

— Quand j'expose ma personne, répondit-elle, craindrais-je pour mes bijoux ?

Elle se rendit secrètement à Calais et s'y embarqua le 15 août 1561.

Comme elle prenait la mer, un bâtiment périt à sa vue.

— Oh ! quel augure pour mon voyage !... soupira-t-elle.

Par son ordre, son lit avait été préparé

sur le tillac du vaisseau, ainsi que ceux de ses dames d'honneur, — les quatre Marie.

On était parti la nuit, le lendemain à son réveil, elle aperçut les côtes de France qui allaient disparaître.

— Adieu ! France, s'écria-t-elle avec des larmes ; adieu, je ne te reverrai plus !...

Puis quand la terre se fut évanouie à ses regards, elle écrivit la strophe suivante comme un legs de sa reconnaissance à sa patrie d'adoption :

> Adieu, plaisant pays de France,
> O ma patrie
> La plus chérie,
> Qui as nourri ma jeune enfance.
> Adieu, France ! adieu, mes beaux jours !
> La nef qui disjoint nos amours,
> N'a eu de moi que la moitié ;
> Une part te reste, elle est tienne ;
> Je la fie à ton amitié,
> Pour que de l'autre il te souvienne !...

Il serait difficile de trouver dans nos vieux poètes une strophe d'un style plus naturel et d'une émotion plus pénétrante.

Tandis qu'elle écrivait des vers, des navires de guerre avaient quitté la Tamise pour tenter de s'emparer d'elle.

Un traître avait dénoncé son départ à Elisabeth, et ce traître était près d'elle ; c'était son frère naturel, le comte Murray.

Les vaisseaux anglais furent signalés, et un moment elle put se croire perdue, mais une brume épaisse s'éleva et la déroba à l'ennemi.

Après une traversée de cinq jours, elle aborda à Leith.

Cette ville avait déjà été attaquée par les troupes anglaises, favorisées par un autre traître, un second frère naturel, le prieur de Saint-André.

Marie Stuart, dès son arrivée, fut frappée de l'impopularité de son nom et de l'opposition violente attisée contre elle. On avait appris à son peuple à la haïr.

Le parti catholique et français était sans force et même incapable de protéger sa personne.

Les têtes étaient à ce point montées contre la papiste, l'idolâtre, que, le lendemain même de son arrivée, la foule envahit la chapelle où elle était allée entendre la messe et voulut tuer son aumônier sous ses yeux.

Elle quitta Leith pour faire à Edimbourg son entrée solennelle.

La vieille capitale, à la mine refrognée, aux rues étroites et sombres, fit à la jeune reine l'accueil d'une vieille dévote à une jeune mondaine, et ce n'est pas trop dire.

Sur le passage de Marie, chaque maison arborait sur une toile quelque sentence de l'Ancien Testament relative au châtiment des infidèles, qui avaient abandonné le culte du vrai Dieu pour celui des idoles.

Tout cela, parce que, née catholique, elle était restée catholique.

On la comparait à la reine Jézabel de la Bible qui fut dévorée par des chiens.

L'infortunée à ces insultes, à ce fanatisme, opposait la patience et la douceur.

« Quel commencement d'obéissance, se disait-elle, et quelle en sera la suite !... »

Jean Knox, le coryphée de ces enragés de religion, publiait alors son discours intitulé : « Premier son de la trompette contre le gouvernement monstrueux des femmes. »

Un cri, comme eût dit l'apôtre Jean-Journet. Mais plus heureux que ce dernier, l'apôtre Knox avait un succès immense.

La jeune reine eut l'idée d'une entrevue avec lui, et l'invita à venir au palais.

Elle espérait lui faire entendre quelque parole de tolérance et de conciliation. Mais cette invitation révolta le prophète.

— Venez me trouver dans le temple où je prêche, lui fit-il répondre, si vous désirez vous convertir.

Depuis, la reine et le réformateur eurent plus d'une fois l'occasion de se rencontrer ; ce fut chaque fois pour Knox des occasions de triomphe.

Il l'accablait de citations de la Bible et d'injures. « Un jour, raconte-t-il, je la traitai avec tant de sévérité, qu'elle fondit en larmes. »

Et il en était fier.

Cependant, Marie essayait de se réconcilier avec Elisabeth ; les deux cousines correspondaient sur un ton amical. Les lettres de la reine d'Angleterre étaient confites en bonté, elle appelait Marie sa chère cousine, son aimable et bonne sœur, et ne lui témoignait tant d'intérêt que pour endormir sa prudence.

Au fond elle détestait Marie Stuart.

On lui avait vanté ses talents, son savoir, sa beauté, elle en était jalouse.

Avide de flatteries, elle n'était jamais satisfaite si, dans les éloges qu'on lui adressait, on n'ajoutait qu'elle avait surpassé la reine d'Ecosse.

Un jour, elle demanda brutalement à l'ambassadeur d'Ecosse, lord Melvil, quelle était la plus belle de la reine Elisabeth ou de la reine Marie.

— Madame, répondit le diplomate, la reine Marie est la plus belle femme d'Ecosse, et la reine Elisabeth est la plus belle femme de l'Angleterre.

— Du moins, repartit Elisabeth, votre reine n'est pas aussi grande que moi.

— Elle est un peu plus grande, dit lord Melvil.

— Elle l'est donc beaucoup trop, conclut Elisabeth avec aigreur.

Si Marie Stuart eût été laide, son ennemie eût déployé contre elle moins d'acharnement.

Marie ne se doutait guère de pareils sentiments. Dans sa naïveté, elle espérait plaire à sa dangereuse cousine, et, lorsque plus tard son ambassadeur lui eut rapporté ces conversations et dépeint le caractère et les véritables sentiments d'Elisabeth, elle en pleura, comme si elle avait appris la perte d'une amie.

En disant adieu au plaisant pays de France, elle avait dit adieu à tout plaisir.

Au palais d'Edimbourg, une danse, une chanson mondaine étaient autant de scandales pour ses sujets devenus des saints.

L'effervescence de l'époque avait pour but : la sainteté. Les héros populaires étaient les personnages des légendes juives. — La Saint-Barthélemy de Catherine de Médicis devait bientôt donner la réplique du fanatisme catholique endormi au fanatisme du protestantisme naissant.

A cette époque, où l'intérêt politique et les intérêts personnels soufflaient avec tant d'ardeur sur les charbons du fanatisme religieux, en quelle triste situation se trouvaient les esprits sincères et vraiment libéraux !...

Isolés, suspects, à peine pouvaient-ils se soustraire à la persécution.

Leurs moindres actions leur étaient imputées à crime.

Et si telle était la situation des plus sages et des plus forts, quelle pouvait être celle d'une veuve de 18 ans, telle que Marie Stuart ?...

Le sans-façon, l'allure libre, le ton familier dont elle avait pris l'habitude au Louvre et à Fontainebleau, étaient autant d'indécences dans sa capitale puritaine.

C'est ce qu'indique, sans l'expliquer, M. Meignet.

« Malheureusement, dit-il, pour l'aimable et légère Marie Stuart, des familiarités excessives l'exposèrent alors à des entreprises indiscrètes. La trop grande liberté de la femme fit oublier le respect dû à la reine. Un capitaine Hepburn osa se comporter avec une brutale indélicatesse envers elle et n'échappa au châtiment que par la fuite. »

Et l'indignation de Marie contre ce soudard n'arrêta point d'autres soldats fascinés par sa beauté et encouragés par son isolement.

III

UN PETIT-NEVEU DU CHEVALIER BAYARD.

Un gentilhomme du Dauphiné, nommé Chastelard et petit-neveu par sa mère de l'illustre chevalier sans peur et sans reproche, avait suivi M. de Dauville à la cour d'Ecosse.

Ce gentilhomme s'était épris de la jeune reine, avec toute la fougue d'un tempérament méridional et d'une imagination ardente.

Il lui avait adressé des vers, auxquels Marie-Stuart avait eu l'imprudence de répondre par d'autres.

Redoutant sa passion, se craignant soi-même, il était rentré en France. Là, obligé de prendre parti dans les querelles religieuses, il s'était dérobé et de nouveau était parti pour l'Ecosse.

Marie lui avait fait le plus gracieux accueil, sans se douter de l'état de son cœur, et la passion du malheureux Chastelard s'en exalta au dernier point.

Brantôme, qui le connut, nous le dépeint sous les rapports les plus favorables.

Il rappelle sa parenté avec Bayard et ajoute qu'il lui ressemblait de taille, « car il l'avait moyenne, très-belle et maigreline, ainsi qu'on disait que M. de Bayard l'avait. Il était gentilhomme très-accompli, et quant à l'âme, il l'avait aussi très-belle. »

Il avait rapidement conquis la confiance et les sympathies de la reine, qui voyait en lui un ami éclairé et dévoué.

Elle le consultait en tout, et le recevait dans son cabinet de travail, seul et à toute heure de la journée, mais avec cette franchise, cet abandon dépourvu de coquetterie qui le forçait à taire son amour et ne lui permettait de parler dans ces tête-à-tête dangereux que de son dévouement et de son amitié.

Il espérait se faire comprendre par l'expression exagérée de cette amitié, et put croire qu'il était deviné et que Marie avait su lire dans ses yeux.

Tout un hiver s'écoula ainsi dans cette intimité.

Il ne quittait plus la reine, il prenait part aux conseils tenus par sa noblesse ; il l'accompagnait dans ses promenades.

On rapporte que, quelquefois, Marie s'appuyait familièrement sur l'épaule de Chastelard.

Il finit par se croire secrètement aimé.

— C'est à moi, se dit-il, d'aller au devant d'un aveu qui ne saurait tomber d'une bouche royale. L'honneur la force à garder le silence. — A moi d'oser.

Et un soir, le brave gentilhomme, décidé à tout entreprendre, pénétra dans l'appartement de la reine et se cacha sous son lit.

Comment était disposé ce lit? Etait-il facile de se cacher dessous? Voilà des points importants qu'un historien sérieux dédaignera toujours d'éclaircir.

Et cependant tout est là.

Marie n'entrait jamais seule dans sa chambre à coucher ; ses femmes l'accompagnaient pour sa toilette.

Est-ce une de ces femmes qui découvrit Chastelard sous le lit ?

Est-ce Marie qui l'aperçut ?

Découvert par une femme, il fallait bien que Marie le traitât avec sévérité.

Quoi qu'il en soit, le malheureux Chastelard fut obligé de se traîner de dessous le lit aux pieds de Marie Stuart courroucée.

Il aurait pu imaginer une fable, mais il était trop fier.

— Madame, pardonnez à la folie d'un excessif amour, dit-il.

— La femme pardonne, répondit Marie, mais la reine doit punir votre déloyauté. Dès ce jour, vous ne faites plus partie de ma maison et vous devrez quitter le palais et Edimbourg.

Chastelard devait s'attendre à plus de sévérité.

Aussi, une fois dehors, il interpréta dans un sens favorable à son orgueil et à sa passion l'émotion de Marie et sa clémence.

Loin donc de se décourager, il s'enhardit.

Quelques jours plus tard, Marie Stuart étant partie pour le comté de Fife, il la suivit secrètement et renouvela son audacieuse tentative.

Marie venait de congédier ses femmes et allait se coucher, mais auparavant elle regarda sous son lit.

A la vue d'un homme elle cria, appela au secours.

On accourut de toutes parts.

Chastelard se hâtait de sortir de sa cachette, au moment où Murray entrait l'épée à la main.

— Tuez-le, lui criait-on.

Mais Murray, plus calme, remit le malheureux aux gardes, qui l'entraînèrent dans un cachot du palais.

Marie, cette fois, avait été sans pitié.

On dit même qu'elle avait crié à Murray de le tuer. Mais Murray croyait peu aux amoureux, et, en sa qualité de traître, ne vit dans ce jeune écervelé qu'un ambitieux ou un conspirateur. Il voulut éclaircir ce mystère.

Chastelard fut donc interrogé et jugé. Cependant son procès ne traîna point en longueur et, deux jours après, il fut condamné à avoir la tête tranchée.

Marie Stuart aurait dû lui faire grâce de la vie et le renvoyer en France; mais sans doute ses conseillers exigèrent un exemple.

Chastelard fut donc envoyé à l'échafaud.

Il marcha au supplice avec courage, en récitant l'épître à la mort de son ami Ronsart :

> Le désir n'est rien que martire;
> Content ne vit le désireux.
> Et l'homme mort est bien heureux;
> Heureux qui plus rien ne désire.

Il n'édifia par sa piété ni catholiques ni protestants. C'était un païen qui n'avait jamais pratiqué d'autre culte que celui de l'Amour et des Muses.

En arrivant sur l'échafaud, se doutant que la reine pouvait se tenir cachée dans une maison voisine, il se tourna vers cette maison :

— Adieu! la plus belle et la plus cruelle princesse du monde! cria-t-il d'une voix forte.

« Et puis, fort constamment, tendant le col à l'exécuteur, se laissa défaire fort aisément, » dit la chronique.

Cette aventure tragique fit, comme on pense, un bruit énorme, et qui nuisit plus à la reine qu'il ne lui profita. On ne manqua point de dire, et avec quelque raison, que Chastelard avait été victime des imprudentes familiarités de la reine.

D'autre part, la noblesse, le Parlement, exposèrent à Marie Stuart combien un mariage était nécessaire.

Elle se déclara prête à accéder à leurs vœux, et de nouvelles négociations s'ouvrirent avec les cours étrangères.

Tous les souverains y prirent part, les uns avec désintéressement, comme les rois de Suède et de Danemark, les autres dans un intérêt politique, tels que Ferdinand d'Allemagne, Philippe II, Catherine de Médicis et Élisabeth.

Cette dernière était secrètement opposée à toute conclusion; mais elle combattit avec un acharnement tout particulier la demande faite par Philippe II, pour son fils don Carlos.

L'ambition espagnole était la terreur du continent; Marie Stuart vit se tourner contre elle non-seulement le parti protestant, mais les Etats catholiques eux-mêmes.

Elle dut renoncer à don Carlos.

Enfin les négociations s'étant prolongées pendant quatre ans, sans amener aucune solution, elle déclara choisir pour époux un simple gentilhomme, Henri Darnley.

L'étonnement fut immense.

Tout d'abord, en France, on considéra ce choix comme une mésalliance. Mais c'était une erreur.

Henri Darnley, jeune homme de dix-neuf ans, était fils du comte de Lenox, du sang des Stuarts, et, par sa mère, arrière-petit-fils d'Henri VII.

Il était donc cousin de Marie et pouvait, comme elle, aspirer à la couronne d'Angleterre.

Un mariage confondait les droits des deux branches.

Ajoutons qu'il était catholique.

Charles IX, mieux instruit, approuva le choix de Marie; mais, en même temps, Elisabeth déclarait la guerre à l'Ecosse.

Ainsi s'ouvrit pour Marie Stuart la période des aventures romanesques et des drames sanglants.

Que signifie cet appareil, milords ? — Page 148, col. 2.

IV

HENRI DARNLEY.

Une des causes des malheurs de Marie Stuart se trouve ainsi dans l'abandon où la laissa la cour de France, et le triste entourage que lui imposait la fatalité.

On voit auprès d'elle des imprudents, comme Chastelard, de ces aventuriers italiens que l'on rencontre partout à cette époque, et longtemps après encore; puis ces bâtards jaloux, avides, toujours prêts à la trahison, tels que le prieur de Saint-André et le comte de Murray.

Ce dernier n'était, auprès de Marie Stuart, qu'un espion d'Elisabeth.

Lorsque sa sœur lui fit part de son dessein d'épouser Darnley :

— Il est bien tard, lui répondit-il, pour faire un mariage d'inclination. Veuve, à vingt-six ans, vous devriez ne penser qu'à une alliance politique. Darnley est un très-gracieux gentilhomme, de belle mine, d'élégante tournure; mais c'est un enfant de dix-neuf ans, inconnu, sans autre famille que celle où il aspire à entrer. Il ne vous apporte ni argent, ni soldats, ni alliance.

Où est son parti en Ecosse? Je ne lui vois que des ennemis.

Catholique, comme don Carlos, il n'a pas comme celui-ci l'appui du plus puissant monarque du monde et il a comme lui la haine d'Elisabeth. Car ne vous y trompez pas, Marie, votre mariage est une déclaration de guerre à l'Angleterre.

— Je ne puis me régler constamment sur la volonté d'Elisabeth, et je suis résolue à prendre les armes, si l'on m'y oblige.

— Vous jouez votre couronne et votre vie peut-être, répliqua Murray.

— J'ai pour moi le bon droit; Dieu protége les causes justes.

— Il vous vaudrait mieux, je crois, une bonne armée, ou, à défaut de la force, quelque homme habile qui sût apaiser la colère de votre cousine et détourner ses coups.

— Ma confiance est acquise à lord Melvil.

— Lord Melvil n'a jamais été agréable à Elisabeth, et il ne restera pas une heure à Londres après y avoir annoncé votre mariage. Il vous faudrait en Angleterre quelqu'un qui ne fût pas trop ouvertement porté pour lord Darnley.

— Vous peut-être? fit Marie.

— Moi, s'il plaît à Votre Majesté.

— Mais lorsque toutes relations diplomatiques seront rompues, à quel titre pourrez-vous séjourner à Londres?

— Au titre de serviteur disgracié.

— C'est un jeu périlleux, Murray, que vous joueriez là.

— Le roi Jacques, mon père, l'eût approuvé; nous devons opposer la ruse à la violence.

Marie hésita.

Alors Murray mit la conversation sur un autre terrain, et, tout en paraissant s'intéresser à son salut, s'enquit des moyens qu'elle comptait employer pour sa défense.

Il lui donna même quelques sages conseils.

— Il ne faut pas, lui dit-il, vous enfermer dans Edimbourg, où une sédition fomentée par le parti anglais pourrait vous renverser et vous tenir prisonnière.

Il faut marcher à cheval à la tête de vos troupes et, si vous voulez donner quelque popularité à Darnley, il faut qu'il se porte au point le plus menacé de la frontière.

Marie fut séduite par l'apparente franchise de ces conseils.

Elle les accepta et esquissa avec Murray un premier plan de campagne.

— Voyez, lui dit alors le comte, si j'étais en Angleterre, les services que je pourrais vous rendre en prévenant Darnley des mouvements de l'ennemi.

— Partez donc, lui dit-elle. Nous compterons sur vous.

Le jour même Murray afficha hautement le mécontentement que lui causaient les projets de la reine et partit pour l'Angleterre.

Arrivé à Londres, il obtint facilement audience d'Elisabeth.

Il était, disait-il, banni par sa sœur qu'aveuglait une passion funeste, mais il était décidé à se venger du véritable auteur de sa disgrâce; il en possédait tous les moyens.

— Que prétendez-vous? demanda la reine.

— M'emparer de Darnley et avant huit jours l'amener à Londres.

— Darnley est-il donc si facile à prendre?

— Je sais où le rencontrer, et si Votre Majesté consent à me confier un corps de cavalerie, je me charge de l'attirer là où il me plaira et de l'enlever en un coup de main.

Murray avait déjà rendu tant de services secrets à Elisabeth, que celle-ci consentit à lui donner des troupes, ou plutôt à lui laisser former un corps de partisans.

Peu de temps après, les hostilités commençaient entre l'Angleterre et l'Écosse.

Ainsi que Murray l'avait conseillé, lord Darnley se portait à la frontière.

Restait pour le traître à organiser le guet-apens. Il prépara une embuscade, fit cacher ses hommes, et, suivi de quelques cavaliers, s'avança vers le camp de Darnley en parlementaire.

Les avant-postes de celui-ci le firent avertir que le comte Murray venait à lui pour l'entretenir et l'attendait à peu de distance du camp.

Le premier mouvement du jeune lord fut de monter à cheval et d'aller au rendez-vous, mais quelques officiers, moins confiants, l'en dissuadèrent, et comme il insistait, en disant qu'il connaissait mieux que personne les véritables sentiments du comte, ils lui proposèrent de le faire suivre de près par des cavaliers d'élite capables de le soutenir au premier danger.

Bien leur en prit.

A peine Darnley se fut-il éloigné de son camp et avancé dans la campagne où tombaient les premières ombres du soir, Murray, qui n'apercevait autour de lui qu'une faible escorte, piqua des deux en avant, et leva son épée, en s'écriant : Il est à nous.

Aussitôt, des bosquets voisins, ses gens s'élancèrent pour envelopper les Ecossais.

Mais ceux-ci étaient sur leurs gardes.

Leurs renforts accoururent.

Et le combat d'embuscade prit bientôt les proportions d'une véritable bataille.

Murray, battu, fut poursuivi jusque sur le territoire anglais.

De retour à Londres, il y reçut un accueil assez humiliant ; Elisabeth feignit la surprise et la colère, à la nouvelle de son entreprise, et le désavoua avec mépris en présence des ambassadeurs de France et d'Espagne.

Le reste de la campagne fut une série de succès pour Marie Stuart, qui les chargeait elle-même, à cheval, à la tête de ses troupes.

Le pays se trouva pacifié, et Marie jouit d'une puissance qu'elle n'aurait pu prévoir à son arrivée de France.

Le 29 juillet 1565, la reine, victorieuse, conduisit à l'autel Henri Darnley et lui décerna le titre de roi.

Cependant la lune de miel ne fut pas de longue durée.

V

DAVID RICCIO.

Ce joli roi de dix-neuf ans, ébloui par sa fortune, ne tarda point à se montrer ambitieux et exigeant. Entouré de flatteurs, au nombre desquels se trouvaient des agents anglais, il se laissa persuader qu'il devait, de prince époux, devenir prince régnant.

Tout en se livrant avec excès aux plaisirs de la table et de la chasse, il prétendit exercer une influence politique. Marie s'en alarma d'abord, puis s'en irrita.

Il s'en prit de la résistance qu'il rencontrait à un étranger, nommé David Riccio.

Celui-ci, Piémontais d'origine, était venu en Ecosse à la suite du comte de Moretto, ambassadeur de Savoie, en 1562.

Il avait alors vingt-huit ans.

Habile musicien, il fut remarqué de la reine, qui aimait la musique avec passion.

Le comte de Moretto étant parti, elle le prit à son service en qualité de valet de chambre, et l'employa dans les concerts de la cour.

Il jouait du violon en faisant sa partie comme basse-taille.

La reine, nous l'avons dit, était assez familière ; elle ne dédaignait point de s'entretenir avec ses serviteurs ; elle reconnut ainsi chez Riccio un esprit cultivé, un jugement sain et, entre autres connaissances, celle des langues étrangères.

Elle le nomma son secrétaire pour la correspondance extérieure, en 1564.

David Riccio se montra digne de la bonne opinion de la reine ; il s'acquitta avec un talent remarqué des cours étrangères de ses délicates et importantes fonctions.

Ses vues politiques, conformes à celles de Marie, tendaient à resserrer l'alliance de l'Ecosse avec le parti catholique, le pape et Philippe II.

Un an plus tard, la faveur dont il jouissait était telle, qu'il avait été chargé de toutes les négociations relatives au mariage de la reine.

Il croyait donc s'être fait un allié d'Henri Darnley, quand celui-ci, mal conseillé, vit dans le ministre étranger un obstacle, et même un rival.

Cette lutte, sourde d'abord, éclata bientôt, lorsque Marie, froissée dans la délicatesse de ses goûts par les habitudes grossières de son jeune époux, lui marqua ses répugnances et sa réprobation.

Si Marie lui montrait de la froideur, c'était, selon lui, à cause de Riccio.

Si elle l'écartait des affaires publiques, il n'en trouvait pas la raison dans son inexpérience et son ivrognerie.

Puis Riccio ne la quittait pas, et souvent la reine le retenait près d'elle, en sa présence, une partie de la nuit.

Il se brouilla mortellement avec l'Italien, et fit entendre à ses amis qu'il était décidé à s'en défaire.

Morton, Ruthwen, Lindsay, Douglas, amis du comte Murray, entrèrent dans le complot.

On rédigea une convention par laquelle on s'engageait à se prêter un appui mutuel, pour mettre à mort David Riccio, emprisonner la reine et donner le pouvoir à Henri Darnley.

Cela six mois après le mariage.

Naturellement la cour d'Angleterre en fut avertie et approuva, sauf à désavouer plus tard, s'il le fallait.

Une copie de la convention fut même remise à lord Cecil.

Cependant, ni la reine, ni David Riccio ne se doutaient d'aucun danger.

David avait bien été prévenu par un astrologue, nommé Damiot, de se défier d'un *bâtard*, mais il avait cru qu'il s'agissait de Georges Douglas, fils naturel du comte d'Angus; il avait oublié Murray.

Un soir, — le samedi, 9 mai 1566, au château d'Holyrood, la reine avait fait servir le souper dans une pièce attenant à sa chambre à coucher, un cabinet de douze pieds carrés, environ.

Elle avait réuni à sa table David Riccio, la sœur de celui-ci, le gouverneur d'Holyrood et lady Argyle.

Il était huit heures du soir.

Ce fut le moment choisi par les conjurés.

Henri Darnley occupait un appartement situé au-dessous de celui de la reine. Il y attendit ses complices. Morton, Ruthwen, Lindsay entrèrent au château avec deux cents hommes, firent garder les issues par Douglas, André Karr, Patrick Bellenden, puis se rendirent chez Darnley.

Celui-ci les attendait et s'offrit à pénétrer le premier chez la reine.

Un escalier dérobé communiquait avec le cabinet de Marie, il monta chez la reine, entra et sans mot dire alla se placer derrière elle.

Celle-ci se tourna vers lui et ils s'embrassèrent.

Un instant après apparut Ruthwen.

Couvert de son armure, pâle d'une maladie récente, les regards enfiévrés, il fit une apparition menaçante.

Puis derrière lui, Douglas, Patrick, armés de dagues et de pistolets.

Marie, stupéfaite, soupçonna le dessein de quelque violence.

— Que signifie cet appareil, milords? demanda-t-elle.

Qui vous a permis, Ruthwen, de pénétrer ainsi chez moi?

— C'est ce David, répondit Ruthwen en indiquant Riccio, ce David qui est là dans votre chambre privée où il a été trop longtemps.

Qu'il plaise à Votre Majesté de l'éloigner.

— Quelle offense a-t-il donc commise? dit la reine.

— Il a fait la plus grande, la plus détestable offense à l'honneur de Votre Majesté, au roi votre époux, à la noblesse et au commun peuple.

— Si l'on avait quelque chose à reprocher à David Riccio, répondit Marie Stuart, nous le traduirions devant le parlement. Votre accusation est hors de propos. Retirez-vous donc, lord Ruthwen, retirez-vous, sous peine de trahison!

Mais Ruthwen, sans l'entendre, emporté par

la haine, s'était approché de David pour le saisir.

David, épouvanté, se levait et se précipitait vers la reine.

— Justice, madame ! Je suis mort. Justice ! criait-il, sauvez-moi la vie !

Dans sa précipitation et la poursuite dont il fut l'objet, la table fut renversée sur la reine.

Et Marie était enceinte de sept mois.

Riccio avait saisi les plis de sa robe et s'y tenait cramponné. Les dagues et les pistolets des assassins l'entouraient et menaçaient sa royale protectrice elle-même.

Darnley détacha les mains du malheureux Italien et le livra aux lords qui l'entraînèrent.

— Grâce ! criait la reine. Epargnez mon serviteur !... Pitié !...

— Ah ! Darnley ! Darnley ! s'écriait David, ne vous ai-je pas bien servi pour votre mariage !...

La reine voulait s'élancer à son secours.

Darnley la prit dans ses bras et la retint.

Elle était seule, ses convives avaient fui tout d'abord et jeté l'effroi parmi ses serviteurs qui se tenaient dans les pièces voisines. Plusieurs, entre autres Bothwell, se sauvèrent à l'aide de cordes par les fenêtres.

— Ne craignez rien, madame, répétait Darnley à Marie, il ne lui sera point fait de mal.

Tandis qu'on entraînait le pauvre et tremblant Italien du cabinet dans la chambre à coucher et de là dans la salle de parade.

Là, se tenaient la plupart des conjurés ; ils y attendaient leur victime.

— Enfermons-le, disait Morton, nous le pendrons demain.

Mais Georges Douglas, plus impatient, le frappa dans l'escalier avec le poignard du roi sur lequel il avait mis la main.

— Voilà le coup royal, s'écria-t-il.

Comme toujours, le premier coup porté décida tout le monde ; ce fut à qui se précipiterait à coups de dague sur le malheureux Riccio.

Il tomba percé de cinquante-six coups.

Son corps fut jeté par la fenêtre et déposé chez le portier du château.

En apprenant ces horribles détails, la douleur et l'indignation de la reine firent explosion :

— C'est vous, Darnley, qui l'avez livré, vous qui avez assassiné ce serviteur dévoué. Ah ! traître, fils de traître ! Deviez-vous infliger cette honte à la reine qui, d'une humble condition, vous éleva jusqu'au trône !

— Vous l'avez voulu, répondit Darnley. Pourquoi me fuyez-vous, si ce n'est pour lui ? Cet homme était le roi. C'est lui le traître : traître à son roi, traître à votre mari ; car vous m'avez trompé pour lui et vous avez été plus souvent à lui qu'à moi.

Voilà pourquoi j'ai consenti à sa mort !

Votre honneur et le mien l'exigeaient.

— Milord, répliqua Marie, vous êtes l'auteur de l'offense qui m'a été faite, je ne resterai plus votre femme. Je ne serai contente que le jour où votre cœur sera aussi désolé que le mien l'est aujourd'hui.

Comme elle disait, Ruthwen rentra, livide, exténué, prêt à défaillir.

— Un verre de vin, Darnley, dit-il.

Darnley lui versa à boire, et Ruthwen, recouvrant ses forces, s'adressa à Marie :

— La reine demande, dit-il d'une voix rude, pourquoi nous avons mis à mort ce David ? C'est parce qu'il était une honte pour elle, un fléau pour son royaume ; c'est parce qu'il la poussait à tyranniser sa noblesse, à exiler les lords fugitifs, à entretenir des relations avec les gouvernements étrangers pour rétablir l'ancienne religion, et à admettre dans ses conseils des hommes tels que Bothwell et Huntly.

Marie dévorait ses larmes.

— Ce sang, répondit-elle d'une voix tremblante, ce sang coûtera cher à quelques-uns d'entre vous.

— A Dieu ne plaise ! répliqua Ruthwen, car plus Votre Grâce se montrera offensée, plus le monde sera sévère dans ses jugements.

— Ecoutez ! fit la reine. Entendez-vous ? Edimbourg se réveille et se lève. Le tocsin sonne. On va me délivrer des meurtriers.

En effet, le bruit du meurtre s'était répandu dans Edimbourg. Le prévôt avait fait sonner le tocsin. Les bourgeois en armes entouraient le château.

Mais Morton et les autres leur répondaient : que la reine se portait bien, qu'il ne lui était arrivé rien de fâcheux ; qu'on avait seulement mis à mort l'Italien qui conspirait avec Philippe II et le pape.

Les bourgeois se retirèrent.

La reine demeura captive dans le cabinet, gardée à vue, séparée même de ses femmes.

Réduite à l'impuissance, elle cessa de menacer et de se plaindre, elle pleura quelque temps en silence, puis réfléchit à la conduite qu'elle devait tenir, et la prudence lui conseilla de dissimuler sa haine et de feindre un découragement profond.

Le lendemain Henri Darnley prononça la dissolution du parlement et l'exil de ses membres, et rappela en Ecosse Murray et ses partisans.

Ceux-ci n'avaient pas attendu cet ordre, ils étaient déjà à Edimbourg.

Murray se fit annoncer chez la reine.

Elle feignit un mouvement de joie à cette visite. Elle se leva et se jeta dans ses bras, en présence de Darnley :

— Ah ! mon frère ! s'écria-t-elle, si vous aviez été ici, vous n'auriez pas souffert qu'on me traitât si cruellement !

Murray en parut attendri. Il lui parla avec affection et montra à Darnley une froideur qui le déconcerta.

Le trait de Marie était de la politique féminine et de la meilleure. Darnley avait recherché contre elle l'alliance de son ennemi de la veille ; elle l'en détachait.

Encore un effort et elle allait se dégager.

Elle se retourna vers son mari, qui déjà s'était secrètement laissé attendrir par le spectacle de sa douleur.

— Pourquoi, lui dit-elle d'une voix douce, garder cette attitude hostile à mon égard ? Votre haine n'est-elle pas satisfaite? Ne craignez-vous point de donner à croire que vous avez voulu frapper votre reine dans son serviteur? Vous me gardez à vue dans ce cabinet. Vous vous faites le geôlier de votre épouse.

— Je ne suis pas plus libre que vous, répondit Darnley. Les lords qui redoutent votre vengeance, m'obligent à veiller sur vous. Placé entre vous et eux, je me trouve prisonnier sur parole.

— Quels sont donc vos projets, Henri ? Et ne prévoyez-vous pas qu'il faudra un jour en venir à une conciliation ?

Savez-vous que devant le peuple et devant Dieu vous répondez de ma vie. Comment n'avez-vous pas craint de me tuer, dans la situation où je suis, par ces scènes d'outrages et de violence ?

Prenez ma main ; le sentez-vous ? j'ai la fièvre.

Vous allez donc vous asseoir à mon chevet et me garder à vue ? Mais si la mort vient délivrer la reine, votre prisonnière... Ah ! vous ne m'avez jamais aimée !...

— Madame ! s'écria Darnley attendri, c'est l'amour que j'avais pour vous qui m'a poussé à cette extrémité. Ne pleurez pas, Marie ; vos amis ont fui ; un seul homme reste près de vous et ce n'est pas un geôlier, c'est votre mari, votre ami, votre premier serviteur.

— Eh bien ! si vous n'êtes pas un geôlier, laissez donc entrer près de moi mes quatre Marie, qu'elles m'aident à me délasser des fatigues de cette nuit.

— Je vais les demander, dit Darnley.

Les lords, sur sa prière, consentirent à rendre à Marie ses femmes et sa chambre à coucher, mais ils interdirent à toute femme de sortir du château.

Marie reprit alors la tâche qu'elle s'était donnée de gagner Darnley, de l'amener à abandonner ses projets et de consentir à la faire évader et à la suivre.

Le jeune roi, vain et faible, incapable de dominer et déjà embarrassé du rôle qu'il s'était donné, se laissa persuader, et le lundi il se rendit près des conjurés pour demander la liberté de la reine.

— La reine est malade, leur dit-il ; elle est menacée d'un avortement si elle ne change pas d'air. La douleur l'a beaucoup affaiblie. Son ressentiment s'est abattu, elle n'aspire qu'au repos. Elle me charge de vous dire qu'elle est disposée à pardonner aux meurtriers de David et à signer les actes nécessaires à leur sûreté. Veuillez donc vous rendre près d'elle, elle vous confirmera de vive voix ce que je viens de vous dire.

Plusieurs des conjurés, Ruthwen entre autres, ne se montrèrent pas convaincus de la sincérité de Marie.

— On ne change pas ainsi en si peu de temps, disaient-ils.

Mais le plus grand nombre inclina à une réconciliation.

Ils dressèrent un acte qui devait pourvoir à leur sécurité et le remirent à Darnley.

— La reine le signera, dit celui-ci ; cependant ne trouvez-vous pas que, pour donner à cet acte plus de valeur, il est bon que la reine ne paraisse être placée sous aucune pression et jouisse d'une apparente liberté ?

Laissez-la donc sous ma garde seule ; je réponds de tout.

Les lords y consentirent ; ils quittèrent Holyrood avec leurs troupes, mais non sans inquiétude.

Le soir même Marie et Darnley quittèrent à leur tour le château d'Edimbourg pour celui de Dunbar. Elle eut la force d'accomplir ce voyage à cheval.

Arrivée à Dunbar, elle respira.

La naufragée avait gagné la terre.

Sans perdre de temps, elle convoqua en armes la noblesse fidèle, mais elle eut assez d'empire sur elle-même pour garder le masque pendant trois jours et faire attendre lord Semple, député des conjurés qui réclamaient la signature promise.

Enfin les casques et les lances brillèrent à l'horizon. C'était Bothwell, d'Athol, Huntly, qui arrivaient avec des troupes ; c'étaient Murray et d'Argyle, avec qui elle s'était réconciliée pour mieux diviser ses ennemis.

Elle releva la tête.

Et lord Semple n'eut que le temps de galoper à Edimbourg avertir ses amis de la vengeance prochaine.

Dès lors Marie déploya une ardeur implacable contre les meurtriers et leurs complices.

Elle les fit citer à comparaître devant la justice comme coupables de meurtre et de haute trahison, puis marcha sur Edimbourg.

Elle n'y rencontra aucune résistance ; les conjurés fuyaient déjà vers la frontière.

Elle fit faire à David Riccio de pompeuses funérailles, et prit pour secrétaire particulier son frère, Joseph Riccio.

Darnley fut obligé de désavouer le meurtre par une déclaration publique.

Dans cette déclaration il s'élevait « contre les bruits calomnieux par lesquels on osait l'associer au meurtre cruel commis en la présence de la reine et à la détention criminelle de la très-noble personne de Sa Majesté. Sa Grâce, pour éloigner la mauvaise opinion que les bons sujets pouvaient être induits à concevoir à la suite de ces faux rapports et de ces séditieuses rumeurs, a déclaré devant Sa Majesté la reine et devant les lords du conseil privé, sur son honneur et fidélité et parole de prince, qu'il n'a jamais rien su de la perfide trahison dont il est injurieusement accusé, ne l'a jamais conseillée, commandée, ni approuvée.»

C'était assez lâche.

Il descendit plus bas encore. Pour reconquérir les bonnes grâces de la reine, il se déshonora tout à fait en dénonçant quelques complices et en achevant de les perdre.

La réplique des conjurés ne se fit pas attendre.

Cette réponse fut foudroyante.

Jusqu'alors, aucune instruction n'ayant été faite contre les meurtriers, Marie avait ignoré le véritable but des conjurés, elle croyait que Darnley n'avait agi que par jalousie.

Les fugitifs lui envoyèrent copie de la convention rédigée par Morton et signée par Darnley.

L'article 2 de cette convention portait que Darnley prendrait en main le pouvoir, ce que l'on appelle la couronne matrimoniale, en s'engageant à compléter l'établissement du protestantisme et à enfermer la reine au château de Stirling.

A cette révélation, Marie Stuart prit Darnley en aversion et en dégoût.

Elle ne le lui cacha point.

Elle avait pardonné à la jalousie, à une passion qui pouvait la flatter, mais tant d'ambition chez un prince incapable, tant de cruauté alliée à tant de faiblesse, soulevèrent son mépris.

Elle eut honte de l'époux qu'elle s'était choisi.

Non-seulement elle l'écarta plus que jamais des affaires, mais elle refusa de le recevoir. Henri Darnley, mis à l'index, vécut seul comme un paria. C'était un crime de lui tenir compagnie.

Cependant, Marie touchait au terme de sa grossesse. Le 19 juin, elle accoucha d'un enfant qui devait plus tard régner en Ecosse, sous le nom de Jacques VI et sous celui de Jacques Ier en Angleterre.

Elisabeth donnait un bal, elle dansait lorsqu'on lui apprit cet événement.

Elle s'arrêta, interdite, pâle d'émotion.

—. Ah ! dit-elle, la reine d'Ecosse vient d'accoucher d'un fils, et je ne suis qu'un arbre stérile.

Néanmoins, elle accepta d'être la marraine du nouveau-né.

Les cérémonies du baptême furent pour Darnley l'occasion d'humiliations nouvelles. Tous les représentants des cours étrangères y assistèrent, une seule personne de la cour d'Ecosse n'osa y assister, ce fut le père, Henri Darnley.

VI

LE COMTE DE BOTHWELL.

Marie Stuart, qui jusqu'ici nous est restée assez sympathique, va prendre à partir de cette époque un rôle équivoque d'abord, puis odieux.

C'est de cette époque que date le funeste empire qu'exerça sur elle le comte de Bothwell.

Bothwell, dit M. Mignet, était l'homme le plus entreprenant et le plus dangereux de l'Europe.

James Hepburn, quatrième comte de Bothwell, était alors âgé de trente-trois ans. Il possédait de grands biens et était investi des charges les plus importantes. Il s'était récemment marié à Jeanne Gordon.

C'était un homme d'une grande bravoure, d'une audace et d'une ambition sans limites comme sans scrupule ; sans déguisement dans ses projets comme dans ses vices.

Il aspira d'abord à se faire aimer de la reine, puis à l'épouser.

Bien qu'il fût laid, il plut à Marie Stuart, par son aspect martial, la résolution hardie de son caractère, un air de dévouement chevaleresque et des mœurs élégantes empruntées au continent sous lesquelles se cachaient les passions sauvages et emportées de son pays.

Marie Stuart chercha d'abord en lui un serviteur fidèle, un ami utile, et trouva bientôt un amant et un maître (1).

(1) Mignet, *Hist. de Marie Stuart.*

Il la séduisit, puis la domina.

Les progrès de sa faveur éclatèrent aux yeux de tout le monde pendant l'été de 1566. Il ne quittait plus la reine et rien ne se faisait plus que par ses ordres.

Darnley se sentit menacé.

Dans son inquiétude, il se tourna de nouveau vers le parti catholique. Il écrivit en secret au pape, pour lui dénoncer la conduite de la reine qui, disait-il, était attiédie pour la religion.

Le souvenir de Riccio le poursuivait, et dans Bothwell il revoyait un homme plus entreprenant et plus redoutable encore que Ruthwen.

Il songeait à fuir sur le continent et tenait un navire toujours prêt.

Que ne réalisa-t-il ce dessein !

Un jour son père étant venu le voir, il lui en fit confidence. Son père chercha à le dissuader et, n'y pouvant parvenir, alla supplier la reine de s'opposer à ce coup de tête.

Marie assembla son conseil.

A peine le conseil était-il réuni qu'à sa grande surprise, apparut celui qui était l'objet de la délibération.

— Eh ! quoi ! lui dit Marie, vous voulez, dit-on, quitter l'Ecosse ?

Darnley, qui venait pour essayer d'une réconciliation, fut tout interdit à ce reproche.

Je le tiens. — Page 151, col. 1.

Il demeura confus et muet.

— Votre père, poursuivit la reine, vient à l'instant de nous informer de votre dessein. Sans doute, avez-vous quelque grave motif pour prendre une détermination aussi extraordinaire?

Est-ce moi, du moins, qui vous en ai fourni les raisons?

— Non du tout, madame, répondit Darnley.

— Avez-vous un sujet de plainte?

— Aucun.

— Mon conseil et M. l'ambassadeur de France, ici présent, seront satisfaits d'avoir recueilli votre témoignage, et je déclare devant eux que je ne verrais votre départ qu'avec un profond regret.

Décidément cette femme était très-adroite et le pauvre Darnley se retira honteux de sa déconvenue, et plus encore du témoignage enregistré par le conseil.

Rentré chez lui, il écrivit à la reine pour lui exposer ses griefs, mais c'était peine perdue.

Quelques jours plus tard, Marie était à Jedburg, où lui apprit que le comte de Bothwell, dans une expédition contre les ravageurs de frontières (les Borderers), venait d'être grièvement blessé.

Elle partit aussitôt, franchit à cheval la distance de neuf milles qui la séparait du château de l'Hermitage où était Bothwell, en proie à des angoisses visibles.

Après être restée une heure près du comte, elle repartit à cheval pour Jedburg, et dans la fièvre où elle était, passa encore une partie de la nuit à lui écrire.

Le lendemain elle tomba malade.

Elle éprouvait de fréquentes syncopes.

Pendant plusieurs heures elle fut à la mort.

Nul n'en ignorait la cause, mais tout le monde fut effrayé des ravages de sa passion.

La fièvre la reprit ensuite avec violence.

Enfin, se croyant à la mort, elle demanda aux lords qui l'entouraient de prier pour elle, déclara qu'elle confiait son fils à la reine d'Angleterre, et fit avertir son mari.

Mais Bothwell arriva avant Darnley; sa présence rendit la vie à la reine.

L'amour accomplit de ces miracles.

Une amélioration subite frappa les observateurs qui l'entouraient; Lethington en prit note dans ses mémoires :

« Ses sentiments étaient visibles, écrit-il, et son cœur succombait en pensant que le roi dût rester son mari, sans qu'elle aperçût le moyen de se débarrasser de lui. »

L'antipathie qu'elle montra à Darnley, qui, à son tour, vint lui rendre une courte visite, faisait déjà naître autour d'elle de funestes pensées.

Elle était souvent en proie à une mélancolie sombre; et, comme si elle eût redouté l'avenir, elle répétait fréquemment : — Je voudrais être morte.

Tout le monde guettait l'issue de cette crise; mais un homme, entre tous, l'étudiait avec la patience et la perspicacité d'un magistrat instructeur et d'un philosophe, — c'était Lethington.

Cet homme, d'une perversité égale à sa clairvoyance, songeait à faire tourner cette crise morale au profit de son ambition. Il voulait négocier le retour des proscrits Ruthwen, Morton, Lindsay et autres, au prix d'un divorce et, s'il le fallait, d'un assassinat.

Il s'en ouvrit à Bothwell, qui, sans doute, y pensait depuis longtemps, et fit à son dessein l'accueil le plus favorable.

Puis tous deux en parlèrent à Huntly, à Argyle, et même à Murray.

Les cinq amis tombèrent d'accord.

Il ne restait plus qu'une personne à gagner: — la reine.

Ils se rendirent près d'elle.

Lethington prit la parole et plaida le divorce en avocat de talent.

Il exposa comment Darnley, par sa conduite dès les premiers mois de son mariage, était frappé d'indignité. Il avait compromis la reine, et s'était si bien déshonoré qu'il n'avait même pu assister aux cérémonies du baptême. Il vivait retiré à Glasgow, et un divorce de fait n'attendait plus que la sanction légale.

Mais, bien qu'il fût déjà condamné par l'opinion publique, il fallait éviter de paraître agir avec passion, et, au lieu de frapper soi-même Darnley, le laisser frapper par ses ennemis.

— Rappelez les anciens complices de Darnley, conclut Lethington, — les Ruthwen, les Morton, les Lindsay, ils se chargeront bien de trouver le moyen d'un divorce.

Marie Stuart y consentit; mais elle insista pour que le divorce fût légal et ne portât aucun préjudice aux droits de son fils.

— Cependant, ajouta-t-elle, quels moyens de divorce pouvons-nous invoquer? La consanguinité? Nous avons eu la dispense du pape.

L'adultère?... La trahison?... La trahison, en établissant ses préparatifs de départ pour le continent.

Mais ces moyens sont-ils bien suffisants?... Et si notre demande venait à être repoussée, quel parti devrais-je prendre?... Ma situation, déjà si pénible, deviendrait intolérable. Déjà mes forces succombent. Je n'aurais plus qu'à déposer la couronne et à me retirer en France.

— Madame, répliqua Lethington, ne vous inquiétez de rien. Nous sommes ici les principaux de votre noblesse et du conseil de votre gouvernement, et nous trouverons bien le moyen de vous délivrer de lui sans aucun préjudice pour votre fils; et, quoique lord

Murray, ici présent, ne soit pas moins scrupuleux pour un protestant, que Votre Grâce ne l'est pour une papiste, *je suis sûr qu'il regardera à travers ses doigts, nous verra faire et ne dira rien.*

L'insinuation était claire, et Marie Stuart dut la comprendre.

Il ne s'agissait déjà plus de divorce.

Elle secoua la tête avec découragement.

— Non, dit-elle, il vaut mieux laisser les choses en l'état où elles sont et attendre que Dieu y porte remède.

Mais cela était dit avec tant de mollesse !..

— Madame, insista Lethington, laissez-nous conduire l'affaire : Votre Grâce n'en verra que du bien.

Ils se retirèrent sur cette parole vague.

Le sort de Darnley était décidé.

VII

COMMENT FINIT HENRI DARNLEY.

Ainsi aveuglée, entraînée par sa passion pour Bothwell, Marie Stuart en quelques mois était tombée de l'adultère au crime.

Et cependant Darnley n'était plus un mari bien gênant !

Il était moins gênant qu'André de Hongrie pour Jeanne de Naples, que Pierre III pour Catherine de Russie, mais il semble que fatalement l'adultère provoque à l'homicide et jette ces femmes sur la pente du crime.

On reste confus en la voyant donner à Lethington et à Bothwell son consentement tacite. Elle pourra regarder entre ses doigts ce qu'ils vont faire et ne dira rien !

En sortant de chez la reine, les conjurés convinrent par un traité de tuer le roi.

Sir James Balfour rédigea cette convention, ou ce pacte, qui fut signé par les lords Argyle, Huntly, Lethington et remis entre les mains du comte de Bothwell... autant dire entre les mains de Marie Stuart.

Sur ces entrefaites Henri tomba malade et le public, déjà préparé à quelque catastrophe, crut d'abord à un empoisonnement.

Darnley en eut aussi la pensée ; mais il se trompait ; il était atteint de la variole.

Les projets des conjurés demeurèrent ajournés.

Il guérit, et, chose atroce, la reine alla lui faire visite et le féliciter sur son retour à la santé.

Le malheureux fut vivement touché de cette visite.

— Je ne désirais plus vivre, dit-il, mais à cette heure je suis heureux d'avoir échappé à la mort. Combien vous êtes bonne, madame, de vous être souvenue de moi. A travers l'incohérence de mes actions, avez-vous donc reconnaître l'amour profond que j'ai toujours eu pour vous ? Laissez-moi espérer que, touchée de mon repentir et de mon amour fidèle, vous me rendrez vos bonnes grâces.

Et il demandait pardon à l'épouse adultère !

Elle accueillit ces protestations avec une douceur hypocrite.

Il parla de se rapprocher d'Edimbourg, elle lui offrit le château de Craigmillar, situé à une lieue de la ville.

Il n'aimait point cette résidence, mais il y avait non loin de là une simple habitation, *Kirk-of-Field*, qui avait appartenu à un couvent de moines noirs, il demanda à y être transporté.

La reine lui fit prendre place dans une litière et l'accompagna jusqu'à son nouveau séjour.

Il était là tout près d'Edimbourg et sous la main de ses ennemis.

L'habitation qu'il occupait était des plus humbles, et l'on a de la peine à concevoir comment il s'en accommoda. La reine en avait fait meubler le rez-de-chaussée, composé de trois pièces.

Il y vivait avec un domestique et un page nommé Taylor.

La confiance lui était revenue, paraît-il, ou plutôt ne s'abandonnait-il point à sa destinée avec résignation ?

L'hiver jetant son manteau de neige sur la campagne augmentait encore la mélancolie de ce séjour. Ce n'était plus pour lui le temps de la chasse et des festins joyeux.

Où étaient ses flatteurs, ses courtisans, ses anciens compagnons de plaisirs ?

Les uns, les meilleurs, le fuyaient comme un lépreux ; les autres, les Ruthwen, les Lindsay, revenus de l'exil, attendaient à sa porte le jour de leur vengeance.

Désœuvré et solitaire, dans un ennui profond, il se sentait revenir peu à peu à la vie en se demandant si c'était bien la peine et ce qu'il ferait de cette vie qui lui était rendue.

Dans le courant de février, il reçut de fréquentes visites de la reine, de son amant et de leurs amis.

Les rapports de lord Bothwell et de Marie n'étaient plus pour lui un mystère ; il en souffrait, mais il étouffait le cri de sa douleur et de son amour.

Le malheureux, torturé par la jalousie, l'aimait alors plus qu'aux premiers jours.

Mais il se taisait.

Il refoulait dans son cœur la haine que lui inspirait Bothwell, et souriait à la reine.

Que venaient-ils faire près de lui ?

Tromper l'opinion publique en feignant une amitié qu'ils n'éprouvaient pas, et préparer le crime qu'ils méditaient.

Un domestique, cité plus tard au procès de Marie Stuart, a jeté une lumière effrayante sur ce complot. C'était un Parisien, valet de confiance de Bothwell et que son maître appelait Paris.

Cet homme était dans la confidence du comte.

— Eh bien, Paris, lui dit un soir Bothwell, ce sera pour cette nuit.

Paris baissa la tête.

— Cette décision paraît t'affliger et te surprendre ?

— Je l'avoue, milord.

— Et pourquoi ?

— Milord me permettra-t-il de lui parler avec franchise ?

— Parle en toute liberté.

— Je n'ai pas là prétention d'influer sur la détermination de milord, mais, puisqu'il me permet de lui dire mon sentiment, je dirai que je regrette profondément le parti auquel il s'est arrêté.

— Pourquoi ?

— D'abord parce qu'il me paraît inutile.

Bothwell sourit.

Devenir roi d'Ecosse ne lui paraissait pas inutile.

— Henri Darnley, poursuivit Paris, ne lui porte aucun ombrage ; milord est de fait roi d'Ecosse, il règne et gouverne.

— Est-ce tout ?

— Non, milord.

— Je t'écoute.

— Si Henri Darnley périt de mort violente, de quelque façon que le fait s'accomplisse et si loin que milord se tienne de cet endroit, c'est lui qui en sera accusé.

— Et qui oserait m'accuser ? fit Bothwell avec hauteur.

— L'Ecosse tout entière, témoin de la faveur dont vous jouissez. Cette faveur deviendra votre plus lourde charge. Elle pèsera sur vous d'un poids écrasant. Et ainsi, milord, vous risquerez de perdre le pouvoir par le souci que vous avez de l'affermir.

— Ce que tu dis là pourrait être vrai pour tout autre que moi. Je ne crains pas l'opinion. Enfin, je n'agis pas seul et dans mon intérêt personnel.

Nous sommes un grand parti qui veut délivrer la reine de ce cadavre de roi.

Mais je vois que tu as peur et que je ne pourrai compter sur toi.

— Je suis à vous, milord, et entièrement dévoué à votre fortune, je vous obéirai.

— Tranquillise-toi, Paris, il ne s'agit pas de renouveler la scène sanglante que Darnley dirigea si bien à Holyrood. Nous avons d'autres moyens.

— Je me tiens aux ordres de milord.

Bothwell parut réfléchir un instant.

— N'as-tu pas fait la guerre autrefois en France?

— Oui, milord, j'ai pris part aux opérations d'un siége.

— Très-bien; alors tu sais ce que c'est qu'une mine?

— Pour en avoir vu éclater.

— Mais tu saurais y mettre le feu?

— Oui, milord.

— Eh bien, je compte sur toi. La maison de *Kirk-of-Field* est minée, et cette nuit elle sautera.

— A quelle heure, milord?

— L'heure n'est pas encore fixée. Il y a ce soir concert et bal chez la reine. Ce sera un moment favorable à cause de la grande affluence de monde au château. Tous les conjurés s'y trouveront réunis et y décideront de l'heure.

Ainsi la reine devait chanter et danser pendant l'assassinat.

Mais, dira-t-on, peut-être ignorait-elle le jour fixé pour le crime?

Non.

Au commencement de cette soirée, elle s'était rendue avec son amant près de son mari. Elle avait fait porter chez celui-ci, un mois auparavant, une magnifique fourrure. Sachant que la maison devait sauter, elle avait pensé à sauver cette fourrure et l'avait fait reprendre dans la journée.

Puis, elle était venue s'entretenir avec sa victime.

Darnley, toujours affaibli, était étendu sur son lit; à son chevet, se tenait le jeune Taylor, son page. Une petite lampe éclairait la chambre d'une lumière pâle et lugubre.

Darnley ne s'attendait pas à cette visite, il en fut bouleversé.

— Madame, lui dit-il, après l'échange des compliments d'usage, je craignais de vous avoir mécontentée à mon insu, lorsque vous m'avez fait redemander votre fourrure.

— J'ai donné l'ordre de la remplacer par une autre qui est plus grande : ne l'avez-vous pas reçue?... Je suis bien aise d'être venue; vous la recevrez pour cette nuit.

— Tout le monde m'oublie, sauf Votre Majesté, dit Henri avec un sourire amer.

— Hâtez-vous de vous rétablir, et vous serez le bienvenu au château.

— Une bonne parole de vous, madame, fait plus pour ma guérison que tout l'art des médecins.

— Que ne sais-je la bonne parole qui vous guérisse, Henri!... Mais dites-moi ce que vous pouvez désirer. Avez-vous des nouvelles à faire parvenir à votre père?

— Non, madame, dit Henri, mais j'ai une grâce à vous demander.

— Laquelle?

— Je voudrais voir notre enfant.

— Ah! répondit Marie visiblement troublée, il est trop tard...

Le condamné ne comprit pas.

— Mais demain..... un de ces jours, reprit-il.

— Si cela est possible, je vous le promets.

Elle se leva pour se retirer; cette demande l'avait émue, et lorsqu'elle tendit sa main à Darnley, celui-ci, en la portant à ses lèvres, la sentit frémir.

— J'ai votre promesse, madame; pensez que j'aurais pu mourir sans avoir vu mon enfant!...

— Sortons, comte, dit Marie qui pâlissait à cette prière, j'ai besoin d'air.

Et les *augustes* visiteurs s'éloignèrent.

Il ne devait pas voir son enfant, mais celui-ci devait vivre pour le pleurer et maudire sa mère.

Elle rentra à Holyrood pour s'occuper de sa toilette et bientôt après de la fête qu'elle donnait à ses complices.

C'était à peu près dans ce moment que, dans le cerveau de Shakespeare, s'élaborait ce drame plein de sang et d'horreur où une femme pousse son mari à assassiner son roi et son hôte. Mais la scène se passe à une époque barbare; puis le bon roi Duncan vient tenter la féroce ambition de lady Macbeth. Enfin, lorsque l'heure du crime est sonnée, vous vous rappelez l'épouvante de Macbeth, ses angoisses...

Eh bien! l'heure du crime est sonnée au château d'Edimbourg, Marie Stuart, parée et souriante, applaudit ses musiciens et donne le signal des danses.

On voit de loin les fenêtres rougies des salons du vieux château, et le bruit des instruments parvient dans la campagne silencieuse jusqu'à la maison de Darnley.

Un à un, les principaux conjurés ont quitté les salons, et bientôt ils se sont réunis au pied des murs tranquilles de Kirk-of-Field.

Ils portent sur leurs habits de gala un manteau grossier et sous ce manteau des armes. Quelques-uns de ces lords ont amené leurs valets de confiance. Bothwell a amené Paris chargé de faire sauter la mine ; les autres feront le guet.

Mais les conjurés ont modifié leur plan. Ils ont perdu confiance dans le résultat d'une explosion, ou, ce qui est plus probable, ils veulent s'emparer de quelque papier important.

Ils s'approchent en silence de la maison.

Bothwell en a les clefs.

Ils entrent.

Au bruit, Darnley, assoupi, se réveille et crie :

— Qui est là ?

Il est sans lumière, il entend des pas lourds et nombreux dans sa chambre. On le cherche dans les ténèbres.

Comme il reposait tout habillé, enveloppé dans un manteau de fourrure, il se jette en bas du lit et court à la porte d'une pièce voisine qui donne sur le jardin.

— A moi ! à moi ! sire ! crie une voix bientôt étouffée dans un râle affreux.

C'est la voix de son malheureux page, surpris dans son sommeil. On l'étrangle. Darnley hésite. Il fait quelques pas pour se porter à son secours.

Il entend qu'on se jette sur son lit, on le fouille dans l'ombre à coups de dague.

Il se retourne vers la porte, mais il se heurte à un des assassins.

Celui-ci, au toucher, à sa fourrure, à je ne sais quel détail, le reconnaît.

— Je le tiens ! s'écrie-t-il.

Henri résiste et achève de se trahir.

Bothwell l'a bientôt rejoint.

On l'entraîne dans la chambre voisine. Là, l'obscurité est moins épaisse ; là clarté de la lune permet de se reconnaître.

— C'est bien lui ! se disent les assassins, muets jusqu'alors.

En vain il se débat ; la lutte est de courte durée. Il est saisi par les bras, par les pieds, et couché sur le sol.

— Ne versons pas de sang ! dit Bothwell.

Et on l'étouffe.

Ce crime est long à consommer. Ils ont à craindre que la mort ne soit qu'apparente.

On recherche aussi le corps du page, et on l'apporte à côté de son maître.

Tout à coup les meurtriers s'aperçoivent que Bothwell a disparu.

— Où est le comte ?

— Il est sorti ; pourquoi ? Pour donner l'ordre de faire sauter la mine peut-être ?...

Une terreur panique s'empare de ces misérables.

Ils se sauvent dans le jardin, en emportant avec eux les corps de leurs victimes. Ils s'éloignent ainsi jusque dans les champs ; puis, haletants, s'arrêtent et écoutent...

Ils n'entendent rien que le bruit lointain du bal de la reine.

Enfin Bothwell reparaît ; voyant la maison vide, il a donné l'ordre de la faire sauter ; et, comme il les rejoint, une explosion formidable retentit et éclaire la campagne d'une lueur sinistre.

Ils fuient ; car de toutes parts on va accourir.

En arrivant aux portes de la ville, une sentinelle les arrête :

— Qui vive ?

— Amis du comte de Bothwell, répondent-ils.

Cette sentinelle sera un témoin.

Mais déjà, au château, on s'inquiète du bruit que l'on a entendu. La reine s'informe de ce qui est arrivé et se transporte aussitôt sur le lieu du sinistre.

A la clarté que répand l'incendie, elle voit des paysans, au bout du jardin de la maison, former un attroupement considérable.

Plusieurs sont à genoux, en prière.

La reine se dirige vers eux ; un de ses courtisans l'invite à ne pas aller plus loin.

— Mais je veux savoir, je veux voir, dit-elle.

— Madame, que Votre Majesté s'épargne un si triste spectacle.

— Qu'est-ce donc ? Parlez !

— Madame, le roi Henri Darnley a cessé de vivre.

VII

NOUVELLES INFAMIES.

La présence de Marie sur le théâtre du meurtre fut un scandale de plus.

On disait en ce temps-là que les blessures des victimes se rouvraient à l'approche de l'assassin : Darnley était sans blessure, mais la foule s'émut d'indignation et la reine dut se retirer.

Le comte de Lenox, le père du roi, accourut, réclamant justice contre les meurtriers et accusant tout haut le comte de Bothwell.

Marie répondit en annonçant que le procès allait s'ouvrir ; le comte de Lenox demanda le temps nécessaire à une instruction.

La reine refusa.

Elisabeth intervint : — « Votre refus, lui écrivit-elle, de concéder au père et aux amis du feu roi le temps nécessaire pour mettre en évidence le crime, tournerait grandement en suspicion contre vous. Vous vous verriez ainsi repoussée par les princes du monde entier, avilie auprès des peuples, et plutôt que cela ne vienne je vous souhaiterais une sépulture honorable qu'une vie maculée. »

Mais Marie craignait la lumière et voulut l'étouffer.

Un simulacre de jugement devait tenir lieu de justice. Bothwell lui-même prépara cette infâme comédie et en distribua les rôles.

Le 12 avril, jour fixé par lui, les assises s'ouvrirent dans la maison du Tolbooth. Les jurés avaient été choisis par l'accusé entre ses pairs, ses amis et ses complices.

Argyle présidait ce tribunal.

Et pour protéger l'iniquité qui allait se commettre, 4,000 hommes occupaient les places et les rues d'Edimbourg.

Bothwell, monté sur le cheval favori de Darnley, entouré de nombreux courtisans, se rendit aux assises, le sourire aux lèvres, tandis que l'on faisait interdire au comte de Lenox d'entrer en ville avec plus de six personnes de sa suite.

L'affaire fut promptement bâclée.

Aucun témoin ne fut entendu.

Lenox fut sommé de soutenir son accusation contre Bothwell ; ce dernier plaida ensuite sa non-culpabilité et il fut acquitté à l'unanimité des voix.

Il ne restait au père de Darnley qu'à prendre la fûite ; il avait prévu l'événement et préparé des relais, il passa en Angleterre.

Le surlendemain le parlement confirma la sentence des juges, et, ne gardant plus aucune pudeur, Bothwell s'occupa de son divorce.

Le peuple, indigné, grondait sourdement autour d'Holyrood. En vain, pour calmer sa colère, Marie abolit-elle les lois contre les protestants, elle n'était plus qu'un objet d'horreur et de mépris.

Un jour, comme elle passait près du marché, une femme se leva et lui dit :

— « Que Dieu bénisse Votre Grâce si elle est innocente de la mort du roi ! »

Mais rien ne peut dissiper son aveuglement.

Elle s'est fait un front qui ne sait plus rougir.

On ne parle déjà plus à la cour et partout que de son prochain mariage avec son complice.

En vain lord Harries se rend à Edimbourg, se jette à ses pieds et la supplie de ne pas épouser celui que tout le monde considère comme l'assassin de Darnley ; en vain lord Melvil accourt de Londres pour l'éclairer sur le danger d'une action qui brave la conscience de son peuple et les sentiments des cours étrangères ; elle prétend disculpe

Bothwell, absous, dit-elle, par ses pairs et par le parlement.

Sans plus tarder, Bothwell réunit à sa table les chefs de son parti et leur déclare que la reine est disposée à l'épouser. Cependant, ajoute-t-il, comme il n'ignore point combien l'opinion lui est hostile, il serait heureux de voir ses vœux sanctionnés par la noblesse écossaise et propose à leur signature une adresse à la reine, par laquelle ils se déclarent convaincus de l'innocence du comte de Bothwell et recommandent à Sa Majesté ce noble et puissant lord comme un mari digne de leur souveraine.

L'adresse fut couverte de signatures; on n'avait rien à refuser à un maître absolu, capable de tous les crimes et qui disposait de toutes les positions et de toutes les existences.

Marie elle-même tremblait devant lui.

« Elle était éprise de lui plus que jamais, dit un historien, bien que les procédés de ce maître violent devinssent quelquefois offensants pour elle. »

Il était brutal, insolent; il la battait. Il était jaloux et, accusant sa dame de compagnie d'être sa complaisante, il la remplaçait par sa sœur.

« Vous méfiez-vous de moi? lui écrivait Marie, je veux vous mettre hors de doute et déclarer mon innocence. O ma chère vie, ne le refusez et souffrez que je vous donne épreuve de mon obéissance, fidélité, contenance et volontaire subjection. »

Sept jours après l'acquittement de Bothwell, elle signait un contrat de mariage.

Mais le deuil qu'ils étaient obligés de porter ajournait leur projet à une date beaucoup trop éloignée au gré de leur impatience. Bothwell imagina un moyen romanesque et sans précédent.

— Marie, lui dit-il, une si longue attente est au-dessus de mes forces, et, après tant d'obstacles renversés, je ne puis souffrir de me voir entravé par de vaines formalités.

— Je dois aller à Stirling, voir mon enfant, attendez mon retour, comte, et nous aviserons.

— Eh! madame, qui sait ce qui peut surgir d'ici là et ce qui peut vous arriver?

— Vous avez ma parole, le consentement de la noblesse, le pouvoir absolu, que pouvez-vous craindre?

— Je ne sais.

— Craignez-vous qu'on ne m'enlève? fit Marie en riant.

— Eh! mais... nous avons des ennemis acharnés et entreprenants... Et si l'on vous enlevait, Marie?

— Eh bien, vous voleriez à mon secours, je pense.

— Mieux que cela! s'écria Bothwell, radieux : si je vous enlevais?

— Vous? Quelle folie!

— Non point; c'est une idée qui me vient. Si je vous enlevais?... Si je me trouvais sur votre route, à votre retour de Stirling, avec un gros de cavaliers, et vous faisais, — très-respectueusement, — ma prisonnière?

— C'est insensé.

— Supposez que cela soit. Alors, vous trouvant obligée ou de punir de mort le ravisseur, ou de lui pardonner?...

— Je lui pardonnerais.

— Et vous l'épouseriez... nécessairement. Le mariage deviendrait le sceau inévitable du pardon. Je sens bien ce qu'un tel moyen a d'étrange; mais cette étrangeté même frapperait l'imagination du populaire, distrairait les esprits de considérations fâcheuses, et, en définitive, dénouerait une situation qui ne saurait, sans péril, se prolonger plus longtemps.

Oui, si l'on vous reproche un libre choix, on n'osera vous blâmer d'obéir à la contrainte... et moi, de mon côté, la passion m'absout. Le monde applaudit toujours aux audacieux.

Voyons, vous paraissez ébranlée; mon projet ne vous semble plus aussi chimérique; l'accepterez-vous?

— Dieu m'en garde, mon cher comte.

— Eh bien! il en sera comme je vous le dis.

— Quoi! malgré moi!...

— Nous verrons bien si vous m'opposerez résistance, conclut Bothwell.

Le romanesque était loin de déplaire à la reine, et, après avoir repoussé ce singulier projet, ce fut elle qui le reprit et en pressa l'accomplissement.

Marie Stuart.

Bothwell s'en étant ouvert à Huntly, et celui-ci ayant engagé Marie à ne pas se jeter dans une pareille aventure, elle écrivit au comte de se méfier de Huntly, et elle ajoutait :

— « Quant à jouer mon personnage, je sais comme je m'y dois gouverner, me souvenant de la façon dont les choses ont été délibérées. »

Cependant, le moment venu, de nouvelles difficultés surgirent.

Il lui fallut mettre dans son secret le capitaine de ses gardes, et celui-ci lui répondit « qu'il aimerait mieux mourir que la reine fût enlevée cependant qu'elle était placée sous sa garde. »

Il fallut changer d'escorte et encore une collision était-elle à craindre.

— Pour l'amour de Dieu, dit Marie dans une de ses lettres à Bothwell, soyez plutôt de trop que trop peu, car c'est le principal de mon souci.

Enfin la comédie fut jouée.

A son retour de Stirling, à six milles d'Edimbourg, la reine et son escorte rencontrèrent un corps de huit cents cavaliers, qui leur barra la route.

Marie, feignant la surprise, s'avança au devant du chef de cette petite armée. Bothwell la salua respectueusement, mit pied à terre et saisissant la bride de son cheval :

— Madame, lui dit-il en élevant la voix, que Votre Majesté consente à me suivre au château de Dunbar.

— Mais, milord, je me rends à Edimbourg.

— La sûreté de Votre Majesté et l'affection que je lui porte me font un devoir impérieux de la conduire à Dunbar.

— Mais vous attentez à la liberté de votre reine.

— La reine se conformera à la nécessité, et je la supplie de ne pas affliger par une résistance inutile le plus loyal de ses serviteurs.

— Milord, je vous suis, et cède à la contrainte.

Et se tournant vers le capitaine de son escorte qui assistait à ce colloque étrange :

— Retournez à Edimbourg, dit-elle, et que l'on y attende mes ordres.

Elle suivit Bothwell à Dunbar, et y passa quelques jours sous le même toit et à sa merci.

On ne fut pas dupe de cette comédie, et l'on n'eut pas besoin d'attendre la saisie de la correspondance que nous avons citée pour la deviner.

D'ailleurs et comme pour ajouter au scandale, pendant ce séjour à Dunbar, Bothwell faisait prononcer son divorce par l'archevêque de Saint-André, — dont il payait la complaisance.

C'était le 3 mai ; — on peut remarquer qu'il ne perdait pas de temps.

Ce même jour il ramena Marie Stuart à Holyrood.

L'entrée solennelle des deux amants à Edimbourg offrit à la population un spectacle où l'odieux le disputait au ridicule.

Le favori, à pied, conduisait par la bride la haquenée de sa royale maîtresse qui affrontait les regards railleurs de la foule.

A son retour au palais, elle fit proclamer qu'elle pardonnait au comte de Bothwell et annonça l'intention de l'épouser.

« Il ne leur reste plus maintenant qu'à tuer le jeune prince, » disait-on.

L'Eglise réformée reçut l'ordre de publier les bans et refusa tout d'abord ; mais, obligé de céder, le ministre Craig tint à ses fidèles le langage suivant :

— Je prends le ciel et la terre à témoin, dit-il, que j'abhorre ce mariage comme odieux et horrible aux yeux du monde, et j'exhorte les fidèles à adresser leurs ferventes prières à Dieu, afin qu'une union contraire à toute raison et à toute conscience soit empêchée à la satisfaction de ce malheureux royaume.

C'était un noble et courageux langage et qui justifiait malheureusement l'opposition fanatique que Marie Stuart avait rencontrée de la part de Knox.

La noblesse au contraire accueillit avec la plus lâche complaisance la déclaration où la reine lui disait qu'elle était décidée à s'unir « à ce noble et puissant prince, afin de sortir de son solitaire veuvage et d'augmenter sa descendance. »

Le mariage fut célébré le 15 mai à Holyrood selon les deux rites chrétiens.

Craig y assista.

Il y avait trois mois qu'Henri Darnley avait été assassiné.

VIII

LES MARIAGES DU MOIS DE MAI TOURNENT MAL.

C'est un proverbe latin que l'on trouva placardé sur les murs d'Holyrood le lendemain des noces.

Mais Marie Stuart n'eut pas à attendre jusqu'au lendemain pour le voir se vérifier.

Le soir même du mariage le nouvel époux, fort de ses droits, lui fit une scène violente.

Une lettre de Du Croc, ambassadeur de France, en fait part à Charles IX :

« *Jeudi, 15 mai*. — Sa Majesté m'envoya quérir où je m'aperçus d'une étrange façon entre elle et son mari ; ce qu'elle me voulut excuser, disant que, si je la voyais triste, c'est parce qu'elle ne se voulait réjouir, comme elle dit ne le faire jamais, ne désirant que la mort. »

« *Vendredi 16*. — Hier étant renfermés tous deux dans un cabinet avec le comte de Bothwell, elle cria tout haut qu'on lui baillât un couteau pour se tuer.

« Ceux qui étaient dans la chambre l'entendirent. Ils pensent, si Dieu ne lui aide, qu'elle se désespérera. »

C'était supposer chez Marie ce qui n'existait déjà plus chez elle, le respect de soi-même.

Sa passion pour ce brutal, sa complicité dans le crime, l'avaient avilie à ses propres yeux.

Ce n'est plus la pensionnaire de Saint-Germain ni l'épouse de François II, ce n'est plus une souveraine, c'est déjà

La fille de taverne,
La fille qui boit du vin bleu,
Qui veut dans ses amants un bras qui la gouverne.

Plus Bothwell la maltraite, plus elle l'aime.

Et les vers suivants, trouvés plus tard dans sa cassette, en sont le curieux témoignage :

Et vous doutez de ma ferme constance,
O mon seul bien et ma seule espérance,
Et ne vous puis asseurer de ma foy.
Vous m'estimez légère, que je voy,
Et si n'avez en moy nulle asseurance
Et soupçonnez mon cœur sans apparence,
Vous défiant à trop grand tort de moy.
Vous ignorez l'amour que je vous porte,
Vous soupçonnez qu'autre amour me transporte,
Vous estimez mes paroles du vent,
Vous dépeignez de cire mon, las, cœur,
Vous me pensez femme sans jugement,
Et tout cela augmente mon ardeur.

Ce dernier vers est assez éloquent !...

Il fallait donc cette injurieuse et brutale jalousie pour se faire aimer d'elle.

On en arrive à plaindre Darnley, à soupçonner Riccio, à excuser Chastelard.

Cependant, comme Bothwell n'était pas moins insolent avec tout le monde, et que ses alliés gorgés de faveurs n'avaient plus rien à attendre de lui, une ligue se forma des signataires mêmes de cette adresse à la reine dont nous avons parlé.

Toujours les mêmes : Argyle : Athol, Morton, Ruthwen, de Grange, Lindsay.

Ils s'entendirent pour se débarrasser du tyran et s'emparer du jeune prince.

Avertis de leurs projets, Bothwell et Marie se retirèrent au château-fort de Borthwick, à dix milles de la capitale, dont ils redoutaient le soulèvement.

Les confédérés se mirent à leur poursuite. Ils tentèrent de les enlever.

Mais le couple royal s'échappa dans la nuit, à l'aide d'un déguisement, et se renferma à Dunbar.

Les confédérés levaient des troupes, non contre la reine, disaient-ils, mais contre Bothwell, « lequel, après avoir tué le roi, s'être emparé de la reine, et avoir procédé avec elle à un mariage déshonnête, assemblait ses forces pour se délivrer du jeune prince par le meurtre. »

En deux jours ils réunirent 2,500 hommes.

Ils firent peindre sur des bannières le cadavre du roi, et, à côté, son jeune fils à genoux, avec cette devise : — « O Dieu ! juge et venge ma cause ! »

Cette peinture eut un succès immense.

De son côté, Bothwell avait levé des troupes nombreuses ; mais ces troupes ne marchaient que pour leur solde et étaient presque honteuses de la cause qu'elles étaient appelées à défendre.

En vain Marie se mettait à leur tête, à cheval, « et habillée d'une cotte rouge qui ne lui venait qu'à mi-jambe, » et ses plus habiles discours les laissaient froids.

Les deux armées se rencontrèrent à Corberry-Hill.

Avant que l'on en vînt aux mains, Du Croc, l'ambassadeur de France, offrit sa médiation.

Il se rendit, de la part des confédérés, près de Marie Stuart.

Il assura à la reine que les lords n'avaient contre sa personne aucun sentiment hostile, qu'ils ne s'étaient levés que contre Bothwell.

— Que cet homme s'éloigne, dit-il, et que Votre Majesté suive sa noblesse fidèle à Edimbourg, et il n'y aura point de sang versé.

— S'il en est ainsi, répondit Bothwell, je ne veux point que le sang coule pour moi seul. J'offre de me battre seul avec un des vôtres, et le sort des armes décidera ainsi de notre querelle.

Marie refusa de permettre ce duel ; mais ses officiers, et bientôt après son armée le réclamèrent à grands cris.

La reine céda.

Bothwell réclama Morton pour adversaire.

Lindsay s'offrit.

Les soldats, devenus simples spectateurs, se mêlèrent ; et de Grange, profitant du désordre, tourna la hauteur de Corberry, et coupa à l'armée royale sa retraite sur Dunbar.

Alors ce fut dans les troupes de Marie un sauve-qui-peut général.

La reine est bientôt seule au milieu de quelques cavaliers fidèles. Lord Kirkaldy s'avance vers elle et lui renouvelle la demande déjà faite par Du Croc.

Elle garde le silence, suffoquée par la colère et la douleur.

— Je vais prendre congé du comte, dit-elle enfin, et je vous suis.

Bothwell et cinq ou six des siens étaient sur la colline, la reine le rejoignit.

On les vit s'entretenir un instant, puis s'embrasser. Bothwell monta à cheval, tendit une dernière fois la main à Marie et enfin partit au galop vers Dunbar.

La reine revint vers les confédérés, vaincue, sinon résignée.

Les lords prirent d'abord son abattement pour de la résignation, et l'entourèrent des témoignages de leur dévouement et de leur respect.

Tout alla bien jusqu'aux environs d'Edimbourg, mais là, tout à coup, à la nouvelle que des partisans de Bothwell étaient dans le voisinage :

— Je veux les voir et leur parler, dit la reine.

— Madame, répondit lord Lindsay, nous ne pouvons y consentir.

— Suis-je donc votre prisonnière ?

— Ce sont nos ennemis et les vôtres.

— Les amis de mon mari !

— D'un traître.

— Lindsay !... (Et elle lui prit la main avec emportement.) Par la main qui est maintenant dans la vôtre, j'aurai votre tête pour cela !

— Ah ! madame, s'écria Morton, nous croyions avoir mieux mérité de vous.

— Est-ce ainsi, ajouta Athol, que notre modération est récompensée ?

— Athol !... Morton !... repartit la reine, folle de colère, — vous, je vous ferai pendre !...

Les lords se tinrent pour avertis, et dès ce moment la traitèrent en prisonnière.

L'insensée ! Elle n'eut plus un ami pour la protéger à son entrée dans une capitale exaspérée contre elle !...

Signez, Madame, votre vie, votre liberté est à ce prix. — Page 167, col. 1

Elle rentra précédée de la fameuse bannière au milieu des huées de la population et on l'enferma dans une chambre de la maison du prévôt.

Traitée comme une criminelle, séparée de ses femmes, sans lumière, pendant la nuit elle fut en proie au délire. Elle ouvrit sa fenêtre et se prit à crier au secours...

Mais on se réjouissait de son châtiment, et le lendemain, au lever du jour, on plaça la bannière des confédérés en face de sa fenêtre. Cette vue faillit la rendre folle.

Elle se précipita de nouveau à sa fenêtre, sans vêtements, les cheveux en désordre avec des cris affreux, jusqu'à ce que de bonnes âmes en eussent compassion et retirassent la bannière.

Cette scène fit craindre pour sa raison. Quelques lords lui firent visite.

— Que veut-on faire de moi? dit-elle à Lethington. Qu'on me délivre de cette prison. Je renonce à tout, à mes biens, à ma couronne, à l'Ecosse. Qu'on me laisse rejoindre le comte, et que l'on nous donne un navire; nous irons tous deux où nous conduira la fortune.

Cependant les lords, après une délibération solennelle, prenaient les décisions suivantes :

« La personne de Sa Majesté sera séquestrée de toute relation avec le comte de Bothwell et tous ceux qui pourraient avoir intelligence avec lui, pour le faire échapper au juste châtiment de ses crimes.

« Ne trouvant pas de place plus convenable et plus commode pour la demeure de Sa Majesté que le château de Lochlewen, nous ordonnons de l'y enfermer et de l'y garder en sûreté. »

Dans la nuit du 16 au 17 juin, Marie Stuart fut transférée à sa nouvelle prison. Le voyage s'accomplit sans résistance ni plainte; ses compagnons de route étaient d'ailleurs inaccessibles à la pitié : c'était Lindsay, à qui elle avait promis de faire couper la tête, et le farouche Ruthwen.

IX

LE CHATEAU DE LOCHLEWEN. — AMOURS DE PAGES.

La nouvelle résidence de Marie Stuart était un château-fort construit sur un îlot, au milieu d'un lac. Lochlewen eût fait le bonheur d'une imagination poétique et romanesque. Walter-Scott n'a jamais rien décrit de plus pittoresque.

Mais la reine n'avait le droit, ni de se promener sur les eaux bleues du lac, ni de chasser dans les montagnes qui bornaient l'horizon, et elle allait être gardée à vue dans cette forteresse.

Lochlewen appartenait à William Douglas, fils de Marguerite Erskine, et ainsi frère utérin du comte de Murray.

Lady Erskine, ancienne maîtresse du roi Jacques V, avait eu du père de Marie Stuart ce Murray, qui, à ses yeux, était le véritable héritier de la couronne.

C'était donc à une de ses ennemies les plus acharnées qu'était confiée la garde de Marie Stuart. Ajoutons que, chez la vieille dame, à ses rancunes, à ses prétentions, se joignait la haine que tout fidèle presbytérien éprouvait pour une papiste.

Se trouver en contact journalier avec lady Erskine devait être pour Marie un singulier supplice. La présence de la geôlière aggravait la peine de la réclusion.

Cependant, au dehors, un nouvel orage se soulevait contre elle.

Le 20 juin, un familier de Bothwell, nommé Dalgleish, avait été arrêté alors qu'il s'apprêtait à rejoindre son maître, réfugié au nord de l'Ecosse. Ce Dalgleish était porteur d'une cassette d'argent, au chiffre de François II, que Marie avait donnée à son amant. On s'en empara, et on y trouva toute la correspondance de Marie avec Bothwell, avant et après la mort du roi, ainsi que le contrat de mariage signé par elle, sept jours après l'acquittement du comte.

Ces lettres contenaient les révélations les plus graves; elles prouvaient que les relations de Marie Stuart avec Bothwell étaient antérieures à la mort de Darnley; elles établissaient la complicité de la reine dans le meurtre de son mari et l'enlèvement qui l'avait suivi.

Dalgleish et le portier du palais, arrêté peu après, complétèrent, par leurs aveux, ces terribles révélations.

Alors l'indignation publique se souleva.

Justement le célèbre Knox revenait d'Angleterre.

On demanda l'abdication de la reine et sa mise en jugement.

La noblesse se décida à exiger l'abdication et à prononcer ensuite contre la reine déchue la peine du bannissement.

Lord Melvil fut envoyé à Lochlewen avec un acte d'abdication.

— Signez, madame, lui dit-il, votre liberté, votre vie est à ce prix. Le peuple, soulevé contre vous, demande que vous soyez mise en jugement. Traduite devant les assises, vous jouez votre tête.

— Non, répondit-elle, j'aime mieux renoncer à la vie que de renoncer à mes droits.

— Cédez à la nécessité et vous verrez après.

Elle comprit qu'elle pourrait plus tard annuler cet acte, et cependant elle hésitait encore...

Lindsay entra ; il prit une plume et la lui tendit sans mot dire.

Elle obéit et signa.

— Et maintenant, dit-elle, n'étant plus votre reine, j'ai cessé d'être votre prisonnière. Je suis libre ?

— Non, madame, dit Lindsay. Votre noblesse va couronner roi le prince votre fils, et nommer un régent, — alors seulement vous pourrez être rendue à la liberté, si vous consentez à quitter le royaume.

Avant de prendre le pouvoir, Murray alla à Lochlewen. Marie espérait l'attendrir, mais elle ne trouva en lui, au lieu d'un frère, qu'un juge sévère de ses crimes et de ses extravagances.

— Vous n'avez plus rien à attendre que de la miséricorde de Dieu, lui dit-il.

Et il la quitta plus désolée que jamais.

Il s'était bien gardé de lui confier qu'Elisabeth avait protesté contre sa déposition. Elle voyait dans cet acte un précédent dangereux pour les droits de tous les souverains et avait déclaré à Murray que, sans sympathies pour Marie Stuart, mais dans un intérêt de politique générale, elle était résolue à rétablir la reine d'Ecosse sur son trône et à punir ses sujets rebelles.

« Il n'est pas conforme à la nature, disait-elle, que la tête soit soumise aux pieds. »

Mais ces protestations demeurèrent stériles, et Marie Stuart avait trouvé tout près d'elle un allié plus dévoué et plus actif que sa bonne cousine d'Angleterre.

Dans la solitude sauvage de Lochlewen, loin du monde, des intrigues ambitieuses, du fanatisme politique et des autres passions, était né et avait grandi un bel adolescent de dix-huit ans, de cette nature élégante et fine dont les portraits de Van Dyck nous ont gardé quelques types charmants

Ce grand garçon au front pur, aux traits délicats, aux grands yeux rêveurs, se nommait Georges Douglas et était un des petits-fils de Marguerite Erskine.

L'arrivée de Marie Stuart dans sa solitude avait été l'événement le plus considérable de sa vie.

Tout d'abord ce qu'il avait appris de cette reine l'avait rempli d'une curiosité mêlée d'effroi. Lady Erskine et le laird de Lochlewen faisaient de la papiste adultère une monstrueuse peinture. Ce n'était pas une femme, mais un démon.

On lui préparait une prison ; on s'assurait des serrures, on mettait des grilles aux fenêtres, on doublait les gardes.

Sa surprise fut grande en voyant arriver une jeune femme éplorée, n'opposant qu'une douceur résignée à toutes ces mesures de rigueur.

Par curiosité d'abord, puis bientôt par un tendre intérêt, il accompagna lady Erskine dans quelques-unes de ses visites à la royale captive.

Le langage de Marie, si différent de la rudesse grossière des montagnards, son courage, et la trace visible de ses larmes, le séduisirent peu à peu. Il douta des crimes reprochés à Marie, il ne vit plus que l'éclat de sa chute et l'abîme de sa misère.

Puis il ne vit plus la reine, il ne vit que la femme...

Il s'éprit d'elle.

Marie lut dans ses yeux et encouragea sa timidité.

Il avait pour confident un jeune page, son parent, William Douglas. Ce page avait seize ans et, séduit comme lui, soupirait aussi, mais en secret, plus à l'écart et plus bas.

William était chargé de servir les repas de la prisonnière ; Georges l'accompagnait souvent. Ni l'un ni l'autre n'avaient la hardiesse proverbiale des pages.

Un propos affectueux ou flatteur tombé des lèvres de la reine les faisait rougir et palpiter.

— A quoi bon venir, dit un jour William à son aîné, si tu n'es pas plus brave que moi ? Chaque soir tu prends une belle résolution de lui parler, puis, le moment venu, tu trembles.

— Et cependant je lui ai voué ma vie, répliquait Georges avec exaltation. Et pour elle je braverai la colère de lady Marguerite, de mon père et du régent !... Mais sais-tu ce qui me gêne ?

— Non.

— Ne t'en fâche pas... Eh bien ! c'est toi.

— Moi ! fit le page avec une douloureuse surprise.

— Toi, mon confident, mon second moi-même. C'est étrange, je te dirais bien d'avance ce que j'ai à lui dire et tu le sais, mais il me semble qu'il serait plus convenable que je fusse seul.

— Oui, dit William, tu as raison, il vaut mieux à cause d'elle. Eh bien, demain, après le dîner servi, je me retirerai et tu resteras... mais je te vois pâlir...

— Ah !... je ne suis pas sans crainte... Pense donc, William, une reine !...

— Mais une reine détrônée et qui d'ailleurs est très-aimable avec toi.

— Tu trouves ?

— Elle te parle avec des yeux fort doux.

— Vraiment !

— Elle te prend la main et la garde longtemps dans la sienne.

— Je lui parais sans conséquence.

— Elle t'appelait d'abord sir Douglas et maintenant elle t'appelle Georges.

— C'est vrai.

— Elle avait la main posée sur ton épaule et par moments jouait avec les boucles de tes cheveux quand elle m'a dit : Viens aussi près de moi, William, vous êtes deux aimables enfants.

— Des enfants !

— Parce que je n'ai que seize ans, moi. Mais à ta place je sais bien ce que j'aurais répliqué.

Madame, lui aurais-je dit, l'enfant qui vous parle sent dans sa poitrine un cœur d'homme pour vous aimer et vous servir.

— Oh ! mon cher William, lorsque je suis auprès d'elle, que sa main me touche, que son regard m'enveloppe, je me sens comme sous une puissance magique qui me prive de ma présence d'esprit... Puis, rendu à moi-même, je m'accuse d'avoir été ridicule et sot. Mais, je te le promets, demain je serai un homme.

Le lendemain tout se passa ainsi qu'il avait été convenu entre les deux amis.

William se retira, Georges demeura en présence de la reine qui se mettait à table.

Il fléchit le genou devant elle :

— Madame, dit-il d'une voix étouffée.

— Qu'y a-t-il, Georges ? fit la reine en s'empressant de le relever. — Voyons, mon ami, asseyez-vous là près de moi.

— Non, madame, c'est à genoux que je dois vous parler, car j'aurai besoin de votre pardon.

— Qu'est-ce donc, cher enfant ? insista Marie en passant doucement la main sur le front de Georges. Que vous est-il arrivé ?

— Ce qui devait arriver fatalement, madame, à un pauvre garçon admis en la société de la plus belle et de la plus infortunée des reines.

— Pauvre Georges, ne le sais-tu pas, ceux qui m'ont aimée ont payé leur amour de leur vie !

— Aussi, madame, ma vie est à vous quand vous voudrez la prendre. Si j'étais plus âgé, j'aurais une fortune et des gens à votre service. Je lèverais des troupes et combattrais pour votre cause, mais si peu que je sois, peut-être vous serai-je utile, si vous le voulez bien.

— Que veux-tu dire ? fit Marie avec vivacité.

— Que je puis vous aider à fuir de cette prison.

— Ah ! parle, as-tu quelque moyen ?... Aide-moi à fuir, mon ami, et pour récompense...

— Je demanderai à la reine Marie...

— Des honneurs, des titres, une fortune...

— Un baiser.

Fuite de Marie Stuart.

— Prends d'avance, Georges, s'écria Marie avec la prodigalité qu'inspire le bonheur.

Mais comme Georges prenait sans compter :

— Holà ! dit-elle, ou plus tard il ne resterait plus à la reine que des titres et des domaines à te donner.

Mais, voyons, que comptes-tu faire pour m'aider à m'échapper d'ici ?

— C'est demain samedi, dit Georges, les lavandières viendront au château apporter le linge. Ce jour-là lady Marguerite est très-occupée ; c'est aussi le jour où plusieurs tenanciers apportent leurs redevances en légumes et en volailles, il y a entre Lochlewen et la rive un mouvement incessant de batelets et les portes sont moins gardées. Si ma reine y consent, elle prendra le costume d'une paysanne, une grande coiffe qu'elle abattra sur son front et un panier au bras, un mouchoir sur la joue ; elle ira prendre place parmi les lavandières à qui l'on fait passer le lac.

— Très-bien. Et toi ?

— Moi je serai déjà sur l'autre rive avec des chevaux cachés dans un petit bois.

— A merveille.

— Et de là nous fuirons vers l'ouest.

— Pourquoi l'ouest ?

— Parce que, dans le Lothian, vous avez encore des amis qui vous sont restés fidèles.

— Oh ! fit Marie enthousiasmée, tu es aussi intelligent que brave... Eh bien, procure-moi ce costume de paysanne, et demain soir nous galoperons tous deux vers le Lothian.

Ce fut William qui remit le costume à la reine, et lui donna les derniers avis qui lui étaient nécessaires pour sortir du château sans embarras.

Georges était déjà avec ses chevaux sur l'autre rive.

Marie, habituée, par sa vie aventureuse, à jouer les travestis, se déguisa à merveille et sortit sans être remarquée.

Quelques paysannes attendaient le passeur; elle se tint à l'écart d'abord; puis, la barque arrivée, courut y prendre place, à une des extrémités.

La barque prit le large.

Elle tenait un mouchoir sur son visage; le batelier le remarqua ; c'était un jeune homme habitué à plaisanter avec ses passagères.

— Tiens ! fit-il, quelle est donc celle-là qui se cache ? Par mon patron, quels beaux yeux et quelle peau blanche ! Pourquoi donc te cacher, si tu es jolie ?

Et il écarta brusquement le mouchoir dont Marie se faisait un voile.

Un cri de surprise échappa aux lavandières.

Une d'elles, qui avait vu plusieurs fois Marie, la reconnut.

— Oh ! dit-elle, celle-ci n'est point des nôtres.

— D'où êtes-vous donc, ma belle ? demanda le passeur.

Marie garda le silence. Son langage l'eût trahie plus encore que la blancheur de son teint.

— Elle est de Lochlewen, reprit la lavandière, je l'y ai vue souvent, et je reconnais bien la reine Marie.

— La prisonnière ! s'écria le passeur effrayé.

Alors, se voyant découverte :

— Oui, mes amis, dit la reine en se levant, oui, je suis la malheureuse prisonnière de Lochlewen; j'échappe à mes bourreaux ; mais je ne vous oublierai point quand je serai libre. Passeur, reprends tes rames, ta fortune est assurée.

Le visage riant du batelier s'assombrit soudain.

— Madame, dit-il, je ne suis qu'un pauvre batelier qui reçoit son pain du laird de Lochlewen ; si je passe à l'autre rive, ce soir je serai pendu.

— Tu peux fuir avec moi.

— Non, madame.

— Que fais-tu ?

— Je regagne le château.

— Tu livres ta reine !

— Je ne connais pas de reine.

— Quoi ! tu es sans pitié pour une malheureuse prisonnière.

— Ma femme et mes enfants seraient plus malheureux que vous, car je serais pendu.

Et, tout en parlant ainsi, le passeur jouait vigoureusement des rames et regagnait la rive de Lochlewen.

Prières, supplications, promesses, tout fut inutile.

Et, un instant après, Marie, humiliée, la rage dans le cœur, était reconduite dans sa chambre par lady Erskine, qui ne lui épargna ni les reproches, ni les menaces.

Quant à Georges, il ne tarda pas à apprendre, par les paysannes qui revenaient du château, ce qui s'était passé. Deux amis, appartenant aux familles Hamilton et Seton, qui lui avaient amené les chevaux, les emmenèrent, et il rentra à Lochlewen sans être soupçonné.

X

NOUVELLE TENTATIVE D'ÉVASION. — ENCORE BOTHWELL.

Le pauvre Georges était fort triste, mais Marie lui rendit bientôt tout son courage.

William, lui, avait de l'énergie pour trois.

— Si mon ami Georges avait été compromis, madame, vous auriez pu compter sur moi ; car mon cœur et ma vie sont à vous.

On ne sait ce que répondit Marie à cette déclaration nouvelle, mais ce qui est certain, c'est que ce fut avec le petit page qu'elle combina les moyens de sa dernière tentative d'évasion.

Georges entra dans le complot, mais comme complice. Le plan fut tracé et exécuté par William.

Voici comment les choses se passèrent.

Selon la coutume féodale, les repas à Lochlewen étaient pris en commun. Une seule table réunissait les maîtres et les serviteurs.

William avait l'honneur de servir à table le laird et lady Marguerite.

Le soir, quand tous les travaux étaient terminés, la cloche sonnait pour le dernier repas, et tout le monde se dirigeait vers la salle à manger. Le capitaine chargé de la garde de la forteresse avait terminé sa ronde, fermé les portes, et venait en déposer les clefs sur la table vis à vis de son seigneur.

Les clefs restaient là jusqu'à la fin du souper.

Le soir du 2 mai, en posant sur la table le dernier plat, William laissa tomber une serviette sur les clefs et les enleva.

C'était de l'audace !

Déjà Marie, prévenue, avait revêtu le costume d'une femme de service également dérobé par le page ; la maison était déserte ; tous deux sortirent du château, ouvrant et refermant derrière eux, et gagnèrent le bord de l'eau.

Cette fois ils n'eurent pas recours au passeur ordinaire pour traverser le lac.

Sur la rive opposée ils trouvèrent Georges avec des chevaux, de ces poneys écossais dont l'ardeur est infatigable.

Ils galopèrent toute la nuit, ne prenant pas même le temps de rire du désappointement qu'avait dû éprouver le laird de Lochlewen en ne trouvant plus ses clefs, et de la fureur de lady Erskine en s'apercevant de l'évasion de sa prisonnière.

Ils ne s'arrêtèrent qu'au château de Niddry, résidence des Seton dans le Lothian occidental.

Après un repos de quelques heures, la reine et ses jeunes écuyers se rendirent au château d'Hamilton.

De là elle envoya aussitôt des émissaires à ses partisans. L'archevêque de Saint-André accourut un des premiers, et après lui lord Claude avec cinquante chevaux ; ce fut le noyau d'une petite armée qui grossit rapidement de jour en jour.

Elle envoya des amis en France et en Angleterre.

Hepburn de Riccarton, ancien serviteur de Bothwell, partit pour Dunbar afin de s'assurer de cette place et d'avertir son maître.

Une réaction aussi prompte qu'extraordinaire se manifesta partout en sa faveur. L'insolence de ceux qui lui avaient succédé au pouvoir, sa captivité, les rigueurs déployées contre elle, l'impunité que les assassins de Darnley s'étaient assurée en brûlant le pacte secret qui les avait unis pour le crime, tout cela lui avait rendu un grand nombre de sympathies.

Enfin l'imagination populaire est volontiers séduite par des traits d'audace tels que cette évasion de Lochlewen.

Pour d'autres raisons une grande partie de la noblesse se déclara pour elle. Les ambassadeurs de France et d'Angleterre vinrent la féliciter.

Avant la fin de mai elle comptait déjà une armée de plus de six mille hommes.

Il ne lui manquait plus que Bothwell, mais celui-ci était resté introuvable, et elle ne devait plus le revoir.

Qu'était-il devenu ?

Nous pouvons l'apprendre de suite à nos lecteurs.

Bothwell n'avait pu songer à tenir dans Dunbar. Il gagna Perth, s'y empara de trois galères et fit voile vers le nord.

La reine l'avait fait duc d'Orkneys ; les îles d'Orkneys ou Orcades sont situées à l'extrémité septentrionale de l'Écosse ; c'est un archipel de terres stériles et d'écueils, sous le 59e degré de longitude. Dans ce domaine désolé habitent quelques misérables pêcheurs dont le duc ne pouvait espérer tirer les moindres ressources.

Mais il n'avait pas le choix de ses résidences, et lord de Grange, monté sur des navires de guerre, lui donnait la chasse et le serrait de près.

Des îles Orcades, il s'enfonça plus au nord aux îles Shetland.

Son ennemi l'y suivit ; il l'eût suivi jusqu'en Islande. Il lui donna la chasse à travers les passes les plus dangereuses. Il parvint à capturer deux de ses galères ; mais, monté sur un navire qui tirait trop d'eau pour ces parages, en voulant attaquer le bâtiment de Bothwell, il s'échoua.

L'ex-roi d'Ecosse regagna la mer du Nord, et de Grange rentra à Edimbourg sans savoir ce qu'il était devenu.

Cependant une tempête avait jeté Bothwell sur les côtes de Norwége.

Visité par un navire danois et trouvé sans papiers, il fut considéré comme pirate et emmené en Danemark.

A Copenhague, il parvint à se faire reconnaître par le roi Frédéric II, mais, comme il ne jouissait point auprès de ce prince de plus de considération qu'il n'en méritait, il n'en obtint aucune assistance.

Frédéric II, plus tard, donna avis au comte Murray du séjour de Bothwell en Danemark. Murray réclama son extradition, mais le roi la refusa et enferma Bothwell dans la forteresse de Malmoë.

L'assassin de Darnley y resta jusqu'à sa mort en 1576, et expia ainsi ses crimes par neuf années de détention.

Revenons à Marie Stuart ; elle n'était pas encore au terme de ses aventures.

Elle restait en présence d'un ennemi aussi habile que déterminé. Murray, surpris comme tout le monde à la nouvelle de l'évasion de Marie, n'avait pas tardé à se remettre et à se préparer à la défense d'un pouvoir si longtemps convoité et obtenu au prix de si pénibles intrigues.

Marie lui fit des offres de conciliation.

Il était alors à Glasgow ; il n'était pas en mesure, il assistait chaque jour à une défection nouvelle, il tâcha de gagner du temps et demanda à réfléchir.

Mais en dix jours il avait réuni une armée de quatre mille hommes des meilleures troupes, et l'avait munie d'une excellente artillerie.

Alors il déclara qu'il était prêt à défendre le pouvoir qui lui avait été confié par le Parlement et les lords du royaume et entra en campagne.

Appuyé sur Glasgow, il laissa l'armée royale quitter les montagnes et descendre vers la Clyde.

Marie allait jouer son sort en une seule bataille, et elle n'ignorait pas que Murray avait dans le corps des arquebusiers et dans son artillerie les éléments d'une victoire.

XI

LA BATAILLE DE LA CLYDE ET CE QUI EN RÉSULTA.

Les premières escarmouches lui furent favorables, et Murray, qui s'était porté jusqu'à Dumbarton, se retira sur la Clyde.

Là, se livra la bataille.

L'armée de Marie était remplie d'ardeur, mais manquait d'un chef unique et habile. Murray, au contraire, avait pour lui l'expérience et le sang-froid. La lutte fut chaude des deux côtés, mais la fin de la journée appartint au régent, et, comme toujours à cette époque, les vaincus se débandèrent.

Marie Stuart, vivement poursuivie, ne dut son salut qu'à la vitesse de son cheval et aux ombres de la nuit.

Elle gagna l'abbaye de Dundreman près du golfe de Solway. Là, elle était obligée de prendre la mer, mais elle avait le choix du pays où elle jugerait bon de se réfugier.

Ses meilleurs amis et les plus éclairés lui conseillaient de fuir en France ; là, elle avait pour elle le parti catholique, Charles IX et sa famille de Lorraine.

Par une aberration inexplicable, elle choisit l'Angleterre et elle alla se jeter sur les côtes du Cumberland !

Pour échapper à Murray elle alla se mettre à la merci d'Elisabeth.

Son arrivée à Londres produisit la plus fâcheuse impression. Le peuple anglais était monté contre elle, et elle devait éviter de se montrer en public.

La réception que lui fit Elisabeth eût dû lui montrer de suite le danger qu'elle courait.

La reine lui exposa qu'elle ne pouvait sans se compromettre l'autoriser à séjourner à Londres.

Elle lui assigna pour résidence le château de Tutbury dans le comté de Stafford, et la plaça sous la surveillance du comte de Shrewsbury, duc de Norfolk.

C'était l'exil et presque la captivité dans un pays hostile.

Ajoutons que le Northumberland confinant à la frontière écossaise, Marie Stuart à Tutbury n'était pas à l'abri d'un coup de main s'il eût plu au régent d'en tenter un.

Mais à peine en tête à tête forcé avec le duc de Norfolk, Marie entreprit sa conversion. Le duc n'était plus jeune et devait effacer les souvenirs encore récents de Georges et de William Douglas. La séduction était le grand, l'unique expédient de Marie Stuart, l'amour tenait les clefs de sa politique.

Elle ne songeait pas à fuir d'Angleterre, mais elle pensait à organiser ou plutôt à achever d'organiser une ligue des souverains catholiques en sa faveur.

Elle avait besoin pour cela du silence ou de la complicité effective du duc de Norfolk ; elle l'obtint.

Un nommé Ridolfi était en route pour sa cause perdue ; il avait visité la cour de Rome et la cour de l'Escurial ; les agents diplomatiques d'Elisabeth s'étaient tenus au courant de ses démarches, et grand avait été le scandale à Londres en apprenant que le duc de Norfolk s'y trouvait mêlé.

Le complot de l'ex-reine fut dénoncé au Parlement, ses agents et le duc lui-même furent arrêtés.

Un procès s'ouvrit. On y entendit contre Marie Stuart les aveux et les témoignages les plus accablants.

La fermentation fut extrême à Londres.

Après la condamnation des complices de Marie et l'exécution du malheureux duc, on demanda hautement la mise en jugement de Marie Stuart.

On demanda même son exécution, sa cause paraissant suffisamment entendue.

Dans le même temps et comme si la fatalité avait décidé d'accumuler tous les éléments d'une tempête, les événements survenus en Ecosse et peu après sur le continent s'élevaient comme autant d'accusateurs contre Marie.

Le régent Murray était assassiné.

La voix publique en accusait sa sœur.

Le comte de Lenox lui succédait et peu après il avait le même sort!...

Personne ne doutait que celle qui avait fait tuer Henri Darnley n'eût fait tuer son père. Le crime semblait rayonner autour de cette femme funeste.

Enfin, le 24 août 1572, s'accomplit le massacre de la Saint-Barthélemy!...

La nouvelle de ce massacre, ses détails horribles, attisèrent la fureur des protestants de tous les pays, mais plus encore des Anglais, à qui le complot de Marie Stuart semblait l'avoir annoncé.

Cette femme n'avait-elle pas recherché l'appui de Charles IX, du pape Grégoire XIII et de Philippe II? N'était-elle point du sang des Guises?... Ils tenaient une des coupables de ce crime de lèse-humanité, la laisseraient-ils échapper?

Les sentiments de la cour différaient peu de ceux du peuple. En vain l'ambassadeur de Charles IX, M. de Fénelon, se montra pénétré de douleur et de honte, en vain répéta-t-il, dans une audience solennelle, l'imputation faite à Coligny d'avoir conspiré contre le roi et la famille royale.

Elisabeth parut, en cette occasion, comme un juge qui interroge et condamne un coupable; elle donna à cette audience l'appareil lugubre qui convenait au sujet. Un morne silence régnait dans les appartements; la reine était sur son trône, en habits de deuil; les grands et les dames de la cour, rangés autour d'elle, en habits de deuil, semblaient pleurer avec elle sur les ruines de l'autel, la honte du trône, l'outrage fait à l'humanité. L'ambassadeur s'avance : il n'est salué de personne; personne ne l'honore d'un regard : il représentait Charles IX. Il balbutie l'odieuse récrimination que son cœur démentait. Elisabeth la réfute avec force et dignité.

Tel était l'état des esprits, quand fut demandée la mise en jugement de Marie Stuart. On peut affirmer que la Saint-Barthélemy pesa d'un grand poids dans les circonstances qui précipitèrent le sanglant dénouement de ce drame. Sans nous arrêter aux nombreux incidents qui se succédèrent, nous nous bornerons à raconter comment mourut la reine d'Ecosse.

XII

L'ÉCHAFAUD.

Marie, gardée, à Tutbury, par sir Annas Paulet, subit alors une détention rigoureuse. On parla même de la faire égorger dans sa prison.

Le 25 septembre 1586, l'ordre fut donné de la transporter à Fotheringay, comté de Northampton.

Elisabeth ordonna que sa chambre et son lit fussent tendus de noir.

Tout conseil, toute assistance lui furent refusés.

Bientôt elle vit paraître le chancelier d'Angleterre, à la tête d'une commission de vingt lords, choisis par sa perfide ennemie. Elle refusa de répondre à l'interrogatoire et protesta de son innocence.

Enfin la sentence de mort fut rendue. Il fallait encore le *warrant* de la reine, mais Elisabeth hésitait ; elle eût préféré une exécution secrète, disons mieux, un assassinat. Elle signa néanmoins, en disant avec un sourire : « Allez apprendre cette nouvelle à Walsingham ; mais, comme il est malade, j'ai peur qu'il n'en meure de chagrin. »

Or Walsingham était un ennemi de Marie.

Les commissaires nommés pour l'exécution se rendirent à Fotheringay. Marie allait se coucher. Elle reprit son manteau et fit ouvrir la porte de sa chambre. On lui signifia qu'elle eût à se tenir prête pour le lendemain.

— Je remercie Dieu, dit-elle, de mettre un terme à tant de misères !

— Votre mort était nécessaire au progrès du culte, lui dit le comte de Kent.

— J'aurai donc le bonheur de mourir pour la foi de mes pères, répliqua Marie.

Elle défendit à ses filles d'honneur de pleurer et passa dans son oratoire, d'où elle revint au bout de deux heures. Elle prit quelque nourriture afin de conserver toutes ses forces.

Elle écrivit ensuite au roi de France pour lui recommander ses serviteurs. Le lendemain, 18 février, elle s'habilla d'une robe de velours noir, aidée par ses *quatre Marie*.

— Jurez-moi, leur dit-elle, de vous réfugier en France. Vous savez que j'aimai toujours ce pays ; on m'y pleurera, tandis que je serai heureuse !

On frappa à la porte ; elle fit ouvrir ; les commissaires de la reine entrèrent.

Marie prit un petit crucifix d'ivoire et les suivit.

Ce crucifix irrita le comte de Kent qui lui reprocha son idolâtrie. Et comme on voulait empêcher ses dames d'honneur de l'accompagner :

— N'oubliez pas, dit-elle, que j'ai été reine de France, que je suis petite-fille d'Henri VII et cousine de votre reine !

Au bas de l'escalier elle trouva Melvil, son maître-d'hôtel, qui se tordait de désespoir.

Elle le pria de prendre courage et de lui prêter son bras pour l'aider à marcher ; elle avait une jambe malade.

— Encore ce petit service, lui dit-elle.

A l'extrémité d'une grande salle basse était dressé l'échafaud : on y voyait un fauteuil, un coussin et le billot. Tout était tendu de noir.

En apercevant la hache :

— Ah ! soupira Marie, que j'eusse mieux aimé avoir la tête tranchée avec une épée, *à la française !*

Les sanglots des femmes éclatèrent.

— Mes chères amies, leur dit-elle, j'ai répondu de vous, il faut que vous sachiez vous vaincre !...

Puis, devant les trois cents témoins de ce drame, elle prit Dieu à témoin de son innocence et protesta qu'elle n'avait point été complice du meurtre de son époux et n'avait jamais attenté aux jours d'Elisabeth.

Le ministre de l'Evangile Flechter la pressa de se convertir, lui montrant l'enfer prêt à l'engloutir.

— Je meurs, répondit-elle, dans la foi de mes pères.

Le bourreau s'approcha ; alors une des Marie lui banda les yeux avec un mouchoir. Elle se mit à genoux et s'inclina sur le billot en prononçant ces paroles : — *In manus tuas, Domine, commendo spiritum meum.*

Le bourreau remplit alors son terrible office, mais si maladroitement que la tête ne fut séparée du corps qu'au troisième coup de hache.

Le ministre de l'Evangile s'écria : — Ainsi périssent tous les ennemis d'Elisabeth !

Et seul, le comte de Kent répondit : *Amen.*

Le corps de Marie Stuart fut transporté six mois plus tard dans la cathédrale de Peterborough ; il est aujourd'hui à Westminster.

CAROLINE DE BRUNSWICK

REINE D'ANGLETERRE

I

LE PRINCE DE GALLES.

C'était en 1794. L'Angleterre traversait une des époques les plus critiques et les plus étonnantes de son histoire. Etat maritime, elle perdait sa grande colonie américaine et, pour s'en venger, nous faisait une guerre acharnée où s'engloutissaient ses trésors. Etat monarchique, elle avait alors pour roi George III dont la raison, atteinte en 1787, ne jouissait que par intervalles d'une lucidité relative, et était gouvernée par le Parlement sous la direction de Pitt.

Le Parlement représentait toute la grandeur et la vitalité de l'Angleterre; la couronne n'était plus qu'un sujet de pitié et de scandales.

Sur le continent, un fils de George, le duc d'York, se faisait battre en toutes rencontres par les armées républicaines, tandis qu'à Londres, son aîné, le prince de Galles, l'héritier du trône, donnait cyniquement l'exemple de tous les vices.

George-Frédéric-Auguste, prince de Galles, était né le 12 août 1762; il avait, à l'époque où commence notre récit, trente-un ans environ.

Il avait eu pour ami et semblait avoir pris pour modèle le duc d'Orléans, Philippe-Egalité.

Comme lui débauché, ivrogne, prodigue, il affichait des opinions libérales et s'entourait des sommités du parti whig, mais il valait moins que son entourage. Shéridan lui prêta son esprit, Fox, l'éloquent adversaire de Pitt, et sir Harris, — qui plus tard fut lord Malmersbury, — lui laissèrent le reflet de leur renommée; Brunnel enfin lui inspira son goût et son élégance.

Par lui-même il était peu de chose. L'orgie avait hébété son esprit, alourdi ses traits, épaissi sa taille. Des coquines aussi habiles que belles, lady Fitz-Herbert, lady Jersey, des proxénètes et des usuriers insatiables l'avaient perdu de dettes.

Il n'avait pas attendu sa majorité pour dépenser ses deux millions de revenus, et en trois ans il s'était endetté de douze millions cinq cent mille francs.

Son père ayant refusé de payer ses créanciers, il s'était adressé au Parlement, qui lui avait accordé quatre millions, puis le gouffre s'était creusé de nouveau, et à une nouvelle demande le conseil décida qu'il était temps de couper court à ces désordres et à ces prodigalités.

On convint de payer les dettes du prince, mais à deux conditions, la première que le prince fournirait des mémoires détaillés, la seconde qu'il se marierait.

Ce fut sir Harris, un des compagnons de plaisirs de George, mais un des moins fous et que le roi prenait souvent pour intermédiaire entre lui et son fils, qui fut chargé de signifier au prince les volontés du roi et de son conseil.

Quelle catastrophe!...

L'exécution de Marie Stuart.

— Aliéner ma liberté? se récria George. Jamais!
— Mais vos créanciers?
— Je fuirai plutôt sur le continent.
— Mais qu'y ferez-vous sans argent?
— Ma pension est insaisissable.
— Croyez-moi, prince, il faut vous soumettre. Le roi et le conseil comptent sur votre obéissance, et si ce mariage est un sacrifice, comme héritier de la couronne, vous le devez bien à l'Angleterre.

— Eh! la couronne, je l'abandonnerai plutôt à mon frère qui se mariera et aura des enfants.
— Tout est arrangé. Le roi, qui possède, ainsi que vous le savez, une collection complète des portraits des princesses de l'Europe, a déjà fait son choix. Le choix de Sa Majesté s'est arrêté sur une des plus belles princesses de l'Allemagne.
— Que m'importe!
— C'est la princesse Caroline de Brunswick.

— Et c'est toi, je gage, qui es chargé des négociations.

— Oui, monseigneur. Le roi me nomme ambassadeur près du duc de Brunswick et me charge de ramener la princesse à Londres.

— Ah! çà, mais l'on compte donc pour rien la volonté du duc?

— Le duc a déjà été informé des intentions du roi et il a accepté.

— C'est une conspiration véritable contre ma liberté, et moi, qui suis le plus intéressé dans cette affaire, je suis le dernier averti. Eh bien, l'on a eu tort de croire que l'on pouvait se passer de mon consentement. On viendra le chercher à Carlton-House.

Et le prince partit pour sa résidence favorite.

Mais là une armée de créanciers avait commencé les opérations d'un siège en règle.

Il ne pouvait entrer ou sortir sans être entouré, au passage, par la foule de ces solliciteurs devenus menaçants.

George trouva lady Jersey irritée de leurs importunités. Il n'aimait pas les visages de mauvaise humeur.

— D'où vous vient, chère comtesse, cet air froid et mélancolique digne de Saint-James?

— Mais, George, cette maison n'est plus tenable; nous sommes investis.

— Ah! les dettes! Encore les dettes! N'entendrai-je parler que de cela?

Et le prince raconta à sa maîtresse son entretien avec sir Harris.

— Pauvre George! fit lady Jersey. Mais ce malheur était à prévoir; il est inévitable et inhérent à votre condition.

— Que dites-vous?

— Qu'il vous faudra céder et vous marier.

— Toi aussi? Ah! Françoise, tu ne m'aimes plus. Quoi! tu me conseillerais de me marier!

— Il le faut. Mais si ce mariage ne me cause aucun effroi, c'est que je suis sûre de mon George bien-aimé. Armez-vous de tout votre courage, et cette liberté que vous croyez compromise, vous le verrez, vous sera bientôt rendue.

Elle parvint à calmer et à persuader le prince, qui peut-être ne désirait rien autre chose et qui ne redoutait que son opposition. Sir Harris put se mettre en route.

Le 28 novembre 1794, dans l'après-midi, sir Harris arriva à la cour de Brunswick.

La duchesse le retint à dîner.

L'ambassadeur du roi George prit note jour par jour de ses impressions, et nous trouvons dans ses Mémoires les détails les plus complets et les observations les plus curieuses sur la future reine d'Angleterre.

Nous lui laissons la parole.

II

JOURNAL DE SIR HARRIS.

Voici d'abord ce qu'il dit de la jeune princesse :

« Jolie figure, mais peu expressive, peu gracieuse; beaux yeux, belles mains, dents passables, chevelure épaisse, mais sourcils clair-semés; beau buste court, ce que les Français appellent des *épaules impertinentes*. Paraît heureuse de ses espérances futures; parle sans cesse. — Le soir grand dîner. Je danse avec la princesse Caroline.

« Mardi 3 décembre, jour fixé pour mes audiences, le major Hislop et un messager arrivent à onze heures d'Angleterre; ils apportent le portrait à l'huile du prince et une lettre de Son Altesse royale, qui m'engage à terminer le plus vite possible. A une heure les voitures de la cour viennent me chercher pour la cérémonie.

« Le duc, embarrassé, demeure cependant très-bien; la duchesse mère de la princesse

Caroline est toute en larmes ; la princesse paraît fort triste, mais cependant répond fort bien et bien distinctement aux questions du prêtre. Le soir grand souper à la cour.

« Le contrat de mariage était rédigé en anglais et en latin. J'en fis, selon mes instructions, une traduction mot pour mot en français. Terence me présenta une tabatière de la part du duc et une montre ornée de diamants de la part de la princesse Caroline.

« Promenade avec la duchesse dans le jardin ; elle me recommande sa fille avec anxiété, me prie d'être son conseiller. La princesse semblait pressée de partir.

« J'écris au prince que nous partons le 11, si avant ce jour j'apprends que la flotte qui doit nous escorter est prête.

« Vendredi 5 décembre. — Dès le matin je me présente chez la duchesse pour lui communiquer ma décision et lui dire que je désire qu'elle écrive au prince relativement à notre départ. Je lui fais un brouillon de sa lettre et j'ajoute sa lettre à la mienne. Fabien part à deux heures pour l'Angleterre.

« Après le dîner, le duc me prit à part et me fit une longue histoire sur la princesse Caroline. Il entra parfaitement dans la situation future. Il connaissait très-bien le caractère du prince et tous les inconvénients qui résulteraient de son trop ou trop peu d'amour pour la princesse.

« Il disait de sa fille :

« Elle n'est pas bête, mais elle n'a point de jugement ; elle a été élevée sévèrement, *il le fallait*.

« Il me pria de lui recommander la discrétion, de ne pas faire de questions et surtout de ne pas donner son opinion sur les personnes et les choses. Je devais la prier encore de ne jamais donner de conseils et de ne jamais jalouser le prince.

« Dimanche 7 décembre. — Le soir, souper. Je donne conseil à Caroline d'éviter les familiarités, de ne pas avoir de confident, d'éviter de donner son opinion, d'approuver souvent, mais d'admirer rarement, d'être silencieuse sur les partis et la politique, et d'être très-respectueuse envers la reine.

« La princesse prit très-bien tous ces conseils, pleura quelquefois, mais comme étant *chagrinée de quitter ses anciens amis*.

« Mardi 9 décembre. — A souper, chez la duchesse douairière, je revis Caroline et lui recommandai de ne point faire de promesses, ni de recevoir aucune demande, de dire à tout le monde qu'elle a pris pour règle de ne solliciter pour personne, à son arrivée en Angleterre.

« Elle approuva ce que je lui dis, et j'ajoutai que si, parmi les demandes à elle faites, elle en trouvait quelques-unes dignes d'intérêt, elle devait me les donner, et que je les recommanderais en Angleterre ; mais qu'il ne fallait pas le dire aux solliciteurs, attendu que ce serait d'un mauvais exemple pour les autres.

« Je lui dis aussi qu'elle ne devait faire d'autre distinction dans les partis que celles faites par le roi et la reine ; qu'elle ne devait jamais écouter les commérages, ni avoir l'air de se laisser influencer par l'opinion d'autrui.

« Elle me dit qu'elle voudrait être populaire ; qu'elle avait peur que je lui recommandasse trop de réserve, que probablement je la croyais trop prompte à se livrer.

« Je fis un salut.

« — Parlez franchement, me dit-elle.

« — L'abandon, répondis-je, est une aimable qualité ; mais, dans votre position, on ne peut s'y livrer sans grands risques ; on n'a jamais atteint le but de votre ambition, c'est-à-dire d'être populaire, par la familiarité, mais par l'affabilité et la dignité.

« Je lui montrai la reine comme un modèle sous ce rapport ; elle me répondit qu'elle avait peur de la reine, qu'elle était certaine qu'elle serait jalouse d'elle et qu'elle lui ferait tout le mal qu'elle pourrait.

« — C'est pour cette raison, répondis-je, qu'il faut être attentive à ne jamais lui donner un motif de se plaindre de vous. C'est pour cette raison qu'il faut lui donner toutes les marques du respect qu'exige l'étiquette, et vous garder de laisser échapper devant elle des mots inconsidérés.

« Elle accueillit ces conseils avec bienveillance, et dit :

« — Je sais que le prince est fort léger, et suis préparée à tout sur ce point.

« — Je ne crois pas, lui dis-je, que vous ayez à appeler à votre aide cette sage résolution; mais si des gens cherchaient à vous inspirer de la jalousie, n'oubliez pas que les scènes et les reproches n'ont jamais retenu ni ramené personne, et que la femme, en ce cas, fournit un contraste avantageux à sa rivale.

« Mercredi 10 décembre. — Au concert de la cour, madame de Hertsfeld, la maîtresse du duc, me prend en particulier et me dit ces mots en français :

« Monsieur le baron, il faut tenir sévèrement la princesse; elle n'est point méchante, mais elle manque de tact. Je vous en prie, faites que le prince, au commencement, lui fasse mener une vie retirée; elle a toujours été très-gênée et très-observée, *c'était nécessaire*. Si elle se voit tout à coup jetée dans le monde, sans lisière, *elle ne marchera pas en mesure;* elle n'a point le cœur gâté, elle n'a jamais mal fait; mais, chez elle, la parole va toujours plus vite que la pensée; elle parle sans réfléchir et se livre; par là il arrive que, même dans cette petite cour, on lui prête des inclinations et des sentiments qui n'ont jamais été les siens. Que serait-ce donc en Angleterre où, dit-on, il ne manque pas de femmes habiles, intrigantes, qui l'entoureront, s'empareront d'elle; auxquelles (si le prince souffre qu'elle mène la vie dissipée de Londres) elle se livrera à corps perdu; qui mettront dans sa bouche tel propos qui leur plaira, puisque, malheureusement, elle parle à tort et à travers. Il y a, en outre, chez elle, un bon fonds de vanité; et, bien qu'elle ne manque pas d'esprit, elle est toute superficielle. Qu'on la caresse, qu'on l'adore, la tête lui tournera. Ainsi arrivera-t-il si le prince la gâte; il faut se faire craindre d'elle autant que se faire aimer.

« En un mot, *qu'il la tienne serrée, s'il ne veut pas qu'elle bronche.* »

Sans doute il y avait beaucoup de vérité dans ces appréciations, mais on remarquera combien elles justifient le proverbe : « On n'est jamais trahi que par les siens. » — Avant la favorite, le père avait déjà fait de cette fille qu'il adorait un portrait peu flatteur.

Plus tard, tous ces propos tenus sur la légèreté de Caroline retombèrent sur cette princesse avec un poids énorme.

On n'a pas oublié que sir Harris est un ami de George et par conséquent de lady Jersey.

Mais poursuivons la lecture de cet édifiant journal ; nous passons toutefois sur de nombreux et excellents conseils qu'il lui donne et nous arrivons aux notes du

« Vendredi 2 janvier. — Conversation à propos des émigrés. Je désire que la princesse distribue elle-même l'argent dont je dispose pour eux. En effet, les émigrés avaient reflué à la cour du duc. C'était à qui lui rappellerait qu'il avait servi sous ses ordres, et la plupart d'entre eux étaient dans la plus grande misère.

« Leur situation est déplorable ; ils meurent littéralement de faim.

« Je persuade à Caroline d'être généreuse envers eux. Elle y consent, mais elle ne sait comment s'y prendre. Je lui explique que libéralité et générosité sont des jouissances de cœur et non pas des vertus sévères imposées par la religion.

« Après m'avoir prêté une profonde attention, elle donne un louis pour quelques billets de loterie ; j'en donne dix, et dis aux spectateurs de cette libéralité que ce que j'en fais est par ordre de la princesse.

« Celle-ci se retourna tout étonnée :

« — Vous avez été trompée, lui dis-je, sur la valeur précise des billets que vous avez pris ; ils valent un louis la pièce.

« Le lendemain un émigré vint avec une jolie petite fille et s'approcha de la table où nous étions. La princesse Caroline alors d'elle-même lui donna quelques louis.

« La duchesse sa mère s'en aperçut et me demanda :

« — Qu'y a-t-il donc ?

« Je lui répondis :

« — C'est un pauvre émigré et sa fille qui demandent l'aumône ; donnez-leur quelque chose.

« — Oh ! dit la duchesse tout embarrassée, je n'ai que mes beaux doubles-louis de Brunswick.

« — Bast! ils seront encore bien plus beaux

Le courrier Be[...]

dans les mains de l'enfant que dans les vôtres.

« Elle fut honteuse et en donna trois. »

Partout et toujours les mêmes, ces braves Allemands. Ils n'ont jamais su donner, ils ne savent que prendre. On se rappelle le maréchal Wrangel qui, au premier de l'an 1873, avait fait provision de pièces de trois centimes pour faire largesse à la foule berlinoise.

Mais continuons.

« Vers le soir Caroline, à qui ces vertus n'avaient jamais été prêchées, m'offrait huit ou dix doubles-louis en me disant :

« — Cela ne me fait rien, je ne m'en soucie pas ; je vous prie de les prendre.

« Je mentionne ce fait pour montrer le caractère de la princesse. » . . . .

. . . .

Au commencement de janvier sir Harris et la princesse se mirent en route. A Osnabruck il remarqua que Caroline avait une dent gâtée et lui conseilla de la faire arracher. Elle la fit arracher en effet, et naïvement elle l'enveloppa avec soin dans du papier et l'envoya à son mentor.

Cette étourderie donna plus tard sujet à des railleries et à des reproches.

La Hollande leur étant fermée par l'armée de Pichegru, ils s'arrêtèrent à Hanovre et ne s'embarquèrent que le 29 mars, aux bouches de l'Elbe, où la flotte anglaise vint les chercher.

Pendant le voyage Caroline, malgré la surveillance de sir Harris, trouva le moyen de se compromettre par des bontés trop familières envers le capitaine du navire, sir Pol, qu'elle avait pris en soudaine amitié.

Le 24 avril, la flotte entra dans la Tamise.

Le lendemain, dimanche, Caroline descendit à Greenwich à midi.

Les voitures de la cour n'étaient pas encore arrivées. Lady Jersey, nommée première dame d'honneur de la princesse, avait été chargée par le prince George d'aller la recevoir, et elle avait eu l'impertinence de se mettre en retard de près d'une heure.

« La première chose que fit lady Jersey, dit sir Harris, fut la grimace en voyant la toilette de la princesse qui n'était pas de son goût.

« Il est vrai que ce fut l'objet d'une simple observation.

« Mais ce qui amena une altercation véritable, ce fut le refus que fit lady Jersey de se mettre sur la banquette de devant, dans la voiture de la princesse ; elle ne voulait pas, disait-elle, rouler en arrière.

« Je répondis à milady Jersey que le roi avait défendu qu'elle fût assise sur la même banquette que la princesse, et que, si elle ne voulait rouler en arrière, il ne fallait pas accepter la charge de femme de chambre. »

Avant de voir sa fiancée, George voulut entendre le rapport du baron Harris et prendre l'avis de lady Jersey.

Si grande que fût la prudence du premier, on peut s'imaginer qu'il en apprit toujours assez pour être fortement prévenu contre Caroline.

Les anecdotes de la dent gâtée, des doubles-louis, des succès du capitaine Pol, l'ignorance et le manque de goût de la princesse en matière de toilette, firent bondir de colère le prince de Galles.

— Mais on veut donc me rendre ridicule ! s'écriait-il. Mais ce mariage est impossible ! Cette femme ne sera jamais une reine d'Angleterre.

Ce fut dans ces sentiments que, vers la fin de la journée, il se rendit à Saint-James, où sa famille et sa fiancée l'attendaient.

Grâce au journal de sir Harris, nous pouvons assister à l'entrevue des deux futurs époux.

« Dimanche 5 avril. — Aussitôt que le prince fut arrivé, j'introduisis la princesse Caroline chez lui ; elle se mit très-gentiment à genoux devant le prince.

« Il la releva d'une façon assez aimable, l'embrassa, balbutia quelques mots, tourna autour d'elle comme un maquignon fait autour d'un cheval, se retira dans son appartement et me fit appeler.

« — Harris, me dit-il, je me sens mal, faites-moi le plaisir de me donner un verre d'eau-de-vie.

« — Monseigneur, lui dis-je, ne vaudrait-il pas mieux un verre d'eau ?

« — Non ; je vais aller de suite chez la reine.

« Il but son verre d'eau-de-vie et partit.

« Caroline, laissée seule, était plongée dans un étonnement incroyable.

« — Mon Dieu ! me dit-elle aussitôt, est-ce que le prince est toujours comme cela ? Je trouve trop gras, et nullement aussi beau que le portrait que l'on m'a envoyé de lui.

« Elle était disposée à se plaindre encore davantage, ce qui m'aurait gêné pour répondre ; mais heureusement le roi me fit appeler.

La seule question qu'il me fit sur sa belle-fille fut :

« — A-t-elle un bon caractère ?

« Je répondis, et c'était la vérité, que dans les moments les plus critiques je l'avais toujours vue de bonne humeur.

« — J'en suis content, dit-il.

« Puis la conversation du roi changea brusquement de sujet.

« Il me questionna sur la guerre entre la France et la Prusse et me demanda l'opinion du duc de Brunswick, qui au commencement de la guerre avait joué un rôle si considérable et qu'il connaissait personnellement.

« J'essayai vainement de ramener la conversation à son point de départ en entrant au sujet du duc dans quelques détails sur la cour de Brunswick.

« Mon intention fut sans doute devinée par le roi qui ne voulut point y répondre.

« Quant à la reine, elle évita de m'entretenir.

« Tant de froideur était d'un fâcheux augure pour la princesse Caroline.

« Je jugeai par le silence du roi qu'il avait vu la reine depuis que celle-ci avait vu son fils, et que le prince avait fait à sa mère un rapport très-défavorable sur Caroline.

« Au dîner, auquel assistaient tous ceux qui avaient accompagné la princesse depuis Greenwich jusqu'à Londres, je fus assez mécontent de la conduite de Caroline.

« Elle était sans gêne, railleuse, rude et lançant des pointes vulgaires à lady Jersey qui était présente.

« Le prince ne cachait pas son dégoût, et ce malheureux dîner fixa une antipathie que la princesse ne sut pas faire disparaître par le tête-à-tête. De ce moment, et pendant les trois semaines qui suivirent, je vis quelles seraient les conséquences de cette malheureuse union. »

Le mariage entre le prince de Galles et Caroline de Brunswick fut célébré le soir du 8 avril 1795 dans la chapelle du palais Saint-James.

Cette cérémonie faillit être troublée par un fâcheux éclat.

Tandis que Caroline, recueillie, avec une grâce touchante, assistait à la consécration d'une destinée dont elle avait pu déjà pressentir le malheur, le prince de Galles, à moitié ivre, et perdant conscience du lieu où il se trouvait et de l'acte solennel qu'il accomplissait, s'amusait, avec son cynisme ordinaire, à échanger avec deux de ses maîtresses, Jersey et Harvey Aston, des signes lascifs, des baisers et des sourires.

Ce scandale n'échappait à personne, sauf à la reine, qui ne voulait rien voir, et au roi, qui ne voyait jamais rien.

Caroline le remarqua; une vive rougeur lui monta au front; son cœur se serra, mais elle parvint à se dominer. Cependant le cours de ses pensées s'assombrit et, vers la fin de la messe, le prince de Galles surprit une larme dans ses yeux.

A cette vue, profondément irrité d'une tristesse dans laquelle il voyait une insulte, George se leva soudain couvrant d'un regard de colère l'infortunée agenouillée près de lui.

L'archevêque qui officiait s'arrêta stupéfait.

L'assistance s'émut. Sir Harris, qui n'était pas loin du prince, s'approcha et lui dit à voix basse :

— Insensé ! Que faites-vous !... Vous êtes ivre.

— Pardonnez, balbutia le prince à l'archevêque, j'ai cru que je devais me lever.

La cérémonie continua et s'acheva sans autre incident ; mais personne ne s'était mépris sur le mouvement du prince et la valeur de l'excuse qu'il avait donnée.

Un moment la comtesse de Jersey avait espéré une rupture, et Caroline avait pu lire cet espoir dans les yeux de sa rivale.

Enfin la cour apprenait que, pour plaire à l'héritier de la couronne, il ne fallait montrer aucun empressement envers la princesse.

La solitude devait se faire autour d'elle.

Après le souper, les nouveaux époux quittèrent le palais Saint-James pour Carlton-House.

Le prince conduisit sa femme jusqu'au grand salon ; lady Jersey et madame Harcourt y attendaient la princesse et la conduisirent dans sa chambre à coucher.

III

LA PREMIÈRE NUIT DE NOCES.

Plus d'une heure s'était écoulée ; la princesse de Galles était au lit.

Son regard, assoupi par la fatigue, errait dans cette chambre ornée avec un goût somptueux et luttait contre la vive clarté du foyer et des bougies. Son cœur, gonflé de tristesse, s'apaisait, mais au moindre bruit se mettait à battre avec violence.

Que faisait le prince ?... Combien de temps se ferait-il attendre encore ?

Elle n'osait sans doute s'arrêter à des pensées qui auraient ramené une tristesse dont elle tremblait de garder l'expression.

Enfin la porte s'ouvrit et livra passage au prince.

Elle tressaillit et, rouge de pudeur, n'osa tout d'abord lever les yeux vers George, mais la respiration bruyante de celui-ci, le mal qu'il prenait à fermer la porte l'étonnèrent, et elle le vit, le visage pourpre, les yeux troubles, s'avancer vers elle d'un pas chancelant.

Un sourire imbécile errait sur ses lèvres, et il marmottait quelque parole d'excuse ou de compliment, quand en chemin il se heurta à une chaise.

— Ah ! qu'est-ce que cela ? fit-il en cherchant un appui dans l'obstacle qu'il ne pouvait tourner. — Comment, ma chère princesse, arriverai-je jusqu'à vous ?

— Oh ! Dieu ! se dit la jeune femme, il est complétement ivre !...

— C'est une chaise... Voilà qui est singulier... continuait l'ivrogne. Mais où donc êtes-vous, princesse ?

— Me voici, mon prince.

— Ah ! bien !... Je suis à vous... Ah ! Goddam !...

La chaise avait échappé à la main de George qui, en se baissant pour la ramasser, roulait sur le parquet.

— Mon Dieu ! qu'avez-vous, prince ? gémissait la malheureuse femme, tandis que George, soufflant, jurant, s'épuisait en vains efforts pour se relever.

— Vous êtes-vous blessé ? disait-elle. Voulez-vous que je sonne ?

— Ce n'est rien. C'est cette chaise maudite. Allons !

Et tentant un dernier effort, George se leva à demi, et roula au pied du lit, assommé, anéanti.

Pendant de longues heures Caroline, tremblante, entendit les hoquets de Son Altesse. Un profond sentiment de dégoût s'était emparé d'elle. Elle songeait en frissonnant à ce qui serait arrivé si cet homme, au lieu de tomber au pied du lit, était parvenu jusqu'à elle... A l'idée de ce contact abject tout son être se révoltait.

Puis, au souvenir de ses espérances de jeune fille, à l'idée du lendemain qui l'attendait, elle se prit à pleurer.

Les larmes, la fatigue, l'obscurité qui s'était faite dans la chambre amenèrent le sommeil, et quand le jour parut ce fut George qui s'éveilla le premier.

Il détira ses membres engourdis, rappela le souvenir de ce qui s'était passé, puis, après s'être assuré que sa femme dormait et qu'il n'avait pas à subir ses regards dans le honteux état où il se trouvait, il se leva et se retira dans son cabinet de toilette.

Il se dépouilla de ses vêtements souillés, rafraîchit son visage, et rentra dans la chambre à coucher.

Mais où êtes-vous donc, princesse ?...

Il était furieux, secrètement humilié, et dans cette humiliation même puisait un nouveau sujet d'antipathie envers la princesse.

Celle-ci venait de s'éveiller.

Elle lui tendit la main avec un doux sourire.

— Monseigneur, lui dit-elle, oublions cette mauvaise nuit. Point d'excuses, n'est-cepas ? je n'en veux pas entendre.

— Madame, répondit George en effleurant froidement du bout des doigts la main qui lui était tendue, je vous remercie de me pardonner une faute dont je reconnais toute la gravité, et je vous prie néanmoins de recevoir mes excuses.

Le ton glacial qu'il donna à ces paroles étonna Caroline ; mais elle n'était pas au bout de ses sujets de surprise.

Après s'être assis près du lit :

— Madame, reprit George, en venant à Londres pour y épouser un prince qui vous était inconnu, vous avez compris que, princesse de Galles, vous étiez appelée à être un jour reine d'Angleterre et à donner des héritiers à la couronne. Vous avez sans doute pensé qu'une élévation aussi glorieuse pour vous et votre maison serait une large compensation au bonheur vulgaire que, dans une sphère moins grande, eût pu vous assurer un mariage avec un gentilhomme de votre choix.

Vous avez préféré une union dictée par la politique à une union d'inclination.

— Mais, prince, permettez...

— Je sais, madame, ce que vous voulez dire ; mais, puisque c'était improbable, puisque cet accord de la politique et du cœur était impossible... contentons-nous de constater le fait et d'en tirer les conséquences.

Ces conséquences les voici : je m'efforcerai, par les marques d'estime et de respectueuse affection qu'un prince doit à sa compagne, d'adoucir, dans ce qu'ils auront parfois de pénible, les devoirs qui vous sont imposés.

Vis à vis du monde nous garderons les dehors que le monde exige ; mais l'un vis à vis de l'autre nous resterons libres. L'amour commande aux princes et aux rois ; un décret du Parlement ne saurait le faire naître.

M'avez-vous compris, ma chère princesse ?

— Parfaitement, prince.

— Sauf pendant les quelques jours de la lune de miel, je garderai, dans mes goûts, mes habitudes, mes affections, une entière et absolue liberté.

— Oui, prince.

— Et je le crois sincèrement, nous devrons à cette entente les bases d'une solide amitié.

— Prince, votre bonheur est mon seul désir, et je saurai me conformer à tout ce qu'il exige.

— Inutile d'ajouter, je pense, que vous iriez à l'encontre des vœux que vous m'exprimez, si vous confiiez à personne l'entretien que je viens d'avoir avec vous.

— Oh ! monseigneur ! protesta Caroline. — Et qui prendrais-je pour confidente dans cette cour où je suis étrangère ? ajouta-t-elle avec amertume.

— Très-bien ; il ne me reste plus maintenant qu'à vous remercier de l'attention que vous m'avez prêtée et de votre bonne volonté.

Il salua gracieusement et se retira, laissant Caroline plongée dans une douloureuse stupéfaction.

Avait-il donc besoin de lui signifier ainsi ses volontés ? Et pourquoi réclamer d'une façon si brutale une liberté qu'elle ne pouvait songer à lui disputer ?

Seule, entourée d'ennemis, elle était bien obligée de se résigner aux devoirs de sa position.

Ah ! il lui en coûtait cher d'être princesse de Galles ! Et la petite cour de Brunswick, parfois si maussade et toujours si monotone, lui apparut alors comme un paradis perdu.

IV

CONSÉQUENCES DE L'ENTENTE CONJUGALE.

Les plus cruelles conséquences de cette entente conclue entre eux ne furent point pour George qui continua sa vie de plaisirs, mais pour la malheureuse qui dut le recevoir dans son lit pendant près d'un mois.

Caroline se trouvant enceinte, George conclut que la lune de miel avait assez duré.

Le 7 janvier 1796, la princesse donna le jour à Caroline-Charlotte-Auguste de Galles, qui devait être plus tard la femme de Léopold Ier.

La naissance d'un enfant est quelquefois l'occasion d'un rapprochement entre époux ; mais le prince, à l'instigation de sa maîtress et estimant qu'il avait assez fait pour l'Angleterre, chercha au contraire un prétexte pour rompre avec sa femme d'une façon éclatante et définitive.

Il lui fit une scène de jalousie, sans raison, et lui adressa après la lettre suivante :

« Château de Windsor, 30 mai 1796. »

« Madame,

« J'apprends par lord Cholmondeley que vous désirez que j'arrête avec lui les termes dans lesquels nous devons à l'avenir vivre ensemble.

« J'essaierai de m'expliquer à cet endroit avec toute la clarté et la convenance que peut permettre la nature du sujet.

« Nous ne sommes point maîtres de nos inclinations, et il serait injuste de rendre l'un de nous responsable de ce que la nature ne nous a point créés à notre convenance mutuelle. Cependant, nous pouvons trouver l'un dans l'autre une société tranquille et même agréable.

« Bornons nos liaisons à une semblable société, et je souscrirai de grand cœur à l'engagement que vous réclamez de moi par l'intermédiaire de lady Cholmondeley : savoir que, dans le cas même où il arriverait malheur à notre fille, malheur que, dans sa miséricorde, la Providence nous épargnera, je l'espère, je ne transgresserai point les termes des conventions arrêtées en proposant à aucune époque une liaison d'une nature plus intime.

« Je termine ici cette désobligeante correspondance, dans l'espoir qu'après une explication complète de nos sentiments respectifs, le reste de notre vie se passera dans une tranquillité inaltérable.

« Je suis, madame, en toute sincérité,

« Votre George. »

Trois jours après la réception de cette lettre perfide, Caroline répondit :

« Prince,

« Je n'ai été ni surprise, ni blessée par l'aveu que vous avez fait à lord Cholmondeley ; il ne fait que me confirmer ce que depuis un an vous m'avez donné à craindre.

« Mais après cela il y aurait de ma part manque de délicatesse, ou plutôt lâcheté indigne à me plaindre des lois que vous vous imposez à vous-même. Je n'eusse même point répondu à votre lettre si elle n'eût été conçue de manière à faire douter si cet arrangement venait de vous ou de moi. Or, vous savez, il est juste que l'on sache que le mérite en appartient à vous seul. Puisque, comme vous me le dites, cette lettre est la dernière que je recevrai de vous, je me crois forcée de communiquer au roi, comme à mon souverain et à mon père, votre demande et ma réponse.

« Vous trouverez ci-jointe une copie de ma lettre à Sa Majesté ; je vous en instruis pour que vous ne m'accusiez pas de vouloir faire du bruit, moi qui n'ai plus désormais de protecteur que le roi, et qui ne peux en référer qu'à lui en cette occasion.

« S'il approuve ma conduite, ce sera pour moi une consolation. Je suis toujours pleine de reconnaissance de ce que par Votre Grâce je me trouve, comme princesse de Galles, avoir le moyen d'exercer une vertu bien chère à mon cœur, la charité.

« Mon devoir, je le connais et je l'accomplirai, sera désormais d'offrir un modèle de patience et de résignation dans toutes les douleurs que me réserve la Providence.

« Rendez-moi la justice de croire que je ne cesserai jamais de prier pour votre bonheur et d'être votre très-dévouée

« Caroline. »

Ainsi s'accomplit la séparation des deux époux.

Le vieux roi aimait beaucoup sa belle-fille et plus d'une fois essaya de la consoler, mais il n'en était pas de même de la reine, et George III ne fit aucune tentative de conciliation.

Le bruit de cette séparation ayant transpiré, la cour s'inclina devant la volonté du prince, mais la nation, qui détestait celui-ci malgré ses prétendues opinions libérales, s'éleva contre sa conduite et témoigna ses sympathies à la princesse.

Caroline trouva donc une consolation dans cette popularité qu'elle avait rêvée en partant pour l'Angleterre.

Elle se retira avec sa fille à Black-Head dans le Devonshire, et ne quitta sa retraite que pour de rares visites au roi, en évitant de rencontrer le prince de Galles.

De 1796 à 1801 sa vie s'écoula solitaire et silencieuse. Son temps à Black-Head était partagé entre l'éducation de son enfant et quelques visites de charité faites aux environs de sa résidence. La seule distraction qu'elle se permît était la musique.

Sa société était peu nombreuse et choisie.

Elle se composait du capitaine Manby, de la marquise de Tonwshend et de sir Sidney-Smith, le vainqueur d'Aboukir, le rival de Nelson.

L'amiral était un causeur instruit et intéressant, il avait beaucoup vu et avait eu des aventures romanesques. Ainsi, fait prisonnier dans un combat livré près du Havre, il avait été enfermé à Paris dans la prison du Temple et s'en était évadé à l'aide d'un faux passeport.

On comprend le charme paisible des soirées de Black-Head; des conversations sérieuses, la lecture et la musique en faisaient tous les frais.

Dans le mois de novembre 1801, on apporta au château un jeune enfant de quelques mois à peine, nommé Billy-Williams Hostein; il était fils de Sophie Hostein et d'un charpentier de Depfort, abandonné par ses parents et recommandé à la charité de Caroline, par une de ses amies, madame Ralph.

La présence de cet enfant à Black-Head servit bientôt de prétexte à la calomnie. Lady Jersey fit remarquer que sir Sidney-Smith était un des plus élégants cavaliers de l'Angleterre et n'avait que trente-six ans; que le capitaine Manby paraissait porter au petit Billy un intérêt extraordinaire...

La calomnie fit son chemin. En 1805, Caroline ayant renvoyé une de ses dames d'honneur, lady Douglas, trop dévouée à la Jersey, cette dame alla trouver la comtesse, s'entendit avec elle pour convaincre le prince de Galles de la prétendue trahison de sa femme.

Le prince ne demandait qu'à se laisser convaincre.

Il fit établir par écrit l'accusation de lady Douglas, la remit aux mains de sir John Douglas et du comte de Sussex et les chargea de la porter au chancelier Turlow.

La plainte du prince parvint ainsi jusqu'au roi. La reine prit parti pour son cher George, et une enquête fut ordonnée.

Quatre commissaires furent nommés : lord Grandville, lord Erskine, lord Ellenborough et le comte Spencer. — Lord Turlow fut chargé de présider à leurs investigations.

L'enquête fut faite avec un soin consciencieux.

Black-Head subit les perquisitions les plus sévères, la princesse et les personnes admises chez elle furent interrogées, de nombreux témoins furent entendus, et de tout cela résulta ce que le résumé du chancelier va vous apprendre :

« Nous sommes heureux, sire, de pouvoir déclarer à Votre Majesté qu'il n'y a aucunement lieu de craindre que l'enfant qui se trouve en ce moment près de la princesse de Galles soit son fils, ainsi qu'on l'avait soupçonné, ni qu'elle soit accouchée dans le cours de l'année de 1801 d'aucun enfant de l'un ou l'autre sexe.

« Nous pouvons même affirmer que rien de pareil n'a eu lieu pendant le cours du temps qu'a exigé notre enquête.

« Donc nous acquittons la princesse de Galles, et nous pensons que ses accusateurs doivent être poursuivis selon la rigueur des lois. Néanmoins, Votre Majesté peut pardonner à ces derniers, sur notre déclaration qu'ils n'ont été probablement conduits à provoquer cette délicate investigation que par le désir de rassurer l'Angleterre sur l'hérédité de la couronne, qui pouvait être mise en doute, et que dans cette circonstance on doit leur tenir compte de leur bonne intention. »

L'enquête n'ayant pas eu un caractère public, la déclaration qui la suivit ne fut pas publiée. Mais les accusations lancées contre Caroline s'étaient répandues dans le public et les interrogatoires de Black-Head avaient accru leur portée.

Caroline.

En vain, pour protester contre la calomnie, la princesse de Galles avait-elle reparu à la cour; la reine, qui ne lui pardonnait point d'avoir confondu ses accusateurs, et le parti de George lui marquèrent une froideur dédaigneuse contre laquelle ne pouvait réagir le malheureux George III dont la raison s'éteignait de jour en jour.

Caroline, innocente, se vit traiter en coupable; elle se sentit perdue, déshonorée et prit un parti extrême :

Elle fit publier la lettre suivante adressée au roi :

« Sire,

« Je m'adresse à Votre Majesté pour me plaindre amèrement de la façon légère et inconvenante dont on a instruit l'accusation dont j'ai été l'objet.

« Le résultat de cette enquête mystérieuse n'a jamais, — ce qui est tout à fait contraire au droit de tout citoyen qui a le bonheur de vivre sous la constitution britannique, le plus beau patrimoine des Anglais, — le résultat de cette mystérieuse enquête, dis-je, n'a jamais été porté à la connaissance du public.

« Il en résulte que j'ai été jugée à huis-clos, sans avoir été confrontée avec mes ennemis, et entendue dans ma défense, ce qui est contraire à l'esprit et à la lettre de la loi.

« Est-il donc vrai qu'en tout pays, même en Angleterre, on puisse ainsi éluder la justice ?

« J'ose donc supplier Votre Majesté de vouloir bien considérer que, la procédure intentée contre moi par mes accusateurs ayant démontré leurs mensonges, c'est bien le moins que l'on m'accorde la satisfaction de rendre le pays juge de l'opinion qui m'est due : et cela en mettant sous ses yeux toutes les pièces du procès.

« C'est devant le public que j'ai été scandaleusement attaquée, c'est devant lui que je dois être admise à me défendre et à prouver mon innocence.

« J'implore, comme une grâce, que Votre Majesté ordonne que les diverses procédures de la commission spéciale du conseil privé soient publiées sans restriction, ou tout au moins consente à me laisser pourvoir devant la Chambre des lords, pour y être condamnée ou absoute de droit.

« Sire, le privilége que j'invoque appartient aux plus infimes de vos sujets, comme aux princes du sang, c'est celui d'être jugé par ses pairs ; si je suis coupable, pourquoi cacher mon crime et ne pas me punir ?

« Si je suis innocente, pourquoi ne pas punir ceux qui ont tenté de me déshonorer et de me perdre ?

« La dignité de l'Angleterre veut un exemple solennel ; les amis du prince de Galles le désirent sans doute ; mais en tout cas, la justice et l'humanité le réclament impérieusement.

« CAROLINE. »

Le roi lui répondit :

« Madame, je conviens que, parmi les lois si belles de la Grande-Bretagne, il n'en est pas une plus belle que celle qui autorise une femme outragée dans sa vie à rendre public le résultat de l'enquête légale dont sa conduite a été l'objet. Dans la vie privée plus particulièrement, c'est un avantage inappréciable.

« La liberté de la presse qui donne à chaque individu le droit de porter sa cause devant le public est un moyen sûr ou d'empêcher le scandale ou de le guérir, mais, dans un cas comme le vôtre, il est certaines formes par lesquelles on doit se laisser guider.

« Et pourquoi tiendriez-vous à mettre au jour des choses dont la seule imputation blesse la délicatesse, lorsque moi, le prince et mon conseil privé avons jugé à propos de les envelopper des voiles du mystère ?

« Quant au jugement que vous demandez à subir, ne vous suffit-il pas que votre conduite ait été jugée irréprochable et que la sentence de la commission spéciale, instituée pour en connaître, vous ait rendu ce témoignage ; que le conseil privé l'ait confirmée en la relisant et en ajoutant à votre honneur que vous n'aviez rien fait non-seulement de criminel mais d'inconvenant ?

« Que signifierait donc désormais un jugement ? Néanmoins, si vous tenez à l'impression de la procédure, je réserverai la totalité des exemplaires pour la famille royale, seule, et je la rassemblerai de nouveau, si cela devient nécessaire, pour prendre en considération votre cas et la réparation qu'il exige. »

V

LA PRINCESSE CHARLOTTE.

Caroline céda aux observations du roi, et à cette lettre d'un esprit si conciliant et si modéré, répondit en bornant ses prétentions à une demande fort juste. Elle exprima le désir que ses priviléges de mère et de reine fussent respectés.

Le prince de Galles se refusa à prendre aucun engagement à cet égard.

Caroline menaça de faire publier la procédure.

Le prince resta sourd.

Le livre fut publié ; mais sur les instances de son conseil, on le retira de la circulation.

Peu de temps après, George III ayant donné des preuves publiques et par trop évidentes d'aliénation mentale, le prince de Galles fut appelé à la régence. L'ami de Fox et de Shéridan quitta alors le parti whig pour le parti tory, mais ne renonça ni à l'eau-de-vie, ni à lady Jersey, ni à sa haine contre sa femme. Le premier usage qu'il fit de son pouvoir fut de faire enlever la princesse Charlotte à sa mère, et de la confier à l'évêque d'Exeter, à lady Cliffort et à la douairière de Leeds.

En vain Caroline, assistée de lord Brougham, protesta contre cet outrage et cette cruauté; George ne lui répondit point; il lui renvoya ses lettres sans les avoir ouvertes.

Elle envoya sa protestation aux journaux, qui la publièrent; puis elle s'adressa au Parlement, qui lui opposa une fin de non-recevoir.

Le livre supprimé reparut.

L'opinion publique, vivement émue, se prononça en sa faveur. Le régent était non-seulement méprisé, mais détesté. Les manifestations les plus désagréables l'accueillaient souvent au passage. Malgré son dédain de l'opinion, il s'en irritait. Il rencontrait aussi une respectueuse, mais ferme opposition chez sa fille, qu'il avait résolu de marier au prince d'Orange, et qui, bien qu'elle n'eût que seize ans, avait déclaré préférer le prince Léopold, qui, plus tard, fut roi des Belges.

George imposa sa volonté, et sa fille dut se soumettre, bien que, par l'exemple de sa mère, elle fût avertie des dangers d'une union politique.

Mais toute difficulté n'était pas aplanie.

Le régent envoya à sa fille la liste des invités, et Charlotte y inscrivit le nom de sa mère.

Le régent biffa ce nom et retourna la liste; la princesse biffa, à son tour, le nom du futur époux et se réfugia chez sa mère.

Ni Caroline, ni sa fille, ne pouvaient supporter l'exclusion outrageante dont elles étaient menacées.

Lord Brougham, pour trancher une solution devenue inextricable, conseilla à Caroline de partir pour un long voyage; le mariage se ferait en son absence.

Elle y consentit, et, pour décider le régent, toujours criblé de dettes, elle offrit de lui abandonner quinze mille livres de son traitement, fixé par le Parlement à cinquante mille livres sterling.

Cette prime était séduisante, et la proposition fut acceptée.

Et, le 9 août 1814, tandis que l'on procédait au mariage de sa fille, la princesse Caroline partit pour un voyage qui devait durer six ans.

La princesse était alors dans la quarante-sixième année de son âge et l'an premier de sa liberté.

Elle allait commencer une existence nouvelle.

Délivrée des espions de lady Jersey, de la présence toujours sentie du régent et de la reine, en quittant Black-Head, elle sortit de prison et, comme une prisonnière évadée, s'enivra d'air libre et d'espace.

C'est, d'ailleurs, l'impression qu'éprouvent beaucoup d'Anglaises en débarquant sur le continent. Elles se sentent délivrées de cette pénétrante et glaciale hypocrisie qui pèse sur elles comme les brouillards de la Tamise et de la Mersey.

Caroline se rendit d'abord dans son pays natal; mais elle n'y demeura que peu de temps et partit pour la Suisse et l'Italie, sous le nom de comtesse de Wolfenbüttel.

Les pays de soleil l'attiraient; elle désirait voir les contrées que les récits de sir Sidney-Smith lui avaient déjà fait parcourir en imagination.

Sa maison, exclusivement anglaise, était ainsi composée en quittant l'Angleterre :

Lady Charlotte Lindsay et lady Elisabeth Forbes, dames d'honneur;

Le capitaine Hesse, écuyer.

William Gell, Craven et Saint-Léger, chambellans;

Le docteur Holland;

Sicart, maître-d'hôtel, et Hieronymus, messager.

Le jeune Billy Hostein l'accompagnait; elle le traitait comme son propre enfant.

A peine sur le continent, la maison de la princesse s'augmenta encore d'un nouveau personnage d'origine italienne, nommé Bartholomeo Bergami, engagé comme courrier. Ce nouveau venu était appelé à occuper une grande place dans la vie de la princesse.

D'ailleurs, quand dans l'histoire d'une reine du Nord vous rencontrez un nom italien, vous pouvez vous dire : voilà un aventurier auquel se rattache quelque histoire galante.

VI

BERGAMI.

Dès son entrée au service de la princesse, Bergami prit sur elle un visible ascendant.

L'entourage le sentit et Bergami ne fut pas le dernier à s'en apercevoir.

Comment avait-il acquis cette rapide influence ?

Etait-ce par son esprit ?... par sa beauté ?

Il était de haute taille et bien bâti, mais d'une physionomie vulgaire, d'une intelligence médiocre : — front bas et fuyant, lèvres épaisses, yeux noirs dont les passions seules alimentaient la flamme, grosses moustaches noires.

Cette vulgarité essayait de se racheter par beaucoup d'assurance ou d'aplomb.

Bergami avait servi sous les ordres du major-général Galemberti pendant les campagnes de 1812-1814, et il mettait sa coquetterie dans un air martial et presque farouche.

Il parlait plusieurs langues, avait beaucoup voyagé et avait pu espérer de parcourir une brillante carrière, soit dans la diplomatie, soit dans les armées, mais des revers de fortune, le bouleversement politique, etc...

La bonne princesse écouta tous les racontars de ce capitaine Clavaroche et s'y intéressa d'autant plus que ses moustaches et ses grands yeux noirs avaient produit sur elle la plus vive impression.

Elle oublia que cet homme avait accepté chez elle l'emploi d'un laquais, et le traita avec plus d'égards que n'en exigeait sa position.

Mais le monde de convention et d'étiquette de la cour de Saint-James et de Carlton-House lui avait masqué le monde réel, et à quarante-six ans, Caroline manquait encore d'expérience.

Elle n'avait jamais aimé et, sauf les dix-sept jours de la lune de miel que nous connaissons, elle avait toujours vécu comme une vieille fille.

Il devait lui arriver ce qui arrive aux gens qui, après avoir vécu dans un état voisin de la pauvreté, se trouvent subitement enrichis par un gros héritage; ils rompent les entraves désormais inutiles qu'ils avaient mises jadis à leurs goûts et à leurs passions, ils éprouvent le besoin de la dépense ; — à moins que tout chez eux ne se soit atrophié par l'inertie.

Mais, malgré ses quarante-six ans, Caroline était une femme pleine de verdeur. Puis, elle avait été malheureuse.

Bergami savait tout cela avant de se présenter chez elle, comme il savait qu'elle avait un traitement de trente-cinq mille livres sterling.

Et comme si tout conspirait en sa faveur, la maison de la princesse se disloqua en peu de jours et le vide se fit autour de Caroline.

Saint-Léger tomba malade à Brunswick; lady Forbes retourna en Angleterre où sa sœur la rappelait; lady Lindsay se retirait à Spa; la guerre obligeait le capitaine Hesse à rejoindre son régiment ; M. Craven se retirait chez sa mère en Allemagne.

Le duc descend le premier.

On attribua ces défections à la présence de Bergami ; il n'est pas douteux que cet aventurier ne déplût à la suite de la princesse, mais il est possible aussi que les manœuvres de lady Jersey, l'âme damnée du régent, y fussent pour quelque chose ; la suite de cette histoire tend à le prouver.

Le médecin, le maître-d'hôtel et le messager restèrent seuls près de Caroline, qui ne put décider qu'un seul Anglais, le lieutenant de marine Howman, à l'accompagner dans sa vie errante.

Bergami put se considérer comme maître de la place.

Il ne lui manquait qu'une occasion signalée de prouver son dévouement pour fixer les sympathies de la princesse et se rendre aussi intéressant que nécessaire.

Dans leur voyage en Suisse cette occasion ne surgit point. Ils arrivèrent à Côme où

Caroline, séduite par la beauté du pays, résolut de séjourner quelques jours.

Dans ses promenades elle donnait le bras à M. Howman, mais avait Bergami pour cicérone.

Le soir, ou pendant les heures de soleil accablant, c'était encore celui-ci qui lui tenait compagnie avec le jeune Billy.

Un jour, au retour d'une excursion fatigante, elle demanda un verre de vin glacé.

Le garçon de l'hôtel le lui apporta ; mais au moment où elle allait le prendre, Bergami, qui fixait attentivement le domestique, le vit pâlir et trembler.

Sans dire un mot, il prend le verre et le vide d'un trait.

Quelques instants après il était pris de convulsions et de vomissements ; — le vin était empoisonné.

Le docteur, appelé, constata le fait, le valet fut chassé, mais la princesse ne voulait point donner de suites à l'affaire.

— Je ne veux pas retourner en Angleterre, dit-elle, et entreprendre un procès ; aussitôt que la santé du fidèle Bergami le permettra, nous mettrons une distance plus grande entre mes ennemis et moi.

Pendant plusieurs jours l'état de Bartholomo fut très-alarmant et la princesse ne quitta point son chevet.

Rien que de fort naturel en cela... Ses soins, ses bontés payaient la dette d'une sincère reconnaissance.

Mais en revenant à la vie, ce fut au tour de Bergami de remercier sa noble maîtresse, de se montrer touché de ses soins, de lui expliquer enfin l'ardeur d'un dévouement auquel elle avait dû la vie.

Il était déjà son ami le plus sûr et, lorsqu'il fut rétabli, parfois Caroline, en baissant les yeux sous la flamme de ses regards, se demanda s'il n'aspirait point à un titre plus intime encore.

C'était à Naples qu'elle devait l'apprendre.

Grâce à son état de convalescent, Bergami fut admis à voyager dans la voiture de la princesse et, en sa qualité de garde du corps, ou d'ange gardien, il occupa, dans tous les hôtels où ils s'arrêtèrent, une chambre voisine de celle de Caroline, tandis que les domestiques étaient relégués dans une partie éloignée de l'hôtel.

La princesse prenait ses repas chez elle, et Bergami eut son couvert mis régulièrement à sa table.

En arrivant à Naples, il ne restait plus des personnes qui l'avaient accompagnée que le docteur et le petit Hostein. Cette solitude resserrait de plus en plus le cercle de l'intimité.

Il devenait bien difficile à Caroline de ne pas oublier peu à peu la distance qui existait entre la princesse de Galles et un courrier.

Il lui était bien difficile aussi de ne pas accepter l'adoration discrète d'un homme qui lui avait fait le sacrifice de sa vie.

Enfin il était presque inévitable que cette obsession, cette convoitise ardente, qui ressemblait si bien à de l'amour, ne finît par l'ébranler et l'étourdir.

Ils étaient à peine à Naples depuis un mois, et Caroline n'avait déjà plus rien à refuser à Bergami.

Le 9 novembre, la princesse, en rentrant de l'Opéra, remercia ses femmes de chambre et les renvoya plus tôt que de coutume. La veille, elle avait fait donner une chambre au petit Hostein, qui couchait auprès d'elle, et, le lendemain, elle se leva plus tard que d'habitude.

De son côté, à partir de cette nuit, Bergami, qui avait montré tant de réserve discrète et de prudence, prit dans la maison le ton du commandement, et entraîna la princesse dans une vie de plaisirs destinés à la compromettre.

Quelques jours plus tard, elle donna un bal masqué où elle parut d'abord sous un costume de paysan italien.

Après être restée quelque temps dans les salons, elle se retira et envoya chercher Bergami, qui l'aida seul à changer de travestissement.

Cette fois, elle s'habilla en *Génie de l'Histoire*, en histoire révélatrice, à ce qu'il paraît, car elle était, dit-on, très-peu vêtue.

Après avoir paru sous ces deux costumes, elle se retira de nouveau, prit celui d'une paysanne turque et revint, accompagnée de Bergami, costumé en paysan turc.

Le lendemain de cette fête, à laquelle avait assisté la plus haute noblesse du pays, la princesse de Galles devint la fable de la ville.

Le scandale fut énorme; mais Caroline, affolée, fut la dernière à s'en apercevoir.

Lorsqu'elle partit pour Civita-Vecchia, on commençait à la montrer au doigt.

De Civita elle se rendit, par mer, à Gênes, et de cette ville à Milan.

Là, Bergami fit venir une de ses sœurs et un de ses frères; mais en se gardant de découvrir à d'autres qu'à Caroline la parenté qui les liait. Mademoiselle Bergami se présenta sous le nom de comtesse Oldi et fut nommée dame d'honneur de la princesse; le jeune frère fut engagé en qualité de second courrier.

Bartholomeo fut élevé au grade d'écuyer.

De ce jour la princesse de Galles ne s'appartint plus; elle fit partie, pour ainsi dire, de la famille Bergami.

Ainsi cette seconde jeunesse justifiait les craintes inspirées par la première au vieux duc de Brunswick et au baron Harris. C'est aussi le cas de se rappeler ce que disait à l'ambassadeur madame de Hertfeld : « Si le prince souffre qu'elle mène la vie dissipée de Londres, elle s'y livrera à corps perdu. Qu'il la tienne serrée, s'il ne veut pas qu'elle bronche. »

VII

LA COUR ERRANTE.

Nous n'entreprendrons pas de suivre la princesse de Galles pas à pas dans ses voyages, et d'énumérer toutes les folles imprudences que lui fit commettre son aveugle passion. Elle visita successivement Milan, Venise, où elle arriva en mai 1815; puis le Saint-Gothard, les îles Borromées, et revint à Côme, où elle loua la villa d'Este.

En novembre 1815, la cour errante s'embarqua pour la Sicile, à bord du *Léviathan*. Le navire, après avoir touché à l'île d'Elbe, arriva à Palerme le 26. Alors se produisit un fait inouï, et qui montre combien la malheureuse princesse était tombée bas, sans en avoir conscience.

Ayant demandé à partir pour Syracuse, elle apprit que le vaisseau anglais la *Clorinde*, qui, l'année précédente, l'avait conduite de Naples à Civita-Vecchia et à Gênes, était en partance pour cette ville.

Elle fit arrêter son passage à bord.

Le capitaine lui répondit qu'il priait Son Altesse, dans le cas où elle s'embarquerait à son bord, de lui épargner la honte de s'asseoir à la même table que le sieur Bergami, son domestique.

Caroline, sans vouloir comprendre l'affront qui lui était fait, répondit que M. Bergami n'était plus son courrier, mais son chambellan, et que le capitaine du *Léviathan* l'avait reçu à sa table.

Le commandant de la *Clorinde* répliqua que son confrère était libre d'agir comme bon lui semblait; que, d'ailleurs, il n'avait jamais connu Bergami domestique, tandis que lui avait été servi à table par le chambellan actuel, pendant le voyage à Civita-Vecchia et à Gênes.

Eh bien! Caroline accepta ces observations humiliantes et persista à s'embarquer. Elle prit un biais : elle refusa la table du capitaine et se fit servir en particulier, elle et la famille Bergami.

De Syracuse elle se rendit à Catane, et s'ingénia à panser les blessures qu'avait reçues l'amour-propre de son chambellan; elle obtint pour lui le titre de chevalier de Malte.

Mais l'ennui, qui naît de l'oisiveté et de l'ignorance, ne lui permettait point de prolonger son séjour, même dans les pays les plus favorisés de la nature, ou les plus riches en souvenirs ou en œuvres artistiques. Elle voyait peu, la tête et le cœur vides. A peine arrivée, elle songeait au départ.

A Augusta, elle obtint pour son chevalier de Malte le titre de baron. Elle fit faire son portrait en Madeleine, et lui en fit cadeau.

On ne sait si elle le remarqua; mais son passage dans une ville produisait le même effet que celui d'une ménagerie célèbre.

La bourgeoisie se mettait aux fenêtres en ricanant, et la noblesse, scandalisée, se cachait.

Elle battit en retraite et se dirigea vers la Grèce, d'où elle s'embarqua pour Constantinople, et bientôt après pour la Palestine.

Le pinceau d'un artiste milanais nous a conservé le souvenir de l'entrée solennelle et burlesque de la princesse de Galles à Jérusalem.

Au fond de la toile, on voit une des portes de la ville sainte vers laquelle galopent quelques janissaires.

Après ceux-ci s'avance la cour, dans l'ordre suivant :

La princesse, vêtue à la turque, est montée sur un âne;

Le grand chambellan, vêtu de bleu, orné de plusieurs décorations, et montant un cheval blanc;

Près de lui, son frère, également décoré;

La comtesse Oldi, costumée comme la princesse, à cheval, ayant à ses côtés deux enfants, l'un blanc, l'autre noir, montés sur des ânes : le premier est le fils de Bergami, le second, son esclave.

Le petit Billy Hostein, monté sur un cheval noir, ferme la marche.

Naturellement, Caroline et sa suite furent reçues par les autorités locales et les représentants étrangers, ainsi que le recommandait le titre de princesse de Galles; mais quelle jolie note le ministre anglais dut envoyer à Londres !...

Après avoir visité les monuments de la ville, la princesse s'ennuya. Bergami, pour la distraire, engagea un Turc, nommé Mahomet, dont les danses lascives l'amusèrent.

Enfin Caroline profita de son séjour à Jérusalem pour créer un ordre de Sainte-Caroline, dont Bergami fut nommé grand-maître.

Ces distractions épuisées, la cour vagabonde loua le navire l'*Industrie*, fit voile pour l'Italie et revint se fixer aux environs de Milan. Caroline acheta une villa qui prit le nom de villa Bergami; mais que l'on désignait communément par le nom de la Barona.

Le frère du chambellan fut nommé préfet du palais.

On y donna des bals, des fêtes, dont il sera reparlé plus loin, et qui prirent un tel caractère de licence que la Barona devint bientôt un lieu mal famé.

Ce qui ajoutait au scandale, c'est que, depuis quelque temps, le roi George III étant mort, Caroline avait pris le titre de reine d'Angleterre.

Les représentants anglais avaient, sur le passage de cette reine, une attitude embarrassée; partout l'écho de ses excentricités frappait l'amour-propre national anglais; enfin George IV, qui pendant quelque temps avait espéré oublier sa femme, était obligé de s'en occuper et de couper court à ses désordres.

Il se décida à une enquête et en chargea le baron Ompteda, ex-ministre de Napoléon-Jérôme, roi de Westphalie, et alors ambassadeur du roi de Hanovre à la cour de Rome.

George IV lui donna carte blanche.

Le baron s'assura d'abord un collaborateur dans le chevalier Baschi, directeur général de la police à Pesaro, et celui-ci gagna quelques domestiques de la reine.

Ompteda se fit alors présenter à Caroline et reçut d'elle l'accueil le plus affable. Il devint un habitué de la Barona et s'attacha aux pas de la reine, remplissant un véritable rôle d'espion.

Cependant, comme il désirait des preuves authentiques, des lettres et autres documents, il ne recula point pour se les procurer devant les moyens les plus odieux. Il fit fabriquer des fausses clefs et chercha, pendant la nuit, à pénétrer dans l'appartement de Caroline.

Un domestique, réveillé par le bruit, le

surprit et le reconnut. Ompteda prit la fuite à travers les jardins, essuya deux coups de feu sans être atteint, et se réfugia à Côme.

Cette honteuse expédition n'eut pas de suite immédiate; mais deux ans plus tard, en 1819, le baron fut pris soudainement d'une fièvre ardente, accompagnée de maux d'intestins, et expira après deux jours de souffrances.

L'opinion générale fut qu'il avait été empoisonné par Bergami, — peut-être avec ce même poison qui avait joué un grand rôle à l'arrivée de Caroline en Italie.

Mais Bergami n'avait qu'à se bien tenir.

L'insuccès du baron Ompteda n'avait point découragé le roi George, et la Barona fut bientôt investie par ses espions. On recueillit et on acheta les domestiques congédiés par la reine. Une commission fut envoyée à Milan. Elle était présidée par M. Cook et dirigée par M. Powel. Elle avait pour mission de réunir tous les éléments d'un procès, d'interroger tous ceux qui avaient eu quelques relations avec Caroline. Ces dépositions étaient ensuite répétées devant un magistrat italien, qui les légalisait et en certifiait la sincérité.

En février 1820, les nombreux éléments d'un procès en adultère étaient réunis, et le roi donnait le signal des hostilités, en arrêtant que les prières de la liturgie britannique ne se diraient plus pour la reine, mais pour le roi seulement.

A la nouvelle de cet arrêté, Caroline adressa une protestation à lord Liverpool, et en même temps annonça son retour à Londres.

Le parti whig applaudit à cette résolution, et envoya au devant de la reine l'alderman Wood pour hâter son voyage et l'aider de ses conseils.

Caroline traversa la France, et à Saint-Omer trouva Henri Brougham, membre déjà célèbre du Parlement et whig enragé.

Brougham engagea la reine à parlementer avec lord Liverpool, mais celle-ci préféra suivre les conseils de Wood et, le 3 juin 1820, s'embarqua sur le paquebot le *Prince Léopold*.

Bergami était resté à Saint-Omer.

Le 4 juin, le paquebot, portant le pavillon royal, entra à Douvres et fut salué par le canon des forts.

La population, les autorités en tête, fit à la reine l'accueil le plus enthousiaste.

George IV, qui se savait détesté, trembla à la pensée de la réception que Londres pouvait faire à Caroline, et songea à la prévenir.

Le 6 juin, un message royal fut présenté par lord Liverpool à la Chambre des lords, et par lord Castlereagh à la Chambre des communes.

Dans ce message, Caroline était accusée de liaisons adultères; des documents étaient cités à l'appui de cette accusation.

A la Chambre des communes on déposa sur le bureau un sac vert, contenant les preuves amassées contre la reine.

VIII

LE PROCÈS

Lord Liverpool demanda la formation d'un comité secret de quinze membres, pour prendre connaissance de l'acte d'accusation, et tout d'abord se hâta de rassurer ses collègues sur l'objet de cette accusation.

On se rappelait, non sans effroi, qu'une loi de Henri VIII condamnait à mort les reines convaincues d'adultère.

— Messieurs, leur dit-il, je dois vous rappeler que le fait d'adultère, commis hors du royaume avec un étranger, ne constitue qu'une injure dans l'ordre civil.

La question de la peine de mort était écartée.

Tandis qu'ils délibéraient, Caroline faisait son entrée à Londres. Plus de cent mille personnes se pressaient à sa rencontre ; on dételait sa voiture et on la conduisait à la maison de l'alderman Wood. Le soir, cette maison s'illuminait et tout le quartier suivait son exemple. Des bandes parcouraient la ville, réclamant des lampions et brisant les vitres des tories.

En somme, Caroline passait de la domination d'un homme au joug d'un parti, et toujours avec le même aveuglement.

Lord Brougham, chargé de ses intérêts, présenta le lendemain, à la Chambre des communes, un message dont nous transcrivons les passages les plus importants :

« La reine croit nécessaire d'informer la Chambre des communes qu'elle a pris le parti de revenir en Angleterre, à cause des mesures insidieuses dirigées à l'étranger contre son honneur et son repos, par des *agents* et des *émissaires secrets*, mesures que la conduite du gouvernement a paru encourager et sanctionner.

« Sa Majesté assure la Chambre qu'elle n'a eu d'autre but, en revenant dans ce pays, que de défendre son caractère et de maintenir les droits qui lui sont légitimement dévolus par la mort de ce monarque vénéré, dont les sentiments d'honneur et l'affection invariable lui servirent d'appui sûr et constant.

« Sa Majesté a été très-surprise, en arrivant, d'apprendre qu'un message avait été envoyé au Parlement pour appeler l'attention des Chambres sur certains documents écrits, relatifs à sa conduite à l'étranger.

« Sa Majesté a été encore plus étonnée d'apprendre qu'on a proposé de soumettre ces documents à un comité secret.

« Il y a quatorze ans que les premières accusations ont été dirigées contre Sa Majesté. Alors et pendant ce long laps de temps écoulé depuis, elle s'est toujours montrée prête à aller au devant de ses accusateurs.

« Aujourd'hui encore elle désire un examen public.

« Elle demande à connaître les charges, à entendre les témoins, à jouir des droits qu ne sont pas refusés au plus humble citoyen du royaume.

« A la face du souverain, du Parlement et de la nation, elle proteste contre la formation d'un tribunal secret, pour examiner sa conduite, comme contre une violation des lois du pays et des principes de la constitution britannique.

« Sa Majesté s'en repose avec confiance sur la Chambre des communes pour repousser les machinations dirigées contre elle.

« La reine ne peut s'empêcher d'ajouter : qu'avant l'envoi du message au Parlement, on l'avait traitée de manière à faire préjuger de sa cause.

« L'omission de son nom dans les prières publiques, le refus qu'on lui a fait des moyens de transport accordés à tous les membres de la famille royale, le silence gardé sur sa résidence, les dédains étudiés des ambassadeurs anglais à l'étranger, et de toutes les autorités étrangères soumises à leur influence ; tels sont les moyens employés pour créer contre elle un préjugé qui n'aurait pu être justifié que par une procédure et une condamnation. »

Lord Brougham et sa cliente avaient le droit de leur côté ; et le scandale d'une pareille affaire ne pouvait être que préjudiciable au gouvernement. D'honorables hésitations se produisirent.

La proposition d'un comité secret fut ajournée.

Lord Canning tenta d'obtenir un compromis entre les deux époux, mais les exaltés des deux partis, ce que nous appelons chez nous l'extrême droite et l'extrême gauche, s'efforçaient d'envenimer l'affaire.

Les manifestations populaires en faveur de la reine, les ovations dont elle était l'objet chaque jour irritaient George et le rendaient intraitable, et lorsqu'il apprit que le lord-maire et les aldermen avaient présenté à Caroline une adresse de félicitations, toute négociation fut définitivement rompue.

On se souvient qu'un arrêté royal avait interdit d'unir le nom de la reine à celui du roi dans les prières publiques ?

Cet arrêté servit de sujet à la reprise des hostilités.

Le 22 juin la Chambre des communes approuva une motion tendant à inviter la reine à renoncer à l'insertion de son nom dans la liturgie.

Une députation lui fut envoyée pour lui soumettre le vœu du Parlement.

Elle répondit que, « bien qu'elle reconnût la nécessité de se soumettre à l'autorité des Chambres, la question de savoir si elle prendrait part à la mesure proposée ne pouvait être décidée que par ses sentiments et sa conscience et par eux seuls. »

Cette réponse exalta ses partisans. Londres retentit des cris de Vive la reine ! Pas de concessions !... Puis la foule se rendit à Carlton-House et brisa les vitres du palais.

Le 26, la reine envoya une seconde protestation à la Chambre des lords en demandant un jugement public ; et la Chambre décida que, le 28, un comité secret serait chargé d'examiner les pièces déposées sur son bureau.

Les Communes néanmoins refusèrent d'autoriser une semblable enquête, et l'agitation en faveur de « l'innocente » reprit avec une nouvelle ardeur.

Nous craindrions de fatiguer le lecteur par l'énumération de toutes ces manœuvres, mais nous citerons cette exhibition de la reine où l'enthousiasme se changea en un éclat de rire.

Comme elle venait de visiter Guidhall, la foule, — cela devenait une habitude, — dételā sa voiture et se mit à la traîner. Mais, après un long parcours, la corde qui servait à la traîner se rompit, et les hommes qui s'y étaient attelés poursuivirent leur course, laissant derrière eux la voiture.

C'est ainsi que devait faire le parti qui l'entraînait.

D'autre part, le roi, la princesse Sophie, sa sœur, et tous ceux qui tenaient ouvertement pour lui, étaient chaque jour les objets de manifestations populaires hostiles, au point que George IV dut ajourner jusqu'à la fin du procès les cérémonies de son couronnement.

Le 4 juillet, le comité nommé par la Chambre des lords déposa son rapport ainsi conçu :

« D'après l'ordre de la Chambre, le comité secret a examiné les papiers qui lui ont été soumis et a trouvé :

« 1° Qu'ils contenaient contre la reine une charge d'adultère avec un étranger, et imputaient à cette princesse la conduite la plus licencieuse ;

« 2° Que ces pièces étaient appuyées par le témoignage de personnes résidant en différents lieux.

« Le comité se voit donc, à regret, dans la pénible nécessité de recommander à la Chambre de procéder à une enquête législative sur ces allégations qui imputent à la reine une *conduite déshonorante pour elle dégradante pour la dignité de la couronne, et qui outrage les mœurs du pays.* »

Après la communication de ce rapport, la Chambre fit donner lecture du bill suivant :

« Sa Majesté Caroline-Amélie-Elisabeth, alors princesse de Galles et maintenant épouse du roi de ce royaume, ayant, en l'année 1814 et étant à Milan en Italie, pris à son service, en qualité de domestique, un certain Bartholomeo Bergami, étranger d'une condition obscure qui avait avant servi en la même qualité ;

« Et une intimité des plus indécentes et des plus dégoûtantes ayant commencé entre ledit Bergami Bartholomeo et Son Altesse royale, après que ce dernier fut entré au service de ladite princesse de Galles ;

« Et Son Altesse royale non-seulement ayant élevé ledit Bergami à un poste éminent dans sa maison et à une place éminente et confidentielle près de sa personne ;

« Mais encore lui ayant conféré d'autres marques de faveur et de distinction, ayant obtenu pour lui des ordres de chevalerie et des titres d'honneur, et lui ayant conféré un prétendu ordre de chevalerie que Son Altesse royale avait pris sur elle d'instituer sans autorité légitime ;

« Et sadite Altesse royale, tandis que ledit Bergami était à son service, s'était par un oubli de son rang élevé, de ses devoirs envers Votre Majesté et sans égard pour son propre honneur et pour son caractère, conduite envers ledit Bartholomeo Bergami et sous d'autres rapports, tant en public qu'en particulier, en différents endroits et pays visités par elle, avec une *familiarité offensante et une liberté indécente et offensante, d'où il est résulté un commerce licencieux* avec ledit Bartholomeo Bergami, lequel a continué durant un long espace de temps, pendant la résidence de Son Altesse royale en pays étranger, laquelle conduite de sadite Altesse royale a causé un grand scandale et répandu le déshonneur sur la famille de Votre Majesté et sur le royaume ;

« En conséquence, pour manifester notre profond ressentiment d'une conduite aussi *scandaleuse que honteuse et vicieuse* de la part de Sa Majesté, conduite par laquelle elle a violé ses devoirs envers Votre Majesté et s'est rendue indigne du rang et de la situation élevée de reine-épouse de ce royaume, et pour montrer nos justes égards pour la dignité de la couronne et l'honneur de cette nation, nous, les très-respectueux et loyaux sujets de Votre Majesté, les lords spirituels et temporels et les Communes, assemblées en Parlement, supplions Votre Majesté qu'il puisse être décrété et qu'il soit décrété par la très-excellente Majesté du roi et de l'avis et du consentement des lords spirituels et temporels et des Communes assemblées en Parlement et par l'autorité desdits que Sa Majesté Caroline-Amélie-Elisabeth sera après que cet acte aura été passé, et est par ledit acte privée du titre de reine et de toutes les prérogatives, droits, privilèges et exemptions à elle appartenant comme reine-épouse de ce royaume ;

« Et que sadite Majesté sera, après que cet acte aura été passé, rendue à jamais inhabile et incapable d'user, exercer et jouir desdites prérogatives, droits, privilèges, exemptions ni documents d'eux ;

« Et de plus que le mariage entre Sa Majesté et ladite Caroline-Amélie-Elisabeth soit, et que ledit mariage est, par acte, à jamais dissous, annulé, et rendu nul pour toutes sortes d'objets. »

Caroline reçut par un huissier du Parlement communication de cet acte de divorce et de dégradation.

— Le roi et moi, répondit-elle, ne nous rencontrerons plus en ce monde ; mais il est un autre où nous nous reverrons et où justice me sera rendue.

IX

ARRIVÉE DES TÉMOINS.

Les journaux entretenaient souvent le public des agents secrets et prétendus témoins soudoyés pour perdre « l'innocente Caroline. »

Le *Times* les traitait d'effrontés calomniateurs et de prostituées.

Les étrangers appelés à déposer dans le procès étaient donc attendus avec des sentiments qu'il est facile d'imaginer ; aussi, le 7 juillet, lorsque le bruit se répandit qu'ils allaient arriver, Douvres se remplit d'une foule considérable décidée à leur faire un mauvais parti.

Douze Italiens débarquèrent et la foule s'assembla devant la Douane, tandis qu'on examinait leurs bagages. A peine parurent-ils, on se précipita sur eux ; on les accabla d'injures et de coups. La police dut intervenir pour les arracher à ces forcenés.

La voiture de Douvres à Londres, assiégée à son tour, attendit en vain que l'effervescence se calmât, et fut obligée de quitter la ville sans emmener les douze voyageurs dont les places étaient retenues.

C'est la tombe de mademoiselle de la Roche, que vous avez tant aimée.

Les magistrats appelèrent alors des constables, mais cette police respectée mit plus d'une heure à disperser la foule.

On fit sortir les Italiens en secret, et ils se rendirent à Londres par Folkstone et Maidstone.

Bien leur prit de n'avoir pas passé par Cantorbéry, où la diligence fut arrêtée par la population qui les attendait.

Le capitaine du paquebot, lui-même, eut sa part dans les insultes de la foule. Il s'en tira par une repartie tout anglaise :

— Le diable emporte ces Italiens, dit-il, mais si je ne les eusse pas amenés, un autre l'aurait fait, je pouvais aussi bien gagner cet argent qu'un autre.

A Londres, on afficha des placards portant ces mots en grands caractères :

« *Les misérables sont arrivés !* »

Les journaux whigs étaient remplis d'injures à l'adresse de ces témoins racolés par les agents de George. Ces individus n'osaient sortir et tremblaient pour leur vie.

Une émeute était imminente.

Il fallut réembarquer furtivement les Italiens et les transporter en Hollande, où ils restèrent à la disposition du Parlement.

Cette surexcitation n'était point particulière à Londres ; dans toutes les provinces on tenait des meetings en faveur de la reine ; à Douvres il fallut envoyer des troupes pour prévenir une insurrection.

Malheureusement pour Caroline ces passions populaires la grisaient. Elle leur attribuait une portée et une force qu'elles n'avaient pas, et arrivait à croire qu'elle pouvait s'appuyer sur elles pour battre en brèche le pouvoir du roi et le pouvoir plus redoutable encore de la noblesse.

En 1820, comme aujourd'hui d'ailleurs, la puissance de l'aristocratie anglaise n'est pas un fantôme, et la Chambre des lords le fit bien voir.

Caroline, dans sa réponse à une adresse des habitants de Sunderland, avait identifié sa cause avec celle des libertés publiques :

« Une tyrannie générale, disait-elle, commence ordinairement par des oppressions individuelles.

« Si le sujet le plus élevé du royaume peut être arbitrairement privé de son rang, de son titre, peut être divorcé, détrôné et avili par un acte du pouvoir arbitraire, la liberté constitutionnelle du royaume sera ébranlée dans ses fondements. Les droits de la nation seront détruits, et ce peuple, libre jusqu'alors, devra comme un vil esclave se soumettre au fouet d'une domination insolente. »

Dans l'état des esprits, ce langage était de nature à troubler la paix publique.

Les membres des Communes eux-mêmes qui, jusque-là, avaient ménagé la reine en prirent ombrage.

Néanmoins, quelques membres, lord John Russel à leur tête, essayèrent encore d'amener le roi à une conciliation, ou tout au moins à un ajournement indéfini du procès.

Cette tentative échoua.

Le jeudi 17 août, l'accusation fut portée à l'ordre du jour du Parlement : le 19, le procureur général de la couronne commença son réquisitoire.

Les passions étaient montées à leur paroxysme.

Chaque séance occasionnait des tumultes assez semblables à des émeutes. La foule huait au passage les partisans déclarés du roi.

Elle n'épargna même pas le héros populaire, le vainqueur de Waterloo, lord Wellington, le duc de la Victoire !...

Chose inouïe !... Wellington fut hué et insulté par la foule, et un détachement de gardes à cheval dut stationner à l'une des portes du parc de Saint-James pour protéger le duc lorsqu'il se rendait au Parlement.

Les juges étaient si peu rassurés que l'on embrigada mille constables supplémentaires pour le service des abords de la Chambre.

Jamais aucun événement n'avait à ce point passionné le peuple anglais.

Mais revenons au procès.

Nous ne pourrions, sans tomber dans des redites ennuyeuses, citer *in extenso* l'acte d'accusation. Nous nous bornerons à en donner quelques lignes.

L'avocat général rapporta d'abord le départ de la princesse de Galles, l'entrée de Bergami à son service, et fit remonter l'adultère au 9 novembre.

Il raconta ce que nous avons dit du bal masqué donné à Naples, et son récit entra dans les moindres détails. Il accumula ensuite les preuves de l'intimité qui existait entre Caroline et Bergami : — ils se levaient à la même heure, leurs chambres à coucher étaient contiguës, ils déjeunaient ensemble, elle donnait le bras à son courrier, des domestiques les entendaient s'embrasser.

L'acte d'accusation rapporte encore :

« La reine dormait si rarement dans son lit que la personne chargée de le faire ne s'en occupait presque point. Quelquefois il semblait que le lit de la reine avait été foulé dans l'intention de faire croire qu'elle s'y était couchée ; alors la domestique se contentait de rétablir la couverture, tandis que le lit de Bergami montrait que deux personnes y avaient été couchées.

« Au Saint-Gothard, à l'auberge de Tarese, la reine se retira dans une chambre à coucher avec Bergami et resta longtemps enfermée avec lui.

« Que pouvait faire Sa Majesté dans une chambre à coucher avec son courrier ? »

L'accusation suit Caroline à Venise, à Côme, en Sicile. A Catane :

« Une fois que les filles de chambre avaient veillé plus tard que de coutume, elles virent la porte de Bergami ouverte et la princesse sortir de chez lui dans un état qui leur prouvait qu'elle y avait passé la nuit.

« Elle était déshabillée et avait sous le bras l'oreiller sur lequel elle avait l'habitude de reposer sa tête. »

« A Savone, il n'y avait pas de lit dans la chambre de Bergami, mais il y en avait un grand dans celle de la princesse, et le matin l'état de ce lit prouvait que deux personnes y avaient couché. »

Puis vient le voyage en Orient.

A la répétition des faits déjà cités, l'accusation ajoute les détails suivants :

« A Jaffa, la reine fit dresser une tente sur le pont du navire ; son lit y fut placé, et tout près, sans aucune espèce de séparation, était le lit de Bergami.

« Ils y couchaient toutes les nuits.

« La reine prenait souvent des bains, et Bergami restait seul avec elle pendant qu'elle se baignait. »

Le réquisitoire se termine par l'histoire de la Barona. Il est tellement long que sa lecture exigea trois séances.

Les relations de Caroline avec Bergami étaient notoires ; mais on remarquera néanmoins que les faits relatés par l'accusation ont été recueillis de la bouche de gens dignes de peu de foi, des domestiques congédiés, des servantes d'auberge, des agents secrets.

Le défilé des témoins importés de Hollande confirme ce que nous venons de dire, et ce qu'en disait le *Times* qui les appelait de misérables animaux.

Dans ces interminables dépositions, le ridicule le disputa parfois à l'odieux. Certains témoins paraissent réciter une leçon et obéir à un mot d'ordre. D'autres reçoivent des indemnités exorbitantes. Ainsi, le capitaine de l'*Industrie* qui, d'après sa propre déclaration, avait loué son navire à la reine 750 piastres par mois, recevait comme témoin mille piastres par mois.

« Dans la nouvelle spéculation dans laquelle il est engagé, disait le *Times*, il gagne de son propre aveu mille piastres par mois, net ! tous frais payés ! sans avoir ni à réparer ni à entretenir son bâtiment ! sans avoir ni à payer ni à nourrir son équipage !... Voilà un drôle enrichi pour la vie. Et l'on peut en dire autant de son second.

« Jamais serment n'avait été payé ce taux-là ni en Italie, ni en Angleterre. »

Un autre journal fit l'addition des frais du procès, et trouva qu'ils s'élevaient au moins à cinq millions, sans compter cinquante mille livres sterling pour les dépenses de la reine.

« Cette somme, ajoutait-il, suffirait à doter cinquante hôpitaux, on pourrait aider vingt mille individus de notre population à émigrer ; elle pourrait subvenir à l'existence de cinquante mille individus pendant une année entière, et encore délivrer cinq mille détenus pour dettes. »

Le peuple ne gagne rien aux querelles des grands ; quand ses maîtres se battent, c'est encore lui qui paie les frais de la guerre. Les spectateurs impartiaux de ce procès écœurant arrivaient à confondre dans un égal mépris Caroline et George IV. On ne doutait plus de la culpabilité de celle-ci, mais on était révolté des moyens employés par le roi et des détails cyniques des interrogatoires.

Car, nous devons l'avouer, il est plus d'un interrogatoire que nous n'aurions pu transcrire sans manquer de respect à nos lecteurs. Ainsi l'on posa à une servante d'auberge de telles questions que cette femme, qui était loin d'être prude ou même timide, faillit se trouver mal et demanda un verre d'eau avant de répondre.

La reine, qui assistait aux débats, se leva et sortit. Et cependant, pendant ce long procès, Caroline s'écarta du rôle que lui commandait sa dignité. Elle se montra trop volontiers en public, et rechercha avec trop d'empressement les applaudissements de la populace.

Elle ne devait ni se cacher, ni s'afficher, et il est étonnant que lord Brougham ne l'ait pas mieux conseillée à ce sujet.

En même temps, des émissaires de la reine parcouraient l'Italie pour y chercher des témoins à décharge. Après quinze jours d'interrogatoires, on ne pouvait encore fixer une date approximative au dénouement de ces scandaleux débats. Un des derniers témoins à charge fut une femme de chambre, nommée Louise Dumont, entrée au service de Caroline à Lausanne et renvoyée à Milan. Cette fille, qui avait été renvoyée pour inconduite et qui avait, dans une lettre lue par la défense, demandé humblement pardon à sa maîtresse, qui implore sa clémence, sa pitié, cette misérable vient déposer contre elle avec tout l'acharnement de la haine.

D'ailleurs, comme nous l'avons déjà montré, les primes offertes aux témoins sont très-encourageantes. Un nommé Cardini déclare qu'il a été amené par un courrier qui payait tous les frais de route, et qu'il recevait en outre dix francs par jour pour ses besoins personnels.

Un autre dépeint les bals donnés à la Barona :

« La princesse, dit-il, y ayant admis des personnes de basse condition, il y eut quelques libertés entre les femmes de cette dernière classe et les gens de la suite de Son Altesse qui emmenaient les femmes hors du bal.

— Que disait de cela la princesse ?
— Rien.

— Ne vous a-t-elle rien dit au sujet de ces femmes ?

— Comme elle voulait faire un présent à quelques-unes, elle me dit : — Comment habillerons-nous ces vierges ? Puis elle me demanda si je croyais qu'elles fussent...... je répondis que je n'avais rien à dire contre elles.

— La princesse n'a-t-elle point fait d'autres remarques ?

— Oui ; un jour, une de ces femmes étant venue à la maison, la princesse me la montra du doigt et me dit en riant : « Oh ! comme la population de la Barona va s'accroître ! »

Enfin s'il est des témoins sans vergogne, il en est qui supplient Leurs Seigneuries de ne pas les obliger à donner leur adresse, de crainte d'être maltraités par le peuple, et d'autres qui n'osent revenir de Hollande après la réception qui leur a été faite à Douvres.

Cependant on sentait la nécessité d'en finir.

On renonça à l'audition de ces derniers témoins, et le procureur général, après avoir repris toutes les charges de l'acte d'accusation, céda la parole au défenseur Henri Brougham.

Celui-ci demanda un délai, soi-disant pour préparer sa défense, mais en réalité pour laisser grandir l'agitation du dehors. Son affaire était avant tout politique, et il s'agissait de renverser le cabinet bien plus que de faire absoudre la reine.

Le 4 octobre, Brougham déclara enfin qu'il était prêt à commencer sa plaidoirie.

X

LA DÉFENSE.

L'illustre avocat était à l'aurore de sa célébrité ; il plaida avec autant d'esprit que d'éloquence.

Il commença par déclarer qu'il se plaçait sur le terrain d'une innocence complète, sur lequel il ne rencontrait aucune erreur à excuser ; puis il raconte ce que nous avons essayé de retracer plus haut, l'existence de cette malheureuse princesse qui, à son arrivée en Angleterre, au lieu de trouver un appui dans son mari, ne trouve qu'un persécuteur.

« Après l'avoir abandonnée, sans autre raison que son caprice, son époux tente de la déshonorer.

Sa vie est celle d'un paria. On l'abreuve de tous les chagrins, et pour échapper à une exclusion aussi injuste qu'outrageante dans les cérémonies du mariage de sa fille, elle est réduite à s'exiler.

La haine de son époux ne se lasse pas.

En exil, c'est par les journaux qu'elle apprend le mariage de sa fille et, peu après, sa mort...

D'ailleurs l'injuste réprobation qui lui a été infligée en Angleterre, la suit sur le continent. Les représentants du gouvernement anglais la désignent au dédain de l'étranger.

Le vide se fait autour d'elle.

Ce n'est pas assez, la haine de ses ennemis soudoie des assassins... et c'est un serviteur, un étranger d'origine qui, par son dévouement, la dérobe aux tentatives d'assassinat.

Dès lors, obéissant à des sentiments que dicte la reconnaissance, elle récompense par des cadeaux et des témoignages de bonté ce serviteur dévoué, le premier qu'elle eût rencontré dans sa vie.

Ses ennemis l'espionnent, et toutes les faveurs dont elle comblera plus tard Bergami seront notées par eux comme autant de preuves d'une faiblesse coupable.

Cet homme de confiance occupe une chambre voisine de la sienne, cette mesure de prudence sert de base aux calomnies.

Il est admis chez la princesse à toute heure... Quoi de plus rationnel encore ?

Il n'est point jusqu'à certaines circonstances qui s'expliquent par les mœurs, les habitudes du pays visité par la princesse, que l'accusation n'ait incriminées !

Ainsi quelques Italiens déposent qu'ils ont vu la princesse et Bergami s'embrasser... mais s'embrasser n'est-ce pas une manière de se saluer en Italie ?

Certes, si la reine et Bergami avaient cru commettre un acte blâmable, ils n'auraient pas attendu pour se saluer que les domestiques fussent entrés.

Plus les actions imputées ont un caractère criminel, plus aussi les témoins ont soin de placer la reine dans un endroit bien public.

Onze personnes au moins prétendent avoir vu la reine assise sur les genoux de Bergami.

Mais pourquoi donc n'auraient-ils pas cherché quelque endroit mystérieux, quelque Caprée nouvelle ?

Comment se compromettent-ils ainsi en plein jour, en public, devant des valets, des courriers, des matelots ?... Connaît-on dans l'histoire des faiblesses humaines un pareil trait de folie ?

Notre bon sens se révolte contre ces dépositions, et nous sommes obligé de considérer et d'examiner leurs auteurs. Nous nous demandons s'ils sont réellement dignes de créance. La plupart n'empruntent l'autorité de leurs paroles qu'au serment qu'ils ont prêté devant vous. Autrement que sont-ils, et comment sont-ils venus ici ?

Les uns sont des mercenaires aux gages de qui veut les payer, en qui aucun de nous, en dehors de cette enceinte, n'aurait la moindre confiance : des muletiers, des servantes d'auberge, dont Barbara Kranz reste le type le plus achevé.

D'autres, des gens qui nous font part, ingénuement, des profits que leur procurent leur voyage à Londres et leur qualité de témoins.

D'autres qui ignorent tout ce qui concerne l'existence de la reine dans leur pays, excepté ce qui peut lui nuire, et, de deux faits corrélatifs, ne prétendent connaître que celui qui sert l'accusation.

Enfin, il en est d'autres encore, moins dignes d'intérêt, ce sont ceux qui, entrés au service de la reine et comblés de ses bienfaits, sont aujourd'hui des témoins à charge. Vous vous rappelez Théodore, enrichi de ses dons. Ce n'est point par excès de fidélité et de dévouement que cet humble serviteur, aujourd'hui paisible rentier, aura compromis la reine.

Vous vous rappelez mademoiselle Louise Dumont et Sacchi; tous deux se ressemblent sur plus d'un point.

Tous deux ont suivi la reine; ils ont été comblés de bienfaits; tous deux ont été congédiés à regret et ont cherché à rentrer au service de la reine.

Leur liaison a duré encore après leur sortie de chez la reine. Ils ont passé quelque temps ensemble dans les montagnes de la Suisse; ils ont vécu ensemble pendant un an, à Londres.

Je ne connais pas tout ce qu'ils ont fait ensemble; mais je sais qu'ils ont étudié avec succès les grands écrivains classiques de notre littérature, et qu'ils ont acquis une connaissance étendue de notre langue. Ils ont eu la modestie de ne pas s'en vanter; mais, en même temps, l'adresse d'en profiter en se faisant répéter, par un interprète, des questions qu'ils comprenaient très-bien.

Je ne prétends pas faire un portrait de mademoiselle Dumont; elle s'est si bien fait connaître elle-même!

D'abord, elle est ennemie du mariage. En théorie, elle hait le sexe masculin, quoique, dans la pratique, elle admette probablement de nombreuses exceptions. Nous voyons souvent que ces dames qui professent de l'aversion pour tous les hommes en général, ont des bontés pour chaque homme en particulier.

Au surplus, mademoiselle est le modèle des femmes de chambre. Jamais Molière, ni Le Sage, ni Congrewe, ni Cleber, n'ont présenté un idéal plus complet.

Quelle habileté! quel art dans ses dépositions! Quel talent pour en imposer, s'il était possible d'obscurcir entièrement la vérité!

Mais elle-même nous déclare ensuite qu'elle n'est point sincère : elle a pensé une chose, et elle a écrit le contraire. Ce qu'elle écrit a un double sens, et cela passe, aux yeux de ses admirateurs, pour une preuve de candeur.

O innocente bergère de Suisse!...

Mais comment donc une femme aussi vertueuse a-t-elle pu chercher à placer ses sœurs dans la maison de cette reine qui, si on l'en croyait, ressemblait plus à un mauvais lieu qu'à une demeure royale.

Et nous, que devons-nous croire de la sincérité de semblables témoins?

Cependant, enlevez à l'accusation les dépositions des Théodore, des Sacchi, des Dumont, que reste-t-il? Quelle charge grave reste debout?

Enfin, aux témoins que vous avez interrogés succéderont des témoins à décharge d'une honorabilité incontestable, parmi lesquels nous pouvons citer : lord Guilfort, lady Lindsay, lord Glenbervie, lord Landoff, le docteur Holland, les lieutenants Flynn et Hownam. Et, puisque votre conviction ne peut s'établir que sur des témoignages, il est certain que Vos Seigneuries seront suffisamment éclairées pour choisir ceux qui sont le plus dignes de foi. »

Telle fut, autant que nous pouvons en donner l'idée par un résumé succinct, la plaidoirie de Henri Brougham.

Nous passerons sous silence les dépositions des témoins à décharge, qui furent entendus dans les séances suivantes. On doit avouer que ces témoins présentaient plus de garanties que la plupart des témoins à charge. Quelques Italiens déclarèrent qu'on avait essayé de les suborner.

Après le résumé de ces dépositions et la réplique du procureur général, le 2 novembre le lord chancelier engagea la Chambre à demander une seconde lecture du bill, en en modifiant le préambule.

Le 6, la seconde lecture du bill fut mise aux voix : — 123 membres votèrent pour, 95 votèrent contre; le ministère n'obtint que 28 voix.

A la troisième lecture, le ministère essaya d'écarter la clause du divorce; mais cette clause fut maintenue par 129 voix contre 62.

Enfin, la troisième lecture fut votée par 103 voix contre 99.

Une si faible majorité était un échec pour le gouvernement.

Lord Liverpool dut renoncer à envoyer le bill à la Chambre des communes, et proposa de remettre la lecture du bill à *six mois*.

Cette proposition fut acceptée à l'unanimité.

Cet ajournement à six mois était, à la vérité, un ajournement indéfini, et l'on put considérer comme terminés ces débats scandaleux.

Ils avaient duré cinquante-trois jours.

Ils furent suivis des manifestations les plus joyeuses en faveur de la reine : — vitres brisées, feux d'artifice, illuminations.

Le lord-maire fit illuminer l'hôtel de ville. La populace entreprit la démolition de l'hôtel de lord Castlereagh... mais en fut empêchée à temps.

On brûla dans les rues des *sacs verts* et des effigies de Louise Dumont, de Théodore et autres témoins. Dans certains quartiers, il y eut de véritables émeutes réprimées par des charges de cavalerie.

Plusieurs maisons furent saccagées.

Toutes les maisons se pavoisaient et se décoraient d'emblèmes en l'honneur de la reine, entre autres une rose entourée de serpents et surmontée des initiales C. R.

Dans un des nombreux meetings qui furent tenus, on proposa une adresse au roi pour le féliciter de l'acquittement de son auguste épouse.

Le lendemain, la reine se rendit à la Chambre en carrosse de cérémonie.

Elle demanda un palais et un établissement conforme à son rang.

Le 18 novembre, lord Liverpool lui répondit que le roi s'opposait à ce qu'un château royal lui fût donné pour résidence.

Le roi demeurait intraitable, et, malgré son échec, le ministère restait debout.

D'autre part, les troubles qui avaient suivi le procès avaient nui à Caroline dans l'esprit de la population paisible.

Sur le conseil de ses amis, elle renonça aux manifestations populaires et se retira à Branderburg-House.

L'heure de la retraite et du silence semblait avoir sonné pour elle.

Mais, à la nouvelle des préparatifs pour le couronnement de George IV, elle rentra dans la lice avec une animosité nouvelle. Elle prétendit être sacrée à Westminster en même temps que le roi. Mais, à ses requêtes, le Parlement répondit qu'aucune loi n'obligeait le roi à faire sacrer son épouse en même temps que lui.

La cérémonie était fixée au 19 juillet.

Caroline résolut de s'y rendre.

Ce fut aux abords de l'abbaye un tumulte et un scandale énormes.

La reine, dans un carrosse à six chevaux, arrive à Westminster au milieu d'une cohue indescriptible, mais les officiers et les gardiens lui refusèrent l'entrée.

Elle dut se retirer.

Cette déception la fit tomber malade.

Quelques jours plus tard, elle fut prise d'une inflammation d'intestins, et elle succomba le 7 août.

On dit qu'elle avait été empoisonnée, mais ces soupçons sont restés sans preuves.

Ses restes furent transportés à Brunswick. Ainsi finit cette reine, chez qui les passions s'éveillèrent trop tard et qui peut-être eût été une très-honnête et très-paisible mère de famille, si elle avait été mariée à quelque brave gentilhomme de son choix.

Dans ses relations avec Bergami, il y avait, à vrai dire, plus de faiblesse et de sensualité que d'amour.

Si nous avons rangé Caroline de Brunswick parmi les reines galantes, c'est que la galanterie, qui doit son origine au tempérament, n'est qu'un caprice, tandis que l'amour est un sentiment tendre, délicat et respectueux, sentiment qu'il faut mettre au rang des vertus.

La liaison de Caroline avec Bartholomeo Bergami ne fut qu'un libertinage.

Quant à ce dernier, il avait amassé de quoi vivre de ses rentes, il eut le bon sens de finir ses jours dans la retraite et de se faire oublier.

MARGUERITE DE FRANCE

REINE DE NAVARRE

LA REINE MARGOT

I

LA JEUNESSE DE MARGUERITE.

Fille de Henri II et de Catherine de Médicis, Marguerite de Valois naquit le 14 mai 1552. Ses nombreux biographes s'accordent à proclamer sa beauté et son esprit.

Lorsque l'évêque de Cracovie vint à Paris annoncer au duc d'Anjou son élection au trône de Pologne, il adressa à Marguerite un discours en latin auquel elle répondit aussitôt dans la même langue avec une admirable sagacité.

On a vu plus haut, dans l'histoire de Marie Stuart, que la cour des derniers Valois était remarquablement lettrée. Charles IX était instruit, ami des arts qu'il protégeait, et poète.

C'est de lui que Marguerite, sa sœur, tint le surnom de Margot, qui fut bientôt populaire.

Sa jeunesse, qu'on essaya de calomnier, ne fut pas très-heureuse. Elle était tenue très-sévèrement par la reine Catherine, d'après ce que nous apprennent ses *Mémoires*. Le roi Charles la tenait également à l'écart et indisposait sa mère contre elle. La maison de Guise, dont le roi et la reine se méfiaient à bon droit, ayant songé à unir le jeune duc à Marguerite, Charles feignit d'accueillir ces prétentions avec plaisir, mais en secret pensait à marier sa sœur au roi de Portugal.

Une page des Mémoires de Marguerite nous montre le peu que pesait sa volonté dans les desseins de la cour.

« Le roi de Portugal, dit-elle, envoya des ambassadeurs pour me demander. La reine ma mère me commanda de me parer pour les recevoir; ce que je fis.

« Mais mon frère lui ayant fait accroire que je ne voulais point de ce mariage, elle m'en parla le soir en me demandant ma volonté, pensant bien en cela trouver un sujet pour se courroucer contre moi.

« Je lui dis que ma volonté n'avait jamais dépendu que de la sienne et que tout ce qui lui serait agréable me le serait aussi.

« Elle me dit, en colère, comme l'on l'y avait disposée, que ce que je disais je ne l'avais point dans le cœur, et qu'elle savait bien que le cardinal de Lorraine m'avait persuadée de vouloir plutôt son neveu.

« Tous les jours, on lui disait quelque chose de nouveau sur ce sujet pour l'aigrir contre moi et me tourmenter.

« De sorte que je n'avais pas un jour de repos; car, d'un côté, le roi d'Espagne empêchait que mon mariage ne se fît, et, de l'autre, M. de Guise, étant à la cour, servait toujours de prétexte pour me faire persécuter.

La reine Margot.

« Ce que voyant, j'écrivis à ma sœur, madame de Lorraine, pour la prier de faire que M. de Guise s'en allât de la cour. »

Mais d'autres projets de mariage allaient se former dans l'esprit de Charles IX. Pour trouver la vérité dans cette affaire, ce n'est pas aux Mémoires de Marguerite qu'il faut s'adresser, mais aux révélations d'écrivains contemporains.

II

COMMENT LE MARIAGE DE MARGUERITE SERVIT AU STRATAGÈME DU ROI CHARLES IX.

Le projet de mariage avec don Sébastien de Portugal était à peu près rompu, lorsque l'amiral de Coligny s'ouvrit à Charles IX du projet d'unir cette princesse au prince Henri de Navarre.

Charles donna les mains à ce mariage.

Camille Capilupi, gentilhomme romain, dans son histoire du *Stratagème du roi Charles IX contre les Huguenots*, nous explique comment le roi vit dans ce mariage un moyen de prendre les huguenots dans le piége. — Ces détails sont peu connus et très-curieux :

« L'affaire, dit-il, fut traitée et arrêtée sur-le-champ, sauf deux difficultés qui en arrêtaient la conclusion immédiate.

« L'une était la dispense que le roi voulait avoir du Saint-Siége, dispense doublement nécessaire à l'égard du roi de Navarre par la qualité d'hérétique et par celle de cousin ; l'autre, celle qui s'était élevée entre les partis touchant le lieu de la célébration.

« D'un côté, la mère du jeune époux, la reine de Navarre, femme habile et rusée et qui aimait tendrement son fils, ne voulait se fier ni au roi, ni aux catholiques, et déjà mal disposée pour ce mariage, consentait encore moins qu'il se fît à Paris, ville très-catholique et très-ennemie de sa maison ; de l'autre, le roi insistait fortement pour que la cérémonie eût lieu dans la capitale.

« Ces obstacles retardaient la négociation.

« D'ailleurs le pape Pie V ne voulait ni entendre parler de cette union ni accorder la dispense. »

. . . . « Il ne connaissait pas les secrets du roi ; il ne s'en rapportait ni aux lettres de la reine, ni à celles des ministres de Leurs Majestés qui le prévenaient que tout se faisait dans la bonne intention et pour le service de la foi catholique. »

Le pape envoya un légat auquel Charles répondit par des protestations mystérieuses.

Pie V était ce vieux fanatique qui établit l'inquisition à Rome.

« Aussi, dit Capilupi, le roi, qui le connaissait d'un *naturel terrible*, craignit que, si le mariage se faisait sans son consentement, le pontife n'éclatât contre la France par quelque mesure violente et soudaine, lorsqu'il plut à l'éternelle providence et sagesse de Dieu de trancher subitement ces deux difficultés.

« Il permit, tout à la fois, la mort de la reine de Navarre dont le fils resta sous l'antière direction de l'amiral et celle du Souverain Pontife. »

Le pape étant mort le 1er mai, l'amiral et ses amis se crurent assurés de la volonté du roi ; ils délibérèrent de faire venir à la cour le roi de Navarre et le prince de Condé.

Le roi, dans l'espoir de trouver le futur pontife de meilleure composition, résolut de conclure le mariage, après avoir obtenu de ses théologiens une décision portant que le pape pouvait et devait, pour le salut du royaume, transiger avec les circonstances.

Le cardinal de Lorraine, qui était fort inquiet pour sa personne, partit pour la capitale du monde chrétien.

Nous passons sous silence l'odieuse comédie dont fut dupe l'amiral, et les premières tentatives d'assassinat dont il faillit être victime, notre intention n'est pas de raconter l'histoire complète de la Saint-Barthélemy, mais seulement la part que le mariage de Marguerite de Valois eut dans ce guet-apens monstrueux.

Tout était prêt pour le massacre, mais le nouveau pape Grégoire XIII refusait la dispense; Charles ne recula point devant un faux.

Le roi, pressé par l'amiral et par la brièveté du temps, après avoir employé quelques jours pour donner ordre à tout ce que nécessitait le grand coup qu'il se disposait à frapper, résolut de ne point perdre une si belle occasion.

Il ne pouvait pas espérer de rassembler une seconde fois tant d'oiseaux dans un même filet. Aussi, quoiqu'il n'eût pas la dispense du pape, il dit à l'amiral qu'il voulait à tout prix que les noces se célébrassent; mais comme il était impossible d'amener la reine-mère et la jeune épouse à consentir au mariage sans la dispense, il ajouta qu'il avait imaginé de supposer une lettre de son ambassadeur à Rome, dans laquelle celui-ci marquerait que le cardinal de Lorraine par autorité et par adresse avait enfin obtenu la dispense; que cette pièce arriverait par le premier courrier, et qu'on pouvait toujours passer outre à la cérémonie du mariage.

L'amiral approuva cette ruse.

Le roi fit fabriquer une fausse lettre. Il la présenta à la reine-mère qui savait et conduisait toute l'intrigue et qui, feignant de croire l'écrit véritable, déclara que rien ne s'opposait plus à la cérémonie.

De son côté, la jeune princesse, trompée par sa mère et très-éloignée de croire que la lettre fût fausse, donna son consentement, auquel se joignit celui du cardinal de Bourbon, son oncle, pareillement abusé.

Ce fut ainsi que, le 18 août, tous les préparatifs étant faits à l'église, les époux y furent conduits et le cardinal leur donna la bénédiction nuptiale.

Après la cérémonie de l'anneau, le roi de Navarre sortit de l'église et laissa sa femme à la messe.

Cependant les carrousels, joutes et autres fêtes usitées avaient attiré un concours immense de cavaliers, soit catholiques, soit huguenots, de sorte qu'on peut dire que toute la noblesse de France se trouvait rassemblée à la cour.

Tous les divertissements étaient réglés par l'amiral, à qui le roi en avait confié la direction particulière.

Après ces fêtes, le roi compléta les mesures déjà arrêtées pour le massacre.

Maurevel, le *tueur du roi*, essaya encore d'assassiner l'amiral de Coligny.

Enfin le samedi 22, le roi, après s'être assuré que le roi de Navarre et le prince de Condé étaient rentrés au Louvre, le fit fermer avec défense d'en laisser sortir personne.

Le duc de Guise, le duc d'Angoulême, frère bâtard du roi, et le duc d'Aumale, furent chargés de diriger l'exécution.

Ils se rendirent d'abord avec leurs hommes à l'hôtel de l'amiral, rue St-Honoré. Entrés impétueusement dans la maison, ils massacrèrent tous ceux qu'ils rencontrèrent. L'amiral, éveillé au bruit, se mit sur son séant, lorsqu'il fut atteint par un jeune Allemand nommé Besme, qui avait été page du vieux duc de Guise.

Quand tout fut tué dans la maison, les seigneurs ordonnèrent qu'on jetât le corps de l'amiral par la fenêtre, afin que le peuple le vît, car il faisait clair comme en plein jour.

On jeta le corps de l'amiral; mais le malheureux, à qui restait encore un souffle de vie, s'accrocha à l'appui d'une fenêtre; on l'acheva et on le jeta au peuple, qui traîna son cadavre par les boues et le laissa au bord de la rivière.

Le massacre continua.

A la nouvelle de la mort de l'amiral, le roi envoya chercher le roi de Navarre, qui était au lit avec sa femme.

Il lui dit ce qui venait d'être fait à Coligny, et tout ce qui se faisait par son ordre.

Il l'engagea à abjurer sa religion et à devenir bon catholique.

A ces paroles, le pauvre petit jeune homme, plus mort que vif, se jeta aux pieds du roi, et lui promit d'être bon catholique et son fidèle serviteur et parent.

Tandis que Charles IX parlait à Henri de Navarre, on tuait dans son antichambre ceux qui y dormaient.

Marguerite raconte ainsi ces « noces vermeilles : »

« Comme j'étais la plus endormie, dit-elle, voici un homme, frappant des pieds et des mains à la porte de ma chambre, criant : *Navarre! Navarre!*

« Ma nourrice, pensant que c'était mon mari, courut vivement à la porte.

« Un gentilhomme, déjà blessé et poursuivi par des archers, entra avec eux dans ma chambre.

« Lui, se voulant garantir, se jette dessus mon lit; moi, sentant cet homme qui me tient, je me jette à la ruelle, et lui après moi, me tenant toujours à travers le corps. Je ne savais si les archers en voulaient à lui ou à moi; car nous criions tous deux et nous étions aussi effrayés l'un que l'autre.

« Enfin, Dieu voulut que M. de Nançay, capitaine aux gardes, vînt, qui, me trouvant en cet état-là, encore qu'il eût de la compassion, ne put se tenir de rire, et se courrouça fort aux archers, les fit sortir et me donna la vie de ce pauvre homme qui me tenait, et que je fis coucher dans mon cabinet jusqu'à ce qu'il fût du tout guéri, et changeai bien vite de chemise, parce qu'il m'avait couverte de sang. M. de Nançay me conta ce qui se passait, et m'assura que le roi, mon mari, était dans la chambre du roi et qu'il n'aurait nul mal. Et, me faisant jeter un manteau de nuit sur moi, il m'emmena dans la chambre de ma sœur, madame de Lorraine, où j'arrivai plus morte que vive; et, entrant dans l'antichambre, de laquelle les portes étaient toutes ouvertes, un gentilhomme, nommé Bourse, se sauvant des archers qui le poursuivaient, fut percé d'un coup de hallebarde, à trois pas de moi.

« Je tombai de l'autre côté, presque évanouie, dans les bras de M. de Nançay, et pensais que ce coup nous eût percés tous deux. »

Le reste des gens du roi de Navarre et ceux du prince de Condé furent massacrés.

Triste mariage que celui d'Henri de Navarre et de Marguerite de Valois!... Et plus tristes encore les jours qui suivirent... Un nuage de sang passa sur leur lune de miel et ils ne la revirent plus.

Et cependant ni l'un ni l'autre n'étaient ni fanatiques, ni cruels; eux seuls, peut-être, ne partageaient point les passions féroces de la cour. Au contraire, tous deux ne manquaient ni de bonté, ni d'intelligence, ni d'esprit. Ils semblaient nés pour s'aimer, et il en fut tout autrement, ainsi qu'on va le voir.

III

LE BRILLANT BUSSI D'AMBOISE.

On aura remarqué que, bien que les portes du Louvre fussent fermées et la nuit fort avancée, puisque le massacre ne commença qu'à deux heures du matin, le Béarnais n'était point couché avec sa femme.

Il est à croire qu'aucune inclination ne s'était éveillée chez les nouveaux époux depuis le 18 août, et cependant, sauf la différence de religion, Marguerite de France et Henri de Navarre semblaient appelés à s'aimer.

Tous deux étaient jeunes, beaux, doués de bonté, d'intelligence et d'esprit. Marguerite détestait le machiavélisme de son frère et de sa mère. Ils partageaient la même horreur du fanatisme et le même goût pour les plaisirs.

Et cependant ils ne connurent même pas les premiers rayons de la lune de miel.

Ils ne se détestèrent jamais, mais ils ne purent vivre ensemble.

D'où provenait cette mésintelligence?

Probablement du défaut d'éducation du Béarnais.

On raconte qu'à sa naissance, sa mère, Jeanne d'Albret, lui avait frotté les lèvres de vin et d'ail; il s'en est ressenti toute sa vie.

Marguerite le trouva débraillé, grossier et (disent quelques mémoires) malpropre.

Quant à lui, il dut trouver la princesse trop raffinée et trop coquette.

On ne saurait croire qu'il l'eût soupçonnée d'avoir trempé dans l'odieux complot auquel son mariage avait servi de prétexte. Mais il est permis de supposer qu'il ne pouvait oublier qu'elle était la sœur de Charles IX et des ducs d'Anjou et d'Aumale ; — Henri aimait le vieil amiral de Coligny.

Quoi qu'il en soit, dès les premiers jours de son mariage, Henri de Béarn délaissa sa femme pour madame de Sauve.

Marguerite avait sa vengeance toute prête ; elle n'eut qu'à se départir de sa rigueur envers le fameux Bussi qui depuis longtemps lui faisait la cour.

Ce Bussi, dont elle a fait des éloges outrés, était un des plus turbulents et des plus terribles coupe-jarrets de cette époque.

Louis de Clermont, comte de Bussi, s'était distingué par sa férocité dans les massacres du 24 août. Comme il plaidait pour le marquisat de Revel avec Antoine de Clermont, son parent, il avait profité du tumulte pour assassiner ce dernier.

Il était passé ensuite du service du roi à celui du duc d'Anjou, le frère bien-aimé de Marguerite, et avait rompu avec un nommé Le Guast, âme damnée de Charles IX.

Le Guast, lui aussi, avait fait la cour à la reine de Navarre.

En voyant Bussi réussir, Le Guast ne manqua point d'avertir le roi, qui, à son tour, en parla à la reine-mère.

— Eh ! d'où vous viennent de pareils soupçons ? demanda Catherine.

— Je ne parle que d'après les autres, répondit le roi. Tout le monde le dit.

La reine-mère interrogea Marguerite, qui dénonça Le Guast comme son ennemi acharné et se plaignit de lui comme auteur de ces calomnies.

— D'ailleurs, ajouta-t-elle, il s'entend avec madame de Sauve pour éloigner de moi mon mari.

Alors éclata une guerre à mort entre Le Guast, Bussi et Marguerite, ou, si l'on veut, le parti du roi et le parti du duc d'Anjou.

Cette guerre intestine du Louvre a défrayé plus d'un romancier, et l'on sera peut-être bien aise de trouver ici, en quelques lignes des *Mémoires de la reine de Navarre*, les scénarios de la reine Margot, des quarante-cinq, et, plus loin, de la dame de Montsoreau.

« Le Guast, dit la reine, voyant sa mine éventée, et qu'elle n'avait pris feu de ce côté, comme il le désirait, s'adressa à certains gentilshommes qui servaient le roi mon mari, et qui jusqu'alors avaient été compagnons de Bussi et depuis devenus ses ennemis par la jalousie que leur apportait sa gloire.

« Ceux-ci, joignant à cette envieuse haine un zèle inconsidéré au service de leur maître, ou, pour mieux dire, couvrant leur envie de ce prétexte, se résolurent un soir, sortant tard du coucher de son maître pour se retirer en son logis, de l'assassiner.

« Et comme les honnêtes gens qui étaient auprès de mon frère avaient accoutumé de l'accompagner, ils savaient qu'ils ne le trouveraient avec moins de quinze ou vingt honnêtes hommes, et que, bien que pour la blessure qu'il avait au bras droit depuis peu de jours qu'il s'était battu en duel contre Saint-Val, il ne portât point d'épée, sa présence serait suffisante pour redoubler le courage à ceux qui étaient avec lui.

« Ce que relevant et voulant faire leur entreprise assurée, ils résolurent de l'attaquer avec deux ou trois cents hommes ; le voile de la nuit couvrant la honte d'un tel assassinat. »

Voilà de nobles et vaillants gentilshommes, n'est-ce pas ?

Et ce Louvre des derniers Valois ne ressemble-t-il pas à une caverne de bandits ?

Mais poursuivons :

« Le Guast, qui commandait au régiment des gardes, leur fournit des soldats, et, se mettant en cinq ou six troupes en la plus prochaine rue de son logis, où il fallait qu'il passât, le chargèrent, éteignant les torches et flambeaux.

« Après une salve d'arquebusades et de pistoletades, qui eût suffi, non à attraper la troupe de quinze ou vingt hommes, mais à défaire un régiment, ils viennent aux mains avec sa troupe, tâchant toujours dans l'obscurité de la nuit, à le remarquer pour ne le faillir, et le connaissant à une écharpe colombine où il portait son bras droit blessé, bien à propos pour eux qui en eussent senti la force, qui furent toutefois bien soutenus de cette petite troupe d'honnêtes gens qui étaient avec lui, à qui l'inopinée rencontre ni l'horreur de la nuit n'ôta le cœur et le jugement; mais, faisant autant de preuve de leur valeur que de l'affection qu'ils avaient à leur ami, à force d'armes, ils passèrent jusqu'à son logis sans perdre aucun des leurs, excepté un gentilhomme qui avait été nourri avec lui, et qui, ayant été blessé au bras, portait une écharpe colombine comme lui.

« Un gentilhomme italien, qui était à mon frère, se trouvait parmi eux. L'effroi le prit, et il accourut tout sanglant au Louvre et jusque dans la chambre de mon frère, qui était couché, criant que l'on assassinait Bussi.

« Mon frère soudain y voulut aller.

« De bonne fortune, je n'étais point encore couchée et j'ouïs cette nouvelle épouvantable.

« Soudain je cours en sa chambre pour l'empêcher de sortir, et envoyai prier la reine-mère d'y venir pour le tenir. »

Catherine dut user de son autorité pour empêcher le duc d'Anjou de sortir au secours de son ami Bussi; elle avait à craindre qu'il ne fût lui-même assassiné par les gentilshommes du roi son frère!

Marguerite le dit, sans même avoir l'air de se douter de ce qu'il y a d'affreux dans la supposition de ce fratricide.

Le lendemain, Bussi, sans crainte de ses ennemis, vint au Louvre, aussi joyeux que si rien de fâcheux ne lui était arrivé.

Mais la reine-mère obtint qu'il se retirât à Angers, — où, par parenthèse, — il sut se rendre odieux par son caractère querelleur et intraitable.

Tel était le premier amant de la reine de Navarre, cet homme dont elle nous dit :

« Il était né pour être la terreur de ses ennemis, la gloire de son maître et l'espérance de ses amis. » — Un héros!...

Nous verrons plus loin comment il finit.

IV

LA TORIGNI.

La reine avait une fille d'honneur nommée Changi. Elle déplut à Le Guast, qui obtint du roi qu'elle fût renvoyée.

Marguerite avait près d'elle une femme qu'elle aimait beaucoup et qui lui était très-dévouée : c'était une amie d'enfance. On la nommait Torigni.

— Sire, dit Le Guast au roi, on accuse souvent les gentilshommes d'être des sujets de scandale.

— Mais c'est juste, dit le roi : Bussi...

— Cependant Votre Majesté a-t-elle réfléchi qu'il y aurait moins de Bussi et qu'il y aurait moins de désordres si la cour n'é- tait infestée de gens intéressés à les favoriser ?

— De qui veux-tu parler ?

— Des gens de compagnie et de service, qui, toujours au guet des caprices de leur maître ou de leur maîtresse, ne songent qu'à les satisfaire. Ce sont ces valets complaisants et entremetteurs qui fomentent le désordre pour en vivre. Ainsi, vous avez renvoyé Bussi.

— Et je m'en applaudis.

— Mais croyez-vous avoir frappé le seul, le plus grand coupable ?... La même personne qui avait intérêt à ouvrir à Bussi la

porte de la reine de Navarre, n'est-elle pas prête à l'ouvrir à d'autres ?
— Qui cela ?
— Ai-je besoin de la nommer ?... la femme de confiance de madame Marguerite.
— Torigni ?
— Oui, Torigni. Elle a servi Bussi ; elle est prête à en servir d'autres.
— Ne sais-tu rien de particulier ?
— Si j'étais le roi, j'en saurais peut-être davantage.
— Oh ! les rois sont toujours les derniers à apprendre ce qui les touche. Ainsi mon cousin de Navarre...
— C'est un bien petit roi.
— Il n'en jouit pas moins de cet aveuglement qui est un des priviléges de la couronne.
— Ne pourrait-on l'avertir ?...
— Parle-lui.
— Ma parole aurait peu d'autorité. Puis, le sujet est si délicat... Car, en définitive, il s'agit plutôt d'un mal qu'il faut prévenir que d'une faute. Mais Votre Majesté, dans son intérêt même, pourrait l'engager à renvoyer cette Torigni.
— Et s'il allait s'en formaliser ?
— Il aurait mauvaise grâce. Votre Majesté ne lui a-t-elle pas donné l'exemple en exigeant que la reine renvoyât la Changi ?
— Je vais lui en parler.

Le roi se rendit chez son cousin de Navarre, et en effet trouva tout d'abord celui-ci assez mal disposé à ce nouveau moyen d'humilier et de persécuter sa femme.
— Je ne vous aimerai jamais, lui dit le roi, si dès demain vous n'avez enlevé la Torigni à Marguerite.

Henri de Navarre n'hésita plus.

Il n'était point jaloux, mais il feignit de l'être, et répéta à sa femme les bruits fâcheux qui couraient sur sa conduite, pour déclarer ensuite qu'il ne serait satisfait que si elle renvoyait Torigni.

— Vous savez bien, lui dit Marguerite, que cette fille est aussi honnête que dévouée, c'est une méchanceté de Le Guast. Et voilà votre reconnaissance pour les soins que je vous donnai dernièrement.

Elle faisait allusion au fait suivant qu'elle rapporte dans ses *Mémoires* :

« Le roi mon mari ayant une nuit eu une fort grande faiblesse en laquelle il demeura évanoui l'espace d'une heure, qui lui venait, comme je crois, d'excès qu'il avait faits avec les femmes, je l'avais servi et assisté, comme je le devais, de quoi il était si content de moi qu'il s'en louait à tout le monde... »

Mais, bien qu'il eût mauvaise grâce de se montrer jaloux, il insista et finit par imposer sa volonté.

Torigni fut renvoyée et se retira chez un de ses cousins nommé Châtelas.

« Je restai si offensée de cette indignité, dit Marguerite, que, ne pouvant plus résister à la juste douleur que j'en ressentais, que, bannissant toute prudence de moi, je m'abandonnai à l'envie de ne me plus forcer à rechercher le roi mon mari. De sorte que, Le Guast et madame de Sauve d'un côté l'étrangeant de moi et moi m'éloignant de lui, nous ne couchions plus et ne parlions plus ensemble. »

Mais Bussi avait-il eu un successeur ? Mais Marguerite ne s'autorisait-elle pas des légèretés de son mari pour se conduire alors comme elle s'est conduite plus tard ?

Il est permis de le supposer.

Cependant ce Le Guast était véritablement un coquin.

N'envoya-t-il pas une bande de soudards pour s'emparer de cette pauvre fille et la jeter à la rivière !... Les gens de Le Guast mirent à sac la maison de Châtelas, cousin de Torigni, pillèrent et détruisirent comme en pays conquis, puis attachèrent leur prisonnière sur un cheval pour aller la noyer.

Heureusement pour cette malheureuse, MM. La Ferté et Avantigny, qui appartenaient au duc d'Anjou, étant passés de ce côté avec deux cents cavaliers, apprirent ce qui se passait et la délivrèrent.

Tandis que ces brutalités s'exerçaient contre une malheureuse domestique, le roi de Navarre parvenait à s'échapper de la cour de France et à regagner son royaume.

Ce fut au Louvre un grand sujet de colère et d'alarme ; car on craignait que le duc d'Anjou ne s'unît à lui.

La vieille Catherine alla trouver Marguerite :

— Ma fille, lui dit-elle, vous ne trouverez pas étrange que le roi se sente offensé contre votre frère et votre mari, et que, sachant l'amitié qui est entre vous, croyant que vous savez leur partement, il soit résolu de vous tenir pour otage.

Il sait combien votre mari vous aime et ne peut avoir un meilleur gage de lui que vous.

Pour cette cause il a commandé que l'on vous mît des gardes pour vous empêcher que vous sortiez de votre chambre... Car si vous restiez libre d'aller et venir dans le Louvre, vous pourriez apprendre nos conseils et les leur communiquer.

— Moi ! fit Marguerite ; mais, ma mère, ignorez-vous que, depuis que mon mari m'a pris Torigni, nous ne nous sommes plus parlé...

Hier on me reprochait de ne pas aimer assez mon mari, aujourd'hui on me parle de l'attachement que j'ai pour lui et l'on m'en fait presqu'un crime !

Mais vous savez bien qu'il est parti sans m'avoir vue et sans m'avoir dit adieu !

— Ce sont, répondit la reine-mère, petites querelles de mari à femme, mais on sait bien qu'avec de douces lettres il vous regagnerait le cœur, et que, s'il vous mande de l'aller trouver, vous irez.

Catherine se retira et par sa porte entr'ouverte Marguerite put voir deux sentinelles.

Elle était séquestrée.

Elle servait d'otage à son frère contre son mari.

« A la cour, dit-elle, l'adversité est toujours seule. »

Le brave Crillon osa seul mépriser les défenses et venir voir la reine captive. Grâce à lui, elle put recevoir des lettres de son mari qui, éloigné de « sa Circé, madame de Sauve, » lui écrivit des lettres « très-honnêtes, » et elle put écrire à son frère d'Anjou, qui se trouvait alors en Champagne avec une armée.

« Mon frère, dit-elle, fut tellement indigné du traitement que l'on me faisait subir que, s'il n'eût eu l'affection de sa patrie enracinée dans le cœur, il eût marché sur Paris avec son armée. »

Il écrivit à la reine-mère.

Catherine se rendit près de lui ; mais le duc, furieux, déclara à sa mère qu'il n'écouterait aucune proposition avant que l'on eût réparé les torts que l'on avait envers sa sœur bien-aimée.

Catherine eut peur et rapporta la paix au Louvre.

Marguerite, de son côté, protesta des bonnes intentions de son mari et demanda pour rétablir sa santé ébranlée à aller aux eaux de Spa.

Ce voyage à travers les Flandres est certainement une des pages les plus intéressantes des Mémoires de la reine Margot, mais ce serait ici un hors-d'œuvre un peu long, car il ne s'y mêle, que nous sachions, aucune galanterie.

Cependant, pour ceux de nos lecteurs qui n'ont pas le loisir de lire l'histoire dans les originaux et qui sont curieux des mœurs du temps passé, nous citerons la description de la litière de la reine et de l'ordre dans lequel ses gens l'accompagnaient.

« J'allai, écrit-elle, dans une litière faite à piliers doublés de velours incarnadin d'Espagne en broderie d'or et de soie. Cette litière était toute vitrée et les vitres toutes faites à devises. Il y avait en la doublure et aux vitres quarante devises toutes différentes, avec les mots en espagnol et en italien, sur le soleil et ses effets. »

Après cette litière venaient celles de ses deux dames d'honneur, puis dix filles à cheval avec leurs gouvernantes, et six carrosses ou chariots où étaient les dames et femmes de service.

Marguerite, comme ses frères d'ailleurs, aimait beaucoup le luxe et était d'une coquetterie et d'une prodigalité ruineuses.

Comme son mari le lui reprochait un jour :

— Vous savez bien, lui répondit-elle, que c'est chez moi un vice de famille.

Anne d'Autriche.

V

BUSSI ET LES QUARANTE-CINQ.

Cependant la paix conclue entre le roi et son frère n'était qu'apparente.

A peine d'Anjou fut-il de retour à Paris, que les querelles entre les gentilshommes de sa maison et ceux du roi éclatèrent journellement.

Le roi s'était entouré d'une garde de quarante-cinq spadassins prêts à tous les coups de main, mais d'une fidélité à toute épreuve.

La rentrée de Bussi à Paris fut un signal pour les Quélus, Maugiron, Saint-Luc, Saint-

Mégrin, de Gramont, qui s'étaient juré de le tuer.

Mais Bussi était un terrible adversaire et, désespérant d'en venir à bout dans un duel loyal, ils reprirent les traditions du Louvre et organisèrent un guet-apens.

L'ancien amant de Marguerite s'était épris de la femme de Charles de Chambes, seigneu de Montsoreau, et en l'absence de celui-ci lui rendait visite, le soir, dans une maison qu'elle occupait seule au Marais.

Les quarante-cinq avertirent le mari, Charles de Montsoreau et ses amis se cachèrent dans la maison, et le mari obligea sa femme à donner rendez-vous à Bussi.

Vous connaissez sans doute le roman de Dumas, où sont si bien dépeints les élégants coupe-jarrets de Henri III et vous savez comment finit l'aventure.

Il nous semble encore assister aux terreurs de la femme, voir arriver le brave Bussi dans ce piége rempli d'épées assassines. Une lutte épouvantable, désespérée, s'engage entre l'amant trahi et la bande qui l'assiége et l'enveloppe.

On oublie que ce Bussi ne vaut guère mieux que ses adversaires, et sa bravoure lui rallie tous les cœurs. Seul contre tous ces traîtres, il est superbe ! Et ce combat aura plus fait pour sa renommée que, pour tant de vaillants capitaines, la prise d'une ville ou une victoire remportée en bataille rangée (1).

Accablé par le nombre, il a succombé.

Et chose triste, on dit que le duc son maître et son ami ne fut pas trop affligé d'être débarrassé d'un serviteur aussi turbulent.

Quant à Marguerite, elle n'eut pas le courage de raconter cette fin tragique ; un peu de jalousie la tenait au cœur.

A peine rentrée au Louvre, elle se trouvait mêlée à ce foyer d'intrigues plus ou moins politiques qu'attisait sans cesse la reine-mère.

Le duc d'Anjou était à son tour fait prisonnier et renfermé dans un appartement du palais.

Elle avait obtenu de partager la captivité de son frère, et bientôt complotait avec lui les moyens d'une évasion.

Par ses soins on fabriqua une corde à nœuds, et, la corde faite, il fut entendu que le duc s'évaderait par la fenêtre de la chambre de Marguerite, en compagnie de deux de ses valets de chambre, Simier et Cangé.

L'aventure est plaisante surtout quand on songe qu'elle a pour héros une reine et son frère, et que cette corde, engin de roman ou de drame, s'attache à un balcon du Louvre.

Une nuit donc, le duc d'Anjou se rend avec Simier et Cangé dans la chambre de sa sœur qui, aidée de ses femmes, attache la corde au balcon de sa fenêtre.

Et l'évasion commence.

Le duc descend le premier en riant et en plaisantant, puis ses valets tremblants le suivent.

Tous trois enfin arrivent dans le fossé du Louvre, rampent vers la rivière, et gagnent l'autre rive où des amis les attendent à l'abbaye Sainte-Geneviève.

Mais au moment où Cangé, le dernier des trois fugitifs, mettait le pied à terre, Marguerite aperçut un homme qui, se levant du fond du fossé, se mettait à courir dans la direction du jeu de paume où se trouvait le corps de garde.

« J'en demeurai à demi pâmée de peur, dit-elle, croyant que ce fût quelqu'un qui, suivant l'avis de M. de Matignon, avait été mis là pour nous guetter, et estimant que mon frère fût pris, j'entrai en un désespoir qui ne se peut représenter. »

Sa frayeur gagna ses femmes, qui s'empressèrent de retirer la corde et, pour détruire les preuves du *crime*, la jetèrent au feu. Ce paquet de chanvre flamba aussitôt.

Mais voici bien une autre alerte !...

Le feu prit à la cheminée et la garde accourut frappant à la porte à coups redoublés.

— Ne bougeons pas, dit Marguerite. Vite au lit.

On frappa de plus belle.

---

(1) « Je lui ai ouï dire souvent, dit Brantôme, qu'en tant de combats singuliers et guerres et rencontres générales (car il en a fait prou) où il s'est jamais trouvé, ce n'était point tant pour le service de son prince ni pour ambition que pour la seule gloire de complaire à sa dame. »

— Demandez ce qu'on veut, reprit la reine.

— C'est le feu ! répondit un soldat.

— Ce n'est rien qu'un feu de cheminée. Laissez-nous en repos ; il s'éteint.

Les gardes se retirèrent.

Enfin peu de temps après de nouvelles rumeurs se faisaient entendre.

C'était l'abbé de Sainte-Geneviève qui venait avertir le roi que monseigneur d'Anjou et ses amis s'étaient emparés de force de son logis, et avaient pratiqué dans la muraille de la ville un trou par lequel ils s'étaient enfuis.

. . . .

Et pendant que « la maison de France » se livrait à ces ingénieuses et utiles occupations, qui donc s'occupait des intérêts sérieux du royaume ?

L'histoire de cette époque n'est qu'un long roman de cape et d'épée.

Après cette aventure Marguerite fut de nouveau menacée d'être prise pour otage, mais les Béarnais lui vinrent en aide. S'étonnant à juste titre du séjour de la reine à Paris et peut-être désireux de la connaître, ils pressèrent le roi de la faire venir à Paris.

Henri ne s'ennuyait pas de l'absence de sa femme.

De jolies filles, la Dayelle et la Rebours, l'avaient déjà aidé à oublier madame de Sauve, mais il se rendit aux sages raisons de ses conseillers.

Il transmit le vœu de ses sujets à la reine-mère et à Marguerite.

Catherine fit d'abord la sourde oreille. Elle se demanda quel gage lui resterait contre le duc d'Anjou et le roi de Navarre, s'il leur plaisait de se liguer contre elle?

Elle sonda le cœur de sa fille et hésita encore.

Il fallut que le mari et le frère se montrassent menaçants pour que la méfiante Catherine consentît à se dessaisir de son otage.

Enfin, après s'être assurée que sa fille ne conservait contre elle aucun ressentiment, elle consentit à son départ.

Marguerite fit à Pau une entrée solennelle, et son arrivée fut le signal de fêtes qui se prolongèrent pendant plusieurs jours. Son mari lui fit le meilleur accueil, et elle n'eut à se plaindre dans les premiers temps que de la Rebours, fille malicieuse, selon elle, qui s'appliqua à lui faire de méchants tours.

Mais le règne de cette favorite ne fut pas de longue durée, elle tomba malade, ce fut assez pour en détacher le roi, qui donna la couronne de roses à la Fosseuse.

La nouvelle favorite vécut en bonne harmonie avec Marguerite, dont elle était fille d'honneur. « Elle se maintenait, écrit la reine, avec tant *d'honneur et de vertu*, que, si elle eût toujours continué de cette façon, elle ne fût pas tombée au malheur qui depuis lui en a tant apporté et à moi aussi. »

On voit que les mots d'honneur et de vertu ont bien changé de sens depuis cette époque, et qu'il ne faut pas s'étonner de voir Brantôme qualifier d'honnêtes et vertueuses dames les dames les plus galantes ou les plus dépravées de son temps.

Bien que la cour de Pau ne fût pas prude, comme l'on voit, la reine trouva le moyen de la rendre plus licencieuse encore. Elle y introduisit un luxe, une coquetterie que l'on n'y connaissait pas encore. Elle usa de tous les raffinements imaginables. Et c'est d'elle que le roi Henri avait appris à faire tendre son lit de draps de taffetas noir, afin de faire paraître plus éclatant le teint blanc de ses maîtresses.

A Pau, comme au Louvre, et peut-être avec une plus grande liberté, elle s'entoura de ces aventuriers dont les Muses signaient jadis les passeports d'une main libérale : poètes et rimeurs, savants et astrologues, musiciens, tout un monde *d'amuseurs*, dont la plus grande ambition était d'obtenir les faveurs éphémères de cette reine galante.

Henri, qui avait lui-même besoin d'indulgence conjugale, ne se montrait pas jaloux.

Mais sa parcimonie, son ignorance du luxe, et son peu de fortune lui rendaient pénibles la prodigalité de sa femme et sa coquetterie.

C'est dans Brantôme, au livre des *Dames*

illustres, qu'il faut s'édifier sur le luxe de Marguerite.

Nous allons lui emprunter le portrait de cette princesse et quelques détails curieux sur sa toilette; on verra que le luxe et la coquetterie ne sont pas en progrès de nos jours et supportent mal la comparaison avec ceux de la reine de Navarre.

VI

LA BEAUTÉ ET LE LUXE DE MARGUERITE.

Brantôme avait beaucoup connu la reine de Navarre, sa mère avait été à son service, et il avait pour Marguerite une admiration qui ressemble à un culte.

Mais, comme on le verra, elle était assez belle et assez séduisante pour ne rencontrer guère que des admirateurs.

Elle était grande, bien faite, brune avec un teint blanc et d'une grande fraîcheur. Ses traits étaient réguliers et sa physionomie des plus agréables.

Une coquetterie savante, un besoin de plaire qu'elle conserva jusque dans l'âge le plus avancé, ajoutaient encore aux dons de la nature.

Voilà ce que l'on peut dire d'elle sans exagération.

Mais Brantôme, comme Ronsard, en parle d'un ton moins modéré:

« On dirait, dit-il, que la mère nature, ouvrière très-parfaite, mit tous ses plus rares sens et subtils esprits pour la façonner.

« Car, soit qu'elle veuille montrer sa douceur ou sa gravité, il sert d'embrasser tout un monde tant ses attraits sont beaux, ses linéaments tant bien tirés et ses yeux si transparents et si agréables, qu'il ne peut s'y trouver rien à dire; et qui plus est, ce beau visage est fondé sur un corps de la plus belle, superbe et riche taille qui se puisse voir, accompagnée d'un port et d'une grave majesté qu'on la prendra toujours pour une déesse du ciel plus que pour une princesse de la terre. »

A l'appui de son admiration il raconte les extases des ambassadeurs polonais, et parle de l'admiration qu'avait pour elle don Juan d'Autriche, et jusqu'aux soldats de ces vieilles bandes espagnoles qui déclaraient que la conquête d'une telle beauté valait mieux que celle d'un royaume.

Des envoyés turcs, « tout barbares qu'ils étaient, » étaient du même avis.

Et Ronsard, dans une élégie, montrait Vénus jalouse de sa rivale terrestre.

« Elle ne se cachait guère d'un masque, ajoute-t-il, comme toutes les autres dames de notre cour, mais la plupart du temps elle allait le visage découvert.

« Ce n'est pas tout, car ses beaux accoutrements et belles parures n'osaient jamais entreprendre de couvrir sa belle gorge ni son beau sein, craignant de faire tort à la vue du monde qui se paissait sur un si bel objet ; car jamais n'en fut vu une si belle ni si blanche, si pleine, ni si charnue, qu'elle montrait si à plein et si découverte que la plupart des courtisans en mouraient, voire des dames que j'ai vues, aucune de ses plus privées, avec sa licence, la baiser par un grand ravissement. »

Voilà pour la beauté.

Quant au luxe de toilette, Brantôme raconte qu'il la vit un jour dans une cérémonie avec une robe de drap d'or frisé de quinze aulnes à cent écus l'aulne.

Il s'agit d'écus d'or dont la valeur a quadruplé.

Comptez environ quatre cents louis de nos jours.

Cette étoffe était un présent du Grand Seigneur à l'ambassadeur de France.

Quelle princesse porte aujourd'hui des robes de cinq à six mille louis? »

« Notez, dit encore le panégyriste, que, si notre reine était si toute belle de soi et de sa nature, elle se savait si bien habiller et si curieusement et richement accommoder, tant pour le corps que pour la tête, que rien n'y restait plus pour la rendre en sa pleine perfection. »

A Cognac, en se rendant à Pau :

« Elle parut vêtue fort superbement d'une robe de toile d'argent et colombin à la boulonnaise, manches pendantes, coiffée très-richement avec un voile blanc, ni trop grand, ni trop petit. »

La reine-mère lui fit compliment :

— Ma fille, lui dit-elle, vous êtes très-bien.

Elle répondit :

— Madame, je commence de bonne heure à porter et user mes robes et les façons que j'apporte avec moi de la cour, car quand j'y retournerai je ne les emporterai point, mais j'y entrerai seulement avec des ciseaux et des étoffes seulement pour me faire habiller selon la mode qui courra.

La reine-mère lui répondit :

— Pourquoi dites-vous cela? C'est vous qui inventez et produisez les belles façons de s'habiller, et en quelque part que vous alliez, la cour prendra de vous et non vous de la cour.

Vous pensez de quel œil le bon roi de Navarre, qui manquait de chemises, devait voir une si ruineuse coquetterie?

Il est probable que la seconde brouille qui survint entre les deux époux eut plutôt pour cause la coquetterie et la galanterie de la reine que le dissentiment religieux que nous rapportent tous les historiens.

La reine, dit-on, avait pour ennemi à la cour de Pau un nommé Du Pin, qui avait été autrefois à l'amiral de Coligny.

Ce Du Pin (peut-être d'accord avec le roi) entreprit d'interdire à la reine et aux siens l'exercice du culte catholique. Un jour, il lui interdit la messe : — « Il s'en estomacha si bien qu'il fit mettre en prison quelques-uns de la ville qui y avaient été.

« La reine en fut très-mal contente, et le lui pensant remontrer, il lui parla plus haut qu'il ne devait et fort indiscrètement, et même devant le roi, qui lui en fit une bonne réprimande et le chassa.

« Ledit Du Pin se fondait sur l'édit qui est là fait et observé sur la vie, n'y dire ni ouïr messe.

« La reine, s'en étant piquée, Dieu sait comment, jura et protesta qu'elle ne mettrait jamais les pieds en ce pays-là, d'autant qu'elle voulait être libre en l'exercice de sa religion, et par ainsi elle en partit et depuis garda très-bien son serment. »

Mais Du Pin était rentré en grâce et était toujours conseiller du roi.

Ce qui nous prouve que la religion n'avait été qu'un prétexte.

VII

AVENTURES DE GUERRE ET D'AMOUR.

C'était en 1582.

Elle arriva à Paris et y reçut le plus froid accueil.

Se considérant comme veuve, elle usa d'une extrême liberté. Son retour au Louvre fut le signal de fêtes galantes qui s'avilirent jusqu'à l'orgie.

Henri III s'en fâcha, et il est bien fâcheux pour nous qu'un sténographe n'assistait point à la scène qu'il lui fit, car il paraît qu'en lui reprochant ses désordres, dans les termes les plus vifs et les plus crus, il lui fit l'énumération complète de tous ses amants, depuis le duc de Guise, dont la faveur est douteuse, mais qu'il n'omit point, et Bussi, et La Mole, jusqu'aux favoris de la veille.

La liste était très-longue.

Ce malheureux Henri III, si faible, si facile à s'emporter, ce pauvre fou, accabla sa sœur d'injures et la chassa publiquement.

Et ce ne fut pas tout.

A peine était-elle sortie du Louvre, il ajoutait à cet outrage public un outrage plus offensant encore.

Il la faisait arrêter, elle et ses principaux domestiques.

Puis il interrogeait ces derniers sur les déportements de sa sœur, et même sur un enfant qu'il prétendait qu'elle avait eu au Louvre. Il descendait dans ces *délicates investigations*, à des détails honteux, avec la hardiesse de langage du temps et cette fureur d'un esprit exalté et ruiné par de précoces débauches.

Enfin, faute de preuves, il relâcha ses prisonniers.

Marguerite reparut en Béarn, à Nérac.

Son mari, doublement indigné, se plaignit des procédés odieux de Henri III, — sans essayer d'en consoler sa femme.

Après cet éclat, il ne pouvait la garder près de lui.

Pendant les négociations qui s'ouvrirent à ce sujet entre les deux Henri, Marguerite promena son faste et ses dérèglements de ville en ville, jusqu'à ce qu'il lui prit fantaisie d'aller s'enfermer à Agen.

Cette ville lui avait été donnée en apanage.

Elle voulut s'y fortifier et y rester indépendante.

Entreprise excentrique.

« Mais, dit Brantôme, elle y fut très-mal servie par madame de Duras, qui, sous son nom, faisait grandes exactions et concussions.

« Le peuple de la ville s'en aigrit et, sous main, en couva une liberté et moyen de chasser et leur dame et ses garnisons. Sur lequel mécontentement M. de Matignon prit occasion de faire entreprise contre la ville.

« La ville fut prise et forcée de telle sorte et en telle alarme, que la pauvre reine, tout ce qu'elle put faire, fut de monter en trousse derrière un gentilhomme, et madame de Duras derrière un autre, et se sauver de vitesse. Elles firent douze lieues tout d'une traite et se sauvèrent dans la plus forte forteresse de France, qui est Carlat; où étant, elle fut, par les menées du roi, son frère (qui était très-habile et très-subtil roi, s'il en fut oncques), vendue par ceux du pays et de la place, et en étant sortie, s'en défiant, ainsi qu'elle se sauvait, fut prisonnière entre les mains du marquis de Canillac, gouverneur d'Auvergne, et menée dans le château d'Usson. »

Cette arrestation s'accomplit à la satisfaction commune du mari et du frère.

« Voilà donc, poursuit le chroniqueur, cette pauvre princesse prisonnière et traitée, non en fille de France certes, ni même en princesse si grande que celle-là.

« Toutefois, si son beau corps était captif, son brave cœur ne l'était point.

« Que c'est que peut un grand cœur conduit d'une grande beauté?

« Car celui qui la tenait prisonnière en devint prisonnier dans peu de temps, encore qu'il fût brave et vaillant.

« Pauvre homme! Que pensait-il faire?

« Vouloir tenir prisonnière et sujette celle qui, de ses yeux et de son beau visage, peut assujettir en ses liens et chaînes tout le reste du monde, comme un forçat!

« Le voilà donc, ce marquis, ravi et pris de cette beauté; mais elle, qui ne songe en aucunes délices d'amour, mais à son honneur et à sa liberté, joue son jeu si accortement, qu'elle s'empare de la place, chasse le marquis, bien ébahi d'une telle surprise et ruse militaire.

« Elle l'a gardée six à sept ans. »

Elle avait commencé, après avoir séduit le marquis, par faire quitter la place à madame de Canillac et séduire quelques officiers. On lui laissa la ville qu'elle avait conquise; trop heureux de la voir se résigner à cette résidence et d'être débarrassé de sa remuante personne.

De son côté, elle se plaisait à Usson, qu'elle appelait son arche de salut.

Dans cette solitude elle s'abandonnait librement à son humeur galante : — des amours de garnison et des amours champêtres. Elle régnait par l'autorité de son nom et par sa beauté et son esprit. Pour récompenser ses nouveaux sujets et entretenir leur zèle, elle avait l'inépuisable trésor de ses charmes.

L'histoire ne dit pas si elle exerça quelque influence sur les modes auvergnates...

C'est à Usson qu'elle écrivit ses Mémoires qui s'arrêtent à son séjour à Pau, et il est bien regrettable qu'elle ne les ait point poussés plus loin. Nous y aurions trouvé de précieuses indications sur sa vie à Usson.

Il ne nous convient pas de nous en rapporter uniquement aux médisances de ses ennemis. Nous n'écrivons pas un ouvrage de diffamation. Nous ne donnons donc que sous toutes réserves les propos de d'Aubigné et d'autres qui l'accusent d'avoir eu à Usson un enfant d'un gentilhomme nommé d'Aubiac, que le marquis de Canillac aurait immolé à sa jalousie.

De même pour ses amours avec le fils d'un chaudronnier, nommé Pominy, qui d'enfant de chœur fut élevé à la *dignité* de secrétaire intime.

Tout cela n'a rien d'invraisemblable, mais rien n'est certain. Margot n'était pas femme à dédaigner un joli enfant de chœur avec des yeux bien vifs et des dents bien blanches, mais quant à affirmer que cet enfant fut aimé et s'appelait Pominy...

Il en est ainsi de bien d'autres.

Et d'ailleurs Henri III, dans la fameuse récapitulation des amants de sa sœur, n'avait-il pas exagéré le nombre des coupables ?

Montrons-nous plus réservé que Henri III. Ce roi fit un accueil plein de colère et de raillerie au bon marquis de Canillac, lorsque celui-ci vint lui avouer la façon burlesque dont il avait perdu son gouvernement d'Auvergne.

« Et le bon jeu, dit d'Aubigné, fut qu'aussitôt que le marquis eut le dos tourné pour aller à Paris, Marguerite dépouilla la marquise de ses beaux joyaux et la renvoya comme une péteuse. »

Si Marguerite en agit ainsi, ce n'était point par cupidité, car elle n'était point cupide.

Mentionnons encore, parmi les amants que l'on a supposés à la reine d'Usson, Martigues, Bajaumond et Mayenne, qui encore ?...

Il faut croire que le séjour des montagnes aide l'esprit à se débarrasser des vaines agitations de la politique, des intrigues des partis, et porte à la philosophie.

Marguerite demeura dix-huit ans dans sa retraite et ne prit aucune part aux sanglantes intrigues de la Ligue.

Dans cette retraite, elle alliait un épicuréisme philosophique aux pratiques d'une ardente dévotion. Combattant le péché par le repentir et l'excès du repentir même, qui n'est qu'un désespoir, un doute de la clémence divine, par un retour philosophique à la galanterie et autres péchés mignons, — conscience et tempérament vivaient de bon accord.

Elle avait d'ailleurs assez de ressources dans l'esprit pour éviter l'ennui.

Lorsqu'elle n'écrivait point, lorsqu'elle ne s'entretenait point avec les écrivains ou les poètes de son temps, elle s'entretenait avec ses souvenirs, avec les morts pour lesquels elle avait un culte singulier, malgré la légèreté de son caractère.

Son imagination avait parfois des caprices bizarres, et de notre temps le penchant superstitieux qu'elle tenait de sa mère l'eût fait rechercher les spirites.

Cela nous remet en mémoire une anecdote de cet inépuisable Brantôme que nous allons reproduire, mais en l'abrégeant.

Le capitaine de Bourdeille, frère du chroniqueur, avait été envoyé en Italie pour y étudier les belles-lettres, à l'âge de dix-huit ans. Il s'arrêta à Ferrare, près de madame Renée de France, et y entra à l'université, mais, dit Brantôme, il n'y étudiait guère, préférant faire la cour et l'amour. Si bien qu'il s'amouracha d'une demoiselle française nommée mademoiselle de la Roche. Sur ces entrefaites, le jeune de Bourdeille fut rappelé en France par son père. Sa maîtresse le pria de l'emmener avec lui et de la conduire à la cour de la reine de Navarre, à qui elle avait appartenu avant d'être à la duchesse de Ferrare.

Les deux amants se rendirent ensemble à Paris mais, peu après le jeune de Bourdeille laissa la plume pour l'épée, et partit pour les guerres de Piémont et de Parme.

Il y resta cinq ou six mois, au bout desquels il revint en Béarn, où se trouvait sa mère.

Il présenta ses hommages à la reine au moment où elle sortait de vêpres.

« La reine de Navarre, qui était bien la meilleure princesse du monde, lui fit une fort bonne chère et, le prenant par la main, le promena par l'église environ une heure ou deux, lui demandant force nouvelles des guerres de Piémont. Enfin, après l'avoir entretenu assez de temps et ainsi que la nature et la complexion de cette honorable princesse était de ne dédaigner les belles conversations et entretiens des honnêtes gens, de propos en propos, toujours en se promenant, vint précisément arrêter coi mon frère sur la tombe de mademoiselle de la Roche, qui était morte il y avait trois mois. Puis le prit par la main et lui dit :

— Mon cousin (car ainsi l'appelait-elle, d'autant qu'une fille d'Albret avait été mariée en notre maison de Bourdeille ; mais pour cela je n'en mets point plus grand pot-au-feu, ni n'en augmente davantage mon ambition), — ne sentez-vous point rien mouvoir sous vous et sous vos pieds ?

— Non, madame, répondit-il.

— Mais songez-y bien, mon cousin, répliqua-t-elle.

Mon frère lui répondit :

— Madame, j'y ai bien songé, mais je ne sens rien mouvoir ; car je marche sur une pierre bien ferme.

— Or, je vous avise, dit la reine, sans le tenir plus en suspens, que vous êtes sur la tombe et le corps de la pauvre mademoiselle de la Roche, qui est ici au-dessous vous enterrée, que vous avez tant aimée. Et puisque les âmes ont du sentiment après notre mort, il ne faut pas douter que cette honnête créature, morte de frais, ne se soit émue aussitôt que vous avez été sur elle ; et si vous ne l'avez senti à cause de l'épaisseur de la tombe, il ne faut douter qu'en soi elle ne se soit émue et ressentie.

« Et d'autant que c'est un pieux office d'avoir souvenance des trépassés et surtout de ceux que l'on a aimés, je vous prie lui donner un *Pater noster* et *Ave Maria* et un *De profundis* et l'arrosez d'eau bénite ; et vous acquerrez le nom de très-fidèle amant et d'un bon chrétien. Je vous lairrai donc pour cela, et pars.

« Et s'en va.

« Mon frère ne faillit à ce qu'elle avait dit et puis l'alla trouver, qui lui en fit un peu la guerre, car elle en était commune en tout bon propos et y avait bonne grâce. »

VIII

LE DIVORCE.

Depuis 1587, — depuis qu'elle avait été chassée du Louvre, — Marguerite n'était plus reine que de titre, et déjà la pensée d'un divorce était entrée dans l'esprit de son mari.

Quand celui-ci eut battu Mayenne et pris Paris, il comprit qu'il devait renoncer à sa religion et à sa femme, et, devenu ainsi paisible possesseur de la couronne de France, il songea à un nouveau mariage.

Marguerite était toujours à Usson lorsqu'on lui fit pressentir l'intention d'Henri IV.

Buckingham.

Elle repoussa d'abord ce projet avec indignation, croyant que le roi voulait épouser sa maîtresse, Gabrielle d'Estrées ; mais après la mort de cette « décriée bagasse » (c'est son expression), elle céda et consentit d'assez bonne grâce à la dissolution de son mariage, qui fut déclaré nul pour vices canoniques, le 17 décembre 1599.

Le sujet eût été beau pour faire un procès scandaleux dans le genre de celui de Caroline de Brunswick ; mais Henri et Marguerite de France étaient d'autres personnages que Caroline et George IV. C'étaient des gens d'esprit d'abord ; ce qui établit une profonde différence entre eux et ces derniers.

Le divorce ne produisit aucun scandale, aucune émotion dans l'esprit public.

Henri IV épousa Marie de Médicis, et en 1605 Marguerite revint à Paris.

Elle y reçut le plus gracieux accueil du roi et de la population.

Elle habita pendant quelque temps le château de Madrid, près du bois de Boulogne, puis l'hôtel de Sens qui existe encore, mais transformé, je crois, en fabrique de confiseries, et enfin rue de Seine, où elle se fit construire un palais, dont les vastes dépendances descendaient jusqu'au bord de la Seine.

Elle avait fait là des dépenses considérables et s'entourait d'un luxe qui devait faire froncer le sourcil au sage et économe Sully.

Elle avait alors cinquante-cinq ans ; le temps avait neigé sur ses beaux cheveux noirs, ses traits s'étaient épaissis et sa taille était devenue énorme ; cependant elle était toujours coquette et représentait encore, mais d'une façon quelque peu surannée, l'élégance de la cour des Valois.

Elle n'avait pas dit adieu non plus à la galanterie.

Son caractère ne se démentit jamais et elle resta jusqu'à la fin la reine Margot.

« Cependant ces dix-huit ans de confinement, dit Sainte-Beuve, lui avaient donné des singularités et même des manies.

« Elles éclatèrent au grand jour.

« Elle eut encore des aventures galantes et sanglantes. »

Un écuyer qu'elle aimait fut tué près de son carrosse par un domestique jaloux, et le poète Maynard, jeune disciple de Malherbe et l'un des beaux-esprits de Marguerite, fit là-dessus des stances et des complaintes.

Pendant le même temps Marguerite avait des pensées sincères et plus que des accès de dévotion.

A côté de Maynard pour secrétaire, elle avait Vincent de Paul, jeune alors, pour son aumônier.

Elle dotait et fondait des couvents, tout en payant des gens de savoir pour l'entretenir de philosophie, et des musiciens pour l'amuser pendant les offices divins ou dans des heures plus profanes.

« Elle faisait force aumônes et libéralités et ne payait pas ses dettes.

« Ce n'était pas précisément le bon sens qui présidait à sa vie. Au milieu de tout cela elle était aimée... »

Aimée comme le sont les femmes de cet âge, même les reines. Les soleils couchants de ces automnes de la galanterie sont des soleils frileux et pâles. On pourrait cependant faire une liste assez longue de reines et de princesses galantes jusque dans la vieillesse la plus avancée.

Constance, reine de Sicile, avait cinquante-deux ans lorsqu'elle se maria, et elle eut un enfant dont elle voulut accoucher publiquement dans les prairies de Palerme.

Et Diane de Poitiers, la duchesse de Valentinois, qui fut la maîtresse de François Ier et de Henri II, et qui à l'âge de soixante et dix ans était encore une beauté fort recherchée. Et la marquise de Gouast, qui, à l'âge de soixante ans, eut pour amant M. de Guise, grand-prieur de France.

Mais revenons à Marguerite.

Son dernier amant connu fut un musicien de sa chambre. Elle l'aima avec passion et on l'avait surnommé le roi Margot. Le règne de ce prince de la main gauche ne fut point de longue durée, Marguerite approchait de sa fin.

Dans ses derniers jours elle était devenue sombre et sujette à des tristesses et des terreurs subites. Ses déréglements avaient lassé la patience de Henri IV, et ses prodigalités fatigué ses créanciers. Elle se méfiait du roi et de tout le monde, et tremblait qu'on ne se portât contre elle à quelque fâcheuse extrémité.

Ajoutons que les passions politiques qui grondaient alors autour d'elle devaient lui rappeler les plus mauvais jours de sa jeunesse.

Elle mourut le 27 mars 1615, à l'âge de soixante-deux ans.

Son corps fut déposé dans la chapelle du couvent des Petits-Augustins, qu'elle avait fondé, puis transporté dans les caveaux de Saint-Denis.

A côté du portrait de Marguerite de Navarre, nous avons à suspendre celui de Marie de Médicis qui, elle aussi, a mordu au fruit défendu.

Puis, viendront Anne d'Autriche qui, plus discrète que les précédentes, n'est pas moins digne de notre galerie, et Caroline de Naples, depuis longtemps promise, et d'autres encore, bien que nous n'ayons pas l'ambition d'épuiser le sujet.

MARIE DE MÉDICIS

REINE DE FRANCE

I

LES INFORTUNES DU CAPITAINE BON-VOULOIR.

Marie de Médicis fut la seconde femme d'Henri IV; elle ne valait point la première. Galante, elle aussi, mais sans ces qualités et ces défauts charmants qui font excuser les fautes.

Henri IV en eut le pressentiment.

Quelque temps avant la dissolution de son mariage, causant avec Sully, il passait en revue les princesses à marier.

— Le duc de Florence, lui dit-il, a une nièce que l'on dit être assez belle; mais elle est de la maison de la reine Catherine, qui a fait bien du mal à la France, et plus encore à moi en particulier. J'appréhende cette alliance pour moi, pour les miens et pour l'État.

Il avait un portrait d'elle; mais ce portrait avait dix ans de date et était flatté, comme tous les portraits de fille ou de princesse à marier.

Marie de Médicis était née le 26 avril 1573, à Florence. Elle était fille de François Ier, duc de Toscane, et de Jeanne, archiduchesse d'Autriche.

A l'époque où elle se maria, elle avait vingt-sept ans. Elle n'était pas belle.

Elle était grande, mais de taille épaisse, et coquette sans goût; elle s'habillait mal et ignorait l'art de plaire. Ses grands yeux ronds et fixes manquaient d'âme; elle avait l'air revêche et dédaigneux.

Sillery et d'Alincourt furent chargés par le roi de négocier son mariage.

Henri, en s'alliant à une nièce d'anciens banquiers, tenait à la dot. Il avait demandé une dot de 1,200,000 écus; il n'en obtint que la moitié et à grand'peine.

Le mariage fut célébré, par procuration, à Florence avec une magnificence inouïe.

Le 17 octobre 1600, Marie s'embarqua à Livourne, accompagnée de dix-sept galères de Toscane, du pape et de Malte. La galère la *Générale*, qu'elle montait, était incrustée de pierreries, en dehors comme en dedans.

De Marseille jusqu'à Lyon, son voyage ne fut qu'une longue ovation. Sa suite était aussi nombreuse que magnifique. Elle se composait de sept mille personnes. C'était, comme on le dit alors, une véritable invasion italienne.

Le roi, qu'avait retenu la guerre de Savoie, accourut en poste à Lyon; mais, arrivé pendant la nuit, il trouva les portes fermées. Après s'être morfondu sous les murs de la ville pendant une heure, il se rendit chez la reine et entra chez elle tout botté et tout armé.

Marie se jeta à ses pieds.

Il s'empressa de la relever, l'embrassa et lui dit en riant :

— Je suis venu à cheval; je n'ai pu apporter mon lit, et je vous prierai de me prêter la moitié du vôtre.

Mais, entré chez sa femme avec le sourire sur les lèvres, il en sortit, le lendemain, la mine longue et le front soucieux.

D'abord, le portrait avait menti de dix ans : puis Marie n'avait rien de caressant dans les manières, aucune gaieté dans l'esprit. A peine savait-elle quelques mots de français.

Il se plongea dans les affaires, traita avec la Savoie; puis, sa besogne de roi terminée, retourna chez sa maîtresse, la marquise de Verneuil.

En définitive, il devait avoir prévu l'ennui que lui inspirait sa femme, car la marquise n'avait pas cessé d'habiter au Louvre ; c'était elle qui avait reçu la reine, et, par un singulier mépris de toute convenance, elle occupait un appartement voisin de celui de Marie.

— Madame de Verneuil, disait-il à Sully, quelques jours après son mariage, est d'agréable compagnie quand elle le veut. Elle a de plaisantes rencontres et toujours quelque bon mot pour me faire rire, ce que je ne trouve pas chez moi, ne recevant de ma femme ni compagnie, ni réjouissance, ni consolation; ne pouvant ou ne voulant se rendre complaisante ou de douce conversation, ni s'accommoder, en aucune façon, à mes humeurs et complexions.

Elle fait une mine si froide et si dédaigneuse, lorsque, arrivant du dehors, je viens pour l'embrasser et rire avec elle, que je suis contraint de la quitter là et, de dépit, de m'en aller chercher quelques récréations ailleurs.

Mais, de son côté, la Florentine se trouvait déçue, et dans l'époux, qui lui paraissait vieux et désagréable, elle soupçonnait encore (en fanatique qu'elle était) un hérétique relaps.

Enfin Tallemant des Réaux nous explique tout à fait son aversion pour Henri IV dans un mot qu'il prête à madame de Verneuil :

« Cette Verneuil, dit-il, était fille de M. d'Entraigues, qui épousa Marie Touchet, fille d'un boulanger d'Orléans, et qui avait été la maîtresse de Charles IX.

« Henri IV a eu une quantité étrange de maîtresses; il n'en était pourtant pas grand abatteur de bois; aussi était-il toujours cocu.

« On disait, en riant, que son second avait été tué.

« Madame de Verneuil l'appela un jour le *Capitaine Bon-Vouloir*; et une fois, car elle le grondait cruellement, elle lui dit : — que bien le prenait d'être roi, que, sans cela, on ne le pourrait souffrir, car il puait comme une charogne.

« Elle disait vrai.

« Il avait les pieds et le gousset fins, et, quand la reine coucha avec lui la première fois, quelque bien garnie qu'elle fût d'essences de son pays, elle ne laissa pas que d'en être terriblement parfumée.

« Le roi Louis XIII, pensant faire le bon compagnon, disait : — Je tiens de mon père, je sens le gousset. »

Ce défaut avait déjà répugné à Marguerite, ainsi qu'on l'a vu plus haut.

La mésintelligence entre les deux époux éclata dès les premiers jours.

Marie reprocha au roi sa constance envers madame de Verneuil; Henri reprocha à la reine son entourage étrange de sigisbées ou de galants, parmi lesquels on distinguait les deux Orsini et Concini.

Ce dernier surtout et sa femme Léonora Dori, dite Galigaï, exerçaient sur elle un empire absolu.

Ces sujets de discussion amenaient des querelles parfois violentes.

Henri était souvent obligé de se lever dans la nuit, pour se soustraire aux reproches et à la mauvaise humeur de sa femme.

On ne les voyait jamais huit jours sans querelles.

Marie était boudeuse ou colère.

Un jour, elle sauta au visage de son mari et l'égratigna.

Une autre fois la colère la poussa jusqu'à lever le bras que le bon Sully rabattit avec moins de respect qu'il n'eût désiré et si rudement qu'elle se plaignit qu'il l'avait frappée; quoiqu'elle se louât de son procédé, reconnaissant que sa prévoyance n'avait pas été inutile.

Au fond, Henri IV était bon diable; il n'avait pas de rancune, et, s'il n'aimait point sa femme, il ne lui en voulait point de ces scènes désagréables.

Elle boudait ; il revenait à elle et faisait toujours les premiers pas.

II

LES ÉPOUX CONCINI.

Marie était aussi très-mal conseillée.

Léonora Dori, sa femme de chambre, et le mari de celle-ci, le seigneur Concini, l'avaient entièrement subjuguée et prenaient soin d'attiser sa jalousie et son humeur grondeuse.

Ces deux personnages ont joué un trop grand rôle dans sa vie pour qu'il ne soit pas indispensable d'en donner ici l'esquisse biographique.

Concini était un Florentin d'assez bonne famille, son grand-père avait été secrétaire d'Etat du grand-duc Cosme. Mais ce garçon, dit Tallemant des Réaux, dès sa jeunesse s'adonna à toutes les débauches imaginables, mangea tout son bien et se rendit si infâme que la première chose que les pères défendaient à leurs enfants, c'était de hanter Concini.

N'ayant plus de quoi vivre à Florence, il s'en alla à Rome et servit de croupier au cardinal de Lorraine. Celui-ci ayant quitté Rome, il rentra à Florence.

Quand il sut qu'on faisait la maison de Marie de Médicis, dont le mariage était conclu avec Henri IV, il y entra en qualité de gentilhomme suivant, et vint en France avec elle.

Or, la reine avait une femme de chambre, nommée Léonora Dori, fille de basse naissance, mais qui était adroite et qui connut incontinent que sa maîtresse était une personne à se laisser gouverner.

En effet, elle ne tarda pas à capter sa confiance.

Concini, qui avait de l'esprit, s'attacha à cette Léonora, et lui rendit tant de petits soins, qu'elle se résolut à l'épouser.

Elle déclara son intention à la reine, qui n'eut garde de ne pas l'approuver ; tandis qu'au contraire Henri IV, qui devinait le jeu de ces deux individus, s'y opposa.

Le mariage s'accomplit.

« Concini était un grand homme, ni beau, ni laid, et de mine assez passable. Il était audacieux ou, pour mieux dire, insolent. Il méprisait fort les princes ; en cela il n'avait pas grand tort. »

Habile et cupide, il amassa rapidement une fortune considérable. Il eut une cour.

Tallemant ajoute :

« Il était libéral et magnifique, et il appelait plaisamment ses gentilshommes suivants : *Coglioni di mila franchi.*

« C'étaient leurs appointements.

« On ne l'a pas tenu pour vaillant. Il eut une querelle avec M. de Bellegarde, qui avait prétendu à être le galant de la reine, et il se sauva à l'hôtel de Rambouillet. »

D'ame ! il gardait son bien. Il avait le droit de se montrer jaloux.

N'était-ce pas lui qui consolait Marie des infidélités d'Henri ?

Cependant, malgré l'éclatante faveur dont il jouissait, les prétendants ne se rebutaient point et ne se laissaient pas décourager, témoin M. de Bellegarde.

C'est que la reine, s'autorisant de la conduite de son mari, cédait à la fougue d'une seconde jeunesse et à l'ardeur d'un tempérament qui eût lassé le capitaine Bon-Vouloir.

Mais ces galanteries se dérobaient sous les dehors d'une dévotion austère.

Cette dévotion ne ressemblait point à celle de la reine Marguerite ; celle-là était plutôt a superstition d'une imagination ardente, bizarre et romanesque.

La reine Marie de Médicis avait la dévotion espagnole, un fanatisme sombre.

En tout cas, ces deux femmes, Marguerite et Marie, donnaient assez de soucis à l'honnête Sully, le gardien de l'épargne royale. Elles rivalisaient de folles prodigalités.

Tandis que l'une se faisait bâtir un palais, l'autre comblait de présents son favori et sa femme Léonora. Concini, débarqué pauvre, avait un petit palais dans le faubourg St-Germain et menait un train de prince.

Léonora était accablée de bijoux et de pierreries qu'elle amassait avec passion.

C'était une bien étrange créature.

Voici ce que nous en apprend Tallemant des Réaux :

« Quoiqu'elle eût été si longtemps avec la reine, elle n'en savait pas mieux son monde. En Italie elle ne voyait personne, et dès qu'elle fut en France elle s'enferma, car elle était fort bizarre, de sorte qu'elle ne savait point vivre à la mode de la cour.

« J'ai ouï dire à madame de Rambouillet qu'elle l'embarrassait fort lorsqu'elle l'allait voir et que, quelquefois, cette femme, croyant lui faire bien de l'honneur, ne la traitait pas selon sa condition.»

Voilà la confidente d'une reine de France.

D'ailleurs Marie de Médicis, bien qu'elle tînt de sa famille et de son pays du goût pour les arts ou plutôt pour la protection des arts, était d'une instruction médiocre et d'un esprit borné.

Tallemant continue :

« Léonora était une petite personne fort maigre et fort brune, de taille assez agréable et qui, quoiqu'elle eût tous les traits du visage beaux était laide à cause de sa grande maigreur.

« Comme elle était malsaine, elle s'imagina être ensorcelée, et de peur des fascinations, elle allait toujours voilée pour éviter, disait-elle, *i Guardatori* (1).

« Elle en vint jusqu'à se faire exorciser.

« On se servit de cela contre elle dans son procès et aussi de trois coffres remplis de boîtes pleines de boulettes de cire. Car en rê-

(1) Les jettateurs, ceux qui ont le mauvais œil.

vant elle avait accoutumé de faire de petites boulettes de cire qu'elle mettait dans ces boîtes. »

Léonora, sans sorcellerie, avait si bien séduit la reine qu'elle lui faisait croire tout ce qu'elle voulait. Ainsi, en 1609, elle lui persuada que le roi voulait l'empoisonner.

Marie ne touchait plus à la cuisine du Louvre, elle refusait tous les plats que le roi lui envoyait de sa table et ne mangeait que les mets apprêtés par sa camériste.

Bien qu'elle eût plusieurs enfants, elle redoutait un divorce qui n'existait certainement pas dans l'esprit de Henri IV. De là son insistance pour se faire nommer régente pendant la guerre qu'à cette époque préparait le roi, et ensuite son ambition de se faire sacrer en grande cérémonie.

Henri IV reculait devant les dépenses aussi considérables qu'inutiles qu'entraînait la cérémonie d'un sacre.

Mais, orgueilleuse et entêtée, Marie ne lui laissait point de répit.

— Ah ! maudit sacre ! s'écria un jour Henri avec amertume, tu seras la cause de ma mort !...

Car, mon cher Sully, pour ne vous en rien celer, l'on m'a dit que je devais être tué à la première grande magnificence que je ferais et que je mourrais dans un carrosse, et c'est ce qui me rend si peureux (1).

— Laissez ces superstitions aux Italiens, sire.

— Eh ! je ne puis m'empêcher de me rappeler que la reine Catherine, la nuit même du tournoi où Henri II fut blessé mortellement à l'œil, rêva qu'elle le voyait blessé comme il le fut, et, s'étant éveillée, le supplia plusieurs fois de ne point courir ce jour-là et de se contenter du spectacle du tournoi sans y prendre part (2).

« J'en pourrais citer d'autres exemples. »

Cependant, malgré sa répugnance et ces fâcheux pressentiments, le roi accéda aux désirs de sa femme. Marie de Médicis fut sacrée reine de France à Saint-Denis, le 13 mai 1610.

Le 14 mai, Henri IV était assassiné dans son carrosse, rue de la Ferronnerie.

(1) Mémoires de Sully.
(2) Mémoires de Marguerite de Navarre.

III

LA RÉGENTE ET LE MARÉCHAL D'ANCRE.

Le crime de Ravaillac plongea Paris dans la stupeur; et bientôt les soupçons se tournèrent vers la reine et son parti, que l'on nommait le parti espagnol.

Depuis longtemps Marie de Médicis ne vivait entourée que des ennemis du roi, les vieux ligueurs, les Espagnols et les jésuites; Les jésuites, dont elle avait arraché à Henri IV, en 1603, le rétablissement.

Par qui Ravaillac avait-il été poussé à l'assassinat?... C'est un mystère. Mais il est rationnel d'accuser du crime ceux qui en profitent.

Rien n'a été prouvé contre la reine. Mais, si on ne peut l'accuser, on ne peut cependant l'absoudre complétement.

« Car, disait le président Hénaut, elle ne fut ni assez surprise, ni assez affligée de la mort funeste d'un de nos plus grands rois. »

En effet, Marie, dans la soirée même du meurtre, s'occupa avec le plus grand sang-froid et la plus grande activité de ses intérêts politiques.

Secondée par d'Epernon, elle prit toutes les mesures qui lui assuraient la régence, et se mettait à l'abri d'un coup de main. Le règne de Louis XIII commença.

D'Epernon, devant le Parlement assemblé, s'écria, en frappant sur son épée :

— Elle est encore au fourreau; mais si la reine n'est déclarée régente à l'instant, il y aura carnage ce soir !

La régente se mit à l'œuvre sans rencontrer la moindre résistance.

Son œuvre consistait à détruire l'œuvre commencée par Henri IV, et à faire tout ce qu'il n'avait point voulu.

Ses collaborateurs, dans cette funeste tâche, étaient Concini, l'ambassadeur d'Espagne, le nonce et le père Cotton. — Sully fut tenu à l'écart d'abord, et peu après congédié. Sully n'avait rien à faire au milieu de ces insensés, de ces intrigants et de ces pillards.

Débarrassée de son contrôle, la régente put puiser à pleines mains dans le trésor national déposé par Henri IV à la Bastille. Elle le mit à sec pour ses favoris, ses flatteurs et les impudents qui, ainsi que Guise, Condé et Nevers, la menacèrent d'une guerre civile.

Cette régence dura quatre ans.

Nous n'avons pas ici à en faire l'histoire politique.

Elle se résume en deux mots : ruine du trésor public, abaissement de l'autorité royale.

Ses actes importants furent le mariage de Louis XIII à Anne d'Autriche, et celui de l'infant don Philippe à Elisabeth de France.

Et enfin l'élévation, la scandaleuse fortune du signor Concini !...

A peine Henri IV est-il mort, le favori de la reine achète le marquisat d'Ancre.

Le nouveau marquis est nommé maréchal de France, bien qu'il n'ait jamais tiré l'épée.

Il est nommé ministre, bien qu'il ignore les lois du royaume. Il succédait visiblement à Henri IV... Mais, plus heureux que celui-ci, il était aimé, craint et obéi.

Se pavanant dans sa haute fortune, l'insolent favori ne daignait même point prendre garde aux vanités qu'il blessait, à la jalousie qu'il excitait chez les principaux seigneurs.

C'était Ruy-Blas, moins l'intelligence et l'honnêteté.

Il avait fait dresser dans Paris des potences pour y pendre les gens qui osaient mal parler de lui. — Inutile d'insister sur la haine méritée que le peuple lui avait vouée.

A la cour, à peine osait-on se moquer tout bas.

Cependant, un jour, comme la reine disait :
— Apportez-moi mon voile,
Le comte de Lude repartit en riant :
— Un navire qui est à l'ancre n'a pas autrement besoin de voiles.

Cependant hors du Louvre, la résistance ou plutôt la rébellion contre la reine et Concini prenait des proportions menaçantes. Le maréchal d'Ancre leva 7,000 hommes à sa solde pour maintenir son autorité. Il fit éloigner les princes, et, craignant de voir ceux-ci enlever le jeune roi, il voulut s'assurer de la personne de Louis XIII, en lui ôtant toute liberté d'aller visiter ses villas des environs de Paris.

Il le réduisit ainsi à n'avoir plus d'autre promenade que le jardin des Tuileries.

Louis XIII s'irrita de cette captivité.

Il ne pouvait avoir recours à sa mère, dont il connaissait les désordres et que, tout jeune, il avait appris à craindre et à mépriser, mais il avait près de lui un jeune homme aussi habile qu'audacieux, de Luynes, avec qui il complota le renversement du maréchal.

De Luynes mit d'autres gentilshommes dans son complot, entre autres M. de Chaulnes, alors à Amboise et que le roi appela secrètement à Paris, puis Bellegarde et le baron de Vitry.

Dans le courant d'avril de 1617, il fut convenu que, lorsque Concini viendrait faire visite au roi, celui-ci le conduirait dans le cabinet de sa collection d'armes, sous le prétexte de demander au baron de Vitry, capitaine des gardes du corps, de lui faire voir le plan de la ville de Soissons, alors assiégée.

Lorsque le maréchal d'Ancre serait dans le cabinet, de Luynes et de Vitry se chargeaient de le tuer.

Toujours l'assassinat comme moyen politique !...

Le 24 avril, Concini sortit de sa maison, sur les dix heures, pour se rendre au Louvre.

Il était accompagné de cinquante à soixante personnes, ses gentilshommes de mille francs.

Le baron de Vitry avait disposé ses hommes et attendait dans la salle des Suisses.

Averti que le maréchal d'Ancre arrivait à l'entrée du pont-dormant du Louvre :
— Il est à nous ! dit-il.

Il descendit rapidement, marcha droit à Concini, et lui portant la main sur le bras droit :
— Le roi, dit-il, m'a ordonné de me saisir de votre personne.
— De moi ? fit Concini stupéfait.
— Oui, de vous, répliqua de Vitry en lui saisissant le bras en même temps que de la tête il faisait signe à ses complices.

Quelques hommes s'avancèrent et déchargèrent leurs pistolets sur Concini.

Celui-ci, blessé, tomba sur les genoux ; il fit un effort pour se relever, mais aussitôt Vitry d'un coup de pied l'étendit à terre et l'acheva.

Ce crime s'accomplit sans retentissement.

Vitry fit enterrer le corps sans cérémonie, puis il se transporta à l'hôtel du maréchal d'Ancre où l'on trouva des richesses considérables.

En même temps de Luynes se rendait chez la reine-mère et lui déclarait, au nom du roi, qu'elle était prisonnière au Louvre.

Enfin, Léonora Dori, dite Galigaï, était arrêtée et emprisonnée.

Ainsi s'écroulait subitement cette honteuse fortune des Concini, sans qu'un seul de ses nombreux parasites osât se lever pour défendre son patron. Pas une épée ne fut tirée en faveur de ce maréchal de pacotille.

Pas un cri ne s'éleva pour protester contre le meurtre qui inaugurait le règne de Louis XIII.

Personne enfin ne prit le parti de la régente.

Mais lorsque Paris fut instruit de la mort du favori, ce fut une explosion de joie. Malheureusement des misérables se livrèrent en cette occasion aux plus dégoûtants excès.

Caroline de Naples

Ils déterrèrent le cadavre de Concini, le traînèrent dans la boue, puis, après l'avoir suspendu à l'une de ses potences, le reprirent, lui arrachèrent les entrailles qu'ils jetèrent à la Seine.

Un cannibale fit même cuire le cœur et le mangea.

Quant à Léonora, elle eut une fin encore plus cruelle.

Accusée de sorcellerie par un Parlement qui ne croyait pas aux sorciers, on procéda contre elle comme on le faisait au moyen-âge. On n'avait aucun autre sujet plausible d'accusation, et elle devait être immolée à l'opinion indignée.

On l'avait bien interrogée au sujet du meurtre de Henri IV, mais sans obtenir aucun éclaircissement.

On s'était donc contenté de la juger comme sorcière.

Ses amulettes, ses boîtes remplies de boulettes de cire, les aveux qu'elle fit de ses croyances et de ses pratiques superstitieuses suffirent à la convaincre de relations avec le diable et à la condamner à être brûlée vive.

C'était bien la peine de prendre tant de précautions contre *i guardatori!*...

On trouva chez elle, outre ses boulettes de cire, une quantité prodigieuse de diamants et de perles et des sommes considérables ; elle était avare.

Tout ce que la reine obtint en faveur de son ancienne amie, dont le sort doit vous rappeler la Catanaise de Jeanne Ire de Naples, fut d'avoir la tête tranchée avant d'être brûlée.

L'arrêt fut exécuté en place de Grève.

On peut dire que ces Concini avaient bien mérité leur sort, mais sans pour cela approuver la justice expéditive du jeune Louis XIII.

De Luynes succéda au pouvoir au maréchal d'Ancre, mais il était, comme son maître, inférieur à la lourde tâche de réorganisation qui lui incombait.

Les désordres de la régence avaient jeté la France dans la plus déplorable situation. Cette cour galante, tumultueuse, affamée d'argent, ces ministres sans talent et sans influence, cette reine dont la volonté tournait à tous les vents du caprice ou de la passion, avaient détruit tout le bien qu'avait fait Henri IV, ranimé le feu de la guerre civile, et même relevé chez les grands seigneurs l'esprit de turbulence et d'indépendance féodale.

La France avait besoin pour refaire son unité nationale du génie d'un Richelieu.

Louis XIII déclara à sa mère « que, Dieu lui ayant donné un royaume, il était décidé à le gouverner lui-même. »

Parole présomptueuse que l'avenir ne devait pas justifier.

Marie de Médicis, qui ne s'attendait point à tant de volonté et d'énergie, fit semblant d'y croire et chercha dans une apparente soumission le moyen d'échapper à la captivité.

Elle était encore dans un abandon plus grand que celui où s'était trouvée la première femme de Henri IV au lendemain de sa disgrâce.

C'est qu'elle n'avait jamais su plaire et se faire aimer.

Et en outrageant le cadavre de Concini comme en applaudissant à l'exécution de Léonora, c'était la reine Marie de Médicis que le peuple exécutait.

IV

AU CHATEAU DE BLOIS.

La reine-mère fut contrainte de demander son éloignement de la cour et se retira au château de Blois, le 5 mai 1617.

On la vit partir avec joie et, par un revirement dont nous avons déjà vu plus d'un exemple dans le sentiment public, au bout de peu de temps, comme Albert de Luynes avait accepté d'une façon trop complète la succession de Concini, comme aux abus de la régence succédaient de semblables abus et que le roi Louis XIII se montrait trop dur envers sa mère, on se mit à la plaindre...

Un an et demi plus tard, aidée de d'Epernon, Marie de Médicis s'évadait du château de Blois en descendant par une fenêtre à l'aide d'une échelle de corde.

D'Epernon la conduisit ensuite à Angoulême.

Il se mettait ainsi en rébellion ouverte, et cependant Louis XIII se sentit si peu appuyé par le sentiment public, qu'au lieu d'accuser d'Épernon du crime de lèse-majesté, il consentit à entrer en négociations avec lui.

Une convention fut signée, puis bientôt après rompue, et la guerre éclata entre le fils et la mère !

Celle-ci vit accourir auprès d'elle tous les ennemis de Louis XIII et de Luynes.

On se battit au Pont-de-Cé.

De ce désordre qui ne prouve pas en faveur du pouvoir dynastique, sortit un homme de génie et d'énergie : — Armand de Richelieu.

Il était alors surintendant des biens de la reine ; ce fut lui qui négocia la paix entre le roi et sa mère, et depuis il devint cardinal et entra au conseil.

Marie comptait gouverner par lui et le poussait au ministère.

Elle se crut de nouveau au pouvoir ; elle venait de se donner un maître.

Bientôt ils cessèrent de s'entendre. Après l'expédition de la Rochelle, le désaccord était complet.

Elle voulut le perdre et ce fut la *journée des dupes*... Enfin, en février 1631, elle fut de nouveau arrêtée sur l'ordre du roi et enfermée au château de Compiègne, tandis que ses amis étaient jetés à la Bastille.

Pendant cinq mois, on discuta sur le lieu qu'il convenait de lui assigner pour séjour.

Tous les conseillers opinaient pour la Toscane.

De son côté, la vieille reine avait bien rabattu de ses prétentions ; elle demandait la résidence d'un château royal et une pension.

On voulait qu'elle allât à Florence.

Pour échapper à cette humiliation elle s'enfuit à Bruxelles.

Là, sans ressources, cette veuve de roi, mère de roi, belle-mère de trois souverains régnants, ne sait où reposer sa tête.

Elle s'adresse au roi d'Angleterre.

Charles Ier lui offre un asile, mais lui-même n'est pas assuré du lendemain.

La reine bannie, errante, resta peu de temps en Angleterre et fut bientôt forcée de rentrer sur le continent. Elle se réfugia à Cologne.

C'est là qu'elle mourut le 3 juillet 1642.

Son fils l'avait laissée dans cet exil, dans une gêne voisine de la misère.

Richelieu lui fit faire un service funèbre magnifique. Marie de Médicis mourut en pardonnant à son ennemi, mais, comme le nonce du pape voulait obtenir d'elle qu'elle envoyât à Richelieu, en signe de réconciliation, un bracelet orné de son portrait, elle se retourna en disant : — « Ah !... C'est trop !... »

Triste reine, qui fut plus nuisible qu'utile et dont les scandales ne furent rachetés ni par un acte de bonté, ni même par un trait d'esprit.

Voyons sa bru, la reine Anne d'Autriche.

ANNE D'AUTRICHE

REINE DE FRANCE

I

LOUIS LE CHASTE.

Elle était fille de Philippe II d'Espagne et était née en 1601. Ce fut en 1615 que Marie de Médicis obtint sa main pour son fils Louis XIII, âgé de quatorze ans.

Le jeune roi alla recevoir sa fiancée à la frontière.

Une armée l'accompagnait ; il entrait dans les villes précédé par l'artillerie. Cet appareil sentait la guerre civile devenue une maladie chronique.

Il s'arrêta à Bordeaux.

Dans la matinée, Anne devait entrer en ville, et au moment où elle passait à Castres, le jeune roi courut pour la voir.

« Mêlé à un groupe de cavaliers, il vint la regarder passer sans être connu d'elle. La bénédiction nuptiale fut donnée quatre jours après par le cardinal de Sourdis, et le soir, on les fit coucher au même lit, mais pour la forme seulement, leurs deux nourrices restant dans la chambre des mariés (1). »

Ils furent longtemps, comme on le verra, sans se rejoindre au lit, même pour la forme.

Louis XIII était un homme d'un caractère assez difficile à définir.

Il avait de ses parents le courage, il aimait a chasse et la guerre. Il était entêté, opi-

(1) Bazin, Hist. de France sous Louis XIII.

niâtre comme Marie de Médicis, et avait cette sagesse dont Henri IV donna tant de preuves dans sa déférence aux conseils de Sully, il sut reconnaître la supériorité de Richelieu et lui sacrifier sa vanité.

Mais à ces qualités s'arrêtait sa ressemblance avec ses parents.

Il n'aimait pas la reine et ne la voyait point, et il ne recherchait des jolies femmes de sa cour que la compagnie et la conversation. Mélancolique, délicat, il semble s'être ressenti toute sa vie des impressions d'une enfance sacrifiée.

La chasse, la chasse au vol surtout, la lecture, le dessin, la musique occupaient ses loisirs. Il composait des airs pour la musique de sa chambre qui se réunissait trois fois par semaine. Il grandit sans se dépouiller de ses goûts d'enfant.

On l'a surnommé le *Chaste* et à bon droit, car ses maîtresses, madame d'Hautefort et mademoiselle de La Fayette, n'étaient, à vrai dire, que des dames de compagnie.

Il se brouilla même avec la première, parce que celle-ci, par une coquetterie trop audacieuse pour lui, une grâce trop provocatrice, troublait le calme qui lui était cher.

« Un jour, dit Tallemant, madame de Hautefort tenait un billet ; il le voulut voir ; elle ne le voulut pas.

« Enfin il fit effort pour l'avoir ; elle, qui le connaissait bien, se le mit dans le sein et lui dit :

« — Si vous le voulez, vous le prendrez donc là ?

« Savez-vous ce qu'il fit ? Il prit les pincettes de la cheminée, de peur de toucher à la gorge de cette belle fille. »

C'était du dédain insolent, une morgue dont il donna plus d'une autre preuve. Nous citerons encore celle-ci rapportée par le père Barry.

C'était à Dijon :

« Etant permis au peuple de voir dîner, il y a eu une demoiselle vis à vis de Sa Majesté habillée et découverte à la mode. Le roi n'en prit garde et tint son chapeau enfoncé et l'aile abattue, tout le temps du dîner, du côté de cette curieuse. Et la dernière fois qu'il but il retint une gorgée de vin dans sa bouche, qu'il lança dans le sein découvert de cette demoiselle, qui en fut bien honteuse. »

Sa Majesté était assez dégoûtante.

Et ce prince se piquait de délicatesse. La femme qu'il aima, — autant qu'il pouvait aimer, — mademoiselle de La Fayette était une jeune fille d'une beauté fine et spirituelle qui faisait le plus grand honneur au roi.

Les mœurs d'ailleurs s'étaient beaucoup adoucies.

A la cour l'étiquette était plus sévère et les convenances mieux observées. Il y eut même un peu de pruderie.

La jeune reine s'effaçait complétement et menait l'existence la plus paisible... du moins pendant les premières années. Elle avait des goûts assez simples. Elle aimait passionnément les fleurs, les roses exceptées...

Chose singulière : à la vue d'une rose, même en peinture, elle se trouvait mal.

On avait peine à lui trouver de la batiste assez fine pour ses chemises et ses draps, et plus tard Mazarin lui disait : — Madame, si vous êtes damnée, votre enfer sera de coucher dans des draps de toile de Hollande.

Elle était belle et l'on a du mal à comprendre l'aversion de Louis XIII, en lisant ce portrait d'Anne d'Autriche dans les Mémoires de madame de Motteville !

« Elle était alors d'un âge mûr, trente-huit ans.

« Elle me parut aussi belle qu'aucune de celles qui composaient son cercle.

« Elle se coiffait, selon la mode, d'une coiffure ronde frisée clair, et mettait beaucoup de poudre.

« Ses cheveux étaient devenus d'une couleur un peu brune et elle en avait une grande quantité.

« Elle n'avait pas le teint délicat, ayant même le défaut d'avoir le nez gros et de mettre, à la mode d'Espagne, trop de rouge ; mais elle était blanche et jamais il n'y eut aussi belle peau que la sienne.

« Ses yeux étaient parfaitement beaux, la douceur et la majesté s'y rencontraient ensemble ; la couleur mêlée de vert rendaient leurs regards plus vifs et remplis de tous les agréments que la nature leur avait pu donner.

« Sa bouche était petite, vermeille ; les sourires en étaient admirables.

« Elle avait le tour du visage beau et le front bien fait. Ses mains et ses bras avaient une beauté surprenante, et toute l'Europe en a ouï publier les louanges ; leur blancheur, sans exagération, avait celle de la neige.

« Elle avait la gorge belle sans être parfaite.

« Elle était grande et avait la mine haute, sans être fière. Elle avait dans l'air du visage de grands charmes, et sa beauté imprimait dans le cœur de ceux qui la voyaient une tendresse toujours accompagnée de vénération et de respect.

« Avec tous ces agréments elle ne se fit point aimer du roi son époux.

« Elle était toujours liée avec les mécontents et rendit suspecte son affection pour le roi d'Espagne, son frère, en ne lui écrivant qu'en cachette et par l'entremise de gens souvent mêlés aux secrets de l'Etat. »

Madame de Motteville fait ici allusion à l'affaire de Chalais, le plus sot des complots formé par le plus turbulent et le plus incapable des princes, Gaston, frère du roi.

Le but était le renversement du roi, l'élévation de Gaston au trône et le divorce d'Anne d'Autriche.

Le cardinal de Richelieu perça à jour cette ignoble intrigue et avait persuadé à Louis XIII la culpabilité de la reine.

Louis se départit alors de sa froideur envers sa femme et lui fit même une scène des plus violentes en présence de son conseil, devant lequel il l'avait appelée.

Il lui reprocha en face d'avoir conspiré contre sa vie pour avoir un autre mari, pour épouser son frère Gaston d'Orléans.

La reine, outrée, répondit « qu'elle aurait trop peu gagné au change de vouloir commettre un si grand crime pour un si petit intérêt. »

Richelieu avait fait saisir sa correspondance :

« Vos lettres au roi d'Espagne, dit-il, à la reine d'Angleterre et au duc de Lorraine, montrent assez que vous êtes toujours en bon accord avec mes ennemis. »

Elle dut en demander pardon au roi et signer un écrit humiliant par lequel elle s'engageait à plus de prudence et de zèle.

En définitive, elle avait été plus imprudente que criminelle, mais elle devait cette humiliation à la haine de Richelieu.

On avait donc bien tort d'imprimer à Cologne cette brochure qui fit du bruit et qui avait pour titre : — « Les amours d'Anne d'Autriche avec le cardinal de Richelieu. »

II

A QUI NOUS DEVONS LOUIS XIV.

L'attitude du roi, l'isolement dans lequel se trouvait Anne d'Autriche, devaient enhardir les prétendants à sa faveur.

Comme il était dans la destinée de cette princesse d'avoir toujours affaire aux robes rouges, elle fut d'abord courtisée par le cardinal de Retz, mais ce galant dangereux ne réussit point, et on a la preuve de sa défaite dans les portraits injurieux qu'il a écrits d'Anne d'Autriche.

Vint ensuite le brillant Buckingham, le plus fat et le plus compromettant des hommes.

Les romanciers se sont emparés de ce personnage et l'ont trop embelli.

Après avoir entraîné son malheureux maître Charles Ier dans la guerre d'Espagne qui nécessita des taxes nouvelles et grossit le flot de la révolution, Georges Villiers, duc de Buckingham, était venu à Paris pour y chercher Henriette de France, fiancée de Charles.

Il éblouit la cour de France de son faste. — On sait l'histoire de son manteau brodé de diamants. — Il était jeune et d'une belle mine.

Il jeta les yeux sur la femme de Louis XIII et osa lui faire entendre un langage probablement nouveau pour elle.

On comprendra qu'elle n'était point assez heureuse pour repousser les hommages de cet élégant gentilhomme. Il reçut un accueil assez favorable pour que la médisance s'en emparât. Nous savons bien que ces galanteries ont été énergiquement niées par de respectables historiens. Mais il nous paraît douteux que la reine Anne défendît sa vertu avec autant d'ardeur qu'ils en ont fait paraître pour sauver l'honneur de la couronne.

Nous nous rangeons à l'opinion de Richelieu, qui avertit le roi, et à l'opinion du mari. Sa chasteté Louis XIII refusa de recevoir l'ambassadeur anglais à son second voyage. Il n'avait pas encore d'héritier à cette époque, mais il avait toujours l'intention et l'espoir de s'en donner un, et devait craindre d'être prévenu dans cet acte d'intérêt dynastique.

Cependant le refus de recevoir Buckingham nous amena la guerre.

Petites causes, grands effets.

Si le duc de Buckingham n'avait point coqueté avec la reine de France et éveillé la légitime jalousie de Louis XIII, les Anglais n'auraient pas, en 1627, tenté contre la Rochelle une expédition qui leur fut fatale, et le duc, prêt à s'embarquer à Portsmouth, n'aurait pas rencontré le poignard d'un fanatique, nommé Felton, qui mit fin à sa brillante et funeste existence.

Cependant le danger qu'avait couru la reine et l'imperturbable réserve de son époux donnaient quelques soucis au cardinal.

Après vingt-deux ans de mariage, le roi oubliait encore, dans ses jeux innocents avec mademoiselle de La Fayette, que la couronne manquait d'héritier.

Le cardinal, — il fallait que ce grand homme se mêlât de tout, — médita un rapprochement nécessaire entre les deux époux. En politique qu'il était, il procéda avec méthode, et d'abord s'efforça de combattre le goût de son maître pour mademoiselle de La Fayette. Il réussit si bien que cette demoiselle sollicita et obtint du roi la permission de se retirer au couvent de la Visitation.

— Mais d'où vient cette résolution subite? s'était demandé Louis XIII. Lui aurais-je déplu? ou plutôt ne servirait-elle point quelque intrigue?

Naturellement Richelieu s'était bien gardé de laisser pressentir au chaste monarque le point où il voulait l'amener. Louis en eût éprouvé un saisissement, et pour lui plus que pour tout autre, l'amour avait besoin d'être entouré de mystère.

Il y avait moins à craindre du côté de la reine, et il put la disposer à un rapprochement par les bons avis de son confesseur, le père Sirmond.

Les choses en étaient là, lorsque Louis, se défiant, voulut avoir une explication avec son amie et lui donna rendez-vous.

Un jour du mois de décembre 1637, Louis XIII annonça qu'il irait à la chasse du côté de Gros-Bois; mais, en route, il se déroba et courut à la Visitation.

Il y resta quatre heures à causer, et mademoiselle de La Fayette, en bonne patriote, prenant en main les intérêts de la France, fît entendre au roi qu'elle prévoyait le jour prochain où, n'écoutant que la voix du devoir, Louis XIII songerait à Louis XIV. Ses relations avec lui, bien qu'elles ne fussent que d'une tendresse amicale, pouvaient porter ombrage à la reine et contrarier un rapprochement nécessaire.

Nous ne savons ce que répliqua le roi, ce devait être bien curieux. Pouvait-il objecter les devoirs de l'amitié?

Cependant le temps s'était passé en causerie : en décembre la nuit tombe de bonne heure.

Louis dut renoncer à retourner à Gros-Bois; il s'éloigna avec respect de la Visitation et regagna Paris.

Le cardinal, qui le faisait surveiller, l'apprit aussitôt et crut le moment venu pour le faire tomber dans le piège conjugal.

Depuis longtemps Louis n'habitait plus le Louvre. Il ne trouva pas une seule chambre meublée dans ce palais; le cardinal en avait malicieusement fait retirer les lits, les tables et les chaises.

Que faire?

La reine, instruite de son embarras et entrée dans le complot, lui fit proposer à souper et à coucher. Louis XIII, n'écoutant d'abord que sa fatigue et son appétit, se laissa tenter.

Les deux époux soupèrent en tête à tête, et neuf mois après, jour pour jour, la France apprenait la naissance d'un prince.

La France le devait au hasard et à Richelieu.

Mais ce prince resta fils unique et le cardinal se contenta de ce succès.

Nous disons fils unique et nous nous rappelons à ce sujet que l'on a attribué à Anne d'Autriche et à Buckingham la paternité de ce personnage mystérieux enfermé à la Bastille et connu sous le nom de Masque de fer.

Voltaire avait fait de ce personnage énigmatique un frère adultérin de Louis XIV, supprimé par raison d'Etat.

Mais à quelles suppositions ne donna-t-il pas lieu! On a fait de lui un fils de mademoiselle de La Vallière, le comte de Vermandios, le duc de Monmouth, le patriarche Avedick, le ministre Fouquet, un fils de

Christine de Suède et de Monaldeschi. On attribua encore la naissance du mystérieux prisonnier à madame Henriette, à Marie-Thérèse, à Marie de Neubourg.

Mais aujourd'hui, l'homme au Masque de fer est démasqué, et M. Marius Topin nous a prouvé qu'il n'est autre que le comte Hercule Matthioli, secrétaire d'Etat de Charles de Gonzague, prince de Mantoue. Ce noble comte, après s'être vendu à Louis XIV, avait voulu se revendre à l'Espagne, quand il fut pris la main dans le sac.

Voilà donc une supposition romanesque de moins ; mais nous en rencontrerons assez d'autres.

Nous n'avons pas à raconter ici le règne politique de Richelieu, nous devons nous borner aux histoires galantes. Passons donc au règne du second cardinal.

III

MAZARIN.

Celui-là aima la reine ; il l'aima avec esprit et avec passion.

Spirituel, habile et galant, ce prélat italien d'origine (et français de cœur, disait-il) fut pour la veuve de Louis XIII un protecteur, un ami, et, pourquoi hésiter à le dire ? un amant.

Il l'a aimée, cela est certain, personne ne le nie. A-t-il été aimé ?...

Rien ne le prouve, dira-t-on.

Mais, répliquerons-nous, rien ne prouve le contraire.

Certes, il n'y eut pas de scandale. Mazarin le craignait et il en a assez souffert à cause de ses nièces. Nous ne chercherons pas non plus, à l'appui de notre opinion, dans les innombrables pamphlets du temps, les *mazarinades*, mais nous ferons remarquer l'intimité qui régna entre le galant prélat et la reine.

Puis nous nous rappellerons ces lettres de Mazarin publiées, il y a quelques années, par M. Ravenel et qui ont jeté un demi-jour sur les relations singulières du ministre avec la reine, toujours vaine de sa beauté, bien qu'elle eût passé l'âge des galanteries.

Dans quelques-unes de ces lettres, Mazarin parle à cette princesse en véritable héros de roman.

Pendant son court exil, il lui écrit : « qu'il ne songe qu'à lui donner de belles marques de sa passion et ne rêve pour arriver jusqu'à elle qu'à des choses étranges et extraordinaires. Qu'il hasarderait mille vies pour la revoir. »

Ce langage n'est pas celui d'une simple amitié.

Dans une autre lettre :

« Mon Dieu, lui écrit-il, que je serai heureux et vous satisfaite, si vous pouviez voir mon cœur et si je pouvais vous écrire ce qui en est et seulement la moitié des choses que je me suis proposé. Vous n'auriez point grande peine en ce cas à tomber d'accord que jamais il n'y a eu une amitié approchant à celle que j'ai pour vous. »

N'est-ce pas là le langage de la tendresse ?

Plusieurs autres pages de cette curieuse et volumineuse correspondance sont dans le même style, qui, on l'avouera, aurait été fort inconvenant si Mazarin n'avait possédé le cœur de la reine.

LES REINES GALANTES

Elle fut recueillie par une de ces créatures infâmes, qui font le commerce de la dépravation.

La régence d'Anne d'Autriche, malgré l'habileté infinie de son ministre, fut remplie de troubles. Le cardinal ministre fut obligé de quitter deux fois le territoire français ; ces troubles n'étaient fomentés que par les grands seigneurs qui lui firent une guerre continuelle et sans merci.

Il parvint à pacifier le royaume à force d'adresse, et gouverna jusqu'à la majorité du roi. Sa politique extérieure fut très-heureuse et agrandit le territoire de la France.

Son ministère fut un véritable règne et il s'entourait du même appareil qu'un souverain. Son luxe était considérable, mais c'était celui d'un prélat savant et artiste.

Il reste une dernière question à se poser :
Etait-il marié ?

La princesse palatine, duchesse d'Orléans, affirme dans une de ses lettres, comme beaucoup l'ont supposé, qu'un mariage secret unissait Anne d'Autriche à Mazarin.

Mais cela nous paraît plus bizarre que sérieux.

D'ailleurs rien ne l'indique dans sa correspondance et l'on n'a découvert aucune preuve de ce mariage invraisemblable.

La reine mourut d'un cancer, le 20 janvier 1666, à l'âge de soixante-cinq ans, et fut enterrée au Val-de-Grâce, qu'elle avait fait bâtir.

ISABEAU DE BAVIÈRE

REINE DE FRANCE

I

LAISSEZ PASSER LA JUSTICE DU ROI.

Il n'y eut jamais de reine plus perverse, plus dépravée et plus funeste.

Ses beaux yeux donnaient la mort ; ses galanteries exerçaient de véritables ravages; et depuis cinq cents ans qu'elle est morte, on ne se lasse pas de la maudire.

Dans combien de drames a-t-elle promené ses modes extravagantes! Combien de romans ont raconté ses amours, qui, toutes, ont un dénouement sanglant.

C'est la plus connue de toutes, nous sommes-nous dit d'abord, et nous l'aurions évitée si l'on ne nous eût fait observer que son histoire est trop importante pour être omise.

Revenons donc à l'époque qui fournit la première notice de ce livre, à l'époque de Charles VI, du duc Louis d'Orléans et de Jean sans Peur.

Isabeau, ou Isabelle, était fille d'Etienne II, duc de Bavière, comte palatin du Rhin, et de Tadée Visconti de Milan.

Elle était née en 1371.

Le renom de sa beauté, autant que le désir d'une alliance avec l'Allemagne, décida le roi Charles VI à la demander en mariage... mais sous condition.

Sans confiance dans l'art encore naïf de son époque, Charles ne voulut point s'en rapporter à un portrait, et la jeune Bavaroise fut conduite à Amiens, sous prétexte de pèlerinage et en réalité pour y être vue du roi.

C'était le 17 juillet 1385.

Elle n'avait pas quinze ans, et elle était plus belle que les éloges les plus enthousiastes n'avaient pu le faire croire.

Blonde comme Vénus et candide comme un ange.

Dès la première entrevue, le roi l'aima avec transport.

Le mariage fut célébré à Amiens cette année même. Le pauvre petit roi n'avait que dix-sept ans. On voit que l'intérêt dynastique n'est pas toujours le mieux compris et le mieux servi dans les monarchies.

Faible, sans force physique ni morale, éperdu d'amour, le roi devint l'esclave de cette jeune femme, qui ne respirait que la volupté et le faste.

Ils firent une entrée solennelle à Paris, et les fêtes de leur couronnement, malgré la misère du temps, se prolongèrent plusieurs jours et coûtèrent des sommes considérables.

La grossièreté des mœurs de ce temps changeait facilement une fête en orgie. Le roi donna à sa cour une fête de nuit, — un bal masqué, — et il n'y eut personne, dit la chronique, qui, à la faveur du masque, ne se livrât à la licence et au scandale.

On croit que c'est dans cette saturnale que commença la liaison du duc d'Orléans avec Isabeau, sa belle-sœur.

Et c'est à la même date que remonte la folie de Charles VI.

Louis d'Orléans, qui connaissait la faiblesse d'esprit de son frère, avait dans sa liaison avec Isabeau recherché une alliance politique.

Deux factions se partageaient le royaume : le parti des d'Orléans et le parti des Bourguignons.

Isabeau était chargée de veiller personnellement sur le roi, et le gouvernement de l'État était confié au duc Jean sans Peur.

Louis d'Orléans, appuyé par Isabeau, parvint à obtenir la charge du duc de Bourgogne.

Nous résumons les faits politiques aussi succinctement que possible.

On sait comment cette rivalité entre les deux cousins se termina par l'assassinat de la rue Barbette.

Isabeau, qui aimait toujours Louis, conçut une douleur et un ressentiment profonds; mais elle dissimula sa haine.

En 1408, à la suite de la paix de Chartres, le roi rentra à Paris.

Par politique, Isabelle affecta de paraître rarement à la cour, voulant ménager les divers partis : celui de Bourgogne, celui d'Orléans, et ceux du comte d'Armagnac et du dauphin.

Le comte d'Armagnac, nommé grand connétable, disposait alors d'un pouvoir absolu.

Il tenait la reine à l'écart, ne lui laissait prendre aucune part aux affaires publiques.

Ombrageux dans son ambition, il s'isolait de plus en plus, surveillant ses ennemis et devinant un complot dans leur silence.

Il savait que la reine, sa plus dangereuse ennemie, n'attendait pour le perdre qu'une occasion favorable.

Il résolut de la prévenir.

Isabeau vivait à Vincennes, au milieu des plaisirs.

Le connétable fut lui rendre visite, et put s'y assurer qu'on ne l'avait point trompé en lui disant que la reine avait pour amant en titre Louis de Boisbourdon.

Celui-ci était grand maître-d'hôtel de la reine. Beau, élégant, il était digne d'un meilleur sort que celui qui semblait s'attacher aux favoris de la reine.

Lorsqu'il se fut complétement édifié sur la façon dont on vivait au château de Vincennes, le comte d'Armagnac regagna l'hôtel Saint-Paul et, profitant d'un moment de lucidité chez le roi, l'instruisit de la conduite de sa femme.

Charles VI courut à Vincennes, fit arrêter Boisbourdon et le fit charger de fers.

Le connétable fit mettre le malheureux jeune homme à la torture; il révéla tout.

On l'enferma vivant dans un sac de cuir et on le jeta, la nuit, à la Seine.

Le sac portait l'inscription fameuse :

« Laissez passer la justice du roi. »

Quant à Isabeau, elle fut reléguée à Tours et privée de ses officiers et de ses trésors, enlevés par ordre du dauphin.

Qui l'aurait cru?

La mort de Boisbourdon fut un malheur pour la France. En humiliant Isabeau, en la dépouillant de son argent, en la frappant dans son favori, le roi, le dauphin lui inspirèrent une haine, une fureur qui ne devaient plus s'éteindre, même dans le sang des plus cruelles vengeances.

Réfugiée à l'abbaye de Marmoutiers et menacée par la population de Tours, elle songea à appeler à son secours son ennemi le plus ancien, l'assassin du duc d'Orléans.

Jean sans Peur se rendit à son appel et se

rendit à Marmoutiers, avec huit cents cavaliers.

Isabeau, délivrée, partit pour Chartres avec son libérateur.

Là, elle crée un parlement, fait graver un sceau qui la représente étendant le bras sur la France, à genoux, qui l'implore.

Elle s'intitule dans tous ses actes : « Isabelle, par la grâce de Dieu, reine de France, ayant, pour l'occupation de monseigneur le roi, le gouvernement et l'administration du royaume. »

Elle s'établit à Troyes... Et la France se trouve avec deux cours et deux gouvernements rivaux !... Lequel renversera l'autre ?

Cette lutte allait donner lieu à un des massacres les plus épouvantables que l'histoire ait jamais enregistrés.

II

COMMENT BOISBOURDON FUT VENGÉ.

La trahison livra Paris au duc de Bourgogne, en mai 1408, et les gens de son parti massacrèrent les partisans du comte d'Armagnac.

Quiconque était Armagnac ou suspect de l'être, ou dénoncé comme tel, était pris.

Beaucoup furent emmenés en prison; d'autres exécutés sur place.

Les insurgés exploraient les maisons : ils jetaient les victimes dévouées à la mort par les portes, par les fenêtres, par-dessus les murs, dans la rue; là les gens d'armes tuaient. Pendant le meurtre les autres volaient et pillaient.

D'après le témoignage d'un Bourguignon, cinq cent vingt-deux hommes moururent ce premier jour, à l'épée, dans les rues, sans y comprendre ceux qui furent assassinés dans l'intérieur des maisons.

Les captifs furent conduits aux prisons du palais de Saint-Éloi, des deux Châtelets, du Louvre, du Temple, de Saint-Magloire, de Saint-Martin-des-Champs, du Fort-Lévêque, de Saint-Antoine, de Saint-Méry.

Au nombre des personnes ainsi arrêtées se trouvaient quantité de bourgeois, de magistrats, de militaires et d'autres personnes. On y remarquait les évêques de Saintes, de Lisieux, d'Évreux, de Coutances et de Senlis, l'évêque et duc de Laon, pair de France; les archevêques de Reims et de Tours; Philippe de Vilette, abbé de Saint-Denis; les cardinaux de Saint-Marc et de Bar.

L'émeute mit la main sur un jeune prince du sang, Charles de Bourbon, dont le père était l'adversaire politique du duc de Bourgogne.

Ces furieux se dirigèrent ensuite sur le petit Châtelet.

On y avait enfermé l'évêque de Coutances, l'évêque de Senlis et d'autres prélats.

Les Bourguignons n'obtinrent pas, de prime abord, l'entrée de cette prison; mais il fut convenu que l'un de leurs délégués pénétrerait à l'intérieur et ferait l'appel des captifs.

Chacun de ces malheureux, à tour de rôle, était, nominativement, invité à sortir.

Au moment où il baissait la tête pour franchir le guichet, il recevait la mort.

Une pluie continue avait depuis quelques jours détrempé le sol. Les bourreaux jetaient, au fur et à mesure, les victimes dans la boue.

L'évêque de Coutances, nommé Jean de Marle, était fils du chancelier.

Il avait quitté son siège plutôt que de prêter serment au roi d'Angleterre.

Le prélat s'était muni de beaucoup d'or qu'il portait sur lui. Vainement il l'offrit à ses meurtriers, espérant que ceux-ci préféreraient cette richesse à sa vie. Les assassins le tuèrent d'abord et le dépouillèrent ensuite.

Ils prirent ainsi l'un et l'autre.

Au grand Châtelet les officiers royaux donnèrent enfin l'exemple d'une virile résistance. Ils s'étaient procuré des armes. Pendant deux heures ils se battirent contre ces forcenés; puis, vaincus par le nombre, ils périrent à leur poste.

La lutte recommença entre les Bourguignons et les prisonniers également armés.

Ces captifs n'étaient pas seulement des Armagnacs, avec eux habitaient des prisonniers civils, des détenus pour dette, des individus antérieurement incarcérés et tenant pour le duc de Bourgogne.

Ces derniers attendaient de l'émeute leur délivrance.

Mais le peuple était ivre de carnage.

Il ne distinguait plus et voulait tout massacrer.

Vivement disputé, le combat se prolongea jusqu'à la nuit entre ceux du dedans et ceux du dehors.

Enfin le lendemain les envahisseurs revinrent à la charge, renforcés de nouveaux bandits.

Ils assiégèrent les prisons à l'aide de la flamme et de la fumée. Sur certains points que le feu laissait libres, les assiégeants pénétraient dans la prison; chassés par la flamme et par l'épée des assiégés, montant au sommet des tours et poursuivis jusque-là, ils se précipitaient au dehors.

Pendant ce temps, leurs bourreaux les attendaient au pied des murailles; leurs corps venaient tomber sur les piques des Bourguignons qui achevaient ces morts à coups de hache ou d'épée.

Le dauphin s'était évadé de cette boucherie et avait passé la Loire.

Voilà bien du sang répandu pour venger la mort d'un favori... et ce n'était pas le dernier qui devait couler.

Cependant, Isabeau, accompagnée du duc de Bourgogne, s'était avancée vers Paris. Ils se présentèrent aux portes de cette ville avec une escorte de deux cents hommes d'armes.

Leur entrée fut un triomphe.

La reine était montée sur un char à la mode antique.

On joncha de feuillages et de fleurs les rues où elle devait passer; cet hommage eût pu être une précaution utile, car le sang de ses victimes n'était pas encore séché.

Charles VI vint au devant d'Isabeau et l'accueillit comme une épouse chérie; ce qu'explique et excuse sa maladie.

Pendant les jours qui suivirent, le duc et la reine s'entendirent pour achever de tirer vengeance du petit nombre d'Armagnacs échappés au massacre, et pour la distribution des places et des faveurs à leurs partisans.

Cependant l'armée anglaise, qui s'approchait de Paris, inspira à Isabeau l'idée de retourner à Troyes et d'y emmener le roi.

Ce fut alors que s'entamèrent entre la reine, Jean sans Peur et le dauphin les négociations qui devaient aboutir à l'entrevue et à l'assassinat du pont de Montereau, 10 septembre 1413.

Nous l'avons raconté dans un de nos premiers chapitres, et nous terminions en disant que le dauphin avait fait suivre ce meurtre du pillage des équipages du duc.

A la nouvelle de cet événement, Isabeau exprima la douleur la plus vive.

Ceux qu'elle aimait avaient une destinée cruelle.

Elle maudit l'assassin, oubliant qu'il était son fils... et d'autres disent qu'elle le maudit pour faire croire qu'elle n'avait pas trempé dans un guet-apens qu'elle avait conseillé.

Elle adressa un manifeste à toutes les villes du royaume contre le dauphin et ses complices, et s'unit au jeune duc de Bourgogne, Philippe le Bon, pour poursuivre la vengeance de son père. La vengeance tient une grande place dans la vie des princes de ce temps-là.

Mais Isabeau devait mettre le comble à ses excès par la plus odieuse des trahisons.

Le roi d'Angleterre, avons-nous dit, était en marche sur Paris.

Isabeau n'avait aucune armée à lui opposer, elle songea à traiter avec lui.

Henri V se rendit à Troyes.

— Sire, lui dit Isabeau, le roi a perdu la raison, et son fils a perdu ses droits à la couronne ; les destinées du royaume sont à cette heure entre les mains d'une femme, et cette femme voudrait épargner au royaume la continuation de la guerre civile et les maux de la guerre étrangère.

— La paix sera avec le vainqueur, dit le conquérant.

— Non, comme vous l'entendez ; les partis qui divisent le pays s'uniront pour combattre l'étranger. Il vous manque une qualité, un titre.

— Que voulez-vous dire ?

— Il vous manque le titre de Français.

— Je le tiendrai de mon épée.

— Il vaudrait mieux pour vous le tenir ainsi que moi d'une alliance de famille. Écoutez-moi.

En France, les femmes ne règnent pas. A la mort de son père la princesse Catherine ne peut monter sur le trône…

— Je la ferai reine de France et d'Angleterre, s'écria Henri avec empressement, si elle consent à m'épouser… et si vous consentez à m'accorder sa main ; car tout dépend de votre volonté.

— Très-bien, dit Isabeau, j'avais pensé à ce mariage qui, en réunissant la France et l'Angleterre sous la même couronne, mettrait fin à une rivalité ruineuse pour les deux nations… Mais si je vous accorde la main de la princesse Catherine, que ferez-vous pour moi en échange ?

— D'abord, je vous protégerai contre vos ennemis ; contre le dauphin.

— C'est votre intérêt.

— Et vous garderez le pouvoir jusqu'à ce que la mort du roi me donne la couronne.

Isabeau accepta.

Et un traité signé à Troyes consomma ce crime de lèse-nation.

Il ne manquait à ce traité que la sanction d'un parlement et, ainsi qu'il en fut presque toujours, elle ne lui fit pas défaut.

Les souverains et le duc de Bourgogne se rendirent ensuite à Paris, et la ville les reçut avec magnificence… ainsi qu'elle y était obligée.

Le nouvel héritier de la couronne, Henri V, s'installa à l'hôtel des Tournelles et y déploya un luxe qui éclipsa la cour fastueuse d'Isabeau.

Il épousa Catherine de France, mais il ne parvint point à se faire considérer comme prince français.

On regarda partout le traité de Troyes comme une trahison de la reine, et on le tint pour non avenu.

Isabeau était méprisée ; on la prit en haine et en horreur.

En 1422, Henri V mourut, et deux mois après Charles VI le suivit au tombeau.

Alors la guerre se ralluma.

Isabeau, isolée, détestée des Français, méprisée des Anglais qui ne se gênaient point pour lui dire en face que le dauphin Charles n'était point de son époux, Isabeau se vit encore abandonnée des Bourguignons.

Elle traîna dans la misère et le mépris une vieillesse languissante.

La crainte du rétablissement de son fils ne lui laissait plus aucun repos.

Elle avait à redouter sa vengeance, ou plutôt le châtiment dû à ses crimes, et cette crainte se réalisa par le traité d'Arras.

Le désespoir s'empara d'elle et la tua.

Dix jours après la signature du traité, elle mourut à l'hôtel Saint-Paul, le 30 septembre 1435.

On l'enterra sans pompe à Saint-Denis.

Elle avait vécu soixante-quatre ans.

En 1436, le comte de Richemont, connétable de France, et le comte de Dunois, le bâtard d'Orléans, reprirent Paris.

A la même époque, une femme du peuple, une simple paysanne, par un patriotisme et une piété héroïques, aidait le roi de Bourges à redevenir roi de France et portait le coup mortel à la puissance anglaise.

CAROLINE

REINE DES DEUX-SICILES

I

On a dû remarquer que nous n'avons dans notre galerie aucune reine de Prusse ou impératrice d'Autriche ; mais il ne faudrait pas en conclure que les princesses allemandes sont plus vertueuses que les princesses russes, françaises, suédoises, anglaises ou italiennes, mais bien au contraire.

A quelques exceptions près, les monarques allemands se sont alliés à des princesses étrangères et, en échange, ont exporté et sur une grande échelle des princesses allemandes, qui se sont distinguées par leur galanterie.

Nous pouvons citer :
Caroline d'Angleterre, Isabeau de Bavière, Marie de Neubourg, reine d'Espagne, et Caroline, reine de Naples.

Caroline-Marie, fille de l'empereur François Ier et de Marie-Thérèse, était née le 13 août 1752.

Elle fut mariée à l'âge de seize ans, le 12 mai 1768, au roi des Deux-Siciles, Ferdinand IV, âgé de dix-sept ans.

Marie-Thérèse qui, par ce mariage, poursuivait ses desseins ambitieux sur l'Italie, avait fait introduire, entre autres conditions, dans le contrat politique, que sa fille aurait voix délibérative au conseil lorsqu'elle aurait donné un héritier à la couronne.

Ajoutons que la jeune reine, intelligente et déjà ambitieuse, avait été stylée par sa mère dont elle était disposée à servir les intérêts politiques.

C'était une jeune femme remarquable sous plus d'un rapport.

Elle était apte à tout... excepté au bien peut-être.

Spirituelle, brillante, comme on aimait les femmes de son temps, hautaine comme une archiduchesse d'Autrihce, elle alliait à un besoin d'intrigues, d'action et d'émotions, le goût napolitain pour les plaisirs et une mollesse voluptueuse.

Ferdinand, au contraire, indolent et faible, dépourvu d'énergie et de passions, sans grandes qualités et sans vices, devait être bientôt subjugué par sa femme.

Bientôt il se soumit à tous ses caprices, et s'habitua à prendre son avis avant d'agir ou de se décider.

Il se contenta de régner, laissant à Caroline de gouverner.

Celle-ci n'attendit point la naissance d'un prince pour entrer au conseil, et son influence dans les affaires de l'Etat ne tarda point à se faire sentir.

La faveur de la reine décida de tout.

Les hommes d'Etat firent place aux favoris.

Tanucci fut remplacé par le marquis de Sambucca, ambassadeur à cour de Vienne, sur l'avis de Marie-Thérèse probablement.

Nous ne pouvons entrer dans le détail des intrigues politiques, mais nous dirons que le marquis, après s'être attaché à plaire à la jeune reine et avoir espéré la dominer, reconnut bientôt un maître dans sa protectrice.

Il voulut intriguer, elle déjoua ses ruses.

Elle avait la finesse d'une Italienne et la poussait si loin, qu'elle rappelait la rouerie et la perversité de Catherine de Médicis.

Ainsi, à dix-sept ans, attentive aux secrets desseins des personnes qui entouraient le roi, elle s'inquiéta de ses relations galantes et, ne pouvant les interdire, les surveilla de telle sorte, que nulle femme capable de contrarier ses vues ne put approcher de Ferdinand.

Plus jalouse de son pouvoir de reine que de ses droits d'épouse.

Ainsi, par exemple, fut éloignée la belle madame de Gondar, qui reçut l'ordre de quitter Naples dans les vingt-quatre heures.

Au contraire, elle se montrait d'une complaisance extrême pour des inclinations sans conséquence.

Sa complaisance pour le jeune roi égalait celle de madame de Pompadour pour Louis XV.

Elle obtint ainsi chaque jour, par ce qu'elle permettait, autant que par ce qu'elle empêchait, un ascendant incontestable.

Deux partis se partageaient la cour : le parti espagnol-français, ou bourbonnien, lequel tenait à donner tout son développement au pacte de famille, et, d'autre part, le parti autrichien.

Ce dernier était opposé à tout agrandissement de la maison de Bourbon ; c'était celui qui recevait ses inspirations de Vienne et que fit triompher la fille de Marie-Thérèse.

Quant aux intérêts véritables du royaume des Deux-Siciles, ils étaient subordonnés à ceux de l'Autriche.

Tout en menant cette intrigue politique, et en surveillant la Cythère de son mari, Caroline trouvait du temps pour ses plaisirs.

Au marquis de Sambucca avait succédé le beau comte de Caramanica.

Après le travail avec les ministres, les entretiens galants, les fêtes splendides et les nuits mystérieuses consacrées aux voluptés.

Caroline était une jeune femme d'une imagination ardente.

Les plaisirs de l'amour, comme ceux de l'ambition, ne devaient avoir pour elle ni secret, ni frein. Aussi les bruits les plus scandaleux, même pour Naples où l'on n'est pas prude, couraient sur le compte de la reine.

Le favori en titre en était inquiet et affligé, et nous avouons que nous sommes assez embarrassé pour raconter ces bruits étranges, qui depuis sont reconnus pour des vérités historiques.

Nous avons vu des reines et des impératrices bien dissolues, et aucune d'elles, même Catherine, même Messaline, ne nous avait causé cet embarras. Nous regrettons de ne pas avoir sous la main un des nombreux pamphlets napolitains qui coururent à cette époque ; peut-être leurs auteurs avaient-ils le secret de raconter d'une façon chaste ces aberrations d'une sensualité affolée.

Nous leur aurions volontiers emprunté leur récit, que confirma bientôt l'éloignement du comte de Caramanica, nommé viceroi de Sicile.

Depuis quelque temps, le favori avait remarqué de la froideur chez sa royale maîtresse, sans avoir rien à se reprocher, car il se montrait à toute heure l'esclave de ses moindres caprices, et bien que Caroline lui parlât toujours avec l'expression de la tendresse.

Mais pour lui, désormais, le regard de Caroline n'avait plus de flamme, sa passion n'avait plus d'élan.

Que se passait-il donc dans son cœur ?

Avait-il un rival ?

Etait-ce là le crépuscule de sa faveur et un astre nouveau se levait-il à l'horizon ?

Il devait le croire.

Mais à la cour un favori ne saurait rester longtemps mystérieux.

Avec tous les seigneurs qui venaient lui rendre hommage, la reine gardait le ton de la froideur ou de l'indifférence.

Une orgie sous Chilpéric Ier.

Un seul personnage paraissait jouir d'une faveur particulière, mais son âge, son caractère, sa laideur éloignaient tout soupçon, — c'était lord Hamilton, ambassadeur d'Angleterre.

Un jour, le favori s'étant ouvert à un de ses amis de ses inquiétudes et de ses doutes :

— Mon cher comte, lui répondit celui-ci, vous êtes le plus intéressé à connaître la vérité et naturellement le dernier à l'apprendre. Vous craignez un rival ?

— Je l'avoue.

— Et vos soupçons se portent sur l'ambassadeur d'Angleterre, lord Hamilton ?

— Que voulez-vous ? Pourriez-vous me citer un seigneur napolitain qui soit aussi bien vu à la cour et aussi puissant ? C'est lui qui, à cette heure, est le dispensateur de toutes les grâces de la souveraine. Désire-t-on un emploi, une dignité, c'est à lord Hamilton que l'on s'adresse.

— Il est vrai.

— Sa femme, jeune, belle, spirituelle, toute charmante, est devenue l'amie inséparable de la reine. Caroline, si ombrageuse, si entière, écoute ses conseils, consulte son goût et semble même plier sa volonté à la sienne. N'est-ce pas vrai ?

— C'est très-vrai, cher comte, j'ajouterai même que la reine traite lady Hamilton comme une sœur. Ne partage-t-elle point sa chambre à coucher avec elle ? et n'oblige-t-elle point ses dames de service à lui rendre les mêmes soins qu'à elle-même ? Ces dames ne cachent point à ce sujet leur mécontentement.

— Pourquoi cela ?

— Ces dames appartiennent toutes à la plus ancienne noblesse et elles ont découvert, paraît-il, que la femme de lord Hamilton n'est noble que du côté de son mari.

— La reine le saurait.

— Elle ne l'ignore pas.

— Je le lui demanderai.

— N'en faites rien.

— Pourquoi ?

— Vous la blesseriez inutilement, mon cher comte.

Voyons, ignorez-vous combien la reine est susceptible pour tout ce qui touche à son amie ?

— Eh bien, laissons cela, fit M. de Caramanica, et revenons au sujet de mes inquiétudes et de notre entretien ; nous nous en sommes éloignés.

— Du tout, mon cher comte.

— Cependant ?...

— Du tout, vous dis-je.

Et un sourire railleur effleura les lèvres du confident de Caramanica.

— Vous cherchiez, reprit-il, quel était votre rival, et vous vous étiez arrêté à lady Hamilton.

— Eh bien ?

— Eh bien ! vous ne vous étiez pas trompé.

— Que voulez-vous dire ? s'écria le comte en pâlissant.

— Ah ! ne m'en demandez pas davantage, ou, si jusqu'à ce jour vous n'avez pu en croire vos yeux, promenez-vous le soir dans les salons du côté des vieilles dames et écoutez leurs propos : alors peut-être en croirez-vous vos oreilles.

Nous ne savons si le comte de Caramanica en crut ses yeux ou ses oreilles, mais cette tendresse extraordinaire de la reine pour lady Hamilton suffit à l'éloigner, et il partit pour Palerme.

II

LE PASSÉ DE LADY HAMILTON.

Ce ne fut pas le moindre scandale de cette époque. Non-seulement on s'en amusa à Naples, mais le bruit en courut à Vienne, à Paris et à Londres.

Mais lord Hamilton garda un sérieux diplomatique, c'est-à-dire imperturbable. Il ne songeait qu'aux graves intérêts dont il était chargé à la cour de Ferdinand IV, — intérêts que sa femme, aussi intelligente que dépravée, servait admirablement.

Grâce à elle, la politique des cabinets de Vienne et de Naples n'avaient plus de secrets pour le gouvernement anglais.

Ce moyen d'influence diplomatique devait avoir, comme nous le verrons bientôt, les plus graves conséquences.

Mais auparavant racontons le passé romanesque de lady Hamilton ; il est peu de fortunes aussi extraordinaires que la sienne.

Sa biographie, comme ses portraits ont été multipliés à l'infini. Sa beauté a contribué au bonheur et à la gloire des plus grands artistes de son temps ; ses aventures ont été racontées par de grands romanciers, comme Dumas, et un grand poète, Lamartine.

Convaincu que le lecteur aura le bon goût de préférer le portrait qu'a tracé Lamartine à celui que nous pourrions essayer de reproduire, nous lui donnerons les pages du maître.

« Son nom, dit-il dans la vie de l'amiral Nelson, était Emma, car on ne connut jamais son père. »

Enfant de l'amour, du vice, du mystère, que la nature sembla se complaire à combler de ses dons, comme pour compenser l'exhérédation de la famille.

Sa mère était une pauvre servante de ferme du canton de Chester, en Angleterre.

Soit qu'elle eût perdu son mari par la mort, soit qu'elle eût été, comme Agar, abandonnée par son séducteur, on la vit arriver inconnue et mendiante dans un village du pays de Galles, cette Suisse anglaise.

Elle portait un enfant de quelques mois dans ses bras.

La beauté de la mère et de l'orpheline intéressa les montagnards du village d'Hawarden. L'étrangère gagna dans ce village sa vie et celle de son enfant, en cultivant la terre pour les fermiers et en glanant dans les champs.

La distinction et la noblesse des traits de l'enfant propageaient dans le peuple la rumeur d'une naissance illustre et mystérieuse.

On la croyait la fille de lord Halifax.

Rien depuis dans la destinée et dans l'éducation de la jeune orpheline ne justifia ce bruit.

A douze ans elle entra comme servante d'enfants dans une maison du voisinage. Les fréquents séjours que ses maîtres faisaient à Londres chez leur parent, le célèbre graveur Boydel, lui donnèrent le premier contre-coup de l'impression que sa figure faisait sur la foule dans les lieux publics et le sentiment vague de la haute fortune qu'elle devrait à ses charmes.

A seize ans, elle s'évada du village d'Hawarden, dont l'obscurité ne suffisait déjà plus à ses rêves, et elle se plaça dans la domesticité d'un honnête marchand de Londres.

Une femme d'un rang supérieur, l'ayant remarquée dans la boutique de ses maîtres, l'éleva à une domesticité plus haute. Presque oisive, dans une maison opulente, Emma s'enivra de la lecture des romans qui créent un monde imaginaire à l'amour et à l'ambition des jeunes âmes ; elle fréquenta les théâtres, elle y prit les premières inspirations de ce génie de l'expression dramatique, du geste, des poses, et des attitudes dont elle fit plus tard un art nouveau quand elle devint la statue animée de la Beauté et de la Passion.

Congédiée par sa maîtresse pour quelques négligences de service, son goût pour le théâtre lui fit rechercher une autre domesticité plus conforme à ses goûts dans la famille d'un directeur de théâtre.

Le désordre, la liberté, la fréquentation de cette maison par les acteurs, les musiciens et les danseurs de la scène, l'initièrent subalternement à tous les arts qui fascinent les sens.

Elle était alors dans toute la fleur et toute la perfection de son adolescence. Sa stature élevée, souple et harmonieuse, égalait par ses ondulations naturelles les artifices les plus étudiés des danseuses.

Sa voix avait l'accent des plus douces et des plus tragiques émotions.

Son visage, doué d'une impressionnabilité aussi délicate et aussi mobile que les premières sensations d'une âme virginale, était à la fois une mélancolie et un éblouissement.

Tous ceux qui l'ont entrevue à cette époque s'accordent à la dépeindre sous les traits de la moderne Psyché. La pureté de l'âme, transparente encore sous la pureté des traits, l'entourait jusque dans sa position subalterne d'un respect que l'admiration n'osait pas franchir.

Elle semait le feu, mais elle ne brûlait pas ; son innocence était protégée par l'excès même de sa beauté.

Sa première chute ne fut pas une chute dans le vice, mais une chute de l'imprudence et de la bonté.

Un jeune homme du village d'Hawarden, le fils du fermier qui avait recueilli sa mère, avait été enlevé dans un enrôlement forcé de matelots et jeté enchaîné sur la flotte à l'ancre dans la Tamise.

Emma, sollicitée par la sœur du captif, se présente avec son amie au capitaine du navire pour implorer la liberté du jeune marin.

L'amiral, ébloui, accorde tout aux prières et aux larmes d'Emma.

Il l'enlève de sa condition servile mais honnête, la couvre d'un luxe honteux, lui meuble une maison, lui donne les maîtres les plus consommés dans tous les arts, se pare lui-même aux yeux de ses amis de sa conquête et la laisse, au moment du départ de l'escadre, aux hasards de nouvelles séductions.

L'un des amis de l'amiral, possesseur d'un nom éminent, d'une grande fortune, entraîne avec lui l'infidèle Emma dans une de ses terres, la traite en épouse, en fait la reine des chasses, des fêtes, des danses de la compagnie, puis, l'oubliant à la fin de la saison, la laisse à Londres à la merci du hasard, du besoin et du vice.

Retombée de ce nuage d'or sur le pavé d'une capitale, flétrie aux yeux de ses anciens protecteurs par l'éclat de ses aventures, Emma fut recueillie dans la nuit et sous des haillons, par une de ces créatures infâmes qui font le commerce de la dépravation.

Un hasard seul la préserva de l'ignominie.

La femme corrompue qui lui avait donné asile, frappée de la distinction et de la modestie qui survivaient à ses premiers désordres et éblouie de la perfection de ses traits, la conduisit pour faire admirer cette merveille de la nature chez un médecin célèbre par ses études sur la beauté.

Ce médecin était le docteur Graham, espèce de charlatan voluptueux et mystique qui professait devant la jeunesse matérialiste de Londres une sorte d'idolâtrie savante des perfections de la nature humaine ; il s'était fait ainsi une suspecte et bizarre renommée.

Le docteur Graham se récrie à la vue de la jeune orpheline ; il en paie la découverte à l'entremetteuse.

Il la recueille dans sa propre maison ; il publie dans les journaux qu'il possède un exemple accompli de l'efficacité de ses spécifiques pour créer et pour maintenir la perfection de la vie, de la beauté et de la santé dans une créature humaine, et qu'il provoque les incrédules à venir se convaincre par leurs propres yeux devant l'image vivante de la déesse Hygie.

A cet appel fait à la licence plus encore qu'à la science, les sectateurs de Graham accoururent à son amphithéâtre.

L'infortunée victime de sa propre perfection paraît revêtue d'étoffes transparentes sous le costume d'une divinité ; son voile dérobe à peine sa rougeur.

L'orgueil du savant, l'ivresse des spectateurs éclatent en acclamations enthousiastes.

Jamais la peinture ou la statuaire n'avaient offert aux regards des formes et des couleurs aussi idéales que la nature.

Les peintres et les sculpteurs se disputent l'imitation d'un si divin modèle.

Parmi eux, le plus célèbre des coloristes anglais du temps, Rowmney, se signale par une infatigable répétition du même visage. Il peint Emma sous tous les costumes des héroïnes de la poésie et de la scène.

Ces images gravées multipliaient dans toute l'Europe les traits de la jeune inconnue.

Rowmney, comme Apelles devant Campaspe, s'éblouit et s'enflamme de son modèle, il l'enlève à Graham, comme un trésor inépuisable d'art et de fortune.

Il vend au poids de l'or ses portraits en magicienne sous les traits de Circé et sous les traits de l'Innocence touchant une sensitive et s'étonnant du frisson de la fleur sous ses doigts.

Cette publicité anonyme protégeait néanmoins la pudeur d'Emma.

Le prix de ses *poses* qu'elle avait reçu de Graham et de Rowmney lui permettait de vivre dans l'ombre et la décence d'une maison retirée de Londres.

La célèbre madame Lebrun, peintre de la reine Marie-Antoinette, la peignit à cette époque en bacchante et rapporta son image en France.

Un jeune Anglais de l'illustre maison de Warwick, Grenville, neveu de sir William Hamilton, ambassadeur à Naples, découvrit Emma dans cette obscurité. Sa passion le fit croire à la vertu de la jeune fille; il l'aima; il tenta vainement de la séduire.

Soit désir sincère de racheter les fautes de sa destinée, soit ambition de mériter un nom en refusant une fortune, Emma résista à toutes les séductions; la promesse d'une union légitime, aussitôt que la famille de son amant serait vaincue par sa constance, put seule fléchir sa résistance.

Grenville, enchaîné par tous ses charmes et même par ceux de la vertu, vécut en époux avec elle pendant plusieurs années.

Trois enfants naquirent de cette union jurée et secrète, et rien n'altéra le bonheur obscur des deux amants.

Emma, toujours sensible et reconnaissante, même aux dépens de son orgueil, avait appelé sa mère, indigente, auprès d'elle; elle l'honorait et la chérissait sans rougir de sa servile condition.

En 1789, après ces années de félicité intérieure, toujours altérée cependant par les résistances et les sévérités de sa famille, Grenville, dépouillé de ses places et obéré jusqu'à la détresse, hésitait entre la douleur et la nécessité de délaisser celle qu'il regardait comme son épouse. Ses larmes et celles d'Emma empoisonnaient les derniers jours de leur passion.

Ce fut dans cette crise de leur vie que l'oncle de Grenville, sir William Hamilton, arriva à Londres.

III

UN TRAFIC HONTEUX.

Cet oncle, possesseur d'une immense fortune, n'était pas marié, il réservait son héritage à son neveu; mais sa sévérité aristocratique s'indignait d'avoir à reconnaître pour ses petits-neveux les enfants d'une aventurière.

Il refusa obstinément à Grenville son consentement à un mariage légitime et les sommes nécessaires à l'acquittement de ses dettes.

Grenville, désespéré, ne vit de salut que dans l'intervention de celle qui faisait les délices et le tourment de sa vie.

Emma, à son instigation, se rendit, dans le costume de son enfance, en robe de bure et en chapeau de paille, chez l'oncle de son amant. Elle tomba à ses pieds; elle avoua sa faute; elle versa des larmes d'autant plus persuasives qu'elles étaient plus vraies; elle attesta les tendres fruits de son amour; elle conjura Hamilton de pardonner à la mère et au père en faveur de ces misérables créatures.

Elle triompha plus qu'elle ne voulait triompher.

Le vieillard, fasciné par ses traits et par ses accents, qui dépassaient tout ce qu'il avait admiré dans les chefs-d'œuvre des statuaires d'Athènes ou sur les scènes voluptueuses de l'Italie, comprit par sa propre séduction celle de son neveu.

L'amour, qu'il avait refusé de comprendre, se vengea en l'enivrant lui-même des mêmes désirs qui avaient dompté Grenville.

Il resta foudroyé de la beauté d'Emma, et, comme un homme saisi d'une démence soudaine, il oublia, en peu d'entrevues, son âge, son rang, sa répugnance au mariage, l'obscurité de naissance, les taches de la vie d'Emma, la passion de son neveu partagée longtemps, et peut-être encore, par sa maîtresse, les enfants nés de l'amour, le scandale et la honte de cet ignominieux trafic de charmes, il acheta, au prix de l'acquittement des dettes de Grenville, la possession de cette vénale beauté.

Un mariage secret unit Hamilton et Emma à Londres. Hamilton se hâta d'emmener sa conquête à Naples, sans avoir encore déclaré son mariage. La beauté d'Emma éblouit l'Italie, comme elle avait ébloui l'Angleterre. Mais la renommée du rôle impudique de modèle qu'elle avait accepté sous les yeux des artistes, et du trafic infâme entre l'oncle et le neveu, dont elle avait été le prix, l'avait précédée à Naples.

L'ambassadeur, pour étouffer ces rumeurs et pour réhabiliter son idole, fut obligé de l'épouser publiquement.

Le scandale s'évanouit devant le rang et devant la séduction de la jeune ambassadrice. Elle parut à la cour, et conquit du premier coup d'œil l'admiration et l'enthousiasme de la reine Caroline.

. . . .

Que dites-vous d'une telle amitié, et peut-on s'étonner des bruits auxquels elle donnait lieu?

La beauté était, paraît-il, le seul mérite de lady Hamilton, et ne pouvait être un titre sérieux à la faveur dont elle jouissait, et qui mettait ainsi dans un de ses caprices les destinées de l'Italie.

Par lady Hamilton, l'Italie devint la vassale de l'Angleterre. Pitt tint tous les fils de sa politique, entra dans tous ses secrets et lui inspira ses vues.

Et, singulière coïncidence :

Le ministre-favori, Acton, était un aventurier irlandais!...

Les Napolitains se trouvèrent exclus de tous les emplois au profit des étrangers.

Les finances furent pillées.

Les actes les plus impopulaires, les plus vexatoires, les fautes politiques se succédèrent, ruinant le pays et semant la haine contre le gouvernement et la reine. Acton s'entourait d'une armée d'espions. Les prisons s'emplissaient de victimes, et Caroline, par ses fêtes voluptueuses, semblait insulter aux souffrances et à la patience publique.

Et cela se passait à l'époque de la révolution française.

La chute du trône de Louis XVI, le procès et l'exécution de Marie-Antoinette, loin d'être des avertissements pour la reine de Naples, furent pour elle le signal de nouveaux excès.

Caroline ne s'intéressait que médiocrement au sort de sa sœur Marie-Antoinette; elle ne l'aimait pas et elle avait, dit-on, été importunée de l'entendre proclamer belle.

Sa haine pour les Français n'eut pas son origine, comme on pourrait le croire, dans le meurtre de sa sœur. Elle datait de plus haut et avait, de bonne heure, été alimentée par celle de son favori Acton; mais la mort de Marie-Antoinette lui fit craindre de tomber elle-même dans les mains des révolutionnaires italiens.

Sa haine contre les principes nouveaux, qui, en reconnaissant des droits aux peuples, restreignaient le despotisme des rois et abolissaient les caprices des cours, faisait de Caroline une véritable furie.

Son gouvernement devint un foyer de conspiration contre la révolution; et, selon l'expression de Lamartine, elle fit passer la terreur du côté du trône.

Mais, aux embarras que lui créait la situation intérieure, devaient bientôt s'ajouter les périls plus sérieux de la guerre avec la France.

Cette guerre éclata en 1792.

Alliée à l'Angleterre, Caroline put compter sur son appui; l'amiral Nelson fut envoyé dans la Méditerranée avec une escadre afin de protéger Naples.

Toulon venait d'être livré aux Anglais; la Méditerranée leur appartenait.

Nelson reçut à Naples l'accueil réservé à un libérateur.

Il habita dès les premiers jours l'hôtel de l'ambassade, et le fils de sa femme, le jeune Joshua Nisbet, qu'il avait embarqué avec lui, fut caressé par lady Hamilton comme par une seconde mère.

L'amiral subit le fatal éblouissement de la beauté d'Emma; il en tomba éperdument épris et, ce qui est plus étonnant, inspira une passion égale à cette coquette qui jusqu'alors n'avait jamais aimé.

Mais tandis que Nelson protégeait Naples du côté de la mer, les Français, après avoir culbuté l'armée autrichienne, s'avançaient contre la capitale des Deux-Siciles, accueillis partout avec sympathie.

En même temps, trompant la vigilance de l'amoureux Nelson, une flotte française transportait Bonaparte et son armée en Égypte.

Déjà Malte avait été enlevée, au passage, par la flotte française avant que l'amiral anglais eût songé à poursuivre l'armée expéditionnaire.

Bonaparte était au Caire avant que Nelson eût rejoint Brueys, dans la rade d'Aboukir.

On connaît la bataille navale qu'il livra, les fautes et la mort héroïque de Brueys, la résistance glorieuse des marins français qui ne put sauver la flotte d'une destruction à peu près complète.

Nous mentionnons ici ces faits parce qu'ils sont des jalons nécessaires de notre histoire.

Le sort de Caroline se trouvait désormais lié à celui de Nelson et de lady Hamilton.

Le lendemain de sa victoire, Nelson se hâta de retourner à Naples.

Il y arrivait à propos pour y recueillir la famille royale.

Les Français approchaient, et le peuple surveillait d'un regard de haine la cour qui songeait à lui échapper.

Comme des coupables qu'ils étaient, les membres de la famille royale s'évadèrent de leur palais par un souterrain qui aboutissait au port.

Lady Hamilton fit embarquer nuitamment sur les vaisseaux de Nelson les trésors, les diamants de la couronne, les objets de luxe et d'art s'élevant à une valeur de quatrevingts millions.

Nelson, s'approchant lui-même dans une chaloupe de l'entrée du souterrain pendant une nuit sombre et orageuse, enleva la famille royale et la transporta à bord de son navire le Vaugard.

La tempête se déchaîna et menaça de détruire l'escadre sur les côtes de Sicile.

Le dernier enfant de la reine expira de fatigue et de terreur entre les bras de lady Hamilton.

Lorsque Ferdinand et Caroline débarquèrent à Palerme, la république était proclamée à Naples par le général Championnet.

Malgré le mauvais vouloir de saint Janvier à accomplir son petit miracle annuel, Naples était tranquille et aucun désordre n'eût ensanglanté le pays, si la cour, aidée du cardinal Ruffo, n'avait attisé la guerre civile, et fait une nouvelle *Vendée*.

L'abjecte population des lazzaroni se rangeait sous les ordres de ce protecteur de la religion et des droits de la couronne.

La retraite des Français livra la capitale à ces bandits.

Les chefs républicains, enfermés dans les forts de Naples, capitulèrent. Cette capitulation leur assurait la vie et la liberté de quitter le royaume, mais, malgré la résistance de Ruffo, la capitulation fut déchirée par lady Hamilton et Nelson, son esclave.

Les chefs républicains, c'est-à-dire presque toute la jeune noblesse du pays et ce que le clergé, la littérature, les arts avaient d'éminent, furent au nombre de six mille livrés au glaive des commissions militaires ou aux poignards des lazzaroni.

IV

LA TERREUR ROYALE.

Ce fut quelque chose d'effroyable.

Le stratagème de Charles IX ne fut rien comparé au massacre organisé par Caroline et sa favorite.

La potence, le bûcher, le poignard, tous les genres de supplice servirent à l'extermination non-seulement des républicains, mais des suspects de républicanisme.

En quelques jours, quarante mille citoyens tombaient sous les coups des lois de mort. Des tribunaux ambulants parcouraient les provinces avec des bourreaux.

Des hommes vivants étaient jetés dans les bûchers allumés sur la place du palais.

La reine dressait de Palerme des listes de proscription et de mort.

Trente mille victimes encombraient les prisons, et les bourreaux étaient nuit et jour occupés à leur donner la torture.

Les proscriptions de Marius et de Sylla étaient dépassées par la haine de Caroline, le fanatisme d'une populace cruelle et les passions d'une courtisane.

Nelson y souilla sa gloire.

L'amiral Carraciolo, ayant été élevé malgré lui par le gouvernement républicain au commandement général de la flotte, fut arrêté, chargé de chaînes et conduit à bord du vaisseau de Nelson.

Le vainqueur d'Aboukir fit comparaître le vieux marin devant une cour martiale composée d'officiers italiens, et ces juges ayant conclu à un exil perpétuel, Nelson fit substituer sur l'arrêt le mot de mort à celui d'exil.

Une heure après, Carraciolo fut conduit dans une chaloupe anglaise sur son propre vaisseau amiral la *Minerve* pour y être pendu.

Le condamné ne craignait pas la mort, mais l'ignominie du supplice.

— Après soixante-douze ans d'une vie d'honneur, dit-il, il est dur de laisser l'ignoble image de la potence attachée à ma mémoire. Demandez seulement à l'amiral anglais, autrefois mon compagnon d'armes et mon ami, de changer l'infâme supplice qu'on me prépare par la corde contre la mort du soldat.

L'officier anglais fut transmettre cette prière à Nelson.

— Faites votre devoir, répondit l'amiral.

Carraciolo fut pendu.

La nuit venue, on attacha deux boulets aux pieds du cadavre du supplicié et on le jeta à la mer.

Mais la mer n'en voulut point !

Trois jours après, Ferdinand et Caroline rentraient à Naples.

La favorite et son amant étaient allés au devant de Leurs Majestés et, debout sur le pont du navire, s'entretenaient avec elles des actes de haute justice qui accompagnaient leur retour.

La reine lisait la liste de ses proscriptions, lady Hamilton racontait ses assassinats.

Duo charmant !... quand soudain le roi poussa un cri d'horreur.

— Qu'y a-t-il ? demanda Caroline.

— Regardez, dit Ferdinand en indiquant la mer. Ne voyez-vous pas ?

Caroline suivit son indication et pâlit d'effroi à son tour.

Il fut enfermé dans un sac, et jeté, la nuit, dans la Seine.

Au sommet d'une lame, sortant de l'eau jusqu'à la ceinture, apparaissait le buste d'un vieillard, la tête haute, la chevelure éparse et ruisselante.

C'était le supplicié, l'amiral Carraciolo.

— Que nous veut ce mort? demanda le roi d'une voix tremblante à son aumônier.

— On dirait, répondit celui-ci, qu'il vient implorer, par la permission de Dieu, la sépulture chrétienne pour son corps.

— Qu'on la lui donne, répliqua Ferdinand plein d'une terreur superstitieuse.

Devons-nous ajouter que cette apparition vengeresse était due à la tempête qui avait rompu les liens qui attachaient les boulets aux pieds de Carraciolo?

Cependant, si Caroline devait, en partie, à Nelson la restauration de son pouvoir, elle lui dut aussi la perte de sa favorite, lady Hamilton, rassasiée d'honneurs et de présents, quitta sa chère maîtresse pour suivre son amant.

Lord Hamilton était mort; elle était libre. Elle en profita pour achever de compromettre Nelson.

L'amiral divorça pour épouser la veuve de l'ambassadeur, et eut d'elle une fille, nommée Horatia.

Ni l'un ni l'autre, ils ne devaient revoir la cour de Naples. Nelson devait périr à la bataille de Trafalgar, et, malgré le testament de l'amiral, Emma devait mourir dans la pauvreté.

Le gouvernement anglais vota au frère de Nelson un titre de noblesse et un patrimoine de six mille guinées de revenu, dix mille guinées consacrées à l'acquisition d'un domaine national pour sa famille.

Lady Hamilton et sa fille Horatia furent oubliées dans ces munificences.

Réprouvée par tous, elle tomba dans la misère, et mourut vingt ans plus tard dans un village des environs de Boulogne.

Elle était parfaitement inconnue des habitants, et les papiers trouvés sur elle révélèrent que cette misérable avait été la beauté la plus célèbre de l'Europe, la femme d'un ambassadeur de la Grande-Bretagne, la favorite d'une reine, la femme de l'amiral Nelson!

On l'enterra aux frais de la commune.

. . . .

Revenons à Caroline.

Après sa sanglante restauration, elle put de nouveau s'abandonner à tous les caprices de la galanterie.

Quels furent les élus, les heureux?

Comme ces fleurs qui, dans un semis trop nombreux, se disputent le sol et s'étouffent les unes les autres, ils n'ont eu qu'une valeur collective, et aucun d'eux n'a laissé son nom à la renommée.

Un d'entre eux, cependant, faillit devenir célèbre.

C'était un tout jeune garçon, qui était venu de Palerme à Naples avec la cour.

Comme la belle Emma, il n'avait point de nom de famille; ce qui permettait de lui prêter une naissance illustre...

En tout cas, il était instruit autant qu beau et devait avoir reçu l'éducation d'un jeune homme riche, bien qu'il se fût engagé comme simple matelot.

A bord du navire où se trouvait Caroline, et que commandait l'ami de Nelson, le capitaine Hardy, Geronimo,— c'était son nom,— s'était fait de suite remarquer par ce cachet particulier aux hommes que leur intelligence et leur éducation destinent à une position élevée.

Il ne se mêlait à l'équipage que pour les travaux du bord.

Il se tenait à l'écart, pensif, mélancolique, comme un amoureux qui regrette sa fiancée, ou un exilé qui pleure sa patrie, ou encore... et ce fut le soupçon de quelques-uns,—comme un conspirateur.

On le remarqua, puis on le soupçonna.

Un soir, le suspect fut désigné à l'attention de la reine, et sa physionomie ne parut pas étrangère à Caroline.

Elle l'avait déjà rencontré à Palerme.

Elle avait déjà été suivie par le regard fixe de ces grands yeux d'un bleu sombre.

Et déjà elle avait été frappée et touchée aussi de la beauté de cet inconnu.

Elle l'appela devant elle.

— Ton nom? lui demanda-t-elle.

— Geronimo.

— Ton pays?

— Naples.

— Tu viens de Palerme?

— Il est vrai.

— Pourquoi étais-tu en cette ville?

— J'y ai voulu suivre Votre Majesté.

— Pourquoi?

L'inconnu tomba à genoux. Il était seul en présence de la reine; elle seule pouvait l'entendre.

— Vous êtes la reine, dit-il d'une voix étouffée, ma vie vous appartient; vous pouvez me faire jeter à la mer, si ce que je vais vous dire est un crime.

— Parle : pourquoi me suis-tu?

— Parce que je vous aime.

Cette parole passa comme du feu sur le front de la reine; mais bientôt dominant son émotion :

— Relève-toi, Geronimo, dit-elle; je te

pardonne et je te prends à mon service. Qu'as-tu fait pour vivre jusqu'à ce jour ?

— J'étais pêcheur ; je suis matelot.

— Tu redeviendras pêcheur au service particulier de la reine.

Du même coup Caroline venait de créer une charge nouvelle : — Pêcheur de la reine !...

L'entretien interrompu se renoua avant que l'escadre anglaise fût entrée dans le golfe de Naples, et il fut repris quelques jours après le retour de Caroline dans son palais.

L'humble matelot était devenu un personnage, ou du moins en prenait déjà les allures.

Le monde des flatteurs et des parasites savait qu'il avait reçu audience de la reine dans les petits appartements ; et déjà l'on s'inquiétait de son nom, de sa demeure, et sur son passage il n'avait plus que des saluts à rendre.

A la même époque, le cardinal Ruffo, devenu tout-puissant, éprouvait pour Caroline les tendres sentiments de Mazarin pour Anne d'Autriche.

Il remarqua le beau fournisseur de marée et s'en inquiéta.

Le cardinal disposait d'une nombreuse police ; il fit suivre Geronimo.

Un espion, nommé Fanfulli, s'attacha aux pas du mystérieux favori.

Celui-ci occupait dans une petite rue voisine du port un logement assez misérable. Il était inconnu des habitants du quartier. Il ne prenait part ni aux divertissements de la rue, ni aux exécutions des républicains. On le voyait rarement.

On ignorait ses moyens d'existence.

Naturellement Fanfulli voulut en savoir davantage, et, pour cela, loua une chambre voisine du petit logement de Geronimo.

Alors il apprit que celui-ci vivait avec deux femmes, une vieille et une jeune. La première était sa mère ; la seconde ?... sa sœur ?... Il le supposa d'abord ; mais il sut bientôt qu'elle était sa fiancée.

Cette découverte avait son prix et serait bien accueillie du cardinal Ruffo.

Ne pouvant espérer de se lier avec Geronimo, qui sortait rarement et était peu communicatif, espérant encore moins faire la connaissance des deux femmes, qui ne sortaient jamais, l'espion eut recours à d'autres pratiques de son métier.

Dans les logements pauvres les clôtures sont mauvaises ; il consacra une nuit ou deux à perforer la cloison de plâtre qui le séparait de l'une des chambres de Geronimo.

Par ses trous de vrille, il put reconnaître que les deux femmes n'appartenaient point à la classe des pêcheurs, mais à la bourgeoisie, et peut-être à la noblesse.

Elles se cachaient donc.

La mère de Geronimo était vêtue de deuil ; elle était donc veuve depuis peu ?

Tout cela sentait le mystère et le complot.

Quant à la jeune fille, également vêtue de deuil, elle était d'une beauté éclatante, et il était impossible que, si belle, elle ne fût pas aimée.

Que penser alors des sentiments que l'on prêtait à Geronimo pour Caroline ?

Que penser de cette passion qui lui avait fait suivre la reine à Palerme et de Sicile à Naples ?

Et si sa passion était feinte ?... Si cet homme avait menti, quel pouvait être son dessein ?

Fanfulli ne se sentit plus de joie et eut le pressentiment d'une large gratification.

Mais ce qu'il avait vu n'était rien auprès de ce qu'il allait entendre.

Un jour un tailleur apporta un costume élégant pour le seigneur Geronimo.

Fanfulli fut bientôt averti de cet événement par les exclamations de surprise des deux dames à la vue des riches vêtements que le tailleur étalait sur les chaises.

— Est-ce possible ! se récriait la mère.

Puis avec amertume :

— Mais ce sont là des vêtements de fête !

— C'est pour notre mariage, répliqua Geronimo avec un sourire pénible.

Et il se retira avec le tailleur pour essayer le costume.

— Que pensez-vous de cela, mère ? fit la jeune fille à voix basse.

— Je ne sais que penser, ma fille, si ce n'est que mon fils est mêlé à quelque intrigue, à quelque entreprise qu'il nous cache.

— Quel secret peut-il avoir pour celles qui l'aiment ?

— Je veux l'interroger sans retard. D'ailleurs ces voyages, ces longues absences qu'il fait depuis nos malheurs, m'inquiètent ainsi que vous.

— Notre mariage... dit-il.

— Il manquerait une bénédiction à votre mariage, la bénédiction d'un martyr !...

Comme elle parlait, Geronimo rentra.

Il avait l'air attristé.

— Tu n'as point, lui dit sa mère, la mine d'un homme prêt à revêtir des habits de fête.

— Ce ne sont point des habits de fête à la vérité, ma mère.

— Ne crains-tu pas qu'une pareille toilette ne trahisse l'incognito sous lequel nous vivons ?

— Cet incognito doit être prochainement dépouillé.

— Que veux-tu dire ?

— Je ne puis m'expliquer davantage.

— La terreur ne règne-t-elle plus à Naples ?

Les royalistes sont-ils rassasiés de sang ?

Les prisons vont-elles s'ouvrir ?

— Non, la baie de Naples reçoit chaque jour de nouveaux cadavres, mais c'est parce que la fureur de Caroline et des Anglais paraît à son comble que nous touchons à l'heure d'un suprême danger.

Demain le sort du marquis de Trevico sera décidé ; demain il sera libre ou il sera vengé.

— Ah ! parle ! Je t'en conjure, supplia la mère ; ces paroles mystérieuses me mettent à la torture. Ta mère et ta fiancée ne sont-elles pas dignes de ta confiance ?

Non, je ne puis le croire, aucune fête ne t'attend, mais tu songes à ton père, et sans doute tu vas tenter quelque démarche près de hauts personnages...

Près de l'amiral Nelson, peut-être ?

— Lui ! ce bourreau d'Emma Hamilton ! se récria le jeune homme avec une expression d'horreur.

— Près du cardinal Ruffo, alors ?

— Ma mère, ne me demandez pas mon secret.

Oui, je vais tenter une démarche près d'une personne toute-puissante, mais je ne puis vous dire le nom de cette personne.

— Et pourquoi, je te prie ?

— Cette personne est notre ennemie la plus cruelle, et ma chère Maria et vous, vous vous uniriez pour me décourager.

— Notre ennemie la plus cruelle, dis-tu ? je crois la connaître.

— De grâce ! implora Geronimo.

— C'est la reine.

Le jeune homme se détourna pour dérober le trouble visible qu'il éprouvait.

— Adieu ! dit-il en se dirigeant vers sa chambre. Je vous laisse à vos suppositions.

— A notre anxiété.

— Je resterai absent toute cette soirée : attendez-vous à l'arrêt de la destinée, quel qu'il soit, il sera prononcé avant demain. Demain mon père nous sera rendu, ou demain vous unirez mon nom au sien dans vos prières.

— Geronimo ! s'écria la mère avec épouvante, de quel malheur nous menaces-tu ?

— Adieu !... Vous me remuez le cœur et j'ai besoin de tout mon courage.

Et il se retira pour s'habiller.

— Oh ! oh ! se dit l'espion, je sais où il va, moi, ce rejeton du marquis de Trevico.

Ah ! son père sera libre ou sera vengé ! Voilà de précieuses paroles !...

Courons prévenir le cardinal.

Et sans perdre une minute, Fanfulli se rendit à l'hôtel de Son Eminence, situé dans la ville haute, non loin du vieux château. Le chemin était long, mais la joie de tenir un secret important lui donnait des ailes.

D'après ce qu'il venait d'entendre, il ne pouvait douter que la vie de la reine ne fût en danger.

Il y avait fête ce soir-là au palais de Caroline, et sans doute Geronimo y avait rendez-vous.

Mais ne pouvant y paraître sous son nom de Trevico, il n'était point de la fête officielle ; il ne devait point entrer au palais par la grande porte, mais par quelque porte de service.

Sa mère, sa fiancée ignoraient le danger qu'il allait courir.

Toutes deux eussent blâmé son dessein.

Leur orgueil se fût révolté de son double rôle, et la tendresse de la jeune fiancée s'en fût alarmée.

Caroline était encore belle et sa beauté avait le prestige de la couronne...

Puis quelle vengeance pouvait-il exercer contre une femme séduite et confiante ?

Un moment la mère avait soupçonné la reine dans cette personne toute-puissante dont son fils n'avait osé lui dire le nom ; puis elle avait rejeté cette pensée qui lui paraissait invraisemblable.

Cependant, le soir venu, Geronimo, étouffant la révolte de ses sentiments qui l'auraient poussé aux énervantes satisfactions de sa tendresse pour sa fiancée et pour sa mère, s'enveloppait d'un manteau, déguisait sa toilette trop voyante, et se dirigeait vers le palais royal.

Ainsi que l'avait pressenti l'espion de Ruffo, il n'avait pas ses grandes entrées au palais, aussi contournait-il le vieil édifice et allait frapper à une porte obscure des jardins.

V

LE RENDEZ-VOUS.

A l'extrémité du jardin qu'il traversa dans toute sa longueur, se trouvaient des pavillons qui en commandaient l'entrée du côté du palais.

La solitude et le silence régnaient autour de lui... pas un homme de garde...

Il pénétra dans un de ces pavillons.

Ce pavillon l'attendait ; il lui était livré.

Il en parcourut les appartements, il en contempla d'un regard distrait toutes les merveilles, meubles précieux, objets d'art... puis se démena dans cette cage dorée comme un oiseau inquiet.

Il se croyait oublié, lorsque, dans le demi-jour mystérieux du salon où il se promenait, Caroline apparut.

Elle eût voulu n'être qu'une simple femme, mais, malgré elle, en ce moment et toujours, elle était la reine.

En se dérobant à ses courtisans, en détachant de son front son diadème de diamants, elle gardait sur son front hautain, elle entraînait dans les plis de sa robe ce prestige qui la suivait partout et se traduisait par ces paroles : — Sa Majesté.

Elle trouva son adorateur pâle et tremblant, et le railla doucement de l'impression qu'il subissait.

Mais sous le frisson qui le parcourait Geronimo gardait une indomptable énergie.

La peur chez lui n'était qu'à fleur de peau ; le cœur restait brave.

— Madame, dit-il en gardant la main qu'il venait de porter à ses lèvres, ce n'est pas de vous que j'ai peur.

— Et de qui donc ?

— De moi.

— Vraiment. Voilà qui est étrange.

— Ou qui est terrible.

— Expliquez-vous, mon ami.

— Votre beauté me fascine et me fait oublier tout au monde. Du jour où je vous vis, mon cœur et ma pensée se sont tellement emplis de vous qu'il n'y est plus resté place, ni pour un sentiment pieux, ni pour une idée d'honneur.

— Ah ! vous exagérez !

— Pardon, madame, écoutez-moi. Ce soir, en venant ici, j'ai rencontré ma mère. En me voyant sous ces habits de fête, elle m'adressa

de justes reproches. Elle me reprocha d'oublier un absent dont elle porte le deuil.
— Son mari?
— Oui, madame.
— Où est-il?
— Dans vos prisons.
— Son nom?
— Dois-je le dire?
— Ah! vous doutez de ma clémence en venant l'implorer.
— Pardon. Accordez-moi la grâce de mon père...
— Son nom, encore une fois!
— Le marquis de Trevico.
— Ah! fit Caroline avec un sourire. Le cas est nouveau; votre amour aura donc racheté les fautes de votre père.

Geronimo se jeta à ses pieds.

Au même instant, on frappa à la porte du salon.

Caroline se tourna vers la porte.

C'était une de ses dames de compagnie, qui l'avait accompagnée.

— Madame, lui dit-elle, le cardinal Ruffo demande à vous parler à l'instant, sans retard : il y va, dit-il, de votre vie.

— Je vous suis, répondit Caroline.

Puis, à Geronimo :

— Attendez-moi, monsieur.

Elle s'éloigna.

Près d'une heure s'écoula; mais cette heure ne parut pas longue à l'heureux Geronimo :
— son père avait sa grâce, et à cette pensée son cœur se gonflait de joie.

Des pas se firent entendre dans le pavillon.

Ce n'était pas Caroline, mais un officier de sa garde.

— Monsieur de Trevico, lui dit l'officier en le saluant, Sa Majesté vous ordonne de me suivre.

— Où allons-nous, monsieur?

— A la prison du vieux château.

— Mon père est libre?

— J'ai l'ordre de faire mettre M. le marquis en liberté, et je suis porteur pour lui d'une lettre.

Tous deux partirent.

Que contenait cette lettre?

Cette question mit Geronimo au supplice.

Enfin ils arrivèrent à la prison.

Après les premiers instants de ces embrassements qui ne se peuvent dépeindre, l'officier remit au vieux marquis la lettre de la reine.

C'était un ordre d'exil pour lui, sa femme et son fils.

Geronimo ne comprit rien à ces rigueurs, mais il l'avait échappé belle.

On comprend que Caroline avait été instruite de son double rôle par le cardinal Ruffo.

. . . .

Trois ans se passèrent, et les intrigues de la reine ramenèrent l'invasion française.

En 1805, elle entra dans la ligue conclue à Vienne contre Napoléon.

Douze mille Russes accoururent, à la vérité, à son secours; mais cet accroissement de forces n'empêcha point les Français de fonder à Naples un royaume au profit de Joseph Bonaparte, qui le résigna bientôt à son beau-frère Murat.

Caroline et Ferdinand se réfugièrent en Sicile sous la protection anglaise; mais elle n'avait plus Nelson! Ses protecteurs agissaient en maîtres.

Acton, son ancien favori, forcé d'opter entre les dominateurs réels et sa bienfaitrice, osa dire à celle-ci : — qu'il était temps que Sa Majesté permît au roi d'être le maître.

Cet ingrat mourut peu de temps après sa trahison.

Quant au roi, son caractère et sa situation ne lui permettaient point de gouverner.

Dans son désespoir, Caroline se tourna vers la France, préférant le despotisme des Tuileries à la tyrannie anglaise. Elle médita de nouvelles Vêpres siciliennes contre ces Anglais qu'elle avait adorés et qui lui étaient devenus odieux.

Un officier de la marine royale, nommé Amélia, vint s'ouvrir de ce projet à Marmont, alors gouverneur des provinces illyriennes. Marmont le renvoya à Napoléon, et l'empereur chargea de Montholon de l'interroger.

Amélia détailla les projets d'extermination de Caroline.

Napoléon les rejeta avec indignation et fit jeter le négociateur à Vincennes, d'où il ne sortit qu'en 1814, à l'entrée des alliés.

Mais les Anglais eurent vent de ce complot et ce fut le prétexte à de nombreuses arrestations.

La situation de Caroline devint insoutenable.

Elle fut aggravée encore par la faiblesse de Ferdinand, qui se laissa persuader par les Anglais de transférer son pouvoir à son fils.

Enfin le bruit s'étant accrédité que l'on allait inviter les Anglais à quitter l'île, le général lord Betinck exigea le départ de la reine.

Elle y consentit.

Elle avait bien songé à une insurrection, mais tout le monde était resté sourd à sa voix.

Les grands n'osaient; les petits, privés de chefs et sans argent, ne pouvaient.

Elle partit.

En hiver, en décembre 1811, elle dit adieu à sa patrie d'adoption, au dernier lambeau de son royaume, à son fils, à son mari et prit la mer pour Constantinople.

De là, par terre elle gagna l'Autriche.

Elle mourut, le 8 septembre 1814, à Schœnbrunn, sans avoir vu le rétablissement de sa maison sur le trône de Naples.

De toutes les qualités de sa mère Marie-Thérèse, Caroline n'avait que le courage. C'était assez pour braver la colère d'un peuple soulevé par ses crimes et ses vices, mais ce n'était pas assez pour régner.

FRÉDÉGONDE

REINE DE FRANCE

I

LA COUR D'UN ROI FRANK.

La présente histoire nous transporte au sixième siècle, à la cour du roi de Soissons.

A quelques lieues de cette ville, coule la petite rivière la Braine.

Là, au commencement du sixième siècle se trouvait une de ces fermes immenses où les rois franks tenaient leur cour et qu'ils préféraient aux plus belles villes de la Gaule.

Les habitudes nomades de ces sauvages conquérants s'accommodaient mal du contact des mœurs policées et de l'enceinte étroite des murailles d'une cité.

Il leur fallait l'espace, les champs et la forêt, les grandes chasses et les voyages.

Leur résidence se composait d'un vaste bâtiment entouré de portiques d'architecture romaine, quelquefois construits en bois poli avec soin et orné de sculptures.

Autour du principal corps de logis étaient les habitations des officiers du palais, barbares ou romains d'origine, et celles des chefs de bande qui, selon la coutume germanique, s'étaient engagés avec leurs guerriers dans la *truste* du roi.

D'autres maisons de moindre apparence étaient occupées par des familles d'artisans.

Tous les métiers y étaient représentés ; depuis l'orfévrerie et la fabrique d'armes, jusqu'aux métiers les plus humbles ; depuis la broderie d'or et d'argent jusqu'au tissage du chanvre.

Ces familles pour la plupart étaient d'origine gauloise.

Puis, venaient les bâtiments d'exploitation agricole : granges, étables, haras, bergeries, cabanes de serfs.

Braine était le séjour favori de Chlother, — ou, comme on écrit plus communément, Clothaire, le dernier fils de Clovis (Chlodowig).

C'était là qu'il faisait garder les grands coffres à triple serrure qui renfermaient ses trésors ; là qu'il convoquait les synodes et les assemblées ; là qu'il donnait ces fêtes ou ces orgies pantagruéliques où des tonneaux défoncés et munis d'une écuelle étaient placés aux quatre coins d'une table chargée de sangliers et de chevreuils servis en entier.

La chasse, la pêche et l'orgie occupaient la vie du roi.

De Braine, il transportait sa horde à Attigny dans les Ardennes, et d'Attigny à Compiègne. Les villes n'avaient d'autres attraits pour lui que le prélèvement des impôts et le pillage. Les Gallo-Romains ne songeaient plus à résister à ces sauvages dominateurs.

Tels étaient les rois franks descendants de Mérowig ; quant aux reines, un caprice du roi les élevait de la condition de bergère ou de servante au rang d'épouse ou de souveraine avec une étrange facilité.

Augustin Thierry, à qui l'on doit s'en rapporter pour l'histoire de cette époque, si l'on ne préfère traduire Grégoire de Tours et la Chronique de Saint-Denis, va nous donner un tableau de ces galanteries barbares.

« Chlother, dit-il, dont il n'est pas facile de compter et de classer les mariages, épousa de cette manière une jeune fille de la plus basse naissance, nommée Ingonde, sans renoncer d'ailleurs à ses habitudes déréglées qu'elle tolérait, comme femme et comme esclave, avec une extrême soumission.

Il l'aimait beaucoup et vivait avec elle en parfaite intelligence ; — un jour elle lui dit :

— Le roi, mon seigneur, a fait de sa servante ce qu'il lui a plu et m'a appelée à son lit. Il mettrait le comble à ses bonnes grâces en accueillant la requête de sa servante. J'ai une sœur nommée Arégonde et attachée à votre service ; daignez lui procurer, je vous prie, un mari qui soit vaillant et qui ait du bien, afin que je n'aie pas d'humiliation à cause d'elle.

Cette demande, en piquant la curiosité du roi, éveilla son humeur libertine.

Il partit le jour même pour le domaine sur lequel habitait Arégonde et où elle exerçait un de ces métiers alors dévolus aux femmes, tels que le tissage et la teinture des étoffes.

Chlother, trouvant qu'elle était pour le moins aussi belle que sa sœur, la prit avec lui, l'installa dans sa chambre royale et lui donna le titre d'épouse.

Au bout de quelques jours il revint auprès d'Ingonde et lui dit avec ce ton de bonhomie sournoise qui était un des traits de son caractère et du caractère germanique :

— La grâce que ta douceur désirait de moi, j'ai songé à te l'accorder. J'ai cherché pour ta sœur un homme riche et sage, et je n'ai rien trouvé de mieux que moi-même. Apprends donc que j'ai fait d'elle mon épouse, ce qui, je pense, ne te déplaira pas.

— Que mon seigneur, répondit Ingonde, sans paraître émue et sans se départir aucunement de son esprit de patience et d'abnégation conjugale, que mon seigneur fasse ce qui lui semble à propos, pourvu seulement que sa servante ne perde rien de ses bonnes grâces. »

Les fils de ce bon roi furent dignes de leur père.

Ces héritiers légitimes, — on ne compte pas les bâtards, — se nommaient Haribert, Gonthram, Hilpérik et Sigebert.

LES REINES GALANTES

Vous le frapperez au cœur, à la poitrine, n'importe où.

En 561, à la suite des fatigues causées par les grandes chasses d'automne, Chlother mourut.

A peine les funérailles terminées, Hilpérik partit de Soissons pour Braine, s'empara de tout, fit largesse aux guerriers, se fit proclamer roi, et, suivi du clan royal, prit le chemin de Paris.

Paris à cette époque avait conservé le prestige de résidence impériale et d'une ville forte.

Hilpérik s'établit dans le palais des Césars dont les bâtiments descendaient jusqu'à la rive de la Seine.

Les Parisiens ne lui firent aucune opposition et ne lui demandèrent point des nouvelles de ses frères restés à Braine et à Soissons.

Le jeune roi frank se plaisait dans son nouveau séjour et se croyait plus grand depuis qu'il habitait les restes d'un palais de Julien.

Il affectait d'aimer le latin, et prétendait ressusciter les mœurs et les plaisirs de l'ancienne préfecture romaine.

Il renouvela les combats du cirque, probablement dans les arènes découvertes dernièrement rue Monge.

Cependant ses frères s'avançaient menaçants pour réclamer leur part d'héritage. Un conflit était imminent. Gonthram, le plus rusé des quatre, bien qu'il ne fût pas le moins avide, renonça à sa part des biens pillés à Braine et engagea Haribert et Sigebert à l'imiter et à ne réclamer qu'un partage du territoire.

Comme des bandits se partagent les dépouilles amassées en les tirant au sort, les quatre fils du roi Chlother tirèrent au sort les territoires et les villes, sans aucune considération de convenance politique ou géographique.

La Gaule se trouva divisée en quatre royaumes, dont les limites étaient difficiles à fixer.

Hilpérik prit le royaume d'Occident dont Soissons resta la capitale et qui s'étendait de l'Escaut à la Loire.

Sigebert se fixa à Metz ; Gonthram à Châlon-sur-Saône, Haribert à Bordeaux.

Paris fut partagé en quatre et il fut convenu qu'aucun des quatre rois ne pourrait y entrer sans le consentement des trois autres.

Mais laissons les faits de cet ordre aux pages de l'histoire sérieuse et revenons aux exploits galants de nos héros.

De même que leur père, les fils de Chlother, à l'exception de Sigebert, aimaient le changement et divorçaient avec une extrême facilité. Hilpérik, surtout, se distinguait par son incontinence.

C'est celui auquel on attribue le plus grand nombre de femmes épousées d'après la loi des Franks par l'anneau et par le denier.

L'une de ces reines, Audowere, avait à son service une jeune fille nommée Frédégonde, d'origine franke, née à Montdidier en 543, de parents obscurs.

Cette fille était d'une beauté remarquable, et dès que le roi l'eut vue, il se prit d'amour pour elle.

Audowere ne s'alarma point d'un caprice qu'elle croyait éphémère et qui devait servir d'origine aux plus sanglantes tragédies.

II

FRÉDÉGONDE.

Frédégonde, de son côté, ne craignit point d'éveiller la jalousie de sa maîtresse ; aussi rusée qu'ambitieuse, elle entreprit d'amener, sans se compromettre, des motifs légaux de séparation entre le roi et la reine Audowere.

Si l'on en croit la tradition, elle y réussit grâce à la connivence d'un évêque et à la simplicité de la reine.

Hilpéric, dit A. Thierry, venait de se joindre à son frère Sigebert pour marcher au-delà du Rhin contre les peuples de la confédération saxonne ; il avait laissé Audowere enceinte de plusieurs mois ; avant qu'il fût de retour, elle accoucha d'une fille et, ne sachant si elle devait la faire baptiser en l'absence de son mari, elle consulta Frédégonde qui, parfaitement habile à dissimuler, lui inspirait une entière confiance.

— Madame, répondit la suivante, lorsque le roi mon seigneur reviendra victorieux, pourrait-il voir sa fille avec plaisir si elle n'était baptisée ?

La reine prit ce conseil en bonne part, et Frédégonde se mit à préparer sourdement à force d'intrigues le piège qu'elle voulait lui dresser.

Quand le jour du baptême fut venu, à l'heure indiquée pour la cérémonie, le baptistère était orné de tentures et de guirlandes, l'évêque en habits pontificaux était présent, mais la marraine, noble dame franke, n'arrivait pas et on l'attendait en vain.

La reine, surprise de ce contre-temps, ne savait que résoudre, quand Frédégonde, qui se tenait près d'elle, lui dit :

— Qu'y a-t-il besoin de s'inquiéter d'une marraine ? Aucune dame ne vous vaut pour tenir votre fille sur les fonts ; si vous m'en croyez, tenez-la vous-même.

L'évêque, au mépris de ses devoirs, accomplit le baptême, et la reine se retira sans comprendre de quelle conséquence était pour elle l'acte religieux qu'elle venait de faire.

Au retour du roi Hilpérik toutes les jeunes filles du domaine royal allèrent à sa rencontre, portant des fleurs et chantant des vers à sa louange.

Frédégonde, en l'abordant, lui dit :

— Dieu soit loué de ce que le roi notre seigneur a remporté la victoire sur ses ennemis et de ce qu'une fille lui est née !...

Mais avec qui mon seigneur couchera-t-il cette nuit ?...

Car la reine, ma maîtresse, est aujourd'hui commère et marraine de ta fille Hildeswinde.

— Eh bien ! répondit le roi d'un ton jovial, si je ne puis coucher avec elle, je coucherai avec toi.

Sous le portique du palais, Hilpérik trouva sa femme Audowere tenant entre ses bras son enfant qu'elle vint lui présenter avec une joie mêlée d'orgueil : mais le roi, affectant un air de regret, lui dit :

— Femme, dans ta simplicité tu as fait une chose criminelle ; désormais tu ne peux plus être mon épouse.

En rigide observateur des lois canoniques, le roi punit de l'exil l'évêque et engagea Audowere à prendre le voile.

Pour la consoler il lui donna plusieurs domaines d'une valeur considérable.

Elle se résigna et choisit un monastère au Mans.

Hilpérik épousa Frédégonde, et ce fut au milieu du bruit des fêtes de ce mariage que la reine répudiée partit pour sa retraite, où quinze ans plus tard elle fut mise à mort par les ordres de son ancienne servante.

Frédégonde eut le titre et les honneurs d'une reine, et cependant elle n'eut pas le titre d'épouse.

Voici pourquoi.

Le plus jeune des quatre fils de Chlother, Sigebert, roi de Metz, voyait avec mépris les désordres de ses frères ; car Gonthram et Haribert ne menaient point une conduite plus sage que celle du roi de Soissons.

Il n'avait pas de femme, il résolut d'en obtenir une de race royale.

Il avait appris que le roi des Goths, Athanagilde, avait deux filles en âge de se marier.

Tolède, capitale du royaume des Goths, était à cette époque fort éloignée de la Lorraine, cependant, par les marchands et les poètes voyageurs, la renommée de la beauté de Brunehilde, — la plus jeune des filles du roi goth, — était parvenue jusqu'à Sigebert.

Il résolut de la demander en mariage.

Il composa avec soin une ambassade riche et nombreuse, et la chargea de présents pour le roi de Tolède.

Godeghisel, maire du palais d'Austrasie, était le chef de cette ambassade.

C'était un homme instruit et intelligent. Il savait que les Goths avaient dépouillé en Espagne leurs mœurs barbares pour les mœurs plus douces des peuples qu'ils avaient envahis.

Il se garda d'effrayer la cour d'Athanagilde par les sauvages costumes des guerriers francks et tout ce qui trahissait la férocité et la rudesse des forêts du nord.

Bref, il obtint un succès complet et, au bout

de quelques mois, il put emmener en Austrasie la belle Brunehilde.

Ce voyage fut un long triomphe pour cette jeune princesse dont la beauté était relevée par le charme des manières et d'une éducation parfaite.

Elle arriva à Metz en 566, et les fêtes du mariage furent d'une magnificence toute nouvelle pour un peuple frank. Tous les seigneurs vassaux ou alliés de la couronne de Metz voulurent y prendre part.

Un poète latin, Fortunatus, chanta les mérites de la jeune épouse et composa un épithalame.

Brunehilde sut plaire à tous, et son mari éprouva pour elle un attachement passionné qu'il conserva toute sa vie.

Cet enthousiasme et le bruit des pompes merveilleuses de ce mariage blessèrent l'orgueil d'Hilpéric et excitèrent sa jalousie. Il trouva Frédégonde indigne de lui, et résolut de prendre comme Sigebert une épouse de race royale.

A cette époque les rois n'avaient pas encore les ressources que leur offrirent plus tard les petites cours allemandes. N'ayant pas l'almanach de Gotha, Hilpérik ne vit rien de mieux que de se tourner vers la seconde fille du roi Athanagilde.

Il suivit l'exemple de son frère.

Il envoya donc une ambassade au roi des Goths pour lui demander la main de sa fille aînée Galswinde.

Mais cette ambassade n'était point aussi bien composée que la première, et elle ne justifiait que trop les bruits qui étaient parvenus jusqu'à Tolède des mœurs du roi Hilpérik.

Ces gens-là aimaient trop à boire et ne savaient pas causer. Les Goths, plus civilisés et meilleurs chrétiens qu'eux, instruits des grossières débauches de la cour ambulante d'Hilpérik, hésitaient à leur livrer la seconde fille de leur roi.

Galswinde, princesse d'un caractère doux, d'une sensibilité vive et timide, incertaine encore sur le sort de sa sœur, suppliait son père de ne pas conclure.

Elle était appuyée par sa mère dont elle était adorée.

Le roi ne cacha point aux envoyés de la cour de Braine les raisons de son hésitation.

— Votre roi, leur dit-il, a répudié Audowere et l'a remplacée par sa servante Frédégonde, il est de plus entouré d'un grand nombre de concubines. Ses mœurs ne sont ni d'un chrétien ni d'un roi.

Qu'il s'engage par serment à congédier toutes ses femmes et à vivre selon la loi de Dieu avec sa nouvelle épouse.

Des courriers partirent pour Braine, et ils revinrent avec la promesse formelle d'Hilpérik d'abandonner tout ce qu'il avait de reines et de maîtresses, pourvu qu'il obtînt une femme digne de lui.

Ces promesses n'apportaient point la certitude, mais le roi goth avait réfléchi sur les intérêts politiques d'une alliance avec ses voisins du nord. Hilpérik était le frère d'Haribert qui régnait jusqu'à Bigorre...

Il se laissa convaincre.

On discuta la dot : le roi de Soissons la voulait égale à celle qu'avait reçue le roi de Metz.

Ce point fut accordé, mais Athanagilde réclama le *présent du lendemain*, selon la coutume germaine.

Au réveil de la mariée, l'époux lui devait un don quelconque pour prix de sa virginité.

Coutume barbare qui introduisait dans le mariage la vénalité de la prostitution.

Cela s'appelait *morgen-gabe* ou *moraneghiba*.

Près d'une année se passa en semblables discussions, et sur ces entrefaites le roi Haribert mourut à Bordeaux.

Ici se place un épisode charmant.

Haribert avait pour sultane favorite une nommée Théodehilde, fille d'un berger.

A la mort de son époux cette femme s'empressa de mettre la main sur le trésor royal : or et argent, vaisselle, linge et meubles de prix, armes, chevaux et chariots.

Ainsi lotie, elle songea à prendre un époux et se proposa au seul de ses beaux-frères qui n'eût pas trop de femmes, le doux et prudent Gonthram.

Gonthram fut enchanté de la proposition.

— Dites-lui, répondit-il, qu'elle se hât

de venir avec son trésor ; car je veux l'épouser et la rendre grande aux yeux des peuples.

Je veux même qu'auprès de moi elle jouisse de plus d'honneurs qu'avec mon frère qui vient de mourir.

Ravie de voir se dénouer si promptement une négociation aussi délicate, Théodehilde partit pour Châlon-sur-Saône, suivie d'une longue file de chariots pesamment chargés.

A la nouvelle de son arrivée, le bon roi Gonthram s'empressa d'aller au devant de la caravane.

La vue de ces nombreux chariots le combla de joie. Il les compta, puis en examina le contenu, puis en fit retirer les coffres d'or et d'argent et les pesa.

La femme attendait immobile et surprise qu'il daignât s'occuper d'elle, mais Gonthram la laissa se morfondre.

Et se tournant vers les siens :

— Ne vaut-il pas mieux, leur dit-il, que ces trésors m'appartiennent plutôt qu'à cette femme, — qui ne méritait pas l'honneur que mon frère lui a fait en la recevant dans son lit ?

— Ah ! seigneur, quelle profonde sagesse ! Cette femme n'ajoute aucun prix à ces richesses qui d'ailleurs vous appartenaient.

— Je lui laisse deux chariots, dit le roi, pour se rendre à Arles, où elle entrera dans un monastère.

De cette façon Gonthram se vengea d'Hilpérik qui avait confisqué le trésor de Braine.

Ni ce dernier, ni Sigebert ne réclamèrent, mais on procéda à un nouveau partage de territoire.

Le sort donna en partage à Hilpérik plusieurs villes qui confinaient au royaume des Goths ; c'étaient : Limoges, Cahors, Bordeaux, Béarn et Bigorre et leur territoire.

Il les offrit en don du matin, — mais en retour d'une dot en argent plus considérable.

L'argent lui était plus précieux que les villes.

III

GALSWINDE ET FRÉDÉGONDE.

Le mariage fut ainsi décidé.

Mais quand les négociateurs furent sur le point de parler à Galswinde de son prochain départ, ils la virent se jeter en pleurant dans les bras de sa mère, et la douleur de la reine et de sa fille les engagea à différer.

Ils attendirent deux jours.

Puis se présentèrent de nouveau au palais pour fixer le jour du voyage.

Alors les deux femmes s'ingénièrent à créer chaque jour un nouvel empêchement. Elles ne pouvaient se résigner à se séparer, et le roi, cachant sa propre émotion, faisait de vains efforts pour leur rendre courage.

Les Franks ne s'offensèrent point de ces retards et les acceptèrent avec une courtoise condescendance.

Enfin le départ eut lieu ; Galswinde quitta son pays natal ; mais sa mère l'accompagna.

— J'irai jusqu'à la ville prochaine, disait-elle.

Puis là, faiblissant de nouveau :

— Je t'accompagnerai pendant quelques heures encore.

Voulait-elle s'éloigner, sa fille la retenait. Elle suivit ainsi Galswinde au-delà des Pyrénées.

Mais la suite nombreuse de la reine augmentait les embarras et les lenteurs de ce long voyage.

Elle comprit enfin qu'elle devait se résigner à une inévitable séparation.

Les adieux de la mère et de la fille furent déchirants.

Le poète Fortunatus nous en a gardé l'écho.

— Sois heureuse ! dit la mère en s'arrachant aux derniers baisers de sa fille. Sois heureuse ! mais j'ai peur pour toi… Oh ! prends garde, ma fille !… Prends garde !…

— Dieu le veut, ma mère, répondit Galswinde, soumettons-nous à sa volonté…

Puis les deux escortes se séparèrent, et longtemps encore la reine et sa fille se suivirent des yeux.

La fiancée ne se dirigeait point vers Braine ; Hilpérik avait compris qu'il eût été inconvenant de célébrer son mariage dans un lieu rempli du bruit de ses amours ; il avait choisi Rouen.

Il usait d'ailleurs, pour sa fiancée, d'un cérémonial extraordinaire.

A chaque ville l'escorte de la princesse faisait halte.

Galswinde descendait du lourd chariot attelé de bœufs, procédait à une toilette de cérémonie, puis montait sur un char de parade, en forme de tour, couvert de plaques d'argent.

Moins belle que sa sœur Brunehilde, mais gracieuse comme elle, elle se faisait remarquer par le charme de ses manières et de ses discours.

Cependant Hilpérik avait tenu ses promesses : il avait congédié ses femmes et Frédégonde elle-même.

Celle-ci avait accepté le congé du roi son seigneur avec une apparente résignation.

Seulement, comme dernière faveur, elle avait demandé à ne pas être éloignée du palais et à reprendre sa place d'autrefois parmi les femmes employées au service royal.

Hilpérik y avait consenti.

Il ne se méfiait point de Frédégonde ; il avait trop d'orgueil pour cela ; et, de son côté, il ne pressentait aucun danger.

Il était sincère dans sa conversion à la monogamie.

Il se réjouissait d'avoir une femme considérable par sa naissance et par ses richesses. Il lui semblait prendre rang ainsi parmi les plus grands monarques du monde. Sa vanité l'aveuglait.

Les noces furent célébrées avec autant de magnificence que celles de Brunehilde.

La reine fut traitée avec des honneurs extraordinaires dont le spectacle dut déchirer de jalousie le cœur de Frédégonde.

Tous les seigneurs jurèrent fidélité à Galswinde comme à un roi.

Le lendemain du mariage, le roi, en présence de témoins choisis, prit dans sa main droite la main de sa nouvelle épouse et, de l'autre, il jeta sur elle un brin de paille, en prononçant à haute voix les noms des cinq villes qui devaient, à l'avenir, être la propriété de la reine.

L'acte de cette donation fut dressé en latin. — Tel était le présent du matin ou *morgen-gabe*.

Les envoyés du roi goth s'en retournèrent à Tolède, chargés de présents et d'une lettre où la jeune reine essayait de calmer le chagrin de sa mère, en lui faisant entrevoir un heureux avenir.

Les premiers mois de cette union furent, en effet, assez paisibles, sinon heureux.

Douce et patiente, Galswinde savait supporter la brusquerie sauvage de son mari.

Ainsi avait été Audowere…

Mais personne n'osait lui parler de cette infortunée.

Hilpérik, à défaut d'une tendresse passionnée, lui témoignait d'ailleurs une véritable affection. Il croyait l'aimer. Il prenait pour de l'amour la satisfaction de sa vanité et de son avarice.

Mais sa femme était moins belle que celles qu'il avait répudiées. Ses qualités morales, son peu d'orgueil, sa charité, étaient pour lui lettres closes. Il lui fallait les ardeurs de la passion vraie ou feinte.

Une sorte d'ennui physique l'envahit peu à peu.

Frédégonde, qui l'épiait, lut dans ses yeux. Jusqu'alors elle s'était tenue à l'écart, effacée et muette. C'était son rôle et son intérêt. Galswinde ignorait sa présence ou ne l'apercevait pas.

Mais, dès qu'elle eut surpris sur le visage du roi la froideur et l'ennui, elle rechercha toutes les occasions de se trouver sur son passage.

Hilpérik en fut frappé comme à la vue d'une beauté nouvelle.

Sa passion sensuelle se réveilla.

— Ah! lui dit-il, que n'es-tu née de sang royal, toi dont la beauté est digne d'un trône!

— Je suis toujours votre servante, répondit Frédégonde. Mon amour et ma beauté n'ont pas cessé de vous appartenir. Sont-ils indignes d'un si grand roi?

Sans doute, nous autres femmes du Nord, nous n'avons plus de charmes à vos yeux depuis que vous avez pris pour épouse la fille d'un roi aussi vertueuse que belle.

L'amour frank a des emportements qui ne s'accordent pas avec la majesté royale.

— J'ai juré, répondit Hilpérik.

— Vous avez juré, mon seigneur, de renvoyer la reine à sa première condition et vous avez tenu votre serment. Mais vous n'avez point juré de ne pas la reprendre... du moins comme votre maîtresse.

— Tu as raison, dit Hilpérik, qui s'appuya de cette subtilité.

Et Frédégonde remonta d'un degré, de l'emploi de servante au rang de favorite.

Lorsqu'elle eut enivré le roi de sa propre passion, alors elle releva la tête; elle fit éclat de son triomphe; elle brava même l'indignation et la jalousie de la reine, affectant envers elle des airs hautains et dédaigneux.

Galswinde pleura d'abord en silence.

Le roi surprit ses larmes, et, au lieu d'en être touché, s'en irrita.

Il lui reprocha sa tristesse qui, disait-il, lui faisait injure.

— Je pleure sur moi, répondit-elle, de n'avoir pas su obtenir l'amour de mon époux.

— L'air de tristesse dont vous n'avez cessé d'être enveloppée est la première cause de ma froideur.

— Cette froideur a une autre cause. En m'appelant ici, vous avez éloigné la femme qui partageait votre lit; mais vous n'avez point banni de votre cœur la passion que vous aviez pour elle.

— Elle était reine; elle ne l'est plus.

— Elle règne ici plus que moi, et la faveur dont elle jouit, grâce à elle, n'est ignorée de personne dans ce palais. Mes ordres sont méprisés. La solitude se fait autour de moi. La disgrâce où je suis tombée est un sujet de constantes humiliations pour moi.

Fille de roi, j'ai à subir les insultes d'une servante; épouse de roi, j'ai à subir les dédains d'une concubine. Ah! plût au ciel que je n'eusse pas quitté l'Espagne!

Ces plaintes demeurèrent sans résultat, ou plutôt ne firent qu'accroître l'irritation d'Hilpérik, qui ne garda plus aucun ménagement.

La vie devint insupportable à Galswinde, dans cette cour étrangère où elle n'avait pas eu le temps, de se créer une seule amitié, dans ce pays dont le climat, moins beau que celui d'Espagne, contribuait encore à l'attrister.

— Puisque vous me délaissez, puisque vous ne pouvez m'aimer, dit-elle enfin à Hilpérik, accordez-moi la seule grâce qui ne coûte rien à votre inimitié.

— Que désirez-vous?

— Répudiez-moi, et donnez-moi les moyens de regagner l'Espagne.

A cette proposition imprévue Hilpérik fronça le sourcil.

— Que prétendez-vous là! fit-il songeant à la fois aux conséquences politiques et financières d'un acte semblable.

— Allez-vous me susciter la haine de vos parents et allumer la guerre?

— Dieu m'est témoin que je n'ai point cette pensée; je n'ai aucune idée de vengeance et je sollicite de vous le divorce comme une grâce, comme un bienfait. Vous n'aurez rien à craindre et qu'aurez-vous à perdre? Je vous abandonne de grand cœur tous les biens que je vous ai apportés.

Un chariot et quelques valets pour regagner Tolède, voilà tout ce que j'implore de votre générosité. Revoir mon pays, me parents, recouvrer ma vie paisible et libre d'autrefois, me seront plus précieux que l'honneur de partager votre couronne.

Hilpérik l'écoutait, mais sans la croire.

Tout d'abord il avait craint pour la dot et il ne pouvait croire au désintéressement de Galswinde.

Quoi ! elle s'en retournerait sans ces objets d'or et d'argent dont elle avait enrichi son palais, sans ces cassettes de perles et de bijoux.

C'était pour lui invraisemblable !

Il se méfia, mais ne laissa rien percer de ses sentiments.

— Votre résolution m'afflige, répondit-il, et me prouve que j'ai des torts envers vous. Il faut que j'aie été bien coupable pour vous pousser ainsi au désespoir. Eh bien ! je veux m'amender, et je vous prie, en retour de mes bonnes intentions, de prendre patience.

A partir de ce jour en effet Hilpérik essaya de donner à sa femme quelques marques d'affection et les distractions nécessaires pour combattre sa nostalgie.

Frédégonde en fut inquiète.

— Mon seigneur retourne vers sa dame romaine, lui dit-elle avec amertume.

— Je veux prévenir une querelle, répondit Hilpérik.

Elle me demande, comme grâce, d'être répudiée.

Elle offre de m'abandonner tous ses biens, pourvu que je lui permette de retourner dans son pays.

— Et vous refusez ?

— Puis-je croire à tant de désintéressement ?

Je me méfie et m'efforce de calmer sa colère.

— Attendez-vous à des nouvelles d'Espagne. Quelque courrier sera parti pour Tolède, et un de ces jours vous allez voir arriver ici une ambassade du roi goth.

Hilpérik parut frappé de cette observation.

— Tu as le bon sens des femmes germaines, répondit-il.

Les Germains consultent leurs femmes avant de prendre une résolution ; elles ont souvent le sentiment des choses à venir. Oui, je dois m'attendre à quelque message d'Espagne...

Mais serais-tu instruite du départ d'un courrier ?

— Non, mon seigneur, mais puisque votre épouse n'aime que ses parents, elle ne peut chercher d'appui que chez eux. Considérez bien le présent et vous pourrez en tirer la connaissance de l'avenir. Demandez-vous ce que doit faire votre femme, ce que lui commande son intérêt.

C'est de retourner dans sa patrie.

Et pour arriver à ce but que doit-elle faire ?

S'adresser à ses parents en même temps qu'à vous.

— Mais la dot ? fit Hilpérik.

— Peut-être ne songe-t-elle pas à la reprendre.

— Tu crois ? fit joyeusement le roi.

— Mais qu'importe !

— Que dis-tu ?

— Oui, qu'importe, c'est l'affaire de son père ; c'est le roi Athanagilde que cet intérêt regarde, n'est-il pas vrai ?

Le front du roi s'assombrit aussitôt. Ses craintes étaient fixées.

Convaincu du danger que couraient les trésors apportés de Tolède, il ne songea plus qu'à s'en assurer la possession.

Frédégonde, avec son habileté ordinaire, entretenait ses craintes au point de les exaspérer.

Un soir enfin, plus tourmenté encore que de coutume :

— Que penses-tu ? demanda-t-il à sa maîtresse, quand donc la possession de ces biens me sera-t-elle assurée ?

— Elle vous sera assurée, ô mon roi, quand Galswinde sera morte.

— Eh bien ! fit Hilpérik avec violence, je ne puis souffrir plus longtemps, qu'elle meure donc de suite.

— Est-ce votre volonté ? demanda Frédégonde.

— C'est ma volonté.

Frédégonde sortit de la chambre royale et, un instant après, y rentra suivie d'un jeune guerrier frank.

D'un coup de framée Landri l'étendit à ses pieds.

Ce jeune homme appartenait à la garde personnelle du roi. Il avait, comme ses compagnons d'armes, voué son âme et sa vie au service et à la défense du roi.

A toute heure, en toute circonstance, pour n'importe quelle action, il était prêt.

Il s'inclina en silence devant le roi et attendit ses ordres.

Hilpérik lui dit :

— Entre dans la chambre voisine : une femme y est couchée ; tu t'approcheras d'elle sans te faire entendre, et tu l'étrangleras. Si cette femme crie, ses cris seront entendus, des gardes accourront et tu seras tué.

Si cette femme meurt sans avoir crié, oublie ce que je viens de te dire et ce que tu auras fait.

Va : telle est ma volonté.

Le jeune guerrier s'inclina de nouveau et s'éloigna.

Le lendemain matin, des cris de terreur et des lamentations surprirent le roi à son réveil.

Il s'informa de leur cause, et on lui apprit que la reine Galswinde avait cessé de vivre.

Ses femmes, en entrant dans sa chambre, l'avaient trouvée morte sur son lit.

Hilpérik, à cette nouvelle, montra une vive surprise et une profonde affliction.

Il commanda des funérailles magnifiques... mais il ne rechercha point les causes de ce trépas subit.

Les traces de la strangulation étaient visibles ; mais personne n'osa paraître les apercevoir, parce que tout le monde connaissait le meurtrier.

Ce crime répandit l'effroi et la consternation.

Galswinde était bonne et charitable. Sa jeunesse, ses malheurs, sa bonté, lui avaient fait des amis chez les serfs misérables du domaine royal.

Elle fut pleurée des pauvres gens, qui se racontèrent sa mort en l'entourant de circonstances qui nous feraient sourire aujourd'hui, mais qui frappaient leur imagination superstitieuse.

On racontait qu'une lampe de cristal, pendue près du tombeau de Galswinde le jour de ses funérailles, s'était détachée subitement, sans que personne y portât la main, et était tombée sur le pavé de marbre sans se briser ni s'éteindre.

Ainsi s'étaient justifiés les tristes pressentiments de la reine des Goths !...

Quant à Frédégonde, après quelques jours de deuil, elle reprit tous ses droits d'épouse et de reine des Franks de Neustrie.

IV

SIGEBERT.

Cependant les conséquences du crime ne devaient pas s'arrêter au triomphe de Frédégonde.

La nouvelle, en se répandant, soulevait partout l'indignation, et, en arrivant à Metz, elle provoqua chez Brunehilde et son mari une explosion de douleur et de colère.

Sigebert accusa hautement Hilpérik et convoqua une assemblée des seigneurs franks de son royaume, en priant les seigneurs des deux autres États de se joindre à eux.

Ces assises solennelles se réunirent.

Gonthram y prit part avec ses grands vassaux.

L'accusation de meurtre portée contre le roi Hilpérik fut entendue, et un délai de quatorze jours fut accordé au roi de Soissons pour se justifier.

Pouvait-on s'attendre à ce que celui-ci se résignât au rôle d'accusé ?

Ces quatorze jours devaient être employés en préparatifs de guerre.

Gonthram, le prudent, intervint et parvint à maintenir la paix.

Mais cette paix ne pouvait être qu'une trêve.

Brunehilde était une femme d'un caractère mieux trempé, plus énergique que celui de sa malheureuse sœur, et ne devait pas se résigner à laisser le meurtre de celle-ci impuni.

C'était pousser Sigebert à une guerre fratricide ; mais derrière Hilpérik, elle voyait la véritable coupable, — Frédégonde.

De même que celle-ci savait déjà qu'elle

n'aurait plus de repos tant que vivrait Brunehilde.

La guerre était, en réalité, entre ces deux femmes, si différentes de nature, d'éducation et de mœurs. — Entre elles allait commencer un duel à mort.

Cependant Hilpérik, toujours tourmenté par la cupidité, voulut reprendre les cinq villes données à sa femme en don du matin, et voilà la guerre allumée.

Nous n'en raconterons pas toutes les péripéties.

L'intérêt de notre récit n'est point dans ces exploits guerriers. Disons seulement que le succès couronna d'abord ceux qui combattaient pour le bon droit.

Hilpérik fut repoussé et battu.

Un de ses fils fut tué et son cadavre, abandonné sur le champ de bataille, après avoir été dépouillé par l'ennemi, fut relevé et enterré par charité.

Enfin il se trouva assiégé dans Tournai par son frère Sigebert.

Inférieur en forces, il pouvait compter les jours de sa résistance. Il allait donc tomber entre les mains de l'époux de Brunehilde, et il ne pouvait compter sur la clémence du vainqueur.

L'heure du châtiment allait sonner pour lui et pour Frédégonde.

Celle-ci l'accompagnait et était avec lui enfermée à Tournai.

Mais elle ne se laissait pas abattre et, loin de désespérer, cherchait dans son esprit fertile en inventions infernales le moyen de sortir de cette impasse.

Un jour, sans prendre l'avis d'Hilpérik, elle appela près d'elle deux de ces jeunes gardes dont nous avons déjà vu le terrible rôle.

Comme reine, elle pouvait leur donner des ordres, mais aussi, comme femme, elle pouvait ajouter à son autorité la puissante influence d'une beauté fascinatrice.

Elle leur versa à boire de ses propres mains, et lorsqu'elle les eut à demi enivrés de liqueur et de paroles caressantes :

— Jeunes guerriers, leur dit-elle, vous avez été choisis pour délivrer le roi notre seigneur et son armée.

Votre courage bien connu vous a désignés pour cette glorieuse entreprise qui éternisera la mémoire de vos noms.

Vous savez que la ville est menacée d'être prise par un assaut prochain si elle ne succombe par la famine, et si vous n'étiez choisis pour exécuter les ordres que je vais vous donner, vous ne pourriez attendre dans ces murs qu'une mort certaine, mais sans gloire.

Voici les ordres de votre reine.

Vous allez vous rendre au camp de Sigebert, et vous demanderez à remettre au roi une lettre du roi Hilpérik, son frère.

Voici la lettre, ajouta Frédégonde.

Le roi Sigebert s'avancera hors de sa tente pour vous recevoir ; l'un de vous ploiera le genou et lui remettra la lettre, et au moment où le roi la prendra, il se relèvera et le frappera au cœur, à la poitrine, n'importe où, avec ce *skramasax*...

N'importe où, dis-je, le skramasax est empoisonné, et la moindre de ses blessures sera mortelle.

En parlant ainsi, Frédégonde remit à chacun des deux jeunes gens un long couteau dont elle avait pris soin elle-même d'empoisonner la lame.

Les deux esclaves fanatisés n'avaient aucune objection à faire, et d'ailleurs une hésitation de leur part eût été à l'instant punie de mort.

Ils baisèrent la main de la reine, prirent la lettre et les couteaux et s'éloignèrent. Le vieux de la montagne, le roi des assassins, n'avait pas des esclaves plus fanatiques et plus obéissants.

Frédégonde leur donna des chevaux et une escorte convenable à des parlementaires. Ils quittèrent Tournai et arrivèrent au camp de Sigebert.

Dans ce camp régnait le calme que donne l'assurance d'une prochaine victoire. En voyant les parlementaires d'Hilpérik, le roi de Metz s'attendait à quelques propositions de capitulation, et Brunehilde l'encourageait à les repousser.

« Point de grâce pour Frédégonde !... »

Des cavaliers austrasiens allèrent au devant des parlementaires et les conduisirent devant Sigebert.

Celui-ci, ainsi que Frédégonde l'avait prévu, sortit de sa tente sans aucune méfiance et attendit les deux gardes d'Hilpérik.

Ils s'avançaient l'un derrière l'autre.

Le premier ploya le genou et tendit la lettre au roi qui se baissa pour la prendre.

Au moment où Sigebert se relevait pour lire la missive de son frère, il reçut un coup de couteau en pleine poitrine, et tomba.

Les seigneurs qui l'entouraient poussèrent un cri d'horreur et se précipitèrent sur les assassins qui déjà couraient à leurs chevaux.

Force fut à ces misérables de s'arrêter et de se défendre.

Les deux skramasax empoisonnés firent alors de nouvelles et nombreuses victimes.

Ce fut une lutte désespérée. Mais ils ne pouvaient échapper, et bientôt ils roulèrent sur le sol percés de mille coups.

Dépeindre la douleur de Brunehilde et la fureur des guerriers austrasiens serait impossible. Mais aux malédictions lancées contre le fratricide se mêlaient les menaces et les avis les plus contraires.

Les uns voulaient se ruer à l'assaut de Tournay; les autres, au contraire, songeaient déjà aux désordres dont la mort du roi allait être le signal dans l'armée et bientôt après dans le royaume. La loi franke excluait les femmes du pouvoir; Sigebert mort, Brunehilde cessait de régner.

Et cependant, avertis par l'escorte des deux assassins, les assiégés se réjouissaient du crime comme d'une victoire, reprenaient courage et se décidaient à profiter de la confusion de l'ennemi pour lui échapper et pour le surprendre.

Les deux armées en vinrent aux mains, et non loin de Tournay fut livrée une bataille nouvelle et décisive.

Hilpérik prenait les proportions sinistres d'un monstre. Frédégonde et lui allaient-ils enfin recevoir le châtiment dû à tant de crimes?

A qui resterait la victoire? A l'épée loyale, ou au poignard empoisonné?

C'est ce que nous allons voir dans le chapitre suivant.

V

LES AMOURS DE MEROWIG.

Dans la confusion où la mort subite de Sigebert avait jeté son armée, la crainte de la défaite fut le sentiment général.

La plupart des chefs ne pensèrent qu'à la retraite, quelques-uns se dirent que, Sigebert ne laissant après lui qu'un enfant de cinq ans, ils pouvaient se considérer comme détachés de la couronne d'Austrasie, appelée dans un avenir prochain à faire retour à celle d'Hilpérik.

Et ils se tournèrent vers celui-ci.

Ces défections décidèrent du sort de l'armée austrasienne, qui se débanda.

Brunehilde, réfugiée à Paris, mais sans défenseurs, s'attendait de jour en jour à voir apparaître Hilpérik.

Elle avait près d'elle ses deux filles et son fils Hildebert; son premier soin fut de soustraire l'héritier de Sigebert à l'ennemi, et comme sa mauvaise fortune l'entourait déjà d'espions, elle dut user de ruse.

Elle plaça l'enfant dans un panier de provisions et le fit transporter pendant la nuit hors de Paris. Gondebald, maire du palais, le conduisit à Metz et le fit proclamer roi,

A peine était-il parti que le roi de Soissons arriva à Paris.

Brunehilde se trouva en présence de son plus cruel ennemi, sans autre protection que sa beauté et sa coquetterie féminine. Hilpérik, en toute autre circonstance, ne se fût pas montré insensible, mais il n'eut d'abord des yeux que pour les attraits de la cassette royale et des riches bâgages qui l'accompagnaient.

L'aîné de ses fils au contraire, Merowig, fut vivement touché à la vue de cette femme si attrayante encore à vingt-huit ans; et si malheureuse ; et ses regards de compatissance et d'admiration n'échappèrent pas à Brunehilde.

Elle employa tout ce qu'elle avait d'adresse pour flatter cette passion naissante, qui devint bientôt l'amour le plus aveugle et le plus emporté.

Hilpérik ne s'aperçut de rien.

Il était bien trop occupé à faire peser les sacs d'or et à inventorier les bagages de la reine.

La proie était riche au-delà de ses espérances.

Elle doublait sa fortune, et sa joie fut si grande qu'elle éteignit en lui toute velléité cruelle, tout caprice barbare.

Il en devint meilleur pour sa prisonnière.

Il eût pu la faire mettre à mort, il se contenta de la condamner à l'exil.

On eût dit même qu'il la plaignit de la perte de tant de richesses, et il lui en laissa quelques débris, un sac d'or, quelques objets et quelques ballots d'étoffes. Mais, — on n'a jamais su pourquoi, — il la sépara de ses filles qu'il fit conduire à Meaux dans un couvent.

Brunehilde se retira à Rouen, tandis que Hilpérik, traînant après lui le désolé Merowig, s'en retourna à Braine.

Dans ce séjour champêtre Merowig s'ennuyait comme un amoureux séparé de sa bien-aimée, et ne songeait qu'aux moyens de fuir et de rejoindre Brunehilde à Rouen.

Mais, bien qu'héritier de la couronne, il était trop pauvre pour entreprendre un si long voyage, quand son père, qui ignorait sa passion, lui en fournit les moyens.

Toujours insatiable, il songeait à reprendre les cinq villes de Galswinde.

Il réunit dans ce but une petite armée et la confia à Merowig.

Celui-ci se dirigea vers la Loire, toujours songeant à Brunehilde. Arrivé à Tours, il prétexta de son désir de célébrer les fêtes de Saint-Martin pour séjourner dans cette ville.

Il était descendu chez le comte Leudaste, qui lui avait fait le plus gracieux accueil, il vit dans les richesses de son hôte les éléments de sa fortune personnelle; et, tandis que ses soldats battaient les campagnes des environs pour y piller à son profit, il faisait main basse sur l'argent et les objets de prix du comte.

Puis cette razzia accomplie, il dit qu'il allait voir Audowere, sa mère, alors religieuse au Mans.

Il partit emportant ses rapines, et au lieu d'aller au Mans, prit la route de Rouen par Chartres et par Evreux.

C'était aimer à la folie.

Brunehilde fut aussi surprise que touchée de cette preuve de passion. Elle se reprit à aimer, et son amour alla si vite qu'au bout de quelques jours elle consentit à épouser son amant.

Autre folie...

Plus grave encore que la première.

Une telle union était interdite par l'Eglise.

Merowig ne pouvait épouser la veuve de son oncle. Et quel prêtre consentirait à bénir une semblable union ?

Merowig avait à Rouen son parrain, vieillard au cœur facile, à la tête faible, qui le considérait comme son fils, ce parrain était l'évêque Pretextatus. Il alla le trouver. Quelles mauvaises raisons eut-il l'habileté de faire valoir ?... Comment parvint-il à persuader à ce vieillard une action contraire aux lois de l'Eglise et qui l'exposait à la colère d'Hilpérik? Nous l'ignorons et nous serions fort en peine de l'imaginer.

Pretextatus se laissa entraîner, et cela devait lui coûter la vie.

Hilpérik était alors à Paris.

Jugez de sa fureur en recevant presque en

même temps la nouvelle de l'abandon de son armée à Tours et du mariage de son fils aîné avec la veuve de son frère.

Il part pour Rouen, décidé aux châtiments les plus cruels.

Les coupables n'auront même pas le temps de chercher leur salut dans la fuite. Sa colère va les atteindre comme la foudre. Il arrive à Rouen. Où sont-ils?

Alors on le mène à un endroit écarté de la cité, près des remparts, en face d'une petite église dédiée à saint Martin et on lui dit :

— Ils sont là !...

Une fois encore saint Martin se trouvait mêlé aux aventures de Merowig, et cette fois c'était pour lui assurer un asile inviolable.

« Cette petite église, dit Augustin Thierry, était une basilique de bois alors commune dans toute la Gaule et dont la construction élancée, les piliers formés de plusieurs troncs d'arbres liés ensemble, et les arcades nécessairement aiguës, à cause de la difficulté de cintrer avec de pareils matériaux, ont fourni, selon toute apparence, le type originel du style à ogives, qui, plusieurs siècles après, fit invasion dans la grande architecture. »

Hilpérik pouvait bloquer les deux amants ; il pouvait, dans une certaine mesure, les empêcher de recevoir des vivres, sans toutefois réussir complètement à intimider la charité ou l'amitié des pourvoyeurs ; il pouvait même pénétrer dans l'église, y parler à son fils et à Brunehilde, mais il ne pouvait les saisir et les entraîner de vive force.

Ce roi féroce, dont la violence ne reculait devant aucun crime, ce fratricide, reculait devant la protection de saint Martin.

En vain il mit en œuvre toutes les ruses pour attirer les coupables hors de leur asile. Les promesses les plus séduisantes restèrent sans effet.

Ils tinrent bon, et le roi en fut réduit à entrer en capitulation avec son fils et sa belle-fille.

Ils exigèrent d'abord qu'il jurât sur des reliques qu'il n'entreprendrait jamais rien pour les séparer.

Hilpérik jura.

Mais il usa d'une restriction qui prouve que les jésuites n'ont rien inventé, il jura : « Que, si telle était la volonté de Dieu, il ne les séparerait point. »

Las de leur captivité et à peu près rassurés, les deux époux sortirent de l'enceinte sacrée.

Hilpérik, affectant une bonhomie paternelle, leur fit l'accueil le plus affectueux ; il les embrassa et même les invita à dîner.

Tant de douceur aurait dû mettre Brunehilde et Merowig sur leurs gardes.

Au bout de deux ou trois jours, le roi leva enfin le masque.

— Nous partons pour Soissons, dit-il à Merowig.

— Vous, mon père ?

— Et vous aussi, mon fils.

— Et Brunehilde ?

— Elle restera ici sous bonne garde.

— Mais votre serment ?

— Je l'ai tenu : j'ai juré de ne pas vous séparer si telle était la volonté de Dieu ; or Dieu ne peut souffrir une union impie et Dieu ordonne au fils d'obéir à son père.

Il fallut bien obéir.

A quelques lieues de Soissons, Merowig pensa une fois encore échapper à la tyrannie paternelle.

Des bandes austrasiennes assiégeaient la capitale.

Frédégonde était en fuite avec Chlodowig, son beau-fils, et son fils, encore en bas âge.

Mais ces bandes, sans force importante et sans discipline, se dispersèrent à l'arrivée du roi Hilpérik, qui put se donner le plaisir d'une entrée triomphale.

Frédégonde ne tarda point à le rejoindre.

VI

LA BELLE-MÈRE.

— Oserai-je dire à mon roi toute ma pensée sans craindre d'éveiller sa colère?

— Parle, répondit Hilpérik. Je veux savoir pourquoi, depuis ton heureux retour à Soissons, tu conserves cet air préoccupé et sombre.

— Je me suis demandé, reprit Frédégonde, qui avait pu pousser ces Austrasiens à tenter de s'emparer par un coup de main de votre épouse et de vos enfants, au moment même où votre colère allait éclater contre Merowig et Brunehilde.

— Et sur qui tes soupçons se sont-ils arrêtés?

— Sur ceux qui avaient seuls intérêt à cette entreprise.

Une ombre passa sur le front d'Hilpérik et ses yeux gris lancèrent des éclairs.

— Merowig! gronda-t-il entre ses dents.

— Merowig, reprit la belle-mère, est dissimulé.

Rappelez-vous comment il sut vous cacher sa passion pour Brunehilde. Pendant son séjour à Braine il ne laissa rien paraître de son intention de la rejoindre.

Merowig appartient à cette femme habile, qui ne l'aime point, car on n'aime pas deux fois, mais qui voit dans sa passion l'instrument aveugle de la vengeance qu'elle poursuit.

— Elle! songer encore à se venger!

— Sigebert aurait-il été oublié si vite?... Oui, elle songe toujours à venger Sigebert, et l'instrument qu'elle a choisi est le fils ingrat et dissimulé que vous avez ramené de Rouen ici. Mais j'en ai trop dit, peut-être.

— Non, parle. Je me suis toujours bien trouvé de ta perspicacité et de tes conseils. Oui, Merowig m'a déjà trahi pour cette femme et sa passion n'est pas éteinte, je le sais.

Il est possible, comme tu le dis, qu'il soit l'instigateur de ce coup de main tenté contre Soissons; mais que peut-il méditer encore?

— Il ne lui reste plus, répondit Frédégonde, qu'un attentat à commettre.

A ces paroles dont il devina le sens sinistre, Hilpérik bondit saisi d'horreur.

— Un tel crime!...

— Prenez garde, mon cher seigneur.

Frédégonde ne pensait pas un mot de ce qu'elle disait, mais elle, ce modèle des marâtres, était décidée à profiter des folies de Merowig pour achever de le perdre.

Déjà elle avait appris avec joie la mort de Théodebert, le premier fils d'Audowere.

Deux enfants de cette reine restaient encore et éloignaient les siens du trône : elle avait résolu leur mort.

Merowig semblait s'offrir à ses coups.

Grâce aux manœuvres adroites, aux propos perfides de Frédégonde, les soupçons du roi se changèrent bientôt en une terreur panique.

Il crut sa vie en péril.

On ne saurait imaginer une situation plus tragique.

Le père évitait le fils, ou, s'il le rencontrait, croyait dans son regard assombri par les chagrins surprendre la pensée d'un crime.

Il n'osait plus l'emmener dans ses chasses, et la nuit au moindre bruit suspect, au bruit d'un garde qui heurtait le mur de sa lance, il s'éveillait frissonnant de terreur.

Frédégonde feignait de partager la peur qu'elle lui inspirait.

Un jour, surprenant Merowig dans l'attitude de la méditation :

— Que complotes-tu contre moi? lui dit-il. Il est temps que je m'assure contre tes desseins impies.

Et sans vouloir entendre la justification de son fils, il le fit arrêter et jeter dans une prison, où il était gardé à vue.

Sur ces entrefaites arrivèrent des envoyés de Sigebert II.

Ils venaient désavouer l'entreprise formée contre Soissons et protester des sentiments pacifiques des grands seigneurs d'Austrasie.

Hilpérik leur fit le meilleur accueil ; encouragés par sa bienveillance, ils lui demandèrent de rendre à leur jeune roi sa mère et ses sœurs.

Hilpérik, pour qui Brunehilde était une cause d'embarras et de crainte, s'empressa d'accéder à leurs vœux.

Cet acte de prudence surprit tellement la reine prisonnière, qu'elle trembla de le voir suivi d'un contre-ordre et s'empressa de quitter Rouen.

Sa précipitation fut telle qu'elle abandonna la plus grande partie de ses bagages, plusieurs milliers de pièces d'or, et plusieurs pièces d'étoffes de prix qu'elle confia à l'évêque Pretextatus.

Elle gagna Meaux, évita Soissons et rentra à Metz.

Cependant Frédégonde pressait la condamnation de Merowig.

Celui-ci, privé de ses armes et de son baudrier militaire, — ce qui était une sorte de dégradation civique, — continua à être gardé à vue en attendant qu'il comparût devant le tribunal domestique.

L'armée qu'il avait abandonnée était reformée, et le commandement en était donné à son frère Chlodowig, qui partait pour Poitiers.

Arrivé dans cette ville, ce dernier vit venir à lui un seigneur du Midi, Desiderius, qui disposait de forces considérables ; il s'entendit avec ce chef et lui céda le commandement général.

Nous ne pouvons entrer dans de longs détails au sujet des événements militaires qui suivirent, et cependant nous ne pouvons non plus les passer entièrement sous silence.

Disons donc que ce Desiderius, ayant voulu profiter de ses forces pour se tailler un royaume dans les Etats des rois franks, eut affaire à plus fort que lui dans le général que Gonthram envoya à sa rencontre. Il fut défait complétement par Mummolus, qui tailla son armée en pièces.

Tandis que le second fils d'Hilpérik revenait de cette guerre désastreuse, son aîné Merowig était condamné à perdre la chevelure.

La chevelure était un attribut de la famille des Merowig, un symbole de son droit héréditaire que les ciseaux ne devaient jamais toucher. Les descendants des vieux Merowig se distinguaient par là de tous les Franks.

Les autres portaient les cheveux longs, mais seulement jusque sur les épaules, et se distinguaient ainsi des Romains dont les cheveux étaient coupés ras.

Merowig fut non-seulement tondu, mais tonsuré. Déchu de ses droits à la couronne, il n'était plus bon que pour le cloître.

Quelques heures après cette exécution il quitta la cour de son père et se dirigea vers la Loire.

Ce pays l'attirait.

Il eût pu, semble-t-il, donner la préférence aux bords de la Moselle où vivait Brunehilde, ou à ceux de la Saône où régnait son oncle Gonthram ; mais il était écrit que saint Martin serait mêlé à toutes les phases de son existence.

Il arriva à Tours un dimanche et se dirigea, seul, incognito, vers l'église de Saint-Martin, où en ce moment l'évêque disait la messe.

Il s'arrêta à l'entrée, non loin du portail.

Le diacre distribuait le pain bénit, — les eulogies.

A la vue de cet homme qui se tenait debout à l'écart, la tête couverte d'une fourrure, il hésita, et passa sans rien offrir.

La colère bouleversa alors l'esprit de ce pauvre Merowig qui, à grands pas, traversa l'église et fut se placer en face de l'évêque.

Mort de Brunehilde.

— Pourquoi, lui demanda-t-il, me refuse-t-on les eulogies, suis-je donc excommunié ?

L'évêque le reconnut et, en même temps, s'aperçut que le fils d'Hilpérik n'avait plus sa longue chevelure. Sans doute ce chrétien ne méritait plus d'être accueilli dans une assemblée de fidèles après avoir profané à Rouen le sacrement du mariage ; mais, d'autre part, l'évêque redoutait une scène scandaleuse.

— Mon fils, répondit-il, je vais prendre l'avis de mon conseil à ce sujet.

Il feignit de délibérer et autorisa le diacre à donner le pain bénit à ce jeune barbare.

Ce fut la dernière incartade de celui-ci. Peu de temps après son père survint, décidé à en finir avec lui.

Saint Martin, cette fois, resta neutre entre le père et le fils.

Celui qui avait déjà fait étrangler sa femme et poignarder son frère, pouvait bien faire périr son fils. C'est ce qu'il fit. Merowig, réfugié dans une maison de bois, y fut brûlé vif.

Ce n'est donc point par exagération que l'on a surnommé Hilpérik le Néron de la France. Cet homme était vicieux, méchant et fou. L'incontinence, en affaiblissant ses facultés, l'avait rendu le jouet de Frédégonde.

Tout se paie en ce monde. Les lois physiques comme les lois morales, par un enchaînement inexorable, aboutissent à une suprême justice.

Le vice et le crime portent en eux leur châtiment.

L'heure du dernier châtiment d'Hilpérik était sonnée.

VII

LANDRI.

Comme son père Chlother, Hilpérik était un chasseur passionné. Il n'était plus jeune, et ne passait pas un seul jour d'hiver ou d'automne sans se livrer à cet exercice, où il était plus heureux qu'à la guerre, sans y courir les mêmes dangers.

Frédégonde, elle, plus jeune que son mari, toujours belle, et plus libre qu'elle ne l'avait jamais été, s'abandonnait aussi à sa passion dominante et mettait à profit les fréquentes et longues absences du roi son seigneur.

Un matin, Hilpérik allait partir pour la chasse, et sa femme attendait son favori, un beau garçon dont les formes herculéennes avaient séduit la reine dont les amours n'avaient rien de platonique.

Déjà l'on entendait se perdre dans l'éloignement le bruit de la meute et les fanfares des trompes de chasse, quand des pas rapides firent craquer les marches de l'escalier dérobé qui conduisait à la chambre de la reine.

Frédégonde courut à la porte secrète et s'empressa de l'ouvrir.

Mais n'entendant plus de bruit :

— Est-ce toi ? demanda-t-elle. Que crains-tu ? je suis seule.

Celui qui montait reprit sa marche fortuitement interrompue et apparut bientôt sur le seuil de la chambre.

Mais ce n'était pas Landri...

C'était Hilpérik !...

Il ne dit rien, prit un objet qu'il avait oublié et se retira, d'un air sombre.

Frédégonde, de son côté, avait été suffoquée par la surprise à l'apparition de son mari, et n'avait pas eu la force de proférer une parole.

Quand il se fut éloigné, elle comprit qu'il était trop tard pour essayer d'un mensonge et qu'elle était perdue.

Il ne fallait pas attendre son retour de la chasse.

Elle courut trouver son amant et l'instruisit de cette funeste aventure.

— Notre mort est certaine, ajouta-t-elle ; devons-nous nous résigner au supplice qui nous attend dans quelques heures ou prévenir notre ennemi et le frapper ?

Poser ainsi la question, c'était la résoudre.

Frédégonde n'eut pas besoin de paroles plus éloquentes pour convaincre son favori.

— Je pars, dit brusquement celui-ci, notre sort dépend de la promptitude de nos résolutions.

— Où vas-tu ?

— Dans la forêt.

— Seul ?

— Je ne connais personne d'assez audacieux pour m'accompagner et d'ailleurs je ne veux pas d'un tiers dans notre secret. Le rendez-vous de la chasse, le bois, les habitudes d'Hilpérik me sont connus. Je vais le suivre sous bois comme le loup suit le voyageur en temps de neige. Je le surprendrai.

Attends-moi ; ne l'attend plus.

Sur ces paroles Landri partit pour la forêt.

Telle est à quelques mots près la version que nous donne de cet événement l'auteur des *Actions des Francs* (Gesta Francorum).

Tout se passa comme Landri l'avait promis à sa maîtresse.

Le roi, en se retirant du palais, s'en était allé lentement, rêvant à la révélation qu'il venait de surprendre, oubliant la chasse.

Quoi ! cette femme à qui il avait tout sacrifié, pour laquelle il avait répudié Audowere et assassiné Galswinde, cette femme en qui il avait une confiance illimitée, cette femme le trompait !...

Il se demandait à quelle époque devait remonter la trahison, et se rappelait les jours perdus à Rouen à la porte de la petite église de Saint-Martin.

Pour trouver le nom de son complice il n'avait qu'à chercher parmi les hommes qui avaient accompagné Frédégonde dans sa fuite de Soissons, et du nombre de ceux-ci il devait écarter ceux qui par leur âge ou leur origine devaient déplaire à sa femme.

Celle-ci n'aimait que les guerriers jeunes et de race franke.

Il n'eut plus ainsi à choisir que dans un petit nombre, et bientôt ses doutes furent fixés, lorsqu'il se rappela que l'un de ces derniers ne prenait point part à la chasse.

— Ah ! gronda-t-il entre ses dents, je le tiens, c'est Landri !

Tout en songeant ainsi, il était entré dans le bois dont il suivait au pas un chemin étroit et sombre. Il était tellement absorbé dans ses pensées, qu'il se laissait guider par son cheval et ne s'apercevait point que par moments celui-ci couchait ses oreilles et soufflait de terreur.

Tout à coup le cheval broncha.

Hilpérik releva la tête.

Un homme s'élançait du fourré sur le chemin.

— Lui !... C'est lui ! s'écria le roi en reconnaissant son rival et en cherchant son épée.

Mais Landri ne lui laissa point le temps de se défendre, et d'un coup de framée l'étendit à ses pieds.

Il lui avait fendu le crâne.

Il jeta un dernier regard à sa victime pour s'assurer qu'elle ne respirait plus, et se rejeta dans le fourré pour regagner le palais de Braine.

Frédégonde avait eu confiance en lui et l'attendait.

Ce jour-là les chasseurs rentrèrent tard au palais. Le hasard les avait conduits sur le chemin où gisait Hilpérik, et comme ils ignoraient la scène du matin chez la reine, ils se perdirent en conjectures au sujet de cet assassinat.

Naturellement, à la vue du corps de son mari, Frédégonde joua l'étonnement et la plus violente douleur, et dès que la parole succéda chez elle aux cris, aux sanglots, ce fut pour une calomnie nouvelle :

— Ah ! Brunehilde ! s'écria-t-elle, c'est toi qui l'as fait tuer.

Cette opinion fut généralement partagée, et le chroniqueur Frédégaire, qui semble avoir pris à tâche de diffamer Brunehilde, ne manque pas de la soutenir ; Grégoire de Tours n'est point de cet avis, et l'impartialité de ce dernier est moins douteuse.

Cependant, bien qu'elle ne fût pas soupçonnée, Frédégonde, après les funérailles d'Hilpérik, ne se crut pas en sûreté à Soissons.

Selon l'usage, elle commença par faire main basse sur le trésor royal et se réfugia à Paris, dans l'enceinte d'un monastère.

La mort d'un roi était alors le signal d'une

prise d'armes générale ; on avait ou une vengeance à exercer, ou les dépouilles du mort à se partager.

Sigebert II fut le premier sous les armes ; il marcha sur Paris.

Frédégonde écrivit alors une lettre touchante au roi Gonthram, le conciliateur, le Nestor de la famille. Le sage Gonthram savait fort bien que sa belle-sœur était une coquine, mais il n'aimait point la guerre et, sans ambition d'agrandir son royaume, il se voyait avec peine à la veille de se battre avec son jeune neveu pour le partage du royaume d'Hilpérik.

Il intervint donc une fois encore en faveur de la paix, prit Frédégonde et son fils sous sa protection et obligea Childebert à s'éloigner.

Sur son conseil les Franks Neustriens nommèrent Frédégonde régente.

VIII

FRÉDÉGONDE RÉGENTE.

Frédégonde, dit la chronique, gouverna avec sagesse, mais elle nous énumère encore de nouveaux assassinats.

Cette femme, plus sanglante que galante, s'entourait d'assassins et régnait par le meurtre. Après Merowig, elle fit périr le dernier fils d'Hilpérik et d'Audowere, et après la mort de son mari, elle fit étrangler cette infortunée qui se croyait oubliée dans un monastère du Mans.

Cette sanglante besogne accomplie, elle se retourna contre Sigebert et sa mère, qui elle aussi n'oubliait point !... La haine chez ces deux femmes était une passion invétérée, et leur longue rivalité est un des drames les plus curieux de notre histoire.

L'opposition des caractères, de la race et des mœurs ajoute à l'intérêt de cet étrange duel. Frédégonde et Brunehilde représentent deux civilisations différentes, et Voltaire s'est trompé en disant que leur histoire n'avait pas plus d'intérêt que celle des loups et des ours.

Si les Franks vêtus de la dépouille de ces animaux semblaient dans leurs mœurs rivaliser avec eux de sauvagerie, les Austrasiens et les Burgondes sont moins barbares, et il est intéressant de voir leur férocité native se fondre peu à peu au contact de la civilisation gallo-romaine.

Ils lui résistent tout en l'admirant ; ils finissent par s'allier à la race vaincue.

Les filles du roi goth de Tolède représentent une civilisation plus avancée et nous sont plus sympathiques, et bien des siècles s'écouleront après elles avant que l'on rencontre des reines plus dignes de la couronne que Galswinde et Brunehilde.

Si cette dernière eut ses jours de faiblesse et de galanterie, du moins elle n'embrasait pas de ses caresses de fanatisme de malheureux destinés au meurtre. Frédégonde fanatisait ses amants ; et souvent ses faveurs furent la récompense du crime.

Après Landri nous voyons d'autres jeunes gens subir la fascination de cette vipère, et s'armer pour de nouveaux meurtres.

Tandis qu'on la croyait tout entière occupée à son gouvernement, elle enivrait de son amour comme d'un philtre deux jeunes garçons de sa garde ; elle exaltait leur ambition et leur promettait les plus hautes dignités s'ils parvenaient à assassiner Sigebert II.

Après le père, le fils.

Les deux jeunes gens partirent sous un déguisement pour le royaume d'Austrasie.

Ils voyageaient à pied et sans bagage, couchant dans les monastères et se disant de pauvres clercs scandalisés par les désordres de la cour de Soissons.

Ils arrivèrent ainsi à Metz, où ils se dissimulèrent sous les dehors les plus modestes. Ne pouvant essayer de pénétrer dans le palais sans exciter les soupçons, ils attendirent un dimanche et se placèrent sous le portail de l'église cathédrale parmi les malheureux auxquels le roi en entrant distribuait quelques aumônes.

Leurs haillons cachaient ces couteaux empoisonnés que nous avons déjà vus à l'œuvre.

Le roi, suivi de sa mère et d'un nombreux cortège, s'avança sous le portail. Les misérables, à genoux, tendaient vers lui leurs mains suppliantes.

Soudain les deux assassins se levèrent et tirèrent leur couteau ; mais, embarrassés dans la cohue, ils ne purent s'élancer à temps.

Pris les armes à la main et entraînés loin de l'église, ils durent à la sainteté du jour de ne pas être massacrés sur l'heure.

On les interrogea ; ils avouèrent leurs projets criminels et dénoncèrent Frédégonde. Ils furent condamnés à être coupés par morceaux.

Cet insuccès ne découragea point Frédégonde.

Elle perfectionna ses armes et choisit de nouveaux assassins.

Elle fit fabriquer, d'après ses indications, des poignards d'une nouvelle espèce. C'étaient de longs couteaux à gaîne, semblables, pour la forme, à ceux que portaient les guerriers franks à leur ceinture, mais dont la lame, ciselée dans toute sa longueur, était couverte de figures en creux.

Ces ciselures n'étaient pas un vain ornement ; elles étaient destinées à retenir du poison.

Cette femme ingénieuse avait encore composé une boisson capable d'exalter l'esprit en flattant le goût, et à laquelle elle laissait supposer une vertu magique.

Elle en remettait une fiole à ses assassins :

— Quand le jour sera venu, leur disait-elle, d'exécuter mes ordres, je veux que vous buviez un coup de cette liqueur pour être fermes et dispos.

C'est dans ces conditions qu'elle envoya à Metz un malheureux chargé d'assassiner Brunehilde.

Celui-ci parvint à s'introduire auprès de la reine ; il entra même à son service, mais il excita bientôt les soupçons : on le mit à la torture, et il avoua la mission dont il était chargé.

On le renvoya à Soissons, en lui disant :

— Retourne à ta patronne.

Frédégonde vit dans cette action une injure, un défi. Elle s'en vengea sur son malheureux émissaire en lui faisant couper les pieds et les mains.

Cela se passait vers 585 ; l'année suivante, s'ennuyant à la campagne, elle partit pour Rouen.

Elle devait y procéder à une nouvelle série de crimes.

IX

DERNIÈRE SÉRIE DE CRIMES.

A Rouen, elle retrouva l'évêque Pretextatus.

On se souvient que, parrain de Merowig, et par une sorte de faiblesse paternelle pour ce jeune homme, il avait consenti à le marier.

Quelque temps après, — ce que nous avons omis de raconter, — Hilpérik en avait tiré vengeance, en le faisant déposer de son siége épiscopal et en l'exilant.

Pretextatus s'était retiré à Jersey, et, sept ans après, le roi étant mort, était revenu à Rouen.

Le siége épiscopal était occupé par Melantius, courtisan de Frédégonde. En ce moment la reine tremblait, menacée par Sigebert II; Melantius se retira devant son prédécesseur.

Lorsque Frédégonde revint à Rouen, en 586, Pretextatus n'usa à son égard d'aucune flatterie; il conserva vis à vis d'elle une attitude sévère.

Un jour, en sortant de la cathédrale et en passant près de l'évêque, la reine dit assez haut pour se faire entendre de ce dernier :

— Cet homme devrait savoir que le temps peut revenir, pour lui, de reprendre le chemin de l'exil.

Pretextatus s'arrêta et, se tournant vers Frédégonde :

— Dans l'exil, lui dit-il, comme hors de l'exil, je n'ai point cessé d'être évêque; je le suis et le serai toujours; mais toi, peux-tu dire que tu jouiras toujours de la puissance royale?

Du fond de mon exil, si j'y retourne, Dieu m'appellera au royaume du ciel; et toi, de ton royaume en ce monde tu seras précipitée en enfer.

Il est temps, désormais, de laisser là tes folies et tes méchancetés, de renoncer à cette jactance qui te gonfle sans cesse, et de suivre une meilleure route, afin que tu puisses mériter la vie éternelle et conduire à l'âge d'homme l'enfant que tu as mis au monde.

Frédégonde ne répliqua rien.

Elle se retira dans son palais pour y dévorer l'injure et préparer la vengeance.

Elle appela à elle Melantius :

— Tu seras évêque de Rouen, lui dit-elle; mais il faut que cet insolent périsse.

Melantius approuva les desseins sinistres de la reine, mais chercha un complice. Le clergé de Rouen comptait un grand nombre de ces créatures dont, à son insu, Pretextatus était détesté; il admit l'archidiacre dans son complot.

Tous trois discutèrent les moyens d'exécution.

Il fut décidé qu'on chercherait, parmi les serfs attachés au domaine ecclésiastique de Rouen, un homme capable de se laisser séduire par la promesse d'être affranchi avec sa femme et ses enfants.

Ce serf fut facile à trouver.

Appelé en présence de Frédégonde et des deux prêtres, il reçut, comme encouragement, cent sous d'or de la reine, cinquante de Melantius et cinquante de l'archidiacre.

Le crime fut fixé au dimanche suivant, 24 février.

Ce jour-là Pretextatus se rendit, comme de coutume, à la cathédrale pour l'office du matin. Il alla occuper un siége isolé, près du maître-autel, tandis que son clergé occupait les stalles.

Il entonna le premier verset et, pendant que les chantres le reprenaient en chœur, il s'agenouilla au prie-Dieu placé devant son siége.

Alors, profitant de son recueillement, l'assassin se glissa par derrière et le frappa d'un coup de couteau sous l'aisselle.

Pretextatus poussa un cri de douleur.

Mais son clergé, stupéfait ou malveillant, laissa à l'assassin le temps de fuir.

L'évêque se leva et, appuyant les deux mains contre sa blessure, se traîna jusqu'au maître-autel.

Là, tendant ses mains ensanglantées vers le vase d'or suspendu par des chaînes, où l'on met une hostie consacrée destinée à la communion des mourants, il prit une parcelle du pain eucharistique et communia.

Puis, remerciant Dieu, tomba privé de connaissance.

Des prêtres le relevèrent et le transportèrent chez lui.

A la nouvelle de cet événement, la reine se rendit en hâte à l'évêché pour y jouir de l'agonie de sa victime.

Pretextatus gisait sur son lit; le poison du couteau achevait son œuvre.

La reine, dissimulant sa joie, dit à l'évêque avec le ton de la sympathie :

— Il est triste pour nous, ô saint évêque ! aussi bien que pour le reste de ton peuple, qu'un pareil mal soit arrivé à ta personne vénérable. Plût à Dieu qu'on nous indiquât celui qui a osé commettre cette horrible action, afin qu'il fût puni d'un supplice proportionné à son crime.

A ces paroles, le vieillard, dont les soupçons étaient confirmés par cette visite même, se souleva sur son lit de douleur, et fixant sur Frédégonde des regards indignés :

— Et qui a frappé ce coup, dit-il, si ce n'est la main qui a tué des rois, qui a si souvent répandu le sang innocent et fait tant de maux dans les royaumes?...

Frédégonde, impassible, et comme si elle n'avait point compris, reprit du même ton affectueux :

— Il y a près de nous de très-habiles médecins qui sont capables de guérir ta blessure ; permets qu'ils viennent te visiter.

C'en était trop !

— Je sens, répliqua le moribond, que Dieu veut me rappeler à lui ; mais toi qui t'es rencontrée pour concevoir et diriger l'attentat qui m'ôte la vie, tu seras dans tous les siècles un objet d'exécration, et la justice divine vengera mon sang sur ta tête.

Frédégonde, toujours impassible, se retira sans répliquer.

L'évêque, épuisé par ces paroles véhémentes, expira un moment après.

Le crime de la reine n'était un mystère pour personne.

L'indignation fut générale.

Pretextatus était aimé et vénéré dans le peuple et même dans la noblesse franke. Les Gallo-Romains ne pouvaient rien en dehors de leurs affaires municipales, mais les seigneurs franks avaient par un antique privilége le droit de parler haut à qui ils voulaient, et leur justice pouvait atteindre les coupables jusque sur le trône.

Un d'entre eux, un homme de cœur et doué, selon l'expression de l'historien Thierry, de cette sincérité courageuse que les conquérants de la Gaule regardaient comme la vertu de leur race, — opinion qui, devenue populaire, donna naissance à un mot nouveau, celui de *franchise*, — entreprit d'atteindre la coupable.

Il réunit ses amis et leur proposa de porter avec lui à Frédégonde l'annonce d'une citation judiciaire.

Cette proposition fut acceptée.

Ils partirent pour Rouen.

Arrivés au palais, un seul d'entre eux fut admis en présence de la reine : c'était l'auteur de la proposition.

Ses amis demeurèrent dans le vestibule.

Interrogé par Frédégonde, le seigneur lui répondit avec sa rude franchise :

— Tu as commis dans ta vie, ô reine, bien des forfaits, mais le plus énorme de tous est celui que tu viens de faire en ordonnant le meurtre d'un prêtre de Dieu.

Dieu veuille se déclarer bientôt le vengeur du sang innocent! Mais nous tous, eu attendant, nous rechercherons le crime et nous punirons le coupable, afin qu'il te devienne impossible d'exercer de pareilles cruautés.

Sur ces mots, il sortit laissant la reine en proie à un trouble et à une colère faciles à concevoir.

Mais avant qu'il eût rejoint ses amis, elle avait recouvré sa présence d'esprit.

Elle envoie un de ses serviteurs l'inviter à dîner.

Il refuse.

Le serviteur revient et le prie, ainsi que ses amis, de ne pas faire injure à la reine en refusant de rien prendre et d'accepter, selon l'usage, quelques rafraîchissements.

Les seigneurs se consultèrent, et voulurent bien se conformer à l'usage.

Ils allaient monter à cheval; ils rentrèrent sous le portique du palais.

Des serviteurs leur offrirent des coupes de vin au miel et à l'absinthe.

Celui qui avait pris la parole fut servi le premier; il but sans méfiance. Mais aussitôt il fut saisi de douleurs atroces.

— Ne touchez pas à ces coupes! s'écria-t-il. Sauvez-vous, malheureux! Sauvez-vous pour ne pas périr avec moi.

Ses cris, son visage décomposé par la douleur épouvantèrent ses amis.

A l'idée de poison se mêlait chez eux celle de sortilége et de maléfice.

Ils se précipitèrent vers leurs chevaux et prirent la fuite, saisis d'une terreur superstitieuse.

Le malheureux empoisonné parvint aussi à rejoindre son cheval et à se hisser dessus, et le cheval, suivant les autres, partit au galop, mais il emportait un mourant qui tomba bientôt sur la route.

Ces braves seigneurs n'osèrent plus rien entreprendre contre le démon qu'ils avaient pour reine.

Cependant le successeur de Pretextatus, l'évêque Lendoswald, homme d'une piété sincère et d'un grand courage, fit fermer les églises en signe de deuil public et commença une enquête sur le meurtre de son prédécesseur.

Sur son ordre l'enquête fut publique, et plusieurs individus arrêtés furent mis à la question.

L'agitation devint extrême, et Frédégonde, inquiète des conséquences de l'enquête et de l'émotion populaire, eut encore recours à son moyen favori.

Elle paya de nouveaux assassins. Lendoswald n'osa bientôt plus sortir de son palais épiscopal, et fut réduit à se faire garder nuit et jour par ses clercs les plus dévoués.

Ainsi menacé, entravé dans ses démarches, devenu prisonnier dans son palais, il dut renoncer à son dessein et abandonner les poursuites commencées.

D'ailleurs Frédégonde avait eu soin de soustraire l'assassin aux recherches.

Mais l'affaire ne devait pas en rester là.

Après les seigneurs franks, voilà le roi Gonthram qui secoue sa lourde tête indolente et s'émeut du double crime, du meurtre et du sacrilége commis par sa belle-sœur.

Il s'indigne tout comme un honnête homme et envoie à Rouen une ambassade avec mission de rechercher le coupable et de le citer à son tribunal.

Ces envoyés déclarent en effet à Frédégonde:

— Sachez que, si le coupable n'est pas découvert et amené au grand jour, notre roi viendra avec son armée ravager le pays par le glaive et le feu; car il est manifeste que celle qui a fait mourir le Frank par des maléfices est la même que celle qui a tué l'évêque par l'épée.

Le pauvre peuple se trouve ainsi menacé du glaive et de l'incendie pour les crimes de sa reine. On extermine le peuple pour punir le souverain, comme on fouetta plus tard de jeunes enfants pour punir le dauphin de ses fautes.

Frédégonde ne s'émut pas beaucoup de la colère du roi Gonthram, et nous en avons la preuve dans le rétablissement de Melantius sur le siége épiscopal de Rouen.

Oui, elle donna l'assassin pour successeur à la victime, et sans rencontrer d'autre opposition que la protestation impuissante du populaire.

Les évêques intronisèrent l'assassin en l'appelant frère; le peuple décora Pretextatus du titre de martyr.

Ils lui plongèrent un fer rouge dans les intestins.

Cependant il fallait enterrer l'affaire.

Frédégonde, qui jusque-là avait caché le misérable serf qu'elle avait poussé au crime, le tira de sa cachette et le fit conduire tout ahuri en sa présence.

Puis elle l'apostropha avec son impudence ordinaire.

— C'est donc toi, lui dit-elle, toi qui as poignardé Pretextatus, l'évêque de Rouen, et qui es cause des calomnies répandues contre moi?

Qu'on le batte de verges!

On saisit le misérable et, après l'avoir bâtonné, on le livra tout sanglant à la justice des parents de l'évêque.

Le neveu de Pretextatus fit mettre le coupable à la torture, et ce dernier, sans se faire attendre, déclara presque aussitôt ce que nous avons raconté plus haut, accusant la reine, Melantius et l'archidiacre. De la première il avait reçu cent sous d'or, cinquante sous d'or de l'évêque et cinquante de l'autre prêtre.

Mais ces aveux ne le sauvèrent pas.

Et le neveu du mort le tua à coups d'épée, sans se douter qu'il servait pour le mieux la vraie coupable.

Que pouvait dire Gonthram après cela?

Il renonça à son enquête.

Mais Frédégonde, irritée de son intervention, arma contre lui ses émissaires.

A partir de cette époque la vie du roi de Bourgogne fut constamment en danger.

Un jour, comme il allait faire sa prière, le bon roi se voit aborder par un inconnu ; il le regarde fixement; l'inconnu se trouble et laisse tomber un poignard...

Interrogé, il avoue être envoyé par Frédégonde pour assassiner le roi.

Peu de temps après, deux autres individus sont arrêtés à peu près dans les mêmes circonstances.

Gonthram passe de l'indignation à la terreur.

— Il faut en finir avec cette femme! se dit-il.

Il s'entend avec Sigebert II; une guerre d'extermination est résolue et bientôt après déclarée.

Frédégonde réunit toutes ses forces; deux batailles sanglantes sont livrées...

Les coalisés sont vaincus!

Ame de saint Prétextat, que pensas-tu de cette nouvelle victoire?...

X

COMMENT ONT FINI FRÉDÉGONDE ET BRUNEHILDE.

Victorieuse et plus puissante que jamais, l'ancienne servante de la reine Audowere acheva paisiblement son règne, jusqu'à l'âge de cinquante-cinq ans.

Ce fléau s'éteignit en 597.

Elle fut enterrée à Paris à Saint-Germain-des-Prés.

« Il y a dans le chœur de cette église, dit le père Daniel, un tombeau sur lequel on voit la figure plate d'une reine en mosaïque. On prétend que c'est la figure de Frédégonde et l'inscription le dit. Il y a beaucoup d'apparence que cette figure est originale et que ce n'est pas un ouvrage fait plusieurs siècles après la mort de la princesse qu'elle représente, comme le sont les tombeaux de Sigebert et d'Hilpérik qu'on voit dans la même église. »

Cette pierre tombale n'existe plus à Saint-Germain-des-Prés ; elle a été transférée pendant la révolution au musée des monuments, aujourd'hui école des Beaux-Arts.

Brunehilde eut une fin moins heureuse.

Et chose aussi triste qu'étrange, cette femme, dont la jeunesse avait été si belle, ne mérita point d'être pleurée.

Sa vieillesse se souilla de débauches et de crimes.

Elle qui avait montré tant de courage et de générosité, qui avait fondé des hôpitaux, réparé des voies romaines dont les ruines portent encore son nom, devint une femme dissolue et sanguinaire.

Elle imita Frédégonde, qui avait été pour elle un objet d'horreur.

Ce n'est pas le moins étrange de cette histoire.

Enfin elle tomba entre les mains du fils de son ancienne ennemie, Chlother II.

Celui-ci, comme s'il eût hérité de toute la haine et de toute la férocité de sa mère, la fit périr dans les supplices les plus atroces.

Pendant trois jours, il livra aux outrages de ses soldats, aux caprices cruels de ses bourreaux, cette femme de soixante-treize ans, fille, sœur, mère et bisaïeule de tant de rois.

Pour les rois, la majesté royale n'avait rien de sacré.

Enfin il la fit attacher à la queue d'un cheval indompté; les lambeaux de son corps furent brûlés et leur cendre jetée au vent.

Cette vengeance de Chlother II fut applaudie par tous les grands seigneurs franks qui n'avaient pas cessé de voir dans Brunehilde une femme de race étrangère, et qui la détestaient pour avoir voulu gouverner sans eux et leur avoir imposé les lois et les coutumes romaines.

« Brunehilde, a dit Bossuet, livrée à Chlother II, fut immolée à l'ambition de ce prince. Sa mémoire fut déchirée et sa vertu, tant louée par le pape saint Grégoire, a peine encore à se défendre. »

Son tombeau, élevé en 614 dans l'abbaye Saint-Martin d'Autun, fut ouvert en 632; on y trouva des cendres, quelques ossements, du charbon et une molette d'éperon.

MARIE D'ANGLETERRE

REINE DE FRANCE

I

LE ROI LOUIS XII.

Cette histoire nous rappelle un roman de Balzac intitulé : *A combien l'amour revient aux vieillards*.

Louis XII, qui s'était acquis une réputation de sagesse, eut sur le tard de sa vie un caprice qui lui coûta cher.

Mais quel caprice insensé!

Veuf d'Anne de Bretagne, il songea à cinquante-trois ans à épouser une jeune princesse dont on lui avait vanté la beauté, mais dont on avait naturellement passé la coquetterie sous silence.

Encore s'il avait été vert-galant; mais il était atteint, au contraire, de toutes les infirmités d'une vieillesse précoce.

C'était un vieillard impotent, épuisé, bon tout au plus à donner des signatures.

Ce bon Louis le douzième, ayant traité de la paix avec le roi Henri VII d'Angleterre, mit pour condition que celui-ci lui accorderait la main de sa fille Marie.

Il offrit même, tant il était pressé de lever toute difficulté, de constituer à cette princesse une dot de quatre cent mille écus.

Henri VII accepta avec empressement.

Marie, née en 1497, avait alors dix-sept ans.

Les mémoires du temps disent qu'elle était belle, d'un esprit vif et spirituel et fort coquette.

Comme l'esprit vient de bonne heure aux princesses, elle avait, depuis plusieurs années, pour amant un jeune gentilhomme nommé Charles Brandon, condisciple et favori d'Henri VIII, qui favorisait ses amours et qui, pensant en faire le mari de sa sœur, l'avait fait duc de Suffolk.

La nouvelle de ce mariage était de nature à désoler le duc, mais sa maîtresse l'en consola en lui expliquant que son mari ne pouvait être pour lui un rival sérieux, et en le faisant nommer ambassadeur à la cour de France.

Tout le monde savait la faveur dont jouissait le duc de Suffolk, et sa mission en France n'était un mystère pour personne, excepté peut-être pour Louis XII.

La princesse et l'ambassadeur arrivèrent à Boulogne.

Ils furent reçus avec une pompe dont la magnificence ravit tout d'abord la princesse.

Le comte d'Angoulême, — qui fut plus tard François Ier, — fut ravi de sa beauté et n'attendit pas davantage pour lui exprimer son admiration.

Le roi s'était rendu à Abbeville où le mariage fut célébré le 9 octobre 1514.

On disait à la cour « qu'il avait pris une jeune guilledrine qui bientôt le mènerait en paradis tout droit. » Mais cependant on ne raillait point trop haut, car, si nous en croyons Brantôme, le roi n'aimait pas que l'on médît des dames.

« Il pardonnait, dit-il, à tous les comédiens de son royaume, comme écoliers et clercs de palais en leurs basoches de quiconque ils parleraient, *fors de la reine sa femme et de ses dames et demoiselles*, encore qu'il fût bon compagnon en son temps et qu'il aimât bien les dames autant que les autres, tenant en cela, mais non de la mauvaise langue, ni de la grande présomption ni vanterie du duc Louis d'Orléans, son aïeul. »

Mais cela n'empêchait point de rire sous cape et ne décourageait point le galant comte d'Angoulême dans ses assiduités.

On se racontait comment le roi s'était astreint à un régime qui devait ranimer ses forces éteintes. On plaisantait sur la consommation exagérée qu'il faisait de truffes et d'épices excitantes.

Il ne quittait plus ses médecins et consultait tous les charlatans qui prétendaient avoir trouvé l'eau de Jouvence ; mais, par une contradiction étrange de la nature, il semblait paralysé par l'excès même de ses désirs, et sa santé s'altérait visiblement de jour en jour.

Il avait oublié une de ses maximes favorites :

L'amour, disait-il, est le roi des jeunes gens et le tyran des vieillards.

« Il affectait une vigueur qu'il n'avait plus, dit Brantôme, et voulait faire du gentil compagnon avec sa jeune femme, mais il n'était plus homme à ce faire. »

Au contraire, la jeune reine n'avait jamais été d'une plus éclatante beauté. Louis devait, dans les bals, dans les fêtes qui se succédaient sans interruption à la cour, l'abandonner à ses adorateurs. Il perdait les jambes et le souffle à vouloir la suivre.

A la chasse, à la promenade, elle était accompagnée par le jeune comte d'Angoulême, et déjà le caractère entreprenant du prince avait réussi à inspirer de légitimes inquiétudes au duc de Suffolk.

— Pâque-Dieu, monseigneur, lui disait Grignaux, ancien garde d'honneur de la reine Anne, donnez-vous bien de garde, vous jouez à vous donner un maître et il ne faut qu'un accident pour que vous restiez comte d'Angoulême toute votre vie !

On eût fait honneur de l'accident à la vertu des truffes, et la France n'eût pas eu François Ier.

A quoi tiennent les destinées d'une dynastie et d'une grande nation !

La galanterie allait si bien qu'il fallut que la mère de François tançât vertement son fils et le rappelât à la raison, tandis que, d'un autre côté, la reine était gardée à vue nuit et jour.

La princesse Claude ne la quittait plus et la baronne d'Aumont couchait avec elle.

Ces intrigues et cette surveillance étaient inconnues du roi, qui se croyait toujours sur le point de devenir le plus heureux des hommes.

Cependant, quelques mois suffirent à épuiser ces belles illusions du vieillard, et les droits à la couronne du comte d'Angoulême ne coururent plus aucun danger.

Louis XII s'éteignit rapidement, et se vit mourir plus triste d'abandonner l'objet de sa dernière passion que tous les biens de la puissance royale.

« Ah! ma mie, lui disait-il, je m'en vais mourir, et plût à Dieu que vous me tinssiez compagnie et que vous et moi allassions ensemble en l'autre monde! Ma mort ne me serait si odieuse et la prendrais plus en gré. »

Vœu charitable que Marie n'était pas prête à exaucer, comme fit la femme d'Admète, roi de Thessalie, qui, ayant su par l'oracle que son mari devait mourir bientôt si sa vie n'était rachetée par la mort d'un de ses proches, se dévoua et se donna la mort.

De tels exemples ne se voient plus même aux Indes.

Cette jalousie de moribond nous rappelle une autre anecdote, la mort du brave Tancrède, qui, tout au contraire, étant sur le point de mourir et voyant à son chevet sa femme en pleurs et son ami le comte de Tripoli, les pria tous deux de s'épouser après sa mort : ce qu'ils firent. La femme de ce vaillant Tancrède était fille naturelle de la comtesse d'Anjou et du roi Philippe de France. Mais laissons ces digressions.

Le roi Louis XII mourut le 1ᵉʳ janvier 1515.

Trois mois plus tard Marie épousa en secret le duc de Suffolk à Paris ; puis, de retour en Angleterre après le temps de deuil exigé par l'usage, célébra son mariage publiquement.

Elle mourut à Londres à l'âge de trente sept ans.

CLÉOPATRE

REINE D'EGYPTE

I

LE FRÈRE ET LA SŒUR.

Si nous avions classé nos notices par ordre chronologique, l'histoire de Cléopâtre eût dû paraître la première, mais nous avons cru, en intervertissant cet ordre, donner plus de variété à nos récits.

Nous avouons aussi que nous avions à craindre d'effrayer quelques-uns de nos lecteurs, à qui des galanteries de cette reine momifiée depuis tant de siècles pouvaient faire l'effet d'une étude aussi amusante qu'un discours de l'Académie des inscriptions et belles-lettres.

Cependant cette histoire, dont nous élaguerons tous les détails trop sérieux, n'est qu'une histoire de passion, comme les précédentes. L'amour est toujours le même aux différents âges de l'humanité.

L'Egypte a compté plusieurs reines du nom de Cléopâtre : la plus célèbre, celle dont il s'agit ici, était fille de Ptolémée XI Aulète.

Le testament de son père la laissa cohéritière du trône avec son frère Ptolémée XII, que, selon la coutume égyptienne, elle devait épouser.

Elle avait dix-sept ans : à cet âge une Egyptienne est une femme.

Plus âgée que son frère, elle prétendit gouverner seule; mais son ambition se heurta à une volonté énergique.

Ptolémée résista.

Il se retira en Syrie et y leva une armée.

Dans le même temps, la guerre civile avait également éclaté dans la république romaine.

Pompée et César étaient aux prises. Vaincu en Grèce, Pompée s'était réfugié en Egypte, et Ptolémée, afin d'être agréable au vainqueur, l'avait fait lâchement assassiner.

Mais une telle action ne pouvait plaire à César.

Ptolémée ne récolta que le mépris et même la haine.

Ptolémée Aulète avait, dans son testament, nommé le peuple romain tuteur de ses enfants.

César se chargea de représenter le peuple romain et se déclara juge du différend survenu entre ses pupilles.

Il appela devant lui Ptolémée et Cléopâtre.

Celle-ci lui envoya des chargés d'affaires; il lui ordonna de venir sans délai, elle-même, à Alexandrie.

Quelle femme attendait-il?

Quoiqu'il en eût entendu beaucoup parler, elle devait surpasser tout ce qu'il attendait d'elle.

Sous prétexte qu'elle craignait d'être en spectacle au peuple d'Alexandrie, elle pria un de ses favoris, Apollodore, de l'envelopper dans un tapis et de la porter sur ses épaules jusque dans le palais, jusque dans la chambre de César.

Ce caprice étrange, autant que la grâce originale et la beauté de la jeune reine, séduisirent César de prime-abord.

Cléopâtre n'était pas une femme d'une beauté régulière, sculpturale; elle n'avait ni la taille élancée de Vénus ni les charmes de la majestueuse Junon; mais, bien prise dans sa petite taille, délicate, gracieuse, elle avait ce qui manqua de toute éternité à ces déesses grecques, une physionomie dont le charme, dont l'attrait étaient irrésistibles : des yeux de flamme, l'expression d'une nature intelligente et passionnée.

Appien d'Alexandrie et Dion Cassius, ses contemporains, nous permettent de l'imaginer ainsi. Ils ajoutent qu'elle possédait une instruction aussi solide qu'étendue. Elle parlait toutes les langues et n'était étrangère à aucun art, surtout à ceux de persuader et de plaire.

C'était l'Asie souple, ardente et spirituelle en présence du maître de l'Europe, dont les souvenirs ne pouvaient lui opposer que les lourdes et ignorantes Romaines.

Le génie de l'Orient enveloppé d'une magnificence dont le goût athénien avait corrigé l'emphase.

César fut étonné d'abord, puis ravi et captivé.

Si bien que, le lendemain, il voulut que Ptolémée partageât le trône avec Cléopâtre et se réconciliât avec elle.

Mais celui-ci, en voyant sa sœur chez le dictateur romain, avait pris l'alarme.

Il n'avait pas douté de son succès.

Courant à la place publique, il se déclara trahi et appela le peuple aux armes.

Le bon peuple, — les Egyptiens de cette époque ne différaient pas des peuples modernes dans leur dévouement à leurs princes, — se souleva en faveur de Ptolémée et assiégea César dans son palais.

Le Romain n'avait pas avec lui toute son armée. Il se barricada et attendit des secours; et, les renforts étant arrivés, reprit l'offensive.

Les Egyptiens furent vaincus et Ptolémée se noya dans le Nil.

Ce court exposé d'événements si graves sous-entend un bon nombre de jours et de nuits pendant lesquels César trouva, auprès de Cléopâtre, les plus délicieuses distractions aux ennuis du siége.

Les légions qui accouraient à son secours arrivèrent peut-être trop tôt à son gré, et Ptolémée était moins heureux que lui.

La mort de ce dernier simplifiait tout.

César donna le trône à Cléopâtre et, avant de quitter l'Egypte, — obligé qu'il était de poursuivre les derniers partisans de Pompée, — il donna pour époux à la jeune reine un enfant de onze ans, le plus jeune et le dernier des Ptolémée Aulète.

Ceci se passait en l'an 46 avant Jésus-Christ.

Devenu maître du monde, César se souvint de Cléopâtre.

Elle vint à Rome avec son frère-époux et un enfant dont le nom disait assez l'origine, Césarion.

La passion de César pour la reine ne s'était pas éteinte. Cet insatiable débauché avait gardé, toujours ardent, le souvenir des délices d'Alexandrie.

Cléopâtre et son époux logèrent dans son palais.

Il les fit admettre au nombre des amis du peuple romain et plaça dans le temple de Vénus, près de la déesse, la statue en or de Cléopâtre. Ces honneurs extraordinaires décernés à une reine barbare déplurent au peuple et excitèrent des murmures.

Mais son retour en Egypte eut d'autres causes que ce mécontentement passager : on les trouvera dans l'histoire romaine.

Rentrée à Alexandrie, la maîtresse de César voulut donner tous ses soins à la politique, et, s'apercevant que l'enfant qu'on lui avait donné pour époux devenait un homme et atteignait sa quinzième année, elle l'immola à son ambition et le fit périr.

Ce fratricide n'a rien qui étonne les historiens de son temps; c'est un acte politique que la conduite du premier époux semble avoir indiqué et presque légitimé.

Cependant, on le verra, cette charmante Cléopâtre était cruelle et mêlait volontiers le meurtre à ses voluptés.

A peine était-elle de retour en Egypte, une nouvelle guerre civile éclata dans le monde romain, et elle fut accusée d'avoir fait passer des secours à Cassius et à Brutus.

Marc-Antoine, partant pour combattre les Parthes, lui ordonna de se rendre en Cilicie pour expliquer sa conduite.

II.

MARC-ANTOINE.

Les Parthes étaient un peuple qui habitait au sud du mont Caucase ; la Cilicie était une province de l'Asie-Mineure, qui était bornée au nord par le mont Taurus et au sud par la mer de Chypre.

Le trajet d'Alexandrie en Cilicie était un assez long voyage à cette époque.

Cependant Cléopâtre ne jugea point prudent de s'y refuser et, décidée à se rendre aux ordres du général romain, elle résolut en même temps de le vaincre, bien qu'elle n'eût pas d'armée.

N'avait-elle pas vaincu César ?...

Cette fois elle usa d'une magnificence près de laquelle eût pâli celle de la reine de Saba, qui éblouit Salomon.

Elle s'embarqua sur un vaisseau dont la

poupe était dorée, dont les voiles étaient de pourpre.

Elle s'établit sur le tillac, dans toute la pompe d'une déesse au repos. C'était la déesse de la beauté ; à ses pieds, des enfants représentaient les amours. Ses femmes, toutes d'une beauté rare, costumées en néréides, étaient disposées avec une mise en scène savante au gouvernail et près des rameurs.

Des groupes faisaient fumer l'encens, ou jouaient de la flûte et de la lyre.

On eût dit Vénus sortant de l'onde.

Un peuple immense bordait les rives du Cydnus lorsqu'elle le remonta, et ce peuple ébloui croyait à une apparition divine.

Ce fut au milieu de cette admiration enthousiaste qu'elle aborda à Tarse.

Marc-Antoine, en ce moment, assis à son tribunal sur la place publique et entouré de ses licteurs, rendait la justice. Prévenu de l'arrivée de la reine, il la fit inviter à se rendre devant lui.

Cléopâtre s'excusa, alléguant les fatigues d'un long voyage, et pria le général d'accepter à dîner sur son vaisseau.

Marc-Antoine avait entendu les cris d'admiration de la foule ; sa curiosité était excitée. Il crut avoir assez fait pour la dignité romaine et accepta l'invitation.

L'Egyptienne l'attendait aux piéges savants de son luxe et de sa coquetterie, et, bien que le luxe asiatique ne fût plus étranger au général romain, néanmoins il fut ébloui.

Ebloui, puis charmé.

Il allait au devant d'une accusée ; il oublia qu'il l'avait citée à son tribunal. Elle ne songea point à se justifier, et lui ne songea bientôt qu'à lui plaire.

Les fêtes se succédèrent, et ils rivalisèrent de magnificence.

Pline raconte que Cléopâtre, pour l'emporter, dit un jour à table qu'elle pouvait en un repas dépenser jusqu'à dix millions de sesterces.

Antoine la mit au défi, et Plancus tint la gageure.

La reine alors détacha de ses oreilles deux perles énormes, fit apporter une coupe remplie de vinaigre, y fit dissoudre une des perles et l'avala.

C'était une perle de quinze cent mille francs.

Plancus s'empara de la seconde et déclara Antoine vaincu.

La perle sauvée fut emportée à Rome. Après la mort de la reine elle fut partagée en deux, et placée aux oreilles de Vénus dans le Panthéon.

Le même historien rapporte une autre anecdote non moins curieuse.

C'était encore dans un de ces festins ; elle causait avec Marc-Antoine qui, ravi de sa parole, oubliait la coupe qu'il tenait à la main. Tout en lui causant, Cléopâtre détachait pétale à pétale les fleurs naturelles qui ornaient sa chevelure et les jetait dans la coupe de son amant.

Celui-ci n'en voyait rien, mais lorsqu'il voulut boire :

— Attends ! dit la reine en arrêtant sa main.

Puis elle fit signe à un esclave à qui elle tendit la coupe en lui ordonnant de boire.

L'esclave obéit et tomba presque aussitôt en proie aux convulsions d'un poison mortel.

— Tu vois, dit-elle à Marc-Antoine, si je ne t'aimais, rien ne m'eût été si facile que de te faire périr ; mais ma vie est la tienne.

Elle savait frapper l'imagination de ses amants et les séduire par l'étrangeté de ses caprices ; elle savait aussi deviner leurs goûts et les flatter adroitement en paraissant les partager.

Marc-Antoine, auprès d'elle, n'était qu'un soldat simple et grossier, mais elle lui fit oublier le soin de sa gloire et de son ambition.

Sa passion devint plus violente que celle de César.

Il renonça à son expédition contre les Parthes et la suivit en Egypte, où ils passèrent l'hiver en fêtes.

Se conformant à son caractère, elle variait sans cesse ses plaisirs, parcourant, des degrés les plus élevés aux degrés les plus bas, l'échelle des voluptés et des divertissements ; tour à tour raffinée et grossière. Aussi elle l'accompagnait à la chasse, jouait aux dés, parcourait avec lui incognito les rues d'Alexandrie pour se mêler à la populace et s'amuser de ses propos.

Cléopâtre.

Chaque jour avait des plaisirs nouveaux.

Chaque jour l'heureux amant trouvait dans sa maîtresse une femme nouvelle.

Aussi combien il lui en coûta de quitter l'Egypte, de s'arracher à cette enchanteresse pour regagner Rome, où l'appelait sa rivalité avec Octave.

La paix du monde l'exigeait.

Il revint à Rome, se réconcilia avec son rival et épousa même sa sœur Octavie, — le cœur toujours plein de son amour pour Cléopâtre.

Pendant plusieurs années les événements politiques l'empêchèrent de retourner en Orient.

En l'an 36 avant Jésus-Christ, il reprit contre les Parthes une guerre malheureuse où il faillit se perdre avec son armée tout entière.

Il réunit les débris de ses légions en Phénicie.

Cléopâtre vint l'y rejoindre... et les deux amants reprirent ensemble la route d'Alexandrie.

Leur passion s'était ranimée plus violente qu'autrefois.

Marc-Antoine ne se souvint plus ni de ses devoirs, ni de ses promesses à Octave, ni de son épouse. Cléopâtre parut, il se livra à elle; il renonça pour elle au monde entier. — Il devint véritablement le roi d'Egypte; adoptant les mœurs, les coutumes des bords du Nil, réduit à l'état d'Hercule aux pieds d'Omphale, de Tancrède chez Armide, de tant de vaillants guerriers « volant du combat à l'amour » et succombant sous les artifices des magiciennes et des enchanteresses.

Le trône d'Egypte était un lit très-moelleux, d'où il était très-difficile de s'arracher... et qui sait... Peut-être Antoine s'était-il demandé, sans avoir trouvé de réponse satisfaisante, pourquoi il quitterait une reine qui mettait à sa disposition un vaste royaume?

Ce royaume ne pouvait-il devenir le noyau d'un immense empire oriental?

Et tandis qu'Octave s'affermissait en Occident ne pouvait-il, avec les troupes solides dont il disposait encore et les ressources de l'Egypte, se créer un empire d'Orient?

Il est probable qu'il y songea.

Ce qui appuierait cette supposition, c'est cette fête qu'il donna au peuple d'Alexandrie et à sa reine.

C'était une sorte de fiction allégorique.

Il avait fait enlever par trahison le roi d'Arménie, Artabaze, et avait organisé le spectacle d'un triomphe à la mode romaine.

Il présenta le malheureux roi enchaîné à Cléopâtre assise sur son tribunal comme un magistrat romain.

Le peuple fut convié aux tables d'un repas immense, où il avait fait dresser plusieurs trônes d'or : — les deux trônes les plus élevés étaient pour Cléopâtre et pour lui, et les autres pour ses enfants.

Césarion y fut proclamé roi d'Egypte et de Chypre avec sa mère.

Et disposant de royaumes *à conquérir*, il les désigna en héritage aux autres enfants qu'il avait eus de la reine. L'Asie-Mineure fut ainsi distribuée.

N'était-ce pas l'empire d'Orient?

Mais à la vérité son influence était déjà prépondérante sur tous ces rivages qui, des bouches du Nil, s'étendent jusqu'à l'entrée de la mer Noire (le Pont-Euxin). Il régnait sur les anciennes colonies grecques.

Pour plaire à Cléopâtre, qui se piquait de protéger les savants, il fit apporter à Alexandrie la riche bibliothèque qu'Eumène avait fondée à Pergame, — 200,000 volumes. C'était agir en maître.

Auguste parut le comprendre.

Il s'irrita et s'alarma de cette transformation du général romain, parti pour combattre les Parthes, vaincu par ces barbares, et des débris de sa défaite se construisant un empire qui un jour ou l'autre pourrait se déclarer indépendant.

Pour les Romains la conduite d'Antoine était une trahison.

Et en jugerions-nous autrement aujourd'hui?

Auguste fit donc déclarer la guerre à Cléopâtre, dans une assemblée du peuple.

Antoine assembla aussitôt une armée et quitta l'Egypte, choisissant la Grèce pour champ de bataille.

Cléopâtre l'accompagna.

Les Grecs les considéraient comme leurs alliés naturels.

Athènes leur décerna les plus grands honneurs, et Antoine se plut à paraître devant Cléopâtre comme citoyen athénien pour lui porter les hommages des habitants.

Mais nous allions omettre un fait qui prouve que, si Antoine était l'esclave de la reine, celle-ci ne tremblait pas moins de perdre son amour. Avant de débarquer au Pirée la flotte égyptienne avait relâché à Éphèse.

Là, elle crut surprendre dans les yeux de sa sœur Arsinoé l'expression d'un sentiment trop passionné pour Antoine; elle devint jalouse et fit mettre sa sœur à mort.

L'ombre d'Arsinoé alla rejoindre sur les bords du Styx celle de Ptolémée, son frère, et il y aurait là matière à un dialogue des morts à la manière de Lucien.

Cléopâtre ambitionnait de devenir l'épouse d'Antoine ; mais celui-ci, si faible qu'il fût, n'y pouvait consentir. L'orgueil de sa qualité de Romain, l'estime qu'il avait gardée pour sa femme Octavie, et peut-être encore la secrète pensée de se servir de celle-ci comme médiateur s'il devait tomber vaincu à la discrétion d'Auguste, — tout s'opposait chez lui à ce dessein.

Nous y insistons, — ce n'est peut-être qu'un paradoxe, — mais il est possible que le caractère d'Antoine ait été mal jugé et que chez ce voluptueux il y eût l'ambition et la politique d'un conquérant.

Les lettres que l'on a de lui ne suffisent pas à le juger. Dans ces lettres il parle avec légèreté de sa passion pour la reine d'Egypte, mais ce ton est peut-être affecté.

On sera de cet avis sans doute après avoir lu ce qui suit.

III

ACTIUM.

Si Antoine n'avait été accompagné à la guerre par Cléopâtre, peut-être le dieu Mars, qui à cette époque tenait encore le portefeuille de la guerre, lui eût-il donné la victoire.

La présence de Cléopâtre lui fut funeste.

On n'attend pas de nous ici le récit de la bataille d'Actium... Nous devons nous borner à dire qu'au plus fort de la lutte, la reine d'Egypte fut saisie d'une terreur panique.

Elle fit virer de bord son vaisseau et prit la fuite.

Les soixante galères égyptiennes suivirent son mouvement.

Antoine, à cette vue, éperdu, courut à Cléopâtre, se jeta sur son navire, voulut la retenir peut-être... mais il était trop tard, et cette défection de la flotte égyptienne avait décidé du sort de la bataille et de l'empire du monde.

Accablé de honte, déshonoré, dévoré de regrets, le malheureux s'assit près du gouvernail, seul, la tête dans les mains, repoussant toute consolation et toute nourriture, tandis que la flotte fugitive faisait force de rames vers l'Egypte.

En vain Cléopâtre essaya-t-elle de l'arracher à son désespoir ; pendant trois jours il demeura morne et silencieux.

De son côté, la reine, bientôt revenue de sa folle terreur, sentait l'énormité de sa faute et on la vit verser des larmes, non sur son sort, mais sur celui de son amant qu'elle avait perdu.

Ils regagnèrent Alexandrie.

Et là, comme pour s'étourdir, Antoine se plongea de nouveau dans les plaisirs que sa maîtresse imaginait sans cesse et qui les faisait appeler auparavant eux et leurs amis : — la bande de la vie inimitable.

Ils avaient en effet recherché avec une ardeur et une imagination infatigables tous les genres de divertissements et demandé à tous les genres d'existence le secret d'une volupté.

Le monde oriental n'était plus pour eux que le vaste laboratoire de leurs plaisirs.

Les savants de l'antique pays des Pharaons, les explorateurs de ces contrées de l'Inde encore mystérieuses avaient pour eux épuisé, les uns, les trésors de leur science, les autres, les richesses de leurs découvertes.

Parfois lassés de la terre, ils avaient tourné vers le ciel un regard d'envie.

Rassasiés d'être rois, ils désiraient être dieux.

Cléopâtre, nouvelle Isis, paraissait en public avec les attributs de cette déesse, tandis qu'Antoine se parait de ceux d'Osiris et de Bacchus. Ils se faisaient rendre des honneurs divins.

Enfin, comme les dieux ne peuvent engendrer que des dieux, ils donnaient à leurs enfants les noms de Lune et de Soleil.

On possède encore des médailles, monuments de ces folies.

L'une d'elles porte en légende autour de l'image de Cléopâtre : THEA NEOTERA; la nouvelle déesse; au revers est le portrait de Marc-Antoine. Ces images confirment l'opinion d'Appien et de Plutarque sur la beauté de Cléopâtre.

Elle était moins belle que ne l'ont fait imaginer les drames légendaires de ses passions.

Après Actium, en se replongeant avec furie dans les plaisirs, les deux amants avaient renoncé à s'entendre appeler les viveurs inimitables, ils avaient pris pour devise : ceux qui sont résignés à mourir ensemble.

Les succès toujours croissant d'Octave ne leur permettaient aucune illusion.

Leurs jours étaient comptés.

Au milieu des festins, des orgies, la reine mêlait des idées funèbres aux jouissances dont elle épuisait les dernières coupes, par un raffinement tout égyptien, car on sait que ce peuple extraordinaire alliait à ses fêtes les souvenirs des morts, et tout ce qui peut rappeler la brièveté de la vie.

Tandis que Marc-Antoine cherchait à noyer ses regrets et ses craintes dans le vin de Chypre, Cléopâtre se faisait apporter des coupes et y mêlait des poisons qu'elle essayait sur des animaux et même des esclaves.

Et sans interrompre les joies bruyantes du festin, elle interrogeait les convulsions de ses victimes et leur demandait le secret de la mort la moins cruelle ou la plus prompte.

Elle s'était déjà arrêtée à la résolution du suicide.

Le caractère froid et prudent d'Octave ne lui laissait aucun espoir; elle ne pouvait songer à le séduire, ainsi qu'elle avait fait de César et d'Antoine.

Puis quatorze ans s'étaient écoulés depuis sa victoire sur le premier César, quatorze ans dont les excès devaient avoir altéré sa beauté.

Autrement, bien qu'elle aimât Antoine, elle n'eût pas désespéré.

A mesure que le temps se perdait, les idées les plus opposées se heurtaient dans son esprit.

Tantôt elle songeait au suicide et tantôt à la fuite.

Ainsi elle avait conçu le projet gigantesque de faire franchir à sa flotte l'isthme de Suez et de la transporter par terre dans la mer Rouge qui lui ouvrait la route de l'Inde. Ce projet reçut un commencement d'exécution, il n'était peut-être pas impraticable. Il rappelle l'expédition de Garibaldi qui, bloqué avec sa flottille à l'embouchure du Lagoa par les forces brésiliennes, fit haler ses navires sur le rivage, les fit poser sur de forts essieux auxquels on adapta des roues énormes, attela à chaque navire deux cents bœufs et fit franchir à sa flottille un espace de 80 kilomètres jusqu'à l'Océan où il arriva sans avaries.

Mais pour exécuter un semblable dessein si les moyens matériels ne manquaient pas à la reine d'Egypte, le sang-froid et l'énergie lui faisaient défaut.

Plusieurs navires furent entraînés dans les sables de l'isthme, mais y furent pillés et détruits par les Arabes.

En même temps elle faisait construire près du temple d'Isis un monument où elle voulait s'ensevelir avec ses trésors. Cette construction funéraire s'achevait tandis qu'Antoine, à la tête d'une armée déjà découragée, allait livrer à Octave un dernier et inutile combat.

Le vainqueur, arrivant par la Syrie, aurait peut-être rencontré la flotte sur l'isthme si on eût réussi à l'y traîner.

En apprenant la défaite d'Antoine, la reine abandonna tout espoir et se retira dans son tombeau.

Elle fit répandre le bruit de sa mort.

Antoine à son retour à Alexandrie, croyant à son suicide, se frappa de son poignard, mais comme il n'était pas mort sur le coup, il eut le temps d'apprendre que Cléopâtre vivait encore.

Il demanda à être transporté dans l'asile qu'elle s'était choisi.

Mais déjà les troupes d'Octave arrivaient dans la capitale.

Cléopâtre a entendu les cris du peuple en même temps qu'on lui annonce que son amant blessé demande à pénétrer jusqu'à elle.

Elle tremble à la pensée d'ouvrir la porte de son tombeau.

Les soldats d'Octave pourraient en profiter.

Elle refuse d'ouvrir.

Puis elle offre de hisser le mourant jusqu'à une fenêtre.

On suspend la litière d'Antoine à des cordes, et la reine et ses femmes hissent celui-ci jusqu'à elles.

Antoine arriva mourant dans le refuge de Cléopâtre.

Celle-ci lui prodigua les soins les plus tendres, mais en vain ; quelques instants plus tard, il expirait dans ses bras.

IV

LES DERNIERS JOURS DE CLÉOPATRE.

La mort d'Antoine ne surprit point Octave; mais la retraite choisie par Cléopâtre contrariait ses projets.

Il voulait prendre la reine vivante pour la faire figurer dans les pompes de son triomphe à Rome. Il craignait qu'elle ne se fît périr et ne pouvait songer, pour cela même, à essayer d'un coup de main pour l'arracher à sa retraite.

En vain essaya-t-il d'obtenir une entrevue avec elle et de la rassurer sur ses desseins; c'était peine d'éloquence perdue. Enfin, dans cette singulière forteresse, qui n'était gardée que par des femmes, il réussit à faire pénétrer, par trahison, quelques-uns de ses soldats.

Avant que Cléopâtre fût avertie de cette trahison et pût chercher la mort, elle était entourée par les Romains et gardée à vue.

Alors elle fit demander à Octave la permission de rendre à Antoine les honneurs funèbres.

Il y consentit.

Ce fut la dernière cérémonie dans laquelle la reine étala son faste et manifesta sa passion.

Elle y épuisa tous les trésors qui lui restaient.

Tout ce qu'elle possédait, tout ce qu'Antoine avait aimé, devait périr avec lui. Elle n'épargna même point sa beauté. Elle se meurtrit le sein et le visage sur le tombeau de son amant.

Épuisée, ensanglantée et livide, elle était sur son lit, où elle semblait attendre la mort, lorsqu'elle reçut la visite d'Octave.

Elle se sentit humiliée d'être vue en cet état.

L'orgueil et un reste de coquetterie, sans doute, l'arrachèrent à son abattement.

Elle n'avait plus la jeunesse et la beauté, la douleur avait bouleversé ses traits, mais le prestige de ses grandeurs passées, de ses succès, lui restait encore.

Ses yeux avaient encore gardé cette flamme qui avait brûlé César.

Elle n'avait rien perdu de l'art de bien dire et de persuader, cet art de la Grèce au quel le successeur de César n'était pas insensible.

Ne pouvant s'adresser au cœur d'Octave, elle s'adressa à son esprit. Elle le flatta en le comparant à César.

Elle lui parla de la clémence de celui-ci. Il savait être grand après la victoire, par sa générosité envers les vaincus; il leur commandait à la fois l'admiration et l'amour.

La générosité était une des forces de sa politique.

Elle ne croyait pas mourir sans gloire, ayant été aimée de ce grand homme, et la mémoire de César devait la protéger encore.

Octave loua César et déclara qu'il s'efforçait de l'imiter; mais il ne se livra par aucune promesse; il ne laissa à la captive assez d'espérance que pour la détourner de la mort.

Ni raisonnements, ni prières ne pouvaient le faire renoncer à son dessein.

Cléopâtre le sentit et renonça à le fléchir.

Alors elle lui demanda de lui permettre d'aller faire quelques libations au tombeau d'Antoine.

Ce qui lui fut accordé.

Elle se rendit avec deux de ses femmes au tombeau d'Antoine, et là, couchée sur le marbre, elle s'adressa en ces termes, selon Plutarque, à celui dont elle avait causé la perte :

« O mon cher Antoine, je t'ai rendu naguère des honneurs funèbres avec des mains libres; mais maintenant je suis prisonnière : des satellites veillent autour de moi pour m'empêcher de mourir, afin que ce corps esclave figure dans la pompe triomphale qu'Octave se fera décerner pour t'avoir vaincu.

« Ne compte pas sur de nouveaux honneurs funèbres; voici les derniers que Cléopâtre pourra te rendre.

« Tant que nous avons vécu, rien ne pouvait nous séparer l'un de l'autre; mais nous courrons le risque, après notre mort, de faire un triste échange de sépulture.

« Toi, citoyen romain, tu auras ici un tombeau; et moi, infortunée, le mien sera dans ta patrie. Mais, si les dieux de ton pays ne t'ont pas abandonné, comme les miens, fais que je retrouve un asile dans ta tombe et que je me dérobe à l'ignominie qu'on me prépare.

« Cher Antoine, reçois-moi bientôt à tes côtés; car, de tous les maux que j'ai soufferts, le plus grand encore, en cet instant, c'est ton absence! »

Sa prière fut exaucée.

Rentrée dans son mausolée, elle parvint à tromper ses surveillants, en se faisant apporter une corbeille de fleurs dans laquelle était caché un aspic.

Elle plongea sa main dans la corbeille; le reptile la mordit et la délivra.

Deux de ses femmes, Ira et Charmion, se donnèrent la mort avec elle.

Elle avait trente-neuf ans.

Octave, sur le conseil d'Arrius, fit mettre à mort Césarion. Les enfants de Marc-Antoine, Alexandre, Ptolémée et Cléopâtre, régnèrent plus tard sur la Médie et la Syrie.

MATHILDE

REINE DE DANEMARK.

I

LA REINE, LE ROI...

Mathilde-Caroline, reine de Danemark, est célèbre autant par ses malheurs que par ses galanteries.

Elle était le dernier enfant de Frédéric-Louis, prince de Galles, père de George III, roi d'Angleterre.

Elle était née le 11 juillet 1751, quatre mois après la mort de son père.

C'était une princesse aussi charmante par son esprit que par sa beauté.

On a déjà remarqué sans doute que nous ne rencontrons guère de princesses galantes laides et sans esprit ; d'où il ne faut pas conclure que la laideur et la sottise sont nécessaires à la vertu.

A l'âge de quinze ans, en 1766, elle épousa son cousin germain, Christian VII, roi de Danemark, et se fit tout d'abord aimer, à Copenhague, par sa grâce enjouée, son bon cœur et ses manières affables.

Le roi, seul, parut insensible.

D'une nature lourde et flegmatique, Christian se sentit tout d'abord inférieur à sa jeune femme, il ne vit dans son mariage qu'un devoir ajouté à tant d'autres, et il ne songea qu'à l'éviter.

Derrière ce mari de glace se trouvait la reine-mère, Julie-Marie, qui fit à Mathilde l'accueil d'une belle-mère qui ne veut point se donner la peine de déguiser ses sentiments.

Ce mariage contrariait ses vœux les plus chers.

Christian était faible, d'une santé délicate, elle avait espéré qu'il ne se marierait jamais et laisserait la couronne à Frédéric, seul enfant qu'elle eût eu de son second mariage avec Frédéric V.

Cette femme d'un esprit étroit et ambitieux poursuivit de sa haine la jeune Mathilde dès son arrivée à Copenhague. Ce fut elle probablement qui inspira à Christian cette charmante idée de quitter la cour quelques jours après la naissance de son premier enfant, le prince Frédéric, pour faire un voyage en France et en Angleterre qui se prolongea six mois.

Pendant ce temps la reine-mère, qui aimait le pouvoir, gouverna, et Mathilde se retira avec son enfant au château de Fréderickborg.

Dans cette retraite elle donnait son temps à ses devoirs de mère, à l'étude de la langue danoise et à des œuvres de charité. Sa conduite était exemplaire ; elle ne recevait personne, et n'éveillait chez les habitants de la contrée que des sentiments d'admiration ou de reconnaissance.

Elle méditait cependant une conquête à faire... celle de son mari.

Elle se reprochait, dans sa candeur, de n'avoir pas su lui plaire, et l'enfant lui faisait aimer le père.

Mais Christian, de retour dans sa capitale, ne montra que des sentiments de lassitude et d'ennui.

Il était de ceux qui voyagent sans voir, sans curiosité et qui, de leurs excursions, ne rapportent que la fatigue.

Il rentra tel qu'il était à son départ. Ni son cœur, ni son esprit n'avaient pris l'air. Il se renferma dans l'incurie à laquelle il demandait le bien-être ; négligea sa jeune femme, et abandonna le gouvernement à la reine-mère et au comte de Bernstorff et de Holk.

Holk l'avait accompagné dans ses voyages avec le docteur Struensée.

C'étaient deux hommes habiles ; le dernier surtout dont nous aurons à parler longuement.

Mais Holk, qui au départ était le favori du roi, au retour semblait avoir perdu en influence et être distancé par Struensée.

La reine crut le remarquer.

Elle étudiait les sentiments du roi afin d'éviter tout désaccord et de regagner, ou de gagner, une affection qui lui était si précieuse. Cette froideur marquée de Christian était aussi pour elle un sujet d'humiliation.

Quoi, jeune, belle, d'un esprit distingué, elle avait tout pour lui plaire et était dédaignée !

Aussi, comme il arrive souvent, ne pouvant arriver directement jusqu'à son cœur, elle le cherchait dans les objets de ses goûts ou de ses affections et le recherchait dans ses amis.

Struensée ne lui plaisait point ; elle e sut vaincre ses préventions.

Elle lui trouva bientôt un esprit pénétrant et nourri de solides études, sous ces dehors de légèreté. qui étaient la coquetterie charmante des hommes sérieux du dix-huitième siècle.

Elle voulut se l'attacher.

Struensée la devina et lui épargna de faire les premiers pas.

Mais quels motifs la poussaient vers lui ?...

Un peu d'orgueil l'empêcha d'y voir clair, et il dut laisser la jeune reine lui expliquer qu'elle attendait de lui de ramener le roi à la tendresse conjugale.

— Tant que le roi sera ici, répondit-il, entre de Bernstorff et Marie-Julie, les vœux de Votre Majesté resteront stériles. Il faut enlever le roi.

Prétextons un voyage. Débarrassons-le de ses ennemis et des vôtres. Emmenons-le...

Il chercha un instant.

— Emmenons-le en Holstein, par exemple...

Rapproché de vous, il sera le plus heureux des rois.

Mathilde, ainsi encouragée, proposa le voyage.

Elle le demanda comme une faveur.

Christian en référa aux ministres, qui d'une voix unanime repoussèrent le projet.

Struensée intervint et l'emporta.

Et Mathilde victorieuse partit avec Christian, le docteur et son enfant, pour le Holstein.

Un carrosse l'attendait.

11

STRUENSÉE.

Jean-Frédéric Struensée était né à Halle en 1737, d'une famille bourgeoise et aisée.

Ses parents étant dévots et intolérants, il fut voltairien, et de bonne heure allia à l'étude de la médecine l'étude des philosophes matérialistes français.

Helvétius surtout eut sur lui un grand empire, mais ce doctrinaire de l'égoïsme avait tout ce qu'il faut pour séduire, un excellent cœur (il n'était pas humanitaire) et une probité naturelle qui était la clarté de son style.

Cependant Helvétius eut de fâcheux disciples et Struensée fut de ceux-là.

Il interpréta dans un sens trop étroit les doctrines du maître; — le même malheur arriva aux disciples d'Epicure.

Il sortit de ses études avec une théorie de vie de plaisirs où il engloutit son patrimoine.

Criblé de dettes et tout jeune encore, il songea pour se refaire à aller aux Indes.

Puis, en 1763, il se fit écrivain...

Mais il eut le bon esprit de ne pas s'attarder à ce métier ingrat.

« Je dépose la plume, dit-il à ses amis, elle ne mène pas à la richesse. »

Et il chercha autour de lui les personnages influents qui pourraient servir d'échelons à son ascension vers la fortune.

Le premier qu'il découvrit fut le comte Brandt; le second madame de Berkentien, femme de l'ancien grand-maître de la maison de Frédéric V; le troisième fut le comte de Rantzau.

Madame de Berkentien l'introduisit à la cour et par sa protection et celle du comte de Rantzau, il fut nommé en 1768 médecin du roi, et accompagna Christian dans ses voyages en France et en Angleterre.

Ambitieux, intelligent et audacieux, tel était Struensée au moral; au physique c'était un homme d'excellente mine, d'une jolie figure et de façons très-distinguées.

Dans le voyage en Holstein, qui fut tout intime, c'est-à-dire sans trop de compagnie, de représentation et de discours de bourgmestres, Struensée s'attacha à démolir le gouvernement de Marie-Julie.

Il y procéda avec adresse, à petits coups, sans intention apparente, évitant de se donner l'air d'un homme politique, affectant au contraire de n'être qu'un savant et un homme de plaisirs.

Christian crut de bonne foi penser de lui-même tout ce que son favori lui donnait à croire, et voir de ses propres yeux sous les lunettes que lui prêtait le docteur.

Il reconnut ainsi l'incapacité de plusieurs ministres qu'il destitua.

Mais chez Struensée le politique appelait à son aide le docteur.

La variole faisait alors de grands ravages, et la découverte de Jenner d'immenses progrès; le docteur Struensée proposa au roi de vacciner son enfant, le prince Frédéric.

L'inoculation, la fièvre qui l'accompagne nécessitèrent les soins du médecin et tinrent la mère, sinon le père, dans une inquiétude de tous les instants.

Mathilde adorait son enfant.

Elle ne le quittait pas; et le docteur se trouva naturellement en tête-à-tête fréquents et prolongés avec elle.

Quoi de plus simple, dira-t-on peut-être?

Le docteur comme l'artiste en présence du modèle, comme le prêtre avec sa pénitente, ne voit que la mission qu'il doit remplir. La malade pour lui n'est qu'un sujet.

C'est possible.

Mais la garde-malade?

C'est d'ordinaire une vieille qui prise.

Et si elle est jeune, jolie, charmante de tous points?

Pour être diplômé par la faculté on n'en est pas moins homme. Puis, épouse mal mariée, délaissée de son mari, les nerfs ébranlés par le chagrin, jeune, belle, quoique reine, on n'en est pas moins femme.

Struensée, en voyant des larmes dans les yeux de Mathilde, avait le devoir de lui donner quelques paroles de consolation. Sans doute la douleur de cette jeune femme le toucha, lui inspira de ces paroles qui vont à l'âme.

Et elle dut lui en exprimer sa gratitude.

Il s'attacha à l'enfant, qui rendit à ses caresses des caresses encore mouillées des larmes de sa mère.

Autour de ce berceau, une même délicatesse de sentiments, une communauté d'affection les rapprocha l'un de l'autre.

On ne demande pas ses titres de noblesse à qui vient pleurer avec nous.

Ce pauvre enfant était d'une santé débile. La mère tremblait pour ses jours. Struensée lui promit de lui donner des forces, de lui donner la vie.

Comment lui fit-il cette promesse, que

d'ailleurs, il a tenue? Est-il si difficile de reconstruire par la pensée cette scène qui fut sans témoins?

Rien ne serait plus facile que de la traduire ici d'après mon sentiment; mais je vous cède la place et vous prie, lecteur, de l'imaginer vous-même.

Vous les voyez bien tous deux, comme moi, près de ce berceau. Ils se sont penchés vers lui presque en même temps, et les cheveux de la reine allaient toucher au vol ceux de Struensée. La pâleur du cher bébé a effrayé Mathilde; elle s'est tournée vers le docteur et, sans y prendre garde, lui a saisi les mains.

Son émotion a été partagée.

Mais il fallait retirer ses mains sans affectation, sans laisser rien paraître du trouble qui s'était emparé de lui.

Bientôt ce fut elle qui comprit le danger de cet élan de familiarité; mais elle en parut confuse; elle se retira lentement dans les mille vulgarités de la conversation où elle comptait trouver un refuge.

Mais, en homme d'esprit, Struensée la suivait de propos en propos, sans perdre de terrain.

— Ne vous dérobez point, semblait-il dire : qui peut vous comprendre et vous admirer, sinon moi? A qui êtes-vous jamais apparue si belle et si touchante?... Vous m'avez ouvert votre âme : laissez-moi y lire; ne me la fermez plus!...

Que lui dit-il encore?

— Vous êtes sans conseil, sans appui, je vous soutiendrai contre vos ennemis; je serai votre ami. Votre enfant a besoin d'un père; je lui en servirai.

Dans d'autres conversations, il se révéla plus complètement à elle.

Il l'initia aux affaires publiques.

Lui montra la situation faite au pays par la politique d'une noblesse arriérée, et lui exposa les réformes à accomplir, les desseins qu'il avait formés pour la grandeur du Danemark.

Après l'avoir attendrie, il l'éblouit.

Et, comme la Marie de Neubourg de Victor Hugo, elle put s'écrier :

D'abord je t'ai vu bon, et puis je t'ai vu grand!
Mon Dieu!... c'est à cela qu'une femme se prend...

Cependant, tout en se faisant aimer de la reine, Struensée ne négligeait point le roi; sa faveur s'était étendue d'une simple amitié à une confiance absolue.

Sa conversation, solide et brillante tout à la fois, le patriotisme de ses vues, en avaient imposé à Christian VII, et le médecin, de simple confident, s'était élevé au poste de premier ministre.

Le roi, avant son retour à Copenhague, nomma Struensée son lecteur; puis peu après l'appela au conseil privé.

Cette élévation fut le signal de la chute du parti de Marie-Julie.

La plupart des ministres furent remplacés, et, en 1770, le cabinet était renouvelé complétement.

Brandt ne fut pas oublié.

Il obtint la place de directeur des spectacles de la cour, et Holk, qui l'occupait, fut disgracié, ainsi que sa sœur et ses amis.

Struensée fut anobli et devint comte.

On créa pour lui un titre nouveau, celui de ministre secret du cabinet, titre qui lui conférait un pouvoir sans bornes.

Ce fut toute une révolution.

Struensée, animé des intentions les meilleures, sans tenir compte des révoltes de l'esprit de routine, tenta les améliorations les plus neuves et les plus audacieuses. Mais ceux qui étaient assez instruits et assez intelligents pour le comprendre, avaient leurs intérêts dans le camp opposé.

On sait quelle opposition a rencontrée, chez nous, un des plus sages et des plus honnêtes de nos ministres, le grand Turgot?

Libéral, opposé à la domination du clergé, il eut tout d'abord contre lui ce parti redoutable.

Anobli de la veille et opposé à la noblesse, il n'eut pas l'habileté de certains ménagements que donne la longue pratique des affaires, et se fit de la noblesse une ennemie acharnée.

Le peuple ne pouvait le comprendre.

Une opposition se forma, au nom de la morale, et lui fit une guerre de brochures diffamatoires et de pamphlets contre lesquels il était presque désarmé par ses principes de tolérance et de liberté.

On raconta sa jeunesse, ses étourderies d'étudiant; on calomnia ses principes; on osa même incriminer ses relations avec la reine.

Alors il sévit.

Mais déjà son pouvoir était miné, et Marie-Julie avait fait passer dans son camp tout un peuple.

A des soulèvements partiels, à des émeutes, il répondit par des concessions.

Ces concessions trahirent son défaut d'énergie ou sa faiblesse. Son autorité ne fut plus soutenue par les hauts fonctionnaires qui dépendaient de lui et qui commencèrent à se tourner vers l'ancien parti, la reine douairière, le prince Frédéric, et ce comte de Rantzau que Struensée ne comptait plus au nombre de ses amis.

Quant au roi Christian, par caractère il restait neutre.

La chute du favori était imminente.

Enfin dans sa politique étrangère il ne s'était pas montré moins révolutionnaire.

Il avait renoué les relations anciennes du Danemark avec la Suède, au mépris de l'alliance russe, et recherché l'alliance française.

Etait-ce un tort?

Non sans doute.

Mais ayant tout ébranlé autour de lui, il se trouvait sans appuis à la veille d'une crise terrible.

III

UNE RÉVOLUTION DE PALAIS.

Dans les premiers jours de janvier 1772 la cour revint de la campagne à Copenhague.

Dans la nuit du 16 au 17, le roi donna un bal masqué.

Ce bal servit de rendez-vous aux conspirateurs, comme le bal fameux de Gustave III.

Le ministre et la reine y parurent, mais on n'attenta point à leurs jours, on dissimula même ses projets, si bien qu'ils se retirèrent sans aucune inquiétude.

Vers la fin de la nuit, le colonel Koller, qui appartenait au complot et dont le régiment montait la garde au château ce jour-là, pénétra dans la chambre du roi.

Christian dormait.

Au bruit il s'éveilla en sursaut, effrayé, mais le comte le rassura promptement en lui disant que sa personne était désormais à l'abri de tout attentat.

— De quel attentat voulez-vous parler? demanda-t-il.

— Sire, le ministre qui doit son pouvoir à vos bontés, et que la reine couvre d'une protection aussi aveugle que coupable, a formé le dessein de vous obliger à renoncer au gouvernement.

La reine douairière et votre noblesse fidèle ont pénétré les desseins des coupables, et je viens supplier Votre Majesté de signer ces ordres d'arrestation.

Christian, ahuri, et d'ailleurs depuis longtemps indisposé contre Struensée et contre la reine, signa les ordres d'arrestation.

Koller remit à Rantzau celui qui concernait Mathilde.

Il était quatre heures du matin; la reine dormait.

Arrachée à son sommeil, Mathilde se jeta hors du lit et passa à la hâte un jupon.

Elle était encore nu-pieds lorsque le comte pénétra dans sa chambre au nom du roi.

Le comte alluma lui-même des bougies.

— Le roi serait-il malade ?

— Non, madame.

— Que désire-t-il de moi ?

— Je suis porteur d'un ordre signé de Sa Majesté dont je vais vous donner lecture.

— Un ordre ? s'écria Mathilde stupéfaite.

Le comte déploya un parchemin et lut l'ordre suivant :

« Nous, Christian septième du nom, par la grâce de Dieu, etc.

« Mandons et ordonnons par les présentes signées de notre main et revêtues de notre sceau, au comte de Rantzau de se rendre chez la reine notre épouse et de lui déclarer qu'elle ait à se retirer sur l'heure au château de Kronenbourg, où elle demeurera sous bonne garde. »

— Quoi ! s'écria Mathilde, le roi a signé cet ordre ?

— Oui, madame, et Sa Majesté m'a chargé de son exécution.

— Mais je ne puis le croire, monsieur ; on a surpris la bonne foi du roi. Je veux le voir, je veux lui parler à l'instant.

— Madame, c'est impossible.

— Mais il le faut.

— L'ordre est formel.

— Je le veux.

Le comte de Rantzau s'inclina devant ce pouvoir brisé dont la volonté survivait à la puissance.

— Madame, dit-il, j'ai le regret d'être obligé de faire observer à Votre Majesté qu'elle est prisonnière.

Je vous prierai donc de vous préparer à partir sur l'heure pour Kronenbourg.

— Et si je refuse ?

— Votre Majesté se résignera et ne me mettra point dans la douloureuse nécessité d'employer la force.

Sur ces paroles le comte salua et se retira dans une chambre voisine.

Puis il fit prévenir les dames de service de se rendre près de Mathilde.

Cette princesse accepta pour s'habiller les services de ses femmes, mais ne fit aucuns préparatifs de voyage.

Lorsque Rantzau rentra :

— Vous allez m'accompagner chez le roi, monsieur le comte, reprit-elle.

Le comte répondit qu'il ne le pouvait sans désobéir aux ordres du roi.

— Je ne partirai pas, dit Mathilde frémissante et indignée.

Rantzau s'approcha d'elle, sombre et menaçant.

Elle l'attendit de pied ferme.

Il étendit la main... puis l'abaissa hésitant.

Il ne s'était pas attendu à cette énergique résistance, mais il était résolu à agir.

— Je supplie une dernière fois Votre Majesté de me suivre, dit-il d'une voix tremblante de colère.

Et comme Mathilde demeurait immobile et muette, il osa s'approcher d'elle et la saisir par le bras.

Elle poussa un cri et résista.

Mais la main qui l'avait saisie ne lâcha point prise.

Il fallut que le comte employât la violence, l'entraînât hors de l'appartement et la transportât dans un carrosse qui stationnait à la porte du palais.

Dans ce carrosse un major de dragons avait déjà pris place, l'épée nue à la main. La voiture, fermée par le comte de Rantzau, partit au galop, suivie d'une nombreuse escorte.

Pendant le trajet, qui était assez long, Mathide montra une inébranlable fermeté ; elle ne fit pas entendre une plainte, elle ne versa point une larme. Elle n'adressa qu'une fois la parole à l'officier qui l'accompagnait :

— Je ne croyais pas, monsieur, lui dit-elle, faire connaissance avec vous de cette manière.

Mais, arrivée au château de Kronenbourg, les ressorts de son courage se détendirent.

Après s'être promenée un instant, silencieuse, dans la chambre qui lui était assignée pour prison, elle se laissa choir sur un fauteuil et se prit à pleurer.

Sa douleur était extrême.

Pendant trois jours elle refusa de prendre aucune nourriture.

On ne la rappela à la vie qu'en la suppliant de se conserver pour ses enfants.

Struensée fut arrêté en même temps que la reine, ainsi que Brandt, dont le crime était d'être l'ami du ministre. On les jeta dans des cachots infects, comme les derniers misérables.

Inutile de dire que la reine douairière fut chargée ou plutôt se chargea de composer un nouveau cabinet, de faire révoquer les fonctionnaires de Struensée, et enfin de nommer une commission d'inquisition pour rechercher les crimes du ministre déchu et de la reine.

Après quelques hésitations cette commission consentit à comprendre Mathilde dans son acte d'accusation.

Contre Struensée elle avait relevé six chefs d'accusation :

1° Dessein abominable formé contre la personne du roi ;

2° Projet de forcer le roi à renoncer au gouvernement ;

3° De relations coupables avec la reine ;

4° De mauvaise éducation donnée au prince royal ;

5° D'avoir usurpé un pouvoir et une autorité sans bornes.

6° De mauvaise administration des affaires de l'Etat.

Les deux premiers chefs d'accusation étaient si absurdes que l'on n'osa pas les insérer dans le résumé général que le fiscal dressa.

Le 25 janvier, Struensée fut interrogé pour la première fois.

Sa cause fut séparée de celle de la reine.

Le procès s'ouvrit le mois suivant, et l'accusation contre Brandt fut comprise dans la même procédure.

L'avocat général Wivet appuya fortement sur l'article 3, les relations coupables de Struensée avec la reine. Il prétendit même que Mathilde avait fait des aveux et qu'il en possédait les preuves signées, mais il ne donna point lecture de ce document.

Le défenseur, l'avocat Uldahl, ne combattit point ces allégations ; il les appuya même, dans un intérêt qui nous échappe ; il avoua la culpabilité de son client et invoqua sur *ce seul point* la clémence royale.

Les historiens les plus récents, tout en rendant justice aux bonnes intentions du ministre et à ses hautes capacités, prétendent que Struensée, tombé au pouvoir d'ennemis impitoyables, voulut pour sauver sa tête compromettre la reine, et que les aveux de Mathilde dont parlait l'accusation n'avaient jamais existé, ou existaient, mais n'avaient pas été librement signés.

Ainsi qu'ils devaient s'y attendre, Struensée et Brandt furent condamnés à la peine de mort, avec les raffinements de barbarie de leur époque, c'est-à-dire à avoir la tête tranchée, les membres arrachés du corps et la tête accrochée ensuite au gibet.

Le 9 mars, la reine comparut devant quatre commissaires nommés par le roi.

On profita des aveux arrachés à Struensée pour la déterminer à avouer elle-même et à implorer, comme lui, la clémence du roi.

Mais cette femme énergique résista à ces moyens d'intimidation.

Elle repoussa l'accusation et tint tête pendant trois heures à ses inquisiteurs.

A la fin, épuisée, elle perdit connaissance.

Il fallut suspendre le procès.

Elle tomba dangereusement malade.

Ses médecins l'ayant saignée, ses ennemis en profitèrent pour répandre des bruits calomnieux sur son état.

Tant de haine, tant d'acharnement étaient si honteux, que l'on redouta de soulever la pitié publique.

Alors, pour montrer quelque impartialité, le gouvernement, le 23 mars 1772, forma pour prononcer sur le sort de la reine un consistoire composé de trente-cinq personnes, choisies dans les différents ordres de l'Etat.

Afin de donner à ces juges toute liberté morale, ils furent déliés du serment de fidélité.

Le ministre anglais usa de toute son influence en faveur de Mathilde. Il laissa d'abord entrevoir que son gouvernement ne désapprouverait point une séparation de corps, mais verrait avec déplaisir prononcer le divorce.

Mais l'avocat du roi, après un long plaidoyer, demanda que le mariage fût dissous, et que le roi eût la faculté de contracter une nouvelle union.

Le défenseur obtint un délai de dix jours pour préparer sa défense, et surtout pour laisser agir les influences diplomatiques.

Le consistoire, après plusieurs séances fort longues, s'assembla une dernière fois, le 6 avril 1772, et, après une délibération de cinq heures, déclara la reine Mathilde coupable d'adultère et prononça le divorce.

Toutefois, elle réserva à Mathilde le titre de reine et les prérogatives qui y sont attachées.

Cet arrêt fut soumis au roi, qui l'approuva le 10 avril.

Il fut le jour suivant signifié à Mathilde par le chef de la justice, en présence du gouverneur de Kronenbourg.

Le ministre anglais demanda alors que la reine fût traitée avec les égards dus à sa naissance et ne fût plus prisonnière.

Le 28 avril, Struensée et Brandt subirent les horribles supplices auxquels ils avaient été condamnés.

Ils avaient eu tort de compter sur la clémence d'un roi sans caractère et sans cœur. Et, chose triste, personne ne protesta contre cet acte de vengeance.

Après l'exécution de ces deux infortunés on adoucit les rigueurs de la captivité de Mathilde.

On ne lui rendit pas encore la liberté, mais on agrandit sa prison ; on lui permit de se promener dans le château et sur les remparts.

Enfin elle reçut la visite du ministre d'Angleterre qui, de la part de son roi et de celle du roi Christian, lui offrit une retraite honorable dans le Hanovre.

Mathilde s'embarqua à Elseneur.

Avant de partir, elle demanda à voir ses deux enfants ; on sait qu'elle les adorait, et se séparer d'eux fut pour elle une suprême douleur.

En juin elle débarqua à Stade avec les honneurs dus à son titre et à sa naissance. Après un court séjour à Gorde elle se fixa à Zell.

Elle consacra sa vie à l'étude et à des œuvres de charité. Elle était très-aimée dans le pays.

Elle mourut le 11 mai 1775, d'une scarlatine.

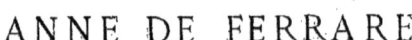

ANNE DE FERRARE

PRINCESSE DE LORRAINE

I

UN PENDANT A L'HISTOIRE DE LA DUCHESSE DE BOURGOGNE.

Dans l'histoire des galanteries princières, nous avons depuis longtemps l'idée de donner un pendant au petit drame qui ouvre notre volume.

On se rappelle cette malheureuse duchesse de Bourgogne, si cruellement punie de ses relations avec le duc Louis d'Orléans ?

Bien qu'elle ne portât point la couronne

royale, nous n'avions pas hésité à lui reconnaître, parmi les reines, la place qui lui avait été marquée de son temps par sa naissance et sa fortune vraiment royale.

Le duc Jean sans Peur partageait avec le roi Charles et Isabeau de Bavière le pouvoir royal.

Plus tard, à la maison de Bourgogne, succéda à la même puissance la maison de Lorraine ; l'ancien royaume d'Austrasie ou de Lotharingie était sous le titre de duché un Etat souverain, comme l'ont été dans ces derniers temps les duchés italiens et les duchés et grands-duchés allemands.

Les princes lorrains convoitaient la couronne de France, et leur ambition menaça sans cesse les derniers Valois.

François de Lorraine, duc de Guise, fut un des plus redoutables de cette maison funeste et dangereuse. Le plus grand souci du roi de France était de le voir au Louvre ; il craignait sans doute qu'il n'y restât définitivement, et il cherchait tous les prétextes de sa politique d'intrigue pour l'éloigner de la cour.

Mission politique ou expédition militaire, toute occasion lui était bonne pour se débarrasser de l'ambitieux Lorrain, en attendant mieux...

C'est-à-dire en attendant qu'il le fît assassiner.

Jadis, ce n'était pas le canon, comme on l'a dit, mais le poignard qui était l'*ultima ratio*, la dernière raison des rois.

Quelques années avant de s'être décidé à employer contre François de Guise cet instrument de règne, Henri III l'avait envoyé en mission dans le Midi.

Surpris par l'ordre inattendu du roi, le duc avait dû laisser au Louvre la duchesse, sa femme, — l'une des belles de la chrétienté, dit Brantôme.

Anne de Ferrare, duchesse de Guise, aussi coquette que jolie, était assidue aux fêtes du Louvre et y tenait le rang de reine.

Henri détestait le duc, mais n'avait aucune raison pour haïr sa femme ; et d'ailleurs l'instinct de perversité qui était le trait principal de son caractère aurait suffi, — la duchesse n'eût-elle été ni coquette ni jolie, — pour le pousser à la courtiser.

Mais ses avances furent d'abord assez froidement accueillies.

Il s'en étonna ; un roi alors était irrésistible.

Ne se souvenait-il point du roi François Ier qui, une nuit se rendant chez une dame de sa cour qu'il aimait, trouva son mari l'épée au poing prêt à le tuer ? Le roi lui porta la sienne à la gorge, et lui déclara que, s'il résistait, il le tuerait ou lui ferait trancher la tête et, pour cette nuit, l'envoya dehors, et prit sa place.

« Oncques depuis, ajoute la chronique, riche en exemples de ce genre, le mari n'osa sonner mot, mais lui laissa du tout faire à sa guise. »

D'ailleurs Henri le troisième se plaisait à se venger du mari en séduisant sa femme.

Voici deux anecdotes qui le prouvent et que nous empruntons à Brantôme en en supprimant les expressions trop crues.

« J'ai connu, dit-il, un grand prince, lequel ayant reçu quelques traits de rebellion par un sien sujet grand seigneur et ne se pouvant venger de lui, d'autant qu'il le fuyait tant qu'il pouvait, de sorte qu'il ne le pouvait aucunement attraper ; sa femme étant venue un jour à la cour solliciter l'accord et les affaires de son mari, le prince lui donna une assignation pour en conférer un jour dans un jardin et une chambre là auprès ; mais ce fut pour lui parler d'amours... »

Il ne se contenta point de la séduire ; — « mais à d'autres la prostitua jusques aux valets de chambre et par ainsi, disait le prince qu'il se sentait bien vengé de son sujet pour lui avoir couronné la tête d'une belle couronne de cornes, puisqu'il voulait faire du petit roi et du souverain ; au lieu qu'il voulait porter couronne de fleurs de lys, il lui en fallait bailler une belle de cornes. »

Noble vengeance, n'est-ce pas ?

Elle avait pour objet, croyons-nous, Henri de Lorraine, duc de Guise, tué à Blois.

La seconde est de même nature et l'on suppose qu'elle eut Marguerite de Valois pour victime.

Entrée à Londres sans avoir rencontré de résistance. — Page 318, col. 2.

« Ce même prince en fit de même par la suasion de sa mère. » — Il *séduisit* une jeune princesse, — « sachant qu'elle devait épouser un prince qui lui avait fait déplaisir et troublé l'Etat de son frère bien fort; et puis, dans deux mois fut livrée audit prince pour pucelle prétendue et pour femme, dont la vengeance en fut fort douce en attendant une autre plus rude, qui vint après. » — La Saint-Barthélemy.

De pareilles vengeances nous paraissent aujourd'hui aussi ignobles que lâches; à la cour des Valois, elles excitaient presque de l'admiration.

Brantôme les rapporte comme des traits d'esprit.

Mais revenons à la troisième vengeance.

Contre son 'attente, disions-nous, la duchesse lui résista.

Alors il changea de ton.

De galant qu'il était, il devint froid et menaçant ; le chat-tigre montra les griffes ; l'amoureux disparut et fit place au tyran.

La duchesse en définitive, abandonnée au Louvre, était à sa discrétion.

Elle trembla d'abord pour son honneur, puis pour sa vie, puis bientôt après pour celle de son mari.

Le roi disait en sa présence que les nouvelles qu'il recevait du Midi ne lui donnaient aucun contentement.

Il ne parlait du duc qu'avec aigreur et donnait à entendre qu'il saurait bien se venger de lui.

La pauvre femme l'écoutait, frémissante, sans se méprendre sur la véritable cause de cette colère et se demandant avec anxiété ce qui en résulterait.

Henri, avec sa perfidie féline, semblait se faire un jeu de ses terreurs et s'étudiait à les accroître. Il avait en outre pour complices, sa mère, la vieille Catherine, et toutes les femmes de sa cour.

En vain la pauvre femme pressait-elle le retour de son mari ; plusieurs mois s'étaient déjà écoulés et il ne parlait point de son retour.

Le chagrin la rendit malade.

Elle cessa de paraître aux soirées de la cour et demeura enfermée chez elle.

Informé de son état, Henri affecta d'en être touché et voulut lui faire visite. Il la trouva dans son fauteuil, pâle, les yeux brûlants de fièvre et plus belle que jamais.

Il s'informa d'un air doucereux des causes de ses souffrances :

— Sire, lui répondit-elle, je n'en ai point d'autre que le chagrin et l'inquiétude où me plonge l'absence de monseigneur François,

— Tâchez donc de vous remettre, madame, dit Henri, et de prendre patience, car le duc ne peut être de retour ici avant longtemps. Un si long veuvage est cruel pour une femme jeune et aussi belle que vous êtes, mais il n'est si grand mal qui n'ait son remède.

Et je veux m'efforcer de réparer le mal que je vous cause en éloignant ainsi de vous votre mari pour le service de l'Etat ; mais du moins mes efforts vous seront-ils agréables et ne risquerais-je point de vous déplaire à vouloir trop vous aimer ?

Pouvait-elle dire non ?

Tant d'ingratitude eût été une mortelle injure, et quelques jours plus tard la duchesse reparut aux fêtes de la cour, dont elle fut la reine.

Mais, depuis ce temps, elle ne pressait plus le duc de revenir à Paris : autant elle avait désiré ce retour, autant elle avait de raisons de le redouter.

II

LE MARI.

Quatorze mois s'étaient écoulés depuis le départ du duc François de Guise. La vengeance du roi Henri avait été aussi complète que possible ; elle était même satisfaite jusqu'à la satiété, et la malheureuse princesse de Lorraine vivait seule, reléguée dans son appartement, dont elle avait dû renoncer à franchir les portes.

Elle allait bientôt être mère.

On lui annonça le retour de son mari.

Elle connaissait la lâcheté de Henri III ; elle ne douta point que celui-ci ne l'abandonnât à la juste colère de son mari, et s'apprêta à tenir seule tête à l'orage.

Ne pouvant se rendre au devant du duc,

elle se mit au lit sous prétexte d'indisposition, et l'attendit. L'hospitalité royale la mettait à l'abri des premiers emportements de François de Lorraine, et, le premier moment passé, elle était femme assez habile pour faire admettre au duc ses excuses.

C'était une maîtresse femme, comme on va le voir.

Dès qu'il entra chez elle la duchesse congédia ses femmes.

Il s'empressa vers elle et l'embrassa.

— Je viens d'apprendre à l'instant, dit-il, que vous êtes souffrante; mais on n'a pu me dire ce que vous avez.

— Et j'en suis heureuse, monsieur.

— Pourquoi cela?

— Parce que mon mal ne doit être connu que de trois personnes au monde : le roi, moi et vous.

— Que voulez-vous dire? Vous m'alarmez. N'avez-vous pas consulté votre médecin?

— Je n'ai pas besoin de son avis, et je ne sais que trop à quoi m'en tenir; ni mes jours ni ma santé ne sont en danger; mais, si j'étais assurée contre les mouvements de votre surprise et d'une colère trop prompte à s'enflammer, je pourrais de suite vous instruire de l'état fâcheux où je suis.

— Parlez, je vous en conjure. Savez-vous que ces paroles ambiguës sont bien propres à me faire concevoir les plus étranges soupçons. Vous avez donc sujet de redouter ma colère?

— Oui, monsieur; mais aux premiers mots que j'ai à vous dire, et non après que vous aurez entendu mes explications. Si vous me promettez de m'écouter avec patience...

— Parlez, s'écria le duc d'un ton impératif. Vous me laissez trop à supposer. Il n'y va pas de mon honneur au moins?

La duchesse garda le silence.

— Ah! vous ne répondez point! cria-t-il en pâlissant de fureur. Malheureuse!... Je devine l'état honteux où vous êtes... Ah! j'en tirerai vengeance. Mais le nom du coupable?... Son nom?

— Vous ne sauriez l'atteindre.

— Qui?

— Le roi.

A ce nom, François de Guise s'arrêta frappé de stupeur.

Il réfléchit quelques minutes : sans doute, selon les préjugés de son époque, trouva-t-il le déshonneur moins grand. Cependant il fallait que justice fût faite, et, ne pouvant atteindre le premier coupable, il allait tourner sa légitime colère contre l'autre.

— Le roi! répétait-il avec accablement.

Alors la duchesse, profitant de son étonnement, de son silence, essaya de se justifier :

— Monsieur, lui dit-elle (nous empruntons son discours à Brantôme), l'événement de votre voyage en est cause, qui a été si mal reçu de votre maître, — car il n'y fût pas bien certes ses affaires, — et, en votre absence, on vous a tant prêté de charités pour n'y avoir point fait ses besognes, que, sans que votre seigneur se mît à m'aimer, vous étiez perdu; et pour ne pas vous laisser perdre, monsieur, je me suis perdue.

« Il y va autant et plus de mon honneur que du vôtre.

« Pour votre avancement je ne me suis épargné la plus précieuse chose de moi. Jugez donc si j'ai tant failli, comme vous le diriez bien; car autrement votre honneur et faveur y eût été en branle.

« Vous êtes mieux que jamais.

« La chose n'est si divulguée que la tache vous en demeure trop apparente. Sur cela, excusez-moi et me pardonnez. »

La colère du mari tomba.

Il est regrettable que Brantôme ne nous ait pas donné sa réplique. Fit-il au moins quelque objection?

Seulement le chroniqueur ajoute :

« Le beau-frère, qui savait dire des mieux et qui, possible, avait part à la graisse, y en ajouta autres belles paroles et prégnantes, si bien que tout servit, et pour ainsi l'accord fut fait, et furent ensemble mieux que devant, vivant en toute franchise et bonne amitié; dont pourtant le prince, leur maître, qui avait fait la débauche et le débat, ne l'estima plus (ainsi que j'ai ouï dire) comme il en avait fait; pour en avoir tenu si peu de compte à l'endroit de sa femme, et pour l'avoir bu si doux, tellement qu'il ne l'estima depuis de si grand cœur, comme il l'avait tenu auparavant, en core que, dans son âme, il était bien aise que la pauvre dame ne pâtit pour lui avoir fait plaisir.

« J'ai vu aucuns et aucunes excuser cette dame et trouver qu'elle avait bien fait de se perdre pour sauver son mari et le remettre en faveur.

« Oh! qu'il y a de pareils exemples à celui-ci.

« Et encore un d'une grande dame qui sauva la vie à son mari qui avait été jugé à mort en pleine cour, ayant été convaincu de grandes concussions et malversations en son gouvernement et en sa charge, dont le mari l'en aima après toute sa vie. »

On sait comment se termina la vie de François de Guise? Il assiégeait Orléans et allait se rendre maître de la ville, lorsqu'il fut assassiné par un gentilhomme nommé Poltrot de Méré, qui le tua d'un coup de pistolet. Il mourut six jours après de sa blessure, le 15 février 1563.

Anne de Ferrare, son épouse, l'avait précédé dans la tombe.

ISABELLE DE FRANCE

REINE D'ANGLETERRE

I

ÉDOUARD II.

Isabelle de France était fille de Philippe le Bel et était née en 1292.

Dès son enfance elle avait été fiancée au prince de Galles, le premier héritier de la couronne qui ait porté ce titre, et dès que celui-ci fut arrivé au trône, il passa la Manche et se rendit à Boulogne pour y recevoir sa fiancée.

Isabelle était belle comme son père, et tenait, en outre, de lui un caractère ferme et altier. Elle semblait convenir à Edouard II, prince indolent et faible, et être destinée à prendre une grande part au gouvernement.

Mais si elle ne rencontra de la part de son mari aucune résistance, il n'en fut pas de même de la part du ministre favori, Gaveston, à qui le roi avait appris déjà à obéir.

Malgré l'attrait de sa beauté, malgré son intelligence et son énergie, Isabelle, chose étrange, ne put conquérir sur Edouard la même influence que Gaveston, et trouva un rival et un maître dans le favori de son mari.

Ecartée du pouvoir et bientôt après de la cour, elle se vit insultée par le ministre en présence du roi, et dut se résigner à dévorer l'affront de cet insolent parvenu.

Une conspiration, à laquelle elle ne prit aucune part, l'en délivra; mais n'étant pas mieux traitée, elle dut se plaindre au roi son père.

Le comte d'Evreux, frère de Philippe le Bel, se rendit en Angleterre auprès de sa nièce, tandis qu'Edouard se rendait en France pour demander l'appui de son beau-père contre ses grands vassaux coalisés.

Ce fut sur ces entrefaites qu'Isabelle donna le jour à un prince qui devait être Edouard III. Son mari eût dû en éprouver un retour de tendresse, mais ce singulier prince s'éloigna de nouveau de sa femme pour suivre un second favori, Hugues Spenser.

Il faut avouer que, s'il ne fut pas aimé, il ne méritait guère de l'être, et les galanteries d'Isabelle ne peuvent nous étonner.

La jeune reine chercha naturellement un appui parmi les seigneurs ennemis déclarés de Spenser.

C'est sans doute à cette époque que remonte sa liaison avec Roger Mortimer.

Nous ne nous attarderons point aux détails, sans intérêt aujourd'hui, de la lutte des grands d'Angleterre contre le favori. Cependant, pour expliquer la conduite d'Isabelle, nous sommes obligé d'en dire quelques mots.

La noblesse obtint l'exil de Spenser; mais elle ne profita de sa victoire que pour se montrer plus arrogante envers le roi et insolente envers la reine.

Celle-ci, dans un voyage, s'étant présentée aux portes d'un château, s'en vit refuser l'entrée avec mépris.

Orgueilleuse et vindicative, Isabelle parvint à arracher son mari à son apathie et à obtenir vengeance de l'insulte qui lui avait été faite; mais elle ne put ensuite s'opposer au retour du favori.

Dès lors, plus puissant que jamais, le ministre ne garda plus aucune mesure avec la reine. Il ne voulait point d'une alliée avec qui il prévoyait qu'il devrait un jour partager le pouvoir.

Il la traita en ennemie, et l'inexplicable complaisance d'Edouard lui en donna tous les moyens.

Il la dépouilla du comté de Cornouailles, qui lui avait été donné en apanage pour sa dépense particulière.

Isabelle en écrivit à son frère pour réclamer justice : « Dans la maison du roi, mon époux, lui disait-elle, je ne suis plus regardée que comme une servante à gages. »

Mais des démêlés politiques au sujet de la Guyenne, s'étant élevés entre les cours de France et d'Angleterre, lui offrirent l'occasion d'aller à Paris en se chargeant d'une mission conciliatrice, en 1325.

Une fois à Paris, elle se sentit puissante.

Bien loin de s'occuper de conciliation, elle ne pensa qu'à tirer vengeance des maux qu'elle avait endurés.

Elle appela à elle les mécontents d'Angleterre, qui accoururent en grand nombre se ranger autour d'elle, et au nombre de ceux-ci, elle n'oublia point le beau Roger Mortimer, un des premiers barons du pays de Galles.

Spenser prévint l'intention de Roger et le fit arrêter; mais celui-ci, aussi habile que brave, s'évada de sa prison et parvint à rejoindre la reine.

Dans les termes où elle se trouvait avec son mari, Isabelle ne crut pas devoir prendre la peine de cacher son amour pour Mortimer.

Celui-ci, brillant de tous les avantages extérieurs, devint pour Isabelle l'objet de la passion la plus vive.

Il se montrait partout à ses côtés, et à la cour de France, on lui rendait des honneurs presque égaux à ceux d'un prince. Enfin, c'était à sa garde et à ses soins qu'était confié le jeune prince de Galles que la reine avait eu la prudence et l'habileté de faire venir en France.

La faveur de Roger Mortimer était si peu dissimulée que l'évêque d'Exeter, envoyé par Edouard II, en fut scandalisé.

Il quitta brusquement Paris, et retourna près du roi pour lui faire la triste confidence de son déshonneur et de ses dangers.

Nous n'oserions dire qu'Edouard dut être fort étonné, mais il ne fut pas moins indigné que s'il avait réellement mérité la tendresse de sa femme.

Il somma Isabelle de revenir à Londres, en même temps que, par une autre lettre, il ordonnait à son fils de quitter la France sur-le-champ, soit avec sa mère, soit sans elle.

A cette sommation, Isabelle répondit par une adresse au roi et au gouvernement anglais, dans laquelle elle exposait ses justes griefs pour les humiliations qu'elle avait subies, et déclarait qu'elle ne remettrait les pieds en Angleterre que lorsque Hugues Spenser aurait été banni des conseils et de la présence du roi.

Cette attitude énergique accrut le nombre des partisans d'Isabelle.

L'Angleterre se trouva divisée en deux camps. Une lutte était inévitable.

Ne pouvant compter sur l'alliance effective de son frère, Isabelle s'adressa au comte de Hollande, et lui demanda la main de sa fille Philippine pour le prince de Galles.

Le comte, flatté de cette alliance, mit à la disposition de la reine plusieurs navires et un corps de troupes de trois mille hommes environ.

La flottille appareilla du port de Dortdrecht et le hasard permit que le point où elle aborda se trouvât précisément sans défense.

Isabelle débarqua à Orwell, sur la côte de Suffolk, le 24 septembre 1326.

De tous côtés ses partisans accoururent, évêques et grands seigneurs, et jusqu'au comte de Kent, le frère du roi.

La haine qu'inspirait le favori lui recrutait une armée.

Le faible Edouard ne songea même pas à se défendre. En apprenant que la reine marchait vers Londres, il prit la fuite sans savoir où il pourrait trouver un asile.

Isabelle le poursuivit jusque sur les côtes de l'ouest, où il tomba entre ses mains.

Alors elle se montra sans pitié pour ses ennemis ; Spenser et ses partisans périrent dans les supplices.

Entrée à Londres sans avoir rencontré de résistance, elle assembla aussitôt le Parlement et lui fit demander la déchéance d'Edouard II.

Les Parlements ne résistent guère aux coups d'Etat.

Celui-ci se montra docile aux volontés des vainqueurs. Chose étrange, ce fut au nom du roi Edouard II, dont il tenait ses pouvoirs, que le Parlement prononça la déchéance de ce monarque.

Il nomma ensuite régent du royaume le jeune prince, encore mineur.

Peu de temps après il devait être proclamé roi.

Cette révolution s'accomplit en quelques jours, frappant de stupeur ses ennemis qui n'eurent pas même le temps de se concerter.

II

LES CRIMES.

L'histoire se répète souvent, dit-on ; — les mêmes passions entraînent aux mêmes fautes.

Devenue libre et toute-puissante, Isabelle ne sut garder aucune mesure et se livra sans pudeur à sa passion pour Mortimer, qui fut entouré des mêmes honneurs que l'on rendait à Edouard.

Ce dernier cependant était retenu dans une étroite et cruelle captivité.

La reine, qui daignait parfois parler de lui dans les termes d'une pitié attendrie et lui envoyer quelques présents ou quelques mets choisis de sa table, se refusait à lui laisser voir son fils.

Et le peuple, quand l'éclat des fêtes de la

cour se projetait jusqu'à lui, comparait le sort du favori avec celui du roi détrôné. Le peuple plaignit le roi et commença à murmurer. C'est ce que nous avons déjà vu au sujet de Darnley d'Ecosse.

Mortimer s'effraya de ces murmures et de ces sympathies.

La perte d'Edouard fut résolue.

Deux sicaires à sa solde, nommés Gournay et Maltravers, pénétrèrent dans la chambre du roi pendant son sommeil et lui plongèrent un fer rouge dans les intestins.

On rapporte qu'ayant consulté l'évêque d'Hereford avant de commettre le meurtre, les assassins avaient reçu du prélat cette réponse ambiguë :

« *Eduardum regem nolite timere, bonum est.* »

Ce qui peut se traduire :

« Ne craignez pas le roi Edouard, il est bon ; ou c'est bon, ne craignez pas Edouard.

Edouard III, proclamé roi après ce meurtre, était âgé de quatorze ans.

Mais ce jeune prince montrait une énergie précoce et paraissait décidé à régner. Bientôt il fit à Mortimer une opposition ouverte et se forma un parti, que l'insolence du favori se chargea de grossir de jour en jour.

Isabelle au contraire ne montrait plus la même audace et la même fermeté, et, ainsi que la plupart des reines que nous avons vues, elle devint la première sujette du maître qu'elle s'était donné.

Quatre ans s'étaient écoulés lorsque le bruit se répandit que des signes trop évidents allaient trahir la liaison coupable de la reine avec Roger Mortimer.

Elle habitait alors avec lui le château de Nottingham, sous la garde d'une nombreuse garnison.

Edouard III, ému des bruits dont nous venons de parler ou décidé à s'en prévaloir pour renverser le pouvoir de Mortimer, se résolut à une tentative audacieuse.

Ayant découvert dans la campagne aux environs de Nottingham un souterrain qui communiquait avec le château, il s'y engagea avec une poignée d'hommes dévoués à sa personne, et pendant la nuit pénétra dans la forteresse dont il se rendit maître.

Malgré les cris, malgré les larmes d'Isabelle qui, se traînant aux pieds de son fils, le suppliait d'épargner le *gentil Mortimer*, le favori fut saisi, chargé de chaînes et, peu après, sans aucune forme de procès envoyé au gibet.

En même temps le roi faisait conduire sa mère au château de Rising, près de Londres.

Isabelle s'était fait allouer, à titre de douaire, les deux tiers des revenus de la couronne ; sa pension fut réduite à 4,000 livres sterling.

Cela devait suffire à une prisonnière.

Néanmoins, Edouard voulut qu'elle fût traitée avec les égards dus à son rang. Il ne se départit point du respect qu'il lui devait.

Sans doute il n'ignorait point ses fautes et ses crimes, mais il en imputait la plus grande part à Mortimer. Celui-ci ne lui avait arraché son consentement au meurtre d'Edouard II qu'en la persuadant que le roi la ferait brûler vive s'il remontait sur le trône.

Isabelle survécut vingt-huit ans à Mortimer, elle mourut au château de Rising, le 22 août 1358.

Edouard III ordonna qu'elle fût enterrée avec une pompe royale dans l'église des Franciscains de Londres.

ÉLÉONORE DE GUYENNE

REINE DE FRANCE ET REINE D'ANGLETERRE

I

ÉLÉONORE REINE DE FRANCE.

Reine de France d'abord, puis reine d'Angleterre, et reine galante toujours ; de ses trois couronnes, cé fut la dernière que la belle Éléonore de Guyenne porta avec le plus de succès.

Elle en effeuilla les myrtes et les roses avec prodigalité.

Nulle mieux qu'elle ne remplit à l'avance ce devoir que plus tard Brantôme reconnaissait aux dames de haute condition, aux très-illustres dames qui, de même que le soleil répand ses rayons, doivent répandre leurs faveurs avec la générosité de la toute-puissance et de la souveraine beauté.

Cette fille de Guillaume IX, dernier duc d'Aquitaine, était d'une beauté et d'un caractère virils. De bonne heure, elle se plaisait aux fatigues de la chasse, aux exercices violents. Elle aimait le bruit, l'éclat des fêtes, et son esprit ardent s'éprenait d'aventures avant que son cœur eût encore battu.

Mais, de son temps, au douzième siècle, la vie des souverains était remplie d'aventures, et l'humeur de la jeune princesse devait trouver ample satisfaction.

Son père, un bonhomme très-dévot, étant parti pour un pèlerinage à Saint-Jacques de Galice, la déclara héritière de ses Etats, à la condition qu'elle épouserait le prince Louis, fils de Louis le Gros, roi de France.

L'assemblée des Etats d'Aquitaine transmit cette volonté de Guillaume au roi Louis VI, qui l'accueillit avec empressement.

La dot de la duchesse était considérable. Elle apportait le Poitou, la Saintonge, la Gascogne, le pays des Basques ; vaste territoire qui s'étend de la Haute-Loire aux Pyrénées.

Aussi, sans délai, rendez-vous fut pris à Bordeaux, et quelques mois plus tard, en 1137, Eléonore, fille du duc d'Aquitaine, épousa le prince Louis, héritier de la couronne de France.

Inutile d'ajouter, sans doute, que ce mariage fut célébré avec une pompe toute royale.

Les jeunes époux paraissaient être nés l'un pour l'autre, et destinés à créer, dans les éléments de leur bonheur personnel, le bonheur de leur peuple.

Louis le Gros étant mort peu après le mariage de son fils, celui-ci lui succéda sous le nom de Louis VII, auquel on a joint plus tard le surnom de le Jeune.

Les premières années du règne de Louis le Jeune furent assez heureuses ; mais la folie des croisades vint tout gâter.

C'est mon frère qui chasse.

Louis se trouva avec sa femme au concile de Vézelai, où saint Bernard prêchait la deuxième croisade. Nous avons dit combien Éléonore avait le goût des aventures, du bruit et de la foule. La perspective d'un voyage en pays étranger, de combats, d'un grand rôle à jouer, l'enthousiasmait.

Elle reçut la croix des mains de saint Bernard.

Elle enflamma le zèle des barons et des chevaliers, après avoir décidé son mari lui-même.

Et dans le cours de l'été de 1147, elle partit avec Louis VII pour l'Orient.

Ils firent une première station à Constantinople.

Puis ils abordèrent en Asie, et poursuivirent leur long et périlleux voyage jusqu'à Antioche.

Cette ville était alors au pouvoir d'un oncle de la reine, le comte Raymond de Poitiers.

Raymond fit aux souverains et à leur armée le plus sympathique et le plus généreux accueil.

C'était un homme jeune, beau, vaillant et galant, qui, à la pratique de la religion chrétienne, alliait, dans la plus large mesure, les usages voluptueux de l'Orient.

Enrichi des dépouilles des vaincus, il ne songeait plus qu'à s'affermir dans la possession de sa province, croyant sans doute le Christ suffisamment vengé par le fléau de sa domination à Antioche.

L'arrivée d'une armée chrétienne répondait à ses vœux les plus chers pour achever l'extermination des musulmans insoumis ou des princes ses voisins.

Il s'attacha à la retenir.

Et pour y arriver il s'efforça de séduire le cœur de la reine.

Louis le Jeune, tout entier à ses occupations militaires et à ses devoirs de chrétien, laissait à sa femme le soin de faire les honneurs d'une cour aussi brillante que voluptueuse, sans s'apercevoir des dangers qu'elle pouvait y courir.

Absorbé dans ses pratiques de dévotion et tourné vers Jérusalem, il ne vit rien des manœuvres galantes de Raymond vis à vis de sa nièce, et plus tard, — non bien longtemps après et simultanément peut-être, — des coquetteries d'Eléonore envers d'autres héros de la première et de la seconde croisade.

Dans les tournois il ne voyait que cérémonie et que passe-temps dans les chasses.

Il ne s'apercevait point davantage du désordre que jetaient dans son armée les libéralités de Raymond et l'oisiveté d'un séjour trop prolongé.

Cependant on ne se gênait pas trop vis à vis de lui. Sous prétexte de dévotion, sa femme s'éloignait de lui; mais, après le comte Raymond, la fleur des chevaliers et la fleur des barons avait su à quoi s'en tenir sur la sincérité de ses prétendus scrupules.

Le bon roi devenait la fable de son armée.

On citait même parmi les favoris d'Eléonore des musulmans !

Oui, elle ne dédaignait ni les infidèles ni leurs présents.

« Dans ces choses, dit Mézeray, on dit souvent plus qu'il n'y a; mais aussi il y a souvent plus qu'on ne dit. »

« Pensez, dit Brantôme, qu'elle voulut éprouver si ces bons compagnons étaient aussi braves à couvert qu'en pleine campagne, et que possible son honneur était d'aimer les gens vaillants...

« Cette reine Eléonore ne fut pas la seule qui accompagna en cette guerre sainte le roi son mari; mais avant elle et avec elle, et après, plusieurs autres princesses et grandes dames avec leurs maris se croisèrent....... et, sous la couverture de visiter le Saint-Sépulcre, parmi tant d'armes, faisaient à bon escient l'amour. »

Ces guerres d'Orient, qui ne furent point stériles pour la science et la civilisation, contribuèrent rapidement à la corruption des mœurs.

La débauche et le luxe énervèrent les armées chrétiennes.

Cependant Louis VII se disposait à quitter Antioche pour marcher vers Jérusalem, malgré les instances de sa femme pour retarder son départ.

Et, comme il persistait dans sa résolution, il rencontra chez Eléonore une opposition telle qu'il dut ouvrir les yeux.

La jeune reine, pervertie et déjà éhontée, lui déclara qu'il pouvait aller à Jérusalem tout seul, et qu'elle préférait renoncer à lui plutôt que de renoncer aux plaisirs de la cour de son oncle.

— C'est vous qui m'avez trompée le premier, lui disait-elle; en vous épousant, je croyais épouser un roi et vous êtes un moine.

Je me séparerai de vous, s'il le faut, je ferai casser mon mariage pour cause de parenté.

Louis, de crainte de faire un éclat, de peur de scandaliser les Turcs peut-être, tenait bon et répondait :

— Vous ne serez plus mon épouse, mais vous êtes et resterez la reine; vous me suivrez de gré ou de force.

— Ni de bon gré ni de force, répliquait Eléonore; j'ai pour moi mon oncle Raymond.

Et en effet celui-ci osait braver le roi et prétendait retenir sa nièce.

Enfin Louis VII, outragé comme roi et comme époux, hâta les préparatifs de son départ et enleva sa propre femme, la nuit, en secret, et l'emmena dans son camp.

Raymond n'osa l'y poursuivre.

Les deux époux ne vécurent ensemble que pour se prodiguer les témoignages incessants d'une haine réciproque. Louis tenait la reine éloignée de lui; Eléonore ne parlait de lui qu'avec un mépris insultant.

Plus d'une fois le mari pensa à répudier sa femme; mais il en fut dissuadé par l'abbé Suger, le sage abbé de Saint-Denis, qui lui représenta le côté impolitique d'une semblable mesure. La dot valait la peine que l'on gardât la femme. Il fallait conserver à la France la Gascogne, la Saintonge et le Poitou.

Ce pauvre Louis VII, parti pour délivrer le Saint-Sépulcre, ne pouvait pas même se délivrer de sa femme.

Nous ne le suivrons pas dans ses glorieuses pérégrinations, ses misères conjugales nous suffisent.

Il rentra en France avec Eléonore; mais l'abbé Suger étant mort, il reprit ses idées de séparation, et, en l'an 1152, le concile de Beaugency prononça le divorce.

II

ÉLÉONORE, REINE D'ANGLETERRE.

Le divorce apaisa chez Louis VII tout ressentiment; mais il n'en fut pas de même chez Eléonore.

Aussi vindicative qu'orgueilleuse, elle ne résigna point la couronne de France sans songer à se venger.

A peine retirée dans le duché qui composait son douaire, elle devint l'objet de l'ambition de plusieurs princes.

Elle ferma les yeux; elle ne voulut voir parmi les soupirants quel était le plus beau chevalier ou le plus aimable; rassasiée de conquêtes, elle n'avait plus d'autre passion, en ce moment du moins, que celle de la vengeance.

Humiliée, il lui fallait, avant tout, reparaître le front haut et une fois encore tourner les rieurs de son côté.

C'était du reste une nature perverse.

Aucun sentiment de justice n'avait longtemps la voix dans sa conscience.

On chercherait vainement en elle une qualité.

Malgré cela, les beaux yeux de sa dot attirèrent les hommages du duc de Normandie, qui fut plus tard le roi Henri II d'Angleterre.

Eléonore, voyant en lui un prince assez puissant pour servir contre Louis VII ses projets de vengeance, l'agréa.

Ce mariage fit passer à la couronne d'Angleterre les riches provinces que vous savez.

Henri n'avait agi que par ambition.

Il méprisait celle dont il avait demandé la main, n'ignorant rien de ses aventures en Orient.

Eléonore était plus âgée que lui.

Elle eut donc bientôt à souffrir des mêmes chagrins dont elle avait abreuvé le bon Louis VII.

Elle connut la jalousie.

Elle ne se résignait pas à être délaissée.

Elle ne comprenait pas que son teint, brûlé par le soleil, ses traits, amaigris par une vie agitée et dissolue, ne pouvaient lui permettre de rivaliser avec les jeunes beautés blondes et fraîches des bords de la Tamise.

Sa démarche virile ne manquait point dans les cérémonies publiques d'une certaine majesté qui seyait à une reine, mais elle avait perdu en séduction ce qu'elle avait gagné en majesté.

Le roi Henri II n'avait des yeux que pour les yeux de pervenche de la belle Rosemonde et, si par hasard il détournait ses regards de cette jeune et fraîche beauté, ce n'était pas pour les reporter sur sa femme, mais sur quelque fille d'honneur dont la grâce accorte provoquait le caprice.

La reine Eléonore faisait une ombre noire dans cet essaim de minois roses.

Les plus savantes de la cour la comparaient à Proserpine.

Se plaignait-elle à son mari :

— Vous êtes bien sévère, lui répliquait celui-ci ; vous l'étiez moins à Antioche. Alors vous suffisiez à arrêter la marche de toute une armée, et les musulmans eux-mêmes étaient parvenus à vous faire agréer leurs hommages.

Henri lui jetait à tout propos ses *orientales à la tête*.

Bientôt la jalousie se changea chez elle en haine.

Désespérant de se faire aimer, elle ne songea plus qu'à se venger.

Elle s'enveloppa de dissimulation, parut résignée à l'abandon, mais en secret mina la situation d'Henri II, se rapprocha du roi Louis par une correspondance qui n'était qu'un tissu de trahisons, sema partout autour d'elle les soupçons et la haine, divisa la famille royale, et finit, pour comble de perfidie, par armer les jeunes princes contre leur père.

L'existence du roi fut empoisonnée.

Plus de repos pour lui.

La guerre s'alluma et le surprit, et à la guerre étrangère il eut la douleur de voir se joindre une lutte impie provoquée par ses enfants.

Il devina bien vite la cause de tous ses maux.

L'ennemi le plus dangereux était sous son toit, il n'avait qu'un mot à dire pour l'atteindre, pour le foudroyer.

Il y pensa.

Mais il y pensa tout haut sans doute, et Eléonore, avertie du danger suspendu sur sa tête, prit ses mesures pour s'y soustraire.

Elle résolut de se réfugier en France. Un de ses favoris fréta un navire, y transporta de l'or et des armes, et la reine s'apprêta à fuir sous un déguisement masculin.

Elle allait se mettre à la tête des rebelles ; déjà la Normandie, l'Aquitaine, l'Angleterre étaient en feu ; elle se proposait d'attiser cet incendie, de marcher sur Londres, de faire Henri II prisonnier.

Il la prévint...

Au moment où, sous son déguisement, elle s'échappait du palais, il la fit arrêter, puis sous bonne garde conduire dans un château-fort.

Cet acte d'énergie le sauva.

La nouvelle de son arrestation découragea ses partisans qui, les uns après les autres, firent leur soumission.

Voilà donc ce que peuvent pour le malheur d'un peuple les passions aveugles d'une reine.

Eléonore demeura prisonnière jusqu'à la mort de Henri II, pour le plus grand bonheur du roi et du pays.

Richard Cœur-de-Lion, en succédant à son père, délivra la vieille reine, en 1188.

La réclusion ne l'avait point changée. Elle avait toujours le même goût pour la galanterie et les intrigues.

Richard devait épouser Alix, princesse française ; elle fit rompre les négociations de ce mariage pour lui faire épouser Bérengère, princesse de Navarre.

On sait comment le roi Richard prit part à la troisième croisade ; — nous n'avons pas à la raconter.

Pendant son absence, Eléonore gouverna l'Angleterre.

Ce fut la seule époque de sa vie où elle fit un sage emploi de son esprit actif et de son énergie.

Lorsque Richard Cœur-de-Lion fut retenu prisonnier en Allemagne, elle implora tour à tour le pape, l'empereur Henri V et Philippe Auguste pour obtenir sa liberté.

Enfin, quelques années après le retour de Richard en Angleterre, Eléonore, courbée sous le poids des ans, se retira à l'abbaye de Fontevrault où elle mourut en 1203, à l'âge de quatre-vingts ans.

ÉLÉONORE

REINE DE PORTUGAL

I

UNE PASSION MALHEUREUSE.

C'est la première fois que nous abordons à Lisbonne, ce qui aurait pu donner à croire que les bords du Tage étaient un climat privilégié, où ne florissaient point ces galanteries royales, ces fleurs éclatantes et dangereuses, dont nous avons entrepris la collection.

Rien ne serait plus erroné qu'une telle supposition ; l'histoire de Portugal nous offre plusieurs Eléonore ; nous n'en cueillerons qu'une à titre d'échantillon.

Elle n'était point d'origine royale.

Elle était fille de Martin-Alphonse Tellez de Nunès, et, avant d'être appelée au trône, était mariée à un simple gentilhomme, don Juan d'Acunha.

Ce gentilhomme ayant conduit sa femme à la cour, le roi Ferdinand en tomba éperdûment amoureux.

Ce roi était un cœur ardent et une tête faible.

A sa place, François 1er aurait engagé le mari à aller se promener dans ses terres, et fait de la belle Eléonore sa favorite de premier rang ; le roi Ferdinand, lui, n'imagina rien de mieux que de prier le mari de divorcer et d'épouser l'objet de sa passion.

A cette occasion sans doute, don Juan d'Acunha fut décoré et comblé de biens ; et l'on verra qu'il ne fit pas une grande perte.

Il fut le seul peut-être qui applaudit à l'intention du roi.

La cour d'Espagne en fut irritée, car il existait des projets d'union entre Ferdinand et l'infante de Castille. Le peuple de Lisbonne traduisit son indignation par des émeutes, et les grands seigneurs se révoltèrent également.

Mais Ferdinand, qui était faible au fond, se montra entêté et tint bon. Il renvoya ses conseillers, punit de mort les chefs des mutins, et Éléonore fut proclamée reine en 1371.

Ambitieuse et fière, la parvenue eut à souffrir les dédains des grands, et à supporter les soupçons injurieux du peuple, qui ne voulait voir en elle qu'une intrigante.

Elle essaya de se faire des amis en comblant de faveurs quelques courtisans, et rechercha la popularité par des libéralités et des aumônes.

Mais ne récoltant qu'ingratitude, elle renonça à se faire aimer et essaya de se faire craindre.

La santé du roi, déjà faible avant son mariage, s'était épuisée au feu de sa passion ; elle tremblait à la pensée de se trouver veuve en butte à une hostilité générale.

Elle s'entoura des membres de sa famille, leur distribua les pouvoirs et les dignités, mais son caractère ombrageux ne lui laissait aucun repos, et lui faisait voir des ennemis jusque dans sa famille.

Un drame affreux en résulta. Elle avait appelé près d'elle sa jeune sœur Marie, dont la beauté avait séduit l'infant don Juan. Loin de contrarier leur passion, elle ferma les yeux, n'y voyant qu'une galanterie éphémère ; mais ayant appris que les deux jeunes gens s'étaient unis par un mariage secret, elle s'alarma et craignit une concurrence au trône.

Elle résolut de perdre sa sœur.

Avec une perfidie inimaginable, elle parvint à exciter la jalousie de l'infant, et lui inspira de faux soupçons qui le portèrent à poignarder sa jeune femme.

Le roi, qui ignorait cette trame, conçut une profonde douleur de ce drame domestique ; mais cette douleur restait sans consolation. Il avait écarté de lui ses amis les plus fidèles, et il se trouvait seul, malade, en présence d'une femme dont il s'était fait l'esclave et le jouet, qui ne l'avait jamais aimé, et qui le trompait depuis longtemps.

Elle avait pour favori un gentilhomme castillan, don Juan d'Andeiro.

Elle n'attendit pas que la mort eût fermé les yeux du malheureux Ferdinand, qui emporta dans la tombe le remords de sa folle passion et le souvenir des trahisons de sa femme.

D'Andeiro tenait déjà sa place dans les cérémonies publiques, où il ne pouvait plus paraître.

En 1383, le favori avait accompagné la reine à la cour de Castille pour les fiançailles de l'infante Béatrix de Portugal avec don Juan, roi de Castille.

Le roi mort, Éléonore partagea le gouvernement avec d'Andeiro.

Toute réserve, toute pudeur fut bannie.

L'avénement du favori fut le signal des prodigalités les plus insensées, et des actes les plus arbitraires.

Les destinées du Portugal devinrent le jouet de ces amants, qui faisaient de leur règne une orgie, comme si un secret pressentiment les eût avertis de se hâter de jouir de leurs richesses et de leur pouvoir.

La fin du règne d'un aventurier est toujours marquée par des fêtes étourdissantes, et c'est pour cela que l'orgie du cinquième acte du *Prophète* ressemble à tant de pages d'histoire.

Tandis qu'ils s'abandonnaient aux plaisirs, l'orage qui devait les emporter s'amoncelait à l'horizon.

Les mécontents se groupaient, et bientôt formaient un parti puissant sous la direction de don Juan, grand-maître d'Avis.

Un soir, devant le palais resplendissant de lumières et plein du bruit joyeux d'une fête, de la foule des curieux attardés sur la place, comme de coutume, se détacha brusquement une centaine d'hommes qui s'élancèrent à travers la cour, renversant les gardes qui leur faisaient obstacle, aux cris de « A mort d'Andeiro !

L'élan des conjurés fut irrésistible.

A peine le vestibule du palais fut-il taché de quelques gouttes de sang.

La foule, bientôt considérable, était prête à les soutenir.

En un instant le grand-maître d'Avis et ses partisans pénétrèrent dans les salons et se ruèrent vers le favori.

Don Juan d'Andeiro se tenait près d'Eléonore, cherchant un abri dans la majesté royale.

A peine eut-il le temps de saisir son épée.

— Que voulez-vous ? s'écria Eléonore, se portant hardiment à leur rencontre.

— La mort d'un coupable ; la mort d'Andeiro !

— Si don Juan d'Andeiro est accusé d'un crime, la reine doit entendre l'accusation et faire rendre justice.

— L'arrêt est prononcé, répondit le chef des conjurés, et le châtiment est au bout de nos épées.

— Êtes-vous des assassins ! s'écria Eléonore.

Et se retournant vers d'Andeiro qu'elle entoura de ses bras :

— Frappez donc, si vous l'osez !

Le grand-maître d'Avis, inébranlable dans sa résolution, s'approcha de la reine, écarta sa main et poignarda d'Andeiro dans ses bras !...

Couverte du sang de son amant, elle tomba privée de connaissance.

Lorsqu'elle revint à elle, elle n'était plus régente.

Elle était seule dans son palais occupé par ses ennemis, entendant les cris de la foule qui traînait au Tage le cadavre d'Andeiro.

La fête n'était plus au palais, mais dans la ville entière, qui retentissait de chants et de cris de joie.

Frémissante d'épouvante et d'horreur, elle écoutait ces bruits, ces clameurs qui grossissaient de minute en minute, et, comme le grondement d'une marée d'équinoxe, se rapprochaient de plus en plus.

Est-ce que le peuple allait aussi réclamer sa part de vengeance ?

Quelques serviteurs qui s'étaient tenus cachés jusqu'alors, en entendant gronder la foule, accoururent près de la reine :

— Madame ! Madame ! Il faut fuir !... Le palais va de nouveau être envahi. Votre vie est menacée.

— Fuir ! seule ainsi, sans une épée fidèle pour me protéger !

— La nuit vous protégera mieux que les épées de vos partisans.

— Mais ma famille ? mes frères...

— Ils sont déjà sur la route d'Alenguer. Il nous reste quelques chevaux, profitons-en pour les rejoindre.

— Allons, dit-elle, la rage dans le cœur.

Elle s'habilla à la hâte, emporta tout l'or et tous les bijoux qu'elle put emporter, et s'évada de sa capitale.

On rapporte qu'au moment où Lisbonne disparaissait à ses yeux, elle se tourna vers cette ville en s'écriant :

« O Lisbonne ! ingrate et perfide, fasse le ciel que je puisse te voir embrasée ! »

Souhait maternel qui, heureusement, ne se réalisa point.

De Lisbonne la régente gagna Alenguer, et de cette ville passa à Santarem ; elle ne s'éloignait pas beaucoup et ne quittait point les bords du Tage.

On ne songea point à l'y inquiéter.

Le parti victorieux, au lieu de profiter de son facile succès, se divisa ; les chefs se retirèrent dans leurs domaines pour s'y fortifier ou armer leurs vassaux et tenir la campagne.

Lisbonne des excès de la tyrannie tomba dans les misères de l'anarchie.

La régente, instruite de ce désordre, reprit courage et chercha l'appui de l'étranger.

Elle s'adressa à don Juan de Castille. Ce prince était son gendre ; Ferdinand étant mort sans laisser d'enfants mâles, elle pressa don Juan de se faire reconnaître roi de Portugal.

Le roi de Castille ne pouvait rester sourd à son appel.

Il se rendit à Santarem, suivi de sa noblesse et d'une petite armée. Eléonore ne respirait que la vengeance, mais, comme on l'a dit, la vengeance est un mets, qu'il faut manger froid, et en ce moment la fumée de ce mets obscurcissait l'esprit de la régente.

Dans son aveuglement, elle se dépouilla en

faveur du roi de Castille de tous ses droits, ne se réserva aucune autorité, pour prix de la mort des assassins d'Andeiro.

Elle se donna un maître et ne tarda point à s'en repentir.

Don Juan entra à Lisbonne qu'il rançonna par la raison que toute intervention se paie, et ce ne fut point d'Andeiro qui fut le mieux vengé, mais l'infortuné Ferdinand.

Ayant à redouter à la fois dans Eléonore une reine détestée de son peuple, une femme astucieuse et une belle-mère, le roi de Castille la fit enfermer dans le couvent de Tordesillas, près de Valladolid.

La chronique ajoute qu'elle y mourut en 1405, de chagrins et de remords.

De chagrins nous pouvons le croire, mais de remords, cela nous paraît bien invraisemblable.

Depuis longtemps les spectres de Ferdinand et de la jeune dona Maria, sa sœur ne l'empêchaient plus de dormir.

HENRIETTE D'ANGLETERRE

DUCHESSE D'ORLÉANS.

I

MONSIEUR.

Un sourire discret, puis un éclat de bruyante gaieté auquel succèdent les cris arrachés par les douleurs de la mort la plus cruelle, ainsi pourraient se résumer la vie singulière et la fin mystérieuse de madame Henriette.

Ce siècle de Louis XIV, en apparence si ouvert et si lumineux, a ses mystères, — ses angles ténébreux, où le jour n'a point pénétré.

Parmi les sculptures triomphales qui racontent la gloire du roi de Versailles, — dit un éminent écrivain, — quelques sphinx se tiennent encore accroupis dans l'ombre, gardant leur secret.

Un de ces sphinx, une de ces énigmes, est la mort d'Henriette d'Angleterre.

Mais racontons sa vie.

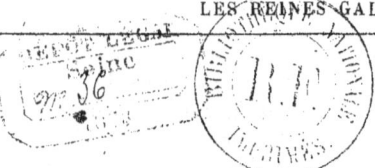

Il vit au pied d'un grand chêne une dame qui se plaignait.

Elle était fille de la reine Henriette-Marie et de Charles Ier et était née à Exeter, le 16 juin 1644.

Dès sa naissance elle connut le malheur et l'exil. Sa mère fuyait devant les armées parlementaires, lorsqu'elle fut apportée en France dans les bras de sa nourrice; et son père, qu'elle ne connut point, restait à Londres, voué à l'échafaud.

La cour de France ne se montra point généreuse pour cette reine fugitive et sa fille.

La reine Henriette, la fille de Henri IV, souffrit au Louvre de la faim et du froid.

Elle éleva sa fille plutôt comme une personne privée que comme une princesse, — « ce qui fut cause, dit madame de La Fayette, qu'elle prit toutes les lumières, toute la civilité, toute l'humanité des conditions ordinaires. »

L'ombre de l'infortune faisait la solitude autour de son enfance : les courtisans sont des parasites qui ne vivent que dans les chauds rayons de la fortune ; ils l'évitaient.

Pauvre, mal mise, on ne la voyait pas.

Ce fut par obéissance à la volonté de sa mère et avec un déplaisir marqué que le jeune Louis XIV consentit à danser un jour avec cette cendrillon des princesses.

L'orgueil chez lui n'attendait pas le nombre des années. Aussi repoussa-t-il hautement le projet d'Anne d'Autriche, qui voulait le fiancer à la fille du roi décapité.

Mais aussi tout changea lorsque la révolution de 1660 rétablit la monarchie en Angleterre et replaça Henriette sur les premières marches d'un trône.

Elle avait alors dix-sept ans.

Chétive jusque-là, elle prit de la beauté aux premières caresses de la fortune : un beau teint, des yeux pleins d'une puissance fascinatrice, des manières élégantes, auxquels s'ajoutait le charme d'un esprit vif et enjoué.

Sa coquetterie intelligente sauvait la vulgarité de ses traits et déguisait les défauts de sa taille.

A tel point qu'elle obtint à la cour de Charles II un véritable succès et fit dès les premiers jours la conquête de Buckingham.

A son retour en France, Buckingham l'accompagna, et, comme elle était gravement indisposée, il laissa paraître les marques d'un tel désespoir que la reine-mère en appréhenda quelque éclat scandaleux et lui enjoignit, à leur arrivée au Havre, de les devancer à Paris.

Il y avait un projet de mariage.

Louis XIV, désirant continuer avec l'Angleterre les bonnes relations formées par Mazarin, avait offert à Charles II de marier son frère, — Monsieur, — à Henriette.

La proposition avait été acceptée, et le mariage était décidé avant que ceux qu'il devait lier eussent été consultés.

Cette union fut célébrée, le 31 mars 1661, dans la chapelle du Palais-Royal. Elle ne fut accompagnée d'aucune fête, parce que l'on était en carême.

Henriette passa du Palais-Royal aux Tuileries, mais n'eut pas près de son mari le même succès que près de Buckingham. Ce dernier n'était que vaniteux ; Monsieur était un fat qui ne vivait que dans le culte et l'admiration de sa personne.

Il était trop occupé de se parer et de s'admirer pour remarquer sa femme.

Il daigna lui témoigner quelque amitié, et encore ce sentiment s'éteignit-il vite. Il s'est peut-être vanté en prétendant qu'il l'avait aimée quinze jours.

Cependant Henriette pouvait trouver dans la cour brillante qui l'entourait une juste compensation. Elle était devenue ce que nous appelons aujourd'hui une étoile.

Elle avait suivi la famille royale à Fontainebleau, et dans cette résidence elle avait distingué, parmi ses adorateurs, le comte de Guiche, un des plus beaux et des plus aimables gentilshommes.

Alors, comparant sa jeunesse abreuvée de dédains avec sa situation présente, et n'écoutant plus que la voix de désirs longtemps contenus par la pauvreté, elle ne songea plus qu'à se divertir et à plaire.

Elle devint ainsi toute la joie et tout l'agrément de la cour.

Elle était l'âme de toutes ses fêtes.

Sa gaieté, le goût qu'elle témoignait pour les divertissements qui plaisaient à Louis XIV, le soin qu'elle prit de s'entourer des personnes qui lui étaient agréables, attirèrent bientôt le roi dans le cercle de sa belle-sœur.

Elle voulait se venger des dédains de Louis. Elle n'avait oublié ni la scène du bal ni le refus de mariage.

Sa coquetterie triompha facilement du roi.

Elle l'attira, feignit de fuir, se laissa poursuivre, renouvela avec lui pour la cent millième fois le manège de la bergère de Virgile qui fuit sous les saules et désire être vue.

« Elle se souvenait, dit madame de Motteville, que Louis l'avait autrefois méprisée quand elle aurait pu prétendre à l'épouser, et le plaisir que donne la vengeance lui faisait voir avec joie de contraires sentiments qui paraissaient s'établir pour elle dans l'âme du roi. »

Bientôt la reine, la placide et patiente Marie-Thérèse, en prit ombrage.

Elle se plaignit à la reine-mère.

Les tendres relations du roi avec sa belle-sœur n'étaient plus un mystère pour personne, même pour Monsieur, qui, s'arrachant à son miroir, fut, à son tour, témoigner son mécontentement à Anne d'Autriche.

Depuis longtemps écartée des affaires, la vieille reine n'était pas fâchée d'avoir une fois encore à faire acte d'autorité. Elle intervint entre les jeunes époux; mais l'inspiration de l'habile Mazarin lui manquait; elle fut maladroite et consomma la brouille.

« Tout cela, dit madame de La Fayette, faisait un cercle de redites et de démêlés qui ne laissait de repos ni aux uns ni aux autres. »

Les deux amants, également sermonnés, se consultèrent.

Ils convinrent d'une ruse de guerre.

Louis fut invité par Henriette à donner le change aux médisants en faisant la cour à une des dames d'honneur de la princesse.

Il y consentit; mais le traître ne prit pas la première venue : il choisit la plus jolie, mademoiselle de La Vallière!...

Il fut pris au piége qu'il tendait.

Il s'en consola comme l'on sait; mais Henriette en demeura confuse et irritée. Il lui fallait sa vengeance.

— Et Monsieur? demandera-t-on.

Monsieur se suffisait à soi-même. Il avait Monsieur.

II

LE COMTE DE GUICHE.

La vengeance d'Henriette était toute prête.

Ce ne fut pas elle la première qui l'aperçut, ce fut la plus délurée et la plus intrigante de ses dames d'honneur, mademoiselle de Montalais.

M. de Guiche, toujours épris, faisait pied de grue, se disant, pour se consoler d'une si longue attente, que l'amour d'un roi n'est jamais qu'un caprice.

La Montalais vint au devant de lui et l'encouragea.

Il n'avait plus qu'à écrire.

Elle se chargeait des lettres.

Une correspondance s'entama; puis vinrent des rendez-vous très-mystérieux jusqu'à ce que le mystère laissa tomber ses voiles sur le nez de Monsieur, qui se fâcha.

Mais on ne s'emporte point ainsi sans raison plausible. Vous vous récriez, vous jugez et condamnez votre femme, mais il faut des preuves!...

Monsieur chercha, fit du bruit, du scandale, et, joué par la Montalais et Henriette, dut se contenter d'une conviction morale.

Pas de preuves!... Et il entendait autour de lui rire et chuchoter les coupables et leurs complices.

Il se plaignit à Louis XIV.

Son frère n'ignorait rien et n'avait pas vu sans un secret déplaisir les consolations du comte de Guiche si vite acceptées ; mais il ne voulut pas intervenir.

Monsieur fit à Madame une guerre de coups d'épingles. Il lui marqua son mépris en toute occasion. Il lui prodigua les épigrammes les plus cruelles. Et Henriette étant tombée malade à la suite de ses couches, il dit un jour à Louis qui lui parlait d'astrologie :

— On m'a prédit que j'aurais plusieurs femmes ; en l'état où est Madame, j'ai raison de croire à cette prédiction.

Le roi répéta ce propos dans des circonstances qui lui donnaient une terrible portée, comme on le verra plus loin.

Cependant il faisait grand cas de l'intelligence de sa belle-sœur, et lorsque Charles II entra dans la ligue formée contre lui, ce fut Henriette qu'il choisit pour tenter de rallier à la France la politique du roi d'Angleterre.

Sans en parler à personne, même à Monsieur, il la chargea de cette mission.

L'Espagne venait par un traité de lui abandonner plusieurs villes des Flandres, il saisit cette occasion pour faire un voyage dans le nord.

Il visita Arras, Tournai, Courtrai, et ce fut alors qu'Henriette reçut un message du roi Charles, qui la priait de venir à Douvres.

Elle partit au grand étonnement de son mari.

Les résultats de cette entrevue ont été fort discutés. Les uns ont prétendu que la princesse avait reçu le meilleur accueil et gagné le roi Charles ; d'autres ont affirmé le contraire.

Les faits semblent donner raison à ces derniers.

En somme, à son retour à la cour de France, le roi entoura Henriette des marques de la plus haute considération. Jamais elle ne fut plus en faveur.

Il en fut autrement pour elle du côté de son mari.

Monsieur avait souffert dans son amour-propre.

On l'avait tenu à l'écart. On l'avait laissé à la porte du conseil où sa femme était entrée.

Il s'en vengea en accablant celle-ci de méchants propos.

Elle en pleura de chagrin, ou de dépit.

C'était de la part de Monsieur la rage de l'impuissance.

Et néanmoins, elle dut le suivre à Fontainebleau et se résigner à sa compagnie.

Une singulière visite qu'elle fit alors dans un petit couvent des environs vint jeter quelque distraction à son chagrin.

Dans ce couvent vivait une religieuse inconnue au monde et qui n'apparaissait à personne, pas même à travers les grilles du parloir.

C'était une Mauresque.

Bontemps, le valet de chambre du roi et le confident des secrets du règne, l'avait placée dans ce couvent toute enfant et payait pour elle une pension princière.

La reine, lorsqu'elle venait à Fontainebleau, ne manquait jamais de visiter la recluse.

Cadeaux et bénéfices, dotations et privilèges, pleuvaient sourdement sur ce monastère obscur.

Monseigneur y allait quelquefois et un jour il y mena les enfants de France.

La nonne mystérieuse était traitée dans le couvent sur le même pied qu'une abbesse à crosse et à mitre.

On la cachait et on l'honorait comme ces madones noires attribuées à Saint-Luc, qui font des miracles et attirent des pèlerinages. Il n'est pas une madone noire qui ne soit miraculeuse ; la couleur oblige.

Cette nonne se montrait très-fière des mystères dont on l'entourait.

Elle prenait envers ses compagnes des airs de reine de Saba.

Un jour que l'on entendait du couvent sonner les cors et aboyer la meute de la vénerie du dauphin, il lui échappa de dire :

« C'est mon frère qui chasse. »

Le bruit courait en effet à la cour qu'elle était fille du roi et de la reine, et que l'on s'était hâté de la vouer à l'oubli. On allait même plus loin dans les suppositions que provoquait cette énigme. N'osant attaquer la vertu de la reine, on attribuait la couleur sombre de cette jeune nonne à l'impression produite chez la reine par la présence d'un négrillon qu'elle avait à son service.

Quoi qu'il en soit, l'existence de cette bizarre figure est certaine et son double voile n'a jamais été soulevé. Elle est restée une énigme plus impénétrable que le Masque de fer.

La duchesse d'Orléans interrogea avec bonté la nonne mystérieuse ; mais celle-ci, n'ignorant point sa qualité, se renferma dans une réserve extrême et dont elle ne se départait guère qu'avec ses inférieures.

On disait au couvent qu'elle avait le don de connaître l'avenir, et elle laissait dire.

Aussi répondit-elle à Henriette, qui lui demandait si elle était satisfaite de son sort, — « qu'elle se croyait dans les murs du cloître à l'abri de bien des malheurs qui, du jour au lendemain, pouvaient atteindre les plus grandes princesses de la terre. »

Elle devait en effet survivre à Henriette.

Le lendemain de cette entrevue, cette dernière quittait Fontainebleau pour Saint-Cloud, tandis que la cour rentrait à Versailles.

III

MADAME SE MEURT, MADAME EST MORTE.

Mais on était en été. Ce charmant séjour de Saint-Cloud, ces frais ombrages, ce paysage riant ne tolèrent pas la mélancolie.

Malgré l'humeur maussade du mari, la bonne humeur revint au cœur d'Henriette, et qui sait ? peut-être encore son imagination, dégagée des intrigues politiques, ébauchait-elle quelque galante idylle où elle donnait au comte de Guiche un successeur ?

Nous ne l'avons lu dans aucun mémoire du temps, et nous n'avons pas envie de refaire à son sujet une nouvelle série de nuits de Saint-Cloud.

Rien donc ne faisait pressentir une catastrophe.

Le 28 juin, Madame avait été indisposée, mais ce malaise s'était dissipé.

Le 29, elle était encore souffrante et s'était couchée sur les carreaux de sa chambre. Vers midi, ressentant des douleurs d'entrailles, elle prit son gobelet de vermeil et se versa un verre d'eau de chicorée.

Ses coliques redoublèrent avec une violence tellement subite et intense, qu'elle s'écria : Ah ! je suis empoisonnée !...

A ses cris tout le monde accourut, et Monsieur lui-même daigna venir, mais il ne parut ni chagrin, ni effrayé.

Cependant Henriette changeait à vue d'œil ; son état devenait alarmant ; on envoya un courrier à Versailles.

Le roi à cette nouvelle envoya de suite un de ses médecins, M. Vallot, et peu après partit avec la reine pour Saint-Cloud. A son arrivée au château, on lui dit que Madame était au plus mal, qu'elle se mourait.

Et cependant il ne put remarquer sur les visages des serviteurs et des familiers l'expression de la douleur ou même de l'inquiétude. Personne ne semblait affligé.

Le roi trouva Henriette étendue sur un petit lit fait à la hâte ; elle était pâle, échevelée, ses traits étaient bouleversés, elle se tordait dans des convulsions affreuses, en criant qu'elle avait du feu dans l'estomac, et demandant en grâce la panacée du temps, un grain d'émétique.

Mais on la laissait se tordre et crier.

Nul ne s'occupait d'elle.

Les médecins s'entre-regardaient en silence.

La princesse vivrait-elle ou mourrait-elle selon les règles de la science?... Quel nom convenait à sa maladie?... Devrait-on en si belle occasion inventer un nom nouveau?

Le ferait-on avec du grec ou avec du latin?

Tels étaient les problèmes qui s'agitaient sous les perruques de ces confrères de l'illustre Fagon, de ces médecins de Molière.

Le roi, impatienté de leur attitude, se récria :

— Eh! messieurs! dit-il, on n'a jamais laissé une femme mourir ainsi, sans secours!

— Sire, répondit le docteur Vallot, le mal n'est pas dangereux.

— Quelle maladie est-ce?

— C'est une simple colique qui dure quelquefois de neuf à dix heures, vingt-quatre au plus.

— Mais arrêtez-la!

— Il faut que le mal ait son cours ; c'est une crise naturelle qu'il serait imprudent de contrarier.

Cette opinion semblait partagée de tout le monde, car dans la chambre de la malade le roi seul était inquiet.

On allait, venait, causait le sourire aux lèvres, sans souci de la peine qu'un tel spectacle d'indifférence devait causer à l'infortunée Henriette.

Cependant l'état de celle-ci empirait d'instant en instant.

Mademoiselle de Montpensier le remarqua et s'approcha de Monsieur, à qui elle demanda s'il ne croyait pas prudent de faire donner à sa femme les secours de la religion?

Monsieur regarda Henriette et répondit sans s'émouvoir :

— Oui, vous avez raison ; elle est bien bas ; mais le confesseur de Madame est un capucin obscur et peu capable... Voyons ; quel autre pourrait-on trouver dont le nom figurerait bien dans la Gazette, comme ayant assisté Madame à ses derniers moments?

Tandis qu'il faisait cette réflexion charitable, la malade râlait. Sa gorge enflammée ne laissait plus passage qu'à des cris étouffés. Ses regards seuls pouvaient encore implorer la pitié.

Leur expression désespérée impressionnait si péniblement le roi et la reine que Leurs Majestés se retirèrent et regagnèrent Versailles.

L'ambassadeur d'Angleterre, lord Montague, prévenu de la maladie de la princesse, arriva à Saint-Cloud peu de temps après le confesseur.

A peine eut-il questionné les gens que son opinion fut formée, il conclut à un empoisonnement.

C'est que cette époque, sous sa gloire, sous son faste, cachait plus d'affreux mystères et plus de poison que le règne des Borgia.

Comptez que d'illustres victimes sur lesquelles on a cru retrouver les traces du poison : Madame Henriette, la reine d'Espagne, la première Dauphine, le duc et la duchesse de Bourgogne, le duc de Berry, Louvois, et, à leur suite, une foule de morts moins célèbres.

Tandis que Racine écartait Locuste, par décence, de sa tragédie de *Britannicus*, Locuste, ressuscitée, reparaissait dans les hôtels des grands seigneurs et les palais royaux. Elle se glissait partout, jusqu'au chevet des alcôves, jusqu'au lit d'hôpital!...

Aussi lord Montague, en s'approchant d'Henriette expirante, voulut un éclaircissement à ce sujet.

— Madame, lui dit-il, n'avez-vous pas dit que vous étiez empoisonnée?

Elle voulut répondre; son confesseur la conjura de se taire.

— N'accusez pas! dit-il, oubliez la terre; préparez-vous à la paix éternelle.

En vain l'ambassadeur, indiscret par profession, insista-t-il, Henriette garda le silence.

Elle mourut le lendemain à trois heures du matin.

Son mari ne fit pas l'hypocrite et ne feignit point une douleur qu'il ne ressentait pas.

Le roi en fut très-impressionné, et ce fut à l'occasion de cette mort que Bossuet prononça sa célèbre oraison funèbre où il s'écriait : « Madame se meurt ! Madame est morte !... »

Très-belle rhétorique, mais contraire à la vérité.

La malheureuse n'était pas morte si vite, et ses coliques avaient duré le temps prescrit par le docteur Vallot. Enfin, la consternation n'avait pas été telle que nous l'a dépeinte l'orateur sacré.

La cour de Saint-Cloud avait pris exemple sur son maître et montré l'indifférence la plus cynique.

Le roi adressa à Charles II la lettre suivante :

« Monsieur mon frère,

« La tendre amitié que j'avais pour ma sœur vous était assez connue pour que vous n'ayez pas de peine à comprendre l'état où m'a réduit sa mort.

« Dans cet accablement de douleur, je puis dire que la part que je prends à la vôtre pour la perte d'une personne qui vous était si chère aussi bien qu'à moi, est encore un surcroît de l'excès de mon affliction.

« Le seul soulagement dont je suis capable est la confiance qui me reste que cet accident ne changera rien à nos affections, et que vous me conserverez les vôtres aussi entières que je vous conserverai les miennes.

« Je me remets du surplus au sieur Colbert, mon ambassadeur.

« *Signé :* Louis. »

Cependant les bruits d'empoisonnement persistaient.

L'autopsie du cadavre avait été faite par plusieurs médecins du roi auxquels un chirurgien anglais avait été adjoint.

Ces messieurs déclarèrent qu'ils n'avaient trouvé aucune trace de poison ; que madame Henriette était morte d'une colique causée « *par une bile échauffée* » à laquelle la science donnait le nom de *choléra-morbus*.

Ce nom était une trouvaille, une découverte ; il frappait pour la première fois les oreilles du public.

Mais le public garda ses soupçons. Ce fut en vain également que les experts déclarèrent parfaitement saine l'eau de chicorée dont Henriette avait fait usage. L'imagination était montée et suspectait la véracité de ces déclarations officielles.

Des esprits fort sérieux, d'ailleurs, croyaient à un crime, entre autres Saint-Simon.

Voici donc ce que l'on prétendait :

On accusait deux aventuriers, le chevalier de Lorraine et d'Effiat.

Le premier, disait-on, avait envoyé d'Italie à son complice un de ces poisons subtils dont jadis Catherine de Médicis avait le secret, et d'Effiat en avait frotté le bord du gobelet de vermeil dont se servait Henriette.

Plus tard, madame de Grancey, maîtresse de Monsieur, madame de Clerembau, gouvernante des enfants de Madame, le chevalier de Beuvron furent compromis par de fausses déclarations de la marquise de Brinvilliers au sujet de la mort d'Henriette ; mais on n'apprit rien de positif.

Quant à l'histoire moderne, elle rejette ces accusations et conclut à la mort naturelle.

MARGUERITE DE VALOIS

REINE DE NAVARRE

I

LE FRÈRE ET LA SŒUR.

Les opinions sont fort partagées au sujet de cette reine, qui ne compte guère, d'ailleurs, que des admirateurs et des apologistes.

Nous nous rallions volontiers à tous ceux qui ont vanté sa beauté, son esprit élevé et tolérant, son excellent cœur et son talent d'écrivain.

Mais est-il vrai, est-il vraisemblable que l'auteur des *Cent nouvelles*, de ces contes égrillards qu'aurait signés Boccace, joignait à tant de mérites une vertu qu'elle inspirait si peu, et n'est-il pas permis de se ranger à l'opinion de son contemporain Brantôme, qui nous dit, sans penser lui faire tort : « Qu'en fait de joyeusetés et de coquetteries, elle montrait qu'elle en savait plus que son pain quotidien. »

Marguerite de Valois, dont le vrai nom était Marguerite d'Angoulême, était fille de Charles d'Orléans, duc d'Angoulême, et de Louise de Savoie, et sœur de François Ier.

Elle était née à Angoulême, le 11 avril 1492, et avait été élevée à la cour de Louis XII.

Dès l'âge le plus tendre, François et Marguerite avaient montré l'un pour l'autre l'amitié la plus vive, et ce sentiment ne fit que croître avec le temps.

François Ier l'appelait sa mignonne et la Marguerite des Marguerites.

Il avait en elle une confiance absolue, et comme elle était aussi habile que savante, il lui confia plusieurs négociations importantes, dont elle se tira à son honneur.

Elle faisait l'ornement de la cour de son frère, et l'on sait quelle cour dissolue était celle du roi François. C'est aux dames de cette cour que nous devons les anecdotes les plus salées de Brantôme.

N'était-elle pas initiée aux secrets de cette princesse, Marguerite de France, qui, si l'on en croit le vieux de Bourdeilles, tint enfermé un de ses amants dans un cabinet pendant un mois entier et termina sa vie galante en épousant le duc de Savoie ?

Elle était d'ailleurs la confidente des amours de son frère, et nous en retrouvons plus d'une aventure dans les *Cent nouvelles nouvelles*.

C'était elle qui créait les modes, organisait et souvent inventait les fêtes de la cour.

Elle éblouit de son luxe la cour de Charles-Quint lorsqu'elle y parut avec son frère.

43ᵉ livraison. 10 centimes.

LES REINES GALANTES 337

Suivis d'un petit nombre de partisans, ils allaient essayer de former une armée et de soulever une province.

Elle épousa en 1509 Charles IV, duc d'Alençon, un prince du sang qui lui était inférieur sous le rapport de l'esprit, des connaissances et du mérite. Ce prince mourut peu de temps après la bataille de Pavie qu'il contribua à faire perdre, et ce ne fut pas sa mort qui coûta le plus de larmes à Marguerite.

Elle fut chargée par la reine-mère, Louise de Savoie, de se rendre à Madrid afin d'y négocier la mise en liberté du roi.

Les lettres de François à sa sœur étaient pleines de la plus amère tristesse. Sa captivité était en effet des plus sévères. Il était étroitement gardé, privé de tout divertissement et de toute société ; traité moins en roi qu'en simple prisonnier.

Habitué à une vie active, ne trouvant plus à dépenser les forces exubérantes de son généreux tempérament, François Ier souffrait physiquement.

Marguerite devinait ses souffrances.

Aussi accepta-t-elle sa mission dans un double but : celui de négocier s'il était possible avec l'empereur Charles, et celui de voir son frère et de le consoler.

De son entrevue avec Charles-Quint, nous n'avons qu'un mot à dire : — toute son éloquence ne lui servit de rien près de ce monarque aussi astucieux, aussi fourbe qu'il était impitoyable.

Quant à son séjour près de son frère, ce fut l'époque de sa vie qui prêta le plus à la médisance.

L'amitié extraordinaire qu'elle avait toujours montrée pour François, la nature fougueuse, violente de celui-ci, ses passions affolées par une longue captivité, une véritable séquestration, firent répandre le bruit de relations criminelles.

François, disait-on, avait oublié que Marguerite était sa sœur, et celle-ci, prise d'une trop généreuse pitié, le lui avait pardonné.

Quoi de vrai? Quoi de faux?

Nous nous faisons l'écho des bruits du temps, et nous laissons au lecteur à apprécier jusqu'à quel point ces bruits peuvent être fondés.

Nous les trouverions tout à fait odieux, si la corruption de la cour des Valois et la brutale sensualité de François Ier ne les excusaient en les expliquant.

La médisance fut contenue par les aimables qualités de Marguerite.

Elle était aimée de tous ceux qui l'avaient approchée.

Combien de gentilshommes ont soupiré pour la *Marguerite des Marguerites*?

Margarita veut dire perle...

Pour la perle des perles.

Tous les poètes, tous les savants, tous les artistes, qui lui composaient une cour et trouvaient en elle une protectrice, ne voyaient point seulement avec les yeux de la reconnaissance ou d'une amitié platonique.

Elle ne pouvait être insensible aux passions qu'elle provoquait.

Il faut se rallier à l'opinion de Brantôme.

Marguerite mit sans doute en action plus d'une fiction de ses histoires galantes ; on ne décrit pas si bien les formes, les couleurs, la beauté, la saveur du fruit défendu, sans y avoir donné un coup de dents.

La preuve matérielle manque; la présomption, la preuve morale reste.

II

LA COUR DE NAVARRE.

En 1527, Marguerite épousa Henri d'Albret, roi de Navarre, de qui elle eut Jeanne d'Albret, mère de Henri IV.

Elle fut une reine intelligente, bienfaisante et aimée.

Elle favorisa le commerce, l'industrie, les arts; elle fit régner dans ses Etats la justice et la sûreté, et ce fut encore son moindre mérite.

Sa gloire fut la tolérance.

Jusqu'à présent nous avons vu le goût pour la coquetterie et la galanterie étouffer toutes les qualités chez les reines les mieux douées, et les entraîner à tous les désordres et tous les crimes.

Aussi sommes-nous heureux de voir chez la reine de Navarre la galanterie pratiquée avec un goût délicat, et unie à la plus rare qualité de son époque, la tolérance philosophique.

Elle protégea longtemps Berquin et Etienne Dolet... qui finirent par le bûcher.

Elle protégea contre la Sorbonne, alors si redoutable, si fanatique et si puissante, Calvin avant qu'il fût devenu lui-même un chef fanatique, Pierre Caroli, Erasme et surtout le poète Marot.

L'asile qu'elle offrait aux novateurs donna lieu d'élever des doutes contre son orthodoxie.

La Sorbonne la dénonça hautement comme hérétique. Ses docteurs parvinrent à exciter contre elle Montmorency, qui se chargea de prévenir le roi.

Mais il fut mal accueilli. François Ier voyait bien l'ennemi dans le protestantisme; il le voyait si bien qu'il s'alliait au Grand-Turc contre lui; mais il admirait l'esprit de tolérance de sa sœur, et il aimait Marguerite qui ne divisait point les hommes en orthodoxes et en hérétiques, mais en deux classes éternelles, en oppresseurs et en opprimés.

Et ses sympathies imposaient silence à sa politique.

Malgré la Sorbonne, le pape Adrien VI avait lui-même la reine de Navarre en grande considération, et la priait d'intervenir pour rapprocher les princes dont les divisions étaient le fléau du monde.

Cependant elle faisait bâtir le château de Pau qu'elle environnait de jardins magnifiques; elle dotait des hôpitaux, et fondait, à Paris, celui des Enfants-Rouges, en 1538.

Elle mourut au château d'Odos, près de Tarbes, et dans des circonstances dont Brantôme nous a conservé les curieux détails.

« Elle n'aimait pas, dit-il, que l'on s'entretînt de la mort. Mais donc étant venue à la fin destinée, et gisant sur son lit, trois jours avant que mourir, elle vit la nuit sa chambre toute en clarté qui était transpercée par la vitre.

Elle se courrouça à ses femmes de chambre qui la veillaient, pourquoi elles faisaient un feu si ardent.

Elles lui répondirent qu'il n'y avait que peu de feu, et que c'était la lune qui ainsi éclairait et donnait telle lueur.

— Comment, dit-elle, nous en sommes au bas; elle n'a garde d'éclairer à cette heure.

Et soudain, faisant ouvrir son rideau, elle vit une comète qui éclairait ainsi droit sur son lit.

— Ah! dit-elle, voilà un signe qui ne paraît pas pour personne de basse qualité. Dieu le fait paraître pour nous autres grands et grandes. Refermez la fenêtre; c'est une comète qui m'annonce ma mort; il se faut donc préparer.

Et le lendemain au matin, ayant envoyé quérir son confesseur, fit tout le devoir de bonne chrétienne, encore que les médecins l'assurassent qu'elle n'était pas là.

— Si je n'avais vu, dit-elle, le signe de ma mort, je le croirais, car je ne me sens point si bas.

Et leur conta à tous l'apparition de sa comète.

Et puis, au bout de trois jours, quittant les songes du monde, trépassa. »

Ce qui prouve qu'à cette époque, on était déjà aussi superstitieux qu'aujourd'hui, bien que l'on fût plus ignorant.

Elle laissa deux enfants, dont l'aîné mourut, et dont l'autre, Jeanne d'Albret, régna sur la Navarre. Ses œuvres sont d'un mérite inégal. Ses poésies ne lui méritaient point le titre de dixième Muse que les contemporains lui décernèrent; mais ses *Contes* sont d'un style excellent, pleins d'esprit et d'imagination. Bon nombre de poètes et de romanciers y ont puisé. Nous recommandons l'aventure de l'amiral Bonnivet, qui s'introduisit la nuit par une trappe dans la ruelle d'une grande dame et n'y gagna que des égratignures; la grande dame était la sœur de François Ier.

MESSALINE

IMPÉRATRICE ROMAINE

(AN DE ROME 800)

LES JARDINS D'ASIATICUS.

C'est au voyage de Christine à Rome que nous devons ce retour vers l'antiquité.

Nous y trouvant en imagination avec cette reine savante et si fortement éprise de l'histoire romaine, nous y avons fatalement rencontré ces fantômes tragiques : Livia, Agrippina, Messalina.

Sans doute, l'an 800 de la fondation de Rome est une date bien éloignée, mais on remarquera qu'en changeant les noms, les costumes, ce que nous appelons la mise en scène, les histoires les plus anciennes ne perdraient rien en vraisemblance en s'adaptant à une époque rapprochée de la nôtre.

De tous nos progrès, le progrès moral est peut-être le plus douteux.

Messalina, qui d'ailleurs fût une exception monstrueuse, ne vient en date qu'après Cléopâtre, et bien des siècles plus tard, en plein christianisme, n'avons-nous pas eu en France les débauches et les crimes des princesses de la Tour de Nesle ?

L'épouse de l'empereur Claudius n'appartient pas à la rigueur à notre galerie.

Elle était plus dépravée que galante.

Cependant nous ne pouvons renoncer à lui faire place ici : — elle marque dans l'histoire des passions le dernier degré d'infamie auquel une femme puisse descendre.

Elle tient le bas de l'échelle.

Avec moins de génie, Catherine II y serait descendue.

Enfin, son nom depuis deux mille ans est resté une suprême injure, qui vaut la peine d'être expliquée.

Messaline était l'épouse de Claude avant que celui-ci eût reçu l'empire, an 794 de la fondation de Rome.

Elle était jeune, mais déjà dépravée. Sa beauté n'avait alors rien de remarquable. Petite et maigre, d'une physionomie inintelligente, lascive et cruelle, telle était cette future impératrice, au front bas et étroit, au teint pâle, aux yeux brûlants et fatigués.

Elle avait donné à Claudius deux enfants, Britannicus et Octavia. Ce prince, éclairé, — il se piquait d'instruction, — mais d'un esprit faible, timide et crédule à l'excès, — que Pierre III rappelait assez, fut longtemps avant d'ouvrir les yeux au libertinage de son épouse.

Il l'aimait, et servait d'instrument à ses caprices cruels, à son insatiable avidité. C'est ainsi que, convoitant les magnifiques jardins qu'avait créés Lucullus et qu'Asiaticus embellissait encore avec une rare magnificence, elle déchaîna contre ce dernier l'accusateur Suilius. Elle l'accusa du meurtre de Caius Caligula, et de conspiration contre l'empereur.

Claude, sans rien approfondir, fit arrêter Asiaticus. Il ne lui permit pas de se justifier devant le sénat. Il fut entendu dans l'appartement de Claude, en présence de Messaline.

Suilius le peignit comme un corrupteur des soldats, qu'il avait, disait-il, achetés au crime par ses largesses et ses impudicités.

Il l'accusa ensuite d'adultère avec Poppéa ; enfin il lui reprocha de dégrader son sexe.

A ce dernier outrage, la patience lui échappa.

— Interroge tes fils, dit-il à Suilius ; ils avoueront que je suis un homme.

Les paroles qu'il prononça pour sa défense émurent vivement Claude, et arrachèrent des larmes à Messaline elle-même.

En sortant pour les essuyer, elle avertit Vitellius de prendre garde que l'accusé n'échappât.

Voilà ce que valaient ces larmes.

Puis, tournant ses soins à la perte de Poppéa, elle aposta des traîtres qui la poussèrent par la peur du cachot à se donner la mort.

Ce fut tellement à l'insu du prince que, peu de jours après, ayant reçu à sa table Scipion, mari de Poppéa, Claude lui demanda pourquoi il était venu sans sa femme.

Scipion répondit qu'elle avait fini sa destinée.

Claude délibéra s'il absoudrait Asiaticus.

Alors Vitellius, après avoir rappelé tout ce qui pouvait éveiller la pitié, conclut à lui laisser le choix de sa mort ; Claude se déclara aussitôt pour la même clémence.

Les amis d'Asiaticus l'exhortaient à sortir doucement de la vie, en s'abstenant de nourriture : il les remercia de leur bienveillance ; puis il se livra à ses exercices accoutumés, se baigna, soupa gaiement, et après avoir dit qu'il lui eût été plus honorable de périr victime de la politique de Tibère ou des fureurs de Caius que des artifices d'une femme et de la langue impure de Vitellius, il se fit ouvrir les veines.

Il avait auparavant visité son bûcher et ordonné qu'on le changeât de place, de peur que l'ombrage de ses arbres ne fût endommagé par les flammes... tant il envisageait tranquillement son heure suprême.

Ces moyens d'augmenter ce que nous appellerions aujourd'hui les domaines de la couronne furent fréquemment employés.

Mais ni les rapines, ni les meurtres ne suffisaient à Messaline. Les raffinements d'un luxe effréné déjà la fatiguaient, et elle cherchait des sensations nouvelles dans les plus crapuleuses débauches.

Et tandis que Claude, sans voir ses désordres, exerçait les fonctions de censeur et réprimait par des édits sévères la licence des théâtres, le poète Juvénal dépeignait ainsi les mœurs de Messaline :

Quand de Claude assoupi la nuit ferme les yeux,
D'un obscur vêtement sa femme enveloppée,
Seule, avec un esclave et dans l'ombre échappée,
Préfère à ce palais, tout plein de ses aïeux,
Des plus viles Phrynés le repaire odieux.
Pour y mieux avilir le nom qu'elle profane,
Elle livre sa chair fardée et qui se fane.
Son nom est Lisica : des exécrables murs,
La lampe suspendue à des dômes obscurs,

Des plus affreux plaisirs la trace encor récente,
Rien ne peut réprimer l'ardeur qui la tourmente.
Un lit dur et grossier charme plus ses regards
Que l'oreiller de pourpre où dorment les Césars.
Tous ceux que dans cet antre appelle la nuit sombre,
Son regard les invite et n'en craint pas le nombre.
Son sein nu, haletant, qu'attache un réseau d'or,
Les défie, en triomphe et les défie encor.
C'est là, que, dévouée à d'infâmes caresses,
Des muletiers de Rome épuisant les tendresses,
Noble Britannicus !... sur un lit effronté,
Elle étale à leurs yeux les flancs qui t'ont porté !
L'aurore enfin paraît et sa main adultère
Des faveurs de la nuit réclame le salaire.
Elle quitte à regret cet immonde parvis,
Ses sens sont fatigués et non pas assouvis,
Elle rentre au palais, hideuse, échevelée ;
Elle rentre, et l'odeur autour d'elle exhalée
Va sous le dais sacré du lit des empereurs
Révéler de la nuit les lubriques fureurs. »

II

SILIUS.

Juvénal vient de nous peindre les prostitutions.

Tacite va nous raconter les dernières amours et la mort de Messaline.

« Un amour nouveau et voisin de la frénésie s'était emparé d'elle.

Elle s'était enflammée pour C. Silius, le plus beau des Romains, d'une passion si violente qu'afin de le posséder sans partage, elle chassa de son lit une épouse du plus haut rang, Junia Silana. Silius ne se déguisait ni le crime, ni le danger ; mais avec la certitude de périr s'il refusait, avec une vague espérance de tromper Claude et de grandes récompenses, il attendait l'avenir, jouissait du présent et se consolait ainsi.

Elle dédaignait de se cacher, traînait chez lui tout son cortége, ne quittait pas sa maison, s'attachait partout à ses pas, lui prodiguait honneurs et richesses ; enfin, comme si déjà l'empire eût changé de mains, les esclaves du prince, ses affranchis, les ornements de son palais étaient vus publiquement chez l'amant de sa femme.

Claude seul ignorait ces relations publiques.

Enfin, dégoûtée de l'adultère dont la facilité émoussait le plaisir, déjà Messaline recourait à des voluptés secrètes et immondes, lorsque, de son côté, Silius, poussé par un délire fatal, ou cherchant dans le péril un remède contre le péril même, la pressa de renoncer à la dissimulation.

— Nous sommes trop avancés, lui disait-il, pour attendre que Claude meure de vieillesse ; l'innocence pouvait se passer de complots; mais le crime public n'avait de ressource que dans l'audace.

Des craintes communes leur assuraient des complices; lui-même, sans femme, sans enfants, offrait d'adopter Britannicus en épousant Messaline.

Elle ne perdrait rien de son pouvoir et elle gagnerait à prévenir Claude, aussi prompt à s'irriter que facile à surprendre.

Elle reçut froidement cette proposition, non par attachement à son mari, mais dans la crainte que Silius, parvenu au rang suprême, ne méprisât une femme adultère, et, après avoir approuvé le forfait au temps du danger, ne le payât du prix qu'il méritait.

Toutefois le nom d'épouse irritait ses désirs, à cause de la grandeur du scandale, dernier plaisir pour ceux qui ont abusé de tous les autres.

Elle n'attendait que le départ de Claude, qui allait à Ostie pour un sacrifice, et elle célébra son mariage avec toutes les solennités ordinaires.

Sans doute il paraîtra fabuleux que, dans une ville qui sait tout et ne tait rien, l'insouciance du péril eût pu aller à ce point chez aucun mortel et à plus forte raison qu'un consul désigné ait contracté avec la femme du prince, à un jour marqué, devant témoins appelés pour sceller un tel acte, l'union destinée à perpétuer les familles; que cette femme ait entendu les paroles des auspices, reçu le voile nuptial, sacrifié aux Dieux, pris place à une table entourée de convives, qu'ensuite soient venus les baisers, les embrassements, la nuit enfin passée entre eux dans toutes les libertés de l'hymen.

Cependant je ne donne rien à l'amour du merveilleux ; les faits que je raconte je les ai entendus de la bouche de nos vieillards ou lus dans les récits du temps.

A cette scène la maison du prince avait frémi d'horreur.

On entendait surtout ceux qui possédaient le pouvoir, avaient le plus à craindre d'une révolution, exhaler leur colère, non plus en murmures secrets, mais hautement et à découvert.

« Au moins, disaient-ils, quand un histrion foulait insolemment la couche impériale, s'il outrageait le prince, il ne le détrônait pas. Mais un jeune patricien distingué par la noblesse de ses traits, la force de son esprit et qui bientôt serait consul, nourrit assurément de plus hautes espérances. Eh! qui ne voit trop quel pas reste à faire après un tel mariage ! »

Toutefois ils s'alarmaient en songeant à la stupidité de Claude, esclave de sa femme, et aux meurtres sans nombre commandés par Messaline.

D'un autre côté, la faiblesse même du prince les rassurait : s'ils la subjuguaient une fois par le récit d'un crime si énorme, il était possible que Messaline fût condamnée et punie avant d'être jugée.

Le point important était que sa défense ne fût pas attendue, et que les oreilles de Claude fussent fermées même à ses aveux.

D'abord Calliste, dont j'ai parlé à l'occasion du meurtre de Caius, Narcisse, instrument de celui d'Appius, et Pallas qui était alors au comble de la faveur, délibéraient si, par de secrètes menaces, ils n'arracheraient pas Messaline à son amour pour Silius, en taisant d'ailleurs tout le reste. Ensuite, dans la crainte de se perdre eux-mêmes, Pallas et Calliste abandonnèrent l'entreprise; l'un par lâcheté, l'autre par prudence.

Il avait appris que l'adresse réussit mieux que la vigueur à qui veut maintenir son crédit.

Narcisse persista.

Mais il eut la précaution de ne pas dire un mot qui fit pressentir à Messaline l'accusation ni l'accusateur, il épia les occasions.

Comme le prince tardait à revenir d'Ostie, il s'assure de deux courtisanes qui servaient habituellement à ses plaisirs et, joignant aux largesses et aux promesses d'un plus grand pouvoir quand il n'y aurait plus d'épouse, il les détermine à se charger de la délation.

Calpurnie était le nom d'une de ces femmes. Admise à l'audience secrète du prince, elle tomba à ses genoux et s'écria que Messaline était mariée à Silius, puis elle s'adressa à Cléopâtre qui, debout près de là, n'attendait que cette question, et lui demande si elle en est instruite.

Sur sa réponse qu'elle le sait, Calpurnie conjure l'empereur d'appeler Narcisse.

Celui-ci, implorant l'oubli du passé et le pardon du silence qu'il a gardé sur les Titius, les Plautius, déclare « qu'il ne vient pas même en ce moment dénoncer des adultères, ni engager le prince à redemander sa maison, ses esclaves, tous les ornements de sa grandeur; ah! plutôt que le ravisseur jouît des biens, mais qu'il rendît l'épouse et qu'il déchirât l'acte de son mariage.

« Sais-tu, César, que tu es répudié ? Le peuple, le sénat, l'armée, ont vu les noces de Silius, et, si tu ne te hâtes, le mari de Messaline est maître de Rome. »

Alors Claude appelle les principaux de ses amis ; et d'abord il interroge le préfet des vivres, Turranius, ensuite Geta, commandant du prétoire.

Tous lui crient qu'il faut aller au camp s'assurer des cohortes prétoriennes, pourvoir à sa sûreté avant de songer à la vengeance.

Et Claude, bouleversé de frayeur, leur demande lequel de Silius ou de lui est encore empereur, ou simple particulier.

On était au milieu de l'automne ;

Messaline, plus dissolue et plus abandonnée que jamais, donnait dans sa maison un simulacre de vendanges.

On eût vu serrer les pressoirs, les cuves se remplir ; des femmes vêtues de peaux bondir comme des bacchantes dans les sacrifices ou les transports de leur délire ; Messaline échevelée brandissant un thyrse ; près d'elle, Silius couronné de lierre ; tous deux chaussés du cothurne, agitant la tête au bruit d'un chœur lascif et tumultueux.

On dit que, par une saillie de débauche, Vectius Valens, étant monté au faîte d'un arbre, s'écria qu'il voyait un orage furieux du côté d'Ostie...

Cependant ce n'est plus un bruit vague, mais des courriers arrivant de divers côtés qui annoncent que Claude, averti, accourt pour se venger.

Messaline se retire aussitôt dans les jardins de Lucullus.

Silius, pour déguiser ses craintes, se rend au Forum.

Comme les autres se dispersaient à la hâte, des centurions surviennent et les chargent de chaînes à mesure qu'ils les trouvent dans les rues, ou les découvrent dans leurs retraites.

Messaline, malgré le trouble où la jette ce revers de fortune, prend la résolution hardie et qui l'avait sauvée plus d'une fois, d'aller au devant de son époux, et de s'en faire voir.

Elle ordonne à Britannicus et à Octavie de courir dans les bras de leur père, et elle prie Vibidia, la plus ancienne des Vestales, de faire entendre sa voix au souverain Pontife et d'implorer sa clémence.

Elle-même, accompagnée, en tout, de trois personnes (telle est la solitude qu'un instant avait faite), traverse à pied toute la ville, et, montant sur un de ces chars grossiers dans lesquels on emporte les immondices des jardins, elle prend la route d'Ostie : spectacle qu'on vit sans la plaindre, tant l'horreur de ses crimes étouffait la pitié.

L'alarme n'était pas moindre du côté de César.

Il se fiait peu au préfet Geta, esprit léger, aussi capable de mal que de bien. Narcisse, d'accord avec ceux qui partageaient ses craintes, déclare que l'unique salut de l'empereur est de remettre, pour ce jour-là seul, le commandement des soldats à l'un de ses affranchis, et il offre de s'en charger ; puis, craignant que, sur la route, les dispositions de Claude ne soient changées par L. Vitellius et Largus Cecina, il demande et prend une place dans la voiture qui les portait tous trois.

On a souvent raconté depuis, qu'au milieu des exclamations contradictoires du prince qui, tantôt accusait les dérèglements de sa femme, tantôt s'attendrissait au souvenir de leur union, et du bas âge de leurs enfants, Vitellius ne dit jamais que ces deux mots :

— « O crime !... ô forfait ! »

En vain, Narcisse le pressa de s'expliquer.

L'exemple de Vitellius était suivi par Cecina.

Déjà, cependant Messaline paraissait de loin, conjurant le prince à cris redoublés d'entendre la mère d'Octavie et de Britannicus, mais l'accusateur couvrait sa voix en rappelant Silius et son mariage.

En même temps, pour distraire les yeux de Claude, il lui remit un mémoire où étaient retracées les débauches de sa femme.

Quelques moments après, comme le prince entrait dans la ville, on voulut présenter à sa vue ses enfants ; mais Narcisse ordonna qu'on les fît retirer.

Messaline.

Il ne réussit pas à écarter Vibidia, qui demandait avec une amère énergie qu'une épouse ne fût pas livrée à la mort avant d'avoir pu se défendre.

Narcisse répondit que le prince l'entendrait et qu'il lui serait permis de se justifier, qu'en attendant, la Vestale pouvait retourner à ses pieuses fonctions.

Claude gardait un silence étrange.

Vitellius semblait ne rien savoir. Tout obéissait à l'affranchi.

Narcisse fait ouvrir la maison du coupable et y mène l'empereur.

Dès le vestibule, il lui montre l'image de Silius le père, conservée au mépris d'un sénatus-consulte ; puis, toutes les richesses des Nérons et des Drusus devenues le prix de l'adultère.

Enfin, voyant que sa colère allumée éclatait en menaces, il le transporte au camp, où l'on tenait déjà les soldats assemblés.

Claude, inspiré par Narcisse, les harangue en peu de mots ; car son indignation, quoique juste, était honteuse de se produire.

Un long cri de fureur part aussitôt des cohortes ; elles demandent le nom des coupables et leur punition.

Amené devant le tribunal, Silius, sans chercher à se défendre ou à gagner du temps, pria qu'on hâtât sa mort.

La même fermeté fit désirer un prompt trépas à plusieurs chevaliers romains d'un rang illustre. Ils furent traînés au supplice sur l'ordre de Claude.

Le seul Mnester donna lieu à quelques hésitations. Il criait au prince, en déchirant ses vêtements :

— Regarde sur mon corps les traces des verges !

Souviens-toi du commandement exprès par lequel tu m'as soumis aux volontés de Messaline.

Ce n'est point comme d'autres, l'intérêt ou l'ambition, mais la nécessité qui m'a fait coupable ; si l'empire fût tombé aux mains de Silius, j'eusse péri le premier.

Emu par ces paroles, Claude pencha vers la pitié.

Ses affranchis lui persuadèrent qu'après avoir immolé de si grandes victimes, on ne devait pas épargner un histrion ; que, volontaire ou forcé, l'attentat n'en était pas moins énorme.

On n'admit pas même la justification du chevalier romain Traulus Montanus. C'était un jeune homme de mœurs honnêtes, mais d'une beauté remarquable, que Messaline avait appelé chez elle et chassé dès la première nuit; aussi capricieuse dans ses dégoûts que dans ses fantaisies.

On fit grâce de la vie à Silius Cesoninus et à Plautius Lateranus.

Ce dernier dut son salut aux services signalés de son oncle.

Cesoninus fut protégé par ses vices : — il avait joué le rôle de femme dans ces ignobles fêtes.

Cependant Messaline, retirée dans les jardins de Lucullus, cherche à prolonger sa vie et adresse une requête suppliante, non sans un reste d'espérance, avec des retours de colère, tant elle avait conservé d'orgueil en cet extrême danger; si Narcisse n'eût hâté sa mort, le coup retombait sur l'accusateur.

Claude rentre dans son palais et, charmé par les délices d'un repas dont on avait devancé l'heure, n'eut pas plus tôt ses sens échauffés par le vin qu'il ordonna qu'on allât dire à la malheureuse Messaline (c'est, dit-on, le terme qu'il employa) de venir le lendemain pour se justifier.

Ces paroles firent comprendre que la colère refroidie faisait place à l'amour; et en différant on redoutait la nuit et le souvenir du lit conjugal.

Narcisse sort brusquement et signifie aux centurions et aux tribuns de garde d'aller tuer Messaline; que tel est l'ordre de l'empereur.

L'affranchi Evodus fut chargé de les surveiller et de presser l'exécution.

Evodus court aux jardins et arrive le premier.

Il trouve Messaline étendue par terre et Lépida, sa mère, assise près d'elle.

Le cœur de Lépida, fermé à sa fille tant que celle-ci fut heureuse, avait été vaincu par la pitié en ces moments suprêmes : elle lui conseillait de ne pas attendre le fer d'un meurtrier, ajoutant que la vie avait passé pour elle et qu'il ne lui restait plus qu'à honorer sa mort.

Mais cette âme corrompue par la débauche était incapable d'un effort généreux.

Elle s'abandonnait aux larmes et à des plaintes inutiles, quand les satellites forcèrent tout à coup la porte.

Le tribun se présente en silence ; l'affranchi, avec toute la bassesse d'un esclave, se répand en injures.

Alors pour la première fois, Messaline comprit sa destinée.

Elle accepta un poignard.

Et pendant que sa main tremblante l'approchait vainement de sa gorge et de son sein, le tribun la perça d'un coup d'épée.

Sa mère obtint que son corps lui fût remis.

Claude était encore à table, quand on lui annonça que Messaline était morte, sans lui dire si c'était de sa main ou de celle d'un autre. Le prince, au lieu de s'en informer, demanda à boire et acheva tranquillement son repas.

Même insensibilité les jours qui suivirent.

Il vit sans donner un signe de haine ni de satisfaction, de colère ni de tristesse, et la joie des accusateurs, et les larmes de ses enfants.

Le sénat contribua encore à effacer Messaline de sa mémoire, en ordonnant que son nom et ses images fussent enlevés de tous les lieux publics et particuliers.

Narcisse reçut les ornements de la questure, faible accessoire d'une fortune qui surpassait celle de Calliste et de Pallas. Ainsi fut consommée une vengeance, juste sans doute, mais qui eut des suites affreuses et ne fit que changer la scène de douleur qui affligeait l'empire. »

ÉLÉONORE DE GUSMAN

REINE DE CASTILLE

I

LA CHASSE DU ROI DON ALPHONSE XI.

L'histoire de cette reine semble un poème détaché du *Romancero*.

Elle est de l'époque de ces légendes rimées où retentit le choc des épées de Roland et de Ferragus, de Renaud de Montauban, du duc de Milan et de Montesinos..

C'est le quatorzième siècle dans toute sa turbulence et sa barbarie féodale.

La galanterie voyage en croupe avec la chevalerie, et l'amour chez le roi est un événement politique.

Don Alphonse, roi de Castille, était renommé pour son amour de la justice et son caractère impitoyable, et on l'avait surnommé le Vengeur.

Il avait, tout jeune encore, épousé Constance, fille du roi de Portugal, princesse renommée pour ses vertus, mais qui n'avait pu adoucir ni captiver le cœur de son mari et vivait enfermée dans son palais.

Aussi l'humeur sombre du roi le poussa sans cesse à la guerre ou à la chasse, seuls plaisirs dignes d'un prince.

Don Alphonse, surnommé le Vengeur, est sorti de sa belle ville, allant à la chasse.

Avec lui vont les chevaliers de sa garde, avec lui ses fauconniers et leurs oiseaux, ses veneurs et leurs chiens.

La journée est chaude; c'est la veille de la Saint-Jean. Il s'arrête dans un bosquet pour se rafraîchir. Il ordonne à tous de s'asseoir au bord d'une fontaine. Des viandes toutes préparées sont servies sur l'herbe. Le repas terminé, ils se mirent tous à parler de chasse, quand tout à coup ils entendirent un grand bruit qui sortait d'entre les arbrisseaux.

Tous prêtèrent l'oreille.

C'était un cerf haletant de soif qui venait boire.

Les chasseurs se levèrent et lâchèrent les chiens, et bientôt tout le monde fut à cheval pour la poursuite.

Chacun se sépara ainsi des autres, selon la vitesse de son cheval et sans prendre garde au roi don Alphonse. Le cerf était très-léger; il leur fit faire bien du chemin et, malgré les qualités des chiens, ils ne purent le rejoindre.

Le bois était fort épais; tous se perdirent dans sa profondeur, si bien que la nuit les y surprit.

Quand le roi se vit seul dans un bois si touffu, il erra çà et là et s'égara de plus en plus.

L'obscurité de la nuit était grande; un orage commençait à gronder; alors le roi sonna de son cor pour appeler les chasseurs. Il sonna trois fois, mais sans être entendu.

Son cheval était épuisé et ne semblait pouvoir aller plus loin.

Le roi était très-tourmenté; il lui rendit les rênes et l'abandonna à son instinct.

Le cheval était de race; il reprit courage et courut encore plus de dix milles. Il sortit de la forêt et arriva dans un vallon.

A peine don Alphonse était-il entré dans ce vallon, lorsqu'il entendit non loin de lui de grands cris de détresse.

Il en ressentit quelque trouble, mais aussitôt descendit de cheval et se dirigea vers l'endroit d'où venaient les cris. Il passa tout près d'un ruisseau où il vit un cheval mort avec son cavalier.

Le chemin par lequel il marchait était couvert de sang.

Il regarde de tous côtés.

Alors la même voix qu'il avait déjà entendue s'éleva de nouveau :

« O sainte Marie Notre-Dame, aie pitié de moi, je te recommande mon âme! »

Et il aperçut, au pied d'un gros chêne, une dame couchée qui se plaignait, dont il fut attendri.

Elle était vêtue comme pour un voyage, et ses vêtements étaient ensanglantés.

Il la considéra un instant à la dérobée, et elle était si belle, qu'il s'étonna de la voir pour la première fois de sa vie, et se demanda si elle n'était la reine de quelque pays voisin.

Enfin il s'approche d'elle, et lui parle ainsi d'une voix émue :

— Madame, apprenez-moi votre mal et si vos blessures sont mortelles.

— Grand merci, seigneur, répondit la dame ; j'ai plusieurs blessures, mais la douleur que je ressens est de mourir en ce lieu désert.

— Rassurez-vous, madame, vous ne mourrez pas. Je suis le roi don Alphonse de Castille. Je suis venu à la chasse et je me suis égaré, mais mes chasseurs ne tarderont pas à me rejoindre. Apprenez-moi votre nom et comment vous êtes en cet état.

— Seigneur, dit-elle, je suis fille de Pedro Nuñès de Gusman, et femme de don Juan de Velasco. J'étais en voyage avec mon mari. Arrivés dans cette forêt, nous avons été attaqués par des bandits ; mes serviteurs ont pris la fuite après avoir essayé de résister ; don Juan a été tué en me défendant, à quelques pas d'ici. Dieu sait ce qui serait advenu de moi, si le son d'un cor qui retentit par trois fois aux environs n'avait alarmé les voleurs et ne les avait décidés à prendre la fuite.

— Je rends grâce à Dieu, madame, qui me permit de sonner du cor et de vous délivrer.

Comme il disait, un grand bruit retentit à la lisière de la forêt et dans le vallon, le roi y répondit aussitôt par un appel de son cor d'ivoire.

Les chasseurs accoururent, effrayés d'abord par les traces du combat qu'ils voyaient sur le chemin, et la rencontre du cheval que le roi avait abandonné ; mais don Alphonse les rassura aussitôt.

Puis il prit la dame en croupe sur son cheval, et la conduisit dans son palais.

II

LES DEUX REINES.

Eléonore de Gusman était dans la fleur de la jeunesse et l'éclat d'une merveilleuse beauté.

Le roi Alphonse éprouva tout d'abord pour elle l'amour le plus violent.

D'un caractère altier, il ne garda aucun ménagement pour Constance, et ordonna qu'Eléonore fût traitée avec tous les honneurs dus à la reine, tandis que Constance, disgraciée, était reléguée dans une partie obscure du palais.

Dès lors, les bals, les festins, les tournois se succédèrent sans interruption à la cour de Castille. Eléonore en faisait les honneurs avec une grâce qui charmait les seigneurs et les dames elles-mêmes, et inspira au roi la pensée d'un divorce.

Martinez d'Oviedo, grand-maître d'Alcantara, s'étant permis de blâmer la conduite du roi, périt dans les supplices.

Eléonore devint une idole, devant laquelle il ne fut pas prudent de ne pas s'incliner.

En 1332, elle eut l'idée de former un nouvel ordre de chevalerie qui prit le nom d'ordre de la Bande. Pour en faire partie, il fallait être noble, avoir servi dix ans le roi, être distingué par sa politesse et sa galanterie.

Le but déclaré de cette création était l'adoucissement des mœurs d'une noblesse encore barbare, la répression des actes de violence et des cruautés.

Comme le disait Voltaire : — Dieu n'a créé les femmes que pour apprivoiser les hommes.

Mais Eléonore avait encore un autre but, celui de se former un parti puissant, une garde d'hommes dévoués.

Le roi, dont le caractère dur et sauvage semblait déjà s'adoucir, applaudissait à ces desseins, et la nouvelle reine mit le comble à son bonheur en lui donnant deux fils jumeaux.

L'un de ces enfants fut Henri de Transtamare et régna sur l'Espagne ; l'autre, Frédéric, fut grand-maître de Saint-Jacques.

Ces nouveaux-nés devinrent les préférés d'Alphonse, et lui firent négliger le fils que lui avait donné Constance, et qui plus tard fut célèbre sous le nom de Pierre le Cruel.

Pierre grandissait ainsi près de sa mère délaissée, ne pensant qu'à atteindre l'âge où il serait assez fort pour manier une épée et la venger.

Tandis que l'on ne songeait qu'aux plaisirs à la cour d'Eléonore et n'y échangeait que des propos galants, dans une aile obscure du palais, une femme et un enfant n'échangeaient que des paroles de haine et ne respiraient que la vengeance.

Vêtue de vêtements de deuil, en apparence résignée à son veuvage, Constance demandait matin et soir au ciel de lui permettre de vivre assez vieille pour voir la mort d'Alphonse, faire proclamer son fils Pierre, seul héritier légitime, et envoyer Eléonore au gibet.

Elle se renfermait, dissimulait son existence et celle de son fils.

Elle n'avait qu'une crainte, c'est qu'Alphonse ne se souvînt d'elle et de Pierre, et n'eût recours, pour se débarrasser de sa présence importune, au divorce ou au poignard.

Elle redoutait moins Eléonore, dont la bonté, la douceur, lui étaient connues.

Et plus d'une fois dans le cours des vingt années qui s'écoulèrent ainsi, Eléonore, rencontrant par hasard cette répudiée, enveloppée d'une cape sombre et sans ornements, frissonna de peur sous son regard chargé de haine.

Plus d'une fois elle songea avec terreur aux comptes que ce fantôme royal, ce spectre de reine, pourrait lui demander un jour !...

Mais Henri et Frédéric étaient devenus des hommes, des princes vaillants qui chérissaient leur mère et sauraient la protéger.

Elle se reposait sur cette espérance.

D'un mot il lui eût été facile de supprimer l'objet de ses terreurs secrètes. Alphonse n'avait pas cessé de l'aimer.

Elle fut assez généreuse pour garder le silence.

Enfin, un soir d'automne de 1350, le palais de Madrid retentit d'exclamations de douleur.

A la suite d'une chasse dont les fatigues étaient alors au-dessus de ses forces, le roi était rentré malade et avait été obligé de garder le lit.

Ses médecins ne cachaient point leurs inquiétudes, et reconnaissaient l'impuissance de leur art.

Dans la chambre à coucher du roi éclairée de chandelles de cire, veillaient Eléonore, ses fils et quelques seigneurs.

Un évêque qui venait d'entendre la confession d'Alphonse et un de ses prêtres récitaient à genoux les prières que l'on dit pour les morts ;

Quand, tout à coup, un jeune homme, vêtu d'un costume noir d'une grande richesse, l'épée au côté, l'air altier et sombre, s'avança dans la chambre.

— Messeigneurs, dit-il, la reine !

Presque aussitôt Constance apparut sur le seuil.

Il y eut un mouvement de surprise chez tous à cette apparition, et un mouvement de frayeur chez Eléonore.

Pâle, elle se leva et se rapprocha du lit du mourant.

Pierre, suivi de sa mère, s'arrêta au milieu de la chambre.

— Seigneur évêque, dit-il, je croyais qu'à cette heure, la place de la reine et légitime épouse était celle qu'occupe cette femme ?

Eléonore regarda le roi ; les lèvres blêmes de celui-ci s'agitèrent, mais sans pouvoir proférer une parole.

L'évêque était embarrassé.

Lui aussi, pendant vingt ans, il avait oublié Constance.

Henri de Transtamare et Frédéric s'étaient placés près de leur mère, debout, ils attendaient l'arrêt de l'évêque, et du regard semblaient aussi vouloir le lui dicter.

Quand soudain le roi expira.

— Seigneurs, dit l'évêque, le roi don Alphonse est mort, prions tous pour le repos de son âme.

Tout le monde se mit à genoux à la place qu'il occupait, et répéta la courte prière prononcée à voix haute par le prélat.

La prière faite, Constance se leva, et prenant son fils par la main :

— Messeigneurs, dit-elle, le roi mon époux est mort; son fils légitime lui succède. Vive le roi Pierre !

— Vive le roi Pierre ! répondirent plusieurs voix.

Eléonore se sentit perdue.

Elle se retira lentement, dignement, de la chambre mortuaire, suivie de ses deux fils et de quelques serviteurs.

Quelques instants plus tard le palais et la ville retentissaient des acclamations qui saluaient le nouveau règne, tandis que Frédéric et Henri faisaient de vains efforts pour rallier leurs partisans.

Les sympathies, les amitiés même étaient désarmées par la loi. Le règne d'Eléonore ne pouvait survivre à Alphonse. Cette conviction était générale.

Tout le monde regrettait Eléonore, mais acclamait le fils inconnu de Constance.

Cependant leur mère, déjà victime de l'ingratitude de la cour, et qui ne pouvait douter du sort que lui réservait sa rivale victorieuse, se préparait à la fuite, et les faisait chercher aux quatre coins de Madrid.

Elle ne pouvait croire qu'ils avaient fui sans elle ; elle était sûre de leur affection, et cependant les avis de ses serviteurs qui lui rendaient compte de minute en minute de ce qui se passait au palais et dans la capitale, lui faisaient comprendre l'imminence du danger qu'elle courait.

D'un côté ses chevaux et ses guides l'attendaient, de l'autre des soldats, autrefois ses gardes, venaient de recevoir l'ordre de l'arrêter.

Il fallait fuir...

Elle s'y résigna et partit sans ses enfants.

Frédéric et Henri, lorsqu'une heure plus tard ils vinrent prendre de ses nouvelles, ne purent même savoir la direction qu'elle avait prise.

Les uns leur indiquaient la Navarre ; les autre Tolède.

Constance, tout entière alors à sa vengeance et frémissant à la pensée qu'elle pouvait lui échapper, s'informait de son côté et dans son impatience envoyait des cavaliers sur toutes les routes.

Bientôt les fils d'Eléonore n'étaient plus en sûreté à Madrid. Suivis d'un petit nombre de partisans, ils allaient essayer de former une armée et de soulever une province.

Plusieurs jours se passèrent ainsi sans qu'ils pussent être éclairés sur le sort de leur mère.

Mais Constance avait été plus heureuse.

Elle avait appris que la fugitive avait gagné Tolède et, ne s'y trouvant pas en sûreté, tentait de mettre entre elle et l'ennemi les hautes murailles de la Sierra Morena.

Elle la fit suivre, certaine de l'atteindre.

En effet, aussitôt qu'elle vit le pouvoir de son fils affermi, elle n'hésita plus à quitter Madrid, et partit avec le jeune roi pour rejoindre Eléonore.

C'était un long voyage ; mais la haine, comme la peur, donne des ailes.

Eléonore était à Séville.

Dans ce paradis de l'Espagne, cette dernière vivait dans la retraite et commençait à se rassurer. La longue distance qui la séparait de Madrid, l'obscurité de sa vie, son silence qui la laissait presque inconnue dans son nouveau séjour, semblaient l'abriter contre les desseins de son ennemie.

Ayant appris que ses enfants tenaient la campagne en Castille, elle leur avait fait porter une lettre où elle les engageait à se soumettre et à venir la rejoindre. Elle ne vivait plus que dans l'espérance de les revoir et les attendait de jour en jour.

Elle était dans ces sentiments, lorsqu'un soir du printemps 1351, tandis qu'elle respirait sur la terrasse de son jardin l'air rafraîchi et chargé du parfum des fleurs, un bruit de fanfares et d'acclamations arriva jusqu'à elle.

D'où provenait ce bruit insolite ? De l'arrivée de quelque prince sans doute.

Elle pensa à ses deux fils et son cœur bondit de joie.

Elle appela une de ses femmes ; mais tout le monde était dehors.

Avec quelle angoisse elle attendit leur retour !

C'était un événement considérable, aux clameurs qui parvenaient jusqu'à elle, elle n'en pouvait douter.

Dès que ses domestiques rentrèrent :

— Qu'est-ce ? leur demanda-t-elle, quoi de nouveau à Séville ?

— Madame, il y a le roi et la reine qui viennent d'arriver.

— Quel roi ? quelle reine ?

— Le roi de Castille don Pedro et sa mère Constance.

Eléonore porta la main à son cœur, suffoquée de surprise et de terreur par cette nouvelle.

— Ah ! s'écria-t-elle. Je sais pourquoi. Je suis perdue. Sellez ma mule ; préparez mes bagages.

Vains efforts ! soins inutiles.

Tandis qu'elle courait affolée dans son appartement, de nombreux cavaliers s'arrêtaient devant sa maison dont ils gardaient les issues.

Constance et Pierre les commandaient.

Alors l'infortunée, remerciant ses serviteurs, repoussant les effets amoncelés dans sa chambre, s'agenouilla à son prie-Dieu et attendit.

Son attente ne fut pas longue.

Des hommes de mine sinistre s'élancèrent dans sa chambre, puis s'écrièrent à sa vue :

— Venez, madame, elle est là.

Constance parut à son tour.

— Ah ! fit-elle, illuminée par une joie cruelle. Vous ne m'attendiez plus sans doute Mon mari que vous avez séduit et trompé, s'appelait le *Vengeur* ou le *Justicier*, je veux montrer au monde que je fus sa digne épouse et que j'ai hérité de ses vertus.

Ma justice est lente, elle a attendu vingt et un ans, mais elle est inévitable.

Eléonore, les yeux tournés vers sa madone, ne répondait rien et continuait à prier.

— Si je vous rendais, reprit la reine, tout le mal que vous m'avez fait, si le châtiment pouvait être égal à vos crimes, il me faudrait longtemps prolonger votre supplice, mais les châtiments éternels n'appartiennent qu'à Dieu.

— Madame, dit alors la condamnée, avez-vous ici un prêtre ?

— Non, répondit Constance, l'enfer vous attend.

— Par grâce ! Au nom de Dieu, implora Eléonore, ayez pitié du salut de mon âme.

Constance, troublée par un scrupule religieux, hésita un instant.

Mais cet instant fut rapide comme l'éclair.

Elle se tourna vers son fils, qui, muet et impassible, assistait à cette scène.

Il ressemblait à son père, et Eléonore put le voir à la froide cruauté écrite sur son visage.

— Non, fit le roi ; finissons.

Eléonore jeta un cri d'indignation et de désespoir.

Alors, sur un signe de Constance, deux des hommes sinistres qui l'avaient précédée se précipitèrent vers la victime.

Ils lui passèrent une corde au cou et l'étranglèrent.

La reine et son fils considérèrent froidement cette exécution, ou cet assassinat, et quand la mort eut glacé la victime, ils se retirèrent laissant à leurs gens le soin de piller la maison.

Restait à Henri de Transtamare de venger sa mère.

FIN DES *REINES GALANTES* DE M. J. BEAUJOINT

MARIE-ANTOINETTE

REINE DE FRANCE

PAR A. M. DUMONTEIL

Trianon.

Pourquoi ne le dirions-nous pas ? Nous avons hésité un instant avant de placer le portrait de Marie-Antoinette d'Autriche, reine de France, dans cette galerie des reines galantes.

Le scrupule nous venait d'abord de la fin tragique de cette princesse, et du grand rôle qu'elle a joué dans les luttes de l'ancien régime contre la Révolution.

En montant sur l'échafaud, n'avait-elle pas acquis le droit de ne plus être justiciable que de la politique ?

La fête donnée par les gardes du corps du roi aux officiers du régiment de Flandre, où Marie-Antoinette parut tenant le petit dauphin dans ses bras, pour réchauffer l'enthousiasme des défenseurs de la monarchie ; les journées des 5 et 6 octobre 1789 où elle faillit perdre la vie ; la déclaration publiée à son instigation, le 18 mai 1791, par son frère Léopold II, empereur d'Autriche, contre la Révolution française ; la fuite de Varennes ; la journée du 10 août 1792 ; le Temple, la Conciergerie, le Tribunal révolutionnaire et la Place de la Révolution n'avaient-ils pas effacé complétement les intrigues de Versailles et du Petit-Trianon, les galanteries, les inconséquences et les légèretés de la fille de Marie-Thérèse ?

Puis Marie-Antoinette avait-elle été une reine galante dans l'acception que l'on donne ordinairement à l'accouplement de ces deux mots ?

En y réfléchissant, cependant, nous nous sommes dit qu'une fin également tragique n'avait pas épargné à Marie Stuart de figurer dans la même galerie, et que si Marie-Antoinette n'était pas une reine galante à la manière de Christine de Suède, ou de Caroline de Brunswick, elle s'était exclue elle-même du rang des reines sages comme Marie Leczinska, par la légèreté de son caractère, ses imprudences, son mépris pour les lois de l'étiquette et pour tout ce qu'à la cour de France on appelait les *convenances*. L'histoire du *collier* suffirait seule à la faire descendre du piédestal où voudrait la placer une admiration trop respectueuse.

Une dernière remarque que d'autres ont déjà pu faire, mais qu'il importe de rappeler ici : les écrits du temps qui signalent les galanteries et les légèretés de cette reine infortunée, n'ont rien de commun avec les accusations politiques dont elle fût l'objet dans la seconde période de son existence. Ces écrits, ces pamphlets si l'on veut, étaient inspirés ou dictés par les gentilshommes mêmes de la cour de Louis XVI, par des princes de la famille royale, par un des frères du roi, le comte de Provence, plus tard Louis XVIII ; ce furent de grands seigneurs, les parents et les amis du cardinal de Rohan, grand aumônier de la cour de France, qui jetèrent le plus de soupçons sur ses mœurs et portèrent les plus rudes coups à sa réputation.

Louis XVI avait épousé Josèphe-Jeanne-Marie-Antoinette de Lorraine, archiduchesse d'Autriche, lorsqu'il n'était encore que dauphin, en 1770.

Cette union avait été négociée à Vienne par le duc de Choiseul.

Charmé de la grâce, de la beauté de la jeune princesse autrichienne, le vieux Louis XV commanda pour sa réception les fêtes les plus splendides.

Citons deux épisodes du mariage de Marie-Antoinette. Par leur physionomie et leurs conséquences, ils semblent se lier aux événements qui bouleversèrent plus tard la France.

A Paris, le peuple s'était entassé sur la place Louis XV, pour y voir tirer un feu d'artifice. Au milieu d'une immense affluence, le lieutenant général de police avait négligé de prendre les mesures nécessaires au maintien de l'ordre. Les abords de la place étaient encombrés de matériaux de maçonnerie, des fossés l'entouraient, ne laissant à la foule, pour s'écouler, que des débouchés étroits et insuffisants.

Des échafaudages qui supportent des milliers de spectateurs s'écroulent tout à coup. Une terreur panique s'empare alors de la foule ; on se presse, on se pousse, on se renverse ; des cris affreux se font entendre. Dans ce désordre inexprimable, à travers cette cohue affolée, des furieux s'élancent, l'épée à la main, frappant tout ce qu'ils rencontrent, pour se frayer un passage.

Le nombre des victimes de cette catastrophe fut évalué à douze cents. On les inhuma dans le cimetière de la Madeleine, qu'une Convention nationale devait, vingt ans plus tard, assigner pour sépulture à la famille royale.

A Versailles les fêtes les plus splendides, les divertissements les plus ingénieux furent inventés par une cour qui ne savait pas encore avec quelle sévérité les peuples finissent par demander compte des impôts gaspillés.

La jeune archiduchesse fut éblouie par ce faste, et dut s'estimer bien heureuse de régner sur une nation assez riche pour subvenir à de telles magnificences.

Mais les dernières ressources du trésor étaient épuisées, et l'abbé Terray, alors aux finances, ne savait comment sortir d'embarras.

A la fin du bal, Louis XV s'approcha de lui, et le voyant soucieux, il lui demanda s'il ne trouvait pas la fête de bon goût.

— Ah ! Sire, s'écria-t-il, je la trouve au contraire *impayable*.

C'est aux Mémoires de Weber, frère de lait de Marie-Antoinette, que nous empruntons cette anecdote ; la chose lui paraît très-spirituelle, et il n'y voit qu'un aimable jeu de mots. Nous ne savons pas si l'abbé Terray y attacha plus d'importance ; mais il est certain que ce furent ces *impayables*-là, cent fois renouvelés, qui hâtèrent la chute de la monarchie des Bourbons.

Ainsi les premiers plaisirs que la grande dauphine goûta sur la terre de France avaient avancé peut-être les dernières douleurs qu'elle devait y éprouver. Marqué par une horrible catastrophe, son mariage fut comme un premier pas dans cette voie pleine de sang et d'angoisses qu'elle parcourut plus tard.

Quatre ans après, le 10 mars 1774, à la mort de Louis XV, le dauphin montait sur le trône ; Marie-Antoinette était reine.

Louis XVI, en prenant la couronne, renonça spontanément au tribut appelé *le joyeux avénement*. Un droit semblable était levé à cette occasion sous le nom de *ceinture de la reine*. Ayant appris qu'il pesait principalement sur les classes pauvres, Marie-Antoinette en fit l'abandon. Un courtisan lui adressa le quatrain suivant :

> Vous renoncez, charmante souveraine,
> Au plus beau de vos revenus ;
> A quoi vous servirait la ceinture de reine ?
> Vous avez celle de Vénus !

On était alors au bon temps des petits vers, et de cette galanterie mythologique qui touchait parfois à l'impertinence.

Marie-Antoinette avait dix-neuf ans. Sa bienfaisance l'avait rendue très-populaire ; à la cour elle était entourée des hommages d'une foule empressée de jeunes seigneurs.

Parmi les portraits de Marie-Antoinette qui se trouvent dans les Mémoires de l'époque, nous choisirons celui tracé par M. de Meilhan, et qui fut trouvé dans les papiers de ce gentilhomme après sa mort :

« Marie-Antoinette avait plus d'éclat que de beauté ; chacun de ses traits pris séparément n'avait rien de remarquable, mais leur ensemble avait le plus grand agrément. Ce mot si prodigué de *charmes* était le mot propre pour peindre les grâces de cet ensemble.

« Aucune femme ne portait mieux la tête. Sa démarche noble et légère rappelait cette expression du poète : *incessu patuit dea.* « La déesse se révèle en marchant. » Ce que l'on remarquait en elle, c'était l'union de la grâce et de la dignité la plus imposante.

« Son esprit n'avait rien de brillant : elle n'annonçait à cet égard aucune prétention ; mais il y avait en elle quelque chose qui tenait de l'inspiration, et qui lui faisait trouver au moment ce qui convenait le mieux aux circonstances, ainsi que les expressions les plus justes.

« Entièrement livrée à elle-même, étrangère, belle, aimable, environnée de séductions, elle fit des imprudences, applaudies d'abord sans raison, transformées plus tard, et sans justice, en crimes impardonnables. »

Ce fut peu de temps après son mariage que la famille des Polignac lui fut présentée, et qu'elle se lia avec la princesse Jules de Polignac, d'une amitié dont la vivacité parut étrange au comte de Provence.

Les premières atteintes qui furent portées à la réputation de Marie-Antoinette lui vinrent de ce prince.

Dans le tableau de la cour de France, qu'il a tracé au commencement de son livre sur la Révolution, M. Louis Blanc explique ainsi l'origine de la haine que le comte de Provence avait vouée à la jeune reine.

Louis XVI, dit-il, était né avec un vice de conformation qui semblait lui interdire l'espoir d'avoir des enfants. On ne l'ignorait pas à Versailles, et il en avait couru, Louis XVI n'étant encore que dauphin, mille bruits malignement exagérés.

On voyait déjà le petit-fils de Louis XV se résignant au célibat, supposition que ne démentaient ni sa dévotion ni ses mœurs. On parlait à voix basse d'une consultation de médecins, on nommait les docteurs Leroy et Desault ; on disposait diversement de l'avenir.

Que Louis XVI mourût sans postérité, le comte de Provence, son frère, était roi. Des ambitieux se groupèrent autour de ce prince, et ils éveillèrent en lui la soif de régner.

On juge d'après cela combien fut vive dans un certain monde la sensation produite par l'arrivée de Marie-Antoinette à Versailles. Les projets que son mariage menaçait de déjouer se changèrent contre elle en hostilité sourde.

On avait admis et l'on comptait que Louis XVI n'aurait pas et ne pouvait pas avoir d'enfants. On décida que, s'il lui en survenait, on les tiendrait pour illégitimes.

Alors commença l'odieuse pratique des accusations anonymes; alors furent semés dans le palais maints libelles retraçant de monstrueuses amours, des amours dignes de l'impudique Julie et de l'amante effrénée de Silius.

Des mains qui se cachaient soigneusement faisaient parvenir ces libelles à Louis XVI. De là une partie de l'indifférence que, dans les premières années de son mariage, il apporta dans ses relations avec Marie-Antoinette, indifférence telle que, d'après madame Campan, une des dames d'honneur, qui nous a conservé ce trait dans ses Mémoires, il allait, par devoir seulement, se placer dans le lit de la reine, et s'endormait souvent sans lui adresser la parole.

Mais cette indifférence ou cet éloignement de Louis XVI à l'égard de Marie-Antoinette ne provenait pas seulement des causes que nous venons d'indiquer. Il faut surtout en demander l'explication au tempérament du roi et à ce vice de conformation constaté par les docteurs Leroy et Desault.

On sait aujourd'hui, par les lettres récemment publiées, de Marie-Antoinette à sa mère Marie-Thérèse, que son mariage fut pendant de longs mois purement nominal; elle ne donna le jour à son premier enfant que le 19 décembre 1778, c'est-à-dire après huit années d'une union stérile.

Cependant la jeune reine, sensible, expansive, faite pour plaire, fière d'être montée sur ce beau trône de France, convoité alors par toutes les filles de roi et d'empereur, oubliait les frimas de son hymen au milieu d'un essaim d'adorateurs.

Les plus brillants, ceux qu'elle écoutait volontiers, étaient le comte d'Artois, le duc de Lauzun, le duc de Coigny, le comte de Dillon. La malignité d'une cour oisive et corrompue les lui donnait tous pour amants.

Marie-Antoinette, loin de s'en offenser, semblait braver à plaisir des bruits injurieux pour son honneur.

Un jour, nous dit madame Campan, dans ses Mémoires, on la vit parer sa coiffure d'une plume de héron, qu'elle tenait de Lauzun et que celui-ci avait portée à son casque.

Une autre fois, dans un bal au Petit-Trianon, comme elle venait de valser avec le comte Arthur de Dillon, elle lui dit à demi-voix, en s'appuyant avec abandon sur son bras :

— Touchez comme mon cœur bat.

Le roi, qu'elle n'avait pas vu, s'était approché doucement.

— Madame, lui dit-il, d'une voix dure, laissez; M. Dillon vous croira bien sur parole.

Le mépris qu'elle affectait pour tout ce qui tenait à l'étiquette, son goût pour toutes les choses nouvelles de la mode et du caprice, lui firent de nombreuses ennemies parmi les douairières de la cour.

Les femmes portaient alors d'immenses *paniers*, qu'on appelait des bouffants ou des tournures; on les désignait même par un autre nom qu'il n'est pas d'habitude d'imprimer, et que nous laissons à nos lectrices le soin de deviner. Trouvant ce vêtement peu commode et disgracieux, la reine voulut s'en débarrasser, au moins pour ses réceptions du matin, et se montra avec des jupons dont les contours, pour être moins amples que ceux des paniers, n'en étaient que plus charmants... Les douairières crièrent à l'indécence, et cet essai de révolution dans le costume féminin lui fit plus de tort, encore, que l'histoire de la plume du beau Lauzun.

Puis, c'étaient des divertissements énervants, des fêtes d'une folle singularité, que Marie-Antoinette imaginait, malgré les répugnances du roi, qui n'aimait le plaisir sous aucune de ses formes, même les plus platoniques.

Tantôt, nous dit l'histoire de la Révolution, c'étaient des chevaliers, émules fictifs des preux de Charlemagne, qui, dans des jardins somptueux, sous des arbres auxquels étaient suspendus des lances et des boucliers, restaient plongés dans un sommeil magique, jusqu'au moment où, paraissant tout à coup, la reine daignait rompre le charme.

Marie-Antoinette, en costume de fée, les touchait de sa baguette, et ils revenaient aussitôt à la vie et à l'amour.

Tantôt, à la suite d'une lecture de quelques pages du naturaliste Buffon, sur les amours des cerfs et des biches, il prenait fantaisie à ces gentilshommes d'avoir des vêtements de peaux de cerf, et de s'enfoncer, dans cette métamorphose, au plus épais des ombrages du parc de Versailles, par une belle nuit du mois d'août.

Les mémoires politiques et historiques du règne de Louis XVI nous offrent plus d'un trait de ce genre.

Marie-Antoinette mit encore à la mode ce qu'on a appelé plus tard la comédie bourgeoise, et le rôle qu'elle affectionnait, celui qu'elle jouait le mieux, et qui semblait avoir été fait pour elle, était celui de Rosine du *Mariage de Figaro*.

Par les froides journées des hivers rigoureux, lorsqu'une neige durcie couvrait les boulevards, les Parisiens voyaient une longue file de traîneaux, figurant des animaux fantastiques, des griffons, des chimères ou des corbeilles de fleurs, emportés par des chevaux fougueux. C'était encore Marie-Antoinette, entraînant à sa suite Lauzun, Dillon, Coigny, le comte d'Artois, et tous les jeunes fous qui formaient son entourage favori.

Pendant que la reine prenait ainsi la clef des champs, le roi, enfermé à Versailles dans un atelier attenant à sa chambre à coucher, se faisait donner des leçons de serrurerie par son serrurier ordinaire, F. Gamain, le même qui devait lui fabriquer plus tard la fameuse Armoire de fer des Tuileries où fut découvert le *Livre rouge*.

Le Livre rouge, ainsi nommé à cause de la couleur de sa reliure de maroquin, était un registre secret, sur lequel le roi transcrivait les pensions, grâces, indemnités, gratifications accordées aux courtisans et à leurs familles.

La famille Polignac, qui jouissait, comme nous l'avons dit, des faveurs de Marie-Antoinette, y était portée pour une somme annuelle de 292,000 livres !

Le comte de Provence disait tout haut que la reine sa belle-sœur n'avait rien à refuser à la comtesse Jules de Polignac ; et le comte d'Artois lui-même, qui était pourtant un des plus ardents admirateurs de Marie-Antoinette, l'ayant surprise un jour dans les bras de la comtesse Jules, lui prodiguant les plus tendres caresses, allait répétant partout ce propos, que la médisance recueillit pour jeter un nouveau soupçon sur les mœurs de la reine :

— Je ne suis qu'un étourdi, je viens de déranger deux amies.

Marie-Antoinette n'en était plus, d'ailleurs, à compter ce que des écrivains indulgents ont appelé des « imprudences. » On la reconnut un jour, courant à travers les rues de Paris dans un cabriolet de louage. Elle se risqua une nuit en plein bal masqué de l'Opéra, s'exposant ainsi aux galanteries peu délicates qui se pratiquent dans ces cohues. Une de ses amies, la princesse de Lamballe, ayant été s'asseoir autour du baquet magnétique que le célèbre charlatan allemand Mesmer avait mis à la mode, Marie-Antoinette voulut connaître à son tour les émotions que procurait aux femmes nerveuses le fluide mystérieux. Sous un déguisement, elle vint compromettre la dignité royale dans le salon de la place Vendôme, où Mesmer se livrait à ses expériences surnaturelles.

L'affaire du *collier* porta le dernier coup à sa réputation. Cette affaire fut le grand scandale du dix-huitième siècle.

Marie-Antoinette pardonnait volontiers les injures. Son caractère facile et généreux s'accommodait difficilement des rancunes et des haines ; mais aussi les antipathies qu'elle ne parvenait pas à maîtriser avaient chez elle d'autant plus de force et de ténacité, qu'elles sortaient davantage de ses habitudes.

Parmi ceux que sa disgrâce avait atteints, se trouvait le cardinal prince de Rohan, grand aumônier de la cour de France et évêque de Strasbourg, connu par ses galanteries et ses dilapidations.

Dans des notes confidentielles écrites plusieurs années auparavant par le cardinal de Rohan au duc d'Aiguillon, il lui avait envoyé quelques renseignements diplomatiques sur la cour d'Autriche, auprès de laquelle il était en mission.

« J'ai vu pleurer effectivement Marie-Thérèse sur les malheurs de la Pologne, lui avait-il mandé ; mais cette princesse, exercée dans l'art de la dissimulation, me paraît avoir des larmes de commandement. D'une main, elle a le mouchoir pour essuyer ses pleurs, et de l'autre elle saisit le glaive de la négociation pour être la troisième puissance copartageante. »

Cette lettre était tombée entre les mains de la Du Barry ; la maîtresse de Louis XV y avait vu une bonne occasion de se venger du mépris que Marie-Antoinette, alors grande dauphine, affectait pour elle. La missive fut placée adroitement sous ses yeux.

La princesse, qui avait pour sa mère une profonde vénération, fut indignée à la lecture de ces notes offensantes, et voua au cardinal de Rohan une haine implacable.

Le 15 août 1785, le grand aumônier de France est tout à coup arrêté à Versailles, sur un ordre du roi, au moment où il allait officier ; on le conduit à la Bastille.

Le bruit se répand alors qu'une intrigue scandaleuse qu'il aurait nouée avec la reine est la cause de son arrestation. On parle aussi d'un collier de diamants dont il aurait fait cadeau à la reine.

On arrête en même temps une aventurière, la comtesse de La Motte, qui prétendait être de souche royale, descendante du roi Henri II par les comtes de Saint-Remy.

Voici le nœud de cette affaire qui eut un immense retentissement, et qui occupa pendant plusieurs mois toute l'Europe.

Madame de La Motte, reçue à Versailles par madame Elisabeth, sœur du roi, et par d'autres dames de la cour qui s'intéressaient à elle, avait fait croire au cardinal de Rohan qu'elle avait accès auprès de Marie-Antoinette.

Sachant combien le cardinal était affecté de la rigueur que lui tenait la reine, elle lui donna à entendre qu'elle était en mesure de lui ménager un retour de faveur.

Bientôt les démarches commencèrent ou furent censées commencer.

Leur premier résultat fut la permission accordée au cardinal de se justifier. Il écrivit une lettre, reçut une réponse, et par l'intermédiaire de madame de La Motte une correspondance active s'établit entre la reine et lui.

Les prétendues lettres de Marie-Antoinette prirent peu à peu une chaleur, un coloris qui donnèrent à penser au cardinal qu'il avait fait mieux que de reconquérir son amitié, et que la reine de France éprouvait pour lui un sentiment plus tendre.

Que les lettres qu'ils recevaient fussent ou non l'œuvre d'un faussaire, toujours est-il que la réputation de galanterie de Marie-Antoinette était si bien établie à cette époque, qu'un des plus grands personnages de la cour de France, un des hauts dignitaires de l'Eglise et du royaume, admit comme une chose sans invraisemblance qu'une intrigue amoureuse pouvait se nouer avec elle. Il se crut aimé, et sollicita un rendez-vous mystérieux.

Le rendez-vous lui fut accordé.

Une nuit, le cardinal de Rohan, accompagné d'un de ses familiers, le comte de Planta, s'introduit dans le parc de Versailles.

Dans un des coins les plus sombres du parc, il se trouve en présence d'une femme enveloppée d'un mantelet blanc, et la tête couverte d'une de ces coiffures qu'on appelait une Thérèse. Il reconnaît la reine, à sa taille, à sa tournure ; il reconnaît aussi sa voix, lorsqu'elle lui dit, en lui présentant une rose :

— Vous savez ce que cela veut dire.

M. de Rohan, plein d'émotion, prend la rose ; il va exprimer toute l'ardeur à la fois passionnée et respectueuse de ses sentiments, mais une autre voix murmure à son oreille :

— Venez ! venez ! la comtesse d'Artois est là qui approche. La reine serait perdue, si on vous surprenait à cette heure dans le parc.

Il s'éloigne, vivement contrarié de ce contre-temps, mais emportant l'espoir d'un autre rendez-vous.

Ce fut le premier acte de cette comédie digne de Beaumarchais. Marie-Antoinette, qui avait joué si souvent la Rosine de la *Folle journée*, venait-elle de jouer, dans le parc même du grand roi, la *Folle nuit* ?

Le second acte devait être plus compliqué.

Deux riches joailliers, Boëhmer et Bossange, avaient un collier de diamants, une merveille, qu'ils estimaient un million six cent mille livres. En 1778, Marie-Antoinette étant accouchée de son premier enfant, le roi avait voulu lui faire cadeau de ce collier; mais les finances étaient alors si obérées, le trésor royal si appauvri, qu'elle n'avait pas osé accepter un tel cadeau. Elle l'avait refusé, dit-on, de nouveau à la naissance du dauphin, le 25 octobre 1781.

Le 24 mars 1784, madame de La Motte va trouver Boëhmer, et lui apprend que Marie-Antoinette s'est décidée à faire l'acquisition du fameux collier, et qu'elle a chargé M. le cardinal de Rohan de négocier avec lui cette affaire importante.

Le cardinal avait reçu en effet un billet de la reine.

Les conditions sont réglées entre lui et les joailliers ; le paiement du collier se fera par des à-compte successifs : le premier sera de sept cent mille livres.

Madame de La Motte, intermédiaire de cette négociation, remet au cardinal une copie des conventions conclues avec Boëhmer et Bossange, en marge de laquelle la reine a écrit de sa main.

« Approuvé : Marie-Antoinette de France. »

Le collier est livré. M. de Rohan court chez madame de La Motte ; il y trouve un valet de chambre de la reine, porteur d'un billet de Marie-Antoinette, contenant l'ordre de remettre l'écrin.

Mais quand arriva l'échéance du premier à-compte, madame de La Motte fit savoir au cardinal que la reine n'était pas en mesure de payer et qu'il fallait obtenir un délai. Les joailliers prirent l'alarme, se rendirent à Versailles, l'affaire éclata, et le 15 août 1785, jour de l'Assomption, au moment où le grand aumônier, comme nous l'avons dit, allait officier dans la chapelle du palais de Versailles, Louis XVI le fit appeler dans son cabinet, et lui dit brusquement :

—Monsieur le cardinal, qu'est-ce donc qu'un collier de diamants que vous devez avoir procuré à la reine, et dont Boëhmer et Bossange viennent nous réclamer le paiement ?

Une seule maille rompue, tout le réseau de cette colossale intrigue se défit tout à coup. On apprit que le mari de madame de La Motte, qui se trouvait en Angleterre, avait vendu à un bijoutier de Londres nommé Eray pour deux cent cinquante mille livres de diamants.

On arrêta à Bruxelles une fille galante nommée Oliva, d'une ressemblance frappante avec la reine ; elle avoua qu'à la suggestion de madame de La Motte, elle avait joué dans le parc de Versailles le rôle de Marie-Antoinette.

Un certain Rétaux de Villette avoua également que madame de La Motte l'avait employé à contrefaire l'écriture de la reine, et notamment d'avoir écrit en marge du contrat passé entre les joailliers et le cardinal de Rohan : « Approuvé, Marie-Antoinette de France. »

On dit que Louis XVI, effrayé du scandale que cette affaire allait produire, de la déconsidération qu'elle devait faire rejaillir sur le trône, offrit au cardinal de Rohan de s'en remettre à sa justice et à sa clémence.

Le cardinal refusa : il voulut l'éclat d'un procès, et le Parlement fut saisi.

Il y eut alors à la cour le parti de Rohan et le parti de la reine ; mais l'opinion publique s'en mêla cette fois, et le parti de la reine y fut le plus faible.

Malgré les aveux de la fille Oliva et de Rétaux de Villette, dont madame de La Motte fut contrainte de reconnaître la sincérité, il parut impossible qu'une telle trame eût pu être ourdie sans que Marie-Antoinette y eût pris une part quelconque, et le moins qu'on lui imputait était d'avoir eu son profit dans la vente des diamants escroqués à Boëhmer et Bossange.

Le procès ne fut terminé que le 31 mai 1786. Bien des choses y furent laissées dans l'obscurité, inexpliquées, incompréhensibles.

L'arrêt déchargea d'accusation le cardinal Louis de Rohan.

Madame de La Motte fut condamnée à faire amende honorable, la corde au cou, à être fouettée en place de Grève, marquée à l'épaule et enfermée à l'hôpital pour le reste de ses jours. Son mari fut condamné aux galères, Rétaux de Villette au bannissement perpétuel, et la fille Oliva fut mise hors de cour.

Après le procès du collier, et presque sans transition, la politique envahit l'existence de Marie-Antoinette.

Les fêtes, les spectacles, les petits vers, les intrigues de boudoir, la galanterie disparaissent de la cour de Versailles : on entend déjà gronder au loin la tempête qui menace.

Elle éclate le 14 juillet 1789; l'émigration commence. Une des premières familles qui s'éloignèrent fut la famille des Polignac. C'était un grand chagrin pour la reine, et sa haine pour les nouvelles idées s'en augmenta.

Quelques jours avant le départ de cette comtesse Jules qu'elle avait tant aimée, on jouait au Théâtre-Français la *Partie de chasse d'Henri IV*. L'acteur Dugazon, travestissant le passage de son rôle où il était question de Marie de Médicis et de sa favorite, substitua, au nom de la signora Léonora Galigaï, celui de la signora *Polignaqui*, aux applaudissements frénétiques de toute la salle.

Marie-Antoinette, pour le peuple de Paris, n'était plus que l'*Autrichienne*.

Nous nous arrêterons ici. Quelques jours encore, et le flot révolutionnaire viendra arracher de son palais de Versailles, pour la conduire aux Tuileries, et des Tuileries au Temple, la monarchie agonisante.

Ce fut Marie-Antoinette qui provoqua elle-même ce mouvement populaire par la fameuse scène des gardes du corps.

La cour tournait ses regards vers la frontière ; on voulait décider le roi à se confier à l'armée. Bouillé attendait : encore un jour, et ceux qu'on appelait les rebelles pouvaient rendre le départ impossible.

D'accord avec ses amis, la reine résolut de frapper par un spectacle imposant l'imagination de Louis XVI.

Le régiment de Flandre venait d'arriver à Versailles.

Un banquet aura lieu au palais, dans la belle salle de l'Opéra, offert par les gardes du corps à leurs camarades du régiment de Flandre.

Pendant le festin le roi sera conduit au milieu des officiers.

L'éclat des bougies, l'aspect des brillants uniformes et des mâles figures de ces braves, la double ivresse du vin et de l'enthousiasme : on compte sur tout cela pour entraîner Louis XVI à une démarche qu'il n'ose entreprendre de sang-froid.

Tout se passe comme on l'a espéré ; le festin commence, grave et silencieux d'abord, bruyant ensuite. Lorsque les têtes sont suffisamment échauffées, Leurs Majestés paraissent sur la galerie, conduites par M. de Tessé, écuyer de la reine, et par le comte d'Agoult, major des gardes.

Des toasts sont alors portés à la famille royale, qui descend dans la salle pour se mêler aux groupes.

L'enthousiasme est à son comble. Marie-Antoinette, qui tient le dauphin dans ses bras, le présente aux officiers.

L'orchestre exécute l'air de *Richard Cœur-de-Lion*.

O Richard, ô mon roi, l'univers t'abandonne !

C'est un entraînement, un délire! On s'embrasse; les épées sortent du fourreau. On jure de mourir pour la monarchie. Les tribunes, remplies de spectateurs, applaudissent et mêlent leurs acclamations à celles des convives.

Les soldats qui campent dans la cour du palais, et auxquels des flots de vin ont été versés, demandent le roi à grands cris.

Louis XVI paraît sur le balcon. La reine leur distribue des cocardes blanches ; les gardes du corps et des officiers du régiment de Flandre arrachent et foulent aux pieds la cocarde aux couleurs nationales; et l'on se sépare enfin, croyant avoir sauvé le trône.

Marie-Antoinette, après en avoir compromis la majesté, venait d'en hâter la chute.

La reine politique devait lui être encore plus funeste que la reine galante.

FIN DES REINES GALANTES

www.ingramcontent.com/pod-product-compliance
Lightning Source LLC
Chambersburg PA
CBHW070851170426
43202CB00012B/2036